Julian Nida-Rümelin
Eine Theorie praktischer Vernunft

Julian Nida-Rümelin

Eine Theorie praktischer Vernunft

DE GRUYTER

ISBN 978-3-11-060353-8
e-ISBN (PDF) 978-3-11-060544-0
e-ISBN (EPUB) 978-3-11-060367-5

Library of Congress Control Number: 2019957137

Bibliografische Information der Deutschen Nationalbibliothek
Die Deutsche Nationalbibliothek verzeichnet diese Publikation in der Deutschen Nationalbibliografie; detaillierte bibliografische Daten sind im Internet über http://dnb.dnb.de abrufbar.

© 2020 Walter de Gruyter GmbH, Berlin/Boston
Autorenporträt: © Diane von Schoen
Druck und Bindung: CPI books GmbH, Leck

www.degruyter.com

Der Künstler Ai Weiwei meinte (befragt nach seinem Umgang mit chinesischen Sicherheitskräften):

„Man kann nicht sagen, dass die anderen gar keine Vernunft besitzen. Wenn es so wäre, bräuchte man schon nicht mehr miteinander zu sprechen. Menschen sprechen nicht mit Ziegelsteinen."

zitiert nach Byung-Chul Han: „Sein Leben ist mehr als einfach nur Widerstand. Eine Verteidigung Ai Weiweis gegen seine Kritiker und Bewunderer", in FAS vom 30. August 2015, S. 43

Rolf, Margret und Martine
Nathalie, Juliette, Colette und Noel
gewidmet

Vorwort

In diesem Buch stelle ich eine Theorie praktischer Vernunft vor. Die Einbettbarkeit einer Handlung in eine umfassendere Praxis, im weitesten Sinne in eine Lebensform, spielt dabei eine zentrale Rolle, daher der Ausdruck *strukturelle Rationalität*. Es kann vernünftig sein, etwas zu tun, weil es Teil einer Handlungsstruktur ist, für die gute Gründe sprechen.

Mit rationalitätstheoretischen Fragen habe ich mich seit meiner Dissertation auseinandergesetzt und dazu immer wieder publiziert. Die Kenntnis dieser Publikationen wird hier allerdings nicht vorausgesetzt. Dennoch verweise ich für näher Interessierte in diesem Buch gelegentlich auf diese, zum Beispiel, weil dort der eine oder andere Aspekt meiner Argumentation detaillierter nachgelesen werden kann.[1] Die Dissertation *Zur Bedeutung der Rationalität in der Sozialethik* befasste sich mit dem Verhältnis von Rationalität und Moralität und mit der Rolle entscheidungstheoretischer Begriffe und Analysen für die philosophische Ethik. Die Habilitationsschrift entwickelte eine umfassende *Kritik des Konsequentialismus* in Ethik und Rationalitätstheorie. Die vorliegende Schrift, die dritte größere philosophische Monographie von mir, kann als konstruktives Pendant zur Kritik des Konsequentialismus gelesen werden.

Entscheidungs- und Spieltheorie, sowie die Logik kollektiver Entscheidungen, sind die drei Zweige mathematisch formulierter Rationalitätstheorie, die sich zu einer eigenständigen Disziplin entwickelt hat, die allerdings quer zu den traditionellen Fakultäten steht. Ihre Resultate wurden von Mathematikern (wie Frank P. Ramsey oder John von Neumann), von Philosophen (wie Richard Jeffrey oder Alan Gibbard), von Statistikern (wie Leonard Savage oder Robert Luce) und Ökonomen (wie Kenneth Arrow oder Amartya Sen) erarbeitet, sie bilden den Hintergrund einiger zentraler Argumente dieser Schrift, insbesondere im Kapitel II, auch wenn ich das nur selten explizit mache.[2] In der Tat war es die Auseinandersetzung mit dem Phänomen rationaler Kooperation, das sich in der üblichen Begrifflichkeit der Entscheidungs- und Spieltheorie nicht adäquat erfassen lässt, die den Wechsel zu einer strukturellen Sichtweise motivierte. Kooperation fungiert für die Theorie struktureller Rationalität als paradigmatisches Beispiel.[3]

Im Jahr 1991 habe ich das Konzept der strukturellen Rationalität zum ersten Mal einem internationalen Publikum zur Diskussion gestellt und eine Brücke zur

---

[1] Vgl. Publikationen des Verfassers nach dem Appendix, mit Liste der Kurzverweise (Siglenverzeichnis).
[2] Vgl. jedoch III §2 und gelegentliche Verweise auf *D&E*, *EcR* oder *LkE* (s. Siglenverzeichnis).
[3] vgl. II §§4–9.

politischen Philosophie geschlagen: „Structural Rationality and Democracy" an der Erasmus-Universität in Rotterdam, eingeladen von Percy Lehning und Albert Weale[4]. Vorausgegangen war eine Einladung von Robert Sugden zu einer Tagung in Norwich/East Anglia im März 1989, auf der die besondere Kontraktualismus-Variante von David Gauthier erörtert wurde und zu der ich einen Vortrag „Practical Reason, Collective Rationality and Contractarianism"[5] beisteuerte. 1993 hielt ich einen Vortrag in Aix-en-Provence, Frankreich, mit dem Titel „Structural Rationality" auf der ersten Jahrestagung der *European Society of Analytical Philosophy*. 1996 hatte ich dann die Gelegenheit den Stand meiner damaligen Überlegungen zur strukturellen Rationalität in einer Vortragsreise an Philosophy Departments in den USA zur Diskussion zu stellen, darunter die der Universitäten Stanford, University of California at Davis, CalTech, Philadelphia, Pittsburgh, Green State Ohio und Minnesota State, an der Harvard Universität hatte ich einen persönlichen Gedankenaustausch zu meinem Konzept struktureller Rationalität mit Thomas Scanlon, damals Dekan der Fakultät[6]. In guter Erinnerung habe ich auch die rationalitätstheoretischen Diskussionen mit Ed McClennen, Nicholas Rescher, David Copp, Nicholas White, Amartya Sen, Paul Guyer und vielen anderen auf dieser Vortragsreise.

Seit den 1990er Jahren hatte ich mir vorgenommen, meine rationalitäts- und moraltheoretischen Überlegungen systematisch auszuarbeiten und zu einer größeren Monografie auszubauen. Dieses Vorhaben wurde durch die Übernahme

---

[4] die Proceedings erschienen erst 1997 herausgegeben von Percy Lehning und Albert Weale u. d. T. *Citizenship, Democracy and Justice in the New Europe*. London & New York bei Routledge (S. 34–49).
[5] publiziert in den Proceedings herausgegeben von David Gauthier und Robert Sugden: *Rationality, Justice and the Social Contract*, New York u. a.: Harvester 1993, S. 53–74. In meinem Beitrag stelle ich die kooperative Rationalität in Prisoners'-Dilemma-Situationen der von Gauthier angenommenen dispositionellen Struktur menschlichen Handelns gegenüber.
[6] Einige Zeit später sandte mir Tim Scanlon sein Manuskript „What We Owe to Each Other" und ich bedaure bis heute, dass ich in den darauffolgenden Monaten nicht die Zeit fand, mich intensiver damit zu befassen, wie es der Autor wohl erwartet hatte. 2004 folgte Scanlon meiner Einladung nach Berlin als Keynote speaker einer Tagung des KulturForums der Sozialdemokratie *Philosophy meets Politics*. Der thematische Focus lag dort aber auf der Verbindung von politischer Philosophie und politischer Praxis, sodass wir uns in Berlin nicht über Rationalitätstheorie austauschen konnten. Die Differenzen zwischen meiner Konzeption struktureller Rationalität und seiner, erst im Jahre 2007 vorgestellten, sind jedoch deutlich: meine ist Ramsey-kompatibel, seine nicht, seine ist instrumentell, meine nicht, auch der Gründe-Realismus, den wir teilen, unterscheidet sich, wie in VI und VII dargestellt, beträchtlich, vgl. T. Scanlon: *What We Owe to Each Other*. Cambridge: Belknap 1998; *Being Realistic About Reasons*. Oxford University Press 2014; „Structural Irrationality" in: *Common Minds: Themes From the Philosophy of Philip Pettit*, Clarendon Press 2007, sowie Thomas Scanlon: *Political Equality – Politische Gleichheit*. Philosophy meets Politics Bd 12, hg. von J. Nida-Rümelin & W. Thierse, Essen: Klartext 2006, vgl. a. Rebecca Gutwald & Niina Zuber: „The Meaning(s) of Structural Rationality", *ProtoSociology* 2018, sowie Appendix *StructR*.

kulturpolitscher Ämter ab 1998 unterbrochen. Ein Nukleus, in den Jahren 1996 bis 1998 verfasst, wurde 2001 in der Universalbibliothek von Reclam u. d. T. *Strukturelle Rationalität. Ein philosophischer Essay über praktische Vernunft* publiziert. Nach der Rückkehr in die *akademia* 2003 arbeitete ich zunächst wieder an der ursprünglich beabsichtigten umfassenden Abhandlung, ich war aber mit dem Fortgang dieses Projekts nicht zufrieden und blieb daher zunächst bei der „kleinen Form".[7] 2005 erschienen einige Texte unter dem Titel *Über menschliche Freiheit* und 2011 eine Analyse des Begriffs *Verantwortung*. Damit war die kleine Reclam-Trilogie zu Rationalität, Freiheit und Verantwortung abgeschlossen, ihre Motive werden in den letzten beiden Kapiteln der vorliegenden Schrift wieder aufgenommen. Tatsächlich sind Vernunft, Freiheit und Verantwortung eng miteinander verwoben, sie können als drei Aspekte der zentralen menschlichen Fähigkeit, sich von Gründen leiten zu lassen, interpretiert werden.[8] Diese Verbindung ist ein Charakteristikum der praktischen Philosophie Immanuel Kants, dennoch zögere ich, aus Gründen, die noch zur Sprache kommen werden,[9] die hier vorgestellte Konzeption als eine *kantianische* zu bezeichnen.[10]

Die besondere menschliche Fähigkeit sich von Gründen leiten zu lassen[11] verstehe ich als die zentrale These des Humanismus als eines Clusters philosophischer Theorien, sowie kultureller, politischer und sozialer Praktiken, insbesondere im Bereich der Bildung. Die Idee Autorin oder Autor des eigenen Lebens zu sein, Verantwortung zu tragen, für das, was man meint und tut, autonom urteilen und entscheiden zu können, durchzieht die unterschiedlichen Fassungen des Humanismus in sonst weit divergierenden Kulturen von der Antike bis

---

[7] Ein Rezensent der FAZ hatte mich einmal – freundlich oder kritisch – als „Meister der kleinen Form" bezeichnet, darauf spiele ich hier an.
[8] Daher habe ich meinen Ansatz im Englischen als *reasons account* bezeichnet, vgl. JNR: „The Reasons Account of Free Will: A Libertarian-Compatibilist Hybrid", *Archives for Philosophy of Law and Social Philosophy* 102 (2019), 3–10.
[9] VI §6.
[10] Vgl. *V&F*. In der englischen philosophischen Literatur hat es sich eingebürgert „Kantian" mit großem „K" von „kantian" mit kleinem „k" zu unterscheiden. Mit großem „K" charakterisiert man ein Argument, eine Überzeugung etc. von Kant selbst, mit kleinem „k" lediglich ein von Kant inspiriertes Argument, eine von Kant inspirierte Überzeugung etc. Im Deutschen kann man diese hilfreiche Unterscheidung durch „Kant'sche" vs. „kantianische" oder „Hume'sche" vs. „humeanische" vornehmen. Mir ist bewusst, dass „kantianisch" oder „humeanisch" Anglizismen sind, ebenso wie „macht Sinn", dennoch gebrauche ich solche Ausdrücke gelegentlich.
[11] Jürgen Habermas spricht davon, *sich von Gründen affizieren* zu lassen, was spezifischer ist, da hier die affektive/emotive Dimension ins Spiel gebracht wird. Ich versuche, mich einer Terminologie zu bedienen, die die traditionellen Dichotomien zwischen Vernunft und Emotion, zwischen theoretischer und praktischer Vernunft überwindet.

zur Gegenwart. Die hier präsentierte Theorie praktischer Vernunft versteht sich in diesem Sinne als *humanistisch*.[12]

Die Philosophie, jedenfalls die praktische Philosophie,[13] sollte sich als eine Fortsetzung, Systematisierung und Rationalisierung unserer lebensweltlichen Praxis verstehen, Gründe zu geben und zu nehmen,[14] nicht als eine Neu-Konstruktion. Darin liegt mein Dissens zur rationalistischen Tradition in der Philosophie, die in Descartes, Leibniz und vor allem Spinoza faszinierende Formen entwickelt hat und die die praktische Philosophie der Gegenwart erstaunlicherweise immer noch dominiert. In *Philosophie und Lebensform*[15] habe ich mich mit dieser Thematik auseinandergesetzt. Dort wird auch mein Verhältnis zu Wittgensteins Spätphilosophie beleuchtet.

Andere werden beurteilen müssen inwieweit diese, im Siglenverzeichnis am Ende aufgeführten, früheren Schriften nun als obsolet gelten müssen. Mir scheint hier eher ein Komplementaritätsverhältnis vorzuliegen. Aber vielleicht beruht das auf einer Selbsttäuschung, der ich mangels Distanz zu meinen eigenen Texten unterliege. Mir erscheint alles – in fast schon beunruhigendem Maße – kontinuierlich und kohärent, wo andere vielleicht Brüche und Widersprüche erkennen werden. Ich habe in dieser Schrift versucht, meine Theorie praktischer Vernunft so zu präsentieren, dass sie aus sich heraus, ohne weitere Texte heranzuziehen, verständlich und kritisierbar ist.

Es war nicht mein Ziel konkrete Handlungskriterien rationaler Praxis zu entwickeln. Die Rezeptbuch-Vorstellung, die die Ökonomie, aber auch die Bereichsethiken,[16] nach wie vor prägen, führt in die Irre. Von daher ist der Ausdruck „Theorie" im Titel in einem schwachen Sinne gemeint, „Sichtweise" oder im Englischen „account", auch „Konzeption" ist als Charakterisierung dessen, was hier als „strukturelle Rationalität" vorgestellt wird, eigentlich passender. Dieses Buch fügt unterschiedliche Gedankenstränge, die mich seit meinem Studium beschäftigt haben, zu einem hoffentlich stimmigen Ganzen, daher wage ich das Ergebnis unter dem Titel *Eine Theorie praktischer Vernunft* zu präsentieren.

---

12 Vgl. *HumR* und *HumB*.
13 Näheres dazu in Kap. I dieser Schrift.
14 Diese Formulierung ist eine etwas unbeholfene Übertragung aus dem Englischen *give and take reasons*, aber auch aus dem Alt-Griechischen *logon didonai*. In derjenigen Tradition analytischer Philosophie, die man gelegentlich als eine Form des (analytischen) Hegelianismus bezeichnet hat (insbes. John McDowell und Robert Brandom), wird diese Formulierung konkretisiert, besonders eindrucksvoll in der *entitlement-conception* von Robert Brandom: *Making it Explicit*. Cambridge/Mass.: Harvard University Press 1994.
15 *P&L*, s. Siglenverzeichnis.
16 AngE.

Danksagung

Zu besonderem Dank verpflichtet bin ich Dietmar von der Pfordten, Martin Rechenauer, Georgios Karageorgoudis, Adriano Mannino, Niina Zuber und Elias Unger dafür, dass sie das gesamte Manuskript gelesen und mit Kommentaren und Verbesserungsvorschlägen versehen haben.

Für manchen philosophischen Gedankenaustausch über die Jahre, der für diese Schrift wichtig war, danke ich zudem meinem Doktor- und Habilitationsvater[1] Wolfgang Stegmüller (†1991) und meinem Vorgänger auf dem Lehrstuhl für Philosophie an der Universität Göttingen Günter Patzig (†2018), Wilhelm Essler, Wolfgang Spohn, Max Drömmer, Martine Nida-Rümelin, Lucian Kern, Peter Opitz, Christine Chwascsza, Robert Sugden, John Broome, Peter Gärdenfors, Nicholas Rescher, David Copp, Edward McClennen, Amartya Sen, Monika Betzler, Thomas Schmidt, Tatjana Tarkian, Elif Özmen, Paul Guyer, Thomas Scanlon, Volker Gerhardt, Jürgen Habermas, Lutz Wingert, Rainer Forst, Albrecht von Müller, Veronique Zanetti, John Searle, Susanne Hahn, Andreas Kemmerling, Charles Larmore[2] und zahlreichen Ungenannten aus Kolloquien, Seminaren, Vorlesungen und Vortragsveranstaltungen.

Ein besonderer Dank geht an die Universität Turin – an Maurizio Ferraris und Tiziana Andina sowie an Silvia Alberto und Francesco Camboni für die Administration meines Aufenthalts – die mir die Gelegenheit gegeben hat als *visiting scientist* des *Labont* (*laboratorio ontologico*) meine Theorie praktischer Vernunft zwischen dem 25. Februar und dem 3. April 2019 in englischer Sprache vorzustellen und mit fortgeschrittenen Studierenden zu diskutieren.

Giovanni Battista Demarta bin ich dankbar dafür, dass er die Rezeption meiner praktischen Philosophie in Italien befördert und zuletzt einen mehrstündigen Gedankenaustausch in italienischer Sprache zwischen Gianni Vattimo und mir über Postmoderne vs. Humanismus organisierte, aus dem ein Gesprächsbuch hervorgehen soll. Generell bin ich zu der Auffassung gelangt, dass der innereuropäische wissenschaftliche Austausch mehr Aufmerksamkeit verdient, nicht nur weil dieser Voraussetzung für den Erfolg des Europäischen Integrationsprojekts ist, sondern auch, weil die zunehmend monozentrische Ausrichtung auf

---

[1] Merkwürdigerweise ist es unterdessen unüblich geworden auf diese Rollen in akademischen *curricula vitae* hinzuweisen, obwohl die heutigen Mentorate in Promotions- und Habilitationsverfahren einen weit intensiveren Austausch als in früheren Zeiten verlangen.
[2] Hier – unvollständig – in chronologischer Reihenfolge aufgeführt, nicht nach der Intensität des Austausches.

US-Diskurse mit Niveauverlusten und der Marginalisierung wichtiger philosophischer Beiträge einhergeht.

Für die sorgfältige Abschrift und Redaktion der Texte danke ich Elisabeth Bandulet, Sina Struve, Agnes Striegahn, Rebecca Gutwald, Anastasia Apostolidou, Antonio Bikic, Christina Dosch und Elias Unger, für die immer verlässliche und engagierte Kooperation am Lehrstuhl zudem Niina Zuber, Fiorella Battaglia, Christine Bratu, Timo Greger, Klaus Staudacher, Nora Angleys und Yasmin Göppner.

Den Kolleginnen und Kollegen an der Philosophischen Fakultät meiner Universität bin ich dafür dankbar, dass sie seit 2009 mitgeholfen haben, eine von wechselseitigem Respekt und Vertrauen geprägte Kooperation zu etablieren, die über alle personellen Wechsel bisher stabil geblieben ist und die nicht nur effizientes administratives Entscheiden erlaubt, sondern auch die notwendigen zeitlichen Spielräume für die eigene wissenschaftliche Arbeit lässt.

Dem De Gruyter Verlag und dort insbesondere Frau Dr. Serena Pirrotta bin ich dankbar für die kompetente und verlässliche Kooperation, Silke Deuringer für die abschließende Lektorierung.

Meine Verpflichtungen und Distanzierungen gegenüber zeitgenössischen Beiträgen zur praktischen Philosophie werden in Verweisen deutlich, die ich allerdings sparsam eingesetzt habe, da es mir nicht darum ging Theorien zu diskutieren, sondern eine eigene vorzustellen. Wichtige Anregungen verdankt diese Theorie praktischer Vernunft der Auseinandersetzung mit der rationalen Entscheidungstheorie mit ihren drei Zweigen der Entscheidungstheorie im engeren Sinne, der Spieltheorie und der Logik kollektiver Entscheidungen, sowie mit Argumenten von Kurt Baier, Stephen Toulmin, Karl Popper, Elisabeth Anscombe, Peter Strawson, Richard Hare, John Rawls, Robert Nozick, Bernard Williams, Christine Korsgaard, Onora O'Neill, Robert Brandom und Jürgen Habermas.

Am meisten gelernt habe ich, auch was die Grenzen der Philosophie betrifft, von Aristoteles und Kant, Dewey und Wittgenstein, von der STOA und dem ZEN – aber da wäre Dankbarkeit der falsche Ausdruck.

Inhalt

Vorwort —— VII

Danksagung —— XI

Einführung und Überblick —— 1
Der Aufbau der Schrift —— 10

I   Praktische Philosophie —— 14
§ 1   Philosophie als Theorie der Vernunft —— 14
§ 2   Zum Begriff der Vernunft —— 22
§ 3   Wahrheit und Begründung —— 27
§ 4   Theoretische vs. praktische Vernunft —— 36
§ 5   Gründe in der Lebenswelt —— 41
§ 6   Praktische Kohärenz —— 58
§ 7   Kohärenz handlungsleitender Überzeugungen —— 65
§ 8   Der Status der Kohärenz —— 70
§ 9   Ethische Begründung —— 76
§ 10 Ethischer Realismus —— 87
§ 11 Kritik des Naturalismus —— 93

II Strukturelle Rationalität —— 99
§ 1   Praktische Vernunft und *rational choice* —— 99
§ 2   Instrumentelle Rationalität —— 104
§ 3   Kritik des methodologischen Egoismus —— 110
§ 4   Kooperation —— 113
§ 5   Die strukturelle Interpretation kooperativer Entscheidungen —— 124
§ 6   Kooperation als Handlungsmotiv —— 128
§ 7   Rationale Kooperation —— 132
§ 8   Kollektive Intentionalität —— 141
§ 9   Kollektive Rationalität —— 144
§ 10 Gerechtigkeit als kollektive Rationalität —— 149
§ 11 Vertragstheorie und strukturelle Rationalität —— 157

III Strukturelle Handlungstheorie —— 169
§ 1   Prohairesis —— 169
§ 2   Die Inkohärenz der Entscheidungstheorie —— 171
§ 3   Kollektive Irrationalität —— 176

§ 4	Strukturelle Intentionen —— **179**	
§ 5	Der strukturelle Handlungsbegriff —— **184**	
§ 6	Strukturelle Handlung und Kausalität —— **189**	
§ 7	Freiheit und Determination in struktureller Praxis —— **193**	
§ 8	Die Rolle des Zufalls —— **196**	
§ 9	Token und Type —— **202**	
§ 10	Diachrone Struktur —— **207**	
§ 11	Interpersonelle Struktur —— **211**	
§ 12	Grenzen des Lingualismus —— **216**	

IV Phänomenologie struktureller Rationalität —— 222
- § 1 Strukturelle Praxis —— **222**
- § 2 Selbstkontrolle —— **224**
- § 3 Selbstbeschränkung —— **229**
- § 4 Pflichten gegen sich selbst —— **232**
- § 5 Ehrlichkeit —— **236**
- § 6 Höflichkeit —— **239**
- § 7 Angemessenheit —— **243**
- § 8 Fairness —— **247**
- § 9 Gleichheit —— **255**
- § 10 Relativität —— **262**
- § 11 Verständigung —— **269**
- § 12 Regeln —— **274**

V Moralität und Rationalität —— 279
- § 1 Kritik des Konsequentialismus —— **279**
- § 2 Unparteilichkeit —— **282**
- § 3 Individualität —— **286**
- § 4 Individuelle Rechte —— **290**
- § 5 Gerechtigkeit —— **296**
- § 6 Integrität —— **301**
- § 7 Irreduzible Pluralität —— **303**
- § 8 Quietismus —— **308**
- § 9 Fragmentierung —— **311**
- § 10 Moralische Dilemmata —— **317**
- § 11 Rationalität und Moralität —— **325**

VI Das Wirken der Gründe —— 330
- § 1 Gründe —— **330**
- § 2 Normativität —— **332**

§ 3	Soziale Tatsachen —— 336	
§ 4	Objektivität —— 341	
§ 5	Nicht-Algorithmizität —— 346	
§ 6	Theoretische und praktische Gründe —— 352	
§ 7	Autonomie —— 358	
§ 8	Intertemporale und interpersonelle Kohärenz —— 362	
§ 9	Normative Überzeugungen —— 365	
§ 10	Emotive Einstellungen —— 372	
VII	**Metaphysische Aspekte —— 376**	
§ 1	Metaphysik —— 376	
§ 2	Freiheit —— 377	
§ 3	Verantwortung —— 384	
§ 4	Autorschaft —— 394	
§ 5	Der Status der Gründe —— 399	

Appendix —— 409
- § 1 Ramsey-Kompatibilität —— 409
- § 2 Metapräferenzen —— 413
- § 3 Das Ultimatumspiel —— 419
- § 4 Das Raucherbeispiel —— 420
- § 5 Gleichheit und Nutzen —— 422
- § 6 Konsequentialismus —— 424
- § 7 Zirkuläre Präferenzenbestimmtheit —— 427

Siglenverzeichnis: zitierte Publikationen des Verfassers —— 435

Namens- und Sachregister —— 437

Einführung und Überblick

Mit diesem Buch stelle ich eine *Theorie praktischer Vernunft* vor, die objektivistisch, oder besser *realistisch* ist, die sich als Alternative zum verbreiteten Rationalismus in der modernen Ethik versteht, die aber dennoch auf die Vernunftfähigkeit der Menschen vertraut, die *pragmatische* Züge hat, die als konstruktives Pendant zu meiner *Kritik des Konsequentialismus*[1] gelesen werden kann, deren Rationalitätskonzeption sich dennoch in den entscheidungs- und spieltheoretischen Begriffsrahmen einbetten lässt, und die schließlich nach ihrem Selbstverständnis gar keine Theorie ist. Das ist ziemlich viel auf einmal und das wird bei manchen Leserinnen und Lesern[2] Skepsis wecken: Diese Kombination von Eigenschaften einer philosophischen Theorie scheint von vorneherein unplausibel und der Zusatz, dass diese Theorie sich eigentlich gar nicht als solche versteht, mag diesen Zweifel zur Gewissheit verdichten: So kann das auf keinen Fall gutgehen.

Diejenigen, die sich an dieser Stelle die weitere Lektüre ersparen, kann ich nicht mehr überzeugen. Den Geduldigeren aber verspreche ich Folgendes: Sie werden sehen, dass die einzelnen Teile der Argumentation, so unwahrscheinlich, wie es zunächst erscheinen mag, gut zusammenpassen: Objektivismus und Realismus zu Immanentismus und Kohärentismus, Antirationalismus zu Vernunftvertrauen.

Ich verfolge mit diesem Buch nicht die Absicht, über den Diskussionsstand in der zeitgenössischen praktischen Philosophie zu informieren. Diejenigen, die damit vertraut sind, werden vielleicht die eine oder andere Bezugnahme vermissen, andere werden froh sein, dass der akademische Ballast so gering wie möglich gehalten wurde. Die Argumentation steht für sich selbst. Die sparsamen Verweise

---

[1] Kursivierungen werden verwendet zur Charakterisierung von Buch- und Zeitschriftentiteln, beim Gebrauch fremdsprachiger Ausdrücke und zur Hervorhebung.

[2] Die Gender-korrekte Sprache führt im Deutschen zu allerlei, teilweise grotesken, Verrenkungen, zu Neuschöpfungen, wie in „liebe Mitglieder und Mitgliederinnen", *-Verzierungen und Binnen-I's. Ich führe manchmal explizit beide Genera auf, meist aber belasse ich es unter Verwendung eines Zufalls-operators bei der Nennung nur eines grammatischen Geschlechts. Die Sprachpolizei sollte also bei diesem Text wenig zu tun haben. Aber ich bin sicher, es finden sich Kritiker und Kritikerinnen, die bemängeln werden, dass hier in der Debatte praktischer Vernunft nicht zwischen weiblichen und männlichen Herangehensweisen unterschieden wird. Dies aber ist kein Versehen aus männlicher Voreingenommenheit, sondern Absicht, denn es gibt zwar Unterschiede zwischen den Geschlechtern, aber nicht hinsichtlich ihrer Vernunftfähigkeit. Beide sind gleichermaßen befähigt sich von Gründen leiten zu lassen und was gute Gründe sind, differiert nicht nach Gender und Geschlecht, der Mensch ist ein *zoon nous echon*, wie Aristoteles zutreffend erkannte (und nur mit Mühe in seine Theorie der natürlichen Herrschaftsordnung zwischen den Geschlechtern integrieren konnte).

dienen dazu, weitere Lektüren anzuregen oder andere Positionen, von denen wir uns abgrenzen, zu markieren.

Im Kern der Philosophie steht nicht historische oder philologische Gelehrsamkeit, so hilfreich diese sein kann, sondern die Klärung philosophischer Fragestellungen, zum Beispiel die, was Vernunft eigentlich ausmacht. Ich werde gleich zu Beginn dieser Schrift dafür argumentieren, dass man die zeitgenössische Philosophie, nach dem Verlust zahlreicher Forschungsgebiete an die seit dem 18. Jahrhundert entstandenen Einzelwissenschaften, als Theorie der Vernunft verstehen kann. Jedenfalls ist diese Abhandlung als Beitrag zur systematischen Klärung dessen zu verstehen, was praktische Vernunft ausmacht. Und ihre Form orientiert sich daran. Die philosophisch Kenntnisreichen unter den Leserinnen und Lesern werden die Differenzen und Oppositionen zu anderen Positionen der zeitgenössischen praktischen Philosophie erkennen, andere werden ohnehin nur an der Argumentation selbst Interesse haben und Bezüge und Verweise nicht vermissen.

Angesichts der Renaissance der Gründe[3] seit Robert Brandoms *Making It Explicit* (1994) und Thomas Scanlons *What We Owe to Each Other* (1998) schwanke ich zwischen Verwunderung darüber, dass dies, was mir immer schon philosophisch alternativlos erschien, gegenwärtig geradezu Mode zu werden scheint, während es früher von den härter gesinnten Analytikern als Obskurantismus empfunden wurde und der Freude darüber, eine stetig wachsende Zahl von Mitstreitern für eine Wiederaufnahme des *Good Reasons Approaches* von Stephen Toulmin und Kurt Baier, in neuer Form und in einer grundlegend veränderten Diskurssituation zu gewinnen.[4] Dieses Buch kann man als den Versuch einer systematischen Klärung dessen verstehen, was man im Englischen als *reasons account* bezeichnen könnte.[5]

Die einzelnen Teile der Argumentation sind nicht für eine separate Lektüre gedacht, vielmehr erschließt sich meine Argumentation als ganze erst in der Zusammenschau ihrer Teile. Von daher ist ein wenig Geduld erforderlich: Manches, was bei der ersten Lektüre zunächst unplausibel erscheinen mag, sollte

---

3 Der Präsident der Deutschen Gesellschaft für Philosophie verantwortet jeweils einen großen Kongress zum Abschluss seiner Amtszeit. Ich hatte für 2011 das Thema *Welt der Gründe* gewählt. 2700 Teilnehmer und rund 400 Referentinnen diskutierten eine Woche lang in München philosophische Thesen zu diesem Thema. Die Proceedings sind u. d. T. *Welt der Gründe* bei Meiner erschienen.
4 Vgl. JNR: „Die Welt der Gründe. Fragen an Julian Nida-Rümelin" in: *Information Philosophie* 3 (2014).
5 Vgl. JNR: „The Reasons Account of Free Will: A Compatibilist-Libertarian Hybrid" in: *Archives for the Philosophy of Law and Social Philosophy* 105 (2019).

sich später, unter anderen Gesichtspunkten erneut aufgegriffen, erschließen, wie ein Gebäude, das unterschiedliche Bausteine zu einem Ganzen zusammenfügt. Allerdings sind diese Bausteine nicht unabhängig voneinander, sie stützen sich gegenseitig, ihr jeweiliger Inhalt klärt sich durch die Inhalte der anderen.

Es gibt einen subkutanen Atomismus in der analytisch geprägten praktischen Philosophie, der den Blick auf die Zusammenhänge verstellt. Dieser Atomismus, also die These, man könne die einzelnen Elemente jeweils für sich fassen und vollständig (formal) beschreiben, ist eine spezielle Form eines im neuzeitlichen Denken seit dem 17. Jahrhundert dominierenden Reduktionismus. Zweifellos war dieser in den Naturwissenschaften erfolgreich und ermöglichte eine Vielzahl faszinierender Forschungsprogramme. Zugleich ist er im Bereich der menschlichen Angelegenheiten zumeist inadäquat – die moderne ökonomische Theorie bietet dafür ein prägnantes Beispiel. Selbst die Disziplin, die vom Reduktionismus in der wissenschaftlichen Analyse am meisten profitiert hat, musste schließlich in besonders spektakulärer Weise erkennen, dass der Reduktionismus seine Grenzen hat, oder anders formuliert: dass es holistische Phänomene gibt.[6] Die quantenphysikalische Begrifflichkeit, die einen irreduzibel holistischen Charakter hat, ist nicht lediglich für die Mikro-Physik relevant, wie immer wieder behauptet wird. Die makro-physikalischen Implikationen der Theorie sind unterdessen auch empirisch belegt.[7] Zwischen Quantenphysik und Rationalitätstheorie gibt es eine frappierende Analogie: Atomismus wie Individualismus, so wichtig diese für kausal-erklärende Theorien in der Physik und der Sozialwissenschaft sind, werden in der präzisen Mikro-Analyse inadäquat.

Auch die im Folgenden präsentierten Bausteine der Theorie praktischer Vernunft sind nicht selbstgenügsam, sondern ergeben erst im Zusammenhang mit dem Ganzen der Theorie praktischer Vernunft Sinn. Sie explizieren sich wechselseitig und keiner von diesen hat eine fundamentale, den Rest des Gebäudes tragende Rolle: „Und von dieser Grundmauer könnte man beinahe sagen, sie werde vom ganzen Haus getragen."[8]

Erster Baustein: *Normativer, nicht-naturalistischer Realismus praktischer Gründe*

Gründe, theoretische (Gründe für Überzeugungen), praktische (Gründe für Handlungen) und emotive (Gründe für emotive Einstellungen) sind normativ, sie *spre-*

---

6 Vgl. W. Heisenberg: *Das Teil und das Ganze*. München: Piper 1971.
7 Vgl. Tim Maudlin: *Quantum Non-Locality and Relativity: Metaphysical Intimations of Modern Physics*. Oxford: Blackwell 2002.
8 Ludwig Wittgenstein: *Über Gewißheit*, §248.

chen für (die Überzeugung, die Handlung, die emotive Einstellung). Gründe sind von daher keine empirischen, sondern normative Sachverhalte. Gründe sind nicht Bestandteil der physikalisch beschreibbaren Welt.

Eine Person kann einen guten Grund haben, etwas zu tun, ohne dass sie einsieht, dass sie diesen guten Grund hat. Wir können sagen, es ist eine (normative) Tatsache, dass sie das Betreffende tun sollte, auch dann, wenn sie nicht einsieht, dass sie das Betreffende tun sollte. Gründe sind in dem Sinne objektiv, als sie von den jeweiligen Präferenzen (allgemeiner: prohairetischen Einstellungen) der handelnden Person unabhängig sind. Diese Unabhängigkeit impliziert keineswegs, dass die prohairetischen Einstellungen, die Wünsche und Hoffnungen einer Person, irrelevant sind für die (objektiven) Gründe, die sie hat, etwas zu tun. Sie hat einen guten – prima facie – Grund, x zu tun, wenn x geeignet ist, Schmerzen, die sie sonst erleiden müsste, zu vermeiden.

Ganz analog: Ich kann eine Überzeugung haben, ohne dass für diese Überzeugung gute Gründe sprechen. Ich würde dann eine (objektiv) unbegründete Überzeugung haben.

Oder: Die Person A verachtet die Person B, ohne dafür einen guten Grund angeben zu können. Ihre Verachtung ist unbegründet, wir können dann sagen, es handelt sich lediglich um ein *Ressentiment*. Wenn sich aber B niederträchtig verhalten hat, dann mag A einen guten (emotiven) Grund für ihre Verachtung haben.

Gründe sind nicht epistemisch verfasst, sie sind nicht Teil des epistemischen Zustandes einer Person. Gründe sind auch nicht prohairetisch verfasst, es handelt sich nicht um Präferenzen, die eine Person hat. Gründe sind auch keine Emotionen. Gründe sind objektiv. Unter ‚subjektiven' Gründen ist das, was eine Person für Gründe hält, zu verstehen. Ein subjektiver Grund ist nicht notwendigerweise ein Grund, wie eine subjektive Tatsache nicht notwendigerweise eine Tatsache ist. Besser wäre, von ‚Überzeugungen' oder ‚Motiven' statt von ‚subjektiven Tatsachen' oder ‚subjektiven Gründen' zu sprechen.

Objektive Gründe werden kausal dadurch relevant, dass sie von Vernunftwesen, von Personen mit hinreichender Einsichtsfähigkeit, erkannt werden können und dann ihre Überzeugungen, ihre Handlungen und ihre emotiven Einstellungen leiten oder zumindest beeinflussen.

Auch wenn die Gegenstände, auf die sich Gründe beziehen, nach diesen drei genannten Kategorien differenziert werden können, so ist die Form der Deliberation theoretischer, praktischer und emotiver Gründe unverändert: Wir versuchen herauszubekommen, was für x spricht, unabhängig davon, zu welcher Kategorie von Gegenständen x zählt: Überzeugungen, Handlungen oder emotiven Einstellungen.

Wer gute Gründe für x hat, aber x nicht realisiert (sich die betreffende Überzeugung nicht zu eigen macht, die betreffende Handlung nicht vollzieht, eine bestimmte emotive Einstellung nicht hat), der ist in dieser Hinsicht irrational. Gründe konstituieren die Vernünftigkeit einer Person.

Zweiter Baustein: *Einheit der Vernunft*

Gründe bilden ein komplexes Ganzes, Gründe lassen sich nur zum Zweck der sprachlichen Mitteilungen oder der wissenschaftlich-philosophischen Beschreibung isolieren. Einen Grund für x zu haben, impliziert, dass es keine Gegengründe gibt, die diesen Grund entkräften. Die Beschreibung von Gründen muss daher zumindest implizit von *ceteris paribus* Annahmen oder kleinen Welten Gebrauch machen. Dies ist eine Methode, die auch aus der Physik vertraut ist und sich dort bewährt hat. Jede Erklärung beruht auf einem hohen Maß an Simplifizierung, das heißt an Ausblendung all derjenigen Bestimmungsgrößen, die in dem konkreten Fall als irrelevant angenommen werden müssen, um die betreffende Erklärung ans Ziel zu bringen.

Es ist ausgerechnet die rationale Entscheidungstheorie, die auf einen wesentlichen Aspekt dieses Gründe-Holismus – zumindest *impliciter* – aufmerksam gemacht hat. Die beiden fundamentalen Bewertungsfunktionen, die subjektive Wahrscheinlichkeitsfunktion und die subjektive Wünschbarkeitsfunktion (Nutzenfunktion), sind jeweils nur simultan zuschreibbar, nicht isoliert.[9] Nur unter der Annahme einer Nutzenfunktion lassen sich subjektive Wahrscheinlichkeiten aufgrund von *revealed preferences* zuordnen und umgekehrt lassen sich Nutzenfunktionen nur unter der Voraussetzung einer gegebenen subjektiven Wahrscheinlichkeitsfunktion zuordnen. Dieser vermeintliche *circulus vitiosus* zwingt zu einer simultanen Zuordnung beider Repräsentanten propositionaler Einstellungen, die erst durch einschränkende Bedingungen der Kohärenz epistemischer wie prohairetischer Bewertungen, sowie konkreter Plausibilitätsannahmen, ihre Unterbestimmtheit verliert.[10]

Die Einheit der Vernunft zeigt sich nicht nur in der wechselseitigen Bedingtheit rationaler Überzeugungen und rationaler Handlungen, sowie rationaler emotiver Einstellungen, sondern vor allem in der Gestaltung der individuellen

---

9 In besonders klarer Weise von Richard Jeffrey herausgearbeitet in *The Logic of Decision*, Chicago: University Press 1990.
10 Üblicherweise wird die entscheidungstheoretische Explikation praktischer Rationalität reduktionistisch verstanden, das heißt Entscheidungen als (rationaler) Ausdruck der Optimierung gegebener Wünsche (zusammengefasst in der Nutzenfunktion) bei gegebenen Überzeugungen (zusammengefasst in der Wahrscheinlichkeitsfunktion). Das ist aber, wie wir noch sehen werden, keineswegs zwingend, man kann die rationale Entscheidungstheorie auch kohärentistisch interpretieren, vgl. II §1.

Lebensform als ganzer. Ein Indiz für Inkohärenz ist das Gefühl des Bereuens oder Bedauerns. Eine kohärente Lebensform zeichnet sich dadurch aus, dass dieses Gefühl selten auftritt. Natürlich kann sich im Nachhinein herausstellen, dass eine getroffene Entscheidung zwar gute Gründe für sich hatte, sich aber als ungünstig oder gar desaströs erwiesen hat, da Umstände eingetreten sind, die zurecht für unwahrscheinlich gehalten wurden. Reue wäre in diesem Fall aber eine unbegründete emotive Einstellung. Sie wäre unbegründet, weil die Situation zum Zeitpunkt der Entscheidung bestimmt, welche guten Gründe für, beziehungsweise gegen diese Entscheidung sprechen. Eine *ex post*-Betrachtung ist nur in der Form sinnvoll, dass überprüft wird, ob tatsächlich zu diesem Zeitpunkt gute Gründe für die betreffende Entscheidung sprachen.

Die hier entwickelte Theorie praktischer Vernunft folgt einer Heuristik der *Einheit des Soll*ens: Es gibt keine bereichsspezifischen Rationalitäten, am Ende muss die Praxis als ganze sowohl einer Person, wie einer Gesellschaft oder eines Kollektivs, vernünftig sein. Niemand zerfällt in Funktionalitäten oder soziologische Rollen, sondern jede vernünftige Person muss die verschiedenen Erwartungen normativer und empirischer Art soweit integrieren, dass ihre Praxis als ganze in sich stimmig ist. Auch die in den wissenschaftlichen Disziplinen postulierten Bereichs-Rationalitäten fokussieren allenfalls auf spezifische Aspekte rationalen Urteilens, rationaler Praxis oder rationaler emotiver Einstellungen. Oft werden diese spezifischen Aspekte und Kriterien zu einem Rationalitäts-Paradigma verdichtet, das für sich den Anspruch erhebt, Rationalität als solche erfasst zu haben. Es wäre ein interessantes Projekt interdisziplinär vergleichender Wissenschaftstheorie diese Vielfalt zu systematisieren und – soweit möglich – zu integrieren. In unseren gelegentlichen Ausblicken auf die Verhaltensökonomie und das Standardmodell ökonomischer Rationalität steuern wir dazu das eine oder andere Element bei.

Dritter Baustein: Kooperation

Eine zentrale Rolle für die hier entwickelte Theorie praktischer Vernunft spielt das Phänomen kooperativer Praxis. Die Ausgangsthese lautet, dass kooperatives Handeln nicht ‚rational' im Sinne individuell konsequentialistisch-optimierender Entscheidung ist (im Einklang mit der orthodoxen entscheidungstheoretischen Konzeption beziehungsweise dem Standardmodell ökonomischer Rationalität). Der Umweg über altruistische Motive oder die Rolle eines Gruppen-Ethos ist als generelle Explikation kooperativer Praxis inadäquat.[11] Adäquater ist es, sowohl

---

11 Dies wird im zweiten Kapitel aufgezeigt, insbesondere II §9.

altruistische wie kommunitaristische Wertorientierungen nicht als besondere Formen der Kooperation zu interpretieren, sondern als deren Substitution.¹²

Genuine Kooperation ist dadurch charakterisiert, dass die handelnde Person in der Erwartung einer kollektiven, aus den Einzelhandlungen der Beteiligten zusammengesetzten Handlung agiert, die gegenüber dem Ergebnis, das sich einstellen würde, wenn alle Beteiligten sich ausschließlich an ihren eigenen Interessen optimierten, für alle günstiger ist. Dieses Verhältnis ändert aber nichts daran, dass es jeweils, ganz unabhängig davon, wie die anderen Akteure sich verhalten, für die einzelne Person günstiger wäre, individuell zu optimieren. Sie entscheidet sich also im paradigmatischen Fall gegen je individuelle Interessenoptimierung und für den eigenen Beitrag zu einer gemeinsam wünschenswerten Praxis. Kooperative Handlungsmotive transzendieren den individuell-egoistischen Standpunkt. Strikt individualistisch verfasste Rationalitätstheorien können dieses Phänomen nicht adäquat erfassen. Kooperation ist ein paradigmatischer Fall struktureller Rationalität.

Vierter Baustein: *Diachrone Kohärenz*

Akteure, die die jeweiligen Neigungen und Wünsche des Augenblicks optimieren, einschließlich solcher, die auf die Zukunft gerichtet sind, würden in inkohärente, temporal disparate Einzelakteure zerfallen. Eine kohärente Praxis wäre von den Zufälligkeiten der Wunschentwicklung in der Zeit abhängig. Vernünftige Praxis ist aber durch eine Kohärenz über die verschiedenen Zeitpunkte hinweg geprägt, die strukturell dieselben Eigenschaften hat, wie interpersonelle Kooperation. Es wechseln zwar die Wünsche, die eine Person von Zeitpunkt zu Zeitpunkt hat, sie ist aber – sofern vernünftig – in der Lage diese zu erwartenden Veränderungen ihres prohairetischen Zustandes strukturell einzubetten, also sich für diachrone Praktiken zu entscheiden, die für die jeweilige Einzelhandlung zu einem bestimmten Zeitpunkt die Spielräume abstecken. Ein Phänomen, das man als diachrone Kohärenz durch selbstauferlegte *constraints* bezeichnen kann.

Die Person wählt dann die ‚punktuelle' Handlung im Hinblick auf eine von ihr gewünschte diachrone Handlungsstruktur. Das heißt nicht, dass die gewünschte

---

12 Analog zur Unterscheidung zwischen rechtmäßigen (bloß moralkonformen) und genuin moralischen (sittlichen) Handlungen bei Immanuel Kant: Moralkonform sind Handlungen, die Maximen folgen, die mit dem Sittengesetz, dem Kategorischen Imperativ, vereinbar sind; genuin moralische Handlungen zeichnen sich dadurch aus, dass sie aus Achtung vor dem Sittengesetz, also moralisch motiviert, erfolgen. Erstere können bei Konvergenz von Eigeninteresse und Moral auch egoistisch motiviert sein oder aus anderen Gründen dem Kategorischen Imperativ entsprechen.

diachrone Handlungsstruktur jeweils festlegt, welche punktuelle Handlung zu vollziehen ist, vielmehr wird es in der Regel einen Spielraum der Unterbestimmtheit geben.[13] Diachrone Kohärenz ist ein weiteres paradigmatisches Beispiel struktureller Rationalität.

Fünfter Baustein: *Ramsey-Kohärenz*

Die übliche Interpretation des Nutzentheorems von John von Neumann und Oskar Morgenstern, das viele Jahre zuvor der Mathematiker und Philosoph Frank P. Ramsey schon vorweggenommen hatte, ist konsequentialistisch optimierend: Es wird, jedenfalls in den ökonomischen Anwendungen, davon ausgegangen, dass die Postulate des Nutzentheorems von rationalen Akteuren deswegen erfüllt werden, weil sie ihren jeweiligen Nutzen maximieren möchten. Gemeint ist ihr individueller Nutzen, sei es im Sinne des eigenen Wohlergehens oder auch nur der Erfüllung eigener Präferenzen, wie immer diese im Einzelnen motiviert sind. Tatsächlich ist das eine der möglichen, aber keineswegs die zwingende, und wenig plausible Interpretation. Die Postulate des Nutzentheorems charakterisieren vielmehr die Kohärenz individueller Präferenzen. Es wird verlangt, dass jede Alternative mit jeder beliebigen anderen Alternative vergleichbar ist (Vollständigkeitsbedingung) oder dass die Präferenzen einer Person transitiv sind, das heißt, wenn sie a gegenüber b bevorzugt, und b gegenüber c, dass sie dann auch a gegenüber c bevorzugt. Keines der Postulate setzt eigenorientierte Nutzenoptimierung als Handlungsmotiv voraus. Jede Art von Präferenzen, auch moralisch motivierte, sollte kohärent sein, schon deswegen, weil sich ansonsten Situationen einstellen, in denen die Person entweder nicht oder nur willkürlich entscheiden kann, obwohl keine Indifferenz vorliegt. Ramsey-Kompatibilität, also die Erfüllung der Postulate des Nutzentheorems durch rationale Akteure, sollte kohärentistisch interpretiert werden, also als Anforderung an kohärente Präferenzen, ganz unabhängig davon, wie diese im Einzelnen motiviert sind. In dieser Sichtweise erweitert das Konzept struktureller Rationalität die Kohärenztheorie der Rationalität, wie sie mit dem Nutzentheorem vorliegt. Da strukturelle Rationalität unvereinbar mit punktueller und konsequentialistischer Optimierung ist, bietet die hier entwickelte Theorie praktischer Vernunft eine kohärentistische Alternative zur konsequentialistischen Standardtheorie.

---

13 Der strukturell rationale Weise, von dem ich in *SR* ironisch gesprochen hatte, der nur eine einzige Entscheidung in seinem Leben für eine, sich dann durchhaltende, Handlungsstruktur trifft, bleibt ein philosophisches Konstrukt, fernab der pragmatischen Bedingungen täglicher Lebensgestaltung.

Sechster Baustein: Aufhebung des Gegensatzes *instrumentelle* versus *substantielle* Rationalität

Der Gegensatz zwischen instrumentellen und substantiellen Konzeptionen der Rationalität löst sich in dieser Theorie praktischer Vernunft auf. Instrumentelle Konzeptionen der praktischen Rationalität bestimmen Kriterien für Handlungen als Mittel, um gegebene Ziele der handelnden Person zu erreichen. Substantielle Konzeptionen werden traditionellerweise so verstanden, dass sie die Ziele vernünftigen Handelns bestimmen. Dieser Gegensatz wird immer wieder auch ideologisch überhöht, wonach es eine Form der Anerkennung der Freiheit des Individuums sei, auf substantielle Rationalitätskonzeptionen zu verzichten. Es ist dann das Individuum, das frei über die Handlungsziele entscheiden kann. Diese Sichtweise hat nicht nur die groteske Konsequenz, dass Handlungen als rational gelten müssten, die allen Standards vernünftiger Beurteilung widersprechen, zum Beispiel der geschickt ausgeführte Mord an einer Erbtante, sondern sie ist auch mit der Praxis der Deliberation, wie sie uns lebensweltlich vertraut ist, unvereinbar. Wir versuchen herauszufinden, was jeweils (für uns) vernünftig ist. Wir dekretieren die Ziele nicht willkürlich, sondern wägen ab, welche wir vernünftigerweise verfolgen sollten. Die Freiheit des Individuums äußert sich darin, dass es selbst die Verantwortung für praktische Deliberationen hat, als Autorin oder Autor des eigenen Lebens.

Es ist die angemessene Integration guter Gründe, die rationales beziehungsweise vernünftiges Handeln ausmacht. Rationalität als bloße Mittelwahl und Vernunft als Merkmal der Zielbestimmung zu unterscheiden, beinhaltet eine abwegige Gegenüberstellung von Rationalität und Vernunft.[14] Praktische Vernunft bemisst sich nach dem *Inhalt* der Gründe, über die wir deliberieren und die *Form* ihrer Abwägung. Ihr Inhalt lässt sich nicht auf die Form reduzieren: Kohärenzbedingungen reichen zur Bestimmung praktischer Vernunft nicht aus. Strukturell rational ist eine Handlung, wenn sie sich in wünschenswerte Strukturen der Praxis (diachron und interpersonell) einbetten lässt. Welche Strukturen wünschenswert sind, zeigt sich am Ergebnis der Deliberation praktischer Gründe.

---

14 Die allerdings in der Philosophie weit verbreitet ist, besonders prominent bei John Rawls.

Der Aufbau der Schrift

Im ersten Teil (Kap. I) „Praktische Philosophie" kreisen wir die Thematik gewissermaßen von außen nach innen ein: Es wird begründet, warum man die Philosophie als einen Beitrag zur *Theorie der Vernunft* generell verstehen kann (I §1), welches Vorverständnis von Vernunft zugrunde gelegt wird (I §2) und in welchem Verhältnis *Begründung und Wahrheit* (I §3), sowie *theoretische und praktische Vernunft* (I §4) zueinanderstehen, aber auch welche Rolle *Gründe in der Lebenswelt* spielen (I §5). Der *Kohärentismus* (und Holismus), der diese Schrift anleitet, wird erläutert (I §6 bis I §8) und ein *realistisches* und nicht-reduktionistisches Verständnis ethischer Begründung entwickelt (I §9 und I §10). Dieser erste Teil der Schrift schließt mit einer *Kritik des Naturalismus* ab (I §11), der heute international dominierenden philosophischen Position, die zugleich zur offiziellen Weltanschauung Gebildeter geworden zu sein scheint, gegen die man tunlichst nicht Stellung nehmen sollte. Damit ist das Feld bereitet, der Realismus, Kohärentismus und Non-Naturalismus, die mein Denken prägen[15], erläutert und die philosophische Methode, die mich leitet, umrissen.[16]

Der zweite Teil (Kap. II) erläutert den paradigmatischen Kern praktischer Vernunft: *Strukturelle Rationalität*. Vernunft und Rationalität werden dabei nicht in den Gegensatz gebracht, der für die zeitgenössische praktische Philosophie charakteristisch geworden ist (II §1). Rationalität als lediglich *instrumentelle* (II §2) und *egoistisch motivierte* (II §3) zu verstehen, greift zu kurz. Das Handeln einer Person muss so gestaltet sein, dass sich ihre einzelnen Teile (Einzelhandlungen und punktuelle Entscheidungen) in eine wünschenswerte Struktur individueller und sozialer Praxis einbetten lassen. *Das Phänomen der Kooperation* ist dafür paradigmatisch (I §4 bis I §7). Diese Analyse kooperativer Handlungen legt ein *strukturelles Verständnis kollektiver Intentionalität* (II §8) und *Rationalität* (I §9) nahe und bettet die vertragstheoretische Fassung von *Gerechtigkeit* (II §10) in den begrifflichen Rahmen struktureller Rationalität ein (II §11).

Die Wünschbarkeit der Struktur lässt sich aber nur im Abgleich mit ihren praktischen Implikationen beurteilen. Wir gehen vor und zurück, prüfen unsere auf das Umfassendere gerichteten Intentionen, indem wir ihre konkreten Auswirkungen in Einzelhandlungen bewerten und prüfen unsere punktuellen Absichten

---

[15] Vgl. *EE*, erster Teil; *MReal*; *REAL*
[16] Um es den Lesern zu ersparen, sich bei der Lektüre mit anderen Publikationen aus meiner Feder befassen zu müssen, greifen wir in diesem ersten Kapitel auf teilweise schon publizierte Texte zurück, die für ein angemessenes Verständnis der Theorie praktischer Vernunft wichtig sind.

im Hinblick auf ihre strukturellen Passungen. Dieses Verhältnis von punktueller Entscheidung und struktureller Intention steht im Mittelpunkt des dritten Teils „Strukturelle Handlungstheorie" (Kap. III).

In einigen Passagen wird hier auf Begriffe der klassischen griechischen Philosophie, insbesondere auf Aristoteles und die Stoa zurückgegriffen,[17] um Distanz zu heutigen Sprech- und Denkgewohnheiten zu gewinnen und ältere philosophische Einsichten zu reaktivieren. Die Überschrift des ersten Paragraphen dieses Teils weist darauf hin: „*Prohairesis*". Dieser Terminus war von mir ursprünglich als Obertitel des Buches gedacht, denn im Kern geht es um die Kritik atomistischer, punktuell optimierender, individueller Rationalität, ein verkürztes Konzept praktischer Vernunft, das erst im Europäischen Rationalismus und in der Europäischen Aufklärung aufkommt. Angesichts all der Aporien, mit denen dieses Konzept konfrontiert ist, mag der Hinweis hilfreich sein, dass die Philosophie schon einmal weiter war (III §1), jedenfalls im europäischen Kulturkreis. In anderen Kulturen ist möglicherweise ein reichhaltigeres Verständnis praktischer Vernunft vitaler geblieben, diesen Eindruck habe ich jedenfalls aus dem Austausch mit chinesischen Kolleginnen und Kollegen gewonnen.[18] Aber die moderne Entscheidungstheorie lässt uns nicht los, wir springen nicht in eine andere Beschreibungsform und lassen die zeitgenössische hinter uns. III §2 befasst sich mit einer fundamentalen, und für unser Projekt einer umfassenden Theorie praktischer Vernunft wichtigen, Inkohärenz zwischen der Rationalität eines Individuums in einer unsicheren Umwelt (Entscheidungstheorie im engeren Sinne) und der eines Individuums in einer Interaktion mit anderen Akteuren (Spieltheorie), III §3 mit dem Phänomen *kollektiver Irrationalität* (III §3). In den darauffolgenden Abschnitten wird die strukturelle Handlungstheorie weiter ausdifferenziert: *Strukturelle Intentionen* (III §4), *strukturelle Praxis* (III §5), die Rolle von *Kausalität* (III §6), *Freiheit* (III §7) und *Zufall* (III §8). Wir rekonstruieren die *token – type* – Unterscheidung im Kontext struktureller Handlungstheorie (III §9), erörtern die *diachrone* (III §10) und *interpersonelle* (III §11) Dimension

---

[17] Zentrale Aspekte der hier vorgestellten Theorie praktischer Vernunft scheinen in der stoischen Affektenlehre (Gründe-geleitete Präferenzen, die Rolle des begründeten Urteils für – vernünftige – prohairetische Einstellungen) und Handlungstheorie (Einheit der Vernunft) vorweggenommen zu sein. Diese Parallelen sind für mich faszinierend, aber hier ist nicht der Ort diesen detaillierter nachzugehen. Die aristotelischen Elemente (u. a. die topische Methode) liegen ohnehin auf der Hand. Vgl. Katja Vogt: *Desiring the Good. Ancient Proposals and Contemporary Theory*. Oxford: University Press 2017.
[18] Bei einigen Forschungsaufenthalten seit 2007, auch im August 2018 auf dem World Congress Philosophy (WCP) in Peking, der den bezeichnenden Titel trug: *Learning to be Human*.

struktureller Praxis und schließen diesen Teil mit einer Kautele zu den *Grenzen des Lingualismus* (III §12) ab.

Nach dieser eher abstrakten Fassung struktureller Handlungstheorie, befasst sich der vierte Teil (Kap. IV) mit der *Phänomenologie struktureller Praxis*. Dieser Teil erhebt nicht den Anspruch auf Vollständigkeit, sondern wirft Schlaglichter auf Alltagsphänomene rationalen Handelns. Dabei zeigt sich, dass ein angemessenes Verständnis dieser Phänomene nur im Rahmen einer strukturellen Interpretation möglich ist: Das gilt zum Beispiel für *Selbstkontrolle* (IV §2), *Selbstbeschränkung* (IV §3) und *Pflichten gegen sich selbst* (IV §4), aber auch für die Tugenden *Ehrlichkeit* (IV §5) und *Höflichkeit* (IV §6). Wir diskutieren das umfassende normative Kriterium der *Angemessenheit* (IV §7) und greifen auf empirische Befunde der Verhaltensökonomie zurück, die unsere strukturelle Theorie praktischer Vernunft stützen, zum Beispiel die Rolle von Fairness (IV §8) und die Wertschätzung von Gleichheit im Ultimatumspiel (IV §9), auch die Relativität von Beurteilungsmaßstäben (IV §10). Der Teil schließt mit einer Klärung des strukturellen Charakters zunächst der Verständigungspraxis (IV §11) und dann der Regelbefolgung allgemein (IV §12).

Die hier entwickelte Theorie praktischer Vernunft hat das Ziel rationalitätstheoretische und ethische Kriterien in einer einheitlichen Theorie praktischer Vernunft zusammenzuführen. Daher befasst sich der fünfte Teil mit dem Verhältnis von *Rationalität und Moralität* (Kap. V). Nach einer einführenden *Kritik des Konsequentialismus* (V §1) werden zentrale Merkmale moralischer Praxis erörtert: *Unparteilichkeit* (V §2), *Individualität* (V §3) und speziell die Rolle *individueller Rechte* (V §4), der *Gerechtigkeit* (V §5) und der *personalen Integrität* (V §6). Dabei wird jeweils aufgezeigt, wie sich diese Merkmale in ein strukturelles Verständnis praktischer Vernunft einbetten lassen. Die darauffolgenden Abschnitte setzen sich mit fundamentalen ethischen Herausforderungen der Theorie praktischer Vernunft auseinander: der irreduziblen Pluralität moralischer Normen und Werte (V §7) und der Gefahr des Quietismus, der kohärentistische Konzeptionen, wie ich sie vertrete, ausgesetzt sind (V §8), der Fragmentierung moralischer Werte (V §9) und schließlich der wohl fundamentalsten Herausforderung für den ethischen Realismus und für eine einheitliche Theorie praktischer Vernunft: der Existenz genuiner moralischer Dilemmata (V §10). Der Teil schließt mit einem Resümee ab (V §11).

Aber wie kann man sich das *Wirken der Gründe* vorstellen? Und wie ist dieses mit unserem wissenschaftlichen Weltbild vereinbar? Diese Fragen stellen wir uns in den letzten beiden Teilen der Arbeit. Im sechsten Kapitel werden nach einem einführenden Paragraphen (VI §1) drei Merkmale von Gründen erörtert: *Normativität* (VI §2), *Objektivität* (VI §4) und *Nicht-Algorithmizität* (VI §5). *Soziale Tatsachen* spielen für praktische Gründe eine wichtige Rolle (VI §3) und obwohl diese durch soziale Praktiken erst konstituiert werden, sind sie objektiv (VI §4). Ich gehe auf das komplexe *Verhältnis von theoretischen und praktischen Gründen* ein (VI §6), um dann die Rolle von Gründen für die *Autonomie* der Person (VI §7) und die *Kohärenz* der Praxis (VI §8), sowie für unsere *normativen Überzeugungen* (VI §9) und *emotiven Einstellungen* (VI §10) zu klären.

Unter dem Titel *Metaphysische Aspekte* diskutiere ich im letzten Teil der Schrift unaufgebbare Bedingungen menschlicher Praxis und menschlichen Selbstverständnisses. Es handelt sich um Metaphysik, nicht, weil hier hier die mit anderen Erkenntnismethoden nicht mehr erreichbaren Grundlagen der Theorie praktischer Vernunft gelegt werden, sondern nur insofern als diese Bedingungen vom Gesamt unserer Praxis der Interaktionen und Kommunikationen vorausgesetzt und zugleich durch diese exemplifiziert werden (VII §1): *menschliche Freiheit* (VII §2) und *Verantwortung* (VII §3) und die sich daraus ergebende individuelle, menschliche *Autorschaft* (VII §4). Eine Erörterung des *Status der Gründe* schließt diese Schrift ab (VII §5).

I Praktische Philosophie

§ 1 Philosophie als Theorie der Vernunft

Seitdem es die Philosophie gibt, gibt es auch eine Diskussion darüber, was Philosophie eigentlich ist und ob es sich um eine sinnvolle Aktivität handelt. Diese Diskussion gibt es von innen, als Debatte um das Selbstverständnis der Disziplin, und von außen, wohlwollend in der Erwartung, dass die Philosophie auch jenseits ihres Faches zur Lebens- und Weltorientierung beitragen könne, kritisch gegen ihre tatsächliche oder nur vermeintliche Fruchtlosigkeit gerichtet, oder aus anderen disziplinären Selbstverständnissen gespeist, als Bestreitung ihrer Wissenschaftlichkeit. Ich will die Verästelungen dieser Debatte nicht nachzeichnen, aber einen Vorschlag skizzieren, der das Projekt dieser Schrift motiviert hat.

Dieser Vorschlag lautet: Wir sollten Philosophie als *Theorie der Vernunft* verstehen. Was mit *Vernunft* näher gemeint ist, soll dann Inhalt dieses Buches werden. Damit soll keineswegs behauptet werden, dass das Gesamt der philosophischen Aktivitäten unter Theorie der Vernunft subsumiert werden könnte, sondern lediglich, dass der Kern philosophischer Aktivitäten der Klärung dessen gilt, was vernünftige Überzeugungen und vernünftige Handlungen ausmacht, spezifischer: dass die moderne Philosophie guten Grund hat, sich als Theorie der Vernunft zu verstehen, nachdem ihre erfolgreichsten Teilgebiete sich als Einzeldisziplinen verselbständigt haben.

Schon im 18. Jahrhundert wird die noch im Schoß der Philosophie aufblühende Physik als Herausforderung des philosophischen Selbstverständnisses gesehen. Immanuel Kants Abwendung von der rationalistischen deutschen Schulphilosophie und die Entwicklung einer Kritik der theoretischen Vernunft als ein genuin philosophisches Projekt, kann man als Klärung der transzendentalen Bedingungen empirischer Naturwissenschaft lesen, die sich allerdings erst in den Jahrzehnten nach Kants Tod ausdifferenzierte und dann in selbständigen Disziplinen etablierte. Wenn sich menschliches Wissen *rationalistisch*, das heißt allein gestützt auf Vernunftwahrheiten, nicht gewinnen lässt, dann blieb nur eine bescheidenere Form philosophischer Erkenntnis, die Kant als die des *synthetischen Apriori* bezeichnet hatte: Die Philosophie wäre im Gegensatz zu den Naturwissenschaften und den sich erst im 20. Jahrhundert etablierenden Sozialwissenschaften eine nach wie vor *apriorische* Disziplin, allerdings eine mit bescheidenem Anspruch. Es ginge ihr lediglich um die Klärung der Bedingungen empirischen Wissens als Gegenstand der philosophischen Erkenntnistheorie und der Bedingungen vernünftiger Praxis als Gegenstand der Ethik: *Kritik der theoretischen und der praktischen Vernunft*. Sollte aber auch dieses Projekt scheitern, so wäre der philosophischen Disziplin ihr Gegenstand endgültig genommen. Sie müsste sich dann entweder auf eine skeptische Vernunftkritik im Stil David Humes beschränken, oder ihre Zuflucht in einer hoch metaphysischen Theorie des absoluten Geistes nehmen (G.W.F. Hegel). Wer den inhaltsleeren Formalismus kantianischer Philosophie kritisiert, hat nicht mehr viele Optionen: Der Rückzug auf den Naturalismus als eine Form der Verallgemeinerung, aber auch Ideologisierung des naturwissenschaftlichen Forschungsprogramms ist die eine, der Rückzug in eine Art *splendid isolation* der Philosophie, wie sie in unterschiedlichen Formen im 19. Jahrhundert aufkommt, die andere. Insbesondere der Berkeleysche britische Idealismus, die Diskussionen um die Existenz des Fremdpsychischen, solipsistische Positionen, der verbreitete Anti-Realismus in der europäischen Philosophie, illustrieren letztere. Während die naturalistische Option im Logischen Empirismus und generell in der analytischen Philosophie des 20. Jahrhunderts überdauert, führt die idealistische Option sowohl die britische als auch die kontinentaleuropäische Philosophie Ende des 19. Jahrhunderts in eine tiefe Krise, die durch unterschiedliche Versuche eines radikalen Neubeginns überwunden wird: Die Rückbesinnung auf Immanuel Kant, der *Neu-Kantianismus*, die *Phänomenologie* nach der *Krisis*-Schrift von Edmund Husserl, der *Szientismus* des Wiener Kreises (auch des Marxismus) bis hin zu der von Ludwig Wittgenstein inspirierten *ordinary language philosophy* sind Varianten dieses radikalen Neubeginns.

Der US-amerikanische Pragmatismus, der zunächst eine vielversprechende Alternative zu den europäischen Fehlentwicklungen der Philosophie zu sein schien, konnte sich nach der Emigration analytisch geprägter Philosophen aus Europa, auch als Folge der NS-Verfolgung kritischer und jüdischer Intelligentsia, zunächst nicht behaupten, lediglich das bildungspraktische Programm von John Dewey wirkte über die Jahrzehnte fort. Erst in der aktuellen Krise der analytischen Philosophie kommen traditionelle pragmatistische Impulse wieder zur Geltung[1].

Die Krise der analytischen Philosophie beginnt mit Quines Kritik empiristischer Dogmen und radikalisiert sich seit den 1970er Jahren in Gestalt der Rückkehr normativer Ethik und politischer Philosophie, die in der traditionellen analytischen Programmatik von A.J. Ayer[2] noch ausgeschlossen worden war. Die über einige Jahrzehnte die amerikanische politische Philosophie dominierende Figur

---

[1] Die Entwicklung eines der führenden amerikanischen analytischen Philosophen, Hilary Putnam, ist dafür paradigmatisch: Beginnend als mathematischer Analytiker mit einer zunächst scharf szientistischen Ausrichtung, die anfangs mit einer marxistisch geprägten politischen Orientierung einherging, wendet sich Putnams Spätphilosophie zum Pragmatismus und versteht sich schließlich als dezidiert humanistisch.

[2] Vgl. Alfred Jules Ayer: *Language, Truth and Logic*. London: Gollancz 1936.

John Rawls praktizierte allerdings einen radikalen Kontinuitätsbruch, da seine *Theory of Justice* (1971) in keiner Weise den Diskurs analytischer Ethik fortführte, sondern – mit wenigen Anknüpfungen an die *rational choice*-Tradition – eine an der Vertragstheorie der Aufklärung, insbesondere an Immanuel Kant orientierte Gerechtigkeitskonzeption entwickelte, die sich an den *well considered moral judgements* bewähren sollte und sich nicht aus sprachphilosophischen Analysen ableitete. Erst 1980 unternimmt Rawls in den *Dewey-Lectures* den Versuch, die normative Theorie der Gerechtigkeit an den naturalistischen Mainstream der analytischen Philosophie anzuschließen: Dies ist die Geburtsstunde des sogenannten *Kantian Constructivism*, deren heute prominenteste Vertreterin Christine Korsgaard ist.

Während das methodische Vorgehen der *Theory of Justice* in die richtige Richtung weist, kann die Wendung zum *Kantian Constructivism*, insbesondere in der transzendentalistischen Variante von Christine Korsgaard, nur als Rückschlag für das Projekt einer selbstgewissen und nicht krisenanfälligen praktischen Philosophie verstanden werden. Vermutlich war es das dringende Bedürfnis, sich in irgendeiner Weise dem letzten verbliebenen Dogma der analytischen Philosophie, nämlich dem naturalistischen, anzuschließen, das diese Wende erklärt. Vielleicht auch die Sorge, dass die Eigendynamik einer systematischen normativen politischen Philosophie mit einer gewissen Zwangsläufigkeit in die eine oder andere Variante eines *nicht-naturalistischen normativen Realismus* münden müsste, wie sie dann in der Tat von Thomas Nagel oder Ronald Dworkin vertreten wurde. Ein nicht-naturalistischer ethischer Realismus erscheint aber dem analytischen Mainstream in den USA und erst recht in Großbritannien als inakzeptabel, da er unter dem Verdacht des Mystizismus und dem Verdikt des Platonismus steht. Thomas Nagel selbst hat diesem Vorurteil mit seiner jüngsten Publikation massiv Auftrieb verliehen und man kann den Eindruck gewinnen, dass die von Kopfschütteln bis Verriss reichenden Reaktionen eine dankbare Gemeinde im schon etwas verunsicherten Mainstream der analytischen Philosophie in den USA gefunden haben.[3]

Nicht-naturalistischen ethischen Realisten droht das Gespenst des Platonismus, das ich mit dieser Schrift und anderen Publikationen[4] zu bannen versuche. Wenn allerdings unter Platonismus die These verstanden wird, dass nicht-physischen Objekten eine Realität zukommt, dann läuft die Kritik des Platonismus auf nichts anderes heraus, als eine Immunisierung einer naturalistischen Metaphy-

---

[3] Vgl. Thomas Nagel: *Mind and Cosmos*. Oxford: University Press 2012 und meine Rezension dazu in *Journal for General Philosophy of Science* 45 (2014).
[4] Vgl. *P&L*, Teil I; sowie *HumR*, Teil I und *REAL*.

sik. Da die naturalistische Doktrin jedoch mit massiven, unüberwindlich erscheinenden Problemen konfrontiert ist, liefe eine Immunisierung des Naturalismus letztlich auf die Abdankung der Philosophie hinaus – ein alter Traum vieler Naturalisten würde wahr: die Auflösung von Philosophie in Naturwissenschaft.

Drei sperrige Blöcke stehen dem jedoch im Weg: (1) das Logische, (2) das Normative und (3) das Subjektive. (1) Die Gültigkeit logischer Regeln lässt sich empirisch nicht feststellen, Logik ist kein möglicher Gegenstand der Naturwissenschaft. (2) Das Normative mag auf dem Nicht-Normativen supervenieren, aber es lässt sich nicht mit Nicht-Normativem identifizieren. Es gibt keine Möglichkeit, aus empirischen Fakten normative zu deduzieren, bzw. normative Behauptungen ohne Bedeutungsverlust in empirische zu überführen. (3) Auch wenn alle subjektiven Zustände neurophysiologische Realisierungen haben sollten, so sind sie damit doch nicht identisch, wie zuletzt die Qualia-Debatte deutlich gemacht hat. (1) Wer entgegen der Psychologismus-Kritik Husserls und Freges die Reduzibilität des Logischen auf das Empirische behauptet, (2) wer entgegen der These des naturalistischen Fehlschlusses die Reduzibiltät des Normativen auf das Empirische behauptet oder (3) wer entgegen allem Anschein die Reduzibilität des Subjektiven auf das Neurophysiologische behauptet, hat zweifellos die Beweislast. Der Anschein, dass es umgekehrt sei, dass diejenigen, die sich gegen die naturalistische Doktrin in ihren unterschiedlichen Varianten richten, die Beweislast trügen, lässt sich nur damit erklären, dass sie in der Tat gegen einen verbreiteten Irrtum in der zeitgenössischen Philosophie antreten. Allein die weite Verbreitung irrtümlicher Überzeugungen dreht jedoch die Beweislast nicht um. Die Beweislast tragen diejenigen, die eine These vertreten, die mit unseren lebensweltlichen Überzeugungen schwer in Einklang zu bringen ist. Der Naturalismus eines Großteils der zeitgenössischen analytischen Philosophie ist jedoch, ebenso wie die Pyrrhonische Skepsis oder der Berkeleysche Idealismus des 19. Jahrhunderts, mit lebensweltlichen Überzeugungen schwer in Einklang zu bringen.[5]

Die Philosophie, verstanden als Theorie der – theoretischen wie praktischen – Vernunft, versteht sich nicht als rationalistisches Projekt, nicht als Neukonstruktion allen Meinens und aller Praxis, nicht als Antwort auf eine globale Skepsis. Vielmehr schließt sie an unsere lebensweltlichen Überzeugungen und Praktiken an und hat in diesen ihre *Bewährungsinstanz*. Das macht sie nicht zu einem unkritischen reinen Rekonstruktionsprojekt. Die Systematisierung und begriffliche Klärung unserer Überzeugungen und Praktiken, die Diskussion der Kriterien und Normen, die diese leiten, ist kein *l'art pour l'art*, keine innerphilosophische Denkübung von lediglich akademischem Interesse. Es ist der Versuch, mehr Klar-

---

[5] Vgl. *HumR*.

heit und Kohärenz zu schaffen und ihre Motive beruhen auf der Beobachtung von Konfusionen und Inkohärenzen. Der methodische Zweifel, der die Philosophie anleitet, ist richtig verstanden die Verallgemeinerung der gelegentlichen Beobachtung offenkundiger Irrtümer und Fehlentscheidungen zu einem umfassenden *Fallibilismus*, das heißt zu der Auffassung, dass so gut wie alle unsere Überzeugungen und Praktiken fehlgeleitet sein können. Dies rechtfertigt aber nicht die Haltung einer *globalen Skepsis*, die alles zugleich infrage stellt und damit das zerstört, was Bewährungsinstanz auch der philosophischen Diskussion bleiben muss. Der Zweifel muss *lokal* bleiben, um vernünftig zu sein.

Die Philosophie als Theorie der Vernunft versteht sich in Kontinuität zu lebensweltlichen Diskursen und sie wirkt über diese auf die praktizierten Lebensformen zurück. Sie steht dabei auch in Kontinuität zu den Methoden der Natur- und Sozialwissenschaften, sie ist keine alternative Form des Denkens. Sie stellt sich nicht gegen die Methoden und die Ergebnisse der Einzelwissenschaften, vielmehr ist es eine ihrer Aufgaben, diese zu integrieren, sie zu einem kohärenten Weltbild zusammenzuführen. Wohl aber stellt sie sich gegen philosophische Überspanntheiten, die in Schüben aus erfolgreichen natur- und sozialwissenschaftlichen Forschungsprogrammen hervorgehen, wie gegenwärtig etwa der neurophysiologische Anti-Humanismus, also die Bestreitung der menschlichen Fähigkeit zu verantwortlichem Handeln, der Skinner'sche Behaviorismus als Anthropologie, die Systemtheorie als Subjekt-Kritik, oder der Sozialdarwinismus des späten 19. Jahrhunderts, der Universal-Determinismus des 18. Jahrhunderts, den nicht Isaac Newton, aber einige seiner Schüler vertreten haben, generell der Versuch, ein in einem bestimmten Anwendungsbereich erfolgreiches wissenschaftliches Paradigma *ad libitum* auszuweiten und es damit zu einer Weltanschauung umzuformen.

Beispiele für diese szientistischen Überspanntheiten gibt es im 19. und 20. Jahrhundert in großer Zahl, aber zumindest programmatisch reichen ihre Wurzeln bis in die frühe Neuzeit, ja sogar in die Antike zurück. So kann man den Utopismus der frühen Neuzeit als die Ausweitung eines technokratischen Paradigmas auf die Politik interpretieren und Epikurs Ethik als Fehlanwendung einer materialistischen und atomistischen Physik; Thomas Hobbes' Systementwurf, wonach sich die Anthropologie und die Politik nach den Methoden der Physik entwickeln lassen; auch die über Jahrhunderte anhaltende Faszination der axiomatischen Methode der euklidischen Geometrie als universale Methode wissenschaftlicher Erkenntnis *more geometrico*, auch die Übertragung der Begrifflichkeiten der darwinistischen Evolutionstheorie auf eine rassistische Ideologie und Politik im Nationalsozialismus, das wohl abschreckendste Beispiel von allen.

Fallweise muss die Philosophie als Theorie der Vernunft also für lebensweltliche Überzeugungen und Praktiken und gegen szientistische Überspanntheiten argumentieren. Das darf aber nicht als Kritik *der* Wissenschaft verstanden werden, sondern ist genau besehen eine inner-philosophische Kritik an unbegründeten, oft weltanschaulich gefärbten Schlüssen aus naturwissenschaftlichen Forschungsergebnissen. Hier werden nicht natur- oder sozialwissenschaftliche Forschungsergebnisse kritisiert, sondern allenfalls philosophierende Natur- und Sozialwissenschaftler, die aus der Autorität ihres Faches unbegründete philosophische Schlüsse ziehen.[6]

Ergebnisse naturwissenschaftlicher oder medizinischer Forschung schlagen sich in meist nur kurzen Berichten nieder, die in der wissenschaftlichen Welt dadurch erst existent werden, dass sie in den einschlägigen internationalen englischsprachigen *Journals* erscheinen. Sie machen einen *Reviewing*-Prozess durch, der insbesondere prüft, ob die Ergebnisse wirklich neu sind oder alte Ergebnisse bewusst oder unbewusst kopieren. Die *Reviewer* sind meist Experten auf ihrem Gebiet. Sie achten auf den *state of the art*. Dieses Verfahren sichert eine gewisse Rationalität, selektiert aus der Vielfalt von mehr oder weniger irrelevanten Ergebnissen die relevanteren aus und erlaubt es so der *scientific community* des jeweiligen naturwissenschaftlichen oder medizinischen Fachgebietes, sich auf dem Stand der aktuellen Forschung zu halten. Dieser Prozess ist *normale Forschung* im Sinne Thomas S. Kuhns. Er stellt Paradigmen in der Regel nicht infrage oder um es in der Terminologie von Wolfgang Stegmüller zu formulieren: Es geht um Anwendungsgebiete etablierter theoretischer Kerne, deren Ausweitung oder Einschränkung. Im Laufe dieses Prozesses können wissenschaftliche Theorien in eine Krise geraten, nämlich dann, wenn sich die Anwendungsgebiete nicht mehr erweitern. Der Wechsel zu neuen Paradigmen erfolgt allerdings in der Regel nicht über diese Form normaler naturwissenschaftlicher und medizinischer Forschung, sondern er kommt meist aus der Konfrontation mit anderen Disziplinen, aus dem Amalgam neuer, der Disziplin zunächst fremder Begrifflichkeiten, er kommt meist von außerhalb, von Fachfremden, er entspricht nicht dem *state of the art*, er hat kaum Chancen im realen Prozess erfolgreich zu sein. Das, was Kuhn als *außerordentliche Forschung* beschreibt, muss sich gegen den Mainstream behaupten und tut dies auf verschlungenen Wegen und in Reaktion auf eine tiefe Orientierungskrise des jeweiligen Fachgebietes.

Man könnte sagen, die philosophische Forschung ist im Kuhn'schen Sinne immer eine *außerordentliche*, nicht etwa, weil dies der Disziplin wesentlich zu eigen ist, sondern deswegen, weil alles, was zur ordentlichen Forschung in der

---

6 Vgl. meinen Disput mit Wolf Singer: „Erregungsmuster und gute Gründe. Über Bewusstsein und freien Willen". In: *Zukunft Gehirn: Neue Erkenntnisse, neue Herausforderungen.* Hrsg. von Tobias Bonhoeffer. München: Beck 2011, 253–277 und *ÜmF*.

philosophischen Disziplin wird, aus dieser auswandert und eigene Disziplinen etabliert. Dieser Prozess ist erst in der Neuzeit, ja eigentlich erst im frühen 19. Jahrhundert in Gang gekommen, er hält aber bis heute an und verhindert weitgehend, dass die Philosophie zu einer normalen Disziplin wird. Der philosophischen Disziplin verbleiben die schwierigen Fragen. Ein Großteil der Professoren in der Philosophie entzieht sich allerdings – man kann hinzufügen legitimerweise – dieser Herausforderung zur außerordentlichen Forschung. Das ist verständlich, wenn man an Kuhns Charakterisierung außerordentlicher Forschung erinnert: Wer außerordentlich forscht, steht vor der Alternative, sich gegen große Widerstände durchzusetzen oder persönlich und beruflich zu scheitern. Die Sehnsucht nach normaler philosophischer Forschung erklärt den beständigen Drang zur *Historisierung* in der Philosophie. Man setzt sich dann mit Klassikern, aber auch philosophischen Texten aus jüngerer Zeit in historischer Perspektive auseinander. Am Beispiel des Oeuvres Ludwig Wittgensteins kann man diese Verschiebung beobachten: Dessen Texte werden heute zu einem kleineren Teil *systematisch,* zu einem weit größeren Teil *historisch* rezipiert.

Die Hoffnung, dass der Fortschritt in der Philosophie den jeweils einige Jahre zurückliegenden Forschungsstand als überholt erscheinen lässt, wie es in bestimmten Bereichen der empirischen und besonders der angewandten empirischen Forschung zweifellos der Fall ist, hat sich nicht erfüllt. Man muss nicht so weit gehen und vom Fortbestehen der immer gleichen philosophischen Fragen sprechen, die seit Platon das philosophische Denken beschäftigen. Zweifellos hat es wichtige Erkenntnisfortschritte in der Philosophie gegeben. Das gilt in ganz besonderem Maße für die Logik und die Sprachphilosophie. Aber auch in den Bereichen, in denen die philosophische Analyse so weit vorangeschritten ist, dass man nicht einfach bei den Klassikern anknüpfen kann, ohne diese Resultate einzubeziehen, scheinen die alten Fragen wie durch einen – guten oder bösen – Zauber immer wieder zurückzukehren. Die großen philosophischen Entwürfe bleiben präsent, sie werden nicht allesamt im Laufe der Zeit zur bloßen Vorgeschichte einer Disziplin. Die aristotelische Physik ist inhaltlich-systematisch gesehen heute ohne Relevanz. Die *Nikomachische Ethik* des Aristoteles dagegen hat einen prägenden Einfluss auf die zeitgenössische praktische Philosophie.

Die moderne Philosophie hat, nach der Abnabelung einiger ihrer Subdisziplinen als Physik, Psychologie, Sozial- oder Geisteswissenschaft, keine Kompetenz für empirisch ausgerichtete Forschungsprogramme, unbeschadet jüngster anti-analytischer Strömungen, wie der experimentellen Philosophie. Eine lediglich apriorisch argumentierende praktische Philosophie würde jedoch in Postulaten und ihren logischen Deduktionen stecken bleiben, also dem rationalistischen Programm verhaftet bleiben und damit jede Bewährungsinstanz und jede Überprüfungsmöglichkeit ihrer Theorien einbüßen. Tatsächlich halten viele utilitaristische und kantianische Theorien zeitgenössischer Ethik diesem rationalistischen Programm die Treue. Die Alternative einer empiristischen Ethik, der bloßen Beschreibung vorfindlicher Verhaltensweisen, Werthaltungen und Beurteilungen, würde die praktische Philosophie jedoch zu einem Teil der Sozialwissenschaft machen und sie damit ihres normativen Gehalts entkleiden.

Was bleibt, ist eine praktische Philosophie, deren Begrifflichkeit und Theoriebildung an die geteilte normative Beurteilungspraxis anschließt und diese systematisiert. Ihren normativen Gehalt bezieht sie aus den Gründen, die wir anführen, um unsere normativen Überzeugungen, Handlungen und emotiven Einstellungen zu rechtfertigen. Geteilte Gründe, die unumstritten sind, dienen als – immer vorläufige – Prüfungsinstanz. Umstrittene normative Überzeugungen und Praktiken werden überprüft, indem wir auf – zwischen uns – unumstrittene Bezug nehmen.

Der normative Gehalt der philosophischen Theorie wird nicht von der Philosophie konstruiert, sondern von den lebensweltlichen Verständigungspraktiken gewissermaßen in die Philosophie induziert. Die Philosophie steht nicht außerhalb der Lebenswelt, sondern schließt an diese an. Sie klärt die Praxis des Gründe-Gebens und -Nehmens – Gründe für Überzeugungen (theoretische Vernunft / theoretische Philosophie) und Gründe für Handlungen (praktische Vernunft / praktische Philosophie) – und wenn die Überlegungen, die wir in diesem Buch anstellen, nicht völlig abwegig sind, dann besteht zwischen diesen beiden Bereichen ein so enger Zusammenhang, dass die Einheit der Philosophie als Theorie der Vernunft gesichert zu sein scheint.

Das Irritierende ist allerdings, dass eine Praxis, die uns allen bestens vertraut ist, weil wir sie lebensweltlich praktizieren, gravierende Explikationsprobleme aufwirft. Wie kann es sein, dass die philosophischen Vernunft-Konzeptionen ein derart weites und wechselseitig inkompatibles Spektrum aufweisen? Die Erklärung dafür ist das seit der frühen Neuzeit verbreitete rationalistische philosophische Missverständnis: Wenn es erst die Philosophie ist, die jenseits bloßer Meinungen wahres, unbezweifelbares Wissen generieren kann, dann öffnet sich ein weites Tor für unterschiedliche philosophische Vernunfttheorien, dann gibt es für diese keine Bewährungsinstanz, die für Konvergenz sorgt und theoretische Überspanntheiten abwehrt. Erst wenn sich die Philosophie aus ihrer *splendid isolation* löst und sich auf die geteilten Praktiken des Gründe-Gebens und -Nehmens einlässt, sich mit diesen in Kontinuität sieht, erübrigt sich die Willkürfreiheit philosophischer Vernunft-Konstruktionen, ja eine so verstandene Philosophie wird zur Mittlerin zwischen Wissenschaft und Lebenswelt. Sie korrigiert das weltanschauliche Überschießen erfolgreicher einzelwissenschaftlicher Forschungsprogramme, revidiert wissenschaftliche Begriffsrahmen und sorgt sich um die Kohärenz einer, mit den wissenschaftlichen Befunden verträglichen Weltsicht.

Auf diese Weise kehrt sie zu ihrer Rolle als Mutter-Disziplin zurück und integriert einzelwissenschaftliche Terminologien, Paradigmen und Befunde in die lebensweltliche Praxis der Vernunft.

§ 2 Zum Begriff der Vernunft

Seit Immanuel Kant ist es in der Philosophie üblich geworden, das Apriorische als dasjenige, was vor aller Erfahrung gegeben ist und das Aposteriorische als das, was nach aller Erfahrung gegeben ist, zu trennen. Unter Erfahrung wird dabei empirische Erfahrung verstanden. Nachdem die analytische Philosophie Anfang des 20. Jahrhunderts das Apriori-Synthetische verabschiedet hat, überlebte diese Unterscheidung in der Schrumpfform als diejenige zwischen Logik (und Mathematik) auf der einen Seite und Empirie, empirischer Erfahrung, Naturwissenschaft (und Sozialwissenschaft) auf der anderen. Das Apriorische schrumpft zur formalen Logik, das Aposteriorische zu natur- und sozialwissenschaftlichem Wissen. Allerdings hat sich dann im Verlaufe der Entwicklung der Wissenschaftstheorie rasch herausgestellt, dass mit dieser Unterscheidung Probleme verbunden sind und die weitreichendste Folgerung daraus war, sie völlig aufzugeben, das Synthetische mit dem Empirischen zu identifizieren und das Analytische zu beerdigen, wie es der naturalistische analytische Philosoph Quine[7] unternommen hat.

Wenn ich nun behaupte, dass es keine apriorische Theorie der Vernunft geben könne, dann gebrauche ich diese Scheidung von apriorisch und aposteriorisch in einem fundamentaleren, und wie mir scheint, weniger problematischen Sinne. Apriorisch wäre eine Theorie der Vernunft, wenn sie von der Praxis des Vernunftgebrauchs, also der Praxis des Gründe-Gebens und Gründe-Nehmens, abstrahierte. Viele verstehen die formale Logik als eine in diesem Sinne apriorische Disziplin, als unabhängig von der etablierten Praxis des Schließens.

Die These lautet also: Die Philosophie als Theorie der Vernunft ist eine aposteriorische Disziplin, sie verallgemeinert und systematisiert den alltäglichen, den politischen, den ökonomischen, den einzelwissenschaftlichen Vernunftgebrauch. Sie steht nicht außerhalb der lebensweltlichen Praxis des Gründe-Gebens und Gründe-Nehmens, sondern versteht sich als ihre Fortsetzung.

Damit wird die Philosophie nicht zur empirischen Disziplin. Sie ist nicht in diesem, im empirischen Sinne, aposteriorisch. Denn der lebensweltliche Vernunftgebrauch ist selbst normativ, er überprüft eine Überzeugung danach, ob gute

---

7 Vgl. W. V. O. Quine: „Two Dogmas of Empiricism", in: ders. *From a Logical Point of View*. [1953]; dt. *Von einem logischen Standpunkt*. Frankfurt am Main / Berlin / Wien: Ullstein 1979.

Gründe für sie sprechen oder nicht. Die Praxis des Gründe-Gebens und Gründe-Nehmens ist selbst eine normative, denn Gründe sprechen für Überzeugungen, für Handlungen, für emotive Einstellungen und der Inhalt des Begründens, die Propositionen, sind weder physische noch mentale Gegenstände. Sie gehören in der Terminologie Freges oder Poppers zur *Welt III*, also weder zur *Welt I* des Physischen noch zur *Welt II* des Mentalen/Psychischen, sondern zur *Welt III* der Inhalte unserer Überzeugungen, zur Welt der Theorien, Inferenzen, der Welt der Logik, der Bedeutung, des Sinns. Eine apriorische Philosophie würde ihre Bewährungsinstanz verlieren, sie würde zur bloßen Setzung oder zur metaphysischen Spekulation.

Die Philosophie als Theorie der Vernunft ist keine empirische Disziplin, sie beschreibt nicht, in welcher Weise Menschen deliberieren, sondern sie ist selbst eine Form der Deliberation, sie hat einen normativen und objektiven Inhalt. Sie ist also weder ein Annex zur Psychologie der Meinungsbildung noch gar ein Annex zur Physik oder zur Neurophysiologie. Sie ist Theorie der Vernunft. Die Kriterien der Vernunft sind aber nicht Gegenstand der Natur- und Sozialwissenschaften, obwohl diese selbst ein wesentlicher Bestandteil des Vernunftgebrauchs sind. Die Praxis der Einzelwissenschaften ist eine Form des Vernunftgebrauchs, ebenso wie der lebensweltliche Austausch von Gründen – die Philosophie ist die Reflexion dieses Vernunftgebrauchs. Damit ist ein Teil der Philosophie *Meta-Theorie* zu natur-, sozial- und kulturwissenschaftlichen Disziplinen: Allgemeine Wissenschaftstheorie und Erkenntnistheorie. Zugleich aber ist Philosophie natürlich selbst wieder eine Form des Vernunftgebrauches und die Metaphilosophie reflektiert diese. Im Falle der lebensweltlichen Praxis des Austausches von Gründen allerdings ist der Ausdruck *Meta-Theorie* weniger passend. Schließlich macht es gerade den lebensweltlichen Vernunftgebrauch aus, dass er sich nicht als ein theoretischer versteht, sondern als eine ohne Theorie auskommende bloße Praxis. Auch wenn dies zu großen Teilen eine Stilisierung ist, die den Einfluss von Theorien im Verlaufe der Entwicklung des alltäglichen Denkens unterschätzt, so führt der Ausdruck *Meta-Theorie* in diesem Falle in die Irre. Die allgemeinere Fassung trifft es besser: Die Philosophie reflektiert den Vernunftgebrauch sowohl in unserer Lebenswelt als auch in unterschiedlichen systemischen Zusammenhängen, etwa der Ökonomie oder der Politik, aber auch derjenigen der natur-, sozial- und geisteswissenschaftlichen Disziplinen.

Da die genannten Unterscheidungen ohnehin nur graduell sind, da die lebensweltliche Praxis des Gründe-Gebens und Gründe-Nehmens Konstitutionsbedingung einzelwissenschaftlicher Forschung ist, da auch politische oder ökonomische Diskurse anschlussfähig sein müssen an die lebensweltliche Praxis des Gründe-Gebens und Gründe-Nehmens, ist das Bild eines Kontinuums angemessen, das die verschiedenen Bereiche der Deliberation als ein *Netzwerk* interpretiert, in dem kein Element wirklich unabhängig von irgendeinem anderen

Element ist, alles mit allem, und sei es auf noch so verschlungenen Wegen, miteinander verknüpft ist und das Netz als Ganzes eine Kohärenz aufweisen muss. Die Vorstellung, die deliberativen Praktiken zerfielen in Einzelteile, wie es manchmal durch die Sprachspiel-Metapher Wittgensteins, aber auch durch postmoderne Konzeptionen nahegelegt wird, geht in die Irre. Unsere gesamte deliberative Praxis bildet letztlich eine Einheit und die Philosophie ist lediglich Teil dieser Praxis, sie steht nicht außerhalb, sondern sie umfasst lediglich besonders grundlegende und allgemeine Aspekte dieser Praxis. Zwischen Philosophie, Einzelwissenschaften und Lebenswelt besteht ein Kontinuum, es handelt sich nicht um eine Partition des epistemischen Netzes.

Man muss Quine vom Kopf auf die Füße stellen: Die deliberative Praxis ist nicht Teil der Physik und der Neurophysiologie, die Einheit wird nicht durch sensorische Stimuli hergestellt, die Lautäußerungen verursachen, die Einheit wird durch die Normativität und Objektivität guter Gründe gestiftet. Nicht Ursachen, sondern *Gründe* bilden den Kitt unserer deliberativen Praxis. Es sind auch nicht die behavioristisch beschreibbaren Regeln unseres Sprachverhaltens, die – in unterschiedliche Sprachen und Lebensformen zerfallen – bestimmen, was jeweils vernünftig *ist*, sondern es ist die allgemein menschliche Fähigkeit, eine gemeinsame Aufmerksamkeit auf Gegenstände von gemeinsamem Interesse zu richten, im Umgang mit diesen eine gemeinsame, kooperative Praxis zu entwickeln, und diese von Gründen geleitet zu koordinieren. Wie immer es um die evolutionsbiologischen Ursachen der besonderen menschlichen Fähigkeit, sich von Gründen affizieren zu lassen, bestellt sein mag – vieles spricht dafür, dass es gerade dieser evolutionäre Vorteil war, der im Laufe der Zeit die Fähigkeit ausbilden ließ, eine kooperative Praxis zu realisieren –, jedenfalls partizipieren Menschen mit dieser Fähigkeit an der Normativität und Objektivität guter Gründe, sie überwinden die bloße Bestimmtheit durch Reiz-Reaktions-Mechanismen, aber auch die durch das bloße Eigeninteresse, und distanzieren sich so vom eigenen Interessenstandpunkt und der eigenen Perspektive.

Der logische Raum der objektiv guten Gründe wirkt über unsere Fähigkeit zur Deliberation und die Affektion unserer Überzeugungen, unserer Handlungen und unserer emotiven Einstellungen auf die Welt des Mentalen und die Welt des Physischen. Die menschliche Vernunftfähigkeit ist nichts anderes als die Fähigkeit zur Deliberation und die Bereitschaft, sich von ihrem Ergebnis beeinflussen zu lassen. Wenn man von den Hypostasierungen der Ontologie Platons abstrahiert, ist das der Kern platonischer Philosophie: Gründe als solche, nicht erst vermittelt über Interessen, über vertragliche Arrangements, über Gewöhnung, über Anreize und Sanktionen, sollen die menschliche Lebensform als Individuum und als Teil der *polis* bestimmen. Die Philosophie soll dazu befähigen, Gründe als solche wirksam werden zu lassen.

Man vergleiche dies mit Thomas Hobbes:[8] Dieser Antipode zur platonischen Philosophie (er selbst verstand sich in erster Linie als Antipode zur aristotelischen) hält Menschen immerhin für befähigt (auf Grund der Spezieseigenschaft des *prospectus*) diejenigen Regeln einzusehen, deren allgemeine Befolgung den zivilen Frieden sichern würden. Zugleich aber ist diese Einsicht für Hobbes kein Handlungsmotiv. Handlungsmotiv ist immer nur das Eigeninteresse am Überleben und unter den günstigen Bedingungen des *status civilis* an einem guten Leben. Die Einsicht in die guten Gründe, hier die Einsicht in diejenigen Regeln, deren allgemeine Befolgung den Frieden sichern würde, reicht nicht hin, um die Praxis zu gestalten. Daher bedarf es eines Umwegs über die Etablierung des Souveräns, der alle Bürger durch Strafandrohung in Angst und Schrecken hält, sodass diese *nolens volens* die Gesetze, die er gibt, befolgen. Offen bleibt, wer oder was sicherstellt, dass diese Gesetze den *leges naturales* entsprechen. Immerhin findet sich auch bei Hobbes ein Rest-Platonismus in Gestalt der Kritik des *fool* im Leviathan, der meint, er könne doch auch im *status civilis* Verträge brechen, wenn es ihm nützlich erscheint. Hobbes scheint an dieser und an wenigen anderen Stellen doch die Bereitschaft zu kooperativem Verhalten jenseits der eigenen Interessenlage anzunehmen, um den zivilen Frieden zu sichern. Dann wäre es aber die Einsicht in die Wünschbarkeit allgemeiner Regelbefolgung im *status civilis*, die handlungsmotivierend ist. Der *fool* glaubt, keinen guten Grund zu haben, sich kooperativ zu verhalten, wenn ihm das nicht einen persönlichen Vorteil bringt – im *status naturalis* sei das nach Hobbes zutreffend, im *status civilis* aber irrig.

Dann wären es die Besonderheiten des Naturzustandes, die jeweils denjenigen mit dem eigenen Tod bedrohen, der sich an Regeln hält, die andere nicht einhalten. Dann wäre es das Fehlen eines staatlichen Garanten, der jedes Vertrauen in die Kooperationsbereitschaft anderer im Keim erstickt, der die alleinige Orientierung am Eigeninteresse rechtfertigt. Dann ist es nicht – entgegen der traditionellen Hobbes-Interpretation – das bloße Eigeninteresse, das motiviert, vielmehr wären Gründe, die für Kooperationsbereitschaft sprechen, unter den spezifischen Bedingungen des *status civilis* normativ verpflichtend und hätten für die Vernünftigen, nicht die Unvernünftigen (die *fools*), eine praktische Wirksamkeit. Es ist die Bedingtheit wechselseitigen Vertrauens, die Kooperationsbereitschaft rechtfertigt. Man sollte hier nicht den Ausweg suchen, Hobbes meine, dass unter den spezifischen Bedingungen des *status civilis* kooperatives Verhalten die je individuellen Interessen optimiere. Hobbes war vielleicht der erste, der in aller Schärfe das Gefangenendilemma *avant la lettre* präzise erfasst hat. Seine Kritik

---

8 Vgl. Thomas Hobbes: *De Homine* [EA 1658]; *De Cive* [EA 1642]; *Leviathan* [EA 1651].

des *fool* würde gegenstandslos, wenn er wie die zeitgenössische Spieltheorie und ökonomische Theorie diesen billigen Ausweg gesucht hätte.⁹

Es war der gemeinsame Irrtum von Platon und Hobbes, vor allem aber von Descartes, Leibniz, Spinoza, Bentham und in der zeitgenössischen Philosophie etwa von Hare, Smart, Singer, oder Tugendhat, praktische Vernunft nicht im Anschluss an die lebensweltliche Praxis des Gründe-Gebens und -Nehmens zu bestimmen, sondern nach einer neuen Quelle der Normativität außer ihr zu suchen. Man kann sich diese Fehleinschätzung folgendermaßen verdeutlichen: Schon die lebensweltliche praktische Deliberation ist nicht lediglich ein empirisches Phänomen, das man mit den Mitteln der Sozialpsychologie oder der Soziologie beschreiben kann, sondern selbst ein Bemühen, zu klären, welche objektiv guten Gründe für diese oder jene Handlung, diese oder jene Institution, diese oder jene politische Programmatik etc. sprechen. In diesem Sinne wohnt der lebensweltlichen Deliberation schon ein Moment des Transzendenten inne. Man wird ihr nicht vollständig gerecht, wenn man sie als eine bloße Verhaltensregularität oder ein kulturelles Phänomen beschreibt. Es ist jedem unbenommen, eine ethnologische Perspektive einzunehmen, also die Distanz zu suchen, aus der das Bemühen um die richtige Praxis lediglich ein empirisches Phänomen unter anderen ist. Der ethnologische Standpunkt lebt von der Fiktion, dass wir menschliche Praxis als bloßen raumzeitlichen Vorgang beschreiben können. Wir, auch der Ethnologe, teilen allerdings zu viel mit allen anderen Menschen und den jeweils etablierten kulturellen Praktiken, um diese Distanz herstellen zu können.

Diese Problematik hat eine Tiefendimension, die verständlicherweise ausgeklammert werden muss, um die Fiktion sozialwissenschaftlicher Objektivität aufrecht zu erhalten. In aller Radikalität lässt sie sich folgendermaßen erfassen: Der distanzierte Standpunkt lässt keine adäquate Beschreibung zu. Aus einer hinreichenden Distanz würden die zu beschreibenden Phänomene kultureller Praktiken zu bloßen raumzeitlichen Vorgängen ohne jeden Sinn. Wenn wir keine Teilnehmer mehr wären, keine teilnehmenden Beobachter, könnten wir auch nicht mehr die Rolle des Beschreibenden ausfüllen. Nur das Teilen gemeinsamer Intentionen, die gemeinsame Praxis der Zuschreibung emotiver Zustände, die geteilte Empörung über erlittenes Unrecht, die jedem von uns vertraute Sorge um das eigene gute Leben, die wir in anderen gleichermaßen erkennen, ermöglicht das Verständnis kultureller Praktiken, wie fern eine „exotische" Kultur auf den ersten Blick auch immer erscheinen mag. Die wirklich exotische Kultur wäre für uns nicht mehr entschlüsselbar.

---

9 Am prominentesten wohl Robert Axelrod: *The Evolution of Cooperation*. New York: Basic Books 1984.

Die philosophische Distanzierung von der Lebenswelt hat so gesehen pathologische Züge: Sie bestreitet das Offenkundige, sie distanziert sich gerade von dem, von dem sich niemand wirklich distanzieren kann. Sie vermeint, empirische und normative Überzeugungen ausklammern zu können, die doch für die eigene Perspektive konstitutiv sind. Zu Ende gedacht verlöre die Philosophie ihre Bewährungsinstanz.

§ 3 Wahrheit und Begründung[10]

Unser Wissensbegriff, so wie wir im Alltag von „Wissen" sprechen, ist zweifellos objektivistisch. Nehmen wir an, die Menschen im Mittelalter hatten gute Gründe für die Überzeugung, dass sich die Sonne und die übrigen Gestirne um die Erde drehen. Diese Überzeugung war nicht Ausdruck einer Irrationalität, sondern angesichts der gegebenen Daten und des Augenscheins wohlbegründet. Die Tatsache, dass die astronomischen Beschreibungen der Bahnen von Planeten auf der Basis dieser Überzeugung mit zunehmender Genauigkeit ziemlich kompliziert wurden, spricht zunächst nicht dagegen, dass diese Überzeugung wohlbegründet war: Die Menschen hatten guten Grund anzunehmen, dass sich die Sonne und die anderen Himmelskörper um die Erde drehen. In dem Moment, in dem eine alternative Theorie und eine auf diese gestützte weit einfachere Beschreibung der Planetenbewegungen möglich war, wurde die Wohlbegründetheit des geozentrischen Weltbildes allerdings fragwürdig. Galileo Galilei jedenfalls war überzeugt, die besseren Argumente zu haben und selbst sein intellektuell ebenbürtiger Widerpart Kardinal Bellarmin war sich nicht sicher, ob die Argumente von Galileo Galilei nicht möglicherweise die besseren seien und zog sich daher auf pragmatische Gegengründe zurück: Kann Galilei wirklich verantworten, dass die Autorität des Klerus, ja die der Heiligen Schrift durch eine solche theoretische Revolution in Mitleidenschaft gezogen werden, mit all den Unruhen und Verwerfungen, die das vermutlich zur Folge haben könnte? Die galileische Sicht jedenfalls setzt sich durch, die von einer grausigen Blutspur begleiteten Rückzugsgefechte der Kirche konnten der Wirkung des besseren Argumentes nicht mehr trotzen. Seitdem sind

---

[10] Die Überlegungen dieses Abschnitts wurden auf dem XXIII. Kongress der Deutschen Gesellschaft für Philosophie als Hauptvortrag unter dem Titel „Veritas filia temporis" in Münster präsentiert. Der Titel verdankt sich einem Zitat aus Francis Bacons *Novum Organum*. Die philosophiehistorischen Bezüge zu Platon, Aristoteles, Bacon, u. a. wurden hier ausgelassen, wer sich dafür interessiert, sei auf meinen Beitrag „Veritas filia temporis" in den Proceedings *Geschichte – Gesellschaft – Geltung: Kolloquiumsbeiträge*. Hrsg. von Michael Quante. Hamburg: Meiner 2016, 43–66 verwiesen.

die allermeisten Menschen davon überzeugt, dass sich die Erde um die Sonne dreht und nicht umgekehrt.[11]

Der Übergang vom geozentrischen zum heliozentrischen „Weltbild", wie es gerne genannt wird, ist in der Tat eine epistemische Revolution, aber eine solche, die unsere Alltagserfahrungen und unsere Alltagspraxis fast vollständig unberührt lässt. Es ändert nicht unser Weltbild als Ganzes, sondern einen eher marginalen Teil, die Interpretation der Himmelserscheinungen. Diese Theorie ist lebensweltlich zunächst so gut wie irrelevant, sie erhält ihr pragmatisches Gewicht dadurch, dass eine machtvolle Institution, nämlich die damalige christliche Kirche, ihre Autorität unter anderem auch an die Aufrechterhaltung der geozentrischen Interpretation der Himmelserscheinungen knüpfte. Die Revolution vom geozentrischen zum heliozentrischen „Weltbild" war keine grundstürzende epistemische Revolution, sie wurde zu einer kulturellen und schließlich auch politischen dadurch, dass diese hochtheoretische Auseinandersetzung aufgeladen wurde mit dem Konflikt zwischen klerikalen und wissenschaftlichen Autoritätsansprüchen. Man geht vermutlich nicht zu weit, wenn man den Sieg der wissenschaftlichen Argumente über die klerikalen als wichtiges Vorspiel der Aufklärung und dann der Europäischen Moderne interpretiert.

Wir haben heute, nach rund einem halben Jahrtausend, sehr gute Gründe die heliozentrische Interpretation der Himmelserscheinungen für die richtige und die geozentrische für die falsche zu halten. Wir sagen nicht, dass die Menschen im 13. Jahrhundert *wussten*, dass sich die Sonne um die Erde dreht, sondern dass sie davon *überzeugt* waren. Wir können das deswegen nicht sagen, weil wir überzeugt sind, dass sich die geozentrische Interpretation als falsch herausgestellt hat. Eine falsche Überzeugung ist aber kein Wissen. Unser alltäglicher Wissensbegriff ist zweifellos objektivistisch: Er schließt falsche Überzeugungen, so gut sie auch immer begründet sein mögen, als Wissen aus.

Im *Theaitetos*-Dialog hatte der platonische Sokrates Wissen als wohlbegründete wahre Meinung charakterisiert und alle subjektivistischen Konkurrenten, deren wichtigste Vertreter im Dialog auftauchen und die uns durchaus aus marxistischen und poststrukturalistischen Kontexten vertraut sind, widerlegt. Der ausführliche Dialog endet mit der kryptischen Feststellung des Sokrates, dass man mit dem Ergebnis noch nicht wirklich zufrieden sein könne und Platon-Verehrer vermuten, dass das, was rund 2500 Jahre später Edmund Gettier in einem kurzen Artikel „Is Justified Belief Knowledge?"[12] ausführt, Platon schon wusste

---

11 Tatsächlich drehen sich Sonne und Erde um ihren gemeinsamen Schwerpunkt, der aber wegen des gewaltigen Größenunterschieds nahe am Mittelpunkt der Sonne ist.
12 Vgl. Edmund Gettier: „Is Justified True Belief Knowledge?" In: *Analysis* 23 (1963), 121–123.

oder ahnte, nämlich dass diese beiden Bedingungen, erstens die *Wahrheit der Überzeugung* und zweitens ihre *Wohlbegründetheit,* noch nicht ausreichen, dass vielmehr ein geeigneter Zusammenhang zwischen der betreffenden Tatsache und der Begründung bestehen muss, um von „Wissen" sprechen zu können. Diese Gettier-Herausforderung ist, obwohl unterdessen ein halbes Jahrhundert alt, bis heute nicht wirklich bewältigt. Eine *kausale Theorie* der Erkenntnis kann nicht die adäquate Antwort auf diese Herausforderung sein, weil es Gründe sind, die unser Wissen konstituieren und Gründe keine Ursachen im naturwissenschaftlichen Sinne sein können.[13]

An der Verbindung von Wahrheit und Begründung nimmt mein Argument zur Überwindung des Schismas seinen Ausgangspunkt: Wahrheit lässt sich nicht anders als objektivistisch verstehen, während die Wohlbegründetheit auf die jeweiligen epistemischen Bedingungen der Begründung bezogen bleibt. Die geozentrische Interpretation war im 12. Jahrhundert wohl begründet, aber falsch. Daher *glaubten* die Menschen lediglich zu wissen, dass sie in einer geozentrischen Welt lebten, aber da sie sich geirrt haben, war dies eine irrtümliche Überzeugung, sie *wussten* es nicht. Alternativ können wir auch sagen: Die geozentrische Überzeugung war rational, aber falsch. Nicht jede irrtümliche Überzeugung ist irrational. Rationale Überzeugungen sind nicht notwendigerweise Wissen. Wahre Überzeugungen können irrational sein.[14]

Friedrich Nietzsche irrt, wenn er Wissen definiert als das, was jeweils für wahr gehalten wird. Hier fehlen beide Bedingungen: erstens, die der Wahrheit und zweitens, die der Wohlbegründetheit. Vieles wird für wahr gehalten, was nicht wahr ist und was zudem noch nicht einmal wohlbegründet ist. Es gibt nicht nur Schwarm-Intelligenz, für deren Beleg gerne und meist zutreffend die Internet-Enzyklopädie Wikipedia angeführt wird, sondern auch Schwarm-Idiotie, wie die Kriegsbegeisterung in Europa zu Beginn des Ersten Weltkrieges, der NS-Wahn in Deutschland oder die antikommunistische Paranoia in den USA während der McCarthy-Ära belegen.

Die Unabhängigkeit von Wahrheit und Begründung spricht gegen epistemische Wahrheitsdefinitionen. Diese sind allesamt inadäquat, auch dann, wenn der objektivistische Charakter des Wahrheitsbegriffes (und in dieser Hinsicht des Wissensbegriffes) durch die Idealität einer Rechtfertigung, durch ideale Rechtfertigbarkeit, zu berücksichtigen versucht wird. Jürgen Habermas wie Hilary Putnam

---

13 Vgl. *EpistR, ÜmF* und *V&F,* aber wir kommen darauf auch in Kapitel VII zurück.
14 Die Überzeugung einer Wahrsagerin, dass die nächste Ziehung der Lottozahlen, angesichts der astrologischen Konstellationen, die Zahlen 10, 12, 27, 35, 44, 47, 49, ergeben wird, ist auch dann irrational, wenn diese Zahlen tatsächlich gezogen werden.

verstehen sich als Kognitivisten und grenzen sich insofern scharf von postmodernen und neo-pragmatistischen Erkenntnistheorien ab. Zugleich aber sind sie Antirealisten, jedenfalls im Bereich der normativen Diskurse: Sie versuchen die Objektivität des Wissens, bzw. der universellen Geltung über die Idealität der Begründung zu erfassen. Für beide geht Wahrheit in Begründetheit auf, beide hängen einem epistemischen Wahrheitsbegriff an.

Ich vertrete eine realistische Interpretation begründender Diskurse und verstehe mich als epistemischen Optimisten, das heißt, ich nehme an, dass wir uns durch den Austausch von Gründen in der Regel der Wahrheit annähern. Aber man darf diesen *epistemischen Optimismus* nicht zu einer *Wahrheitsdefinition* überhöhen, wonach ideale Begründung Wahrheit *konstituiert* und Wahrheit nichts anderes sei, als ideale Begründetheit. Ein Realist könnte sogar – unvernünftigerweise – postulieren, dass ideale Begründungen eben solche sind, die ausschließlich wahre Überzeugungen rechtfertigen, aber damit würde der (ideale) Begründungsbegriff über einen nicht-epistemischen, eben realistischen Wahrheitsbegriff expliziert und nicht umgekehrt.

Wir sollten die beiden Kriterien von Wissen – Wahrheit und Begründetheit – nicht miteinander vermengen, weder indem wir Wahrheit in Begründetheit aufgehen lassen, wie epistemische Wahrheitsdefinitionen ganz unterschiedlicher Typen, von postmodernen, relativistischen, subjektivistischen bis hin zu internalistischen und kognitivistischen, noch sollten wir Begründung begrifflich an Wahrheit binden. *Das Schisma lässt sich nicht in Gestalt einer Fusion von Wahrheit und Begründung beheben.*

Das Schisma lässt sich überwinden, wenn wir eine *konsequent epistemische Perspektive* einnehmen. Ich spreche hier nicht von einer „epistemologischen" oder „erkenntnistheoretischen" Perspektive, sondern von einer „epistemischen". Begründungen sind erforderlich, um (epistemische) Unsicherheiten zu beheben, oder wenigstens zu mildern. Wir wollen wissen, ob p oder non p, sind uns aber nicht gewiss, ob p oder non p (p sei eine beliebige Proposition). Eine soziologische Proposition wäre z. B. die Fragestellung, ob die Zahl der Kinder pro Frau bei steigender Integration von Frauen in die Erwerbsarbeit sinkt oder nicht (in Europa scheint sie zu steigen, in Indien zu sinken). Oder, ob ein Steuersystem mit proportionaler, nicht progressiver Besteuerung gerecht ist oder nicht. Begründungen beziehen sich auf empirische, hier sozialwissenschaftliche Tatsachen oder evaluative, hier die Gerechtigkeit eines Steuersystems. „Hat Fritz wirklich die Absicht zu kommen oder tut er nur so?" bezieht sich auf einen intentionalen Sachverhalt. „Ist dies der passende Schlüssel für die Schlafzimmertür?" bezieht sich auf einen lebensweltlichen empirischen Sachverhalt. „Soll ich mein Versprechen, das ich ihr gegeben habe, halten, obwohl sie mich zuletzt schwer gekränkt hat?" bezieht sich auf einen lebensweltlichen normativen Sachverhalt.

Gelungene Begründungen beheben Zweifel oder mildern sie. Im dialogischen Fall differieren die Ungewissheiten, die einen Begründungsbedarf auslösen: Die eine Person findet etwas zweifelhaft, was eine andere Person nicht für zweifelhaft hält. Oder sie differieren im Grade der epistemischen Unsicherheit, des Zweifels. Die eine hält dies für hochgradig gewiss, die andere hat Zweifel, ist aber immer noch eher geneigt anzunehmen, dass die Proposition zutrifft, als dass sie es nicht tut. Im dialogischen Fall ist eine gelungene Begründung dadurch charakterisiert, dass gemeinsame, von den beiden Beteiligten nicht bezweifelte Propositionen herangezogen werden, um die epistemische Differenz bezüglich der infrage stehenden Propositionen zu beheben. Neben den von den beiden Beteiligten nicht bezweifelten Propositionen, die für das begründende Argument herangezogen werden, spielen das geteilte Hintergrundwissen und die geteilte inferentielle Praxis eine konstitutive Rolle für gelungene Begründungen: Dies macht gelungene Begründungen aus, dass sie am Ende eine epistemische Differenz beheben – ausgehend von gemeinsamem Hintergrundwissen (geteilten propositionalen Einstellungen) und einer geteilten inferentiellen Praxis.[15] Begründungen sind erfolgreich vor einem *geteilten Hintergrund*, zu dem nicht nur empirische, sondern auch mentale, speziell intentionale, evaluative und normative sowie inferentielle Elemente gehören.

Bis hierhin scheinen wir uns mit Trivialitäten aufzuhalten. Aber Vorsicht: Je weiter sich die Philosophie von diesen Trivialitäten entfernt, umso leichter gerät sie in gefährliches Fahrwasser. Die Geschichte des philosophischen Denkens ist voll von Beispielen der Erörterung von Fragestellungen, die sich nicht erörtern lassen, weil sie das infrage stellen, was Voraussetzung vernünftiger Begründung ist. Der schon erwähnte Descartes ist das vielleicht berühmteste Beispiel: Wer von dem lebensweltlichen Erfahrungshintergrund in toto zu abstrahieren sucht,

---

15 Unterdessen ist eine eigene Disziplin entstanden (*rational belief dynamics*), die rationale Überzeugungsänderungen mit den Methoden der Entscheidungs- und Wahrscheinlichkeitstheorie expliziert. Bis heute dominiert in den Analysen das AGM-Modell, das auf ein gemeinsames Paper von Carlos Alchourrón, Peter Gärdenfors und David Makinson zurückgeht: „On the Logic of Theory Change: Partial Meet Contraction and Revision Functions". In: *Journal of Symbolic Logic* 50 (1985), 510–530. Auch deutsche Autoren haben zu diesem Zweig interdisziplinärer Epistemologie (Computerwissenschaft, Philosophie, Entscheidungstheorie, Mathematik und Logik) wichtige Beiträge geleistet, u. a. Wolfgang Spohn: *The Laws of Belief: Ranking Theory and its Philosophical Applications*. Oxford: University Press 2012; Hans Rott: „Two Dogmas of Belief Revision". In: *Journal of Philosophy* 97 (2000), 503–522; ders.: *Change, Choice and Inference: A Study of Belief Revision and Nonmonotonic Reasoning*. Oxford: University Press 2001; Hannes Leitgeb: „The Stability Theory of Belief". In: *Philosophical Review* 123 (2014), 131–171; ders.: *The Stability of Belief: How Rational Belief coheres with Probability*. Oxford: University Press 2017; und Stephan Hartmann & Luc Bovens: *Bayesian Epistemology*. Oxford: University Press 2004.

verliert jede Basis erfolgreicher Begründung, er nimmt – und sei es nur als philosophisches Experiment, das seit Descartes als „methodischer Zweifel" bezeichnet wird – den Zusammenbruch des epistemischen Systems als Ganzes in Kauf. Wenn er dann verzweifelt versucht diesen Zusammenbruch zu verhindern, hält er sich an dem einen oder anderen, vermeintlich noch nicht kollabierten Element des epistemischen Systems fest und hofft mit diesem allein die Stabilität aufrecht zu erhalten oder wiederherzustellen.

Wenn ich für eine konsequent epistemische Perspektive plädiere, dann ist gerade dieses damit gemeint: mit dem Kontext, in dem alles Begründen stattfindet, sorgsam umzugehen, keiner philosophischen Hybris zu verfallen. Um etwas bezweifeln zu können, muss es sehr viel Unbezweifeltes geben. Wenn wir Zweifel beheben wollen, können wir nicht aussteigen aus dem Kontext des Unbezweifelten. Die konsequent epistemische Perspektive bleibt immer innerhalb unserer geteilten Erfahrungswelt. Deren begriffliche Relativität rechtfertigt keinen Anti-Realismus, wie Nelson Goodman oder Hilary Putnam meinen. Aber während Goodman, Putnam, auch Habermas den Kognitivismus über ideale Rechtfertigbarkeit zu retten suchen, kapituliert das, was jenseits des Atlantiks irreführend als *continental philosophy* bezeichnet wird, marxistisch oder strukturalistisch inspiriert, vor dieser (kulturell verfassten) Begriffsrelativität und verabschiedet sich in Gestalt der Logozentrismus-Kritik von theoretischer wie von praktischer Vernunft.

Die konsequent epistemische Perspektive erlaubt nicht die Neukonstruktion des inferentiellen Rahmens unserer Lebensform. Wir können nicht postulieren, wie jeweils Gründe vorzubringen sind, weil wir schon immer Teil dieses Spiels des Gründe-Gebens und -Nehmens sind. Der gesamte Kulturalisations- und Sozialisationsprozess ist auf diese Fähigkeit der Deliberation abgestellt. Wir werden nicht zu bestimmten Praktiken abgerichtet, sondern zu einer deliberativen Praxis befähigt, die unser Handeln und Urteilen leitet. Menschliche Freiheit ist nichts anderes als dieses: sich von Gründen leiten zu lassen im Handeln, Urteilen, aber auch in emotiven Einstellungen.

Verantwortliche, humane Bildung richtet nicht ab, sondern befähigt zur Autorschaft des eigenen Lebens. Diese Autorschaft besteht aber nicht darin, alles neu zu konstruieren, sondern vielmehr darin, im Rahmen einer geteilten Praxis des Gründe-Gebens und -Nehmens ein Leben zu gestalten.[16] Wir können weder individuell noch kollektiv diese Welt der Gründe neu erfinden, nachdem wir die alte vernichtet haben.[17] Der philosophische Zweifel, der über das, was sich ver-

---

16 Vgl. *HumB*.
17 Wir vertreten also einen doppelten Realismus, bzgl. der Welt der Tatsachen und der Welt der

nünftigerweise bezweifeln lässt, hinausgeht, ist unseriös, eine intellektuelle Spielerei, die, wenn ernst genommen, zerstörerische Folgen für theoretische wie praktische Vernunft hat. Rationalismus und (globale) Skepsis sind Zwillingsbrüder im Geiste. Die zeitgenössische postmoderne Skepsis und der frühneuzeitliche Rationalismus sind zwei unterschiedliche philosophische Haltungen, die aber eines gemeinsam haben: die Aufgabe der epistemischen Perspektive. Im einen Fall wird Wissen über vermeintlich unbezweifelbare Deduktionen aus unbezweifelbaren Axiomen gesichert und im anderen wird Wissen in seinen beiden Elementen – Übereinstimmung mit den Tatsachen und Wohlbegründetheit – aufgegeben.

Eine konsequent epistemische Perspektive beinhaltet – manche mögen das als paradox empfinden – einen robusten, *unaufgeregten Realismus*. Wir begründen Überzeugungen, dass etwas tatsächlich der Fall ist, der Inhalt unserer Überzeugungen bezieht sich auf die Welt (im weitesten Sinne, nicht lediglich die physische Welt), gemeint ist: Es geht uns nicht lediglich um Mitteilungen (Deskriptionen) oder Ausdrücke (Expressionen) eigener subjektiver Zustände, es geht uns (im Regelfall) nicht darum, herauszufinden, was in unserer Kultur geglaubt wird oder von idealen Personen in einer idealen Diskurssituation geglaubt würde, sondern darum, was tatsächlich der Fall ist, wie es sich verhält, welche empirischen oder normativen Sachverhalte tatsächlich bestehen. Wir begründen propositionale und nicht propositionale Einstellungen: empirische, normative oder evaluative Überzeugungen, Handlungen, Praktiken und Institutionen, aber auch emotive Einstellungen nicht propositionaler Art. Der Inhalt unserer Überzeugungen tritt erst als Wissens- oder Geltungsanspruch in die Welt der Gründe ein. Aber ihr Inhalt ist nicht epistemisch. Gründe haben nicht nur eine theoretische, sondern auch eine praktische Rolle, sie verändern nicht nur unsere epistemischen Einstellungen, sondern auch unsere Praxis, sie motivieren uns, Gründe *sprechen für* Überzeugungen und Handlungen (u. a.), *Gründe sind immer zugleich normativ und inferentiell*. Gründe stiften einen Zusammenhang zwischen Tatsachen (von denen wir überzeugt sind) und Vermutungen, dass etwas der Fall ist oder der Fall sein wird (theoretische, empirische, deskriptive Gründe) oder zwischen Tatsachen und Handlungen (normative Gründe), zwischen Tatsachen und Bewertungen (evaluative Gründe), zwischen Tatsachen und Emotionen (emotive Gründe), diese Kategorien von Gründen dürfen aber die Doppelrolle von Gründen als inferentielle und normative in allen Kategorien nicht verdecken.

Gründe. Beide Welten lassen sich nicht auf das physikalisch Beschreibbare reduzieren, unter anderem deswegen, weil zur erstgenannten Welt auch soziale Tatsachen gehören und weil Gründe – irreduzibel – normativ sind, vgl. *REAL*.

Gründe sind keine Tatsachen (wie Scanlon meint[18]), sondern Relationen zwischen Tatsachen und dem zu Begründenden. Begründungen haben eine inferentielle, logische Struktur, Gründe sind immer in ein System von Gründen eingebettet, die in Gestalt verbal vorgebrachter Begründungen nur in winzigen Ausschnitten explizit werden. Deskriptive, normative, evaluative und emotive Gründe spannen ein Netz auf, in dem Deliberation stattfindet. Dieses Netz wird modifiziert, verbessert, einzelne Gründe werden fallen gelassen, andere treten hinzu, strukturelle Merkmale dieses Netzes in Gestalt bestimmter inferentieller Invarianzen werden modifiziert, übermäßige Spannungen durch neue Verknüpfungen gemildert, aber all das findet statt, ohne dass wir dieses Netz verlassen können, wir bewegen uns, auch wenn wir Teile dieses Netzes verändern, immer innerhalb dieses Netzes, wir sind auf dieses angewiesen, wenn wir nicht abstürzen wollen. Es gibt keinen externen, erkenntnistheoretischen oder epistemologischen Standpunkt, von dem aus dieses Netz *ab ovo* neu geknüpft werden könnte.[19]

Was immer der Gegenstand dieser Neukonstruktion ist, welche Teile dieses Netzes auch immer neu aufgebaut werden sollen, sie findet immer innerhalb des großen Gesamtnetzes einer durch Gründe gestifteten diskursiven Lebensform statt, sie bleibt, ob dies den Konstrukteuren nun bewusst ist oder nicht, immer lebensweltlich eingebettet, oder wird irrational. Die Voraussetzungen, die an den einzelnen Stellen einer Argumentation gemacht werden, beziehen sich auf eine unübersehbare Vielzahl von Netzelementen und strukturellen Merkmalen des Gesamtnetzes, auf konkrete Überzeugungen, Inferenzen und Invarianzen. Nicht nur die konkreten Einzelteile, sondern auch die strukturellen Merkmale sind fallibel, sie können unter bestimmten Bedingungen infrage gestellt werden. Die Invarianzen der Anschauungsformen von Raum und Zeit, von denen Kant spricht, sind durch die moderne Physik infrage gestellt worden, ohne dass dies unser lebensweltliches Wissen in irgendeiner Weise tangiert hätte. Es gibt kein synthetisches Apriori, sondern es gibt nur graduelle Unterschiede der epistemischen Erschütterbarkeit. Manches lässt sich erst infrage stellen, wenn sehr vieles andere schon infrage gestellt worden ist, auch dafür ist die Entwicklung der modernen Physik ein Beispiel. Aber die Revolutionen in den Einzelwissenschaf-

---

18 Vgl. Thomas Scanlon: *Being Realistic about Reasons*. Oxford: University Press 2014.
19 Insofern kann auch das faszinierende Projekt der Erlanger Schule, einer konsequenten Rationalisierung durch Neukonstruktion, als gescheitert gelten. In abgeschwächter Form setzt sich dieses Letztbegründungskonzept als methodische Kritik jedoch bis in die Gegenwart fort, z. B. in Susanne Hahn: *Rationalität: eine Kartierung*. Paderborn: Mentis 2013, die auf dieser Grundlage in diesem Buch auch meine Konzeption struktureller Rationalität einer ausführlichen Kritik unterzieht.

ten finden *an der Peripherie unserer geteilten Lebensform* statt und erschüttern ihr Zentrum nicht. *Im Zentrum gibt es keine epistemischen Revolutionen* wie an der Peripherie. Dort kann es auch deswegen stürmischer zugehen, weil weit weniger auf dem Spiel steht. Der Szientismus möchte die Peripherie zum Zentrum machen und muss damit scheitern.

Der robuste Realismus unserer Lebenswelt ist deswegen *unaufgeregt*, weil es keiner weiteren Interpretation bedarf, die Gewisses noch gewisser machen könnte. Selbstverständlich gibt es die mittelgroßen physischen Gegenstände unserer Lebenswelt völlig unabhängig von der Art und Weise, in der sie beschrieben werden. Selbstverständlich ist die Diskriminierung einer Person aufgrund ihrer Hautfarbe unzulässig. Selbstverständlich ist die gezielte existenzielle Beschädigung der Selbstachtung (die Verletzung der menschlichen Würde) einer Person inhuman. Selbstverständlich ist Hass auf eine Person, die nichts Unrechtes getan hat, irrational. Die Tatsache, dass unterschiedliche Begriffssysteme unterschiedliche Individuierungen vornehmen, kann diese Form eines umfassenden lebensweltlichen Realismus nicht erschüttern. In der Peripherie dünnt der Realismus aus, auch hierfür bietet die moderne Physik beeindruckendes Anschauungsmaterial. Aber interessanterweise kann die physikalische Beschreibung des Mikrokosmos an der lebensweltlichen, empirischen Erfahrung nichts verändern. Jedenfalls hat die moderne Physik daran nichts geändert.

Warum sollte sich dies für die mentalen Gegenstände unserer Lebenswelt anders darstellen? Dass wir selbst und andere Menschen Wahrnehmungen, Empfindungen, Intentionen, propositionale und nicht-propositionale Einstellungen, Wünsche, Überzeugungen und Erwartungen haben (Erwartungen in der schönen Doppelbedeutung von empirisch und normativ), dass also all die Gegenstände der von Szientisten gerne abgewerteten *folk psychology* real sind, kann nicht ernsthaft bezweifelt werden. Der robuste Realismus unserer Lebenswelt umfasst physische wie mentale Entitäten. Und so, wie die Physik sich an der lebensweltlichen Empirie physischer Entitäten bewähren muss, so muss sich die Psychologie an der lebensweltlichen Realität mentaler Phänomene bewähren. Nicht die Physik beweist die Existenz oder Nicht-Existenz der physischen Gegenstände unserer Lebenswelt, sondern sie muss mit diesen kompatibel sein. Nicht die Psychologie beweist die Existenz oder Nicht-Existenz mentaler Zustände unserer Lebenswelt, sondern sie muss mit diesen kompatibel sein. Da das epistemische System ein Ganzes ist mit fließenden Übergängen und graduellen Differenzen epistemischer Gewissheiten, Begründungsformen und experimentellen Praktiken, ist allerdings nicht ausgeschlossen, dass von der Peripherie ein Einfluss auf das Zentrum der geteilten Lebensform ausgeht: Auch Physik oder Psychologie kann das Netz verändern und auf die Zentralbereiche der lebensweltlichen Praxis des Gründe-Gebens und -Nehmens einwirken.

Der robuste Realismus unserer Lebenswelt ist *kein ontologisches Postulat*, sondern ein Merkmal des epistemischen Systems, innerhalb dessen wir uns bewegen, bewegen müssen, zu dem es keine Alternative gibt. Die Option auf empirische oder normative Wahrheitsansprüche zu verzichten, gibt es nicht, weil wir das epistemische System der geteilten Lebensform[20] nicht verlassen können.

§ 4 Theoretische vs. praktische Vernunft

Im vorausgegangenen Abschnitt wurde für ein realistisches Wahrheitsverständnis argumentiert, das in der zeitgenössischen Philosophie für den Bereich theoretischer Gründe, insbesondere in den Naturwissenschaften, zunehmend Anhänger findet, aber für den Bereich der praktischen Gründe, insbesondere für die Ethik, abgelehnt wird.[21] Dieses Schisma zwischen theoretischer und praktischer Vernunft hat bedeutende Vertreter:

Jürgen Habermas hat seine ursprünglich umfassende konsenstheoretische Konzeption der Wahrheit in den 1990er Jahren aufgegeben.[22] In den Naturwissenschaften, so der späte Habermas, geht es nicht darum, herauszufinden, was das Ergebnis eines idealen Diskurses sein würde, sondern Sachfragen zu klären, hier geht es nicht darum, die allgemeine Akzeptabilität von Theorien im Diskurs zu eruieren, sondern naturwissenschaftliche Tatsachen und Regularitäten zu klären, insbesondere Kausalitätsbeziehungen. Theoretische Vernunft bedarf demnach einer realistischen Interpretation der Gegenstände und einer (naturwissenschaftlichen) Rechtfertigung. Anders im Bereich der praktischen Vernunft, im Bereich dessen, was Habermas „Moralität" nennt, also dem Bereich der Rechtfertigung von Normen mit allgemeinem Geltungsanspruch. Hier geht es entsprechend dem diskursethischen Programm um die Klärung der Akzeptabilität gegenüber jeder Person. Der Anti-Realismus im Bereich der praktischen Vernunft hat für Habermas auch eine politische Dimension, nämlich die der kollektiven Autonomie: Die Bürger eines Staates sollten die Möglichkeit haben, die für sie geltenden Normen in einem öffentlichen und möglichst rationalen Diskurs

---

20 Vgl. *P&L*, Kap. 1.
21 Bis zu dem Phänomen eines neuen Realismus, der nicht nur in der Philosophie, sondern auch in den Geistes- und Kulturwissenschaften diskutiert wird, vgl. Maurizio Ferraris: *Manifest des neuen Realismus*. Frankfurt am Main: Klostermann 2014; Marcus Gabriel (Hrsg.): *Der neue Realismus*. Berlin: Suhrkamp 2014 und *REAL*.
22 Vgl. Jürgen Habermas: *Wahrheit und Rechtfertigung. Philosophische Aufsätze*. Frankfurt am Main: Suhrkamp 1999.

zu klären und hätten nicht die Aufgabe, herauszufinden, welche wechselseitigen Verpflichtungen sie sich schulden.[23]

Die erste wichtige Publikation von *John Rawls* entwickelt ein Entscheidungsverfahren für die Ethik[24], das Parallelen zu Rudolf Carnaps Wissenschaftstheorie aufweist und später zur berühmt gewordenen Theorie des *reflective equilibriums*, des Überlegungs-Gleichgewichtes, modifiziert wird. Schon der frühe Rawls ist überzeugt, dass ethische Theorien ganz normale Theorien sind, dass sie sich rechtfertigen lassen, wie andere auch. Auch die *Theory of Justice* von 1971[25] wird als ein Zweig der normativen Rationalitätstheorie präsentiert und das Begründungsverfahren unterscheidet sich nicht von dem anderer Theorien generell, wie Rawls betont. Man geht aus von bestimmten Daten bzw. *well-considered moral judgements* im Bereich der Ethik, systematisiert diese, modifiziert sie im Prozess ihrer Systematisierung und verändert wiederum deren Ergebnis, um eine möglichst weitgehende Übereinstimmung zwischen *well-considered moral judgements* und Theorie herzustellen – im Falle der Theorie von John Rawls eine vertragstheoretische Rekonstruktion der Prinzipien einer gerechten Grundstruktur der Gesellschaft. Man geht vor und zurück, von den „Daten" (*well-considered moral judgements*) zur Theorie und umgekehrt und die Kohärenz des Ganzen rechtfertigt die Theorie (hier die Prinzipien der Gerechtigkeit), wirkt aber auch auf die *well-considered moral judgements* zurück: Im Lichte einer systematisierenden Theorie sind wir bereit, sperrige Wahrnehmungs- oder Moralurteile zu revidieren. Daten oder *well-considered moral judgements* sind nicht einfach das Gegebene und die Theorie das aus ihnen Konstruierte oder durch sie Gerechtfertigte. Das Gleichgewicht wird in beide Richtungen hergestellt und verlangt in beide Richtungen Modifikationen. Spätestens mit den *Dewey Lectures* 1980, treten aber auch bei Rawls theoretische und praktische Vernunft auseinander: Die Gerechtigkeitstheorie ist nun keine Theorie im Wortsinne mehr, sondern hat eher den Charakter eines Arrangements zum wechselseitigen Vorteil, getragen vom öffentlichen Vernunftgebrauch und einem sich überlappenden Gerechtigkeitssinn über die unterschiedlichen Partikularkulturen einer modernen Gesellschaft hinweg.

---

[23] Ronald Dworkin, der als Rechtsphilosoph und politischer Theoretiker nicht weit von Habermas entfernt ist, verbindet seine linksliberalen inhaltlichen Positionen dagegen mit einem geradezu vehementen metaethischen Realismus, zuletzt in Ronald Dworkin: *Justice for Hedgehogs*. Cambridge/Mass.: Harvard University Press 2011.
[24] John Rawls: „A Decision Procedure for Ethics". In: *The Philosophical Review* 60 (1951), 177–197.
[25] Vgl. John Rawls: *A Theory of Justice*. Cambridge/Mass.: Harvard University Press 1971.

Im *Kantian Constructivism* von Christine Korsgaard[26] radikalisiert sich dieses Programm: Nun geht es um die Schaffung eines *self-images* und dann später in einer Wendung zum klassischen Kantianismus um die konstitutiven Bedingungen von *agency* überhaupt.

Der Erkenntnistheoretiker *Gilbert Harman* kommt zum dem Ergebnis, dass die Standards naturwissenschaftlicher Rationalität, wie sie für die moderne Physik gelten, in moralischen Alltagsdiskursen nicht erfüllt seien und es daher in der Ethik nicht um Erkenntnisfragen gehen könne, sondern nur um solche der subjektiven Präferenz. Auch hier treten theoretische und praktische Vernunft auseinander.[27]

Bernard Williams, der große Moralist der zweiten Hälfte des 20. Jahrhunderts, skeptisch gegenüber ethischen Theorien, aber überzeugt von der Notwendigkeit der Klärung moralischer Fragen, ist trotz dieser Differenz zum Mainstream der zeitgenössischen Ethik Anhänger der Trennungsthese, also einer halbierten, von David Hume inspirierten, auf empirische Urteile reduzierten Rationalität. Das Ergebnis ist ein konsequenter *relativism from the distance*: Es gibt keine Möglichkeit moralische Fragen aus der kulturellen Distanz allgemeingültig zu klären.[28]

John Mackie schließlich ist der erste, der das Programm des ethischen Subjektivismus analytischer Provenienz zu Grabe trägt und zugleich in einer paradox anmutenden Kombination erneuert: Demnach saß die gesamte *ordinary language*-Philosophie der Moral, die analytische Metaethik von Ayer über Stevenson bis Hare, einem fundamentalen – linguistischen – Irrtum auf: Die Moralsprache kann demnach nur objektivistisch, nicht subjektivistisch interpretiert werden, wie es analytische Philosophen über Jahrzehnte unternommen haben. Zugleich aber ist damit die Moralsprache, wir können durchaus erweitert sagen, die moralische Verständigungspraxis der Lebenswelt, von einem fundamentalen (erkenntnistheoretischen) Irrtum geprägt, wonach es tatsächlich um die Klärung von Sachfragen geht. Während die analytischen Metaethiker es unternommen haben, die gesprochene Moralsprache im Sinne ihrer metaphysischen, speziell ontologischen Vorurteile subjektivistisch zu interpretieren, erkennt Mackie die Sinnlosigkeit all dieser Versuche an und zieht sich auf zwei vertraute Argumente für einen ethischen Skeptizismus (zweiter Ordnung) zurück, *the argument from*

---

26 Vgl. Christine Korsgaard: *The Sources of Normativity*. Cambridge/Mass.: Harvard University Press 1996 und dies.: *The Constitution of Agency*. Oxford: University Press 2008.
27 Vgl. Gilbert Harman & Judith Thomson: *Moral Relativism and Moral Objectivity*. Oxford: Blackwell 1996.
28 Vgl. Bernard Williams: *Ethics and the Limits of Philosophy*. Cambridge/Mass.: Harvard University Press 1985.

relativity (die faktische (Kultur-) Relativität moralischer Überzeugungen) und *the argument from queerness* (die ontologische Absonderlichkeit moralischer Eigenschaften).

Der ethische Skeptizismus und Subjektivismus wird nun als eine (plausible) Metaphysik, nicht mehr als Ergebnis der Sprachanalyse präsentiert. Ein halbes Jahrhundert analytischer Ethik wird radikal entwertet und die Analyse der *ordinary language* durch (recht thetisch ausgefallene) Metaphysik ersetzt, demnach gibt es keine normativen Tatsachen. Aus erkenntnistheoretischer und ontologischer Perspektive müssen wir Subjektivisten bleiben. Moral ist lediglich ein Instrument, um bestimmte Ziele zu erreichen und da sich die instrumentelle Rationalität von Regeln und Institutionen durchaus rational klären lässt, kann auf diesem Weg ein Subjektivismus zweiter Ordnung (eine subjektivistische Metaethik) mit einem Objektivismus erster Ordnung (eine objektivistische Theorie normativer Ethik) kombiniert werden. Sensiblere Naturen wie Bertrand Russell haben dieses Spannungsverhältnis Zeit ihres Lebens kaum aushalten können, bei Mackie löst es sich in einem philosophischen Taschenspielertrick auf.[29]

Diese Auflistung ließe sich lange fortsetzen und am Ende könnte sie in eine kritische Analyse all dieser anti-realistischen Entwürfe praktischer Vernunft münden. Hier will ich das nicht tun. Jede dieser anti-realistischen Ethikkonzeptionen kann am Ende aus dem einfachen Grund nicht überzeugen, weil unsere normativen Diskurse zu klären suchen, wozu wir tatsächlich verpflichtet sind. Die Spaltung von theoretischer Vernunft, die auf rationale Überzeugungen gerichtet ist, und praktischer Vernunft, die letztlich nur Ausdruck individueller Wünsche ist, kann nicht überzeugen.

Menschenrechte und Demokratie wurden gegen Feudalismus, Sklaverei und Frauenunterdrückung mühsam genug erkämpft. Wenn es lediglich darum gegangen wäre, einen *overlapping consensus* festzustellen, gäbe es heute weder Menschenrechte noch Demokratie (gegen Rawls). Das Argument gegen die Feudalherren war, dass sie kein Recht haben andere als ihre Untertanen zu behandeln, ganz unabhängig davon, wie die kulturellen Kontexte jeweils sein mögen. Und dieses Argument war zutreffend. Ich darf die Selbstachtung eines menschlichen Individuums nicht existenziell beschädigen, ganz unabhängig davon, was andere Menschen meinen, was die Mehrheit entscheidet oder was in meinem eigenen Interesse ist. Dies wird vor allem im normativen Kern unserer Verfassungsordnung deutlich. „Die Würde des Menschen ist unantastbar" hat deswegen eine Ewigkeitsgarantie und kann durch Mehrheitsentscheid nicht verändert werden, weil es sich um eine normative Erkenntnis handelt. Bitter genug, dass es

---

[29] Vgl. John Mackie: *Ethics: Inventing Right and Wrong.* London: Penguin Books 1990 [EA 1977].

zwölf Jahre NS-Terrors bedurfte, um den realen Gehalt einer humanen und demokratischen Verfassungsordnung so deutlich werden zu lassen, dass sie nun zum Artikel I des Grundgesetzes geronnen ist.

Der Zusammenbruch des Rechtspositivismus unter dem Eindruck der NS-Verbrechen spricht eine deutliche Sprache: Die subjektivistischen Varianten des Anti-Realismus sind mit normativer Erkenntnis unvereinbar. Die kognitivistischen Anti-Realisten versuchen moralische Erkenntnisse zu ermöglichen, ohne moralische Tatsachen postulieren zu müssen. Die Naturalisten unter ihnen überführen normative Sachverhalte in empirische, während kantianische Konstruktivisten sich an (quasi-) logischen Konstruktionen von Moralität abmühen.[30]

Eine konsequent epistemische Perspektive erübrigt diese philosophischen Überspanntheiten. Für diese ist ein ethisches Urteil so zu behandeln wie andere Urteile auch, und eine ethische Theorie wie andere Theorien: Sie bewähren sich an dem, was nicht infrage steht: bestimmte konkrete oder allgemeine normative Sachverhalte, Invarianzen, Inferenzen, ethisches Hintergrundwissen, das große Netz, das durch die normative Verständigungspraxis, den lebensweltlichen Austausch normativer Gründe aufgespannt ist.

Nur die eine oder andere Form globaler Moralskepsis würde diesen Sprüngen in die Reduktion (ethischer Naturalismus) und die Konstruktion (radikaler Konstruktivismus und Kantianischer Konstruktivismus) eine gewisse Plausibilität verleihen. Aber zu einer fundamentalen Moralskepsis besteht kein Anlass: Die Verständigungspraktiken funktionieren ziemlich gut, nicht nur innerhalb einer Gesellschaft, sondern auch international, wir verstehen sehr gut, was es heißt, dass jemand etwas tun sollte, dass jemand seine Pflicht verletzt hat, dass eine bestimmte Praxis inhuman ist etc., wenn wir auch hinsichtlich der Kriterien differieren.[31]

Wir wollen wissen, was richtig und was falsch ist und zu diesem Zwecke wägen wir Gründe ab – praktische und evaluative. Die Unsicherheiten, Dilemmata und Ratlosigkeiten sind groß genug, um diesem *Spiel des Gründe-Gebens und -Nehmens* immer wieder neue Nahrung zu geben. Wir spielen dieses Spiel, weil wir epistemische Optimisten sind, weil wir hoffen, dass wir normative Irrtümer durch Deliberation klären können. Unsere Lebensform ist eine deliberative,

---

[30] Darunter so imposante Entwürfe wie die von Alan Donagan: *The Theory of Morality*. Chicago: University Press 1979.
[31] Anders sehen das konservative Moraltheoretiker wie Elisabeth Anscombe: *The Collected Philosophical Papers of G.E.M. Anscombe: Ethics, Religion, and Politics*. Oxford: Basil Blackwell 1981, Alasdair MacIntyre: *After Virtue: A Study in Moral Theory*. London: A&C Black 2013, oder John Finnis: *Fundamentals of Ethics*. Washington D.C.: Georgetown University Press 1983.

sie ist ohne das Abwägen theoretischer und praktischer Gründe nicht möglich. Für ihre beiden Zentralbegriffe – den der Überzeugung und den der Handlung – ist Deliberation sogar *konstitutiv*: Eine *Überzeugung* ist eine Meinung, für die die Person, die diese Meinung hat, Gründe anführen kann. Eine *Handlung* ist ein Verhalten, für das die handelnde Person Gründe anführen kann. Gründe beziehen sich auf einen praktischen und theoretischen Hintergrund des Fraglosen und Selbstverständlichen, für das wir keine Gründe anführen können, ohne aus der geteilten Lebensform herauszufallen. Diese geteilte Lebensform bietet keinen Ansatzpunkt der Separierung theoretischer und praktischer Vernunft. Der robuste Realismus unserer Lebensform ist umfassend, ist nicht halbierbar, er kann nicht auf theoretische Vernunft eingeschränkt werden.

§ 5 Gründe in der Lebenswelt[32]

In der Philosophie ist es weitgehend Konsens, dass Gründe etwas mit etablierten Regeln zu tun haben, oder anders formuliert, dass die interpersonelle Rolle von Gründen die primäre ist. Was keineswegs bedeutet, dass wir nicht in der Praxis begründeter Überzeugungen und begründeter Handlungen in den meisten Fällen ohne Dialog mit Anderen auskommen. Eine Person A gibt einer Person B einen Grund für x – eine Handlung, eine Überzeugung, eine (nicht-propositionale) Einstellung. Ein guter Grund für x überzeugt. Wenn A gegenüber B einen guten Grund für x nennt, dann ist der hinreichend rationale B, nachdem er diesen Grund vernommen hat, von x überzeugt. Kann man das sagen – unabhängig davon, zu welcher Kategorie x gehört? Mir scheint ja: B ist dann überzeugt, dass die Handlung, die Überzeugung, die Einstellung richtig ist. Wenn wir die möglicherweise zirkuläre Bestimmung „rational" fallen lassen wollen, können wir den Begriff des *pragmatisch* guten Grundes einfügen: G ist gegenüber B ein (pragmatisch) guter Grund für x, wenn B sich durch G von der Richtigkeit von x überzeugen lässt. Allerdings müssen wir annehmen können, dass der Gründe-Gebende A von G selbst überzeugt ist, also annimmt, dass G einen *zutreffenden (deskriptiven oder normativen) Sachverhalt* beschreibt und dass G *wirklich* für x spricht, also ein (objektiv) guter Grund für x ist. Ob etwas ein guter Grund ist, richtet sich –

---

[32] Die Überlegungen dieses Abschnitts wurden in unterschiedlicher Form bei verschiedenen Gelegenheiten über mehrere Jahre von mir zur Diskussion gestellt. Er lehnt sich eng an die Version an, die ich unter dem Titel „Eine Wittgensteinsche Perspektive" auf einer Tagung der Internationalen Ludwig Wittgenstein Gesellschaft an der Universität Leipzig vorgetragen habe, allerdings hier gekürzt um Wittgenstein-Zitate und ihre Interpretation, die Vortragsversion findet sich in *P&L*.

jedenfalls außerhalb der Wissenschaft und der Philosophie – nach den etablierten Regeln unserer lebensweltlichen Begründungsspiele.

Wir können annehmen, dass wir den Begriff des Grundes – das lebensweltliche Phänomen des Gründe-Gebens und Gründe-Nehmens – über bestimmte Äußerungssituationen erfassen. Jemand äußert eine Überzeugung und wird gefragt, warum er diese Überzeugung habe. Die Antworten, die er darauf gibt, geben (subjektive) Gründe für die Überzeugung an, d. h. nennen ihrerseits Überzeugungen, die die infrage stehende Überzeugung rechtfertigen. Eine Überzeugung begründende Äußerung besteht wieder in der Angabe von Überzeugungen. Daher ist die Rede von „subjektiven" Gründen nicht ungefährlich, sie könnte nahelegen, dass das Spiel des Begründens in den je vorfindlichen Meinungen der betreffenden Person ihren Schlusspunkt hat. Eine Begründung ist nur dann erfolgreich, wenn zwischen der Person, die die Begründung gibt, und der Person, die die Begründung nimmt, eine Übereinstimmung über das Bestehen desjenigen Sachverhaltes hergestellt wird, der zur Begründung herangezogen wird. In diesem Sinne, d. h. in ihrem propositionalen Gehalt, sind Gründe immer *objektiv*, nie subjektiv.

Diese objektivistische Lesart erlaubt es jedoch, dem interpersonellen Charakter des Begründungsspiels eine Grenze zu setzen. Wenn eine Person davon überzeugt ist, dass ein bestimmter Sachverhalt besteht, der eine ihrer Überzeugungen rechtfertigt, und sie zugleich davon überzeugt ist, dass dieser Sachverhalt nur ihr und niemandem sonst zugänglich ist, dann kann sie – berechtigt – davon überzeugt sein, gute Gründe zu haben und zugleich davon überzeugt sein, dass sie diese guten Gründe weder B noch jemandem anderen vermitteln kann, dass also eine Äußerung dieser Gründe nicht dazu führen würde, dass der jeweilige Adressat sich von dieser gegebenen Begründung überzeugen lässt, d. h. dass diese Begründung erfolgreich ist. Diese objektivistische Lesart bestreitet – wohlgemerkt – nicht, dass das Spiel des Gründe-Gebens und Gründe-Nehmens durch die (interpersonelle) Äußerungspraxis angeeignet wird. In diesem Sinne kann man weiterhin von Gründen als interpersonalen Relationen sprechen.

Prohairetische und *epistemische* Systeme sind nicht nur unauflöslich miteinander verbunden, sondern unterliegen vergleichbaren Kohärenzbedingungen. Man kann zwar von der Begründung von Handlungen sprechen, weniger irreführend ist es aber, von der Begründung handlungsleitender (normativer) Überzeugungen zu sprechen. Eine Erwartung ist eine (probabilistische) Überzeugung, die durch das Eintreten des betreffenden Ereignisses erfüllt wird. Ich bilde meine Erwartungen oft als Ergebnis eines Deliberationsprozesses aus, in das auch wissenschaftliche Theorien und Daten einfließen können und komme so zu einer spezifischen Erwartung. Ähnlich die Rolle von Entscheidungen: Entscheidungen schließen die Abwägung von Gründen *pro* und *contra* ab und werden durch einen bestimmten Typus von Ereignissen erfüllt: Erwartungen und Entscheidungen schließen Deliberationsprozesse ab, sind das Resultat von theoretischen bzw. praktischen Deliberationen.

Eine Erwartung kann man als eine Überzeugung charakterisieren, dass etwas (möglicherweise mit einer bestimmten Wahrscheinlichkeit) eintreten wird. Eine Entscheidung kann man als Ausdruck einer Überzeugung charakterisieren, dass die erfüllende Handlung die richtige ist. Ich möchte im Geiste der Stoa einen Schritt weitergehen und Entscheidungen nicht nur als *Ausdruck* normativer Überzeugungen, sondern selbst als eine normative Stellungnahme, ein Urteil interpretieren. Wir schreiben Überzeugungen auch dann zu, wenn diese angenommen werden müssen, um das Verhalten der betreffenden Person als rational interpretieren zu können.[33]

Entscheidungen sind normative und zugleich prohairetische Stellungnahmen. Nicht jede normative Stellungnahme ist zugleich prohairetisch, etwa dann, wenn die Handlungsdimension der Stellungnahme unklar ist. Entscheidungen sind also normative Urteile eines bestimmten Typs: Urteile, die mit einem Handlungswunsch einhergehen und insofern sowohl normativ wie prohairetisch sind. Wir schreiben Erwartungen zu, auch wenn sie keinen Urteilscharakter haben. Aber ein wesentlicher Teil unserer Erwartungen schließt eine – theoretische – Deliberation ab und hat damit Urteilscharakter. Es stehen sich also deskriptive und normative Urteile gegenüber, diese sind Ausdruck deskriptiver bzw. normativer Überzeugungen, die der Person bewusst sind und die – theoretische bzw. praktische – Deliberationen (vorläufig) abschließen. Wenn diese Urteile hinreichend stabile Elemente des epistemischen Systems sind, können wir auch sagen, diese Urteile seien als stabile Überzeugungen propositionale Einstellungen der betreffenden Person. Als propositionale Einstellungen sind Entscheidungen hybrid, sie sind sowohl epistemisch als auch prohairetisch.

---

33 Die von mir vertretene Theorie praktischer Vernunft weist Parallelen zur Handlungstheorie der griechischen Stoa (besonders Zenon, auch Chrysipp) auf, soweit diese angesichts der dürftigen Quellenlage verlässlich rekonstruierbar ist (zudem ändert sich die Begrifflichkeit der Stoa im Laufe der Zeit deutlich). Die entscheidende Gemeinsamkeit ist das Vertrauen auf die Rolle vernünftiger Einsicht in der Praxis, die Leitung des Handelns durch gute Gründe, die sich die handelnde Person zu eigen macht und die Vorstellung, dass praktische Gründe einen objektiven Status haben und nicht lediglich subjektive Präferenzen zum Ausdruck bringen. Die deterministische Metaphysik der Stoa teile ich jedoch nicht, obwohl ich überzeugt bin, dass die physikalische Beschreibung und Erklärung physikalischer Ereignisse und Prozesse prinzipiell vollständig ist, bzw. keine Lücken aufweisen muss, um menschliche Freiheit und Verantwortung zu ermöglichen, vgl. *ÜmF*, sowie *V&F*.

Der den *Erwartungen* vorausgehende Deliberationsprozess handelt von probabilistischen und nichtprobabilistischen, jedenfalls deskriptiven Sachverhalten. Der den *Entscheidungen* vorausgehende Deliberationsprozess handelt von normativen und deskriptiven Sachverhalten: Was ist die richtige Handlung, was sollte ich in dieser Situation tun? Welche Gründe sprechen für diese im Vergleich zu anderen offenstehenden Handlungen? Es geht also in beiden Fällen um Überzeugungen. Normative Überzeugungen bleiben Überzeugungen, sie verwandeln sich nicht unter der Hand im Laufe eines solchen Deliberationsprozesses in Wünsche.

Aber gibt es nicht eine ausgezeichnete Rolle eigener Wünsche, die diese Analogisierung widerlegt? Ist es nicht doch so, dass alle praktischen Deliberationen in eigene Wünsche einmünden? Es gibt eine Vielfalt von Gründen, unter denen diejenigen, die auf eigene Wünsche Bezug nehmen, keine ausgezeichnete Rolle spielen.[34] Jedenfalls scheint es völlig aussichtslos, diese gesamte Vielfalt auf diesen einen Typus von Gründen zu reduzieren. So ist eine Handlung wohlbegründet, wenn sie aus Rücksichtnahme auf die Interessen einer anderen Person erfolgt – der Zusatz, dass diese Rücksichtnahme einem eigenen Wunsch entspricht, erscheint von vornherein künstlich und enthält in jedem Fall keine zusätzliche Information. Der lebensweltliche Austausch von Gründen ist für diese Reduktionsversuche nicht empfänglich. Es handelt sich um eine Pseudo-Rationalisierung, die in den lebensweltlich etablierten Begründungsspielen kein Fundament hat.

Aber selbst dort, wo Handlungsgründe auf eigene Interessen Bezug nehmen, geschieht dies, in einem noch zu erläuternden Sinne, *qualitativ*. Es ist nicht das Bestehen von Interessen als solches, das gute Handlungsgründe bereitstellt. Ich meine damit nicht so sehr das altehrwürdige und in der Philosophie vieldiskutierte Problem der Qualifikation eigener Interessen im Sinne würdiger und unwürdiger Interessen.[35] Hier handelt es sich nur um einen speziellen Aspekt einer wertenden Stellungnahme. Entscheidender ist etwas anderes: Gründe führen immer, nicht nur – wie etwa Immanuel Kant meinte – im moralischen Gebrauch, zu einer kategorischen Feststellung: Sie rechtfertigen eine Überzeugung oder eine Handlung oder eine emotive Einstellung *kategorisch*, nicht lediglich hypothetisch (unter der Hypothese dieser oder jener Ziele der handelnden Person). Sie recht-

---

34 Vgl. *KdK*, §13, §14, §50 und *SR*, Kap. 1 u. 4.
35 Von John Stuart Mill (*Utilitarianism*. London 1863) bis John C. Harsanyi (*Rational Behavior and Bargaining Equilibrium in Games and Social Situations*. Cambridge: University Press 1977) werden antisoziale Interessen als nicht berücksichtigenswert aus dem utilitaristischen Kalkül ausgeschlossen oder es wird zwischen höheren und niedrigeren Bedürfnissen unterschieden.

fertigen eine Überzeugung oder sie zeichnen eine Überzeugung als rational aus oder sie rechtfertigen eine Handlung oder zeichnen eine Handlung als rational aus. Eine, wie sie gelegentlich genannt wird, *hypothetische* Begründung ist keine. „Wenn du X willst, dann tue Y" ist keine Begründung für Y. Dies ist lediglich die Feststellung eines kausalen oder probabilistischen Zusammenhangs. Y wird dadurch nicht begründet. Y ist damit nicht rational. Auch nicht für die Person, die X wünscht. Der Versuch der Humeaner, alle *praktischen* Gründe als hypothetische auszuweisen, ist mit der lebensweltlichen Rolle praktischer Gründe unvereinbar. Hypothetische Rechtfertigungen zeigen entweder das Scheitern einer Begründung an, oder sind lediglich Bausteine einer erst noch zu gebenden Begründung. „Wenn du davon überzeugt bist, dass Delphine Fische sind, dann solltest du auch annehmen, dass sie Eier legen." Dies ist selbstverständlich keine Begründung für die Überzeugung, dass Delphine Eier legen.

Die merkwürdige Idee, dass praktische Gründe hypothetisch und theoretische kategorisch sein müssten, ließe sich nur dann aufrechterhalten, wenn Interessen jene Rolle hätten, die ihnen gerne zugeschrieben wird, nämlich Endpunkte praktischer Begründungen zu sein – Gegebenes, nicht mehr Kritisierbares, eben auch nicht mehr Begründbares. Dies ist im doppelten Sinne falsch: Zum einen sind die Interessen einer Person nichts Gegebenes, sondern selbst Ergebnis einer Bewertung – einer Bewertung, die diese Person selbst für sich vornehmen kann, und einer Bewertung, die eine Verständigungsdimension hat, die nach akzeptablen Gründen sucht. Dies lässt sich auch nicht mit dem Argument bestreiten, dass zugeschriebene Interessen ja im Kern nichts anderes seien als Zusammenfassungen von solchen Wunschkomplexen. Auch Wünsche sind nichts Gegebenes, sondern selbst das Ergebnis einer Bewertung. Auch wenn es Wünsche geben mag, die sich durch Gründe nicht beeinflussen lassen, so wäre damit noch nicht gezeigt, dass nun gerade diese – kritikresistenten oder pathologischen[36] – Wünsche als letzte und zentrale Referenz gelten und praktische Begründungen sind. Ja, man könnte umgekehrt sagen: Wünsche, die in dieser Weise pathologisch sind, eignen sich am allerwenigsten als letzte Referenzen praktischer Begründungen.

Die zweite, mir noch wesentlichere Rolle einer Qualifizierung ist jedoch die Kluft zwischen Interessen (und den diese Interessen konstituierenden Wunschkomplexen) und Handlungen. Es ist eine im doppelten Sinne Kinder-Vorstellung menschlicher Rationalität zu glauben, dass Handeln jeweils dominierende Wünsche – oder, in Anlehnung an die Physik, *resultierende* Wünsche – zum Aus-

---

[36] Pathologisch ist hier nicht im Sinne von „krankhaft" gemeint, sondern im Wortsinne: Pathos – gebunden an unmittelbares Erfahren und Erleiden.

druck bringe oder nichts anderes sei als, um eine Formulierung der rationalen Entscheidungstheorie zu verwenden, *revealed preference*. Handeln ist das Ergebnis einer beurteilenden, bewertenden Stellungnahme. Ich handle so, weil ich diese Handlung für die richtige halte. Die Fähigkeit zur Distanzierung von den eigenen Interessen – und den Wunschkomplexen, die diese konstituieren – ist ein wesentliches Merkmal der rationalen Person.

Es ist merkwürdig, dass sich die moderne Philosophie mit dieser Einsicht schwertut. Ich vermute dahinter Residuen einer am Vorbild der frühneuzeitlichen Physik orientierten Anthropologie. Da geht es um Druck und Druckventile, Überwindung von Reibung durch Kraft, um Impulse, actio und reactio. Die Anthropologie, die Thomas Hobbes in *De corpore* entwickelt, ist dafür vielleicht das schönste Beispiel. Jede Handlung bedarf dann eines Impulses, einer motivierenden Kraft oder einer psychischen Energie, die diese vorantreibt, Willensschwäche ist ein Mangel solcher Impulse, Kräfte und Energien etc. Dieses physikalistische Residuum moderner Anthropologie würde die Merkwürdigkeit erklären, dass der Mainstream der zeitgenössischen Philosophie nach wie vor der Auffassung ist, dass normative Überzeugungen allein nicht ausreichen, um eine Handlung herbeizuführen, dass es zusätzlich eines Antriebsaggregates, bestehend aus Interessen oder Wünschen, bedarf. Ein gleiches Antriebsaggregat ist offenbar nicht erforderlich, wenn es um deskriptive Überzeugungen geht. Theoretische Gründe reichen aus, um eine Überzeugung hervorzubringen, während praktische Gründe für sich genommen nicht ausreichen – außer man versteht praktische Gründe selbst als Rückführung auf Wunschkomplexe wie in der humeanischen Tradition.[37] Manche Humeaner versuchen diese Kritik in der Weise ins Leere laufen zu lassen, dass sie den Wunschbegriff so weit fassen, dass jede Handlung, jede Entscheidung Ausdruck eines diese Handlung leitenden Wunsches ist. Dies kann man sofort zugeben, ohne diese Kritik zu beschädigen, denn für Wünsche dieser Art gilt in jedem Falle, dass sie selbst Ergebnis der Abwägung von Gründen sind, also die Handlung nicht selbst begründen können.

Wenn das Prädikat „rational" in praktischen Kontexten nichts anderes bedeutete als „ist für die je vorgegebenen Zwecke ein geeignetes Mittel" (oder stärker: „es gibt kein geeigneteres"), dann würde Rationalität ihre normative Bedeutung verlieren, dann würde mit der Auszeichnung einer Handlung als „rational" kein Empfehlungscharakter verbunden sein, dann würde „ist rational" in praktischen Kontexten lediglich einen deskriptiven (probabilistischen oder kausalen) Zusammenhang behaupten. Als normatives Prädikat ist es bestimmten Formen

---

37 Vgl. B. Williams: „Internal and External Reasons". In: *Rational Action*. Hrsg. von R. Harrison, Cambridge: University Press 1979, 101–113.

des Begründens unterworfen. Die Begründung, dass eine Handlung rational sei, kann zwar auf subjektive Merkmale wie Wünsche oder Interessen der handelnden Person Bezug nehmen, sie ist aber selbst nur *objektiv* – wie jede Begründung – zu verstehen: Sie zeichnet diese Handlung als die richtige Handlung aus. Dabei kann es durchaus wesentlich sein, wer diese Handlung vollzieht. Mit dieser Handlung ist der konkrete Handlungs*token* gemeint, also die konkrete, von einer Person zu einem gegebenen Zeitpunkt vollzogene Handlung. Dass die entsprechenden Kriterien immer nur auf *types* Bezug nehmen können, um formulierbar zu sein, tut dem keinen Abbruch. Es ist ein Irrtum, zu meinen, dass die Feststellung, eine Handlung sei rational *für eine bestimmte Person*, diese Charakterisierung zu einer subjektiven mache. Ich kann mir keine subjektive und zugleich normative Auszeichnung einer Handlung als rational oder moralisch vorstellen. Diese Form eines überaus schwachen Universalismus ist in der Tat in die Logik der normativen Sprache eingelassen.

Halten wir fest: Das lebensweltlich etablierte Spiel des Gründe-Gebens und -Nehmens ist normativ – und zwar für praktische, wie theoretische Gründe gleichermaßen. Wenn A trotz guter Gründe, die für x sprechen, nicht von der Richtigkeit von x überzeugt ist, dann ist A irrational; dann trifft es zu, dass A von x überzeugt sein sollte und zwar unabhängig davon, was wir jeweils für x einsetzen: Entscheidungen, Handlungen, Normen, empirische Einzeltatsachen, empirische Gesetzmäßigkeiten, moralische Gefühle, Einstellungen, Dispositionen, Tugenden etc.

Unsere Rede von der „Lebenswelt", von „lebensweltlichen" Verständigungen, lässt sich mit Hilfe eines Argumentes von Ludwig Wittgenstein – jedenfalls in einer bestimmten Lesart – näher erläutern. Der Übergang von der Sprachphilosophie des *Tractatus* zu der der *Philosophischen Untersuchungen* entspricht dem Wechsel von einer (realistischen) Abbild-Theorie zu einer Gebrauchs-Theorie. Im ersten Fall sind Behauptungssätze für die Bedeutung paradigmatisch, im zweiten Imperative. Es geht um die Rolle sprachlicher Äußerungen, die diese im Leben, in unseren alltäglichen Interaktionen und Verständigungsprozessen spielen. Im *Tractatus* wird die Bedeutung durch Wahrheitsbedingungen beschrieben, in den *Philosophischen Untersuchungen* durch die (performative) Rolle. Für diese Rolle allerdings bieten sich zwei Lesarten an, die verschiedene textliche Stützungen in den *Philosophischen Untersuchungen* haben: eine *behavioristische*, die man zumindest lange Zeit als für den Mainstream der Wittgenstein-Interpretation charakteristisch ansehen kann, und eine *normativistische*. Gemäß der behavioristischen geht es um die *de facto*-Übereinstimmung in der Befolgung implizierter – und grundsätzlich nicht vollständig explizierbarer – Regeln, nach der normativistischen geht es um Kriterien der Angemessenheit sprachlicher Äußerungen und der Reaktionen auf diese. Nach der behavioristischen werden die

Wahrheitsbedingungen als Konstituentien von Bedeutung durch gemeinschaftliche (in der Sprachgemeinschaft geteilte) Regelkonformitäten ersetzt. In der normativistischen Interpretation werden Wahrheitsbedingungen durch Rechtfertigungs-[38] oder Berechtigungs- (*entitlement*)[39] Bedingungen ersetzt. In der normativistischen Interpretation ist es nicht die *faktische* Übereinstimmung, sondern die Übereinstimmung hinsichtlich der Kriterien der *Adäquatheit* – sowohl der Äußerung selbst, wie der Reaktionen auf diese Äußerung –, die ihre Rolle in der lebensweltlichen Verständigung, ihre *Bedeutung* ausmacht. Wenn ich etwa behaupte, dies oder jenes sei der Fall, dann muss ich auf Nachfrage Gründe sowohl für meine Überzeugung angeben können, dass dies oder jenes der Fall ist, als auch für die Äußerung dieser Überzeugung. Ein Grund für die Überzeugung kann gegeben werden, indem man auf eine Wahrnehmung verweist, die man hatte und die einem verlässlich erscheint. Ein Grund, diese Überzeugung zu äußern, kann z. B. darin bestehen, dass man sich nicht sicher war, ob derjenige, gegenüber dem man diese Überzeugung äußerte, diese Überzeugung teilt oder gar, dass man vermutete, dass er einer anderen, mit jener nicht verträglichen Überzeugung sei.[40] In der normativistischen Interpretation der Sprachspiele und der Lebenswelt (*Lebensform* im Sinne Wittgensteins) bestehen die konstitutiven Übereinstimmungen der Sprach- und Verständigungsgemeinschaft in gemeinsam akzeptierten Kriterien des adäquaten, richtigen Sprachgebrauchs und der Verständigungspraxis.

Es kommt zum Austausch von Gründen, zum Prozess des Gründe-Gebens und Gründe-Nehmens immer dann, wenn Differenzen ausgetragen werden. Dem einen erscheint diese Äußerung unter den Bedingungen der Situation als unangemessen oder nicht gerechtfertigt, das veranlasst den Sprecher Gründe anzuführen. Wenn wir im Folgenden unter Äußerungen nicht nur Sprachhandlungen, sondern auch nichtsprachlich verfasste Handlungen einbeziehen, können wir uns den sonst immer wieder nötigen Hinweis auf theoretische *und* praktische Gründe sparen. In der oben entwickelten Argumentationslinie bringt jede Handlung nor-

---

38 Prominent für diese normativistische Interpretation ist Saul Kripke: *Wittgenstein on Rules and Private Language: An Elementary Exposition*. Cambridge/Mass.: Harvard University Press 1982.
39 Diesen Ansatz hat Robert Brandom ausgearbeitet: *Making it Explicit*. Cambridge/Mass.: Harvard University Press 1994.
40 In § 289 der *Philosophischen Untersuchungen* betont Wittgenstein, dass auch Äußerungen ohne Rechtfertigung nicht regelwidrig sein müssen. Das ist jedenfalls die naheliegende Interpretation von „ein Wort ohne Rechtfertigung gebrauchen, heißt nicht, es zu Unrecht gebrauchen"; vgl. Saul Kripke: *Wittgenstein on Rules and Private Language: An Elementary Exposition*. Cambridge/Mass.: Harvard University Press 1982, Kap. 2, FN 63.

mative wie deskriptive Überzeugungen implizit zum Ausdruck, so wie manche sprachliche Äußerung eine deskriptive oder normative Überzeugung explizit zum Ausdruck bringt. Dieses Zum-Ausdruck-Bringen von Überzeugungen – deskriptiven wie normativen – ist jedoch nicht die einzige Rolle von (Sprach- und anderen) Handlungen. Die Sprechakt-Theorie hat die Vielfalt von Rollen, die Äußerungen spielen können, analysiert. Wenn A gegenüber B etwas – P – verspricht, dann teilt A B unter anderem die Intention mit, das zu tun, was P erfüllt. Wenn der Versprechens-Akt gelingt, dann ist A davon überzeugt, dass B erwartet, dass A dasjenige tut, was P erfüllt. A hat mit seinem Versprechen zum Ausdruck gebracht, dass er dasjenige, was P erfüllt, für möglich hält – möglich nicht mehr im Sinne physischer Möglichkeit, sondern auch im Sinne deontischer Möglichkeit: A kann nur dann ein wahrhaftiges Versprechen geben, wenn A davon überzeugt ist, dass wenigstens einige derjenigen Handlungen, die P erfüllen, moralisch zulässig sind. Weitere Überzeugungen, die mit diesem Akt zum Ausdruck kommen, sind etwa, dass A annimmt, dass B seine Versprechensäußerung versteht, nicht nur im phatischen, sondern auch im rhetischen Sinne.[41] A muss insbesondere davon überzeugt sein, dass sein Status, seine Stellung gegenüber B und gegebenenfalls gegenüber Anderen, die für diejenigen Handlungen, die für die Erfüllung von P infrage kommen, relevant sind, ein solches Versprechen zulassen. Vielleicht kann der Fraktionsvorsitzende einer Regierungspartei seinem Kanzler versprechen, dass er für eine Agenda die gesamte Fraktion hinter sich haben wird, der Hinterbänkler kann es jedenfalls nicht.

Es gibt Bedingungen, die, sofern sie nicht erfüllt sind, sprachlich wie nicht sprachlich verfasste Handlungen scheitern lassen – das, was Austin als *fallacy* bezeichnet und von *infelicity* unterscheidet. Aber auch wenn diese Form von Adäquatheits-Bedingungen erfüllt ist, ist das Spiel der Gründe nicht beendet. Auch ein gelungener Akt des Versprechens kann begründungsbedürftig erscheinen. Was bringt A dazu, dieses Versprechen zu geben, welche Gründe führt er dafür an? Die Autonomie der Person äußert sich auch darin, dass dieser Teil des Begründungs-Spiels in hohem Maße unterdeterminiert ist. Es ist, jedenfalls in unserer Kultur, jedem in weiten Grenzen selbst überlassen, welche Bindungen er eingeht und ein Typus dieser Bindungen hat die Form von Versprechen.

Die normative Konstitution unserer lebensweltlichen Verständigungspraxis ist hochkomplex. Da sind diejenigen Regeln, deren Befolgung eine Sprachhandlung ausmachen, deren Nicht-Befolgen den entsprechenden Sprech-Akt scheitern lässt (*fallacy* im Sinne Austins). Verletzungen dieser Regeln kommen häufig

---

41 Vgl. John L Austin: *How to do Things with Words*. Cambridge/Mass.: Harvard University Press 1975. [EA 1962].

vor. Viele Versprechen werden in der Absicht gegeben, diese zu brechen. Sofern diese Absicht dem Adressaten verborgen bleibt, gelingt der Sprech-Akt des Versprechens, dennoch liegt eine gravierende Regelverletzung vor, die moralische Kritik nach sich zieht, wenn sie aufgedeckt wird. Diese moralische Kritik ist – fast – unabhängig davon, wie die Versprechens-Handlung sonst moralisch zu bewerten ist, an diesen Typus von Sprechakt gebunden. Dieses Phänomen gibt der philosophischen Ethik einige Rätsel auf. Die modernen Ethik-Theorien entwickeln mehr oder weniger abstrakte Kriterien der moralischen Beurteilung, zu deren bekanntesten die verschiedenen Varianten der utilitaristischen Bewertung, der Kantianismus im Sinne eines Verallgemeinerungs-Testes für Maximen, intuitionistische Ethiken in der Art David Ross'[42] (wonach es einige grundlegende Regeln der moralischen Beurteilung gibt, die für sich nicht mehr rechtfertigungsbedürftig sind, wie z. B. die Pflicht zu helfen, Respekt vor Individualrechten ...)[43], aber auch libertäre Theorien, die die Locke'schen Individualrechte zur alleinigen Grundlage der moralischen Beurteilung machen, gehören. Keiner der genannten Ansätze moderner Ethik hat eine naheliegende Interpretation für dieses Phänomen unserer lebensweltlichen Sprachpraxis.

Eine mögliche Reaktion darauf wäre, die normativen Konstituentien unserer lebensweltlichen Sprachpraxis für ethisch unbegründet zu halten, also lediglich zuzugestehen, dass unsere lebensweltliche Sprachpraxis zwar von normativen Intuitionen dieser Art geleitet ist, diese aber eines rationalen ethischen Fundamentes entbehren und daher auch keine moralische Verpflichtung erfassen. Eine zweite Möglichkeit der Interpretation wäre, diese normativen Konstituentien unserer lebensweltlichen Sprachpraxis als eine erste Handlungsorientierung anzusehen, die dann von der ethischen Theorie erst *rational rekonstruiert*, modifiziert oder auch zurückgewiesen werden kann. Wir sind, prima facie, verpflichtet, unsere Versprechen zu halten, aber ob wir tatsächlich – nicht nur prima facie – verpflichtet sind, ein gegebenes Versprechen zu halten, entscheidet das Prinzip der ethischen Theorie.

Diese beiden dominierenden Varianten der Bestimmung des Verhältnisses von ethischer Theorie und lebensweltlicher Sprachpraxis scheinen mir geradezu bizarre praktische Konsequenzen zu haben. Die erste Variante käme einer vollständigen Entwertung all der fein ziselierten normativen Kriterien unserer lebensweltlichen Sprachpraxis gleich, und würde in letzter Konsequenz die nor-

---

42 Vgl. W. D. Ross: *The Right and the Good*. Oxford: Clarendon Press 1930.
43 Tom Beauchamp & James Childress: *Principles of Biomedical Ethics*. Oxford: University Press 2001 haben ein solches intuitionistisches Fundament für die Medizinethik entwickelt, das sich besonders in der medizinischen Zunft großer Beliebtheit erfreut.

mativen Konstituentien unserer lebensweltlichen Verständigungs- und Interaktionspraxis zum Verschwinden bringen. Der ethisch-rationale Akteur schiede als Dialog- und Interaktionspartner aus. Die ethische Rationalisierung würde nicht nur einen umfassenden Moralverlust nach sich ziehen, sondern zugleich jede Fähigkeit zur Praxis einbüßen. Derjenige, der diese ethische Theorie ernst nimmt und sich konsequent an ihren Prinzipien und Kriterien orientiert, kann nur als Schauspieler am lebensweltlichen Verständigungs- und Interaktionsgefüge teilnehmen. Er simuliert dann normative Bindungen und Überzeugungen und diejenigen Einstellungen, die diese wahrhaftig erscheinen lassen.

Aber auch die zweite Version des Verhältnisses von ethischer Theorie und lebensweltlicher Praxis würde – ernst genommen – bizarre Konsequenzen haben. Für den Akteur wären all die von ihm befolgten Regeln lediglich tentativ gültig. Seine Regelkonformität, die ihn erst zu einem verlässlichen Dialog- und Interaktionspartner macht, wäre gewissermaßen immer nur hypothetisch und die ethische Prüfung kann diese jederzeit dispensieren. Wenn man überdies das oben umrissene Spektrum moderner ethischer Theorien und ihrer Prinzipien und Kriterien ansieht, ist gar nicht zu sehen, dass diese das notwendige hohe Maß an Regelkonformität der lebensweltlichen Praxis rechtfertigen könnten. Dies gilt jedenfalls so lange, als man diese Prüfungen in jedem Einzelfall ernst nimmt und nicht zur kursorischen Betrachtung ganzer Regelsysteme übergeht.[44]

John Searle hat – eher beiläufig – im Zusammenhang mit der Analyse von Sprechakten in Kap. 8 von *Speech Acts*[45] einen Standpunkt eingenommen, der der ethischen und meta-ethischen Tradition des 20. Jahrhunderts (zumindest derjenigen analytischer Prägung) diametral entgegengesetzt ist. Er beginnt mit der Tatsachenfeststellung, dass A ein Versprechen gegenüber B abgegeben hat, und endet mit der im Stil eines deduktiven Argumentes hergeleiteten Conclusio, dass A verpflichtet ist, das zu tun, was er versprochen hat. Ein klarer Fall für einen naturalistischen Fehlschluss, also für den Übergang einer deskriptiven Tatsachenfeststellung zu einer normativen oder moralischen Forderung. Als

---

44 Am einen Ende des Spektrums steht die jeweilige Einzelbeurteilung atomarer Handlungen, also derjenigen Handlungen, die selbst nicht mehr aus Handlungen zusammengesetzt sind, durch ethische Kriterien und am anderen Ende des Spektrums steht die Beurteilung umfassender Regelsysteme, die die lebensweltliche Praxis insgesamt steuern. Am einen Ende des Spektrums führt die Anwendung der Kriterien moderner ethischer Theorien regelmäßig zum Konflikt zwischen ethischer Rationalisierung und lebensweltlicher Praxis, während am anderen Ende des Spektrums die Anwendungsbedingungen ethischer Kriterien überhaupt verschwinden und nicht mehr klar ist, wie der ethische Vergleich unterschiedlicher Lebensformen aussehen könnte.
45 Vgl. John Searle: *Speech Acts: An Essay in the Philosophy of Language*. Cambridge: University Press 2008. [EA 1969].

Anhänger der *naturalistic fallacy* (unabhängig davon, ob man die Begründung in George Edward Moores *Principia Ethica*, Kap. II, überzeugend findet – das tun die wenigsten) sucht man in der Kette von Ableitungsschritten den Übergang von der Deskription zur Präskription. An irgendeiner Stelle fehlt aus dieser Sicht das ethische Prinzip, das den Übergang von der Tatsachenfeststellung zur moralischen Forderung erst begründen könnte. Es ist leicht, das Argument von John Searle in dieser Weise zurückzuweisen. Es scheint auf der Hand zu liegen, dass Searle an einer Stelle seiner Deduktion implizit von einem ethischen Prinzip Gebrauch macht, ohne dass genau angegeben werden könnte, um welches es sich handelt. Die „Deduktion" erscheint elliptisch. Um diese Ellipse zu beheben, wäre neben der Benennung des ethischen Prinzips auch eine genauere Beschreibung der Umstände des gegebenen Versprechens erforderlich. Je nach eingeführtem ethischen Prinzip (oder auch nur Kriterium)[46] wären etwa die Folgen relevant, die der Versprechensbruch (bzw. die Versprechenseinhaltung) für das Wohlergehen anderer Personen hätte (utilitaristisches Kriterium), ob und in welchem Umfang Rechtsverletzungen mit einem Versprechensbruch einhergingen (libertäres ethisches Kriterium), ob der Versprechensbruch einer Maxime folgt, die als allgemeines Gesetz verallgemeinerbar ist (oder als ein solches gewünscht werden kann, Kantianische Ethik) etc. Ich schlage eine andere Interpretation des Searle'schen Beispiels vor, die nicht nur diesen Einwand entkräftet, sondern die Theorie der *naturalistic fallacy* auf ihren Wortsinn begrenzt: Aus natürlichen Propositionen lassen sich keine normativen deduzieren, aus nicht-natürlichen, aber aus empirisch zugänglichen Propositionen lassen sich sehr wohl normative deduzieren, oder anders formuliert: Es gibt empirische, nicht-natürliche Propositionen, die normative Eigenschaften aufweisen.

Die Frage ist, worin besteht die Quelle der Normativität?[47] Ist diese Quelle in der Konstruktion der eigenen Person zu suchen, wie Kantianische und postmoderne Konstruktivisten meinen? Oder besteht die eigentliche Quelle der Normativität in einem ethischen Prinzip, das wir aufdecken oder erfinden? Als ethische Realisten sind wir überzeugt, dass wir es *entdecken* können, als ethische Subjektivisten, dass wir es lediglich *erfinden* können. Wenn wir es entdecken können, stellt sich die Frage, mit welcher Methode das möglich ist. Welches Erkenntnis-

---

46 Unter „Prinzip" versteht man meist eine Regel, die selbst nicht durch andere (grundlegendere) Regeln gerechtfertigt wird, und die ihrerseits die Ableitung (oder jedenfalls Entwicklung und Begründung) konkreterer ethischer Kriterien erlaubt. Es ist hier nicht erheblich, ob man gleich auf ein Prinzip oder lediglich auf ein ethisches Kriterium zurückgeht.
47 Vgl. Christine Korsgaard: *The Sources of Normativity*. Cambridge: University Press 1996. Interessante historische Studien finden sich bei Charles Taylor: *Sources of the Self: The Making of the Modern Identity*. Cambridge/Mass.: Harvard University Press 1989.

vermögen lässt uns dieses Prinzip entdecken? Eine mögliche Antwort, nämlich dass dazu lediglich eine logische Kompetenz nötig sei, haben wir oben schon kurz besprochen und verworfen. Jedenfalls offenbart uns die Logik der Moralsprache dieses Prinzip nicht. Oder haben wir eine unmittelbare Intuition, die uns dieses Prinzip *schauen* lässt, analog unserer Wahrnehmungsurteile? Möglicherweise ist ein längerer Weg der Sensibilisierung erforderlich, um diese Intuition auszubilden und man muss das Höhlengleichnis von Platon in diesem Sinne lesen. Am Ende jedenfalls ist es die bloße Schau des Guten – die Analogie zu einem direkten Wahrnehmungsurteil ist in diesem Gleichnis explizit: Um die Sonne zu schauen, bedarf es keiner spezifischen Methode. Wenn man einmal so weit ist, sieht man sie. Man muss nur aus der Höhle herausgeführt werden, um sie zu sehen. In der Höhle kann man sie bestenfalls vermuten. Diese besondere Wahrnehmungsfähigkeit und die darauf beruhende Erkenntnis des Guten oder des ethischen Prinzips setzen voraus, dass es eben nicht nur die im üblichen Sinne empirischen Gegenstände unserer Lebenswelt gibt, sondern dahinter (darunter? Im Sinne der platonischen *eidê*) Gegenstände, Strukturen oder Formen, die uns grundsätzlich unmittelbar zugänglich sind – unmittelbar nicht in dem Sinne, dass sie lebensweltlich gegeben seien, sondern dass man sie *sehen* kann nach einer entsprechenden wissenschaftlichen und philosophischen Vorbereitung. Mackie meint, der ethische Objektivismus verbiete sich wegen zweier Argumente, dem der *ontological queerness* und dem der *moral relativity*. Diese Form des ethischen Realismus wäre in der Tat *ontologically queer*, ontologisch merkwürdig, er würde die Welt mit Gegenständen und Eigenschaften bevölkern und ihre Zugänglichkeit analog zu den üblichen Gegenständen lebensweltlicher Erfahrung fassen. Aber auch die Idee einer Erfindung, einer Konstruktion ethischer Prinzipien führt in die Aporie. Denn auf der Basis welcher Auswahlkriterien sollten wir aus der unerschöpflichen Vielfalt möglicher ethischer Prinzipien wählen? Ohne solche Auswahlkriterien jedenfalls wären wir ratlos, mit Auswahlkriterien gerieten wir in einen unendlichen Regress, denn es stellt sich dann sofort die Frage, wie wir zu diesen Auswahlkriterien kommen.[48]

Diese doppelte Aporie lässt vermuten, dass die Quelle der Normativität in der lebensweltlichen Sprach- und Interaktionspraxis selbst zu suchen ist. Es ist nicht das von außen (von außen hinsichtlich der Lebenswelt) herangetragene ethische Prinzip – sei es realistisch als moralischer Sachverhalt, oder konstruktivistisch

---

[48] So scheint John Mackie gar nicht zu merken, dass er für die Erfindung (*invention*) ethischer Prinzipien erster Ordnung bei aufrechterhaltenem ethischem Skeptizismus zweiter Ordnung überwiegend regel-utilitaristische Begründungen verwendet; vgl. *Ethics: Inventing Right and Wrong*. London: Penguin Books 1990. [EA 1977].

als eine nützliche Erfindung des menschlichen Geistes interpretiert. Für unsere Sprach- und Interaktionspraxis heißt ein Versprechen geben *ipso facto* Verpflichtungen einzugehen. Jedenfalls aus der Perspektive eines Mitglieds der Sprach- und Interaktionsgemeinschaft ist die (deskriptive) Feststellung, A habe B ein Versprechen gegeben, zugleich auch immer die (normative) Feststellung, A habe gegenüber B eine Verpflichtung. Man kann kein Versprechen geben, ohne Verpflichtungen einzugehen, und man kann die Tatsache, dass jemand ein Versprechen gegeben hat, jedenfalls als Mitglied der gleichen Sprach- und Interaktionsgemeinschaft, nicht feststellen, ohne diese Verpflichtung anzuerkennen. Der vermeintliche naturalistische Fehlschluss ist deswegen keiner, weil ein Versprechen geben eben nichts anderes ist, als bestimmte Verpflichtungen unter spezifischen Bedingungen einzugehen. Diese und andere normative Institutionen unserer Sprach- und Interaktionspraxis sind die eigentlichen Quellen der Normativität.

Wenn man es bei dieser Uminterpretation bewenden ließe, wäre das Resultat jedoch unbefriedigend. Das kritische Potential normativer Ethik verschwände hinter der bloßen Beschreibung der Institutionen unserer Sprach- und Interaktionspraxis. Die jeweils etablierten Regeln würden zu nicht mehr bezweifelbaren Instanzen normativer Beurteilung. Zudem wären wir mit einer Vielfalt normativer Bindungen konfrontiert, von der nicht anzunehmen ist, dass sie kohärent ist. Die einzelnen Sprachspiele würden ein loses Netz von Interaktionsformen etablieren, die so wesentliche normative Orientierungen wie die an Autonomie oder gleichem Respekt obsolet erscheinen ließen. Das handelnde Subjekt würde zu einem Partikel von Gemeinschaften, die über gemeinsame normative Kriterien richtiger Sprach- und Interaktionspraxis konstituiert sind. Die unterschiedlichen normativen Institutionen dieser Sprach- und Interaktionspraxis bestünden jeweils aus eigenem Recht – ihre Kritik wäre methodisch unmöglich, d. h., sie wäre nicht etwa deswegen unmöglich, weil diese institutionelle Praxis wohlbegründet erschiene, sondern weil es prinzipiell keinen Weg, keine Form der Kritik mehr gäbe – Kritik wäre in diesem Sinne methodisch ausgeschlossen. Diese Implikationen sind jedoch nicht zwingend. Wir haben gesagt, dass die primäre Quelle (im doppelten Sinne *genetisch* und *logisch*) der Normativität in den Konstituentien unserer lebensweltlichen Sprach- und Interaktionspraxis zu suchen sind. Das heißt, es ist nicht das von außen herangetragene ethische Prinzip, das die normative Beurteilung erst möglich macht, sondern diese ist integraler Teil der lebensweltlichen Sprach- und Interaktionspraxis, die eben schon immer normativ verfasst ist. Eine Person, die die normativen Regeln dieser Praxis nicht auch für sich akzeptiert, kann nicht Mitglied dieser Sprachgemeinschaft bleiben oder mutiert dann jedenfalls zum bloßen Simulanten. Die Quellen der Normativität müssen nicht erst gesucht werden, sie sind in der lebensweltlichen Praxis immer schon präsent. Damit erübrigt sich aber nicht die ethische Analyse und Kritik.

Wenn klar ist, was zu tun ist, stellen sich keine Fragen nach moralischer Abwägung und ethischer Begründung. Die normative Sachlage ist klar und wer dennoch nach einer näheren Begründung fragt, wird auf die einschlägige normative Regel hingewiesen. Ich gehe heute um 16.00 Uhr zum vereinbarten Treffpunkt, weil ich es gestern so vereinbart habe. Wer hier nach einer ethischen Theorie fragt, die die Einhaltung dieser Vereinbarung erst legitimiert, stellt sich außerhalb der etablierten und von uns allen akzeptierten Regeln lebensweltlicher Verständigung. Die ethische Analyse beginnt, wenn unterschiedliche Regeln, die gleichermaßen auf die Situation passen, kollidieren, d. h. verschiedene Handlungsweisen fordern. Solche Situationen des moralischen Konfliktes führen zur moralischen Deliberation, zur Abwägung von Gründen. Die Gründe, die dann abgewogen werden, beziehen sich auf Regeln, die in der Lebenswelt etabliert sind. Aber das Ergebnis dieser Abwägung ist von etablierten Regeln nicht präformiert. Das Auftreten moralischer Konflikte kann zu lokaler Skepsis führen: Die ‚unterlegene' Regel mag in Zukunft weniger verlässlich erscheinen und wenn sich dies wiederholt, begründet dies die Suche nach einer verlässlicheren, die sowohl diejenigen Fälle mit abdeckt, in denen man sich auf diese unterlegene Regel verlassen kann als auch Orientierung bietet in den anderen Fällen. Die Quellen der Normativität sind weiterhin in etablierten Regeln lebensweltlicher Sprach- und Interaktionspraxis zu suchen. Aber die Inkohärenz dieser Praxis lässt ihre Verlässlichkeit zweifelhaft erscheinen und es beginnt die Suche nach abstrakteren, weiter reichenden, verlässlicheren Regeln. Diese Suche hat ihren Ursprung in der lebensweltlichen Praxis. Sie beginnt nicht erst im philosophischen Seminarraum oder in der Schreibstube des Philosophen. Der Übergang von der moralischen Reflexion zur ethischen Theoriebildung ist fließend. Die in einem Teil der zeitgenössischen Philosophie verbreitete Auffassung, dass die ethische Theorie gewissermaßen außerhalb jeder lebensweltlichen Praxis stehe und mit dieser weder epistemologisch noch praktisch etwas zu tun habe, erscheint mir als ein Begräbnis des ethischen Projekts selbst. Eine philosophische Ethik ohne jede praktische Relevanz und ohne Stützung in der lebensweltlichen Praxis verkäme zur bloßen intellektuellen Spielerei. Der praktische Philosoph setzt das fort, was in den moralischen Konflikten der Lebenswelt begonnen hat: die Klärung dessen, was richtig und was falsch ist. Dies ist Grund sowohl zur Bescheidenheit wie zur Verantwortlichkeit. Zur Bescheidenheit, weil die philosophische Ethik die Handlungsgründe nicht neu erfindet und die Quellen der Normativität in der lebensweltlichen Praxis zu suchen sind. Zur Verantwortlichkeit, weil die ethische Theorie einen Beitrag zu aufgeklärter Moral in der Praxis leistet.

Die ethische Analyse hat ihren Ausgangspunkt in den moralischen Konflikten der Lebenswelt. Die Versuchung ist daher groß, die lebensweltliche Dimension hinter sich zu lassen und zu einem ethischen Prinzip überzugehen, das keine moralischen Konflikte zulässt. Der moderne Handlungsutilitarismus, insbesondere in der Gestalt des Präferenz-Utilitarismus, ist dafür ein prominentes Beispiel. Diese Lösungsstrategie gegenüber moralischen Konflikten der Lebenswelt führt jedoch zu einem tiefgreifenden Konflikt mit den normativen lebensweltlichen Regeln insgesamt. Um die Theorie zu retten, muss daher die normative Konstitution unserer lebensweltlichen Praxis aufgegeben werden. Die Theorie büßt dabei zugleich ihre Instanz der Begründung ein, ihre Rechtfertigung – oder wie es früher im logischen Empirismus hieß: ihre Verifikation. Die Theorie verliert ihr Fundament in der Lebenswelt, sie verliert den Kontakt zu den Quellen der Normativität.

Aber auch die ethische Analyse wirkt auf die lebensweltliche Praxis ein. Das Projekt der Aufklärung in der Moderne hat eine praktische Dimension, es lässt die lebensweltliche Praxis nicht unberührt. Die ethische Analyse lässt moralische Orientierungen verschwinden, die zum Teil tief in die lebensweltliche Praxis eingelassen waren, aber der ethischen Kritik nicht standhalten können. Die Keuschheit als eine zentrale sittliche Norm für Mädchen und junge Frauen verschwindet in einem Jahrzehnte währenden Prozess auch deswegen, weil sie mit anderen Normen – wie der der Gleichheit von Mann und Frau und einer selbstbestimmten Lebensform sowohl männlicher wie weiblicher Erwachsener – in Konflikt gerät und sich kein tiefergehendes normatives Prinzip finden lässt, das diese überkommene Tugend rechtfertigte. Die ständischen Vorrechte des Mittelalters und der frühen Neuzeit verschwinden nicht nur als Folge sozialer Veränderungen, sondern auch, weil sie mit der Norm gleicher Würde und gleichen Respekts in Konflikt geraten, die ihrerseits anthropologisch gut begründbar scheint.[49] Es dauerte noch Jahrhunderte, in vielen Teilen der Welt bis heute, bis diese ständischen Vorrechte vom Status unberechtigter Privilegien in den Status unwirksamer Ansprüche übergingen. Auch hier spielt die ethische Analyse eine Rolle.[50]

Das entscheidende Argument gegen einen wittgensteinianisch inspirierten *Quietismus* ist das, was ich als *Einheit der Lebenswelt* bezeichnen möchte. In der lebensweltlichen Praxis können wir uns nicht damit zufriedengeben, immer wieder andere Spiele zu spielen – einmal Schach und einmal Halma, einmal Fußball und dann mathematische Beweise basteln, einmal die Elternrolle einnehmen und dann die des Lehrers, die des Schülers, die des Staatsbürgers, die des Arbeitnehmers, die eines Vereinsmitglieds ... Es ist immer die eine Person,

---

49 Vgl. Thomas Hobbes: *Leviathan*. [EA 1651] und *De Cive*. [EA 1642].
50 Die ethische Analyse beginnt immer schon dort, wo die etablierten normativen Regeln lebensweltlicher Praxis infrage gestellt, rekonstruiert, durch grundlegendere Regeln ersetzt, gründlich gegeneinander abgewogen werden, sie wartet nicht auf die Philosophie, diese setzt jene – lebensweltliche – vielmehr fort.

die da agiert, die diese unterschiedlichen Rollen ausfüllt und daher sicherstellen muss, dass ihre Lebensform im Ganzen kohärent bleibt. Wir kennen alle dieses Phänomen des Springens von unterschiedlichen Rollenerwartungen in andere, aber die Sprünge dürfen nicht zu groß werden, sie müssen durch gemeinsame normative und deskriptive Orientierungen zusammengehalten werden und die Person muss über diese unterschiedlichen Rollen hinweg erkennbar bleiben.

Ich habe die Einheit der Lebenswelt hier zunächst intrapersonell eingeführt. Die Einheit der Lebenswelt hat aber vor allem eine interpersonelle Dimension. Wir verständigen uns über unsere normativen wie deskriptiven Orientierungen, wir müssen uns einig sein, was existiert und was nicht, was wohl begründet ist und was nicht, und diese Einigkeit kann nicht eine jeweils spielspezifische Einigkeit sein. Wir wissen, wer beim Schachspiel gewonnen hat, wenn wir die Regeln und den Verlauf der Züge kennen. Die Metapher des Spiels ist verführerisch: Könnte es sich nicht um solche isolierten Spiele handeln, die man aus der Schublade ziehen kann und dann in diese Welt eintauchen, in der man miteinander spielt und sonst nichts? Die Spiel-Metapher ist hilfreich, um die Komplexität der lebensweltlich etablierten normativen Regeln in den Blick zu nehmen, aber sie führt in die Irre, wenn sie meint, dass die lebensweltliche Praxis nichts anderes wäre als eine Menge von Spielsituationen mit je eigenen Regeln, die untereinander nicht verknüpft sind. Das unterscheidet das Schachspiel von den lebensweltlich etablierten, eben nicht künstlichen, eben nicht erfundenen Spielen: Diese stehen nicht isoliert, sind keine eigene Welt, ihre Teilnehmer stehen in einem anhaltenden Verhältnis zueinander und sie definieren sich über ihre Rolle, über ihre normativen Orientierungen, über ihre Ziele, über ihre personalen Bindungen, über ihre Lebensprojekte, über die Zeit. Diese werden nicht auf Dispens gestellt, je nachdem, in welches Spiel man gerade eintritt. Um in der Wittgenstein'schen Metapher des Spiels zu bleiben: Wir spielen ein großes Spiel, dessen Regeln wir nicht beschreiben und nicht explizit machen können und die ein hohes Maß an Unterbestimmtheit aufweisen. Wir spielen *ein* großes Spiel, getragen von *einem* großen Komplex von miteinander verknüpften Regeln. Wir bleiben *eine* Person auch beim Übergang von einem Spiel zu einem anderen. Die Teilnehmer dieses einen großen Spiels teilen zwei Grundtypen propositionaler Einstellungen: deskriptive und prohairetische. Sie teilen Überzeugungen darüber, was der Fall ist, welche Gegenstände existieren und welche nicht, auf welche Erfahrungen man sich verlassen kann und auf welche nicht, und sie teilen normative Einstellungen, was (in bestimmten Situationen) zu tun ist und was nicht, welche Werte uns leiten sollten, was eine Regelverletzung ist und was nicht. Diese beiden Grundtypen propositionaler Einstellungen sind zudem unauflöslich miteinander verknüpft, sie teilen das *eine große Spiel* nicht in zwei große Spiele auf – ein praktisches und ein theoretisches, ein normatives und ein deskriptives.

§ 6 Praktische Kohärenz

Unsere alltägliche Praxis strebt notwendigerweise nach Kohärenz unserer Entscheidungen und Wertungen, und die theoretische Analyse praktischer Kohärenz mündet in eine Theorie praktischer Vernunft. Die humeanische Theorie besagt, dass praktische Rationalität in der effizienten Verfolgung der je im Augenblick der Handlung wirksamen Leidenschaften besteht. Obwohl die humeanischen Leidenschaften direkt oder indirekt aus der Wahrnehmung von Lust und Schmerz (des eigentlich Guten und des eigentlich Bösen oder Schlechten, *evil*) hervorgehen, sind sie doch nicht unmittelbar auf die Beförderung des eigenen Wohlbefindens gerichtet. Das Interesse einer Person ist nicht einfach die optimale Erfüllung ihrer Leidenschaften. Die Erfüllung unserer Leidenschaften macht uns gelegentlich unglücklich, unser eigenes Wohlbefinden (Zufriedenheit und Glück) ist jedenfalls nicht *intentio recta* unserer Leidenschaften. Dies macht das politisch-gesellschaftliche Projekt des Frühkapitalismus, die Leidenschaften durch rationale und egoistische Befolgung der eigenen Interessen zu bändigen, erst plausibel. Albert Hirschman hat dieses Projekt und seine Auswirkungen – die Verdrängung einer heroischen Lebenshaltung, den Niedergang der aristokratischen Idee eines ruhmvollen Lebens im Zeichen einer vermeintlich realistischeren Anthropologie, den Prozess der Domestizierung und Instrumentalisierung der Leidenschaften im Liberalismus des 19. Jahrhunderts – eindrucksvoll beschrieben.[51] Genau besehen handelte es sich allerdings um einen Prozess, in dem *eine* Leidenschaft, die sich in ihrer gemäßigten Variante als Wunsch nach materiellem Wohlbefinden und in ihrer pathologischen Form als Sucht nach Aneignung darstellt, *alle übrigen* Leidenschaften instrumentalisierte, verdrängte oder zumindest marginalisierte. Die Formel ‚Interessen statt Leidenschaften' darf nicht missverstanden werden: Sie bringt zunächst nur eine Parteinahme für eine spezifische Leidenschaft zum Ausdruck.

Eine Kritik der humeanischen Auffassung, praktische Rationalität bestünde in der effizienten Verfolgung der je wirksamen Leidenschaften, konfrontiert das Ergebnis solchen Handelns mit dem, was Hume als Quell aller Leidenschaften ansieht: Lust (*pleasure*) und Leid (*pain*).[52] Die Befolgung der zum Zeitpunkt der Handlung je wirksamen Leidenschaften wird die Lust-Leid-Bilanz in der Regel nicht optimieren. Wenn die Leidenschaften nur ein Mittel wären, Schmerz zu vermeiden und Lust zu empfinden, dann gäbe es gute und schlechte Leidenschaften, dann wäre eine Vernunftkritik der Leidenschaften auf diese Weise möglich.

---

51 Vgl. Albert O. Hirschman: *The Passions and the Interests: Political Arguments for Capitalism before its Triumph*. Princeton: University Press 1997.
52 Vgl. David Hume: *A Treatise of Human Nature*. [EA 1739].

Dies ist der Weg des Utilitarismus im weitesten Sinne. Da ich dessen metaphysische Prämisse, das einzig intrinsisch Gute sei eine positive Lust-Leid-Bilanz, nicht teile, möchte ich diesen Weg hier nicht weiterverfolgen. Ich möchte vielmehr auf eine grundlegendere Inkohärenz des humeanischen Akteurs[53] aufmerksam machen.

Betrachten wir zu diesem Zweck das Verhältnis von humeanischer und egoistischer Theorie praktischer Rationalität im Grenzfall der völligen Dominanz des Eigeninteresses. In diesem Grenzfall scheinen beide Theorien miteinander identisch zu werden: Die jeweils handlungsleitende Leidenschaft wäre auf die Optimierung des eigenen Wohlbefindens gerichtet; die Folge der im humeanischen Sinne rationalen Handlungen würde das Eigeninteresse optimieren. So scheint es wenigstens. Dass dieser Schein trügt, lässt sich an zahllosen Beispielen zeigen. Ich wähle ein Beispiel, das der Ökonom und Spieltheoretiker Thomas Schelling 1960 einführte, um die Rolle von ‚Self-Commitment' (Selbstbindung, Selbstfestlegung) für rationales Verhalten zu klären,[54] weil Schelling es war, der wesentliche Anstöße für eine Theorierevision im Umfeld der Entscheidungstheorie und der Ökonomie gab, die bis heute noch nicht als befriedigend abgeschlossen gelten kann.

Ein Kidnapper bekommt angesichts seiner Verfolgung ‚kalte Füße'. Er möchte sein Opfer freilassen, hat jedoch Angst, dass dieses ihn vor der Polizei belasten wird. Das Opfer verspricht, dass es, wenn es freigelassen werde, keine Hilfe zur Identifizierung des Täters geben werde. Da der Kidnapper jedoch weiß, dass das Opfer nach seiner Freilassung keinen Grund mehr hat, sich an das gegebene Versprechen zu halten, sieht er sich gezwungen, es trotzdem zu töten. Wenn der Kidnapper jedoch sicher sein könnte, dass das Opfer sein Versprechen hält, dann würde er es (aus Eigeninteresse) freilassen. Daher hat das Opfer in dieser Situation ein Interesse daran, sich selbst zu binden: etwas zu tun, was zur Folge hat, dass die Einhaltung des Versprechens auch nach seiner Freilassung im eigenen

---

[53] Wenn wir hier vom humeanischen Akteur sprechen, so ist dies im Sinne eines Idealtypus gemeint, der die Komplexität der Argumentation David Humes, insbesondere die Rolle künstlicher und natürlicher Tugenden, unberücksichtigt lässt. Dieser Idealtypus übt bis in die Gegenwart eine große Faszination insbesondere im englischsprachigen Raum aus und prägt ein subjektivistisches Verständnis praktischer Rationalität, gegen das sich ‚objektivistische', auf gute Gründe rekurrierende Ansätze nur mühsam behaupten können. Wenn man Tugenden als genetisch oder sozial vorgegebene dispositionelle Prägungen menschlichen Verhaltens interpretiert, dann bleibt der humeanische Idealtypus praktischer Rationalität in den Grenzen dieser empirischen Beschränkungen unangetastet. Bei dieser Interpretation wäre die Theorie natürlicher und künstlicher Tugenden kein Bestandteil der humeanischen Theorie praktischer Vernunft.
[54] Vgl. Thomas C. Schelling: *The Strategy of Conflict*. Cambridge/Mass.: Harvard University Press 1994.

Interesse bleibt. Diese Selbstbindung könnte z. B. dadurch erfolgen, dass es dem Kidnapper ein eigenes Vergehen gesteht, mit dem es in Zukunft erpressbar wäre, oder es könnte sich mangels eines geeigneten Vergehens in der Vergangenheit sogar erst noch zu einer entsprechenden Aktion entschließen, ... – der Fantasie sind keine Grenzen gesetzt.

Die Situation ist klar: Wenn das Opfer zu diesem Zeitpunkt die Wahl hätte zwischen der Gesamtstrategie ‚Jetzt Versprechen geben und später (nach der Freilassung) Versprechen halten' oder ‚Jetzt nicht versprechen und später Täter überführen', dann würde es sich selbstverständlich für die erste Gesamtstrategie (‚Versprechen geben und Versprechen halten') entscheiden, und der Kidnapper würde darauf mit der Entscheidung zur Freilassung des Opfers reagieren. Beide Personen würden im eigenen Interesse handeln, und das Ergebnis der Kombination dieser beiden Handlungen wäre im beidseitigen Interesse.

Das Opfer hat in dieser Situation eine klare Präferenz (aus Eigeninteresse) für eine bestimmte Gesamtstrategie und zugleich (diachronisch betrachtet) Präferenzen für Einzelhandlungen, die dieser Gesamtstrategie zuwiderhandeln. Diese Inkohärenz über die Zeit ist es, die dem Opfer zum Verhängnis würde, sofern es sich nicht an das Versprechen bindet.

Generell gilt, dass eine Person, die in jedem Einzelfall mit ihren Handlungen ihre eigenen Wünsche optimiert, nicht notwendigerweise auch mit der aus diesen Handlungen zusammengesetzten Folge von Handlungen ihr eigenes Interesse optimiert. Das klingt paradox, aber schon das schlichte Beispiel des Opfers in seiner misslichen Situation zeigt, dass die Folge punktuell effektiver, im humeanischen Sinne rationaler Handlungen häufig kein effektives Mittel ist, die eigenen Interessen zu optimieren. Die vom humeanischen Akteur praktizierten Handlungsweisen bilden eine Lebensform aus, die, wenn man sie in toto betrachtet, den eigenen Zielen nicht angemessen ist. Der humeanische Akteur erreicht seine Ziele in der Regel nicht.

Nun wird man sicherlich nicht erwarten, dass das freigelassene Opfer sich an das unter Zwang gegebene Versprechen hält. Unzweifelhaft aber ist, dass es häufig Situationen im Alltag gibt, in denen man sich wünscht, dass seine Versprechungen glaubwürdig sind. Unter den Normalbedingungen unseres Alltagsverhaltens konstituieren Institutionen wie die des Versprechens oder die der Wahrhaftigkeit, der Zuverlässigkeit, der Dankbarkeit und viele mehr in der Regel gute Handlungsgründe. Es ist vernünftig, sich diesen Institutionen gemäß zu verhalten, weil sie ein gewisses Maß an Kohärenz der individuellen und der kollektiven Handlungen sichern, das nicht nur für eine erfolgreiche gesellschaftliche Kooperation, sondern auch für eine angemessene Gestaltung des eigenen Lebens unverzichtbar ist.

Die moderne (rationale) Entscheidungstheorie kann man als eine Konzeption kohärenter Präferenzen auffassen. In der einfachsten Lesart stellt die Entscheidungstheorie einen Zusammenhang her zwischen Wünschen, die sich auf Konsequenzen von Handlungen beziehen, und Handlungen. Genauer gesagt bestimmt sie *rationale* Präferenzen über *Handlungen* bei *gegebenen* Präferenzen über Handlungs*konsequenzen*. Wenn eine Person A gegenüber B vorzieht und eine Handlung mit Sicherheit zu A und eine andere mit Sicherheit zu B führt, und wenn darüber hinaus die Person weiß, dass dies so ist, dann wäre es irrational, diejenige Handlung zu wählen, die zu B führt. In Fällen, in denen der handelnden Person die Konsequenzen ihres Handelns nicht gewiss erscheinen, lassen sich ebenfalls Bedingungen für rationale Handlungspräferenzen angeben. Man denke etwa an den Fall, dass zwei Handlungen offenstehen, von denen die eine die bevorzugte Konsequenz A mit einer bestimmten Wahrscheinlichkeit, und mit der Restwahrscheinlichkeit die Konsequenz B zur Folge hat, und die andere Handlung ebenfalls eine dieser beiden Konsequenzen A und B zur Folge haben wird, allerdings sei hier das Eintreten der Konsequenz A unwahrscheinlicher als bei der ersten Handlung. In diesem Fall wird eine rationale Person ebenfalls die erste Handlung wählen. Einige wenige weitere Bedingungen dieses Typs führen immerhin dazu, dass man für eine gegebene Menge von Handlungsalternativen und eine gegebene Menge von möglichen Konsequenzen dieser Handlungen eine numerische Bewertungsfunktion ihrer Konsequenzen angeben kann, deren Erwartungswert, d. h. deren Gewichtung mit Wahrscheinlichkeiten, von einer rationalen Person maximiert wird. Diese – hier nicht ausgeführten – Bedingungen konstituieren das, was ich vorschlage, ‚Ramsey-Kohärenz'[55] zu nennen. Die Forderung der Ramsey-Kohärenz wird häufig von Personen auch dann verletzt, wenn sie in Ruhe über die verschiedenen Optionen nachdenken und einen von Leidenschaften ungetrübten Blick haben. Zugleich ist es ohne Zweifel zutreffend, dass eine Person auch dann Ramsey-kohärent sein kann, wenn uns ihre Wünsche hochgradig *unvernünftig* erscheinen.

In dieser Form ist die Forderung der Ramsey-Kohärenz eine bloße Vervollständigung bzw. Präzisierung des humeanischen Modells der Motivation: Die Konsequenzen bewerten wir nach unseren aktuellen Wünschen (Leidenschaften) – und wir wählen die Handlungen danach aus, in welchem Maße sie diese Wünsche erfüllen. Die Wünsche über Handlungskonsequenzen gelten dabei als gegeben, und die rationalen Präferenzen über Handlungen werden aufgrund des Modells bestimmt, und zwar unter Bezugnahme auf diejenigen Annahmen und Wünsche, die die betreffende Person zum Zeitpunkt ihrer Handlungswahl hat.

---

55 Vgl. Appendix §1, sowie *EcR*.

Die Annahmen lassen sich dann durch eine Wahrscheinlichkeitsverteilung (oder Glaubensfunktion) wiedergeben und die Wünsche durch eine Nutzenfunktion, wobei die Verwendung des Begriffs ‚Nutzen' nicht so verstanden werden dürfte, als ob damit schon die Motive inhaltlich charakterisiert wären. Welche Leidenschaften es sind, die Wünsche über Handlungskonsequenzen bestimmen, kann zunächst völlig offenbleiben.

Dieses eben skizzierte Kriterium praktischer Kohärenz ist bescheiden. Es erlaubt beliebige Veränderungen von Wünschen und Annahmen, wenn sie nur mit den Ramsey-Bedingungen und dem Wahrscheinlichkeitskalkül vereinbar sind. Die Person, die den Untergang der Welt einer kleinen Verletzung ihres Fingers vorzieht,[56] lässt sich mit Hilfe dieses Modells nicht als unvernünftig charakterisieren.

Es ist naheliegend, eine zweite Theorie einzuführen, die sich mit den Kriterien vernünftiger Wünsche befasst. Es gäbe dann zwei Säulen, auf denen die Theorie praktischer Rationalität ruht: eine instrumentelle Theorie vernünftiger Handlungspräferenzen und eine axiologische Theorie guter Leidenschaften und der auf ihnen beruhenden Wünsche. Diese – traditionsreiche – Aufteilung der Theorie praktischer Rationalität und der normativen Ethik führt in der Regel zu rational schwierig zu diskutierenden Spekulationen über das intrinsisch Wertvolle und ist am Ende entweder zu autoritativen Setzungen – etwa unter Verweis auf religiöse Quellen – oder zu bloßen Appellen an die Intuition gezwungen. Die fundamentalistischen Tendenzen vieler Ethiker tun ein Übriges, um die Ethik als wissenschaftliche Disziplin zu desavouieren. Die Bestimmung des intrinsisch Wertvollen hat einen für den Rest der Theorie begründenden Status mit der Folge, dass der normative Gehalt der Theorie insgesamt auf dem spekulativen Fundament einer Theorie objektiver und intrinsischer Werte ruht. Genau dies soll durch den kohärentistischen Ansatz vermieden werden.

Unsere Leidenschaften sind offenkundig so strukturiert, dass unsere Wünsche und Präferenzen des Alltags wohl ausnahmslos *bedingte* Wünsche und Präferenzen sind. Es scheint nicht möglich, irgendeine Präferenz oder einen Wunsch, wie er in Alltagssituationen formuliert wird, anzugeben, der nicht in der einen oder anderen Weise bedingt ist. Diese Bedingtheiten unserer Alltagspräferenzen erlauben es nun, den Nukleus der entscheidungstheoretischen Kohärenzkonzeption, den wir oben – wenn auch nur skizzenhaft und in ihrer konsequentialistischen Standardinterpretation – eingeführt haben, zu erweitern. Das unübersehbar komplexe Geflecht von interdependenten Wünschen lässt sich abstrakt in fol-

---

[56] "It is not contrary to reason to prefer the destruction of the whole world to the scratching of my finger", David Hume: *A Treatise of Human Nature*. Oxford: University Press 1817, 416. [EA 1739].

gender Weise erfassen: Wünsche richten sich auf Propositionen. Ich wünsche, dass etwas der Fall ist; ich habe eine Präferenz für eine Proposition gegenüber einer anderen Proposition; ich ziehe es vor, dass dieses der Fall ist, wenn die Alternative ist, dass jenes der Fall ist, etc. Die Bedingtheit dieser propositionalen Wünsche und Präferenzen kann man sich nun dadurch erklären, dass die wünschende Person implizit, und in den meisten Fällen unbewusst, bestimmte Voraussetzungen macht, welche kausalen und probabilistischen Konsequenzen die Verwirklichung der jeweiligen Proposition hat und welche Randbedingungen bestehen. Wenn P eine Information darstellt, die die Person zu einer Veränderung ihrer Präferenz bewegt, dann hat P diese ‚Hintergrundannahmen' in der Weise beeinflusst, dass die Verwirklichung der ursprünglichen Präferenz nicht mehr vernünftig erscheint. Während A gegenüber B vorgezogen wurde, wird nun die Konjunktion P & B gegenüber P & A vorgezogen. Damit ist nicht gesagt, dass sich auch die Leidenschaften der Person geändert hätten.

Wir können die Explikation einen Schritt weitertreiben und Propositionen Mengen von Welten (Weltzuständen) zuordnen bzw. Propositionen mit Mengen von möglichen Welten identifizieren. Die Proposition, dass es morgen regnet, wird dann durch die Menge aller möglichen Welten, in denen es morgen regnet, repräsentiert. Das Phänomen der wiederholten Veränderung von Präferenzen beim Auftreten neuer Informationen lässt sich in diesem Modell nun rekonstruieren. Mit unseren Präferenzen vergleichen wir Mengen möglicher Weltzustände miteinander, und dies können wir nur tun, wenn wir diesen Mengen möglicher Welten Wahrscheinlichkeiten zuordnen können.[57] Informationen, die unsere propositionalen Wünsche verändern, schränken – durch Schnittmengenbildung – die Mengen möglicher Welten ein, auf die sich unsere Präferenzen beziehen. Man stelle sich nun das gesamte Netz der bedingten Präferenzen einer Person in diesem Modell vor. Präferenzen können kategorisch sein, wenn ihr propositionaler Bezug soweit eingegrenzt ist, dass in der Menge der möglichen Welten des

---

[57] Hier zeigt sich eine interessante Asymmetrie zwischen Wünschbarkeit und Wahrscheinlichkeit: In diesem Modell scheinen unsere Wünsche erst dann wohlbestimmt zu sein, wenn wir in letzter Instanz auf die Ebene der elementaren Propositionen, d. h. der Weltzustände, zurückgehen. Wenn man allerdings, wegen der kausalen Zusammenhänge und um Wertungsaspekte zu berücksichtigen, die historische Genese eines Weltzustandes einbeziehen will, dann müsste man als Basis der Bewertung ganze Weltverläufe wählen. In beiden Fällen aber ist die Zuschreibung von Wahrscheinlichkeiten im Gegensatz zur Zuschreibung von Wünschbarkeiten unergiebig: Realisierte Weltzustände in der Vergangenheit haben die Wahrscheinlichkeit 1, noch nicht realisierte Weltzustände haben eine Wahrscheinlichkeit nahe 0. Wahrscheinlichkeitszuschreibungen ergeben erst dann Sinn, wenn hinreichend große Mengen von Weltzuständen bzw. Weltverläufen verglichen werden.

einen propositionalen Bezugs keine mehr enthalten ist, die von der Person gegenüber einer Welt aus der Menge der möglichen Welten des anderen propositionalen Bezugs bevorzugt wird. Um kategorische Präferenzen zu erhalten, muss man also nicht bis zur Ebene der möglichen Welten selbst zurückgehen. Die Präferenzen zwischen den elementaren Propositionen (d. h. den möglichen Welten) sind *per definitionem* kategorisch. Und damit haben wir – zugegebenermaßen nur im Rahmen eines theoretischen Modells – eine Kohärenzforderung: Das gesamte Geflecht unserer bedingten (und interdependenten) Präferenzen, auf was immer diese sich beziehen – auf Handlungen, Handlungsweisen, Lebensformen, Gesellschaftsformen, auf Handlungskonsequenzen, handlungsunabhängige Umstände oder Weltzustände – sollte Ramsey-kompatibel sein.

Die Tendenz vernünftiger Praxis, die Elemente des Verhaltens kohärent zu machen, sie in einen strukturellen Zusammenhang zu bringen (wie auch immer das Verhältnis von Einzelhandlung und Lebensform genauer zu bestimmen ist), macht die besondere Eigenschaft, eine Person zu sein, erst verständlich. Die Vielfalt der hier wirksamen Leidenschaften mag in jedem Einzelfall eine Handlung als effektiv auszeichnen. Die weit schwierigere Aufgabe ist aber, das Leben durch einschränkende Bedingungen erst zu strukturieren, es durch Projekte und Bindungen in einen inneren Zusammenhang zu bringen.

Eine vollständige Theorie praktischer Vernunft bezieht sich jedoch auf gute Handlungsgründe, und gute Gründe sind gerade solche, die geeignet sind, eine Handlung anderen Personen gegenüber zu rechtfertigen. Vernunft hat nicht nur einen *intra*personellen, sondern auch einen *inter*personellen Aspekt. Wenn eine Person ihre Handlung gegenüber einer anderen damit rechtfertigt, sie komme mit dieser Handlung einer ihrer Leidenschaften nach, dann benennt sie damit in vielen Fällen zweifellos einen guten Handlungsgrund: Der Verweis auf eine (subjektive) Leidenschaft kann eine Handlung wohl begründen. Dies gilt jedoch nicht immer. Es gilt zum einen schon dann nicht uneingeschränkt, wenn die nach Gründen fragende Person von der Kohärenz dieser genannten Bestrebung mit anderen Bestrebungen der Person nicht überzeugt ist. Die Frage nach den ‚wahren' Bedürfnissen und ‚objektiven' Interessen im Gegensatz zu den gerade manifesten Wünschen ergibt dann Sinn, und das oben angedeutete Instrumentarium der Kohärenzprüfung kann zum Einsatz kommen: Die interpersonelle Rechtfertigung führt zurück zur *intra*personellen Kohärenz.

Darüber hinaus gibt es aber noch einen genuin interpersonellen Aspekt praktischer Vernunft. Die Befolgung einer Leidenschaft, auch wenn sie intrapersonell kohärent ist, konstituiert nur in den Grenzen einen guten Rechtfertigungsgrund gegenüber anderen Personen, die die Kriterien *moralisch zulässiger* Handlungen und Handlungsziele setzen. Eine Person mag sich aus moralischen Gründen wünschen, dass eine andere ihr Handeln von *anderen* als den gegebenen subjektiven Leidenschaften leiten lässt. Sie kann sich wünschen, dass jemand anderes andere Wünsche erster Ordnung hat, und dennoch den Verweis auf die tatsächlichen Leidenschaften in einem konkreten Fall als Angabe eines guten Handlungsgrundes akzeptieren. Der Wunsch zweiter Ordnung, dass eine andere Person ihre Wünsche erster Ordnung verändert, ist vereinbar damit, eine Handlung zu befürworten, die im Einklang mit ihren gegebenen Wünschen erster Ordnung ist. Für dieses *Toleranzkriterium interpersoneller Rechtfertigung* gibt es jedoch Grenzen, und diese Grenzen zu bestimmen ist Aufgabe normativer Ethik. Diese Kriterien beruhen erneut auf der strukturellen Einbettbarkeit individueller Handlungsziele in gesellschaftliche Kooperationsmuster und damit auf Kohärenzkriterien. Der Übergang zur Ethik ist damit markiert.

§ 7 Kohärenz handlungsleitender Überzeugungen

Unser Handeln ist durch Gründe bestimmt. Wir entscheiden uns aufgrund einer inneren Stellungnahme; dies ist das Spezifikum von Handlungen, das sie von bloßem Verhalten unterscheidet. Den Übergang von Wünschen zu Handlungen vermittelt ein Element der Rationalität. Die vollkommen irrationale Handlung gibt es nicht, wir würden sie als eine solche nicht verstehen können und in die Kategorie eines Reflexes oder einer starren Verhaltensdisposition einordnen. Eine genuine Handlung liegt nun dort vor, wo der handelnden Person ein gewisses Maß an Verantwortlichkeit für diese Handlungswahl bzw. für die der Handlung vorausgehende Absicht, d. h. die Entscheidung, zugemessen werden kann. ‚Verantwortlichkeit', ‚Rationalität' und ‚Handlung' bilden eine Trias von Begriffen, die nicht aufgelöst werden kann. Verantwortlich ist man nur für seine Handlungen, ohne Rationalität keine Verantwortung. Für einen schlichten dichotomischen Rationalitätsbegriff liegt die *reductio* auf der Hand: Jede Handlung wäre rational, und wenn ein Verhaltensbestandteil als irrational gilt, dann handelte es sich nicht um eine Handlung, womit der Akteur auch jeglicher Verantwortung entbunden wäre. Eine gradualistische und kohärentistische Rationalitätskonzeption entgeht dieser *reductio*. Es gibt Grade praktischer Rationalität, Grade der Verantwortlichkeit und – wenn es auch dem alltäglichen Sprachgebrauch zu widersprechen scheint – Grade des Handlungscharakters. Unser Verhalten ist in unterschiedlichem Maße kontrolliert, es folgt der Stellungnahme des Akteurs angesichts der Dynamik seiner Wünsche, Hoffnungen und Befürchtungen in unterschiedlich starkem Maße. Die Stellungnahme ist von unterschiedlichen Graden der Distanzierung der handelnden Person geprägt. Die Distanzierung ist größer, wenn zu umfassenderen Teilen der prohairetischen Einstellungen (synchron und diachron betrachtet) Stellung genommen wird. Die auf die Praxis gerichtete Abwägung weist dabei eine hohe Komplexität unterschiedlicher Typen von Handlungsgründen auf. Die in der Philosophie weithin gebräuchliche Unterscheidung zwischen Klugheitsgründen und moralischen Gründen ist eine irreführende Vereinfachung. Es gibt nur ein normatives Sollen, aber dieses ist von einer großen Vielfalt unterschiedlicher praktischer Gründe bestimmt. Nur wenn das eigene Wohlbefinden ein transparentes und *in intentione recta* als Richtschnur geeignetes Maß klugen Handelns wäre, wären Entscheidungen aus Klugheit wohlbestimmt. Wir haben Versprechen gegeben, die wir einhalten möchten, wir haben einen Beruf gewählt, dem wir gerecht werden wollen, wir haben Pflichten gegenüber den Personen, die das Gefüge unserer sozialen Umwelt prägen, wir verfolgen Projekte, die oft wesentlicher Bestandteil der Lebensform sind, und uns allen wohnt ein gewisses Maß an aristotelischem Perfektionismus inne: das, was man tut, auch gut zu tun. Diese und andere Typen guter (prima facie-) Gründe konfligieren häufig, das heißt, sie lassen unterschiedliche Handlungen als angemessen erscheinen, die nicht alle realisierbar sind. Die handlungsleitenden Gründe müssen so weit kohärent gemacht werden, dass sie eine angemessene Lebensform ermöglichen.

Unsere moralischen Überzeugungen und Beurteilungen machen Gebrauch von einer Vielzahl von normativen Begriffen und Kriterien. Wir verweisen auf individuelle Rechte, auf eingegangene Verpflichtungen, auf soziale Pflichten und eine ganze Reihe von moralischen Prinzipien, um Handlungen als moralisch zulässig oder unzulässig zu qualifizieren. Während für unsere Alltagsmoral in den meisten Kontexten der Verweis auf oder ggf. die Abwägung zwischen einzelnen normativen Bestimmungselementen der genannten Kategorien zur Begründung eines moralischen Urteils ausreicht, ist die philosophische Ethik dagegen ein primär theoretisches Projekt. In ihrem Zentrum steht nicht die Lösung konkreter moralischer Probleme, sondern die Interpretation, Diskussion und Revision ethischer Kriterien. Als ein primär theoretisches Projekt teilt sie mit anderen Projekten theoretischer Vernunft eine reduktionistische Ausrichtung. Nur dies kann, wenn es denn gelingt, das für eine theoretische Durchdringung erforderte Maß an (propositionaler) Kohärenz sicherstellen.

Die Erfolge der modernen exakten Naturwissenschaften lehren, dass selbst äußerst radikale reduktionistische Forschungsprogramme erfolgreich sein können. Keines von diesen ebnete sich jedoch den Weg dadurch, dass die vorgegebenen Überzeugungssysteme *in toto* zur Disposition gestellt wurden, auch wenn am Ende Kohärenz in einigen Fällen erst durch eine Revision auch derjenigen Systematisierungsversuche möglich wurde, die schon tief im System der vor- und außerwissenschaftlichen Überzeugungen verankert waren. Naturwissenschaftliche Theorien ordnen die vorgängigen Überzeugungssysteme neu, revidieren – wo nötig – und vereinfachen zum Zweck der Entwicklung eines theoretischen Kerns oder Paradigmas – Isolation und Konstruktion spielen dabei eine wichtige Rolle. Beobachtungsnähere und beobachtungsfernere Regularitäten, konkretere und abstraktere Propositionen werden miteinander verknüpft, einzelne – es kann sich um konkretere oder um abstraktere Propositionen handeln – werden, wenn sie sich einer systematischen Einbettung widersetzen, aufgegeben oder einem anderen theoretischen Kontext zugewiesen. Das Vorgehen ist nicht linear in dem Sinne, dass die Ableitungs- und Begründungsrelationen parallel verlaufen. Die Axiome einer naturwissenschaftlichen Theorie sind nicht die Fundamente, auf denen die Begründungsleistung der Theorie ruht. Die Axiome charakterisieren einen Teil des propositionalen Gehaltes einer Theorie, sie sind selbst begründungsbedürftig und werden in letzter Instanz erst durch die Systematisierungsleistung der Theorie insgesamt begründet.

Das reduktionistische Bestreben jeder theoretischen, auch der ethischen Analyse, kann nicht dadurch befriedigt werden, dass man sich des Problems nach Art des rationalistischen oder empiristischen (die ethische Analogie stellen bestimmte, situationsbezogene intuitionistische Ethiken dar) Fundamentalismus entledigt. Die rationale Rekonstruktion (und Revision) unserer normativen Überzeugungen lässt sich weder aus der logischen Analyse der Moralsprache ableiten noch auf die Konstitutiva gelungener Kommunikation beschränken, und sie erfordert sicherlich mehr als die Auszeichnung einiger oder gar nur eines Elementes topischer Begründung als grundlegend. Es ist zu vermuten, dass viele ungelöste Streitfragen der zeitgenössischen Ethik Ausdruck der hohen und in einem gewissen Ausmaß irreduziblen Komplexität unseres normativen Überzeugungssystems sind. Fragen der Gerechtigkeit lassen sich nicht auf solche des Nutzenmaßes reduzieren. Die Rolle individueller Rechte ist für unsere topischen Begründungen zu zentral, als dass eine Ethik, die Rechtszuschreibungen nur einen instrumentellen Wert beimisst, adäquat sein könnte. Ebenso wenig ist es plausibel, anzunehmen, dass die Vielfalt moralischer Pflichten sich als bloße Anwendung eines Kriteriums der Maximierung des Gesamtnutzens rekonstruieren lässt. Auch wenn etablierte Rechtssysteme unter ethischen Gesichtspunkten oft genug Anlass für Kritik geben, so kann man die komplexe Vielfalt rechtlicher Beurteilungsaspekte doch als Hinweis darauf ansehen, dass sich normative Fragen, jedenfalls auf dem heutigem Stand der normativen Theorie, nicht in Form der gängigen reduktionistischen Theorien (mit in der Regel fundamentalistischem Anspruch) angehen, geschweige denn lösen lassen.

Für die Ausprägung unserer alltäglichen deskriptiven wie normativen Überzeugungen spielt die Theorie meist keine bedeutende Rolle. Die Theorie dient in erster Linie der Klärung von Propositionen, zu denen wir keine feste Meinung haben, und der Entdeckung von Zusammenhängen, die wir ohne theoretische

Unterstützung nicht erfassen können. Es ist kein Grund erkennbar, warum es diesbezüglich einen wesentlichen Unterschied zwischen normativen und deskriptiven Überzeugungen geben könnte. Reduktionistische Theorien müssen mit der eingeschränkten Formbarkeit unserer deskriptiven wie normativen Überzeugungssysteme vereinbar sein.

Diese eingeschränkte Formbarkeit bezieht sich insbesondere auf einen zentralen Konsensbereich unserer moralischen Überzeugungen, der in erster Linie bestimmte generische Handlungen betrifft. So besteht ein weitgehender Konsens darüber, dass die bewusste Tötung einer unschuldigen Person unter fast allen Bedingungen moralisch unzulässig ist. Es besteht Einigkeit darüber, dass Personen individuelle Rechte haben, die nur in extremen Situationen verletzt werden dürfen. Es besteht ein Konsens über bestimmte Pflichten, die man gegenüber Schwächeren und Abhängigen hat, usw. Bildlich gesprochen werden die Meinungsunterschiede ‚oben' und ‚unten' größer. ‚Oben', auf der Ebene der abstrakten Prinzipien, die erst aufgrund ihrer Beziehung zu anderen Elementen unseres normativen Überzeugungssystems gerechtfertigt werden, sind diese Meinungsunterschiede theoretischer Natur: Man ist unterschiedlicher Auffassung darüber, mit welchen Regeln und Prinzipien die besseren Systematisierungsleistungen erbracht werden. Ebenso gibt es (‚unten') in konkreten Entscheidungssituationen Divergenzen in der Einschätzung der Anwendungsbedingungen moralischer Gründe der genannten mittleren, auf generische Handlungen bezogenen Art. Diese Divergenzen sind häufig empirischer Natur: Man ist unterschiedlicher Auffassung darüber, welche Eigenschaften die Situation prägen und unter welche Kategorie die betreffende Handlung demnach fällt.

Der normative Konsens bezieht sich aber nicht nur auf *prima facie*-Regeln individueller Rechte und Pflichten, sondern auch auf sehr abstrakte Invarianzannahmen und konkrete Handlungsalternativen in lebensweltlichen Situationen. Wer im Sinne eines kognitivistischen Ethikverständnisses das Rationalitätspotential normativer Überzeugungen möglichst vollständig ausschöpfen möchte, wird an diese konsensualen Elemente anknüpfen und versuchen, sie sowohl im Hinblick auf die theoretische Verallgemeinerung als auch hinsichtlich der Anwendungsdimension auszubauen.

Wenn ethische Urteilsfähigkeit darauf beruht, zentrale Bestandteile unseres moralischen Überzeugungssystems zu rekonstruieren, zu systematisieren und auf diesem Wege Kriterien zu schaffen, die in Situationen, in denen unser moralisches Urteil nicht eindeutig ist, Orientierung bieten, dann ist das ‚top-down'-Vorgehen der traditionellen Methode angewandter Ethik unangemessen. Wenn wir zusätzlich die Annahme aufgeben, dass uns ein leicht zu rekonstruierendes System normativer Kriterien zur Verfügung steht, dann erhält die Anwendungsdimension der Ethik einen völlig neuen Status. Konkrete anwendungsorientierte

Probleme der moralischen Beurteilung sind dann konstitutiver Bestandteil der ethischen Theoriebildung selbst. Feste moralische Überzeugungen, die sich auf die Zulässigkeit eines konkreten Verhaltens beziehen, müssen sich dann im Rahmen der ethischen Theorie angemessen rekonstruieren lassen, wenn wir nicht schließlich bereit sind, diese Überzeugungen aufzugeben. Das, was von erkenntnistheoretischen Rationalisten philosophischer Ethik gerne diskreditiert wird, nämlich unsere moralischen Intuitionen, bildet das Material, aus dem das Gesamt der moralischen Urteilsfähigkeit entwickelt werden muss. Dies heißt nicht, dem Fehler traditioneller Intuitionisten zu verfallen und den moralischen Intuitionen einen Status der Unantastbarkeit und Revisionsresistenz zuzuschreiben. Unsere moralischen Intuitionen sind selbst theoriebeladen, wandlungsfähig und in vielen Fällen widersprüchlich. Da jedoch die Idee, ethische Prinzipien als selbstevident der Kritik zu entziehen oder diese allein mit Mitteln der deduktiven Logik hervorzuzaubern, auf einem falschen Verständnis von Evidenz bzw. von Logik beruht, haben wir nichts anderes als ‚Intuitionen', wenn man diesen problematischen Sprachgebrauch beibehalten will. Man sollte besser von ‚moralischen Überzeugungen' sprechen, denen wir in unterschiedlichem Grade Gewicht beimessen, wobei sich das relative Gewicht danach bestimmt, welche dieser moralischen Überzeugungen wir im Konfliktfall aufzugeben bereit sind. Konflikte zwischen moralischen Überzeugungen treten jedoch häufig erst im Verlauf der Theoriebildung auf, da diese moralische Überzeugungen in Beziehung setzt, die vordem unvermittelt nebeneinander standen. Systematisierung moralischer Überzeugungen heißt Subsumtion moralischer Überzeugungen unter allgemeinere, womit legitimerweise eine Reduktion der großen Vielfalt von Beurteilungskategorien, moralischen Begriffen, Regeln und Werten einhergeht. Nach diesem Verständnis kann es Ethik ohne Anwendung nicht geben. Die ethische Theorie bewährt sich an ihren Anwendungen. Theoretische und praktische Fragen der Ethik bilden nicht zwei disjunkte Klassen, sondern ein Kontinuum, und die Begründungsrelationen verlaufen weder von der Theorie zur Praxis noch von der Praxis zur Theorie, sondern richten sich nach dem Gewissheitsgefälle unserer moralischen Überzeugungen. Es gibt moralische Überzeugungen von hoher Allgemeinheit, die wir nicht aufzugeben bereit sind, ebenso wie es konkrete Verhaltensweisen gibt, die wir als unmoralisch charakterisiert sehen wollen.

Im Bereich unserer empirischen Kenntnisse haben sich die umfassendsten reduktionistischen Programme seit der Vorsokratik als Fehlschläge erwiesen. Die jeweiligen Prinzipien ließen sich entweder empirisch nicht überprüfen oder waren für die Organisation unseres empirischen Wissens unzureichend. Auch der letzte große Versuch einer physikalistischen Einheitswissenschaft im 20. Jahrhundert, dessen Rückzugsgefechte die analytische Philosophie bis in die vergangenen Dekaden hinein prägten, ist gescheitert. In der Ethik besteht die Zielsetzung einer einheitlichen und einfachen, d. h. möglichst mit einem Prinzip und wenigen Grundbegriffen auskommenden Theorie fort. Die Erfahrungen im Bereich unseres empirischen Wissens lassen es aber angeraten sein, diesem reduktionistischen und einheitswissenschaftlichen Programm nicht voreilig nachzueifern, jedenfalls nicht zu Lasten einer sorgfältigen und differenzierten Analyse moralischer Überzeugungen. Eine objektivistische Erkenntnistheorie legt sich weder im Bereich des Empirischen noch im Bereich des Normativen auf ein reduktionistisches und einheitswissenschaftliches Erkenntnisideal fest. Die empirischen und normativen Phänomene könnten zu komplex sein, als dass sie durch ein einziges Prinzip und eine einzige systematische Begrifflichkeit erfassbar wären. Diese Komplexität anzuerkennen und damit zumindest dem reduktionistischen Wissenschaftsprogramm Grenzen zu setzen, darf nicht mit Theoriefeindschaft verwechselt werden. Die theoriefeindlichen Äußerungen einiger gelegentlich als „Neoaristoteliker" bezeichneten Ethiker der Gegenwart lassen sich mit der Ablehnung einer reduktionistischen einheitswissenschaftlichen Methode in der Ethik allein nicht rechtfertigen. Es könnte eben sein, dass die ethische Theorie, um adäquat zu sein, verschiedene Anwendungsbereiche des normativen Urteils zu unterscheiden und für diese Anwendungsbereiche je spezifische Begrifflichkeiten und Kriterien zu entwickeln hat. Die weitere Vereinheitlichung bliebe dann immer noch eine regulative Idee, die aber nicht um den Preis einer adäquaten Erfassung normativer Zusammenhänge angestrebt werden darf. Die vergangenen Dekaden angewandter Ethik haben jedenfalls die Augen geöffnet für die Vielfalt und Differenziertheit normativer Phänomene. Es ist nicht verwunderlich, dass allzu schlichte Theoriekonzeptionen diesem neuen Diskussionsstand nicht mehr gerecht werden. Wenn man will, kann man deswegen durchaus von einer Grundlagenkrise der ethischen Theorie sprechen, die durch Probleme ihrer Anwendung heraufbeschworen wurde und die verständlich macht, warum in jüngster Zeit eine erneute Hinwendung zu metaethischen und erkenntnistheoretischen Problemen erfolgt.

§ 8 Der Status der Kohärenz

Der aposteriorische Charakter der Theorie der Vernunft schließt eine bestimmte Form von Kohärentismus aus. Kohärentistisch werden meist solche Theorien genannt, die Kohärenz zum Wahrheitskriterium machen: Demnach ist eine Überzeugung wahr, wenn sie in idealer Weise mit anderen Überzeugungen oder mit dem Gesamt der Überzeugungen kohäriert. Anders formuliert: Eine Proposition ist genau dann wahr, wenn sie Teil eines ideal kohärenten Systems von

Propositionen ist.[58] Gäbe es mehrere Systeme von Propositionen, die jeweils in idealer Weise kohärent sind, so würde sich aus dieser kohärentistischen Wahrheitsdefinition die paradoxe Folgerung ergeben, dass sich widersprechende Propositionen gleichermaßen wahr sein können. Da dies jedem vernünftigen Wahrheitsverständnis widerspricht, auch wenn solche „pluralistischen" Wahrheitskonzeptionen in postmodernen Diskursen gebräuchlich sind, erledigt sich diese Form von Kohärentismus von selbst. Nur mit der kühnen Zusatzannahme, dass es nur ein ideal kohärentes System von Propositionen gibt, ließe sich eine gewisse Anfangsplausibilität retten.

Kohärentistische Positionen gehören zum vielgestaltigen Erbe des philosophischen Idealismus des 19. Jahrhunderts und tragen mit ihm den Makel des Realitätsverlustes. Was spräche prima vista dagegen, dass es mehrere ideal kohärierende Überzeugungssysteme gibt? Einer der Ahnherren des Idealismus, Immanuel Kant, hat geglaubt, darauf eine Antwort gefunden zu haben: Es ist seine Theorie des Apriori-Synthetischen, der transzendentalen Bedingungen aller Erkenntnis. Diese sind nicht plural, meint Kant: Es gibt nur *eine* Klasse von Anschauungsformen von Raum und Zeit, die empirische Erkenntnisse ermöglichen, nicht mehrere.

Aber selbst wenn man den Kohärentismus als Wahrheitstheorie aufgibt und zu einem *Kohärentismus als Begründungstheorie* übergeht, lauert die Gefahr des Apriorismus. Wer versucht, ein Prinzip aller Begründung über einen Begriff der Kohärenz aufzufinden, befindet sich schon auf diesem aprioristischen Irrweg. Es gibt keinen Begriff der Kohärenz jenseits aller Begründungspraktiken. Was und wie etwas kohäriert, welche Typen von Gründen zu welchen Konflikten von Überzeugungen führen, erweist sich an den jeweiligen Praktiken des Begründens und nicht außerhalb. Außerhalb wird die Luft zu dünn, um einen hinreichend substanziellen Begriff der Kohärenz zu bestimmen. Kohärenz ist lediglich eine regulative Idee, die unsere Deliberationen anleitet. Wir sind bemüht, dass alles zusammen stimmt, unsere Überzeugungen miteinander (es sollen keine Widersprüche auftreten) und deren Form des Begründens. Dies gilt sowohl für deskriptive wie für normative Überzeugungen. Was kohärent ist, entscheidet die jeweilige Diskurspraxis. Das heißt wiederum nicht, dass wir diese in toto unkritisch akzeptieren müssen. Es heißt lediglich, dass wir aus ihr nicht aussteigen können und extern nach einem archimedischen Punkt allen Begründens suchen dürfen.

Dieser Ausschluss des externen (apriorischen) Standpunkts ist vereinbar damit, die Praxis des Begründens zu systematisieren und Regeln maximaler Allgemeinheit zu suchen, die die unterschiedlichen konkreteren Begründungsprak-

---

58 Vgl. Nicolas Rescher: *The Coherence Theory of Truth*. Oxford: Clarendon Press 1973.

tiken und damit die regulative Idee der Kohärenz unserer Überzeugungssysteme näher charakterisieren. Die subjektivistische Wahrscheinlichkeitstheorie und ihre Anwendung im erkenntnistheoretischen Bayesianismus kann als ein Versuch interpretiert werden, solche Systematisierungen unserer Begründungspraxis zu erarbeiten. Das Pendant im praktischen Bereich ist die Entscheidungstheorie, ja das zentrale Theorem der modernen Ökonomie, das Nutzentheorem, wie es von v. Neumann und Morgenstern 1947 bewiesen wurde, muss streng genommen in diesem Sinne als ein kohärentistisches Resultat und nicht als Beweis einer konsequentialistischen oder gar egoistisch nutzenmaximierenden Rationalitätstheorie interpretiert werden, wie es in der zeitgenössischen ökonomischen Theorie weithin geschieht.[59] Auch die unterschiedlichen Systeme deontischer Logik sind als solche Systematisierungsprojekte der normativen Sprache oder Ausschnitte der normativen Sprache zu interpretieren. Die Tatsache, dass bis dato kein System der deontischen Logik wirklich befriedigen kann, zeigt, dass Systematisierungsversuche unserer normativen Sprache an dieser Bewährungsinstanz, nämlich der von uns gesprochenen, praktizierten, normativen Begründungspraxis, scheitern können. Die Theoreme der deontischen Logik müssen sich bewähren an den unumstrittenen logischen Merkmalen des Sprachgebrauchs solcher Begriffe wie *verpflichtet, erlaubt, verboten*. Ein System der deontischen Logik, das in einen unauflöslichen Konflikt mit dem völlig unumstrittenen Teil unseres normativen Sprachgebrauches gerät, ist gescheitert.

Wenn ich für eine radikal *epistemische Perspektive* plädiere, dann nicht in dem Sinne, dass wir die realistische Interpretation unserer deskriptiven wie normativen Überzeugungen aufgeben, sondern nur in dem Sinne, dass wir nichts anderes haben als Überzeugungen. Alle Sachverhalte dieser Welt sind uns durch Überzeugungen, diese betreffend, präsent. Es gibt keinen unmittelbaren Bezug zur Welt, auch nicht über vermeintliche kausale Verbindungen zwischen sensorischen Stimuli und Überzeugungsbildung. Gerade die Vernunftfähigkeit von Menschen macht es aus, dass es diese Kausalrelationen nicht gibt. Wir sind nicht gezwungen zu glauben, dass der Stab, der ins Wasser gehalten wird, gebrochen ist, auch wenn er uns als gebrochen erscheint. Wir sind also in der Lage, die richtige Überzeugung auszubilden, dass dieser Stab nicht gebrochen ist, obwohl er zweifellos gebrochen aussieht und wir an diesem „gebrochen aussehen" auch durch Willensanstrengung nichts verändern können. Es gibt nichts, was uns die unmittelbare Anbindung an die Welt sichert. Weder die Protokollsätze des Logischen Empirismus noch der zweifellos realistisch zu interpretierende Gehalt

---

[59] Näheres dazu in II §1 und Appendix §1.

unserer Überzeugungen noch gar das Gedankenexperiment der Gehirne im Tank.[60]

Kohärenz ist also zunächst nicht mehr als eine Metapher: das Zusammenhängen der unterschiedlichen Elemente meines, unseres Systems propositionaler Einstellungen. Auch *System* ist eine Metapher dafür, dass es so etwas wie einen Aufbau gibt, dass es fundamentalere und weniger fundamentale, dass es Stützungsverhältnisse gibt. Wer den Systemcharakter betont, tendiert dazu, diese Metapher zu überziehen und in der einen oder anderen Weise ein Fundament zu postulieren, das die Aufbauten trägt. Ein *fundamentum inconcussum*, wie es im Mittelalter genannt wurde. Auch der Logische Empirismus des 20. Jahrhunderts tendierte zu einer Variante solchen Systemdenkens: die unerschütterlichen Teile, die durch die Beobachtungssprache erfasst würden, und die erschütterlichen, einer Bewährung bedürftigen, die in der theoretischen Sprache erfasst werden und über Induktion erst durch die Elemente der Beobachtungssprache zu rechtfertigen seien. Als sich dann herausstellte, dass es die unmittelbaren, von aller Theorie unabhängigen Gegenstände der Beobachtung nicht gibt, jedenfalls nicht in der Physik, verschoben sich die Gewichte wiederum in Richtung Kohärenz. Die Kohärenz-Metapher beinhaltet allerdings die Gefahr, die einzelnen Elemente als gleichrangig anzusehen, von wechselseitigen Stützungsverhältnissen zu sprechen und dabei aus dem Auge zu verlieren, dass es immer das Gefälle subjektiver Gewissheit ist, das Begründung erst ermöglicht.

Begründungen beginnen mit Überzeugungen und enden mit Überzeugungen. Begründungen sind darauf gerichtet, das Ungewissere gewisser zu machen bzw. dessen Falschheit zu erweisen, indem man auf Gewisseres oder gewiss Erscheinendes zurückgreift. In diesem Sinne sind Begründungen immer immanent, sie bleiben im epistemischen System, sie haben keinen Haltepunkt außerhalb. Die Protokollsätze des Logischen Empirismus waren Versuche, Haltepunkte außerhalb, in den unmittelbaren empirischen Fakten zu identifizieren, aber auch diese sind lediglich Feststellungen, Überzeugungen, dies und jenes habe sich zu einem bestimmten Zeitpunkt mit oder ohne apparative Unterstützung so und nicht anders verhalten. Auch hier sind Irrtümer nicht grundsätzlich ausgeschlossen. Empiristen fordern, dass beobachtungsnahe Überzeugungen eine zentrale Rolle spielen sollen für wissenschaftliche Theorien. Empiristen kritisieren das kartesische Projekt, wonach es die Absehung von den Wahrnehmungen sei, die es erst ermögliche, zu den Vernunftwahrheiten selbst vorzudringen. Radikale Empiristen sind der Auffassung, dass alles Wissen letztlich auf beobachtungs-

---

60 Vgl. dagegen Olaf Müller: *Wirklichkeit ohne Illusionen: Hilary Putnam und der Abschied vom Skeptizismus, oder: Warum die Welt keine Computersimulation sein kann*. Paderborn: Mentis 2003.

nahen Überzeugungen beruhe, was man getrost als eine erkenntnistheoretische Legende bezeichnen kann. Ohne eine Strukturierung der Wahrnehmungen durch Begriffe und vorsprachliche Qualitätsräume gibt es in der Tat keine empirische Erkenntnis. Das, was wir üblicherweise „Beobachtung" nennen, also die aufgrund bestimmter Wahrnehmungen gerechtfertigt erscheinenden, unsere Umwelt betreffenden Überzeugungen, ist in hohem Maße von Gestaltbildungen unterschiedlicher Art abhängig, solchen, die schon in früher Kindheit die Orientierung in Raum und Zeit ermöglichen, solchen, die erst im Verlaufe der Entwicklung der Sprachfähigkeit den Austausch von Gründen zulassen und schließlich solchen, die das Erlernen einer wissenschaftlichen Terminologie voraussetzen. Das, was Thomas S. Kuhn als „Paradigma" bezeichnet, strukturiert nicht nur die Theoriebildung, sondern auch die Gegenstände der jeweiligen Theorie. Damit erschafft sich die Theorie keineswegs die Gegenstände, die sie rechtfertigt. Unsere beobachtungsnahen Überzeugungen bleiben sperrig, sie bleiben, weil sie sperrig sind, Bewährungsinstanzen der Theorie. Karl Poppers Forderung nach kritischer Prüfung ist keineswegs obsolet, weil man unterdessen erkannt hat, dass es die einzelnen Beobachtungen, die ganze Theoriegebäude zum Einsturz bringen, nie oder jedenfalls nur selten gibt.

Wenn Überzeugungen nicht zusammenpassen, wenn sie sich, im einfachsten Fall, sogar direkt widersprechen, nehmen wir dies als Aufforderung, unsere Überzeugungen so zu modifizieren, dass diese Inkohärenz verschwindet. Nicht etwa deswegen, weil wir uns dazu entschlossen haben, Kohärentisten zu sein, sondern weil so unsere Praxis des Begründens ist, weil wir gar nicht anders können, als in dieser Weise auf Inkohärenzen zu reagieren. Wenn Menschen achselzuckend über Widersprüche in ihren Aussagen hinweg gehen, dann verstehen wir sie nicht mehr, wir wissen dann gewissermaßen nicht, mit wem wir es zu tun haben. Wenn sich jemand erkennbar nicht bemühen möchte, seine Überzeugungen kohärent zu machen, dann beeinträchtigt dies seinen Status als Person.

Begründungen gehen deswegen nicht ad infinitum, weil wir zufrieden sind, wenn der Zweifel behoben ist. Wir haben Zweifel, wenn es Gründe gibt, zu zweifeln. Wir praktizieren in der Lebenswelt keine unbegründeten Zweifel. Wir beschränken unseren Zweifel auf Fälle, in denen es Gründe gibt, anzunehmen, dass etwas nicht stimmt. Grund anzunehmen, dass etwas nicht stimmt, haben wir, wenn etwas nicht zusammenpasst, wenn etwas inkohärent ist. Wenn diese Inkohärenz behoben ist, haben wir keinen Grund mehr zu zweifeln und keinen Grund mehr zu weiterer Begründung. Das Begründen hat ein Ende. Ein Ende in den Selbstverständlichkeiten unserer Lebenswelt. Aber auch in den Wissenschaften gibt es dazu ein Analogon, es ist in den meisten Fällen das Selbstverständliche, das nicht infrage Gestellte des jeweiligen Paradigmas, der Theorie. Aber während es in den Wissenschaften möglich ist, auch die Theorie als ganze infrage zu stellen, ist dies in der Lebenswelt nicht möglich: Das epistemische System als Ganzes kann in der Lebenswelt nicht infrage gestellt werden, weil damit das Fundament weiterer Begründungen zerstört werden würde. Es gibt insofern einen offenkundigen Unterschied zwischen wissenschaftlicher und lebensweltlicher Begründung: Diese hat ihre Grenzen in der geteilten Praxis des Gründe-Gebens und Gründe-Nehmens, in der Lebensform, an der wir teilhaben. Jene ist prinzipiell grenzenlos und sie kann grenzenlos sein, weil sie die Gewissheiten der Lebenswelt nicht infrage stellt. Revolutionen kann es nur in der Wissenschaft geben, nicht in der Lebenswelt. Inkohärenzen der Lebenswelt müssen lokal bleiben, Inkohärenzen der Wissenschaft können dagegen fatal werden – fatal für die jeweilige Theorie, das Paradigma, in Extremfällen für die ganze Disziplin. Dem Zerstörungswerk kann in den Wissenschaften eine Rekonstruktion folgen, weil die lebensweltliche Praxis des Begründens, einschließlich des lebensweltlichen Realismus, intakt geblieben ist. Das Spiel kann von neuem beginnen, weil das fundamentalere Spiel nicht zerstört wurde. Hier haben die Regeln nach wie vor Geltung und mit diesen kann man jene neu entwickeln.

Kohärenz umfasst das Ganze, nicht nur die lebensweltliche Praxis des Gründe-Gebens und Gründe-Nehmens, sondern auch die der „Systeme" Ökonomie oder Politik oder Kunst, aber auch der Wissenschaften. Das Ganze muss kohärieren. Das epistemische System ist zusammenhängend nur als Ganzes, nicht in seinen Teilen. Dieses Bedürfnis nach *globaler Kohärenz* lässt sich am einfachsten dadurch erklären, dass wir sowohl in der Lebenswelt als auch in den Systemen und in den Wissenschaften unsere Überzeugungen realistisch interpretieren. Der Kohärentismus, wie ich ihn verstehe, ist keine Alternative zum Realismus, sondern mit diesem untrennbar verwoben.

Das Gegen-Modell zu dieser kohärentistischen, holistischen und realistischen Sichtweise bietet der Rationalismus in der Ethik. Fast alle modernen Ethiken seit dem Rationalismus des 17. Jahrhunderts betonen ihre Distanz gegenüber dem traditionellen moralischen Denken, das zunächst im Thomismus und im anhaltenden Einfluss des Aristoteles verortet wird, und versuchen sich an unterschiedlichen Varianten einer Neukonstruktion. Noch die deontologischen Ethiken des 19. Jahrhunderts verfallen in Großbritannien dem Verdikt des „Intuitionismus", ja werden mit diesem identifiziert.[61] Der britische Utilitarismus[62] hält sich zugute, sich von allen Intuitionen freizumachen und mit dem universellen Nutzen-Optimierungsprinzip ein neues, gänzlich rationales Fundament ethi-

---

61 Vgl. Henry Sidgwick: *The Methods of Ethics*. London: Macmillan 1874.
62 Vgl. Jeremy Bentham: *An Introduction to the Principles of Morals and Legislation*. London: 1781.

schen Urteilens gelegt zu haben. Dieses Prinzip wird als unmittelbar einsichtig und unbestreitbar angesehen, denn es sei ja offensichtlich, dass menschliches Handeln nur zwei Ziele verfolge: die (eigene) Lust zu mehren und das (eigene) Leid zu mindern. Dass sich hier ein Spannungsverhältnis zwischen hedonistisch-egoistischer Anthropologie und ethischem Postulat auftut, wurde deswegen zunächst nicht bewusst, weil der Utilitarismus sich als genuin politische Ethik verstand und noch nicht als allgemeine Handlungs- und Lebensmaxime. Die gesamte utilitaristische Ethik-Tradition ist in diesem Sinne geradezu paradigmatisch rationalistisch: Sie wertet die lebensweltlichen Praktiken des Begründens ab und versucht sie durch ein Prinzip zu ersetzen, das die gesamte Begründungslast trägt. Die utilitaristische Ethik verliert damit ihre Bewährungsinstanz, denn an was sollte dann noch geprüft werden, ob bestimmte Implikationen der Theorie plausibel sind? Moralische ‚Intuitionen' fallen jedenfalls als Prüfinstanz aus. Bentham verstieg sich sogar zu der These, natürliche, unantastbare Menschenrechte seien *„nonsense upon stilts"* und wandte sich damit gegen die sich in der Europäischen Aufklärung ausbreitende ethische Überzeugung, dass Menschen als solche, unabhängig von Rang und Namen, unabhängig von Herkunft, Hautfarbe, Nation, Religion und Geschlecht, gleichermaßen unveräußerliche individuelle Rechte haben. Unveräußerlich in dem Sinne, dass niemand, kein weltlicher und klerikaler Potentat, keine Mehrheit der Bürgerschaft und kein politisches und ökonomisches Interesse, diese Grundrechte verletzen darf. In der Tat gerät der Utilitarismus in einen unauflöslichen Konflikt mit individuellen Rechten, der spätestens mit dem Beweis des *Liberalen Paradoxons* durch Amartya Sen offenkundig wird.[63]

§ 9 Ethische Begründung[64]

Im Zentrum rationalistischer Ethiken steht die These, es gebe ein spezifisches Problem der Ethikbegründung. Ich werde die wichtigsten Gründe darlegen, die für mich dagegen sprechen, dass dieses Problem existiert. Der Eindruck, dass es existiere, entsteht aus einem Komplex von Überzeugungen, die allerdings in

---

63 Vgl. Amartya Sen: *Collective Choice and Social Welfare*. London: Penguin Books 1970, Kap 6.
64 Bei verschiedenen Gelegenheiten habe ich versucht, eine kompakte Alternative ethischer Begründung zu den verbreiteten rationalistischen oder empiristischen Ansätzen plausibel zu machen. Der folgende Text folgt weitgehend meinem Beitrag in *Ernst Tugendhats Ethik. Einwände und Erwiderungen*. Hrsg. von N. Scarano & M. Suarez. München: C. H. Beck 2006, 31–59; weitere Fassungen dieser Argumentation finden sich in *D&W* sowie in *P&L*.

der modernen Ethik weit verbreitet sind. Dazu gehört die Überzeugung, dass wir mit der Säkularisation in einer Zeit moralischer Krise lebten (I), dass nur eine Begründung, die nicht auf etablierte moralische Auffassungen Bezug nimmt, dem genuin normativen Charakter der Ethik gerecht werden könne (II), dass individuelle Interessen moralischen Konsens stifteten (III) und dass moralische Motivation ein Rätsel bliebe, wenn sie sich nicht aus der Berücksichtigung eigener Interessen herleitete (IV).

Wenn Tugendhat meint, die Moral sei früher in unserer wie in anderen Kulturen stets religiös oder durch das Herkommen begründet gewesen und eine solche Begründung überzeuge heute nicht mehr und daher sei eine neue, eben rationale, Begründung erforderlich, so stellt sich sofort die Frage, in welchem Sinne denn hier von einer *Begründung* die Rede ist. Menschen hatten in vergangenen wie in heutigen Kulturen Überzeugungen darüber, was richtig und was falsch ist, was sie tun und was sie lassen sollten, was ein angemessener und was ein unangemessener Umgang miteinander ist. Die meisten, vielleicht alle Menschen so gut wie aller uns bekannten Kulturen in Vergangenheit und Gegenwart waren und sind davon überzeugt, dass man seine Versprechen halten sollte, dass man gegenüber Wohltätern dankbar sein sollte, dass man nicht mutwillig ohne guten Grund einen anderen Menschen beschädigen sollte usw. Diese normativen Überzeugungen entsprachen und entsprechen einem komplexen Institutionengefüge, das die jeweilige Praxis der Interaktion bestimmt.

Wenn ich hier von „Institutionen" spreche, so meine ich dies in dem weiten Sinne, in dem man zum Beispiel sagen kann, dass es die Institution des Versprechens gibt, d. h. ein regelgeleitetes interaktives Verhalten, dessen Feinheiten etwa in der Sprechakt-Theorie John Austins beschrieben sind.[65] Dass eine entsprechende Institution etabliert ist, zeigt sich daran, dass abweichendes Verhalten, d. h. ein Verhalten, das die für die Institution konstitutiven Regeln verletzt, als solches, d. h. eben als *abweichendes* wahrgenommen wird, ganz unabhängig davon, ob damit Sanktionen verbunden sind oder nicht. Es sind weder externe noch interne Sanktionen, die eine institutionell konstitutive Regel definieren, sondern es ist die Fähigkeit der an den für die Institution ausschlaggebenden Interaktionen Beteiligten *abweichendes* von *konformem* Verhalten in *kohärenter*, d. h. hinreichend übereinstimmender Weise zu unterscheiden und sich gegebenenfalls davon Mitteilung zu machen.

Wenn ein Mitglied einer uns ganz fremden Kultur zu einem bestimmten Zeitpunkt an einen Ort kommt und von dem interessierten Ethnologen befragt wird,

---

[65] Vgl. John L. Austin: *How to do Things with Words*. Cambridge/Mass.: Harvard University Press 1975. [EA 1962].

warum er das tue und er darauf antwortet, er habe das einem anderen Bewohner seines Dorfes gestern versprochen und erwarte diesen nun, so ist dies unter Normalbedingungen eine erschöpfende Antwort: Ein gegebenes Versprechen *konstituiert* einen guten Grund, dieses Versprechen zu halten. Wenn nun der Ethnologe leichtfertigerweise während seines Studiums ein Seminar zur modernen Moralphilosophie belegt hatte und daher mit dieser Antwort nicht zufrieden ist und weiter nachfragt, etwa warum er denn eigentlich sein gegebenes Versprechen einhalten solle, so wird der kluge Dorfbewohner ob der Dummheit dieser Frage nur den Kopf schütteln. Er habe doch ein Versprechen gegeben und es sei doch selbstverständlich, ein solches Versprechen einzuhalten. Der kluge Dorfbewohner wird sich weiteren Nachfragen des philosophierenden Ethnologen entziehen. Es ist nicht ausgeschlossen, dass er bei hartnäckigem Insistieren des philosophierenden Ethnologen auf den Willen der Götter verweist. Vielleicht meint er, dass es die Götter sind, die wollen, dass wir unsere Versprechen halten. Wie wesentlich dies für seine tatsächliche Motivationslage ist, sei dahingestellt. Ich vermute allerdings, dass es nicht nur ein logisches, sondern auch ein genetisches Primat der Moral gegenüber der Religion gibt. Das zeigt sich etwa in dem Bemühen der unterschiedlichen religiösen Systeme, wenigstens die wichtigsten der für das menschliche Zusammenleben so segensreichen moralischen Institutionen, wie zum Beispiel die des Versprechens, zu integrieren, also zumindest den Eindruck zu erwecken, dass sich dieses komplexe System von Institutionen, die das Netz alltäglicher Interaktionen und speziell Kooperationen tragen, in wenigen Prinzipien oder Glaubenssätzen, etwa den Zehn Geboten, zusammenfassen ließe. Manchem Religionsstifter mögen auch Unzulänglichkeiten und Widersprüche der lebensweltlich etablierten Moralität vor Augen gestanden haben und er versuchte diese durch eine neue Interpretation zu reformieren. Das Verbot des Inzests durch Moses mag für ein solches, allerdings nur mythologisches Beispiel, herhalten.

Ich glaube jedenfalls nicht an eine *Erfindung der Moral durch die Religion*, weder im historischen noch im normativen Sinne. Das Normative kommt nicht durch das Religiöse in die Welt, sondern es ist immer schon da, wo Menschen, d. h. Wesen, die sich von Gründen affizieren lassen, miteinander interagieren. Der Dorfbewohner unserer fiktiven Ethnie, vielleicht aus ferner Zeit, versucht sich so zu verhalten, wie es ihm richtig erscheint. Das, was ihm jeweils in bestimmten Handlungssituationen als richtig erscheint, hängt von vielen Details ab, etwa davon, in welchem Verhältnis die handelnden Personen zueinander stehen, welche Vorgeschichte diese Interaktion hat, welche sozialen Pflichten und eingegangenen Verpflichtungen bestehen, ob Dritte von dem, was hier verhandelt wird, betroffen sind usw. Der Dorfbewohner wurde Mitglied der moralischen Gemeinschaft seines Dorfes oder seiner Ethnie, indem er dieses komplexe System von miteinander verbundenen Institutionen gelernt hat und nicht etwa, indem er dem Dorfältesten zuhörte, wie er von den Gottheiten erzählte. In einer animistischen Kultur wird er einen Zusammenhang hergestellt haben zwischen der Allbeseeltheit der ihn umgebenden natürlichen Welt und den zwischenmenschlichen Beziehungen und Interaktionen. Wenn diese animistische Religiosität etwa durch die Konfrontation mit der modernen technischen Zivilisation kollabiert, so mag es in der Tat so etwas geben wie eine metaphysische oder weltanschauliche Krise. Die zwischenmenschlichen Beziehungen und Interaktionen sind nun nicht mehr eingebettet in den größeren Zusammenhang einer animistischen Religiosität, sondern losgelöst, und dies kann, muss den Dorfbewohner jedoch nicht erschüttern. Dort, wo die Verlässlichkeit der etablierten moralischen Institutionen erodiert, ist der verstärkte Einsatz weltanschaulicher und religiöser Sanktionsdrohungen ein historisch beliebtes Mittel, um gegenzusteuern. Die Geschichte der frühen Neuzeit in Europa bis zu den Hexenprozessen, die bis ins 18. Jahrhundert andauern, bietet dafür vielfältige Belege. Wenn diese Form der Stabilisierung dann keinen Erfolg mehr hat, mag die Fehlinterpretation naheliegen, dass es der Niedergang des religiösen Fundaments der lebensweltlichen Moral war, der diese kollabieren ließ.

Um hier einem Missverständnis vorzubeugen, variiere ich das obige Beispiel. Angenommen der Ethnologe trifft den Dorfbewohner wieder am gleichen Ort an, jetzt aber in Kenntnis der Tatsache, dass es auf dem Wege zu dieser Verabredung die Gelegenheit zum günstigen Kauf einer Kuh gegeben hätte, die sich der Dorfbewohner entgehen ließ, um sein Versprechen einzuhalten. Während der Ethnologe zuvor mit seiner eine weitere Begründung erheischenden Nachfrage auf taube Ohren stieß, wird er jetzt Erfolg haben. Vielleicht wird er zur Antwort erhalten, dass die Einhaltung des Versprechens eben wichtiger sei, als der Kauf einer Kuh. Die Antwort würde zeigen, dass zumindest rudimentär zwischen zwei Arten von Gründen unterschieden wird: denen, die durch eine selbst eingegangene Verpflichtung entstanden sind, und jenen, die durch eigene Interessen und das Auftauchen einer günstigen Situation, diesen nachzukommen, entstanden sind. Es ist allerdings nicht gesagt, dass der Dorfbewohner dies als Gegensatz zwischen Moral und Klugheit verstehen wird, wie wir es tun, die wir von kantianischer Ethik beeinflusst sind. Möglicherweise wird er diesen Gegensatz nicht gelten lassen, sondern lediglich den Konflikt zweier Handlungsgründe erkennen, diese aber nicht zwei kategorial verschiedenen Typen zuordnen. Vielleicht ist er hinsichtlich des Versprechenshaltens Absolutist, d. h., er meint, dass sich hier jede Abwägung verbietet, aber als kluger Dorfbewohner wird er zugeben, dass, wenn das Überleben seines Kindes davon abgehangen hätte, nicht dorthin zu gehen, er die Verabredung nicht eingehalten hätte. Es ist für mich schlechterdings kein moralisches System vorstellbar, das nicht wenigstens rudimentäre Abwägungen, wir können diese als *praktische Deliberation* bezeichnen, erforderlich macht. Es gibt wohl in jeder Kultur moralische – oder allgemeiner: praktische – Konflikte, die durch praktische Deliberation gelöst werden. Je größer der Umfang dieser praktischen Deliberation in der Lebenswelt ist, desto größer wird die individuelle Verantwortung der Handelnden. Ich kann keine umfassende historische Entwicklung von traditioneller Eindeutigkeit zu moderner Ambivalenz erkennen.

Ein Versprechen gegeben zu haben ist ein guter Grund, das zu tun, was dieses Versprechen erfüllt. Im Dunklen einen Schatten zu sehen kann in der Tundra ein guter Grund sein, anzunehmen, dass dort ein Wolf steht. In beiden Fällen kann sich herausstellen, dass es sich nur um einen *prima facie* guten Grund handelte, dass der Schatten nicht von einem Wolf, sondern von einem Schäferhund stammte bzw. das vermeintliche Versprechen gar keines war, weil es vom Adressaten nicht ernst genommen wurde. Es gibt moralische und außermoralische Überzeugungen, die uns gewisser erscheinen als andere. Wenn wir in schlechter kartesischer Tradition gleiche absolute Gewissheit fordern und, wenn diese nicht einlösbar ist, das Gesamt unserer Überzeugungen infrage stellen, würden wir die Grundlagen jeder praktischen und theoretischen Deliberation zerstören. Deliberation setzt ein Gefälle von Gewissheiten und Prioritäten von Regeln und Wertungen voraus, das es erst erlaubt, systematische Zusammenhänge zwischen einzelnen Überzeugungen herzustellen und damit Ungewisseres gewisser macht. Darin besteht das *Spiel des Begründens* und nicht im vergeblichen Graben nach einem verborgenen Fundament, auf dem alle unsere moralischen wie außermoralischen Überzeugungen vermeintlich beruhen. Dieses verborgene Fundament besteht weder im *cogito* noch in der Existenz Gottes, aber auch nicht in einem spezifischen Selbstbild, in Protokollsätzen oder individuellen Interessen. Diese und zahlreiche andere philosophische Tiefbauten sind nicht hinreichend und nicht erforderlich, um unser lebensweltliches Orientierungswissen, sei es normativer oder deskriptiver Art, verlässlich zu machen. Wir benötigen keine Physik, um Grund zu haben, unseren Sinneserfahrungen im Großen und Ganzen zu vertrauen, wie wir keine kontraktualistische Ethik benötigen, um (in der Regel) Grund zu haben, unsere Versprechen zu halten. A fortiori benötigen wir keinen Gottesglauben, weder für das eine noch für das andere.

Der Zweifel ergibt nur *als lokaler* Sinn: Wir können so gut wie jede unserer deskriptiven wie normativen Überzeugungen einer kritischen Prüfung unterziehen, aber wir können weder das Gesamt unserer normativen noch das Gesamt unserer deskriptiven Überzeugungen infrage stellen. Auch der Zweifel muss begründet sein und diese Gründe beziehen sich auf konkurrierende Ergebnisse praktischer und theoretischer Deliberationen. Der Dorfbewohner mag zweifeln, ob er angesichts dieser Chance eines günstigen Kaufs einer Kuh sein Versprechen brechen darf, aber er wird nicht generell daran zweifeln, dass man seine Versprechen einhalten sollte. Schon dieser Zweifel, obwohl er nur eine von einer großen Zahl unterschiedlicher moralischer Institutionen betrifft, wäre allzu global, er erschiene dem Dorfbewohner – und uns – unbegründet.

Was wäre eine moralische Krise? Etwa dass uns viele oder sogar alle unserer moralischen Überzeugungen bezweifelbar erschienen? Nein, nur der *Zertist*, nur derjenige, der für seine Überzeugungen absolute Gewissheit sucht, wie z. B. Descartes, würde dies als eine moralische Krise empfinden. Alle (im Sinne von jeder einzelnen, also distributiv verstanden) unsere moralischen Überzeugungen können angezweifelt werden. Jede moralische Überzeugung kann in Konflikt geraten mit anderen Überzeugungen, die gewisser erscheinen, und dies würde eine lokale Skepsis begründen. Alle unsere moralischen Überzeugungen können in Konflikt mit anderen geraten und dies kann Zweifel an ihrer Verlässlichkeit begründen. Da wir aber vernünftigerweise nicht nur gegenüber unseren deskriptiven, sondern auch gegenüber unseren normativen Überzeugungen Fallibilisten sind, erschüttert uns dieser Befund keineswegs, er führt uns nicht in eine moralische Krise. Wenn jedoch das Gesamt unserer moralischen Überzeugungen simultan in Zweifel stünde, wenn wir von einer universellen, aber lokalen Skepsis zu einer radikalen und globalen Skepsis übergingen, dann gerieten wir in der Tat in eine moralische Krise. Was aber sollte eine solche globale Skepsis begründen?

Was begründete für Descartes seine globale Skepsis? War es der Zusammenbruch traditioneller Glaubensgewissheiten des aristotelisch-thomasischen Weltbildes im Spätmittelalter, der dafür ausschlaggebend war? Ich bin zu wenig Historiker, um das beurteilen zu können, aber eines scheint mir gewiss: Was immer diese globale Skepsis des Descartes und anderer Intellektueller seiner Zeit verursachte, begründet war sie nicht. Man muss hinzufügen: Ein Glück, dass sie nicht begründet war, denn das, was Descartes uns als neues Fundament unseres Wissens anbietet, trägt nicht. Weder das *cogito* noch die Existenz Gottes können die Gewissheiten schaffen, nach denen Descartes suchte. Der philosophische Rationalismus der Neuzeit hat das Descartes'sche Problem in immer neuen Anläufen vergeblich zu lösen versucht. Die Vernunftwahrheiten, auf denen das Gesamt unserer Überzeugungen beruht, die alle unsere Überzeugungen begründen können, gibt es nicht.

Begründung ist immer *relativ* zu dem, auf das sich die jeweilige Begründung stützt. Begründungen sind immer *fallibel*, auch das am besten Begründete kann sich als falsch herausstellen. Begründungen sind möglich, weil es ein Gefälle der subjektiven Gewissheit gibt: Manche Überzeugungen erscheinen uns als gewisser denn andere. Begründungen stellen systematische Zusammenhänge her zwischen Überzeugungen, die zuvor unverbunden nebeneinander standen. Dies ist der Ort der *Theorie*. Die Theorie beginnt nicht bei *Axiomen*, sondern sie *bewährt* sich an denjenigen Elementen unseres Überzeugungssystems, die uns gewisser als diejenigen erscheinen, die wir mit Hilfe dieser Theorie begründen wollen. Die Theorie *subsumiert* gewissere und weniger gewisse Überzeugungen unter allgemeinere Regularitäten. Auch die Theorie ist, wie jede einzelne der Überzeugungen, die sie systematisiert, fallibel. Fallibel sein heißt nichts anderes, als dass sie in Konflikt geraten kann mit einer überzeugenderen Theorie oder mit einer einzelnen Überzeugung, die wir nicht zu Gunsten der Theorie aufzugeben bereit sind.

Descartes hatte es sich zur Angewohnheit gemacht, seinen Sinnen nicht mehr zu trauen, alles, auch das Vertrauteste, infrage zu stellen. „Es ist mir in diesen Tagen zur Gewohnheit geworden, meinen Geist von den Sinnen abzuziehen. Denn ich habe ganz deutlich bemerkt, wie wenig wir an den Körpern in Wahrheit auffassen, wie viel mehr wir vom menschlichen Geist erkennen, noch weit mehr aber von Gott. So vermag ich schon ohne Schwierigkeit mein Denken von den Dingen der sinnlichen Anschauung abzuziehen und den rein begrifflichen und gänzlich immateriellen Gegenständen zuzuwenden."[66] Wenn dies nicht nur ein heuristisches Mittel war, um eine strenge Wissenschaft unabhängig von lebensweltlichen Vertrautheiten zu entwickeln, sondern die tatsächliche epistemische Situation Descartes' charakterisierte, dann erlebte er in der Tat eine epistemische Krise. Diese Krise wäre dadurch charakterisiert, dass das Gesamt seiner deskriptiven Überzeugungen einem radikalen, d. h. nicht durch den Konflikt mit anderen Überzeugungen hervorgerufenen Zweifel unterzogen wurde. Descartes glaubte sich auf keine einzige seiner Überzeugungen mehr verlassen zu können.

Erfahren die Menschen der modernen, säkularen Gesellschaft eine dieser epistemischen Krise analoge moralische Krise? Unterziehen sie das Gesamt ihrer moralischen Überzeugungen einem radikalen Zweifel? Glauben sie, sich auf keine einzige ihrer moralischen Überzeugungen mehr verlassen zu können? Suchen sie wie Descartes verzweifelt nach einem Fundament, von dem aus sich das System ihrer moralischen Überzeugungen neu entwickeln ließe? Nein, nichts davon trifft zu. Menschen haben wie eh und je moralische Überzeugungen, sie sind davon überzeugt, dass sie Verpflichtungen in ihren jeweiligen sozialen Rollen, als Eltern, Lehrer, Vorgesetzte, Mitarbeiter, Kinder und Schüler haben, dass sie gegebene Versprechen einhalten sollten, dass Verträge zu erfüllen sind, auch wenn keine Sanktionen drohen, dass Hilfsbedürftigen geholfen werden sollte, dass niemand mutwillig beschädigt werden sollte, dass man respektvoll miteinander umgehen sollte ... Die Liste ließe sich endlos fortsetzen. Initiativen auf der ganzen Welt engagieren sich gegen Völkermord und Folter, fast alle Men-

---

[66] René Descartes: *Meditationes de prima philosophia*. EA 1641, Vierte Mediation, 1. Abschnitt.

schen sind davon überzeugt, dass es eine Verantwortung gegenüber zukünftigen Generationen gibt und dass sich diese in einer nachhaltigen Umweltpolitik realisieren sollte. Dies alles scheint für eine bemerkenswerte *moralische Vitalität* und nicht für eine umfassende moralische Krise zu sprechen.

Nun könnte man einwenden: Aber zeigt nicht der aktuelle Niedergang der Demokratie, die Zunahme populistischer Bewegungen und zynischer politischer Rhetorik eine solche fundamentale moralische Krise an? Mir scheint dies bislang eher für eine Krise demokratischer Institutionen und für einen ungelösten Konflikt zwischen zunehmender globaler Interdependenz und politischem Kontroll-Bedürfnis, als für eine umfassende Moral-Krise zu sprechen.

Eine moralische Krise würde sich darin äußern, dass die Menschen sich ein moralisches Urteil nicht mehr zutrauten, da sie keine ihrer moralischen Empfindungen und Urteile für verlässlich hielten, kurz: Menschen in einer moralischen Krise würden sich moralischer Empfindungen und moralischer Urteile enthalten. Der private und öffentliche Diskurs ist jedoch nicht von moralischer Enthaltsamkeit geprägt, eher vom Gegenteil, wie die Debatte um Bioethik, um wachsende Ungleichheit und Migration zeigt. Hier würde ich mir jeweils ein etwas höheres Maß an Fallibilismus wünschen, an Bereitschaft, das eigene moralische Urteil infrage zu stellen und andere aufmerksam zu prüfen.

Die moralische Krise scheint mir eher eine fixe Idee einiger zeitgenössischer Moralphilosophen zu sein, zu denen Traditionalisten wie Alasdair MacIntyre, aber auch progressive Denker wie Ernst Tugendhat gehören. Der verbreitete Krisenbefund der Moralphilosophie beruht darauf, dass in der Ethik, anders als etwa in der allgemeinen Wissenschaftstheorie, das rationalistische Ideal einer von einem sicheren Fundament ausgehenden deduktiven Begründung fast unbeschädigt überdauert hat. Der verwirrende Zustand der zeitgenössischen ethischen Theorie mit seiner exotischen Vielfalt an konkurrierenden Theorieentwürfen ist in der Tat Ausdruck einer Krise, aber nicht einer Krise der Moral, sondern einer Krise der ethischen Theorie, die ihrerseits Folge eines rationalistischen und zertistischen Missverständnisses der Begründung moralischer Normen ist.

Aber ist die Alternative zu einer rationalistischen Ethikbegründung nicht die bloße Beschreibung faktisch etablierter Sittlichkeit oder die bloße Beschreibung dessen, was der jeweilige Autor und seine Leser für richtig halten? Geht nicht in letzter Instanz bei jeder nicht-rationalistischen Ethikbegründung das Entscheidende, nämlich die Normativität, verloren bzw. geht die normative Dimension dann nicht in dem auf, was (in der betreffenden Kultur) jeweils *de facto* als moralisch geboten oder verboten *gilt*? Verliert die ethische Theorie damit nicht jede kritische Kompetenz?

Nehmen wir einmal an, dass sich *normative* Überzeugungen und *deskriptive* Überzeugungen im Großen und Ganzen in der gleichen Weise *begründen* lassen und zwar in kohärentistischer, holistischer und gradualistischer Weise. Die ethische Theorie würde dann – wie die physikalische Theorie – nicht dazu dienen können, das, was wir für richtig, und das, was wir für falsch halten, das, von dessen Existenz wir überzeugt sind, *erst zu konstruieren*. Die ethische Theorie würde wie die physikalische Theorie ihren Ausgangspunkt in denjenigen Überzeugungen nehmen, die für sie relevant sind. Wir würden diese Überzeugungen damit nicht neu beschreiben, sondern in die Theoriebildung einbringen. Wir würden von ihnen ausgehen, bis wir Grund haben, sie in Zweifel zu ziehen, und es mag sein, dass die Theoriebildung selbst dafür Gründe liefert. Wir würden nicht in kartesischer Manier an den Beginn der ethischen Klärung die radikale Skepsis stellen, sondern bestenfalls die lokale. Es ist der lokale Zweifel, der uns motiviert, systematische Zusammenhänge herzustellen, um diesen Zweifel zu beheben. Der radikale Zweifel ist kein möglicher Ausgangspunkt der Theoriebildung, weder der physikalischen noch der ethischen.

Je umfassender der Bereich normativen Urteilens wäre, der von einer ethischen Theorie erfasst wird, und je systematischer die Theorie aufgebaut wäre, desto größer würde das Vertrauen sein, das wir in sie setzten. Viele haben erst dann, trotz aller vermeintlich kontraintuitiven Resultate, der speziellen Relativitätstheorie vertraut, als sich herausstellte, dass sie es erlaubt, auf den Magnetismus *in toto* zu verzichten, da die magnetische Wechselwirkung als relativistischer Effekt elektrostatischer Gesetzmäßigkeiten rekonstruiert werden kann. Da geht es nicht um die Erklärung neuer Phänomene, sondern um einen gewaltigen *Zuwachs an Kohärenz* der physikalischen Theoriebildung, die dieses Vertrauen begründet. Warum sollte dies bei ethischen Theorien so grundstürzend anders sein? Auch dort werden wir einem Prinzip desto mehr vertrauen, je umfassender es diejenigen moralischen Überzeugungen in einen systematischen Zusammenhang bringt, die wir nicht zweifelhaft finden, für die wir keine Theorie benötigen, um sie aufrechtzuerhalten.

Die ethische Theorie beschreibt damit nicht das faktische Moralbewusstsein, sondern bestenfalls knüpft sie an dieses an. Besser: Die ethische Theorie nimmt zunächst diejenigen moralischen Sachverhalte als gegeben an, von denen wir fest überzeugt sind, an denen zu zweifeln wir keinen Grund haben. Wir haben keinen Grund, simultan an allen unseren moralischen Überzeugungen zu zweifeln. Dies wäre in der Tat die moralische Krise, von der Tugendhat und viele andere zeitgenössische Ethiker vermuten, dass sie uns alle erfasst habe. Da wir uns aber nicht in einer moralischen Krise befinden, sondern uns vieler unserer moralischen Überzeugungen gewiss sind, beginnt das moralische Begründen dort.

Alles Begründen hat nicht nur ein Ende, sondern auch einen Anfang, und dieser liegt in denjenigen normativen Überzeugungen, die wir für gewiss halten. Das, was wir für gewiss halten, äußert sich in der lebensweltlichen Praxis der

Interaktionen und der Verständigung. Wir wären keine zuverlässigen Interaktionspartner, wenn wir nicht mit den Anderen zentrale normative Überzeugungen teilten.

Normative Überzeugungen werden begründet wie alle Überzeugungen, indem auf andere Überzeugungen Bezug genommen wird. Symmetrieannahmen, Verallgemeinerungen, deduktive, induktive und reduktive Argumente spielen dabei eine Rolle. Ethische Begründung ist also nichts Besonderes. Die Tatsache, dass aus normativen Überzeugungen häufig Handlungsmotivationen und Handlungserwartungen hervorgehen, zeigt lediglich, dass normative Überzeugungen auch praktische Gründe bestimmen. Theoretische Gründe sind Gründe, etwas zu glauben, und praktische Gründe sind Gründe, etwas zu tun.

Nicht alle normativen Überzeugungen sind moralischer Natur. Wenn ich bestimmte persönliche Wünsche habe oder in einem Leben Bindungen eingegangen bin, wenn ich Entscheidungen getroffen habe, deren Ausführung noch bevorsteht etc., so habe ich Grund, in der einen oder anderen Weise zu handeln, meine Wünsche zu erfüllen, den Bindungen gerecht zu werden, die Entscheidungen zu realisieren. Gründe dieser Art sind ebenso wie moralische Gründe praktischer Natur, d. h., sie können mein Handeln bestimmen. Eine rationale Person, die einen guten Grund hat, etwas zu tun, tut dies – unabhängig davon, ob diese Gründe moralischer oder außermoralischer Natur sind.

Ja noch mehr: Jede Handlung ist begründet, sonst wäre es keine Handlung, sondern bloßes Verhalten. Dies äußert sich darin, dass ich, befragt, sagen kann, warum ich mich so und nicht anders verhalten habe, wenn dieses Verhalten Handlungscharakter hat. Das Handeln einer (rationalen) Person wird durch die von ihr jeweils akzeptierten normativen Gründe gesteuert. Es gibt keine Handlung ohne normativen Grund. Ein ganzes Geflecht prohairetischer Einstellungen – also Wünsche und Hoffnungen, eigene Werte und akzeptierte Regeln des Verhaltens – geht in diese Gründe ein.

Nur ein Teil der prohairetischen Einstellungen einer Person eignet sich dazu ihre Interessen zu bestimmen, nämlich solche Wünsche und Hoffnungen, die sich auf ihr eigenes Wohlergehen beziehen. Vieles, was wir in unserem Leben tun, ist aber nicht auf das eigene Wohlergehen gerichtet, und zwar nicht nur dann, wenn moralische Motive ausschlaggebend sind. Viele von uns wollen ihre jeweilige Arbeit, die sie sich als Beruf gewählt haben, gut machen. Manche von ihnen mögen deswegen diesen Wunsch haben, weil sie sich Karrierevorteile erhoffen. Andere, und das sind die meisten, wollen auch unabhängig von Karriereerwartungen ihre Arbeit gut machen. Dies muss nicht als ein moralisches Motiv interpretiert werden. Möglicherweise ist sich die Person darüber bewusst, dass es aus einer unpersönlichen Perspektive keinen großen Unterschied ausmacht, ob sie ihre Arbeit gut macht oder nicht.

Das, was man gelegentlich als aristotelischen Perfektionismus bezeichnet, ist tief in unsere lebensweltliche Praxis integriert, ohne dass wir dafür in der Moderne die angemessene Begrifflichkeit entwickelt haben. Die Dichotomie moralischer Motive einerseits und Interessensmotive andererseits, die insbesondere durch die kantianische Ethik das kontinentaleuropäische philosophische Denken bestimmt, vergröbert die Sachlage allzu sehr. Handlungsmotive, die nicht darauf gerichtet sind, das eigene Wohlergehen zu erhöhen, die aber auch nicht moralisch motiviert sind, fallen aus diesem Raster. Es gibt eine nicht in diese Dichotomie sich fügende Vielfalt von praktischen Gründen, die ihrerseits auf etablierte Institutionen der Interaktion, aber auch auf selbstgewählte Strukturen der Lebensform Bezug nehmen. In diesem Spektrum ist ein kleiner Teil auf die Erhöhung des eigenen Wohlergehens gerichtet, der größere hat damit bestenfalls indirekt etwas zu tun. Joseph Butler hat dies in seinen *Fifteen Sermons*[67] auf den Punkt gebracht: Ein Altruist ist glücklich, wenn er jemandem etwas Gutes tun kann. Er tut jemandem aber nicht deshalb etwas Gutes, um glücklich zu sein. Sein eigenes Wohlergehen ist nicht das Motiv des echten Altruisten. Es gibt zweifellos echten Altruismus. Nicht nur der echte Altruist, sondern auch derjenige, der ein gutes Buch schreiben möchte, wohl wissend, dass weder die Vorbereitung noch der Ertrag sein eigenes Wohlergehen maximieren, handelt nicht notwendigerweise aus moralischen Motiven. Es kann sich dennoch um gute praktische Gründe handeln, Gründe, die vernünftigerweise meine Lebensform mitbestimmen. Schon von daher ist es absurd, die moralische Motivation jeweils durch den Nachweis sicherstellen zu wollen, moralisches Handeln würde mein eigenes Wohlergehen maximieren, es sei in diesem Sinne in meinem eigenen Interesse. Es gibt vieles, was rationale Personen motiviert, das eine zu tun und das andere zu lassen: die Absicht, das eigene Wohlergehen zu maximieren, die Absicht allgemein anerkannte soziale Regeln einzuhalten, die Projekte, die meinem Leben Sinn geben, zu realisieren, auf diejenigen, mit denen ich zu tun habe, Rücksicht zu nehmen, die eigenen Fähigkeiten auszubilden und das, was jeweils ansteht, so gut wie möglich zu tun. In unserer Lebenswelt sind wir alle in hohem Maße Aristoteliker: Die ethische Theorie kann sich von der lebensweltlichen Erfahrung, von der Sinnstiftung unseres jeweiligen Lebens, von der Praxis der alltäglichen Interaktion nicht allzu weit entfernen, wenn sie ernst genommen werden will.[68]

---

67 Joseph Butler: *Fifteen Sermons Preached at the Rolls Chapel*. London: 1726.
68 Im Kapitel IV *Phänomenologie struktureller Rationalität* werden einige wichtige Aspekte dieser komplexen Vielfalt praktischer Gründe diskutiert.

§ 10 Ethischer Realismus

Im vorausgegangenen Abschnitt I § 9 wurde für ein Verständnis ethischer Begründung plädiert, das ohne Letztbegründung, ohne rationalistische Neu-Konstruktion der Ethik, ohne Reduktionismus auf eigene Interessen auskommt. Dieses Verständnis schließt an die uns allen vertraute lebensweltliche Praxis normativer Diskurse an, deren natürliche Interpretation realistisch ist: Wir versuchen in diesen Diskursen herauszubekommen, was für welche Handlung, Handlungsweise oder (normative) Einstellung spricht.[69]

Soziale Tatsachen, wie der Wert eines Geldscheins oder die Normen der Straßenverkehrsordnung, sind für Realisten in gleicher Weise objektiv wie physische Tatsachen, sie sind nicht lediglich subjektive Wahrnehmungen oder Meinungen des erkennenden Subjektes.[70] Searle unterscheidet im Anschluss an Anscombe zwischen „institutionellen" und „rohen" Tatsachen.[71] Der Unterschied zwischen *brute facts* und *institutional facts* ist, dass letztere nur über bestimmte Institutionen (der Sprache) Existenz haben, die sich durch Regelsysteme, wechselseitige Erwartungen, gemeinsames Wissen etc. charakterisieren lassen. Es ist eine objektive Tatsache, dass eine Person Schmerzen hat (Realismus bezüglich mentaler Tatsachen). Es ist eine objektive Tatsache, dass sich Personen in einer bestimmten Kultur auf bestimmte Institutionen verständigt haben, die zum Beispiel erlauben, Geldscheine als Symbole für die Werte von Gütern und Dienstleistungen einzusetzen und auf diesem Wege Güter und Dienstleistungen, gegeneinander vermittelt, über Geldwerte zu tauschen. Der Geldwert ist genauso objektiv wie die Schmerzen einer Person, allerdings hängt der Geldwert von Replikationen und gemeinsamem Wissen ab, setzt also komplexe wechselseitige Bezugnahmen, Erwartungen sowie ein hohes Maß an Regelkonformität voraus. Aber diese mentalen Konstituenzien institutioneller Tatsachen sind selbst objektiv, von daher ist es keineswegs überraschend, dass diese sozialen Tatsachen ebenfalls objektiv sind.

Realisten bezüglich logischer und mathematischer, generell *inferentieller Tatsachen* können analog bestimmt werden: Eine mathematische Tatsache ist nicht dadurch *konstituiert*, dass sie einem Einzelnen oder Mehreren unter realen oder

---

69 Vgl. *REAL*.
70 Zur Ontologie sozialer Tatsachen vgl. John Searle: *Die Konstruktion der gesellschaftlichen Wirklichkeit*. Hamburg: Rowohlt 1997.
71 Vgl. G. E. M. Anscombe: „On Brute Facts", in *Analysis* 18 (1958), 69–72 und John Searle: „What is a Speech Act?" In: *Philosophy in America*. Hrsg. von Max Black. Ithaca New York: Cornell University Press 1965, 221–239.

auch hypothetischen Bedingungen einleuchtet („einleuchtet" ist hinreichend vage, um sowohl das Analogon zur Wahrnehmung empirischer Tatsachen, als auch zur Überzeugung bezüglich empirischer Tatsachen abzudecken), mathematische Tatsachen sind also ebenfalls weder subjektiv noch epistemisch konstituiert.

Der ethische Realismus postuliert, dass es moralische Tatsachen gibt und dass diese nicht epistemisch konstituiert sind. Zutreffend oder wahr oder gültig ist eine normative Überzeugung, wenn sie normativen Tatsachen entspricht. Ethische Anti-Realisten bestreiten, dass es moralische Tatsachen gibt, zum Beispiel weil sie meinen, dass moralische Eigenschaften nur in unseren Köpfen, nicht in der Welt seien. Dieser Anti-Realismus ist eine Variante des Subjektivismus, der sich meist mit einer expressivistischen Interpretation moralischer Äußerungen verbindet. Demnach bringen wir, wenn wir moralisch Stellung nehmen, lediglich subjektive Präferenzen zum Ausdruck.[72] Das, was als eine ethische Überzeugung erscheint, sei nichts anderes als Ausdruck eines Wunsches.

Gründe *sprechen für*. Theoretische Gründe für Überzeugungen, praktische Gründe für Handlungen. Dieses *sprechen für* ist der Kern der Normativität. Diese Normativität ist selbstgenügsam insofern, als ein Handeln entsprechend guter Gründe keiner weiteren Rechtfertigung mehr bedarf. Wenn ich einen guten, auch einen moralisch guten Grund habe, etwas zu tun, dann tue ich das, außer ich leide unter Willensschwäche. Hier muss kein weiteres Motiv hinzutreten, etwa dieses, damit auch den eigenen Nutzen zu optimieren. Es kommt mir geradezu wie eine fixe Idee der modernen praktischen Philosophie vor, dass Gründe nicht selbstgenügsam seien, dass jeweils etwas hinzutreten müsse, was diesen erst ihre praktische Wirksamkeit verleihe. Dies steht im merkwürdigen Kontrast dazu, dass wir Analoges bei theoretischen Gründen nicht einfordern. Theoretische Gründe *sprechen* auch *für*, z. B. eine Überzeugung, eine Hypothese, eine

---

[72] Eine besonders differenzierte Ausarbeitung des ethischen Expressivismus („norm expressivism") hat Alan Gibbard in *Wise Choices, Apt Feelings: A Theory of Normative Judgment*. Harvard: University Press 1992 entwickelt. Diese konkurrierte über Jahrzehnte mit Simon Blackburns Quasi-Realismus und Richard Hares universellem Präskriptivismus (*The Language of Morals*) um die einflussreichste Position analytischer Meta-Ethik. Der sogenannte Kantianische Konstruktivismus („Kantian Constructivism"), wie er insbesondere von Christine Korsgaard präsentiert wird, hat das Spektrum anti-realistischer Positionen erweitert. Aristoteliker und Tugendethikerinnen sind in dieser Frage gespalten, während Bernard Williams einen Relativismus aus der Distanz („relativism from the distance") und einen Realismus der beteiligten Nähe für vereinbar hielt (*Ethics and the Limits of Philoyophy*), sind sich die feministische Aristotelikerin Martha Nussbaum (*Justice and the Good Life*) und der konservative Tugendethiker Alasdair MacIntyre (*After Virtue*) darin einig, dass es objektive moralische Werte (und damit auch moralische Tatsachen) gibt.

Theorie, etc. Niemand käme auf die Idee, eine Person, die einen guten Grund für ihre Überzeugung vorgebracht hat, zu fragen, wie sie denn dazu komme, sich jetzt diese Überzeugung zu eigen zu machen. Die Person würde fassungslos antworten „Das habe ich doch gerade gesagt". Niemand würde im Falle theoretischer Gründe erwarten, dass zusätzlich zu diesen theoretischen Gründen noch ein weiterer, etwa der der Optimierung des Eigeninteresses, hinzutreten müsse, um die Tatsache, dass ich mir eine Überzeugung zu eigen gemacht habe, rational zu rechtfertigen. Gründe sind generell irreduzibel normativ. Normativität ist aber eine ultimative Grenze des zeitgenössischen physikalistischen Naturalismus. Es gibt prinzipiell keine Möglichkeit, Normativität mit der Begrifflichkeit und den Mitteln der Physik angemessen zu beschreiben. Gründe sind Gegenstand der philosophischen Erkenntnistheorie, der Ethik, der Rationalitätstheorie, der Logik, aber kein möglicher Gegenstand der Physik. Dies gilt generell für Gründe, nicht nur für praktische.

Der ethische Realismus, für den ich plädiere,[73] bleibt im Rahmen einer rein *epistemischen Perspektive*. Es geht darum, herauszufinden, für welche Überzeugungen, Handlungen, Bewertungen wir Gründe haben, welche Überzeugungen, Handlungen, Bewertungen begründet bzw. unbegründet, rational bzw. irrational sind. Er ist in dieser Hinsicht *immanent*, er beruht nicht auf einer vorausgesetzten Ontologie normativer Gegenstände. Er knüpft an die lebensweltliche Praxis des Gründe-Gebens und Gründe-Nehmens an, systematisiert diese und führt sie im günstigsten Fall zu einer ethischen Konzeption zusammen. Er geht aus von den zentralen, unaufgebbar erscheinenden normativen Stellungnahmen und nicht von einem globalen Skeptizismus, wie er für die rationalistische Tradition der Philosophie generell und der zeitgenössischen Ethik speziell charakteristisch ist. Er stellt nicht in Frage, was sich vernünftigerweise nicht in Frage stellen lässt. Dass wir uns auf moralische Tatsachen beziehen, dass wir überzeugt sind, dass ein Mord nicht deswegen falsch ist, weil er als falsch empfunden wird, sondern „objektiv" falsch ist, dass man dem Mordopfer ein großes Unrecht antut, ist Teil dieser Praxis – *unaufgebbarer Teil dieser Praxis*. Wer sie uminterpretiert, etwa dergestalt, dass damit lediglich subjektive *pro-attitudes* zum Ausdruck gebracht werden, ist gezwungen, die gesamte Praxis des Gründe-Gebens und Gründe-Nehmens, an der wir alle teilhaben, als großes Illusionstheater anzusehen. Er ist – ob er dies will oder nicht – ein Irrtumstheoretiker, was seit John Mackie sogar in der analytischen Philosophie viele Anhänger gefunden hat. Eine globale Irrtumstheorie, die These, dass sich die gesamte Verständigungspraxis eines bestimmten Bereiches (hier des auf die Praxis bezogenen), als ein großer Irrtum

---

73 Vgl. *REAL*.

entpuppt, entzieht jedoch jeder vernünftigen Stellungnahme ihre Grundlagen. Alles Begründen hat ein Ende und zwar in den geteilten Selbstverständlichkeiten unserer Interaktions- und Verständigungspraxis. Eine solche globale Skepsis ist im strengen Sinne des Wortes unmöglich. Sie steht uns nicht offen.

Wenn wir aber die reale Praxis des Gründe-Gebens und Gründe-Nehmens, unsere normative Praxis als ganze, ernst nehmen – und das tun wir zwangsläufig als ihre Teilnehmer – dann beziehen wir uns auf normative Sachverhalte, versuchen zu klären, ob sie bestehen oder nicht. Hier kann ich keinen Unterschied zu empirischen Sachverhalten sehen. Dass ein winziger Ausschnitt der empirischen Sachverhalte Gegenstand einzelner, hoch entwickelter wissenschaftlicher Disziplinen geworden ist, wie z. B. der Physik, ist kein Einwand. Ähnliches gilt auch für den praktischen Bereich, man denke etwa an die Jurisprudenz oder die Bereichsethiken. In all diesen Feldern ist die Präsupposition realer Diskursgegenstände unverzichtbar. Wir wollen herausfinden, wie es sich wirklich verhält, was eine richtige Handlung, eine richtige Überzeugung ist. Wir wollen nicht herausfinden, was eine Person präferiert oder was eine Person glaubt. Wir sind alle nolens volens Realisten.

Die *epistemische Perspektive*, für die ich werbe, ist durchaus radikal: Der methodische Zweifel ist nur ein Spiel, das gelegentlich seinen wissenschaftlichen oder philosophischen Zweck erfüllt. Aber auch in der Philosophie geht es um ernsthafte Fragen, hier hat der methodische Zweifel keinen Ort. Es gilt vielmehr, sorgfältig zu klären, was umstritten und begründungsbedürftig ist und was nicht. Da es jedoch nicht zwei Kategorien gibt, die eine des Begründungsbedürftigen und die andere des nicht Bezweifelbaren, vielmehr lediglich graduelle Unterschiede des mehr oder weniger Bezweifelbaren, findet das Geben und Nehmen von Gründen immer in diesem epistemischen Raum, charakterisiert durch graduelle Differenzen epistemischer Wahrscheinlichkeiten, interpersonell umstritten und oft genug auch intrapersonell nicht kohärent, statt.

Auch der *common sense*-Theoretiker, der zunächst meine vollen Sympathien genießt, man denke etwa an den wunderbaren Vortrag von George Edward Moore zu dieser Thematik („A defense of common sense"[74]), darf sich nicht zu einem epistemologischen Fundamentalismus verführen lassen, also Sachverhalte oder Entitäten postulieren, die als *fundamentum inconcussum* dienen, um alles andere erst zu rechtfertigen bzw. ontologisch zu validieren.[75] Der *ontologisch agnostische Realist* versucht nicht, die Welt neu zu erschaffen, weder in Gestalt deduktiver

---

74 George Edward Moore: *A Defense of Common Sense*. Allen & Unwin 1925.
75 Das ist m. E. der Kern des Dissenses zwischen George E. Moores *common sense* Philosophie und Ludwig Wittgenstein in *Über Gewißheit*

Systeme, wie die Rationalisten des 17. und 18. Jahrhunderts, noch in Gestalt eines logischen Aufbaus der Welt, wie die Induktivisten des frühen 20. Jahrhunderts. Er versteht seine Rolle im Anschluss an die lebensweltliche Praxis des Gründe-Gebens und Gründe-Nehmens. Diese Praxis soll lokale Zweifel beheben, Zweifel, die *vernünftig, nicht methodisch* sind, die ernst gemeint sind und nicht nur als Spiel, als *brain teaser*, fungieren. Es geht um ernsthafte Fragen und insofern ist die Philosophie nicht *ancilla theologiae*, sondern *ancilla rationum*, sie ist diejenige Wissenschaft, die dazu beiträgt, theoretische und praktische Vernunft zu realisieren, sie ist Wissenschaft der Rationalität, theoretischer wie praktischer.

Um die Abgrenzung deutlich zu machen: Der ontologisch agnostische Realist braucht keine philosophische (metaphysische) Ontologie, um gegen die globale Skepsis zu argumentieren. Der Zweifel an der Außenwelt oder an der Existenz des Fremdpsychischen oder auch nur an der Existenz normativer Tatsachen, zerstört die epistemische Ordnung als ganze, bildlich gesprochen, er zieht aus dem Gebäude des Wissens tragende Teile heraus, worauf dieses als Ganzes kollabiert. Die rationalistischen Versuche, es nach dem Zusammenbruch wieder *ab ovo* aufzubauen, müssen jedoch scheitern. Das ist die, für manche Philosophen frustrierende, Erkenntnis aus mindestens dreihundert Jahren offenem oder verstecktem Rationalismus. Die epistemische Perspektive, für die ich plädiere, ist also insofern radikal, als sie einen Ausstieg aus der Lebenswelt nicht zulässt, weil für sie Zweifel nur als *vernünftige* Zweifel relevant sind und nicht als methodische, weil sie damit *agnostisch* gegenüber ontologischen Fragen wird. Die Ontologie kommt nur als deskriptive Metaphysik ins Spiel, als eine Rekonstruktion der begrifflichen Rahmen, die wir in diesem Spiel des Gründe-Gebens und Gründe-Nehmens aufspannen, die Ontologie kommt *ex post* und nicht *ex ante*, sie ist logisch (in der Praxis des Begründens) nachrangig, nicht vorrangig, sie trägt diese Praxis nicht, sondern ist eine Ausdrucksform dieser Praxis.

Aber ist damit der Einwand entkräftet, dass es doch möglich sei, eine ganz andere Praxis mit einer ganz anderen Ontologie zu etablieren, die dann empirische wie normative Sachverhalte für selbstverständlich hält, die die konkurrierende epistemische Praxis für unvernünftig oder abwegig hält? Auf diese Frage gibt es zwei Antworten, eine pessimistische und eine optimistische. Die pessimistische würde lediglich darauf hinweisen, dass alles Begründen ein Ende habe und dass dieses Ende in einer geteilten Lebensform zu suchen sei. Wenn diese zu stark divergierten, dann gäbe es keine Verständigung, keinen gemeinsamen Raum der Gründe. Dann gäbe es eben für Angehörige des einen oder des anderen inferenziellen Raumes untereinander keine Argumente mehr, keine Möglichkeit, Gründe (mit Aussicht auf Erfolg) vorzubringen.

Die optimistische Antwort dagegen lautet, dass das Geben und Nehmen von Gründen die epistemischen Systeme intra- und interpersonell *kohärenter* mache und auf diese Weise *der Realität annähere* (*verisimilitudo*), dass sich die Abwegigkeit mehr oder weniger geschlossener und möglicherweise auf den ersten Blick kohärent erscheinender epistemischer Systeme schon zeige, wenn man nur hartnäckig genug insistiere. Ein typisches Anzeichen ist das Verstummen der Vertreter abwegiger Doktrinen bei vorgebrachter Kritik (im günstigsten Fall), der Wechsel vom elenktischen in den eristischen Modus, oder gar die Neigung, Kritik mit Macht- und Gewaltmitteln zu unterdrücken. Sie können und wollen Gründe nur denjenigen offerieren, die bestimmte, nicht näher begründete Annahmen teilen. Und es ist eine Sache des Glaubens, ob sie dies tun. Es liegt nahe, einzuwenden, dass das doch immer so sei, dass das doch gerade die hier in Anspruch genommene Wittgenstein'sche Perspektive auszeichne, dass es eben nicht mehr weiter Hinterfragbares gebe und damit auch Überzeugungen, die keiner näheren Begründung mehr fähig seien, die, wenn in Frage gestellt, den Befragten also verstummen ließen. Spricht das nicht doch für die pessimistische Antwort?

Wir sind hier wohl an der Grenze des rational Klärbaren angelangt. Ich teile mit dem US-amerikanischen klassischen Pragmatismus von Peirce, James und Dewey, eine optimistische Haltung. Ich bin davon überzeugt, dass das Geben und Nehmen von Gründen uns in der Regel der Wahrheit näherbringt. Die Voraussetzungen dafür sind allerdings anspruchsvoll und hoch komplex. Das Plädoyer für eine holistische Interpretation unseres Wissens, wie es der klassische Pragmatismus in immer neuen Varianten vorgetragen hat, ist dabei wesentlich: Die Isolierung bestimmter Bereiche des Urteilens würde ihre systematische Abschottung von Kritik ermöglichen. Erst der große, Praxis und Theorie, Wissenschaft und Lebenswelt einschließende Zusammenhang aller propositionaler Einstellungen erlaubt die beständige Kritik und Verbesserung durch das Geben und Nehmen von Gründen – eine optimistische Sicht.

Die epistemische Perspektive hält zur Nüchternheit an, in der Regel geht es lediglich darum, eine Unsicherheit zu beseitigen, und das heißt unter Rekurs auf Überzeugungen, die gewisser und unter Verwendung argumentativer Regeln, die uns vernünftig erscheinen (eine geteilte inferentielle Praxis), dort Klarheit zu schaffen, wo punktuell Unklarheit herrschte. Dadurch entsteht eine epistemische Dynamik, aber die epistemische Perspektive ist nicht damit vereinbar, alles zugleich in Frage zu stellen, also einer *globalen Skepsis* zu frönen. Sie erlaubt nur den vernünftigen, den begründeten Zweifel und nicht den grundlosen. Wir haben keinen Grund, daran zu zweifeln, dass Menschen Absichten haben, dass sie gekränkt werden können, dass Wertungen ihrem Leben Struktur geben. Wir haben keinen Grund, daran zu zweifeln, dass Mord ein Unrecht ist usw., mit anderen Worten: Wir haben keinen Grund, unser normatives Wissen in toto in Frage zu stellen.

Der Realismus generell und der ethische (nicht-naturalistische[76]) Realismus speziell, geht aus von der geteilten Praxis, Gründe für Handlungen und Bewertungen auszutauschen. Er stellt diese nicht als Ganze in Frage oder versucht sie durch etwas anderes, die Neuro-Physiologie, die Biologie oder die Physik zu ersetzen. So wie es Bäume gibt, unabhängig davon, ob wir sie (als solche) wahrnehmen (physische Entitäten), so gibt es Schmerzen (mentale Entitäten) und Ungerechtigkeiten (normative Entitäten). Der ethische Realismus bezweifelt nicht, was selbstverständlich und unumstritten ist. Er belässt die methodischen Zweifel dort, wo sie hingehören, als heuristisches Element in den Einzelwissenschaften. Er ist weniger eine (Meta-) Theorie als ein Charakteristikum der von uns allen geteilten deliberativen Praxis. Er stellt die Vielfalt und Komplexität unserer theoretischen und praktischen Gründe nicht in Frage. Er ist nicht reduktionistisch, sondern kohärentistisch und holistisch. Schon von daher ist er mit einer naturalistischen Ontologie und Epistemologie unvereinbar.

§ 11 Kritik des Naturalismus

Der Naturalismus ist eine mächtige philosophische und weltanschauliche Bewegung, die dieser realistischen Sichtweise entgegensteht. Tatsächlich wäre der Anspruch moralischer Objektivität im naturalistischen Rahmen jedoch nicht aufrecht zu halten.

Naturalismus ist zunächst nichts anderes als die Überzeugung, dass alles, was ist, *von Natur* (*physei*) ist, dass alles in einen natürlichen Zusammenhang eingebettet ist, dass nichts außerhalb der natürlichen Ordnung der Dinge steht. Der Naturalismus lehnt vieles ab, das meiste zu Recht, z. B. göttliche Eingriffe in das Naturgeschehen, um Ereignisse zu erklären. Der Ursprung und die große Stärke des Naturalismus ist seine Ablehnung des Animismus in all seinen offenen und verdeckten Formen. Und das zu Recht: Es gibt keine Chakren, keine wundersamen Energieströme, keine durch Verdünnung von heilenden Substanzen aufgeladenen Wassermoleküle (wie die Homöopathie als Fundamentaltheorem annimmt), keine Heilungen durch Erleuchtung, etc. Bis dahin noch – weitgehend – unproblematisch. Erst die nähere Charakterisierung des Naturalismus, sowohl die des griechischen Epikureismus, wie die des zeitgenössischen Physikalismus, lässt die naturalistische Doktrin fragwürdig werden.

---

[76] Dazu im folgenden Abschnitt mehr.

In der epikureischen Variante besteht der Naturalismus in einer atomistischen Weltanschauung, wonach alles aus winzigen Materieteilchen bestehe, mit charakteristischen Formen und Bewegungsmustern, und damit alles über die Konstitution der Welt gesagt sei. Die moderne Wiederaufnahme dieses Programmes erfolgt in der Renaissance bei Pierre Gassendi. Die moderne Physik verbindet die stoische Annahme der Gesetzesartigkeit der Welt und des Vernünftigen, das heißt in der modernen Sprache, den mit den Mitteln der Mathematik beschreibbaren Aufbau der Welt mit ihrem Widerpart, dem Epikureismus, in Gestalt des reduktionistischen Atomismus. Im Felde der Physik, innerhalb der physikalischen Disziplin, ist diese Verbindung überaus erfolgreich. So erfolgreich, dass bis in die 1970er Jahre hinein die Physik weithin als Ideal-Wissenschaft galt und andere Disziplinen danach strebten, ihr so ähnlich wie nur möglich zu werden. Interessanterweise stieß die Physik in ihrer Grundlagenkrise allerdings schon im ersten Drittel des vergangenen Jahrhunderts selbst an die Grenzen dieses Programms. Mit der systemischen Irreduzibilität der Quantenphysik war eine überraschende Grenze des reduktionistischen Atomismus erreicht. Unterdessen (Bell'sches Theorem[77]) ist auch jenseits von bloßen Gedankenexperimenten (Schrödingers Katze) klar geworden, dass diese Grenze nicht lediglich eine mikrophysikalische ist, sondern konkrete, empirisch überprüfbare Fernwirkungen hat. Daraus darf man allerdings nicht, wie manche intelligenten Esoteriker, auf eine Rehabilitierung all dessen schließen, was der Naturalismus – zu Recht – aus dem Reich rationaler Rechtfertigbarkeit verbannt hat. Auch die makrophysikalischen Effekte der Quantenphysik rechtfertigen keine Rückkehr zum animistischen Weltbild. Der leichtfertige Gebrauch, der von gewissen Elementen der zeitgenössischen Physik in postmodernen Diskursen gemacht wird, vernebelt die Dinge zusätzlich, anstatt sie zu klären.

Aber auch die umgekehrte Attitüde vieler nachgeborener Physiker, wonach sich angesichts der Quantenphysik keine philosophischen Probleme stellen würden, da die quantenphysikalische Beschreibung verlässlich und genau sei, ist nichts anderes als eine verständliche, aber letztlich irrationale Selbstberuhigung. Wenn Photonen Partikel sind – und daran kann es angesichts des photo-

---

[77] John Stewart Bell: „The Theory of Local Beables". In ders.: *Speakable and Unspeakable in Quantum Mechanics*. Cambridge: University Press 1987, eine Zusammenstellung von Original-Aufsätzen Bells (Kap 7). J. St. Bell konnte zeigen, dass die Annahme lokaler verborgener Variablen zu Widersprüchen mit den quantenphysikalischen Annahmen führen. Die Bohm'sche Quantenmechanik arbeitet mit verborgenen, aber eben nicht lokalen Variablen, insofern kann man die Ergebnisse von Bell auch als eine Stützung dieser, realistisch interpretierten, Quantenmechanik ansehen, vgl. D. Bohm: „A Suggested Interpretation of Quantum Theory in Terms of ‚Hidden Variables'", Teil I (166–179) und Teil II (180–193) in *Physical Review* 89 (1952).

elektrischen Effektes keinen Zweifel geben – dann ist die statistische Verteilung der Bahnen, die diese nehmen, physikalisch nicht erklärt. Der Hinweis auf den Welle-Teilchen-Dualismus hilft da nicht weiter, weil wir wissen, dass Photonen Partikel sind. Der Welle-Teilchen-Dualismus ist nicht mehr als eine Metapher, die die Ratlosigkeit verdecken soll, die auftritt (oder auftreten sollte), wenn sich ein erklärendes Modell der Naturwissenschaft *realistisch* nicht interpretieren lässt. Der instrumentalistische Rückzug, der Verweis auf die erfolgreiche Anwendung dieses Modells, würde – ernstgenommen – in den Idealismus, oder die globale Skepsis münden – was sicher nicht im Sinne zeitgenössischer Physiker sein kann, auch wenn sie dies nicht mehr als eine metatheoretische Herausforderung empfinden.

Die physikalistische Variante des Naturalismus spezifiziert den weichen Naturalismus der Ausgangsthese in problematischer Weise. Er beinhaltet, über die vage ontologische Charakterisierung von allem Seienden als *natürlich* hinaus, eine *epistemologische* These, nämlich, dass alles natürlich Seiende im Prinzip mit den Begriffen und Methoden der Physik beschreibbar und erklärbar sei. Dieser heute dominierende *physikalistische Naturalismus* beinhaltet einen Reduktionismus, nämlich den, dass die in verschiedenen Begrifflichkeiten (*conceptual frames*) und wissenschaftlichen Disziplinen präsenten Gegenstände sich ausnahmslos als solche Gegenstände beschreiben lassen, die der physikalischen Beschreibungsform zugänglich sind. Der zeitgenössische physikalistische Naturalismus verbindet eine ontologische mit einer epistemologischen These. Diese epistemologische ist reduktionistisch und schon für das Verhältnis von (organischer) Chemie und Physik, erst recht für das Verhältnis von Botanik – Physik, Zoologie – Physik, Ethologie – Physik, Psychologie – Physik, Logik – Physik,[78] Ethik – Physik, weder durchgeführt, noch als Heuristik plausibel. Die Aufzählung des letzten Satzes ist eine aufsteigende Linie: Je weiter man in der Aufzählung voranschreitet (und weitere Zwischenstationen kann man einfügen), desto fragwürdiger wird die reduktionistische These.

Der Reduktionismus des zeitgenössischen Naturalismus ist ein reines *Postulat* und durch nachgewiesene Reduktionsrelationen zwischen Theorien und Disziplinen nicht gedeckt. Der Postulat-Charakter des physikalistischen Naturalismus, genauer seiner reduktionistischen These, legitimiert mich, dem wiederum ein Postulat entgegen zu stellen: Dieses besagt, dass es grundsätzlich (aus prinzipiellen und nicht nur aus kontingenten, der aktuellen epistemischen Situation entsprechenden Gründen) ausgeschlossen ist, Gedichtinterpretationen mit den

---

[78] Die Psychologismus-Kritik Edmund Husserls und Gottlob Freges war gegen die Reduktion von Logik auf Psychologie gerichtet, a fortiori gegen die Reduktion von Logik auf Physik.

Mitteln der Physik vorzunehmen. Der gesamte Bereich der intentional konstituierten Welt, der Welt, die durch Intentionen und epistemische Zustände charakterisiert ist, die Welt der Verständigung und der Interaktion, ist prinzipiell nicht physikalisch beschreibbar. Schon der Versuch wäre ein Kategorienfehler. Wer versucht, Intentionen physikalisch zu beschreiben, beschreibt nicht Intentionen, sondern etwas anderes, z. B. neurophysiologische Korrelate. Man kann es auch kürzer formulieren: Nach einigen Jahrzehnten vergeblicher Versuche, *Qualia* naturalistisch zu erfassen, sollte man an dieser Stelle einen philosophischen Erkenntnisfortschritt konstatieren: *Qualia* lassen sich nicht physikalistisch reduzieren. Ich nehme auch die meta-mathematischen Resultate von Gödel, Church und anderen aus den 1930er Jahren, die Theoreme der Nicht-Entscheidbarkeit, als Hinweis auf eine ultimative Schranke der physikalistischen Reduktion. Wenn es keinen Algorithmus gibt (und dass es keinen gibt, ist bewiesen), der die Theoreme der Prädikatenlogik erster Stufe beweist, dann gibt es keine Turing-Maschine, die die Zeilen eines Beweises produziert, dann gibt es keinen physikalisch-kausalen Prozess, der einem Beweis entspricht, dann ist die logische Deliberation, jedenfalls ab dem Niveau der Prädikatenlogik erster Stufe, nicht physikalistisch reduzierbar, womit dem zeitgenössischen Naturalismus eine zweite ultimative Grenze gezogen wäre. *Qualia* und Inferenzen, der subjektive (Wahrnehmungs-) Zustand einer Person und die objektiven logischen Relationen, subjektive Zustände und objektive Inferenzen sprechen gegen die Plausibilität des zeitgenössischen, physikalistischen Naturalismus. Wenn es normative Tatsachen gibt, wofür die Form der Verständigungspraxis, an der wir alle teilhaben, spricht, und wenn die Gegenstände der Physik empirische sind, dann lässt sich Ethik nicht auf Physik reduzieren, auch nicht auf (marxistische) Sozialwissenschaft, wie sie Richard Boyd[79] konzipiert hat.

Eine adäquate Fassung des ethischen Realismus ist mit einem physikalistischen, reduktionistischen Naturalismus, also mit der zeitgenössischen Variante naturalistischen Denkens, unverträglich. Man mag an der alten naturalistischen Auffassung hängen, dass alles Natur sei, dass es keine Schismen, keine Brüche, keine epistemologischen Dichotomien geben kann, aber das sollte einen nicht daran hindern, den zeitgenössischen physikalistischen Naturalismus zurückzuweisen. Ich bin skeptisch, ob der weiche, umfassende Naturalismus überhaupt hinreichend Konturen hat, um ihn zu begründen oder zu kritisieren. Ich habe durchaus Sympathie für den impliziten Gradualismus des weichen Naturalismus, die Skepsis gegenüber Schismen und Dichotomien, aber dies darf nicht dazu ver-

---

[79] Vgl. Richard Boyd: „How to Be a Moral Realist". In: *Essays on Moral Realism*. Hrsg. von Geoffrey Sayre-McCord. Ithaca/NY: Cornell University Press 1988, 181–228.

führen, den harten, reduktionistischen, physikalistischen Naturalismus, wie er die zeitgenössische philosophische Debatte dominiert, zu akzeptieren. Dieser ist mit dem Phänomen der *Qualia*, der Inferenzen und der Normativität unvereinbar.[80]

Ein Blick auf die neo-naturalistischen Entwürfe eines neuen moralischen Realismus bestätigt diese Einschätzung. So überzeugend die Kritik des ethischen Subjektivismus bei den naturalistischen ethischen Realisten ausfällt, die Grundproblematik lässt sich nicht beheben: Es ist das reduktionistische Bestreben, sich der Normativität zu entledigen, das Normative in eine naturalistische Metaphysik einzubetten, sodass es sich am Ende auflöst, was wiederum erlauben würde, die Ethik in Sozialwissenschaft oder gar in Physik zu überführen. Peter Railton[81] hält charakteristischerweise an einer instrumentellen Rationalitätskonzeption fest. In letzter Instanz geht es ihm darum, aufzuzeigen, was im wirklichen Interesse des Einzelnen und/oder der Gesellschaft ist. Die alte marxistische These der *wahren Interessen*, die von Überbau-Phänomenen verdunkelt werden, feiert hier im analytischen Sprachstil Auferstehung. Diese wahren Interessen sind aber nicht normativ verfasst, sondern sind nur Camouflage des Normativen: Hat nicht jeder ein Bestreben, den eigenen Interessen entsprechend zu handeln? Und ist daher nicht der Nachweis, dass etwas im Interesse einer Person ist, für diese Person zugleich auch ein rationaler Grund, entsprechend zu handeln? Nun, dieser rationale Grund ist im naturalistischen Verständnis streng genommen kein Grund, sondern nur eine deskriptive Feststellung: Dies ist eher im Interesse von Lonnie als Jenes.[82] In Analogie zur einzelnen Person, die feststellt, was in ihrem Interesse ist (eine rein empirische Frage) und dann (rational) motiviert ist, entsprechend zu handeln, haben ganze Gesellschaften ein gesellschaftliches Interesse und sind dann (rational) motiviert, entsprechend zu handeln. Dass das Verhältnis zwischen diesen beiden Formen des Interesses, dem individuellen und dem gesellschaftlichen, ziemlich komplex ist und dass es keineswegs ausgemacht ist, dass das, was im Interesse des Einzelnen ist, auch im Interesse der Gesellschaft ist, wird bei beiden Gründervätern des naturalistischen Realismus, Railton und

---

80 Vgl. weitere Überlegungen zu dieser Thematik in Kap. VII.
81 Railton, Peter: „Moral Realism". In: *The Philosophical Review* 95 (1986), 163–207
82 Lonnie ist der Protagonist, der im Aufsatz von Railton eine große Rolle spielt: ein US-Amerikaner, der durch Südamerika reist, nicht weiß, dass dort Milch oder Limonade nicht die besten Getränke sind, um sich körperlich stabil zu halten, der mit der Zeit herausbekommt, dass Wasser trinken besser tut und dies auch sein Heimweh bekämpft, da physisches Wohlergehen auch psychisches nach sich zieht. Lonnies Wohlergehen changiert zwischen Biologie und Psychologie, aber das Gute für Lonnie, das, was er tun sollte, wird reduziert auf die Feststellung seiner objektiven biologischen und psychologischen Interessen.

Boyd, kaschiert. Aber selbst wenn es so wäre und es eine Tendenz zur Konvergenz der Interessenlagen gäbe, was garantiert, dass diese Interessenlagen nicht am Ende sozialdarwinistisch ausfallen, als *survival of the fittest*? Welche argumentativen Ressourcen bleiben dem naturalistischen Ethiker, wenn nachgewiesen wird, dass diejenigen den größten Nutzen haben, die besonders rücksichtslos sind und diejenigen Ethnien, die mit Gewalt schwächere Ethnien marginalisieren oder ausrotten, die größte Wahrscheinlichkeit haben, ihre Gene weiterzugeben? Mit anderen Worten: Was verhindert den Übergang von einem zumindest latent marxistisch geprägten Humanismus zu einem Naturalismus des Imperialismus und Rassismus? Welche argumentativen Ressourcen könnte der neo-naturalistische Ethiker aufbringen, um diesen Rückfall zu verhindern? Jedenfalls keine, die sich auf genuin normative Gründe, etwa das Gebot der Gleichbehandlung, oder das Gebot, die Menschenwürde jeder einzelnen Person zu achten, stützen. Solche Ressourcen stehen dem neo-naturalistischen Ethiker nicht zur Verfügung. Er müsste vielmehr mit natur- oder sozialwissenschaftlichen Methoden zeigen, dass es sich anders verhält, dass der Sozialdarwinismus, der Rassismus, der Imperialismus, jeweils mit deskriptiven (nicht normativen) Tatsachen unvereinbar sind. Der ethische Diskurs würde in einen sozial- oder naturwissenschaftlichen transformiert und der Rückfall in die Irrtümer des ethischen Naturalismus des 19. Jahrhunderts, die George Edward Moore in *Principia Ethica* (1903) so folgenreich kritisiert hat, wäre nicht aufzuhalten.

Auch der neo-naturalistische moralische Realismus ist von einem Unbehagen an genuiner Normativität gezeichnet. Die Eskamotierung des Normativen, ein gemeinsames Ziel der im 19. Jahrhundert geborenen Ideologien des Historismus, des Biologismus (Sozialdarwinismus), des Marxismus, des damaligen und des heutigen Ökonomismus, der Luhman'schen Systemtheorie[83], des Strukturalismus und des Post-Strukturalismus, der Postmoderne und eben des Naturalismus in allen Spielarten, ist mit einem wohlverstandenen ethischen Realismus, einem ethischen Realismus, der anschlussfähig ist an die lebensweltliche Normativität und die Praxis der Interaktion, unvereinbar.

---

83 Vgl. Niklas Luhmann: *Die Moral der Gesellschaft*. Frankfurt am Main: Suhrkamp 2008.

II Strukturelle Rationalität

§ 1 Praktische Vernunft und *rational choice*

Selbst John Rawls, der seine Gerechtigkeitstheorie ursprünglich als eine Anwendung des *rational-choice* Modells präsentierte, unterscheidet in seinen späteren Schriften *reason* von *rationality*. Rationalität wird dabei instrumentell verstanden, als Wahl der geeigneten Mittel um eigene Ziele zu erreichen, während *reason* etwas mit *reasoning*, also dem Gründe-Geben, zu tun hat. Die Folge dieser Gegenüberstellung ist eine Dichotomie in der praktischen Philosophie, für die es, nach meiner festen Überzeugung, keine guten Gründe, sondern allenfalls gewohnheitsmäßig etablierte Argumentationsmuster in den Sozialwissenschaften und der praktischen Philosophie gibt.

Um sich die Absurdität dieser Gegenüberstellung von Rationalität und Vernunft (speziell praktischer Rationalität und praktischer Vernunft) deutlich zu machen, genügt es, einige Implikationen dieser Gegenüberstellung vor Augen zu führen. Wir verwenden hier ein Argument, das man in der mittelalterlichen Logik als *reductio ad absurdum* bezeichnet hat.

Nehmen wir an, jemand erwägt eine bestimmte Handlung, obwohl gewichtige Gründe dagegensprechen. Er selbst und diejenigen Personen, mit denen er sich austauscht, kommen übereinstimmend zu dem Ergebnis, dass die überwiegenden Gründe gegen den Vollzug dieser Handlung sprechen. Wenn die betreffende Person nicht an Willensschwäche leidet, wird sie diese Handlung also vernünftigerweise unterlassen, sie ist ja selbst davon überzeugt, dass die überwiegenden Gründe gegen den Vollzug dieser Handlung sprechen. Wenn *reason* und *rationality*, wenn praktische Vernunft und Rationalität jedoch unterschiedliche Kriterien der Beurteilung bereitstellen, dann wäre es möglich, dass eine Handlung, gegen die überwiegende gute Gründe sprechen, rational wäre. Die Absurdität dieser Implikation liegt auf der Hand: Wollen wir wirklich zulassen, dass eine Handlung als rational gilt, gegen die sowohl aus Sicht der handelnden Person, wie aus Sicht ihrer Gesprächspartner gute Gründe sprechen? Wollen wir wirklich die Redeweise zulassen, dass eine Handlung zwar in diesem Sinne unvernünftig sei, aber dennoch rational?

Unter meinen Diskussionspartnern aus der Ökonomie gab und gibt es immer wieder glühende Verfechter dieser Trennung, schließlich verfüge man über einen präzisen Begriff der (ökonomischen) Rationalität, der nicht in der vagen Begrifflichkeit des Gebens und Nehmens von Gründen, am Ende gar moralischer Gründe, aufgehen dürfe. Seit Mitte des vergangenen Jahrhunderts ist dieser präzise ökonomische Rationalitätsbegriff in Gestalt des Nutzentheorems, wie es von v. Neumann und Morgenstern in *Theory of Games and Economic Behavior* (1947) präsentiert wurde, in der Tat ausformuliert. Später wurde der Begriff noch eleganter, etwa von J. Marshak[84], axiomatisiert. Allerdings wurde er schon früher von dem genialen Logiker und Philosophen Frank P. Ramsey eingeführt. Demnach ist es möglich, den qualitativen Begriff der Präferenz in einen quantitativen des Nutzens zu überführen, wenn die Präferenzen einer Person bestimmte Kohärenzbedingungen erfüllen.[85]

Inhalt des berühmten Nutzentheorems und damit des Fundamentaltheorems der modernen Ökonomie ist, dass wenn die Präferenzen einer Person bestimmte Kohärenz-Postulate erfüllen, sich diese um eine quantitative, reell-wertige Nutzenfunktion repräsentieren lassen. Die Nutzenfunktion, die bei Erfüllung dieser Postulate die Präferenzen der betreffenden Person repräsentiert, ist nur bis auf positiv lineare Transformationen eindeutig bestimmt (auf Grund der genannten Postulate, die von der Präferenzrelation erfüllt werden), was *interpersonelle* Vergleiche allein auf dieser begrifflichen Grundlage ausschließt. Wenn wir auch einzelnen Alternativen nun einen Nutzenwert zuordnen können, so ist dieser doch nicht eindeutig bestimmt, sondern eben immer nur bis auf positiv lineare Transformationen und daher können wir nicht sagen, Franz hat von der Realisierung der Alternative x einen größeren Nutzen als Hanna.

Interpersonelle Vergleiche erfordern eine stärkere Begrifflichkeit, wie sie z. B. der spätere Ökonomie-Nobelpreisträger John C. Harsanyi[86] vorgeschlagen hat, wonach es plausibel ist, anzunehmen, dass alle Nutzenfunktionen einer Person eine untere und obere Schranke aufweisen, sodass es nach Harsanyi naheliegend ist, diese jeweiligen unteren und oberen Schranken zu normieren, etwa auf das Intervall null bis eins (eine interessante Frage ist, ob dieses Intervall offen ist, also null und eins selbst nicht mit einschließt oder geschlossen, also unter Einschluss von null und eins; mir scheint die erste Variante die deutlich attraktivere zu sein, auch um keine mathematischen Umformungsprobleme heraufzubeschwören, aber auch aus grundsätzlichen und philosophischen Erwägungen, etwa der Revidierbarkeit).[87]

---

84 J. Marshak: „Rational Behaviour, Uncertain Prospects, and Measurable Utility", *Econometrica* 18 (1950), 111–141.
85 Vgl. Appendix §1.
86 Harsanyi, John C.: „Rule Utilitarianism, Rights, Obligations and the Theory of Behavior", *Theory and Decision* 12 (1980), 115–133
87 Die Wahrscheinlichkeits- und die Nutzenfunktion sind jeweils als Paare einer individuellen Präferenzrelation, die die Postulate des Nutzentheorems erfüllen, zuzuordnen. Richard C. Jeffrey hat diese Verkoppelung überzeugend ausformuliert: *The Logic of Decision*. Chicago: University Press 1990. Wenn man die Dynamik, also die Veränderungen beider Funktionen in der Zeit einbezieht, und das kann in beiderlei Hinsicht geschehen: als *rational belief dynamics* und als *ratio-*

Das Rationalitätskriterium lautet, den erwarteten Nutzen zu maximieren (*expected utility maximization*). Streng genommen ist dies kein Postulat, sondern lediglich eine Implikation der Kohärenzbedingungen des Nutzentheorems. Hier tritt kein Rationalitätskriterium hinzu, sondern es lässt sich logisch-mathematisch beweisen, dass eine Präferenzrelation, die die Postulate des Nutzentheorems erfüllt, die Eigenschaft hat, dass es eine Nutzenfunktion gibt, die von der betreffenden Person optimiert wird (d. h. deren Erwartungswert maximiert wird). Der Übergang von Präferenz zu Entscheidung wird dadurch vollzogen, dass die Präferenzen als nichts anderes interpretiert werden, denn als Entscheidungen zwischen Alternativen: Eine Person hat eine Präferenz von x gegenüber y, wenn sie, vor die Entscheidung gestellt x oder y zu wählen, sich für x entscheidet (das gilt für die strikte Präferenz). Die einer Person zugeschriebenen Präferenzrelationen repräsentieren Entscheidungen dieser Person (seien es auch nur potentielle, also Entscheidungen, die man für den Fall erwartet, dass die Person vor diese Alternative gestellt ist. Insofern könnte man auch von *Präferenzen als Dispositionen* sprechen). Das Rationalitätskriterium der Erwartungsnutzenmaximierung darf man nicht als ein zusätzliches Postulat verstehen, sondern lediglich als eine Folgerung aus den genannten Kohärenzpostulaten des Nutzentheorems. In gleicher Weise kann man die Nutzen- bzw. die Wahrscheinlichkeitsfunktion, die wir auf Grund des Nutzentheorems Individuen, die die Kohärenzpostulate erfüllen, zuschreiben können, als Repräsentationen zweier Typen propositionaler Einstellungen, nämlich *epistemischer* und *prohairetischer*, interpretieren. Die epistemischen beziehen sich auf die Erwartungen der Person, was (mit welcher subjektiven Wahrscheinlichkeit) passieren wird, und die Nutzenfunktion repräsentiert die (kohärenten) Präferenzen der Person. Rational ist diese Person genau dann, wenn sie die Kohärenzbedingungen erfüllt bzw., wenn die so konstituierte Präferenzrelation, die wir ihr zuschreiben, die Postulate des Nutzentheorems erfüllt.

Menschen, die sich mit Logik nicht näher befasst haben, neigen dazu, logische Schlüsse als „kreative Schlüsse" zu interpretieren, d. h. anzunehmen, dass die Conclusio reichhaltiger ist (mehr Informationen vermittelt, eine zusätzliche Erkenntnis darstellt), als die Konjunktion der Prämissen. Dies ist aber nicht der

---

nal preference dynamics, dann sollten nicht-revidierbare Wahrscheinlichkeits- oder Nutzenwerte vermieden werden. Dies spricht für jeweils offene Intervalle (0,1), sowohl im Falle der Wahrscheinlichkeits- als auch im Falle der Nutzenfunktionen. Die Interdependenz der beiden Funktionen spricht zudem für eine formale Angleichung. Während die Wahrscheinlichkeitsfunktionen auf Grund der Kolmogorov-Axiome auf das Intervall zwischen null und eins beschränkt sind, ist dies für die Nutzenfunktionen gemäß den von Neumann-Morgenstern-Postulaten nicht der Fall. Die gemeinsame Normierung auf das Intervall (0,1) bzw. [0,1], sei es offen oder geschlossen, hat auch von daher eine gewisse Attraktivität.

Fall. Logische Schlüsse sind nie „kreative Schlüsse". Die Conclusio hat immer eine höchstens ebenso starke Aussage, wie die Konjunktion ihrer Prämissen. Dies gilt auch für das Nutzentheorem: Hier wird nichts hervorgezaubert, kein Rationalitätsbegriff kreativ geschaffen, sondern das, was man hineinsteckt, erhält man als Ergebnis (in diesem Fall in der Tat genau das, denn es handelt sich um eine logische Äquivalenz). Alles, was die (ökonomische) moderne Rationalitätstheorie besagt, ist in den genannten Postulaten des Nutzentheorems enthalten und das Ergebnis, das Kriterium der Optimierung des Nutzens bzw. der Maximierung des Erwartungsnutzens, ist nichts, was darüber hinausgeht. Die Maximierung des Erwartungsnutzens als Kriterium folgt aus der Konjunktion der genannten Postulate. Das Gesamt der modernen ökonomischen Rationalitätstheorie ist in diesen Postulaten enthalten.

Wir müssen uns aller Mystifikationen, zu denen leider auch die ökonomische Theorie neigt, enthalten. Zu diesen Mystifikationen gehört die Behauptung, dass mit dem Nutzentheorem doch gezeigt sei, dass Individuen ihren Eigennutzen optimierten. Das ist keineswegs der Fall. Mit dem Nutzentheorem ist lediglich gezeigt, dass sich der qualitative Begriff der Präferenz in einen quantitativen Begriff des Nutzens, oder neutraler, der subjektiven Bewertung überführen lässt, vorausgesetzt, die Postulate sind von der betroffenen Person erfüllt. „Aber können wir nicht den so konstituierten Nutzen (die reell-wertige Funktion, deren Erwartungswert bewiesenermaßen von einer Person, die die Postulate des Nutzentheorems erfüllt, maximiert wird) als ihren Eigennutzen interpretieren?", mag der hartnäckige Anhänger kreativer Schlüsse insistieren. „Nein, das dürfen wir nicht", lautet meine Antwort, denn wir wissen nicht, welche Motive den Präferenzen der betreffenden Person zugrunde liegen. Möglicherweise sind die Motive der Person altruistischer Art, dann können wir selbstverständlich die Zusammenfassung ihrer Präferenzen in Gestalt der Nutzenfunktion *nicht* als Repräsentation ihrer *eigenen* Interessen interpretieren, sondern als Interpretation der Einschätzung der Interessen *anderer* durch diese Person.

Ja, es kommt für die Mystifizierer noch weit schlimmer: Ist nicht der *kantianische Akteur*, also derjenige, der seine Präferenzen bzw. die Maximen, die seine Präferenzen leiten, am Kategorischen Imperativ ausrichtet, d. h. sich nur solche Maximen zu eigen macht, die dem Kategorischen Imperativ entsprechen, also verallgemeinerbar sind, das krasse Gegenmodell zum *homo oeconomicus*? So scheint es zu sein. Aus der Sicht der allermeisten zeitgenössischen Ökonomen folgt der Kantianer nicht ökonomischer Rationalität, sondern moralischer Vernunft, die sich nicht in die ökonomische integrieren lässt. Es ist allerdings überhaupt nicht einzusehen, warum der kantianische Akteur, also derjenige, der konsequent seine Präferenzen an Maximen ausrichtet, die sich gemäß dem Kategorischen Imperativ verallgemeinern lassen, auch nur eines der Postulate des Nutzentheorems von

von Neumann und Morgenstern verletzen sollte. Seine handlungsleitenden Präferenzen werden ebenfalls transitiv, vollständig, monoton und stetig sein. Also erfüllt der kantianische Akteur (wenn er hinreichend kohärent ist) die Postulate des Nutzentheorems, demnach können wir dem kantianischen Akteur eine Nutzenfunktion zuschreiben, deren Erwartungswert er (qua Erfüllung dieser Postulate und nur qua Erfüllung dieser Postulate) optimiert. Also ist der kantianische Akteur ein Nutzenoptimierer? Die doppelte Antwort lautet: *Ja*, im *formalen* Sinne der über die von Neumann-Morgensternschen Postulate konstituierten Nutzenfunktion. *Nein*, im Sinne einer *inhaltlich* bestimmten Nutzenfunktion als Repräsentation der eigenen Interessen des Akteurs. Der kantianische Akteur maximiert seinen Nutzen im üblichen Sinne nicht, er optimiert nicht seine eigenen Interessen. Wenn man unter „Nutzen" etwas versteht, was mir, dem Akteur, nützt, dann handelt es sich erneut um ein *non sequitur*: Die Erfüllung der Rationalitätspostulate des Nutzentheorems durch den kantianischen Akteur impliziert, dass dessen Entscheidungen Erwartungswert-maximierend sind, zugleich aber optimiert er seinen eigenen Nutzen nicht. Es ist ein Trugschluss, der einen Großteil der ökonomischen Literatur prägt, anzunehmen, dass die moderne ökonomische Nutzentheorie ein Beleg dafür sei, dass rationale Personen ihren Eigennutzen maximierten.

Nach diesen unfreundlichen Bemerkungen zu verbreiteten Irrtümern in der zeitgenössischen ökonomischen Theorie folgt jetzt ein freundliches, brückenschlagendes Argument: Da alle vernünftigen Akteure – jedenfalls finde ich das hoch plausibel – die Kohärenzbedingungen des Nutzentheorems von von Neumann und Morgenstern idealiter erfüllen,[88] lässt sich der gesamte begriffliche Apparat der *rational choice*-Theorie auch auf moralisch motivierte oder sonst wie motivierte Entscheidungen anwenden. Die Einengung auf die Optimierung des Eigennutzens mag ein nützliches heuristisches Prinzip für die ökonomische Analyse sein (ob es sich wirklich so verhält, darf bezweifelt werden), aber das sollte uns nicht daran hindern, die *rational choice*-Theorie in ihrer vollen Allgemeinheit, wie sie nun seit über einem halben Jahrhundert etabliert ist (oder bei richtigem Verständnis etabliert wäre), anzuwenden. *Rational choice* ist nichts

---

88 Ich nenne das (seit meiner Habilitationsschrift zur Kritik des Konsequentialismus) „Ramsey-Kompatibilität" (vgl. Appendix §1), um daran zu erinnern, dass der Mathematiker und Philosoph Frank P. Ramsey der eigentliche Urheber der kohärentistischen Umdeutung praktischer Rationalität ist. Die handlungsleitenden Präferenzen einer vernünftigen Person sind Ramsey-kompatibel, das ist die These und das gilt auch für Präferenzen, die nicht konsequentialistisch und eigennützig motiviert sind. Allerdings taucht hier eine Problematik auf, die man als Fragmentierung moralischer Bewertungen bezeichnen kann und auf die ich im Kapitel IV dieser Schrift noch eingehen werde, besonders IV §9.

anderes als die Erfüllung minimaler, aber dennoch in der Praxis hoch anspruchsvoller Kohärenzbedingungen, sowohl unserer (epistemischen) Erwartungen als auch unserer handlungsleitenden Präferenzen. Diese Theorie ist *inhaltlich neutral*. Sie macht keinerlei Voraussetzungen für die spezifische Art der Motivation, sie umfasst daher auch all das, was man unter praktischer Vernunft, also der Deliberation von handlungsleitenden Gründen subsumiert, einschließlich spezifischer moralischer Handlungsgründe.

Damit ist der Boden entzogen für die Entgegensetzung von praktischer Vernunft und Rationalität, von *reason* und *rationality*. *Rationality*, im Sinne von *rational choice*, ist nichts anderes als die Zusammenfassung minimaler, aber doch zugleich anspruchsvoller Bedingungen epistemischer und prohairetischer Kohärenz. *Rational choice* ist eine Kohärenztheorie propositionaler Einstellungen. Kohärenz ist aber nicht alles. In der konkreten Deliberation geht es um die *Inhalte* unserer Motive und die inhaltliche Bestimmung theoretischer wie praktischer Gründe. Diese Form des Kohärentismus (der *rational choice*-Kohärentismus) ist minimalistisch, er ist inhaltlich abstinent und insofern eine unvollständige Theorie der Rationalität. Aber er ist zugleich ein unverzichtbarer Bestandteil praktischer wie theoretischer Deliberation. Damit ist es ausgeschlossen, dass eine unvernünftige Praxis zugleich rational ist, dass Gebote der Vernunft und Gebote der Rationalität auseinanderfallen.

§ 2 Instrumentelle Rationalität

An dieser Stelle bietet sich eine durch Max Weber geadelte Rückzugsposition an, die der instrumentellen Rationalität. In älteren deutschen Texten wird gerne von „Mittel-vs.-Zweck-Rationalität" gesprochen und letzterer die Substanz abgesprochen. In der Diktion Max Webers sind die Zwecke außerrational vorgegeben, sei es durch kulturelle Prägungen oder individuelle existenzielle Entscheidungen („jeder muss seinen Dämon finden"). Eine Rationalität der Zwecke selbst kann es nicht geben, allenfalls eine Berücksichtigung der Folgen und Nebenfolgen ihrer Realisierung. Rationalität muss sich auf instrumentelle Rationalität beschränken, d. h. auf die Bestimmung der geeigneten Mittel zu „gegebenen" (wie auch immer gegebenen) Zwecken. Konzedierend könnte der Anhänger instrumenteller Rationalität hinzufügen, dass es Sache einer Instanz, die ihm selbst nicht zugänglich sei, wäre, über Zwecke des Handelns zu räsonieren, man mag das getrost der Religion oder der Philosophie überlassen, während Ökonomie und Sozialwissenschaft sich auf den rationalen Kern, also auf die Bestimmung von Mitteln zu bestimmten Zwecken konzentrieren müssten. In einer sympathischen, nämlich liberalen Fassung, präsentiert sich die Theorie instrumenteller Rationalität etwa so: Jeder solle und müsse eben selbst bestimmen, wonach er strebt, was seinem Leben Sinn und seinem Handeln Orientierung gibt. Wissenschaftlich zu klären sind dann allenfalls die geeigneten Mittel, um diese Zwecke zu realisieren. Wir enthalten uns einer wertenden Stellungnahme, auch aus Respekt gegenüber der Autonomie des Einzelnen.

Die moderne liberale Variante nimmt dabei gern eine Haltung der Indifferenz ein, es sei doch schließlich nicht entscheidend, welche Inhalte dem Einzelnen Orientierung gäben, solange dies nicht die Möglichkeit anderer beeinträchtige, ihrem Leben nach eigenen Vorstellungen ebenfalls Sinn zu verleihen. Nur eine kleine Umdrehung weiter und es erscheint am Horizont eine minimalistische deontologische Ethik, die etwa im Anschluss an Immanuel Kant konzediert, dass das Leben zu großen Teilen pragmatischen Imperativen folge, also solchen, die auf die eigene Glückseligkeit bzw. das, was dem eigenen Leben Sinn vermittelt, ausgerichtet sind, während sich die Moral auf Regeln beschränken müsse, die sicherstellen, dass die jeweils individuell gewählte Lebensform die Möglichkeit anderer, für sich eine sinnvolle Lebensform zu bestimmen, nicht beeinträchtige, die also von Respekt gegenüber der Autonomie des Anderen geprägt ist. Die moralischen Fragen müssten sich dann auf diesen Kompatibilitätstest, der bei Kant den Namen „Kategorischer Imperativ" trägt, beschränken.

Der Kantianismus der Gegenwart speist sich aus dieser sympathischen liberalen Zurückhaltung gegenüber der Stiftung von Lebenssinn und Handlungsorientierung. Kantianische Moraltheorien sind in der Regel minimalistisch, sie enthalten sich der inhaltlichen Stellungnahme, sie mischen sich nicht ein in die inhaltliche Bestimmung praktischer Gründe, sie lassen – fast – alles offen und beschränken sich auf formale Kriterien von Handlungsfähigkeit oder, in der klassischen, Kant'schen Variante, auf das synthetische Apriori praktischer Vernunft. Wenn eine Maxime entsprechend dem Kategorischen Imperativ nicht zulässig ist, weil ihre Verallgemeinerung zu einer allgemeinen Handlungsregel, zu einem allgemein befolgten Gesetz, logisch ausgeschlossen ist, dann kann, wenn Kant Recht hat, kein vernünftiger Akteur dieser Maxime folgen. Kant versucht dieser grundlegenden Einsicht seiner praktischen Philosophie einen Status nahe der Logik zu geben, daher das synthetische Apriori. Es geht also nicht um den Inhalt praktischer Gründe, sondern um eine formale Bedingung kohärenter menschlicher Praxis.

Hier berühren sich, das mag merkwürdig anmuten, die Minimalbedingungen der (ökonomischen) Rationalität, die wir im vorausgegangenen Abschnitt diskutiert haben, mit dem Kategorischen Imperativ als einem formalen Prinzip praktischer Vernunft. In beiden Fällen geht es um die Form der Maximen oder der Präferenzrelationen und nicht um ihren Inhalt, nicht um ihre Motive. Pragmatische Imperative sind nach Kant dagegen durch ihren Inhalt bestimmt, nämlich den der menschlichen Glückseligkeit, genauer der Glückseligkeit des einzelnen Akteurs. Hier zeigt sich Kant als halbierter Anhänger instrumenteller Rationalität. Jenseits der apriori-synthetischen Bedingung praktischer Vernunft im Sinne des Respekts vor dem Sittengesetz, also des Handelns aus Pflicht (nicht nur „gemäß der Pflicht"), ist die praktische Philosophie Immanuel Kants nicht nur *instrumentalistisch*, sondern sogar *reduktionistisch* im Sinne des *Eudaimonismus*: Neben dem moralischen Motiv des Handelns aus Pflicht, aus Respekt vor dem Sittengesetz, ist nur mein eigenes Wohlergehen relevant, entgegen aller lebensweltlicher Erfahrung.

Die lebensweltliche Erfahrung, die Normativität der geteilten menschlichen Lebensform, kennt, über alle Kulturen hinweg, nur äußerst selten ein Handeln aus Pflicht, wie es Kant beschreibt.[89] Aber ebenso selten ist die Wahl einer Handlung aus dem alleinigen Motiv heraus, das eigene Wohlergehen zu optimieren. Im Falle eines plötzlichen Unwohlseins, mag es tatsächlich das ausschlaggebende Handlungsmotiv sein, eine bestimmte Medizin einzunehmen, die dieses Unwohlsein rasch wieder abstellt, auch in einer Situation starken Hungergefühls mag die Entscheidung für die eine oder andere Speise in erster Linie darauf gerichtet sein, den Hunger zu stillen, aber in der Regel sind unserer Motive weit vielfältiger und komplexer: Wir haben uns gegenüber anderen verpflichtet, etwas zu tun und wollen diese Verpflichtung einhalten, wir sind von anderen um etwas gebeten worden und wollen nun dieser Bitte nachkommen, wir haben in bestimmten sozialen Rollen Pflichten, die wir erfüllen möchten etc. Ob dies jeweils das eigene Wohlergehen optimiert, steht meist gar nicht in Frage und nur bei einem massiven Konflikt zwischen einer Praxis, die sich von den beispielhaft genannten drei Kategorien praktischer Gründe leiten lässt, wird der Aspekt des eigenen Wohlergehens im Einzelfall relevant. Wir haben Projekte, durch die wir unser Leben strukturieren und fühlen uns an diese Projekte gebunden. Auch hier steht das eigene Wohlergehen nicht im Mittelpunkt. Bei angestrengten Rationalisierungsversuchen mag es dem einzelnen Intellektuellen schmerzhaft bewusst werden, dass die Realisierung der von ihm gewählten Projekte sein Wohlergehen sogar massiv beeinträchtigt und er mag sich in ketzerischen Augenblicken den Gedanken gestatten, aus all diesen Projekten auszusteigen und das Leben zu genießen. Tun wird er das nur in den seltensten Fällen. Sobald ihn die alltägliche Praxis, die Interaktion mit anderen, die Erfüllung seiner Pflichten und Verpflichtungen, die eigene Rolle wieder einholt, tritt das Interesse an der Optimierung des eigenen Wohlergehens wieder in den Hintergrund.

---

89 Vgl. Lawrence Kohlberg: *Die Psychologie der Moralentwicklung*. Frankfurt am Main: Suhrkamp 1996.

In manchen sozialen Interaktionsmustern ist es sogar konstitutiv, dass dieses in den Hintergrund tritt. Um ein hoch aktuelles Beispiel von Platon zu nehmen: Der Mediziner, der diejenige Diagnose mitteilt oder diejenige Medikation wählt, die seinem eigenen Wohlergehen dienlich ist, ist gar kein Mediziner, sondern vielleicht ein Egoist oder ein Kaufmann. Die medizinische Praxis ist dadurch konstituiert, dass sie das Wohl des jeweiligen Patienten und nicht das eigene Wohl zur Richtschnur nimmt. Ähnliches gilt für die Eltern-Kind-Beziehung. Ein Vater, der sich im Umgang mit seinen Kindern davon leiten lässt, was seinem eigenen Wohlergehen am zuträglichsten ist, verletzt ipso facto seine väterlichen Pflichten, auch wenn dies im Einzelfall mit der Förderung des Wohls der Kinder kongruent sein mag. Es ist die falsche Motivation, es ist eine Motivation, die eines Vaters oder einer Mutter unwürdig ist, die sogar die Frage aufwirft, ob der Betreffende als Vater agiert.

All diese kritischen Anmerkungen zur Theorie instrumenteller Rationalität haben aber gegenüber dem zentralen Argument, das ich nun vorstellen möchte, lediglich präliminarischen Charakter. Das Argument, was ich vorbringen werde, hat, wenn zutreffend, zur Konsequenz, dass es eine (normative) Theorie instrumenteller Rationalität nicht geben kann, dass eine solche Theorie *logisch unmöglich* ist. Dieses Argument ist völlig unabhängig von den Paradoxa des Konsequentialismus, also den Problemen, in die man gerät, wenn man rationales Handeln als Optimierung von Konsequenzen versteht. Auf diese Paradoxa gehen wir später noch ein.

Das Argument beruht auf der Unterscheidung zweier unterschiedlicher Verwendungsweisen von „Sollen". Die erste Verwendungsweise ist rein *deskriptiv*, die zweite Verwendungsweise *normativ*. Wenn Sie zu Ihrer Bank gehen und sich erkundigen, wie Sie eine bestimmte Summe so anlegen können, dass sie bei geringem Risiko einen möglichst hohen Ertrag abwirft, dann wird Ihnen ein seriöser Bankangestellter verschiedene Angebote unterbreiten und darauf hinweisen, dass es einen Zusammenhang zwischen Zinsertrag und Sicherheit gibt. Je sicherer eine Geldanlage, desto niedriger ist in der Regel ihr Zinsertrag. Er wird dann eruieren, welche Risikobereitschaft Sie haben, welche sonstigen Rücklagen bestehen und Ihnen dann verschiedenen Optionen vorschlagen, mit unterschiedlichen Mischungen von Risiko- und Ertragserwartung. Vielleicht wird er, nachdem er Ihre Ziele und Interessen glaubt gut abschätzen zu können, einen Vorschlag „unterbreiten", Sie sollten sich für diese Anlageform oder diesen Mix von Anlageformen entscheiden. Eine genauere Nachfrage Ihrerseits mag ergeben, dass diese Anlageform den höchsten Zinsertrag erwarten lässt, ohne dass das Risiko des teilweisen oder gar vollständigen Verlustes der Investitionen nennenswert ist. Dieses „Sollen" lässt sich in eine rein deskriptive Tatsachenfeststellung übersetzen: „Diese Anlage realisiert bei dem gewünschten, extrem niedrigen

Ausfallrisiko den höchsten Zinsertrag". Das „Sollen" geht in dieser Tatsachenfeststellung vollständig auf.

Bisweilen wird in der Philosophie in solchen Fällen von *hypothetischen Imperativen* gesprochen, also Imperativen, die lediglich im Hinblick auf die Realisierung eines bestimmten Ziels oder Zwecks sinnvoll sind. Manche Philosophen haben die Auffassung vertreten, dass es auch in der Ethik ausschließlich hypothetische Imperative gibt,[90] andere, dass es gerade die Essenz der Ethik ausmache, dass sie Kategorische Imperative formuliere.[91]

Nehmen wir ein anderes Beispiel, eines von der Form her ebenfalls hypothetischen Imperativs: Die Frage, die Sabine ihrer Freundin stellt, lautet: „Soll ich mein Versprechen, mit ihm in den Urlaub zu fahren, halten, obwohl ich unterdessen einen anderen Mann kennengelernt habe?" Die Freundin wird die näheren Umstände genauer erfragen, etwa welche Rolle dieser Mann, den sie kennengelernt habe, nun in ihrem Leben spiele, ob dieser Urlaub eine letzte Chance zur Rettung der bisherigen Beziehung sei, wie ernst es ihr damals mit dem Versprechen gewesen sei und wie ernst dieses Versprechen genommen worden sei etc. Am Ende wird sie vielleicht sagen: „Du solltest zu deinem Versprechen stehen und mit ihm in den Urlaub fahren" oder vielleicht auch „Unter diesen veränderten Bedingungen würde ich ihm erklären, warum du dich außer Stande siehst, jetzt dein damals gegebenes Versprechen zu realisieren". Die Freundin wird die Interessen von Sabine im Auge haben, wenn sie ihr einen Rat gibt, aber – wenn sie eine verantwortungsvolle Freundin ist – nicht ausschließlich, sie wird auch darauf achten, dass bei der Befolgung ihres Rates niemand in seiner Selbstachtung existenziell beschädigt wird, sich niemand berechtigterweise unfair behandelt fühlen kann, etc. Ein solcher Rat beruht auf der Abwägung von Gründen und erfolgt vor dem Hintergrund bestimmter empirischer Bedingungen der Entscheidung, die Sabine treffen muss. Am Ende steht ein *Sollen*, also eine Behauptung oder eine Einschätzung, was Sabine – verwenden wir hier eine *realistische* Redeweise – tatsächlich tun sollte. Die Freundin könnte insistieren und sagen: „Ja, ich bin überzeugt, Sabine sollte (unter den gegebenen Umständen) dieses tun". Vielleicht fügt sie hinzu: „Ich bin dafür, dass Sabine dieses tut". Dieses Sollen ist nicht rein deskriptiv, obwohl die Bedingungen der Entscheidung für diesen Rat ausschlaggebend waren und man insofern durchaus von einem hypothetischen

---

[90] Vgl. Philippa Foot: „Morality as a System of Hypothetical Imperatives". In: *The Philosophical Review* 81 (1972), 305–316.
[91] Paradigmatisch steht dafür die Ethik Immanuel Kants und seiner deontologischen Nachfolger.

Imperativ sprechen kann. Dieses Sollen geht nicht auf in der deskriptiven Feststellung einer empirischen Tatsache.

Dieser Sollens-Satz lässt sich nicht in eine bloße Tatsachenfeststellung ohne Bedeutungsänderung übersetzen, wie das im oben genannten Beispiel der Fall war. Die Freundin mag sagen: „Ich bin tatsächlich überzeugt, Sabine sollte ihr Versprechen halten". Der Bankangestellte wird sich einer solchen normativen Stellungnahme tunlichst enthalten. Vielleicht wird er sich bei Nachfragen einem solchen Ansinnen, normativ Stellung zu nehmen, dadurch entziehen, dass er feststellt: „Ich weiß nicht, was der Kunde tun soll" oder „Ich maße mir nicht an, zu beurteilen, was der Kunde tun sollte, ich beschränke mich darauf, ihn auf Ertragserwartungen und mögliche Risiken hinzuweisen", „Ich nehme selbst nicht normativ Stellung", könnte er hinzufügen, wenn er im Laufe seines BWL-Studiums einen Ethik-Kurs belegt haben sollte.

Die erste Verwendungsweise von „Sollen" ist rein deskriptiv, die zweite ist (jedenfalls auch) normativ. Dies gilt selbstverständlich auch dann, wenn die zweite normative Verwendungsweise des „Sollens" Kriterien folgt, wonach diese Verwendungsweise auf den deskriptiv beschreibbaren empirischen Bedingungen der Entscheidungssituation superveniert, d. h., wenn gilt, dass zwei Entscheidungssituationen, die sich in bestimmter relevanter Hinsicht gleichen, dann auch normativ (in Hinblick darauf, was Sabine tun sollte) zum gleichen Rat durch die Freundin führen.

Auch wenn diese normative Stellungnahme (die zweite Verwendungsweise von „Sollen") als Ratschlag im wohlverstandenen Interesse der beratenden Person gemeint ist, ändert dies an dieser wichtigen Unterscheidung nichts. Diese Formel vom „wohlverstandenen Interesse" beinhaltet vielmehr eine evaluative Stellungnahme, wonach diese Interessen von einer Art sind, dass sie Handlungen rechtfertigen, die diesen Interessen dienen.

Auch dazu eine kurze Illustration: Wenn ein Jugendlicher zum Ergebnis kommen sollte, dass das vorzeitige Ableben seiner Erbtante in seinem Interesse wäre, dann rechtfertigt dies nicht, Maßnahmen zu ergreifen, die den Tod dieser Erbtante herbeiführen, auch dann nicht, wenn der Verursacher dieser Maßnahmen unentdeckbar bleiben würde. Das sogenannte wohlverstandene Eigeninteresse, das erst die Mittel im Sinne eines normativen „Sollens" legitimiert, besteht in diesem Falle den Test nicht, die diesem Mitteleinsatz entgegenstehenden Interessen der Erbtante an einem möglichst langen Leben, können durch das Interesse des Jugendlichen, frühzeitig zu erben, nicht aufgehoben werden. Bei dieser Darstellung des Sachverhalts zeigt sich, wie problematisch reine Interessens-Ethiken sind, denn es steht außer Frage, dass es nicht um eine Abwägung der Interessen geht, etwa dahingehend, dass der Wohlergehens-Gewinn der Tante durch das zeitliche Integral ihres hedonischen Niveaus mit dem potentiellen Wohlergehens-

Gewinn des Jugendlichen auf Grund einer vorzeitigen üppigen Erbschaft abgewogen wird, sondern es geht um Rechte, Pflichten, um moralische Zulässigkeit. Das Herbeiführen des vorzeitigen Ablebens der Erbtante ist unter allen Bedingungen inakzeptabel und schließt daher ein normatives „Sollen" unter allen Bedingungen aus, selbst dann, wenn sich zeigen ließe, dass der Wohlergehens-Gewinn des Erbenden bei weitem den Wohlergehens-Gewinn der Erbtante bei über den Zeitpunkt der beabsichtigten Tötung hinausgehendem Leben aufwiegt.

Wir ziehen aus diesem Argument die folgende Conclusio: Eine normative Theorie der Rationalität kommt ohne eine evaluative Komponente, ohne eine bewertende Stellungnahme der Bedingungen der Entscheidung nicht aus. Auch dann, wenn man, geleitet von der Idee individueller Handlungsautonomie versucht, sich der evaluativen Stellungnahme möglichst weitgehend zu enthalten, kommt man jedenfalls nicht darum herum, wenigstens ihre Akzeptabilität zu konstatieren. Sind bestimmte Interessen akzeptabel, stiften diese Interessen gute Gründe für die betreffende Person, die diese Interessen hat, oder nicht? Dieser Fragestellung kann sich keine normative Rationalitätstheorie entziehen. Wir dürfen einem Etikettenschwindel nicht auf den Leim gehen, der darin besteht, dass uns die Theorie instrumenteller Rationalität als eine normative Theorie verkauft wird, die sich einer inhaltlichen Stellungnahme zu den Zielen enthält. Eine solche Abstinenz ist nicht möglich, oder anders formuliert: Dort, wo diese Abstinenz konsequent realisiert würde, verlöre diese Rationalitätstheorie ihren normativen Charakter, sie würde dann nichts anderes sein als die deskriptive Feststellung eines empirischen Sachverhaltes.

§ 3 Kritik des methodologischen Egoismus

Wie wir gesehen haben, kann eine konsequentialistische Rationalitätstheorie durch das Nutzentheorem nicht gerechtfertigt werden, sooft dieses auch geschieht. Es gibt keinen logisch nachvollziehbaren Übergang von den kohärentistischen Postulaten des Nutzentheorems zu einem konsequentialistischen Kriterium rationalen Handelns. Wer behauptet, dass eine rationale Entscheidung dadurch charakterisiert sei, dass sie die Handlungsfolgen optimiere, der muss für diese Behauptung andere Argumente vorbringen als die Ableitung einer – bis auf positive Transformationen eindeutigen – Nutzenfunktion aus den kohärentistischen Postulaten des Nutzentheorems. Kurz: *Konsequentialismus folgt nicht aus Kohärentismus*.

A fortiori folgt aus den kohärentistischen Postulaten des Nutzentheorems nicht der für die zeitgenössische ökonomische Theorie charakteristische *methodologische* Egoismus. Dieser besagt, dass Individuen ihren Eigennutz optimieren bzw. optimieren sollten. Dieses Changieren zwischen empirischer und normativer Interpretation ist für die zeitgenössische ökonomische Theorie charakteristisch, es ermöglicht den Anspruch einer positiven, einer empirisch sich bewährenden Wissenschaft einerseits und den Anspruch einer politikberatenden Funktion andererseits. Der Kern des normativen Anspruchs ist das Kriterium der Pareto-Optimalität, also die Kritik von Verteilungen, für die gilt, dass man mindestens eine Person hinsichtlich ihres Eigennutzens besserstellen könnte, ohne jemand anderen schlechter zu stellen. Wo immer solche Verteilungen auftreten, handelt es sich um (pareto-)ineffiziente Verteilungen, die als Defizit an ökonomischer Rationalität interpretiert werden. Dieser Egoismus, diese Theorie des egoistisch optimierenden Akteurs ist insofern methodologisch, als – aufgeklärte – Ökonomen nicht wirklich davon ausgehen, dass Akteure in der realen Lebenswelt, auch nicht der der alltäglichen ökonomischen Praxis, tatsächlich jeweils ausschließlich ihren Eigennutzen zu optimieren suchen. Sie optimieren nicht ausschließlich ihren Eigennutz, sondern weisen diese Tendenz auf, jedenfalls unter bestimmten Bedingungen, zu denen die Möglichkeit, zwischen Alternativen abzuwägen ebenso gehört wie ein gewisses Maß an Transparenz hinsichtlich der offenstehenden Optionen und eine Einschätzbarkeit der subjektiven Wahrscheinlichkeiten. Methodologisch ist dieser Egoismus insofern, als er als Methode der ökonomischen Analyse und der ökonomischen Beratungstätigkeit herangezogen wird. Er dient zur (ökonomischen) Beschreibung und Erklärung ökonomischer Prozesse und als anthropologische Hintergrundbedingung der ökonomischen Beratungspraxis: Man geht davon aus, dass aufgeklärte Individuen unter günstigen Bedingungen sich weitgehend gemäß diesem Kriterium der Optimierung ihres eigenen Nutzens verhalten und man empfiehlt in Beratungssituationen den jeweiligen Eigennutzen des Ratsuchenden zu optimieren. Charakteristischerweise wird von diesem methodologischen Prinzip allerdings in der ökonomischen Politikberatung systematisch abgewichen, d. h. die Empfehlung an die Politik bezieht sich nicht darauf, die Eigeninteressen der Politiker zu optimieren, sondern im günstigsten Fall die der Wirtschaftssubjekte, im ungünstigsten die derjenigen Unternehmen, die für die bezahlte ökonomische Beratertätigkeit von besonderer Bedeutung sind. Jedenfalls im Falle der Weltfinanzkrise und des Vorspiels in Gestalt geradezu absurd irrational agierender US-Rating-Agenturen, die im Rückblick lediglich als Agenturen ökonomischer Partialinteressen auftraten, nämlich derjenigen ihrer Geldgeber, hat sich dies besonders drastisch gezeigt.

Die zeitgenössische Gegenströmung zur ökonomischen Neoklassik nennt sich *behavioral economics* oder im Deutschen „Verhaltensökonomie". Diese stellt dem methodologischen Individualismus der Neoklassik behavioristische Konzeptionen entgegen, die sich auf empirische Befunde systematisch auftretender Verhaltensregularitäten stützen. Dies kann sich, wie bei dem Ökonomie-Nobelpreisträger Daniel Kahneman und seinem Co-Autor Amos Tversky,[92] zu einer Kritik der „rationalistischen" Annahmen der zeitgenössischen ökonomischen Theorie verdichten. Oder, wie im Falle der „Heuristiken", wie sie der deutsche Ökonomie-Nobelpreisträger Reinhard Selten zusammen mit dem Psychologen Gerd Gigerenzer populär gemacht haben, in eine alternative, in der Tradition Herbert Simons stehende, Konzeption partikular vernünftiger, aber darüber hinaus nicht weiter rationalisierbarer Verhaltensmuster münden. In meinen Augen sind diese Alternativen allerdings unbefriedigend. Nicht nur die drei hier genannten Hauptströmungen sind jeweils für sich genommen unbefriedigend, sondern auch diese Form der Gegenüberstellung, wie sie in der wissenschaftlichen, aber auch öffentlichen Debatte üblich geworden ist.

Wir werden auf diese Problematik im Laufe des Buches noch näher eingehen, hier sei nur vorausgeschickt, warum diese Form der Gegenüberstellung hoch problematisch ist: Mit dem Scheitern des methodologischen Egoismus und Individualismus, wie er sich gerade in der fortgeschrittenen Spieltheorie und *collective choice* offenbart, sind die Postulate einer minimalen Kohärenz, die das Nutzentheorem ermöglichen, keineswegs obsolet. Auch wenn de facto die in unserem Entscheidungsverhalten offenbarten Präferenzrelationen diese Kohärenzbedingungen nicht erfüllen, sind sie als Postulate nach wie vor sinnvoll. Dies schränkt die empirische Anwendbarkeit des theoretischen Kerns von *rational choice* (hier konsequent kohärentistisch verstanden) zwar ein, ändert aber nichts daran, dass eine voll entwickelte Rationalitätstheorie diesen Minimalbestand von Kohärenzbedingungen berücksichtigen sollte. Bei einer entsprechenden konsequent kohärentistischen Uminterpretation der Wahrscheinlichkeits- und Nutzenfunktionen in subjektive propositionale Einstellungen zweier Typen, die nicht-konsequentialistisch oder gar egoistisch verengt werden, ist dieser Kern keineswegs obsolet. Die Einwände der sogenannten Verhaltensökonomie oder auch der Heuristiker reichen nicht hin, um diesen kohärentistischen Kern der Theorie praktischer Vernunft herauszufordern. Die Naivität, mit der sowohl Daniel Kahneman als auch Reinhard Selten mit empirischen Argumenten gegen eine normative Theorie argumentieren, ist überraschend. Es mag damit zusammenhängen, dass die zeitgenössische ökonomische Theorie das Verhältnis von Empirizität und Normativität nicht mehr thematisiert.[93] Der disziplinäre Selbstbetrug der modernen

---

92 Vgl. Daniel Kahneman & Amos Tversky: *Choices, Values, and Frames.* Cambridge: University Press 2000; sowie Daniel Kahneman & Amos Tversky & P. Slovic: *Judgment under Uncertainty: Heuristics and Biases.* Cambridge: University Press 1982.

93 Einer der letzten Ökonomen in Deutschland, der seine Wissenschaft explizit als eine normative verstand, war Gerhard Weisser, obwohl sowohl der Ordo-Liberalismus von Walter Eu-

Ökonomie, sich vollkommen von den moralphilosophischen Wurzeln der Schottischen Aufklärung entfernt zu haben und eine normale empirische Disziplin mit einem sozialwissenschaftlichen Gegenstand geworden zu sein, der allerdings mit einer der theoretischen Physik ähnlichen Methodik arbeitet, hat offenkundig eine tiefgreifende Wirkung gehabt. Die Eskamotierung alles Normativen aus den metatheoretischen Charakterisierungen der ökonomischen Disziplin, bei Aufrechterhaltung einer normativen Praxis ökonomischer Beratung, ist dafür ein beeindruckender Beleg.

Unsere Familienbeziehungen werden von unterschiedlichen Motiven getragen, dabei spielt auch der Eigennutz eine wichtige Rolle. Neben dem Eigennutz ist für intakte Familienbeziehungen nicht nur ein gewisses Maß an Altruismus charakteristisch, im besonderen Maße beim Umgang von Eltern mit kleinen Kindern, sondern eine ganze Batterie von normativen Einstellungen, zu denen ein hohes Maß an Kooperationsbereitschaft, Rücksichtnahme, wechselseitige Anerkennung von Autonomie (spätestens ab Volljährigkeit) und nicht zuletzt Liebe gehören. Es gilt als eine der großen Leistungen der Ökonomie außerhalb ihrer traditionellen Anwendungsbereiche, den methodologischen Egoismus auch auf Familienbeziehungen angewendet zu haben. Der Nobelpreis an Gary S. Becker[94] wurde auch mit dieser – in meinen Augen äußerst fragwürdigen – Leistung gerechtfertigt. Die leitende These lautet: Auch die Handlungsmotivation in Familienbeziehungen ist ausschließlich von egoistischen Interessen geleitet. Es geht den Akteuren jeweils um die Optimierung ihres eigenen Nutzens.[95] Zweierlei ist daran bemerkenswert: erstens die Hartnäckigkeit, mit der widerspenstige Daten durch kühne Interpretationen ohne hinreichende empirische Fundierung gefügig gemacht werden. Und zweitens – problematischer – dass die *scientific community* dieses Vorgehen am Ende auch noch goutiert.

§ 4 Kooperation

Das eigentliche Menetekel der zeitgenössischen Rationalitätstheorie, die nicht nur die ökonomische Theorie, sondern auch die praktische Philosophie und

---

cken eine im Kern normative Theorie des Verhältnisses von Staat und Wirtschaft ist, als auch der Keynesianismus und gegenwärtig erstarkende Neo-Keynesianismus.
94 Becker, Gary S.: *The Economic Approach to Human Behavior*. Chicago: University Press 1976
95 Seit dem Amtsantritt von Donald Trump wird dieser häufig und in zahlreichen Medien dafür kritisiert, dass er sein gesamtes Verhalten ausschließlich an seinen eigenen Interessen ausrichte, auch Beziehungen zu Menschen nur solange aufrechterhalte, wie sie ihm nutzen, ein merkwürdiger Kontrast.

weite Bereiche der Sozialwissenschaften dominiert, ist das Phänomen der Kooperation. Hier versagt diese Rationalitätstheorie auf ganzer Linie und damit stehen ihre Charakteristika – anthropologischer Egoismus, normativer Instrumentalismus, radikaler Konsequentialismus und atomistischer Individualismus – im Feuer. Es sind viele Rettungsversuche unternommen worden, um den Kern des *homo oeconomicus*-Modells gegenüber Kritik zu immunisieren. Die Literatur dazu füllt unterdessen Bibliotheken und die Debatte in der ökonomischen Theorie, den Sozialwissenschaften und der praktischen Philosophie erinnert an die Ästhetik des Rokokos. Immer weitere Verzierungen lassen die Kernbotschaften unkenntlich werden. Wir fokussieren hier auf ein zentrales Argument.

In der Spieltheorie hat die Kooperations-Problematik, manchmal auch *social dilemma* genannt, einen Namen: *prisoner's dilemma*. Dieser Name verdankt sich der folgenden Geschichte: Zwei Ganoven haben einen bewaffneten Raubüberfall begangen und werden kurz darauf von der Polizei festgenommen. Sie trugen Waffen bei sich, sodass ihnen dieses Vergehen (unerlaubtes Tragen von Waffen) nachgewiesen werden kann. Nicht nachgewiesen werden kann ihnen die Verübung des Raubüberfalls selbst. Nun sind beide Ganoven in getrennten Zellen des Untersuchungsgefängnisses untergebracht und werden verhört. Sie haben zwei Optionen: zu gestehen oder nicht zu gestehen. Wenn ein Angeklagter mit seinem Geständnis die Aufklärung der Straftat ermöglicht, kommt er als Kronzeuge der Anklage frei. Dies wäre dann der Fall, wenn der andere Gefangene den Raubüberfall nicht gesteht. Wenn beide gestehen, kommt keiner als Kronzeuge der Anklage frei und sie verbüßen eine langjährige, sagen wir zehnjährige, Gefängnisstrafe. Wenn beide nicht gestehen, werden sie wegen unerlaubten Tragens von Waffen zu jeweils einem Jahr Gefängnis verurteilt. Der nicht-geständige Angeklagte kommt im Falle, dass er des Raubüberfalls überführt werden kann, für elf Jahre ins Gefängnis, da seine mangelnde Kooperationsbereitschaft die Strafe verschärft.

Nehmen wir an, dass beide Gefangenen nicht von überstarken altruistischen Gefühlen für einander geprägt sind, sondern in dieser Situation jeweils nur ihre eigene Haut retten wollen, d. h. versuchen werden, eine möglichst geringe Strafe zu erhalten. Jeder der beiden Gefangenen kann zwischen Gestehen oder Nicht-Gestehen wählen. Es gibt vier mögliche Kombinationen von Entscheidungen: Beide gestehen (beide erhalten zehn Jahre Gefängnisstrafe), beide gestehen nicht (beide erhalten jeweils ein Jahr Gefängnisstrafe), der eine gesteht und kommt als Kronzeuge der Anklage frei und der andere gesteht nicht und erhält eine Gefängnisstrafe von elf Jahren. Hier ist offensichtlich „Gestehen" die dominante Strategie, da „Gestehen" unter den Entscheidungsoptionen diejenige ist, für die gilt, dass sie unter allen möglichen Bedingungen günstiger für den Akteur ist: Angenommen, der andere Gefangene gesteht, dann ist es für ihn besser, ebenfalls zu gestehen, da er ansonsten statt zehn elf Jahre Gefängnisaufenthalt zu gewärtigen hätte. Angenommen, der andere gesteht nicht, dann kommt er als Kronzeuge der Anklage frei und muss nicht ein Jahr wegen unerlaubten Waffenbesitzes im Gefängnis zubringen. Gestehen ist die dominante Strategie für jeden der beiden Gefangenen. Was könnte dagegensprechen, eine Strategie zu wählen, die die erfreuliche Eigenschaft hat, jeweils die eigenen Ziele in höherem Maße zu erreichen, als jede andere Strategie? Rationale Personen, so scheint es, sollten dominante Strategien wählen. Misslich ist, dass in Situationen des Gefangenendilemmas, die Kombination der beiden dominanten Strategien (oder der n dominanten Strategien bei n Akteuren, in n-Personen-Gefangenendilemmata) im Hinblick auf ihre eigenen Ziele schlechter abschneidet, als wenn sie gemeinsam jeweils die nicht-dominante (dominierte, suboptimale) Strategie gewählt hätten. In diesem konkreten Beispiel heißt das, dass beide Gefangenen jeweils neun Jahre unnötigerweise im Gefängnis sitzen (bei beidseitigem Nicht-Gestehen der Tat hätten sie jeweils ein Jahr Gefängnis zu gewärtigen gehabt, da sie nun beide gestanden haben, werden sie jeweils zu zehn Jahren Gefängnisaufenthalt verurteilt). Wenn jeder der beiden Gefangenen einen Anwalt als Berater hinzuzieht, dann wird dieser vermutlich empfehlen, die Tat zu gestehen, da nicht anzunehmen ist, dass die Wahrscheinlichkeit dafür, dass der andere Gefangene gesteht, dadurch steigt, dass er selbst gesteht.

Interessanterweise hatte schon ganz zu Beginn der Debatte um *social dilemmas* einer der Pioniere der empirischen Erforschung von Kooperations-Dilemmata – Anatol Rapoport[96] – dieser Sichtweise die Symmetrie der Entscheidungssituation entgegengehalten: Da beide Akteure in der gleichen dilemmatischen Situation sind, könne jeder davon ausgehen, dass bei vergleichbarer Rationalität

---

[96] A. Rapoport & A. Chammah: *Prisoner's Dilemma*. Ann Arbor: University Michigan Press 1965. Eine aktuellere Übersicht über experimentelle Befunde zum prisoner's dilemma bietet: David Sally: „Conversation and Cooperation in Social Dilemmas". In: *Rationality and Society* 7 (1995), 58–92, und über den (positiven) Zusammenhang zwischen Intelligenz und Kooperation (Gruppen von intelligenteren Personen kooperieren mit größerer Wahrscheinlichkeit): O. Al-Ubaydli & G. Jones & J. Weel: „Average Player Traits as Predictors of Cooperation in a Repeated Prisoner's Dilemma". In: *Journal of Behavioral and Experimental Economics* 64 (2016), 5–60; und eine kompakte Darstellung der Rolle von Vertrauen und Reziprozität, um soziale Dilemma-Situationen in kollektiver, kulturell eingebetteter Praxis zu lösen, ein Vortrag der Ökonomie-Nobelpreisträgerin von 2009 Elinor Ostrom: „A Behavioral Approach to the Rational Choice Theory of Collective Action" vor der American Political Science Association 1997, publiziert in: *American Political Science Review* 92 (1998), 1–22; sowie ihr Hauptwerk: *Governing the Commons: The Evolution of Institutions for Collective Action*. Cambridge University Press 1990 (deutsch 1999 u. d. T. *Die Verfassung der Almende*. Tübingen: Mohr 1999. Ein interessantes Resultat: A. Dreber & D. Rand & D. Fudenberg & M. Nowak: „Winners Don't Punish". In: *Nature* 425 (2008), 348–351.

der Beteiligten das Ergebnis der Deliberation ebenfalls übereinstimmen wird. Wenn der eine rationale Akteur sich für Kooperation entscheidet, dann werde dies auch der andere tun, weil es keinen Unterschied zwischen den beiden Entscheidungssituationen der Beteiligten gebe. Unter diesen Voraussetzungen scheint es nur zwei mögliche Entscheidungskombinationen zu geben, entweder beide gestehen oder beide gestehen nicht. Bei allem Respekt vor Anatol Rapoport scheint mir diese Interpretation aber wenig plausibel zu sein. Zwei Gründe sprechen dafür, diesen Lösungsvorschlag abzulehnen: Erstens, weil auf diese Weise allein auf Grund einer rationalitätstheoretischen Prämisse eine kausale Interdependenz konstruiert wird und zum zweiten, weil bei dieser Interpretation ausschließlich Kooperation rational wäre. Die Unabhängigkeit der Entscheidungen der Beteiligten ist aber ein konstitutives Merkmal des Kooperationsdilemmas. Die Verbindung einer instrumentellen Rationalitätskonzeption – die Handlung wird als Mittel zur Optimierung von Zwecken eingesetzt und ausschließlich dafür – mit einem methodologischen Egoismus, wonach jeder Akteur so interpretiert werden sollte, dass er seinen Eigennutzen optimiert, erlaubt in Entscheidungssituationen vom Typ des Gefangenendilemmas nur die rationale Wahl: gestehen.

Lässt man altruistische Handlungsmotive zu, ändert sich das Bild: Angenommen, der andere Gefangene gesteht nicht, sodass bei beiderseitigem Nicht-Gestehen beide Angeklagten lediglich eine Gefängnisstrafe von einem Jahr für unerlaubten Waffenbesitz erwartete, dann bedeutet die Entscheidung, zu gestehen, eine Verringerung um ein Jahr (in diesem Fall kommt ja der Gestehende als Kronzeuge der Anklage frei), aber eine Erhöhung für den anderen Gefangenen um zehn Jahre, von einem Jahr (wegen unerlaubten Waffenbesitzes) auf elf Jahre, wegen Raubüberfall ohne Kooperationsbereitschaft mit der Strafverfolgungsbehörde. Wenn der altruistische Anteil der Handlungsmotivation ausreicht, um jedes zusätzliche Gefängnisjahr für den Mitangeklagten mit einem Zehntel des Gewichtes eigenen zusätzlichen Gefängnisaufenthaltes zu versehen, dann wäre der von altruistischen Gefühlen angehauchte Ganove zwischen Gestehen und Nicht-Gestehen indifferent unter der Bedingung, dass der Mitangeklagte sich für Nicht-Gestehen entscheidet. Verstärkt sich dieser Hauch des Altruismus über dieses Zehntel hinaus, dann präferiert der ein wenig altruistischere Ganove bei dieser Alternative „Nicht-Gestehen". Im Falle, dass der Mitangeklagte gesteht, verringert sich die Zahl der Gefängnisjahre für den Ganoven ebenfalls um ein Jahr (von elf auf zehn), während sich für den Mitangeklagten die Zahl der Gefängnisjahre bei Nicht-Gestehen erneut um zehn Jahre verringern würde (er käme ja dann als Kronzeuge der Anklage frei). Auch für diesen Fall gilt also (das ist allerdings nur für diese spezifische Verteilung von Gefängnisjahren gegeben und nicht generell ein Charakteristikum von Gefangenendilemmata), dass schon die

Gewichtung des Gefängnisaufenthaltes des Mitangeklagten mit einem Zehntel gegenüber der Gewichtung, die man dem eigenen Gefängnisaufenthalt beimisst, ausreicht, um eine rationale Indifferenz zwischen Gestehen und Nicht-Gestehen zu ermöglichen und bei einem darüber hinausgehenden Altruismus würde Nicht-Gestehen rational, obwohl dies bedeutet, dass der altruistische Ganove dies mit elf Jahren Gefängnisaufenthalt als allein Verurteilter zu büßen hätte. An dieser Stelle zeigt sich allerdings schon, dass die Charakterisierung von Altruismus über Gewichtungsfaktoren viel zu grobschlächtig ist. Es ist kaum anzunehmen, dass, unabhängig davon, wie sich der Mitangeklagte entscheidet, die Bereitschaft, dessen Interessenlage zu berücksichtigen, gleich hoch bleibt. Vielmehr ist bei der nicht-kooperativen Entscheidung des Mitangeklagten und angesichts der Tatsache, dass dieser im Falle eigener Kooperation den alleinigen Gewinn davontragen würde, davon auszugehen, dass die Bereitschaft, dessen Interessen zu berücksichtigen, bei allen rationalen Akteuren massiv sinken würde. Dies ist übrigens nicht nur ein Argument gegen jene grobschlächtige Charakterisierung des Altruismus,[97] sondern auch gegen die nach wie vor wohl prominenteste Moraltheorie der Gegenwart, nämlich den Akt-Utilitarismus, wonach es moralisch rational sei, jeweils die Nutzensumme zu maximieren, unabhängig davon, welche Wohlfahrtsniveaus die einzelnen Individuen erreicht haben (also unabhängig von Verteilungen), unabhängig von der Vorgeschichte der Entscheidungen (waren darunter illegitime, rücksichtslose, unmoralische etc. oder nicht?) und unabhängig davon, ob individuelle Rechte tangiert sind oder nicht. Die Prominenz der altruistischen Interpretationen kooperativen Verhaltens in Gefangenendilemma-Situationen verdankt sich einer Voreingenommenheit der zeitgenössischen Ökonomie und Philosophie zugunsten instrumenteller Rationalität.

Die altruistischen Ganoven verändern die Bewertungen ihrer Handlungsfolgen, indem sie von dem alleinigen Ziel der Minimierung ihres Gefängnisaufenthaltes abgehen. Sie berücksichtigen die negativen Folgen, die ein zusätzliches Jahr im Gefängnis für den Mitangeklagten haben würde. Nun lässt sich dies, im Geiste der hedonistisch inspirierten modernen Ökonomie, notfalls wieder in den methodologischen Egoismus eingemeinden, indem man diese Berücksichtigung des Nachteils eines verlängerten Gefängnisaufenthaltes für den Mitangeklagten als eine Form der Optimierung des subjektiven Zustands des jeweiligen Akteurs uminterpretiert: Danach ist der altruistische Ganove nicht wirklich altruistisch, sondern er verbessert sein Wohlergehen dadurch, dass er auf andere, in diesem Fall den Mitangeklagten, Rücksicht nimmt. Der methodologische Individua-

---

97 Vgl. Nicholas Rescher: *Unselfishness: The Role of the Vicarious Affects in Moral Philosophy and Social Theory*. Pittsburgh: University Press 1975.

lismus rettet sich über die ad hoc-Annahme, dass das erhebende Gefühl, dem Mitangeklagten etwas Gutes getan zu haben, so anhaltend ist, dass er einen zusätzlichen Gefängnisaufenthalt von einem Jahr aufwiegt. Plausibel ist diese Interpretation allerdings nicht. Um mit Joseph Butler zu sprechen: Der altruistische Ganove nimmt die mögliche Beschädigung des Wohlergehens des Mitangeklagten als guten Grund, die Minimierung des eigenen Gefängnisaufenthaltes nicht zum alleinigen Handlungskriterium zu machen. Der altruistische Ganove nimmt Rücksicht, das ist aber etwas anderes als die Optimierung eigenen Wohlergehens. In der jetzt folgenden Analyse lassen wir die Prämisse des methodologischen Egoismus fallen: Wir gehen nicht mehr davon aus, dass jede rationale Entscheidung ausschließlich der Optimierung eigener Interessen dient. Mit anderen Worten, wir lassen die Möglichkeit anderer Handlungsmotive als das der Optimierung eigener Interessen zu.[98] Nehmen wir also an, auch rationale Personen könnten noch andere Handlungsmotive haben als das der Optimierung ihrer eigenen Interessen. Obwohl der methodologische Egoismus in der Anwendung der ökonomischen Theorie dominiert, sind manche ökonomische Theoretiker bereit, altruistische Handlungsmotive als Komplement egoistischer in die Analyse einzubeziehen. Die Komplexität praktischer Gründe wird auf zwei Typen reduziert: egoistische und altruistische. Der Vorteil ist, dass die Analyse der Handlungsmotivation übersichtlich bleibt und dass man am Modell der Optimierung von *outcomes* im Sinne subjektiven Wohlergehens festhalten kann. Allerdings spielt jetzt nicht nur das eigene subjektive Wohlergehen, sondern unter Umständen (mit einem bestimmten Gewichtungsfaktor) auch das subjektive Wohlergehen Anderer eine Rolle. Vor allem aber: Diese Lösung vermeidet es, Kooperation als Handlungsgrund anzuerkennen. Dies scheint für die Dogmatiker der *rational choice*-Konzeption praktischer Vernunft von zentraler Bedeutung zu sein. Die Batterie abwehrender Argumente ist so dicht gestaffelt, dass wir sie nur in mehreren Angriffswellen durchbrechen können. Dabei werden unterschiedliche Defizite der *rational choice*-Orthodoxie diskutiert, die auch unabhängig von der spezifischen Problematik der Kooperation für den Aufbau einer kohärenten Theorie praktischer Vernunft relevant sind.

Pareto-ineffiziente Verteilungen bzw. *outcomes* einer Interaktions-Situation sind auch aus Sicht der ökonomischen Rationalitätskonzeption unerfreulich. Schließlich könnte es allen Personen besser gehen, wenn sie sich nur anders ent-

---

98 Wir haben uns an dieser Stelle einer laxen Redeweise bedient, wonach das individuelle Interesse jeweils mit der Optimierung eigenen Wohlergehens zu identifizieren sei, wir haben diese Termini austauschbar verwendet. Das ist nicht unproblematisch – die Diskussion dieses Punktes verschieben wir aber auf einen späteren Zeitpunkt.

schieden hätten. Eine instrumentelle Rationalitätskonzeption reicht aus, um zu diesem Ergebnis zu kommen: Die Beteiligten streben Ziele an, die sie nur unvollständig erreichen. Die beiden Gefangenen sitzen neun Jahre überflüssigerweise im Gefängnis (überflüssigerweise aus deren Sicht, nicht aus der Sicht der Strafverfolgungsbehörden oder der an einer Strafverfolgung interessierten Öffentlichkeit). Ist also ein gewisses Maß an Altruismus ein plausibler Ausweg? Kann man diesen Altruismus auch dann erwarten, wenn nur man selbst, nicht aber der andere Interaktionsbeteiligte (bzw. n-Personen) sich unkooperativ verhält?

Es waren wohl solche Überlegungen, die den späteren Ökonomie-Nobelpreisträger Amartya Sen dazu veranlasst haben, drei Stufen der Moralität in Hinblick auf das Kooperations-Dilemma zu unterscheiden. Die erste ist die des Egoismus: Jeder optimiert seine eigenen Interessen, in diesem Fall, minimiert den Gefängnisaufenthalt, mit dem Ergebnis, dass beide zehn Jahre im Gefängnis sitzen. Beidseitiges Gestehen ist ein Gleichgewichtspunkt in dominanten Strategien.

Manche werden bereit sein, zu kooperieren, auch aus Rücksicht auf den Mitangeklagten, aber nur unter der Bedingung, dass auch dieser kooperiert. Sen nannte diese Situation *assurance game* (Versicherungsspiel).[99] In diesem Fall gibt es zwei Gleichgewichtspunkte, je nach den wechselseitigen Erwartungen. Wenn beide voneinander Kooperation erwarten, dann kooperieren sie und sitzen jeweils nur ein Jahr im Gefängnis. Wenn die wechselseitige Erwartung allerdings auf Nicht-Kooperation hinausläuft, kooperieren beide nicht und bezahlen diese mangelnde Kooperationsbereitschaft (bzw. eine dementsprechende wechselseitige Einschätzung – das ist nicht dasselbe) mit jeweils zehn Jahren Gefängnisaufenthalt. Wenn beide fälschlicherweise annehmen, dass sie nicht kooperationsbereit sind, obwohl jeder der beiden kooperationsbereit ist, dann entsteht eine tragische Situation: Sie kooperieren nicht, obwohl sie kooperationsbereit sind, auf Grund einer fehlerhaften Einschätzung der Motivlage.

Die – für Sen – moralischste Haltung ist die Kooperation unter allen Bedingungen, also auch dann, wenn der Akteur nicht davon ausgeht, dass die anderen kooperieren. Interessanterweise nennt Sen diese Interaktionssituation „*other regarding*", als ob der unbedingte Kooperierer nur altruistisch motiviert sein könnte.

Es liegt nahe, hier von drei Stufen der Moralität zu sprechen. Je mehr Moral, desto kooperativer. Diese Bereitschaft zur Kooperation wird dadurch ermöglicht, dass auf andere in höherem Maße Rücksicht genommen wird. So plausibel und durchaus sympathisch diese Interpretation ist, sie geht in die Irre. Kooperation

---

99 Vgl. Appendix §2 Metapräferenzen; vgl. auch: Amartya Sen: „Choice, Ordering and Morality". In: *Practical Reason*. Hrsg. von Stephan Körner. Oxford: Blackwell 1974.

lässt sich nicht über altruistische Motivationen sicherstellen, ja noch mehr: Das Kooperations-Dilemma zeigt das fundamentalste Defizit der traditionellen *rational choice*-Theorie auf. Die Antwort auf dieses Defizit erfordert einen Paradigmenwechsel, nämlich den von einer punktuellen und atomistischen Betrachtung zu einer strukturellen und holistischen. Der Nukleus der Konzeption struktureller Rationalität besteht in der These, dass genuine Kooperation – entgegen der traditionellen *rational choice*-Theorie – möglich ist. Ein derart radikaler Schritt bedarf einer sorgfältigen Erläuterung oder besser Vorbereitung. Ich erhebe mit den Argumenten, die nun folgen, nicht den Anspruch, eine These zu deduzieren. Vielmehr dienen sie dazu, den Abschied von einem wirkungsmächtigen Dogma vorzubereiten – ein Dogma, das auch diejenigen in seinen Bann zieht, die sich seiner problematischen Implikationen bewusst sind.

Ein Großteil der Literatur wird durch die Idee geleitet, Kooperation dadurch möglich zu machen, dass der egozentrische Standpunkt überwunden wird. Daran ist, wie wir noch sehen werden, tatsächlich etwas Wahres dran. Aber der Weg, der dabei üblicherweise beschritten wird, ist falsch gewählt. Es werden die Handlungskonsequenzen neu bewertet, indem die Interessen anderer einbezogen werden. Es bleibt bei einer instrumentellen Rationalitätskonzeption, wonach die jeweilige Entscheidung die Konsequenzen des Handelns optimiert. Es ist diese konsequentialistische Orientierung, die Optimierung – außer in einem interessanten Spezialfall – unmöglich erscheinen lässt. Wir haben im vorausgegangenen Abschnitt gesehen, dass bei der gegebenen Struktur von Konsequenzen (*outcomes* des Spiels) der vier möglichen Handlungskombinationen schon eine Berücksichtigung der Interessen des Mitangeklagten in geringem Umfang (10%) ausreicht, um Kooperation zu ermöglichen. Spricht das nicht dafür, dass wir uns auf einem richtigen Weg befinden? Demnach wäre es die Prämisse des Egoismus und nicht die der instrumentellen Rationalität im Sinne der Optimierung von Konsequenzen, die für das Kooperations-Dilemma verantwortlich ist. Eine Neubewertung der Handlungskonsequenzen durch Einbeziehung der Interessen anderer ermöglicht Kooperation, also erscheint Altruismus als *via regia* zur Überwindung des Kooperations-Dilemmas.

Uns sollte allerdings irritieren, dass der erforderliche Grad von Altruismus, die Gewichtung, mit der die Interessen anderer in die Konsequenzenbewertung eingehen, welche für eine Überwindung des Kooperations-Dilemmas erforderlich ist, von der konkreten Verteilung des Nutzens auf die beteiligten Individuen abhängt. In unserem Beispiel genügte die Gewichtung mit mehr als einem Zehntel. Bei anderen Verteilungen von Gefängnisjahren über die beiden Beteiligten, wäre ein höherer Grad oder ein niedrigerer Grad an Altruismus erforderlich, um das Kooperations-Dilemma zu überwinden. Manche Leser werden diesen Befund ganz plausibel finden: Wenn massive eigene Interessen auf dem Spiel stehen, dann bedarf es eben eines hohen Grades an Altruismus, um die egoistische Perspektive zu überwinden. Wenn für die eigene Person wenig auf dem Spiel steht, dann ist ein geringes Maß an Altruismus ausreichend. Im Extremfall bedarf es eben eines extremen Maßes an Altruismus, um Kooperationsbereitschaft hervorzubringen.

Tatsächlich verhält es sich aber ganz anders: Der starke Altruist transformiert das ursprüngliche Kooperations-Dilemma in ein neues, bei dem lediglich die Rollen der beiden Beteiligten vertauscht sind. Es ist also keineswegs so, dass mit zunehmendem Altruismus die Kooperationsproblematik verschwände. Vielmehr verstärkt sie sich sogar, wenn die Gewichtung der Interessen anderer über diejenige der eigenen hinausgeht, also sobald es sich um einen genuinen Altruismus handelt.[100]

Grundsätzlicher noch ist aber der folgende Einwand: Es gibt keine vernünftige ethische Theorie, die pareto-ineffiziente Verteilungen gegenüber pareto-effizienten vorzieht. Man kann dies auch als Postulat formulieren: Theorien gerechter Verteilung sollten pareto-inklusiv sein.[101]

Vernünftige ethische Theorien fordern ein Verhalten, das nicht unnötigerweise alle gemeinsam beschädigt. In einer Welt, in der es nur zwei Beteiligte gibt, wie in unserem künstlichen Beispiel, in dem externe Effekte (z. B. die Abschreckungswirkung staatlicher Strafe, die Unzufriedenheit derjenigen, die davon erfahren, dass ein Verbrecher freigelassen wurde) ausgeschlossen sind, verlangen alle vernünftigen ethischen Theorien ein kooperatives und kein unkooperatives Verhalten. Wenn wir nun lediglich den Weg der Berücksichtigung der Interessen anderer gingen und an einer instrumentellen Rationalitätskonzeption festhielten, müssten die Gewichtungsfaktoren jeweils so gewählt werden, dass Kooperation möglich ist, dass also dieses gemeinsame Gebot aller vernünftigen ethischen Theorien erfüllt wird. Wenig plausibel scheint es, dass das jeweilige

---

[100] Solange die Interessen anderer als von geringerem Gewicht gelten als die eigenen, könnte man von einem „schwachen Altruismus" sprechen und sobald die Gewichtung der Interessen anderer die der eigenen überschreitet, von einem starken. Im Extremfall geht die Gewichtung der eigenen Interessen gegen null und die der Interessen des anderen gegen eins. Die Summe der Gewichtungsfaktoren sollte jeweils eins ergeben (auch in n-Personen-Situationen).
[101] Das berühmteste Gerechtigkeitskriterium der Gegenwart, das Differenzprinzip von John Rawls, erfüllt diese Bedingung, aber das gilt auch für die allermeisten konkurrierenden Theorien, z. B. utilitaristische Gerechtigkeitstheorien. Probleme ergeben sich, wenn individuelle Rechte und die historische Genese von Verteilungen einbezogen werden, wie in libertären Theorien, am prominentesten die von Robert Nozick in *Anarchy, State and Utopia*. Dann kann es, wie das liberale Paradoxon von Amartya Sen gezeigt hat, zu einer Unvereinbarkeit zwischen der Wahrnehmung individueller Rechte und Pareto-Inklusivität kommen, vgl. dazu *LkE*, Kap 11. In V §4 gehen wir auf die besondere Rolle individueller Rechte noch einmal ein.

Maß an Altruismus von Fall zu Fall neu zu bestimmen sei, um Kooperation aller Beteiligten zu ermöglichen. In der Tat gibt es eine solche Rate für jedes Kooperations-Dilemma. Plausibler ist es, nach *einem* Altruismus-Grad zu suchen, der für alle Kooperations-Dilemmata Kooperation möglich macht, ja besser: garantiert. Diesen Altruismus-Grad gibt es tatsächlich: Es ist die genau gleiche Gewichtung der Interessen der anderen und der eigenen. Wenn jeder seinem eigenen Interesse das gleiche Gewicht gibt wie dem Interesse des oder der anderen Beteiligten, dann ist Kooperation für beliebige Verteilungen von Vor- und Nachteilen als Konsequenzen kollektiver Entscheidungen (jetzt nur im Sinne der Kombination individueller Entscheidungen verstanden) garantiert. Bei Gleichgewichtung kann es nicht passieren, dass auf Grund eines unzureichenden Altruismus die ursprüngliche Dilemma-Situation bestehen bleibt, aber auch nicht, dass sie in eine andere, erneut dilemmatische Situation „kippt", bzw. die Rollen der Akteure lediglich vertauscht werden, aber das Dilemma fortbesteht. Es gibt also eine Möglichkeit, Kooperation über altruistische Handlungsmotivation zu sichern und an der instrumentellen Rationalitätskonzeption festzuhalten.

Ist damit nicht gezeigt, dass eine instrumentelle Rationalitätskonzeption mit der Herausforderung der Kooperation überzeugend fertig wird, wenn man einmal die Engführung instrumenteller Rationalität in der Ökonomie in Gestalt des methodologischen Egoismus aufgibt? Man könnte sogar noch einen Schritt weitergehen und dieses Ergebnis als Rechtfertigung einer handlungsutilitaristischen Ethik interpretieren. Eine Person, die allen Interessen aller Beteiligter und Betroffener (wenn wir jeweils von einer geschlossenen Welt ausgehen, die im betreffenden Spiel abgebildet ist, sind Betroffene und Beteiligte identisch) gleiches Gewicht beimisst, handelt im Sinne des utilitaristischen Kriteriums. Die Nutzensumme gibt jedem Individuum das gleiche Gewicht, d. h. die individuellen Nutzenfunktionen werden ohne Gewichtungsfaktoren aufsummiert und die Maximierung bzw. im Falle von probabilistischen Situationen die Optimierung dieser Summe, zeichnet dieselben Handlungen als instrumentell rational aus, wie der so motivierte altruistische Akteur, der den Interessen aller anderen gleiches Gewicht einräumt. In einer Gesellschaft von Utilitaristen scheint es keine Kooperationsprobleme zu geben.

Kooperation ist also für eine spezifische Form altruistischer oder besser: utilitaristischer Handlungsmotivation gesichert. Die jeweilige Entscheidung optimiert die Interessen aller gleichermaßen, alle werden von allen gleichbehandelt und pareto-ineffiziente Verteilungen (als Konsequenzen kollektiver Handlungen) treten nicht mehr auf. Aber der Preis ist hoch. Mir scheint, er ist viel zu hoch: Um das alltägliche Phänomen der Kooperation rationalitätstheoretisch zu erfassen, müssen wir eine Voraussetzung machen, von der wir so gut wie sicher sein können, dass sie in der Realität nie erfüllt sein wird: Alle Personen räumen eigenen und fremden Interessen gleiches Gewicht ein und wählen jeweils diejenige Handlung, die die Summe der Interessen aller maximiert. Ich halte die Forderung, den Interessen von Personen, mit denen mich keine freundschaftliche oder familiäre Beziehung verbindet, gleiches Gewicht zu geben wie den eigenen, für supererogatorisch, d. h. für jenseits dessen, was man vernünftigerweise verlangen kann. Die Tatsache, dass so viele Ethiker diese Forderung nicht für abwegig halten (nämlich alle, die sich dem utilitaristischen Lager zurechnen), lässt sich meines Erachtens nur damit erklären, dass fälschlicherweise diese unplausible Forderung mit der der Gleichbehandlung konfundiert wird. Plausibel ist es, zu fordern, dass die Regeln, die die jeweils individuelle Optimierung von Akteuren einschränken, so gestaltet sein sollten, dass sie die Interessen aller Personen gleichermaßen berücksichtigen. Die Plausibilität dieser Forderung ergibt sich auch daraus, dass vernünftige Regeln für alle Personen gleichermaßen akzeptabel sein sollten. Diese allgemeine Akzeptabilität und die Gleichbehandlung aller Interessen unter diesem Gesichtspunkt ist aber nur unter der Voraussetzung nicht supererogatorisch, dass diese Regeln hinreichend Spielraum zur Gestaltung des eigenen Lebens lassen, oder anders formuliert, wenn sie sich als *deontologische* Regeln, nicht als *konsequentialistische* verstehen.

Die allgemeine Regel, jeweils seine gegebenen Versprechen einzuhalten (außer, es sprechen gewichtige Gründe dagegen), ist angesichts der allgemeinen Praxis des Versprechen-Gebens keine Bevorzugung bestimmter Personengruppen. Wir alle haben gleichermaßen ein Interesse daran, dass diese Regel eingehalten wird, diese Regel ist von jedem Interessenstandpunkt aus akzeptabel und daher schränkt diese Regel die Optimierung eigener Interessen ein: In vielen Situationen stelle ich mein Eigeninteresse zurück, um mich an diese Regel zu halten, d. h. ein gegebenes Versprechen einzuhalten. Dies ist deswegen nicht supererogatorisch, weil diese und andere Regeln hinreichend Spielraum zur Gestaltung meines eigenen Lebens nach eigenen Vorstellungen, die besondere Berücksichtigung meiner eigenen Interessen, lassen. Ohne einen solchen Spielraum, d. h. dann, wenn diese Regeln jeweils eindeutig bestimmen würden, was in jeder konkreten Situation zu tun wäre, wäre die Autonomie der Person, die Autorschaft des eigenen Lebens, die besondere Berücksichtigung eigener Interessen und eigener Projekte, sowie derjenigen Interessen und derjenigen Projekte, die die mir nahestehenden Personen haben, nicht zu realisieren. Aus dieser allgemeinen Akzeptabilität bestimmter Regeln, die niemanden bevorzugen und insofern von jedem Interessenstandpunkt aus befürwortet werden können, lässt sich jedoch nicht auf das utilitaristische Kriterium der Maximierung der Nutzensumme schließen. Das utilitaristische Kriterium ist konsequentialistisch, d. h. es verlangt, jeweils diejenige Handlung zu wählen, die diese Nutzensumme optimiert. Da bleibt kein Spielraum, kein Spielraum für eigene Lebensgestaltung, für Eigenverantwortlichkeit, für eigene Projekte, für besondere Interessen, kein Spielraum für die lebensweltlich tief verankerte Asymmetrie zwischen Eigenem und Fremden, für die Getrenntheit der Personen, die *separateness of persons*, wie John Rawls den entscheidenden Einwand gegen den Utilitarismus genannt hat. Dieses Opfer wäre zu groß, um Kooperation zu ermöglichen. Es kann nicht sein, dass kooperatives Verhalten dermaßen starke Voraussetzungen hat, zumal die empirischen Befunde eindeutig sind und zeigen, dass Kooperation weit verbreitet ist. Im Rahmen einer Theorie instrumenteller Rationalität erweist sich allgemeine Kooperation als unmöglich bzw. möglich nur unter Bedingungen, deren Realisierung wir nicht verlangen oder erwarten können.

§ 5 Die strukturelle Interpretation kooperativer Entscheidungen

Wie man es auch dreht und wendet, die Kooperationsproblematik lässt sich nicht dadurch in den Griff bekommen, dass man an den Bewertungen der Konsequenzen herumdoktert. In der Tat mögen diese Bewertungen sehr unterschiedlich sein, aber diese Bewertungen sind eine Sache – die Bereitschaft, sich kooperativ zu verhalten, ist eine andere. Die Vermengung dieser beiden Aspekte, wie sie das Gros der Literatur zum *prisoner's dilemma* seit Jahrzehnten prägt, führt systematisch in die Irre. Der Grund liegt auf der Hand: Es ist die mehr oder weniger dogmatische Fixierung auf eine konsequentialistische und individualistische Rationalitätskonzeption. Wenn Handeln nichts anderes ist als eine Methode, um individuelle Bewertungen zu optimieren, dann kann Kooperation nur über eine entsprechende Anpassung individueller Bewertungen erreicht werden. Eine angemessene Klärung des Kooperationsphänomens lässt sich nur erreichen, wenn man sich von dieser Fixierung löst. Wir müssen den Wechsel von einer individuell (atomistisch) optimierenden konsequentialistischen Rationalitätskonzeption zu einer strukturellen vollziehen. Diese *strukturelle Rationalitätskonzeption* postuliert keine kollektiven Akteure, die an die Stelle der individuellen treten, hängt keinem Regelfetischismus an und ist doch eine Alternative zur individuell konsequentialistischen Konzeption, deren Defizite in den vorausgegangenen Abschnitten deutlich geworden sind.

Nehmen wir die Kooperationsproblematik als den paradigmatischen Anwendungsfall struktureller Rationalität.[102] Angenommen Sie gehen zu Ihrer Bank

---

102 So ist es mir selbst jedenfalls vor vielen Jahren ergangen, als ich bei der Anfertigung meiner Dissertation, die sich mit dem Verhältnis von Entscheidungstheorie und Ethik befasst hat,

und geraten an einen skrupulösen Finanzberater. Diesem steckt die letzte Weltfinanzkrise noch in den Knochen, er erinnert sich, wie leichtfertig den Kunden bombensichere Geldanlagen empfohlen wurden, die sich dann im Verlaufe der Finanzkrise als verlustreich herausstellten. Zwei Anlageformen eines Betrages von 10.000 Euro mit einer Laufzeit von zehn Jahren hat er im Angebot. Bei der ersten Anlage ergäbe sich im günstigen Fall ein Ertrag von insgesamt 4.000 Euro, also eine durchschnittliche jährliche Verzinsung von vier Prozent. Im ungünstigsten Fall einer erneuten Währungskrise im Verlaufe einer Finanzkrise, würde sich dieser Zinsertrag allerdings halbieren. Die andere Geldanlage erbrächte bei der zu erwartenden günstigen Entwicklung lediglich einen Zinsertrag von 3.000 Euro, im Falle einer erneuten Finanzkrise erwarte er allerdings eine Minderung auf 1.000 Euro. Es muss eigentlich nicht betont werden, dass die Wahrscheinlichkeit einer erneuten Weltfinanzkrise von dieser Entscheidung unabhängig ist, sie wird dadurch weder erhöht noch verringert. Es ist völlig eindeutig, was in einem solchen Falle die rationale Entscheidung ist: Selbstverständlich wählt der Bankkunde, wenn es nur diese beiden Alternativen gibt, die erste. Diese ist gegenüber der zweiten dominant: Wie immer die Umstände ausfallen, es ist günstiger, sich für die erste Anlageform zu entscheiden. Wer sich trotz dieser Information für die zweite Anlageform entscheidet, handelt offenkundig irrational. Wir gehen dabei davon aus, dass es keine weiteren Bewertungsaspekte gibt, z. B. Nachhaltigkeit, wonach die Wahl der zweiten Anlageform eine Investition in eine nachhaltige Finanzpraxis wäre, während dies für die erste nicht gilt. Angenommen, der zu erwartende Zinsertrag hängt nicht von der Weltkonjunktur und davon ab, ob es eine Finanzkrise gibt, sondern von Entscheidungen einer anderen Person, wobei deren Auszahlungserwartungen die gleichen sind. Die tatsächlichen Auszahlungen (Zinserträge) hängen ausschließlich davon ab, ob die andere beteiligte Person sich für die erste oder die zweite Anlageform entscheidet. Wenn sich beide für die zweite entscheiden, erhalten beide einen Ertrag von 3.000 Euro, während sie, wenn sich beide für die erste entscheiden, lediglich einen Ertrag von 2.000 Euro erhalten. Wenn sich die eine Person für die erste Anlageform entscheidet und die zweite für die zweite, dann erhält die erste einen Ertrag von 4.000 Euro und die zweite von 1.000 Euro. Der Leser wird schon erkannt haben, dass es sich hier lediglich um eine Umformulierung des uns vertrauten *prisoner's dilemma* handelt. Es lässt sich aber feststellen, dass ein hoher Prozentsatz von Personen bereit ist, sich für die zweite Anlageform zu entscheiden, obwohl die erste im

---

versuchte, mir ein angemessenes Verständnis individuellen kooperativen Entscheidens zu erarbeiten. Die Konzeption struktureller Rationalität nahm bei der Analyse des *prisoner's dilemmas* seinen Ausgangspunkt.

spieltheoretischen Sinne dominant ist, also höhere Erträge abwirft, unabhängig davon, wie sich die andere Person entscheidet. Jeweils (für jede der beiden möglichen Entscheidungen der anderen Person) ist die erste Anlageform die günstigere. Und das gilt für beide beteiligte Personen.

Die Entscheidungssituation, so könnte man argumentieren, hat sich vom ersten Fall (ein nicht kontrollierbares Ereignis wie das einer erneuten Finanzkrise beeinflusst die Auszahlung) zum zweiten Fall (die nicht kontrollierbare Entscheidung einer anderen Person beeinflusst die Auszahlung) nicht verändert. Wenn im ersten Fall die Wahl der ersten Strategie rational ist (und das hatten wir angenommen), dann muss auch im zweiten Fall die Wahl der ersten Strategie rational sein. Es ändert sich für den Akteur nichts.[103] Es kann also keinen Unterschied ausmachen, ob es sich um Umweltbedingungen handelt, die die Auszahlungen beeinflussen oder um Entscheidungen einer anderen Person? Wenn dem so wäre, dann müsste man zugeben, dass Kooperation, verstanden als die Wahl der zweiten Strategie, in Interaktionssituationen, die diese Auszahlungsstruktur aufweisen, immer irrational ist.

Tatsächlich gibt es aber einen gravierenden Unterschied und die Tatsache, dass dieser nicht in der Beschreibungsform der *rational choice*-Orthodoxie thematisch wird (nicht thematisch werden kann), verweist auf ein fundamentales Defizit dieser Rationalitätskonzeption, das erst in einer strukturellen Perspektive überwunden werden kann.

Die Brücke von einer *punktuellen* zu einer *strukturellen Perspektive* bilden die handlungsleitenden Intentionen der Akteure. Wenn Personen, die in einer *prisoner's dilemma*-Situation kooperieren, sich also für die zweite Anlagestrategie entscheiden, wohlwissend, dass die erste Anlageform in beiden Fällen, also unabhängig davon, wie sich die andere Person entscheidet, höhere Erträge abwirft, zugleich aber die beidseitige Entscheidung für die zweite Anlagestrategie einen höheren Ertrag abwirft (nämlich jeweils 3.000 Euro), als die beidseitige Entscheidung für die erste Anlageform (nämlich jeweils 2.000 Euro), dann könnte die Begründung sein: „Ich wollte meinen Teil zu dem möglichen gemeinsamen Erfolg beitragen" („in der Erwartung, dass die andere Person ihren Teil dazu beiträgt"). Wenn sich dann herausstellt, dass sich die andere Person nicht kooperativ ent-

---

[103] Die von uns gewählte Form der Beschreibung der beiden Situationen legt nahe, dass sowohl eine erneute Finanzkrise als auch die nicht-kooperative Entscheidung jeweils zu den gleichen Veränderungen der Auszahlungen führt, was eher unwahrscheinlich ist. Wahrscheinlichkeiten sind aber für das Auftreten von Kooperations-Dilemmata unerheblich, da dominante Entscheidungen in jedem Fall – nach Auffassung der *rational choice*-Orthodoxie – vorzuziehen sind, ganz unabhängig davon, wie wahrscheinlich die Entscheidungen der anderen Personen sind.

schieden hat, ist die kooperationsbereite in der Regel enttäuscht. Dieser Typus handlungsleitender Intentionalität ist nur möglich, wenn wir uns in einer Interaktionssituation befinden, d. h. wenn die Person, deren Entscheidungen wir als rational bzw. irrational beurteilen wollen, mit mindestens einer anderen Person interagiert und nicht lediglich mit ungewissen Umweltzuständen konfrontiert ist. Eine kooperative Haltung gegenüber dem Wetter oder anderen von menschlichem Verhalten unbeeinflussten Ereignissen einzunehmen, wäre irrational, auch wenn das für animistische Kulturen typisch und auch in post-animistischen, wie der unsrigen, erstaunlich weit verbreitet ist. Man könnte zynisch sagen, ein solcher Animismus sei ja nützlich: Menschen, die der Vorstellung anhängen, dass sie das Verhalten anderer mit ihrer Kooperationsbereitschaft beeinflussen könnten, fahren – allerdings nur kollektiv, nicht distributiv gesehen – besser, als solche, die dies nicht tun. In der Tat erwirtschaftet eine Gemeinschaft von kooperationsbereiten Personen einen höheren je individuellen Nutzen (Nutzen hier als Präferenzerfüllung im Sinne der zeitgenössischen Nutzentheorie interpretiert), als solche Gemeinschaften, die aus individuell optimierenden Akteuren zusammengesetzt sind. Animismus zahlt sich also aus? Ausläufer dieses Animismus finden sich sowohl bei Anatol Rapoport, wie auch jüngst bei Wolfgang Spohn, wenn sie Kooperation zu erklären suchen.[104] Bei einer strukturellen Betrachtung allerdings verliert kooperatives Handeln seine Rätselhaftigkeit. Warum soll die Intention einer Person, die ihren Teil zu einer gemeinsamen kooperativen Praxis beitragen soll, von vornherein irrational sein? Warum soll eine rationale Person ein solches Handlungsmotiv nicht haben dürfen?

Entgegen ihrem Selbstverständnis ist die zeitgenössische *rational choice*-Orthodoxie keineswegs inhaltlich neutral, sie überlässt es den einzelnen Individuen nicht, ihre Handlungspräferenzen selbst zu wählen (immer vorausgesetzt, dass sich daraus kohärente Präferenzordnungen im Sinne des Nutzentheorems ergeben). Auch wenn der methodologische Egoismus in der ökonomischen Anwendung des *rational choice*-Paradigmas aufgegeben wird, auch wenn sich diese Theorie einer umfassenden Anwendung in Sozialwissenschaft und praktischer Philosophie öffnet, bleibt eine bestimmte Form der Einseitigkeit, die an diesem Beispiel deutlich zu Tage tritt: Kooperative Präferenzen werden systematisch ausgeschlossen (auf weitere systematische Ausschließungen kommen wir unten noch zu sprechen). Wer kooperativ handeln möchte, ist nicht von vornhe-

---

104 Vgl. JNR: „Rationale Kooperation: Die strukturelle Interpretation". In: *Von Rang und Namen. Essays in Honour of Wolfgang Spohn*. Hrsg. von W. Freitag et al. Münster: Mentis 2016, 327–338 und Wolfgang Spohn: „Reversing 30 Years of Discussion: Why Causal Decision Theorists Should One-Box". In: *Synthese* 187 (2012), 95–122.

rein irrational. Er nimmt keineswegs – tatsachenwidrig – an, dass er mit seiner Kooperationsbereitschaft die Kooperationsneigung anderer Beteiligter erhöht. Er will lediglich seinen Teil zu einer wünschenswerten kooperativen Praxis beitragen (allerdings möglicherweise in der Erwartung, dass andere ebenfalls bereit sind, ihren Teil beizutragen – die wenigsten haben Präferenzen, die ein *other-regarding-game*, also Kooperation unter allen Bedingungen nach sich ziehen). So harmlos diese Forderung klingt – erlaubt sind kooperative Handlungsmotive auch bei rationalen Personen – so einschneidend ist ihre konsequente Berücksichtigung. Diese Forderung verlangt einen Bruch mit der ausschließlichen Orientierung an *punktueller Optimalität*. Kooperative Handlungsmotive haben einen irreduzibel strukturellen Aspekt: Man kann sie nur hinsichtlich einer *Struktur von Interaktion* (dem *prisoner's dilemma*) erfassen, die bloße Information über Auszahlungen bei gegebenen Entscheidungsalternativen reicht dafür nicht aus, wie das obige Beispiel der Geldanlage gezeigt hat. Nehmen wir also Kooperation als paradigmatischen Fall struktureller Rationalität. Wohlgemerkt, ich behaupte nicht, dass nicht-kooperatives Verhalten in *prisoner's dilemma*-Situationen irrational sei, ich behaupte lediglich, dass kooperatives Verhalten in *prisoners dilemma*-Situationen rational sein kann, dass diese Form der Rationalität aber einen irreduzibel strukturellen Charakter hat, also sich nicht auf die je individuelle Optimierung von Handlungskonsequenzen (*outcomes* in der Interaktionssituation) reduzieren lässt. Ohne die Einbeziehung der Interaktionsstruktur selbst (über die Auszahlungsfunktionen hinaus) bliebe Kooperation in *prisoner's dilemma*-Situationen irrational.

§ 6 Kooperation als Handlungsmotiv

Der methodologische Egoismus postuliert, dass es nur ein rationales Handlungsmotiv geben könne, nämlich das der Optimierung des eigenen Wohlergehens. Angesichts der großen Vielfalt von Gründen, die wir anführen, um unser Handeln bei Rückfragen zu erklären oder zu rechtfertigen, erscheinen egoistische Rationalitätstheorien mit unserer lebensweltlichen Praxis wenig gemein zu haben. Damit bleiben nur zwei Möglichkeiten: Entweder diese lebensweltliche Praxis ist ganz überwiegend irrational oder ihre deliberative Dimension (die unser Handeln begleitenden Gründe, der interpersonelle Austausch über akzeptable und inakzeptable Handlungsgründe) beruht in den meisten Fällen auf einem Selbstbetrug oder einer Illusion. Wir brächten dann Gründe vor, die in Wirklichkeit unser Handeln gar nicht leiten. Wir befänden uns in einem großen Illusionstheater. Die zweite Option ließe immerhin zu, dass nicht nur in seltenen Ausnahmefällen, sondern häufig unser Handeln de facto rational wäre, auch wenn die Gründe, die zu seiner Rechtfertigung angeführt werden, als irrational gelten müssten. Irrational deswegen, weil sie nicht auf die Optimierung des eigenen Wohlergehens gerichtet sind. Unser tatsächliches Verhalten wäre dann überwiegend auf die Optimierung unseres eigenen Wohlergehens gerichtet und die egoistische Rationalitätstheorie systematisierte und normierte diese Praxis, obwohl die Selbstinterpretation der Handelnden und die kulturelle Praxis der Deliberation ganz andere Handlungsziele suggeriert. Der methodologische Egoismus würde die trügerische Oberfläche der Verständigungspraxis durchstoßen und die wahren, die eigentlichen, wenn auch unbewussten, Handlungsmotive enthüllen. So gesehen wäre die ökonomische Theorie eine Variante der Psychoanalyse. Interessanterweise geht mit der politischen Ökonomie des Marxismus eine ähnliche Entlarvungsattitüde einher: Das, was die Menschen im Einzelnen motiviert, verschleiert nur die tatsächlichen Klasseninteressen. Sie agieren, ohne sich dessen meist bewusst zu sein, als Agenten des jeweiligen Klasseninteresses, während die Überbauphänomene, die moralischen und religiösen Verbrämungen, auch wenn von den Akteuren selbst ernst genommen, diese Klasseninteressen verschleiern. Gary S. Becker und Louis Althusser sind sich näher als beiden wohl lieb ist.

Auch im Falle der Kooperation lässt sich diese Haltung einnehmen: Wo immer eine Entscheidung mit dem Motiv der Kooperation gerechtfertigt wird, kann man versuchen, eine Uminterpretation vorzunehmen, wonach es nicht dieses Motiv selbst gewesen sein kann, das den Akteur leitete, sondern etwas Anderes – im Falle des methodologischen Egoismus der *rational choice*-Orthodoxie – sein eigenes Interesse. Im Falle kooperierender Gefangener aus dem klassischen Beispiel erscheint diese Interpretation aber wenig plausibel. Ist es wirklich vorstellbar, dass ich ein massives Eigeninteresse an der Reduktion des Gefängnisaufenthaltes meines Mitangeklagten habe – so massiv, dass ich bereit bin, dafür meinen Gefängnisaufenthalt zu verlängern? Nun, ein solches Eigeninteresse mag es durchaus geben, z. B. dann, wenn ich Mitglied einer Mafia-Organisation bin und weiß, dass nicht-kooperatives Verhalten, also das Verpfeifen des Mitangeklagten, das eigene Todesurteil bedeutet. Die Aussicht, in einer der halb fertiggestellten Brückenbauten Siziliens zu enden (deswegen halb fertiggestellt, weil die öffentlichen Mittel, die dafür gedacht waren, zum großen Teil an die gleiche Mafia-Familie abgezweigt wurden, die dafür sorgen würde, dass auf diese Weise das entscheidende Belegstück des Mafia-Mordes entsorgt würde), verändert die Interessenlage beträchtlich. Die Möglichkeit, einem solchen Fememord zu entgehen, mag der Angeklagte als gering einschätzen und entsprechend schweigt er gegenüber dem verhörenden Carabiniere-Offizier. „Kooperation" aus Eigeninteresse ist in einem solchen Fall sehr plausibel.

Es muss uns aber klar sein, dass wir in einem solchen Fall die Konsequenzen der verschiedenen Handlungsoptionen unvollständig angegeben haben. Wir hatten lediglich die Jahre des Gefängnisaufenthaltes als Konsequenzen berücksichtigt und nicht den vom Mafia-Boss beschlossenen Tod desjenigen Angeklagten, der seinen Mitangeklagten verpfeift. Wenn wir dies berücksichtigen und im Falle des gestehenden Angeklagten als Handlungskonsequenz, für den Fall, dass der andere nicht gesteht, notieren: „kommt als Kronzeuge der Anklage frei und wird anschließend in einem Brückenpfeiler einbetoniert", ändern sich für den Fall, dass der Mitangeklagte kooperationsbereit ist, die Präferenzen: lieber ein Jahr Gefängnis als tot. Für den Fall, dass Gestehen mit dem Tode „bestraft" wird, ist die Sache völlig eindeutig: Aus Eigeninteresse präferieren beide Angeklagten zu schweigen. Ihre Präferenzen über die wirklichen Handlungskonsequenzen (aus Eigeninteresse) sind eindeutig. Dann aber ist die Wahl der dominanten Strategie „nicht gestehen" und das Ergebnis der Kombination dieser individuellen (dominanten) Strategien ein Gleichgewichtspunkt: Niemand hat ein Interesse daran, davon abzugehen. Das Dilemma besteht dann nicht mehr. Es gibt keinen Konflikt zwischen je individueller Interessensoptimierung und Pareto-Optimalität. Die (instrumentelle) Wahl von „nicht gestehen" optimiert die Konsequenzen meines Handelns hinsichtlich meiner individuellen – hier egoistisch motivierten – Konsequenzenbewertung und zwar für beide Fälle, sowohl, wenn der Mitangeklagte gesteht, als auch, wenn er nicht gesteht. Beidseitiges Nicht-Gestehen erbringt zwar für jeden zehn Gefängnisjahre, was aber immer noch besser ist, als wenn beide einem Fememord zum Opfer fielen. Wenn nur derjenige mit seiner Ermordung rechnen muss, der gesteht, während der andere nicht gesteht (als Strafe dafür, dass er seinen Mitangeklagten hat hängen lassen), ändert sich die Situation: Während zuvor Gestehen immer mit dem Tode bestraft wurde, wird nun Gestehen lediglich dann mit dem Tode bestraft, wenn der Mitganove nicht gesteht (also kooperationsbereit ist). Nun wird Gestehen vorteilhaft unter der Voraussetzung, dass die andere Person gesteht (ein Unterschied von zehn Gefängnisjahren zu elf Gefängnisjahren). Wenn der Mitangeklagte dagegen nicht gesteht, ist es für mich vorteilhaft, ebenfalls nicht zu gestehen, sonst droht mir der Tod. Bei dieser Modifikation hat keiner der Angeklagten eine dominante Strategie: Je nachdem, wie er das Verhalten des anderen einschätzt, wird er sich entweder für Gestehen oder Nicht-Gestehen entscheiden. Dies wird wiederum den Mafia-Boss, wenn er diese Struktur durchschaut, dazu veranlassen, den Fememord auch bei beidseitigem Gestehen anzudrohen, obwohl niemand Drittes durch beidseitiges Gestehen (also beidseitiges unkooperatives Verhalten) zu Schaden gekommen ist. Der Unterschied zwischen diesen beiden Varianten des Fememords besteht – spieltheoretisch gesehen – darin, dass in einem Fall (nur derjenige wird bestraft, der seinen Mitangeklagten ans Messer geliefert hat) sowohl beidseitiges Gestehen als auch beidseitiges Nicht-Gestehen ein Gleichgewichtspunkt ist, während für den Fall, dass Gestehen unabhängig davon, was der andere Ganove tut, zur

Ermordung führt, lediglich beidseitiges Nicht-Gestehen Gleichgewichtspunkt ist. Nicht-Gestehen ist dann für jeden der beiden Angeklagten die dominante Strategie. Wenn wir aber annehmen, dass solche Sanktionen (Fememord oder auch Verachtung durch andere, Ausschluss aus der Ganoven-Gemeinschaft etc.) oder auch Anreize (Belohnung im Falle des Schweigens) nicht zu gewärtigen sind, dann scheitert eine egoistische und zugleich konsequentialistische Erklärung kooperativen Verhaltens.

Nehmen wir nun an, die Konsequenzenbewertung ist vollständig, d. h. alle Aspekte der Bewertung möglicher Handlungskonsequenzen sind in dieser Interaktionssituation erfasst. Bei einer egoistischen Bewertung: dass die Dauer meines Gefängnisaufenthaltes die einzige relevante Information ist. Dann ist aufgrund der Struktur der Interaktionssituation klar, dass instrumentelle Rationalität ausschließlich Gestehen zulässt, dass Kooperation (Nicht-Gestehen) in der Erwartung, dass die andere Person ebenfalls nicht gesteht, also kooperiert, irrational ist. Kann man sich einen (rationalen) Ganoven vorstellen, der glaubwürdig sagt, ihm sei die Dauer des Gefängnisaufenthaltes des Mitangeklagten vollständig egal, er werde aber nicht gestehen, weil er die Erwartung habe, dass der andere ebenfalls nicht gesteht? Der spieltheoretisch geschulte Vernehmungsbeamte wird den Angeklagten darauf hinweisen, dass er als Kronzeuge der Anklage freikäme, wenn er in einer solchen Situation sich dazu durchränge, zu gestehen. Ist es vorstellbar, dass ein (rationaler) Ganove darauf antwortet: „Ich werde nicht gestehen" (dies wird er natürlich gerade nicht sagen, weil dies die Präsupposition beinhaltet, dass er den Raubüberfall begangen hat, vielmehr wird er nicht gestehen, weil er seinen Teil dazu beitragen möchte, dass beide lediglich ein Jahr im Gefängnis sitzen). Noch einmal, um hier keine Konfusion zuzulassen: Die Bewertung der Handlungskonsequenzen ist mit der Information über die zu erwartende Dauer des Gefängnisaufenthaltes bei den vier möglichen Handlungskombinationen abgeschlossen. Wir nehmen dabei an, dass die Interessen gegenläufig monoton zur Dauer des Gefängnisaufenthaltes sind. Kann es sein, dass eine (rationale) Person dennoch kooperationsbereit ist?[105]

---

[105] Wenn wir Kooperation durch die Wahl derjenigen Strategie charakterisieren, die in Interaktionssituationen vom Typ des *prisoner's dilemmas*, wenn von allen Beteiligten gewählt, zu einem kollektiv-rationalen Ergebnis führt, dann können wir auch schlicht formulieren: Ist Kooperation (rational) möglich? Wir dürfen dann dieses „dennoch" gar nicht mehr hinzusetzen, denn die Uminterpretation der Konsequenzenbewertung lässt Kooperation begrifflich nicht mehr zu, weil dann „Kooperation" (die Anführungszeichen stehen hier, weil es sich nach dieser Definition nicht mehr um Kooperation handelt) mangels Vorliegens einer Gefangenendilemma-Situation begrifflich ausgeschlossen ist.

Warum sollte nicht selbst der Egoist (ausweislich der Bewertung der Handlungskonsequenzen) kooperativ handeln können? Nur der Konsequentialist wird darauf beharren, dass eine Uminterpretation der Konsequenzenbewertung notwendig ist, um kooperatives Handeln möglich zu machen. Wenn wir uns aber von der konsequentialistischen (instrumentellen) Rationalitätskonzeption verabschieden, dann besteht dieser Konnex nicht mehr. Dann können wir ein unverstelltes Verständnis von Kooperation entwickeln: Ich plädiere also dafür, *Kooperation als Handlungsmotiv* ernst zu nehmen: Dieses löst sich nicht auf in einer Umbewertung von Konsequenzen, hat mit einer Umbewertung von Konsequenzen nichts zu tun, sondern ist ein eigenständiger Motivationstyp, den man allerdings nicht beschreiben kann, indem man kooperatives Handeln als instrumentell-rational gegenüber Konsequenzenbewertungen bestimmt! Kooperation ist nichts anderes als die Wahl derjenigen Handlung, die im Falle, dass sich die anderen entsprechend verhalten, kollektiv rational ist, oder anders: ist die Entscheidung *gegen* die je individuell die Konsequenzen des Handelns optimierende Strategie, in Fällen, in denen die Kombination dieser je individuell optimierenden Strategien zu kollektiver Irrationalität führt. Kooperation ist ein verbreitetes Handlungsmotiv[106] und wir sollten dieses Phänomen nehmen als das, was es ist: ein spezifischer, sehr wichtiger Typus von Intentionalität, den man etwa so umschreiben kann: Ich will meinen Teil zu einer kooperativen Praxis beitragen, wohlwissend, dass es für mich eine andere Strategie gibt, die unabhängig davon, was die anderen tun, die Konsequenzen meines Handelns optimiert. Ich entscheide mich also bewusst und rational gegen die Optimierung der Handlungskonsequenzen und für meinen *individuellen Beitrag zu einer kooperativen Praxis*, von der ich hoffe, dass sie sich dadurch realisiert, dass die anderen ähnlich motiviert sind, nämlich kooperativ.

§ 7 Rationale Kooperation

Die Grundlagenkrise der neoklassischen Ökonomie hat in der jüngeren Zeit einen Trend zur sogenannten Verhaltensökonomie (*behavioral economics*) ausgelöst, die das rationalitätstheoretische Paradigma des Mainstreams unangetastet lässt, aber darauf insistiert, dass das reale Verhalten von Individuen davon massiv

---

106 Dafür sprechen jedenfalls zahlreiche empirische Studien, z. B. Richard Sennett: *Together: The Rituals, Pleasures and Politics of Co-Operation*. London: Penguin Books 2012; Joseph und Natalie Henrich: *Why Humans Cooperate: A Cultural and Evolutionary Explanation*. Oxford: University Press 2007; und Michael Tomasello: *Why we Cooperate*. Cambridge/Mass.: MIT Press 2009.

abweicht und dass es hier wiederum Regularitäten gibt, die unterdessen zu einem eigenen hochdifferenzierten Forschungsfeld geführt haben. Die Befunde der Verhaltensökonomie sind für meine – strukturelle – Theorie praktischer Vernunft von großem Interesse. Dennoch unterscheidet sich der Ansatz der zeitgenössischen Verhaltensökonomie grundlegend von der hier entwickelten strukturellen Theorie praktischer Vernunft. In beiden Fällen spielen Strukturen (und Regularitäten) eine wichtige Rolle. In der Verhaltensökonomie werden diese als empirische Merkmale interpretiert, die den rationalitätstheoretischen Ansatz der Ökonomie einschränken, die also am Konzept des *homo oeconomicus* als Analyseinstrumentarium *realer* wirtschaftlicher Vorgänge zweifeln lassen. Dies ist die entscheidende Gemeinsamkeit: Auch ich bezweifle, dass das *homo oeconomicus*-Modell, sei es in der radikalen Variante des methodologischen Egoismus oder in der abgeschwächten der konsequentialistischen Optimierung, angemessen ist. Aber im Unterschied zur Verhaltensökonomie sehe ich diese Kritik nicht als Abkehr von den „rationalistischen" Prämissen, also von der Annahme, dass menschliche Individuen in der Lage sind, vernünftig zu handeln, sondern als Kritik eines inadäquaten Rationalitätsmodells. Nicht alle, aber ein Gutteil der in der Verhaltensökonomie analysierten Regularitäten sind nicht Zeichen eines (systematischen) Abweichens von den theoretischen Kriterien für rationales Handeln, sondern verweisen auf ein Defizit des instrumentellen Rationalitätsverständnisses der Ökonomie und eines Gutteils der zeitgenössischen Sozialwissenschaften, auch der praktischen Philosophie. Damit soll natürlich nicht behauptet werden, dass alle beobachtbaren Regularitäten sich als Aspekte struktureller Rationalität interpretieren lassen, aber es ist eine sinnvolle heuristische Annahme, dass dies für einen großen Teil durchaus zutrifft.[107] Kooperatives Verhalten ist dafür paradigmatisch.

Wie im vorausgehenden Abschnitt berichtet, haben die empirischen Befunde zur Kooperationsproblematik eine klare Tendenz: Menschen sind, wenn sie von anderen kooperatives Verhalten erwarten, in hohem Maße bereit, sich ihrerseits kooperativ zu verhalten. Für die *rational choice*-Orthodoxie ist jedoch Kooperation immer irrational.[108] Die verhaltensökonomische Haltung dazu ist typischerweise die: Da Kooperation de facto weit verbreitet ist und das Ausmaß, in dem dies geschieht, von den jeweiligen Rahmenbedingungen (dem *framing*) abhängig ist, müssen in der empirischen Analyse diese Verhaltensregularitäten analysiert werden, auch wenn sie im Sinne der Neoklassik als Ausdruck von Irrationalität gelten. Dies heißt aber – impliciter – zuzugestehen, dass das *homo oeconomicus*-

---

107 Vgl. Kapitel IV, besonders §§ 8–10.
108 Wir verwenden den Begriff der Kooperation, wie im vorvergangenen Abschnitt definiert.

Modell der zeitgenössischen Ökonomie Rationalität angemessen charakterisiert. Wenn dies nicht der Fall ist, dann wäre erst noch zu analysieren, welche Verhaltensregularitäten als rational und welche als irrational gelten müssen. Dann wäre es noch völlig offen, ob die empirischen Befunde zur Kooperationsproblematik für eine verbreitete Irrationalität der Akteure sprechen.

Damit weicht die Form, in der wir uns mit der *rational choice*-Orthodoxie auseinandersetzen, deutlich vom Üblichen ab. Hier stehen sich nicht empirische Verhaltensregularitäten und rationalitätstheoretische Ideale gegenüber, sondern zwei unterschiedliche Rationalitätsideale. Das eine ist fernab der lebensweltlichen und wirtschaftlichen Praxis, das andere schließt unmittelbar an. Das eine geht deduktiv, das andere (überwiegend) induktiv (kohärentistisch) vor. Das eine akzeptiert nur einen einzigen Handlungsgrund, nämlich den der Optimierung der Konsequenzen – im Falle des methodologischen Egoismus den der Optimierung des Eigeninteresses, das andere erkennt die irreduzible Pluralität praktischer Gründe an. Wir argumentieren für diese Option, indem wir uns argumentativer Mittel ihres Opponenten bedienen. Ja, mehr noch: Wir lassen den theoretischen Kern unseres Opponenten (das Nutzentheorem, wie oben diskutiert) unangetastet. Es ist keineswegs ausgeschlossen, dass die übliche ökonomische Anwendung dieses Theoriekerns in Gestalt von idealen Wirtschaftssubjekten, die ihre Erträge optimieren, sinnvoll ist. Die instrumentelle (konsequentialistische) Anwendung des *rational choice*-Modells, ja sogar ihre Engführung im Sinne des methodologischen Egoismus, kann sich in bestimmten Bereichen der menschlichen Praxis durchaus bewähren. Aber als generelles Konzept der praktischen Vernunft taugt es nicht. Allein schon deshalb nicht, weil es ausschließt, dass Kooperation rational ist.

Stellen wir uns einen Akteur vor, der sich sehr wohl seiner Konsequenzenbewertung, wie auch der Interaktionsstruktur, in der er sich im Gefangenendilemma befindet, bewusst ist. Stellen wir uns weiter vor, dieser Akteur habe die Absicht zu kooperieren und verbindet diese Absicht mit der Erwartung, dass die andere beteiligte Person (oder die anderen beteiligten Personen) ebenfalls kooperationsbereit ist. Wir können dann sagen, er hat eine *bedingte Kooperationsbereitschaft*. Dies erinnert an das *assurance game* von Amartya Sen,[109] mit dem Unterschied, dass die Kooperationsbereitschaft nun nicht als Neubewertung der Konsequenzen interpretiert wird. Das war ja die Essenz der vorausgegangenen Abschnitte, Konsequenzenbewertung und Kooperationsbereitschaft zu separieren. Separieren nicht in dem Sinne, dass die Konsequenzenbewertung irrelevant würde für die Kooperationsbereitschaft, sondern in dem Sinne, dass Kooperationsbereit-

---

[109] Vgl. Amartya Sen: „Choice, Ordering and Morality". In: *Practical Reason*. Hrsg. von Stephan Körner. Oxford: Blackwell 1974.

schaft nun nicht mehr verstanden wird als ein Instrument, um die Handlungskonsequenzen zu optimieren. Das Gefangenendilemma, die Struktur der Kooperationsproblematik, bleibt also jetzt – im Gegensatz zum Ansatz von Amartya Sen und vielen anderen – völlig unangetastet. Was hinzutritt, ist Kooperationsbereitschaft. Und Kooperationsbereitschaft lässt sich sehr wohl verstehen, es ist die Bereitschaft, mit seiner Entscheidung zu einer kollektiv rationalen Handlung beizutragen, die realisiert wird, wenn diese wechselseitigen Erwartungen nicht trügen. Diese Kooperationsbereitschaft mag durchaus davon abhängen, wie die Konsequenzenbewertungen im Detail aussehen. Es mag sein, dass, wenn sehr viel für einen selbst, aber wenig für die andere beteiligte Person auf dem Spiel steht, dies die Kooperationsbereitschaft senkt. Aber dies sollte uns nicht dazu verführen, erneut Kooperationsbereitschaft über eine Umwertung der Konsequenzen verstehen zu wollen. Auch wenn die jeweilige Konsequenzenbewertung, die die Kooperationsproblematik (das *prisoner's dilemma*) konstituiert, eine große Rolle dafür spielt, ob eine Person tatsächlich kooperationsbereit ist oder nicht, so rechtfertigt das nicht den Rückfall in ein konsequentialistisches (instrumentelles) Verständnis von Kooperation.[110] Es gehört zu den Stärken von *rational choice*, dass diese Konzeption praktischer Rationalität inhaltlich neutral ist oder es jedenfalls zu sein versucht. Die konkrete Motivlage der jeweiligen Akteure soll ausgeklammert werden. Entscheidend ist, dass die jeweilige Handlung den Zielen entspricht, die der jeweilige Akteur hat, das macht seine praktische Rationalität aus. Insofern verletzt der methodologische Egoismus ein zentrales Postulat von *rational choice*, nennen wir es das Neutralitäts-Postulat. Dieses besagt, dass sich die Rationalitätstheorie nicht in die je individuellen Bewertungen der Akteure einzumischen hat, dass sie eben neutral bezüglich dieser Bewertungen zu sein hat. Die Parallele zur liberalen politischen Theorie, etwa von John Rawls oder Jürgen Habermas, liegt auf der Hand: Auch hier gebietet der Respekt gegenüber den jeweils persönlichen Bewertungen von Akteuren und den partikularen Werten kultureller Gemeinschaften, dass sich Gesetzgebung und Rechtsprechung, Politik und Staat, soweit es geht, neutral verhalten, also nicht wertend dazu Stellung nehmen. Um dieses „soweit es geht" dreht sich ein großer Teil der demokratietheoretischen Diskussionen der letzten Jahrzehnte.[111]

Interessanterweise verletzt aber nicht nur der methodologische Egoismus, sondern auch der Konsequentialismus (dessen Spezialvariante der methodolo-

---

110 Die empirischen Befunde gehen allerdings ohnehin in eine andere Richtung und sie bestätigen in hohem Maße die sehr weitgehende Unabhängigkeit der Kooperationsbereitschaft von den je konkreten Konsequenzenbewertungen.
111 Vgl. *D&W*.

gische Egoismus ist) das Neutralitäts-Postulat: Er lässt bestimmte Handlungsmotive, z. B. das der Kooperation, nicht zu. Generell lässt der Konsequentialismus *strukturelle* Handlungsgründe nicht zu. Was unter einem strukturellen Handlungsgrund genau zu verstehen ist und in welcher Weise ein solcher in eine Theorie der praktischen Vernunft zu integrieren ist, werden wir noch sehen.[112] An dieser Stelle fokussieren wir weiter auf die Kooperationsproblematik: Hier haben wir es zweifellos mit einem strukturellen Handlungsgrund zu tun, nämlich der Einbettung der eigenen Praxis in eine gewünschte Struktur, in eine Handlungsweise, in eine kollektive Entscheidung, die, im Gegensatz zur Kombination je individuell (konsequentialistisch) optimierender Entscheidungen, den Vorteil hat, pareto-optimal zu sein, also eine fundamentale Bedingung kollektiver Rationalität nicht zu verletzen. Pareto-Optimalität ist keine Garantie für kollektive Rationalität, aber jede pareto-ineffiziente kollektive Entscheidung ist aus welfaristischer Perspektive kollektiv irrational: Pareto-Optimalität ist dann eine notwendige, aber keine hinreichende Bedingung kollektiver Rationalität. Die strukturelle Komponente kommt also dadurch ins Spiel, dass die einzelne Person in einer Entscheidungssituation vom Typ des Gefangenendilemmas erkennt, dass es eine Kombination individueller Strategien gibt, die wünschenswerter ist als die Kombination individueller Strategien, die sich ergibt, wenn jede einzelne Person ihre Handlungskonsequenzen optimiert. Kooperationsbereitschaft ist eine *rationale* Reaktion auf diese Erkenntnis: Die Person ist bereit, ihren Teil dazu beizutragen, dass eine kollektiv irrationale Entscheidung vermieden wird. Was sollte es rechtfertigen, ein solches Handlungsmotiv auszuschließen? Warum soll eine solche Intention, eine solche Handlungsabsicht von vornherein als irrational gelten? Das Neutralitäts-Gebot würde verletzt, wenn wir uns der orthodoxen Auffassung anschlössen. Wir würden ein nachvollziehbares, weit verbreitetes, sozial wünschenswertes, ethisch gebotenes[113] Handlungsmotiv als irrational bewerten, ohne dafür mehr anführen zu können als eine spezifische, eben inadäquate, Rationalitätskonzeption, wonach die je individuelle Handlung die je individuellen

---

112 Vgl. Kapitel V, §§ 2–6.
113 So gut wie alle ethischen Theorien verlangen in Situationen vom Typ des Gefangenendilemmas kooperativ zu entscheiden. Für deontologische vom Kantianischen Typ liegt das auf der Hand, da nur Kooperationsbereitschaft einer Maxime folgt, die verallgemeinerbar ist. Für pluralistische deontologische Theorien vom Ross'schen Typ entspricht Kooperationsbereitschaft einer prima facie Pflicht. Für akt-utilitaristische Theorien ist Kooperation dann geboten, wenn die einzelne kooperative Handlung die Nutzensumme als Konsequenz optimiert. Ob das der Fall ist, hängt allerdings von den spezifischen Auszahlungen des *prisoner's dilemma* ab, die dann als interpersonell vergleichbar angenommen werden müssen. Regel-utilitaristische Theorien dagegen verpflichten durchgängig zu kooperativem Verhalten.

Handlungskonsequenzen zu optimieren habe. Dies wäre aber ein allzu hoher Preis zur Aufrechterhaltung des Konsequentialismus in der Rationalitätstheorie. Hier konfligiert ein hoch abstraktes (streng genommen metatheoretisches) Postulat, nämlich das der Konsequenzenoptimierung als fundamentales Rationalitätsprinzip, mit einem anderen hoch abstrakten (ebenfalls metatheoretischen) Postulat, nämlich dem der Neutralität. Wie wir jetzt sehen, sind beide Postulate simultan nicht aufrecht zu erhalten, weil es Fälle gibt, in denen nur eines von beiden gelten kann. Wir sind nun konfrontiert mit dem paradigmatischen Fall der Kooperation, der uns vor die Alternative stellt, entweder Kooperation als Handlungsprinzip aufzugeben und damit das Neutralitäts-Gebot oder den Konsequentialismus. Ich optiere dafür, den Konsequentialismus (als Metakriterium der Rationalitätstheorie) aufzugeben. Dieses Metakriterium beruht auf einer verbreiteten, aber irrtümlichen Interpretation des Nutzentheorems in der Ökonomie und den Sozialwissenschaften und kann daher mit weit geringeren „Kosten" aufgegeben werden als es den meisten Vertretern einer konsequentialistischen Rationalitätstheorie erscheint. Die in der Tat fundamentalen Postulate des Nutzentheorems bleiben unangetastet. Wir geben lediglich ihre konsequentialistische Uminterpretation auf, die sich großer Beliebtheit erfreut, aber keineswegs zwingend ist. Wir akzeptieren, dass dieses Handlungsmotiv – das der Kooperationsbereitschaft – rational sein kann (nicht muss) und verabschieden uns von der instrumentalistischen Fassung von *rational choice*.

Kooperation wurde definiert über eine Interaktionssituation vom Typ des Gefangenendilemmas. Zu kooperieren heißt, in Situationen vom Typ des Gefangenendilemmas eine Strategie zu wählen, die – unter der Voraussetzung, dass sich die anderen Beteiligten ebenfalls für diese Strategie entscheiden – pareto-effizient ist. So charakterisiert, entscheidet sich derjenige kooperativ, der auf die Optimierung der Konsequenzen seines Handelns verzichtet, um seinen Teil dazu beizutragen, dass eine Kombination individueller Handlungen realisiert wird, die pareto-effizient ist. Negativ formuliert: Eine Person kooperiert, wenn sie sich in Situationen vom Typ des Gefangenendilemmas gegen die dominante Strategie entscheidet.

Komplizierter wird die Analyse, wenn unterschiedliche Möglichkeiten der Kooperation offenstehen. In manchen Fällen stellt sich dann lediglich das Problem der Koordination, d. h. das der Abstimmung der Beteiligten, in anderen Fällen gibt es zwischen den unterschiedlichen kooperativen Lösungen Interessenkonflikte, die dazu führen können, dass Individuen, die jeweils kooperationsbereit wären, am Ende mit einem kollektiv irrationalen Ergebnis konfrontiert sind, d. h. ein pareto-ineffizientes Ergebnis ihres Handelns gewärtigen müssen.[114]

---

114 Die Theorie von David Gauthier in *Morals by Agreement*. Oxford: University Press 1986 ist

Im Falle, dass mehrere kooperative Lösungen zur Verfügung stehen,[115] mag sich die Kooperationsbereitschaft der einzelnen Person abschwächen zu: „Ich bin grundsätzlich bereit, meinen Teil zu einer kooperativen Lösung beizusteuern, vorausgesetzt diese ist fair" oder „Ich bin grundsätzlich bereit, meinen Teil zu einer kooperativen Lösung beizusteuern, vorausgesetzt sie verletzt meine individuellen Rechte nicht" etc. Bei der Festlegung der kooperativen Lösung (die ja nur zustande kommt, wenn jeder seinen Beitrag zur selbigen leistet), kann es zu einer veränderten Entscheidungssituation kommen, die vom Typ der *battle of the sexes*[116] ist. Man illustriere diese Matrix durch die Situation eines Paares, die einen Interessenkonflikt haben, etwa in welchem Umfange wer zur Generierung des Haushaltseinkommens oder zur Bewältigung der Familienpflichten beiträgt (<1,2> oder <2,1>), aber beide Beteiligte haben eine deutliche Präferenz für „zusammen bleiben" gegenüber „Trennung" (<1,2> oder <2,1> wird von jedem der beiden Beteiligten gegenüber Trennung <0,0> bevorzugt). Angenommen, er sei A und sie sei B. Wenn nun A B mitteilt, er werde sich in jedem Fall für die erste Strategie (erste Zeile) entscheiden, unabhängig davon, was seine Gattin tue, dann (rational wie sie ist) optimiert diese ihre Interessen, indem sie sich ebenfalls für ihre erste Strategie (die erste Spalte) entscheidet. Man könnte auch sagen, A hat den Interessenkonflikt <2,1> gegenüber <1,2> gewonnen. Das irritierende an Interaktionssituationen vom Typ *battle of the sexes* ist, dass beim Aufeinandertreffen zweier Personen eine „irrationale" Person, die sich rigide für eine Strategie entscheidet (und dieses mitteilt), unabhängig davon, wie die Konsequenzen gegenüber einer rationalen Person sind, die jeweils in Abwägung der Folgen ihres Tuns handelt, obsiegt. Bei dieser Konstellation scheint sich Irrationalität auszuzahlen und Rationalität auf die Verliererstraße zu führen.

Ähnlich wie im Gefangenendilemma stellt sich hier die Frage: Was kann man – rational – empfehlen? Angenommen, A weiß, dass B die Konsequenzen ihres Tuns im Auge hat, ja, angenommen, A weiß, dass B jeweils die Konsequenzen

---

der Versuch, eine Antwort auf diese Problematik zu geben, indem ein Kriterium, *relative maximin concession*, entwickelt wird, das unter den pareto-effizienten Ergebnissen eines *bargaining game* genau eines auszeichnet, das für alle Beteiligten akzeptabel sein sollte, weil es demjenigen, der die größte Konzession gegenüber dem für ihn besten Ergebnis machen muss, die im Vergleich zu anderen Möglichkeiten geringste Konzession abverlangt und weil der Vergleichspunkt für diese relativen Konzessionen nicht lediglich der zufällige Ausgangspunkt der Güterverteilung ist, sondern ein Locke'sches Proviso berücksichtigt, wonach nur solche Verteilungen als Ausgangspunkt zählen, die ohne Verletzung von Individualrechten zustande gekommen sind.
115 „Mehrere" soll hier lediglich heißen „mehr als eine", das kann auch, etwa im Falle der kontinuierlichen Verteilung eines Gutes, „unendlich viele" beinhalten.
116 Eine ausführliche Darstellung folgt in III §2.

ihres Handelns optimiert, dann kann A den Interessenkonflikt einfach gewinnen: Er muss nur ankündigen, dass er sich für seine erste Strategie entscheidet und kann sicher sein, dass dann auch B sich für ihre erste Strategie entscheidet und nicht für die zweite, die ja nur dann günstiger wäre, wenn sich A ebenfalls für die zweite Strategie entscheidet. Hier scheint die Reihenfolge wesentlich zu sein: Wer kündigt als erster seine Strategie an und zwingt damit den anderen zur Reaktion? Allerdings reicht es für B aus, zu wissen, dass A ein Vabanque-Spieler ist, der seinen Vorteil im Auge hat, zugleich aber bereit ist, große Risiken einzugehen, um nachzugeben. Der Volksmund scheint Recht zu haben, „Der Klügere gibt nach". Aber gewinnt dann der Dumme? Wenn man praktische Rationalität so versteht, dass diese den Erfolg des Handelns garantiert oder wenigstens wahrscheinlicher macht, dann muss einen dieses Ergebnis irritieren. Bei einer anderen Interpretation dieses Spielformats (*battle of the sexes*) wird die strukturelle Dimension noch deutlicher: A sagt zu B: „Wenn du nicht tust, was ich will (Wahl der ersten Spalte), werde ich dafür sorgen, dass du einen empfindlichen Schaden erleidest – und das unabhängig davon, dass mich dies auch beschädigen wird (<0,0>)".[117] Derjenige, den die Androhung eines empfindlichen Übels nicht einschüchtert, der das tut, was er für richtig hält, auch wenn ihm dies Nachteile einbringt, verdient unseren Respekt. Der Sturkopf aus *battle of the sexes* dagegen verdient nicht unseren Respekt. Das Format der Interaktion bleibt das gleiche. Die normative Beurteilung ändert sich. In beiden Fällen aber kann man die Analyse verbessern, indem man die strukturelle Dimension berücksichtigt. Der Nicht-Erpressbare hat eine bestimmte Handlungsdisposition, die andere erst gar nicht in Versuchung bringt, ihn erpressen zu wollen, wenn sie davon Kenntnis haben.

Die übliche – sozialwissenschaftlich und ökonomisch inspirierte – Uminterpretation solcher Charaktermerkmale in (postmoderne) „Inszenierungen" oder Beeinflussungsversuche des Handelns anderer, geht an der Sache vorbei. Beides übersieht den strukturellen Charakter der Nicht-Erpressbarkeit. Aber auch die kausalistische (naturalistische) Gegenposition, wonach solche strukturellen Merkmale als Effekte der Sozialisation (oder der Kulturalisierung) zu interpretieren seien, die die Handlungsoptionen des einzelnen Individuums einschränken, also kausale Wirkungen auf das Verhalten haben, geht in die Irre. Charaktermerk-

---

[117] So etwas nennt man meist Erpressung, wobei die juristischen Kriterien für diesen Tatbestand durchaus diffizil sein können, wie die Prozesse um Ecclestone und Gribkowsky gezeigt haben: Gribkowsky wurde wegen Bestechlichkeit zu einer langjährigen Gefängnisstrafe verurteilt, während Ecclestone seinerseits Bestechung nicht nachgewiesen werden konnte und das Verfahren gegen eine Zahlung von 100 Millionen Dollar eingestellt wurde, 99 Prozent davon zu Gunsten der Staatskasse.

male schränken die Autonomie der Person nicht ein, sondern sind im günstigen Fall eine ihrer Ausdrucksformen. Aristoteles scheint dies übrigens gesehen zu haben: In der *Nikomachischen Ethik* spricht er davon, dass Tugenden einerseits eine *hexis* (eine Einstellung) seien, aber andererseits auch eine *prohairesis* (also Ausdruck einer Entscheidung, einer individuellen Präferenz) seien. Tugenden (Charaktermerkmale) sind nicht lediglich Ergebnisse von Sozialisationsprozessen, die uns über die natürliche Ordnung hinein in eine soziale Ordnung zwingen, sondern sie sind Ausdruck der Autorschaft des eigenen Lebens, der Fähigkeit, dem Leben Struktur und Sinn zu geben. Der punktuelle Optimierer zerfiele in Einzelteile, nur der strukturell rationale Akteur hat eine Identität über die Zeit.

In die spieltheoretische Beschreibung von Interaktionssituationen gehen strukturelle Elemente nur implizit ein. Die jeweiligen Präferenzen (repräsentiert durch Ordinalzahlen in der Matrix der Normalform) repräsentieren nicht nur die jeweiligen propositionalen Einstellungen des Augenblicks, sondern Haltungen, Tugenden, strukturelle Entscheidungen, das, was dem individuellen Leben und der sozialen Interaktion erst Struktur gibt. Wenn wir vom Sturen in der ersten Interpretation von *battle of the sexes* sprechen, dann schreiben wir ein strukturelles Element der Entscheidungssituation (Sturheit als Charaktermerkmal) zu. Dies ist von großer Relevanz für die Analyse, denn wenn es dieses strukturelle Merkmal nicht gäbe, dann dürfte die entsprechende Ankündigung durch A wenig Eindruck auf B machen. In der zweiten Interpretation der Interaktion *battle of the sexes* erfolgt eine Uminterpretation der Ordinalzahlen, diese repräsentieren nun Bewertungen, die über individuelle Interessen hinausgehen. Dem Nicht-Erpressbaren geht es ja nicht lediglich um die Optimierung seiner eigenen Interessen, sondern darum, dass er sich von (illegitimen) Drohungen nicht abbringen lässt, das zu verfolgen, was er für richtig hält.

Auch die kooperationsbereite Person offenbart in der Regel eine strukturelle Haltung, eine Bewertung, die sich impliziter auf Situationen des Typs Gefangenendilemma generell bezieht und nicht nur auf die einzelne konkrete Realisierung. Das heißt nicht, dass die Bedingtheit ihrer Kooperationsbereitschaft fallen gelassen wird. Es mag sein, dass dieses strukturelle Merkmal im Sinne des *assurance games* erfasst wird: Ich bin bereit zu kooperieren, wenn ich erwarten kann, dass andere kooperieren. Wenn ich dies nicht erwarten kann, entscheide ich mich nicht für die kooperative Option, sondern optimiere meine Konsequenzenbewertung.

Aber auch der kantianische Akteur hat eine strukturelle Entscheidung getroffen: Er testet seine Maximen auf ihre Verallgemeinerungsfähigkeit, auf ihre Tauglichkeit als allgemeine Handlungsregel und wenn diese Tauglichkeit nicht besteht, dann handelt er nicht nach der betreffenden Maxime. Das Ergebnis ist für den Fall des Gefangenendilemmas durchaus ambivalent: Aus der Perspektive der Ganoven mag der Maximentest so ausfallen: Ich kann mir nicht wünschen, in einer Gesellschaft (von Ganoven) zu leben, die in solchen Fällen den Mitangeklagten verpfeifen. Die Maxime, meinen Mitangeklagten immer dann zu verpfeifen, wenn dies meinen eigenen Interessen dient, lässt sich (in der Gesellschaft der Ganoven) nicht verallgemeinern. Wenn man die Entscheidungssituation mit einem Index (Ganovenpraxis) versieht, dann ist Kooperation für kantianische Akteure unter den Ganoven eine moralische Pflicht. „Kann ich mir wünschen, in einer Gesellschaft zu leben, in der Ganoven in solchen Situationen schweigen?", mag dagegen zur Ablehnung dieser Maxime führen. Allerdings ist dann der Index Ganovenpraxis fallengelassen worden. Man sage nicht, dass ein solcher Index aus der Perspektive kantianischer Ethik unzulässig sei. Kants eigene Beispiele belegen, dass er solche Indizes zugelassen hat. Wie immer der kantianische Maximentest ausfällt, es scheint auf der Hand zu liegen, dass auch unbedingte Kooperation (wenn dies das Ergebnis des Maximentests sein sollte) rational sein kann. Warum soll sich eine Person nicht dieses strukturelle Merkmal ihres Verhaltens zu eigen machen, sich in dieser Weise strukturell rational entscheiden? Dies gäbe ihrem Leben eine Struktur, möglicherweise mit der Folge, dass andere sie ausbeuten können (der Anständige wird dann zum Dummen), aber das muss den rationalen Kantianer nicht beeindrucken. Auch hier gilt das Neutralitäts-Gebot: Wir sollten solche Handlungsmotive als rational zulassen (allerdings nicht vorschreiben). Kooperation kann auch dann rational sein, wenn nicht zu erwarten ist, dass die anderen sich kooperativ verhalten, ja selbst dann, wenn zu erwarten ist, dass sie sich unkooperativ verhalten werden. Der moralische Akteur ist nicht notwendigerweise irrational!

§ 8 Kollektive Intentionalität

Kooperation kommt zustande, wenn die Beteiligten jeweils ihren Beitrag zu einer gemeinsamen Praxis beisteuern wollen, von der sie wissen, dass sie für alle Beteiligten wünschenswert oder zumindest akzeptabel[118] ist und derjenigen kollekti-

---

118 Dieser Unterschied zwischen „akzeptabel" und „wünschenswert" bezieht sich auf Situationen, in denen es mehrere kooperative Lösungen gibt, die in unterschiedlichem Umfang die individuellen Konsequenzenbewertungen erfüllen. *Die* wünschenswerte Lösung wäre dann die, die die höchste individuelle Bewertung aller möglichen kooperativen Lösungen hätte. Wenn nur eine kooperative kollektive Handlung möglich ist, dann erübrigt sich dieser Unterschied. Die Akzeptabilität wiederum kann nicht schon dadurch als gegeben angesehen werden, dass eine kooperative Lösung für alle günstiger ist als eine unkooperative. Es könnte ja sein, dass sie Fairness-Bedingungen verletzt und damit für die eine oder andere beteiligte Person nicht akzeptabel ist.

ven Praxis vorzuziehen wäre (aus der Perspektive jeder einzelnen Person), die aus der Optimierung der je individuellen Handlungskonsequenzen resultieren würde. Dies ist eine Form kollektiver Intentionalität: Ich möchte, dass *wir* etwas tun und ich bin bereit, dazu *meinen* Beitrag zu leisten. Das Phänomen kollektiver Intentionalität ist also individuell konstituiert: Es sind die *individuellen* Beurteilungen der Beteiligten, die uns erlauben, davon zu sprechen, dass *kollektive* Intentionen vorliegen.

Wir sprechen nicht schon dann von *kollektiven Intentionen,* wenn alle Beteiligten die gleichen Handlungsabsichten haben. Wenn alle Kinder einer Klasse hitzefrei haben wollen, dann ist das nur dann ein kollektiver Wunsch, wenn allen Beteiligten bewusst ist, dass nicht nur sie selbst, sondern auch die anderen diesen Wunsch haben und dieser Wunsch transformiert sich in eine kollektive Intention, wenn er eine Handlung motiviert (motivierende kollektive Intention) oder auf die Ausführung einer (kollektiven) Handlung gerichtet ist (kollektive Entscheidung, vorausgehende kollektive Intention).

Der einfachste Fall einer kollektiven Intention hat also folgende Form:

1. Alle Personen wollen, dass eine kollektive Handlung (nichts anderes als eine Kombination individueller Handlungen) ausgeführt wird.

2. Jede Person weiß, dass (1).

3. Jede Person weiß, dass (2) ...[119]

Alle Personen haben nicht nur eine Handlungsabsicht (die auf die Realisierung der gleichen kollektiven Handlung gerichtet ist), sondern diese beruht auf kollektivem Wissen bezüglich dieser individuellen Handlungsabsicht. Charakteristisch für kollektive Intentionalität ist also nicht nur die Bereitschaft, seinen Beitrag zu einer vernünftigen kollektiven Praxis zu leisten, sondern auch die epistemische Situation, also die gemeinsamen Überzeugungen, diese je individuelle Handlungsbereitschaft betreffend. Allerdings sind hier prohairetische und epistemische Einstellungen miteinander verknüpft: Meine Handlungsbereitschaft ist nicht je individuell einfach gegeben, sondern bedingt durch die Erwartung, dass andere diese Handlungsbereitschaft ebenfalls haben. Die Ausprägung der Handlungsabsicht (seinen Teil zur Kooperation beizutragen) hängt also davon ab, dass

---

[119] Diese Replikationen lassen sich unbegrenzt fortführen. Dass sie realiter irgendwo ein Ende haben, liegt auf der Hand und dieses Ende wird für unterschiedliche Beteiligte bei einer unterschiedlichen Anzahl von Replikationen stattfinden: A weiß, dass B weiß, dass A wünscht; A weiß, dass B weiß, dass A weiß, dass B weiß, dass A wünscht, ... aber auch A weiß, dass B weiß, dass C weiß, dass B wünscht...

ich erwarte (oder vermute oder gar weiß), dass die anderen ebenfalls bereit sind, ihren Beitrag zu leisten. Kollektive Intentionalität im paradigmatischen Fall der Kooperation beruht also auf zwei miteinander unlösbar verknüpften propositionalen Einstellungen: handlungsleitenden Wünschen (Intentionen) und Erwartungen (Wissen) bezüglich der Intentionen der anderen Beteiligten.

Wir hatten oben festgestellt, dass eine Kooperationssituation sich nicht allein durch die Angabe der Handlungskonsequenzen und ihrer Bewertungen bestimmen lässt. Diese Information (über die Konsequenzen und Bewertungen der möglichen Kombinationen individueller Handlungen) ist unzureichend, um eine Entscheidungssituation, in der kooperative Handlungen möglich sind, adäquat zu beschreiben. Der Grund dafür ist die (begriffliche!) Interdependenz zweier propositionaler Einstellungen, einer epistemischen und einer prohairetischen. Diese begriffliche (analytische) Verknüpfung ist für Kooperation, für kooperatives Handeln, für die kooperative Handlungsmotivation, konstitutiv.

So charakterisiert, präsupponiert das Phänomen kollektiver Intentionalität keine genuinen kollektiven Akteure. Genuin meint dabei, dass es nicht neben oder über die individuellen Akteure hinaus weitere Akteure gibt, eben kollektive, denen man mentale Zustände wie Intentionen oder Wissen zuschreiben könnte. Kollektive Intentionalität wurde individualistisch charakterisiert. Es sind die Individuen, ihre epistemischen wie prohairetischen propositionalen Einstellungen, die Kooperation konstituieren. Die einzelnen Individuen sind nicht Funktionen eines kollektiven Willens, wie es in der marxistischen, der hegelianischen, der systemtheoretischen, der sozialdarwinistischen und anderen Kollektivismen gesehen wird. Die Individuen werden nicht zu Marionetten eines kollektiven Willens, nicht zu dessen ausführenden Organen. Vielmehr ist dieser kollektive Wille (diese kollektive Handlungs-Intentionalität) gewissermaßen aus den individuellen Intentionalitäten zusammengesetzt. Er repräsentiert diese.

Zugleich aber setzt sich dieser Begriff der kollektiven Intentionalität von der radikal-individualistischen, *atomistischen* Sichtweise ab, wonach andere Interaktionsbeteiligte genauso zu behandeln seien wie die natürliche Umwelt und es irrational sei, sein eigenes Handeln als Teil eines beabsichtigten kollektiven Handelns zu wählen, weil – nach Voraussetzung – das Handeln der anderen durch das eigene Handeln kausal oder probabilistisch nicht zu beeinflussen ist. Meine Wahl der kooperativen Strategie hat keinerlei Einfluss auf die Wahl der anderen. Wenn ich bereit bin zu kooperieren, macht dies Kooperation der anderen nicht wahrscheinlicher. Meine kooperative Handlung beeinflusst das Entscheidungsverhalten der anderen Interaktionsbeteiligten nicht. Der Atomist schließt daraus, dass das Verhalten anderer zur Umwelt und nicht zur *Mitwelt* gehöre. Die Mitwelt sei gerade durch wechselseitige kausale Beeinflussungen zu charakterisieren. Wenn diese nach Voraussetzung nicht vorliegen, könne Kooperation nicht rational sein. Der Begriff der kollektiven Intentionalität, wie er hier eingeführt wurde, unterscheidet sich von dieser atomistischen Variante des Individualismus. Er bleibt *individualistisch*, sofern kollektive Intentionalität durch individuelle Intentionalitäten konstituiert ist, aber er erlaubt die strukturelle Beschreibung: Ich entscheide mich für C, weil ich meinen Teil zu einer wünschenswerten (wenn auch keineswegs garantierten) kooperativen Handlungsweise beitragen möchte. Die Einbettung der eigenen – punktuellen – Entscheidung in eine Handlungsstruktur ist dadurch nicht notwendigerweise irrational.

Diese Fassung kollektiver Intentionalität, wonach Kooperation selbst das Handlungsmotiv ist, unterscheidet sich von Konzeptionen kollektiver Intentionalität, die Kooperation als Ausdruck einer Gemeinschaftszugehörigkeit oder eines Gruppen-Ethos (*group ethos*) interpretieren. Zweifellos gibt es diese Phänomene: Häufig wird kooperiert, weil man sich einer Gruppe zugehörig fühlt, weil man gemeinsame Werte teilt, weil man auch in Zukunft mit diesen Menschen interagieren möchte, aber dies ist keineswegs zwingend. Meine These lautet: Kooperation kann auch ohne dieses kommunitaristische Element rational sein. Das macht Kooperation zum Paradigma struktureller Rationalität.

§ 9 Kollektive Rationalität

Wir haben im vorausgehenden Abschnitt einen Begriff der *kollektiven Intentionalität* eingeführt und festgestellt, dass die Kombination je individuell optimierender Strategien *kollektiv irrational* ist. Wir wollen nun im Folgenden versuchen, diese beiden Begriffe, den der kollektiven Intentionalität und den der kollektiven Rationalität, zusammenzuführen und näher zu charakterisieren. In der Tat wird sich herausstellen, dass eine Charakterisierung des einen ohne den anderen *Begriff* nicht möglich ist. Kollektive Intentionalität war wiederum unter Bezugnahme auf den Begriff des kollektiven Wissens charakterisiert worden. Insofern haben wir es hier mit einer interdependenten Trias von Begriffen zu tun.

Wir haben die Pareto-Ineffizienz der Kombination je individuell optimierender Strategien als eine hinreichende Bedingung für kollektive Irrationalität gewertet. Im Beispiel des Gefangenendilemmas: Die Tatsache, dass beide Gefangenen ausschließlich von dem Ziel geleitet sind, ihren jeweiligen Gefängnisaufenthalt zu minimieren (sie wollen dem anderen nichts Gutes tun, sie müssen externe Effekte nicht berücksichtigen…), spricht dafür, dass die Kombination je individuell optimierender Strategien kollektiv irrational ist. Pareto-Ineffizienz der Handlungskonsequenzen einer Interaktion ist jedenfalls dann hinreichend für kollektive Irrationalität, wenn andere Bewertungsaspekte ausgeklammert werden können. Unter solchen Bedingungen können wir fordern, dass kollektive Rationalität pareto-inklusiv ist. Auch normative politische Theorien sollten diesem Kriterium gerecht werden. Theorien der Verteilungsgerechtigkeit sollten nur zu solchen Bewertungen führen, die pareto-inklusiv sind, d. h. die eine Verteilung, die für alle Personen günstiger ist, auch als besser bewerten.

Wohlgemerkt, diese Argumentation ging von der Voraussetzung aus, dass es sonst keine Bewertungsaspekte gibt, insbesondere keine deontologischen, d. h. Bewertungen, die sich nicht lediglich auf die Konsequenzen des Handelns beziehen. Da ich überzeugt bin, dass deontologische Bewertungsaspekte von großer Bedeutung sind,[120] sowohl für eine Theorie individueller, wie für eine Theorie kollektiver Rationalität, ist diese Voraussetzung keine Trivialität. Für die *rational choice*-Orthodoxie wäre sie eine solche. Meine Zustimmung zur Forderung der Pareto-Inklusivität von Theorien der Verteilungsgerechtigkeit gilt nur für den Fall, dass die resultierenden Verteilungen der einzige zu bewertende Aspekt sind. Robert Nozick hat starke Argumente dafür vorgebracht, dass alle Gerechtigkeitstheorien, die sich darauf beschränken, inadäquat sind, weil sie die Genese von Verteilungen systematisch ausklammern, weil sie historisch blind sind.[121] Nichtkonsequentialistische Bewertungsaspekte können sich auf die Vorgeschichte von Verteilungen beziehen, aber auch auf den Typ von Handlungen, der zu ihrer konkreten Realisierung erforderlich ist. Beides schließt sich wechselseitig selbstverständlich nicht aus.

Wie im Falle der kollektiven Intentionalität unternehmen wir auch im Falle der kollektiven Rationalität eine strukturelle Analyse, die von den Individuen als Akteuren und nicht vom Kollektiv als Akteur ausgeht und die je individuelle Bereitschaft, seinen Teil zu einer gemeinsamen Praxis beizutragen, also die je eigene Handlung in eine Struktur von Handlungen einzubetten, die konstitutiv für kollektive Rationalität ist. Wir beginnen mit dem einfachen Fall einer Interaktion, für die ausschließlich die Konsequenzenbewertungen relevant sind. In solchen sind resultierende pareto-ineffiziente Verteilungen ein Merkmal kollektiver Irrationalität. Inwiefern kann man hier von kollektiver Irrationalität sprechen? Rationalität ist – im Gegensatz zu Intentionalität – ein normativer Begriff: Irratio-

---

120 Näheres dazu in Kapitel V.
121 Robert Nozick unterscheidet in *Anarchy, State, and Utopia*. New York: Basic Books 1974 zwischen *time-slice theories of justice* und *historical theories of justice*, erstere haben nur die Verteilung zu einem bestimmten Zeitpunkt im Blick und entwickeln dafür Bewertungskriterien, letztere die der Genese. Irritierend bei Nozick allerdings ist, dass er eine *ausschließlich* historische Theorie vertritt, d. h. für ihn kommt es überhaupt nicht auf die resultierende Verteilung, sondern nur auf ihre Genese an. Ist diese ohne Verletzung von Individualrechten (Locke'schen Typs) zustande gekommen, dann ist die resultierende Verteilung gerecht, vorausgesetzt, die Ausgangsverteilung, für die Nozick kein Beurteilungskriterium entwickelt, war gerecht.

nalität sollte man vermeiden. Von kollektiver Irrationalität zu sprechen ist deswegen sinnvoll, weil auch aus der Perspektive der Beteiligten das pareto-ineffiziente Resultat ihres Handelns eine bestimmte Form von Reue nach sich ziehen wird, etwa in der Formulierung „Wir hätten uns anders verhalten sollen". Bei Nachfrage „Warum?" folgte z. B. die Erläuterung: „Weil wir so neun Jahre unnötig im Gefängnis sitzen müssen". „Was heißt hier unnötig?", könnte der Mittäter erwidern und erhielte zur Antwort: „Wir hatten doch die Möglichkeit, uns anders zu entscheiden", „Wir hätten schließlich auch beide vor den Ermittlungsbeamten schweigen können.". Hier müssen wir ein Augenmerk auf die Verwendungsweise von „wir" richten, jedenfalls beim ersten Vorkommnis ist dieses „wir" kollektiv und nicht distributiv gebraucht. Nur bei kollektiver Verwendung lässt sich nämlich überhaupt die Erläuterung nachschieben, dass man so ja unnötigerweise neun Jahre im Gefängnis sitze. Bei distributiver Verwendung wäre dieses Ergebnis ja noch gar nicht festgelegt. Schweigen kann ja auch zu elf Jahren Gefängnisaufenthalt führen und Gestehen zu null Jahren Gefängnisaufenthalt. Dieses „wir" wird also eindeutig kollektiv gebraucht, d. h. es wird damit eine gemeinsame Praxis, eine Strategien-Kombination, vor Augen gestellt. Die Reue bezieht sich darauf, was passiert wäre, wenn beide geschwiegen und nicht beide gestanden hätten. Bei distributiver Verwendung stünde gar nicht fest, ob es Grund zur Reue gibt oder nicht. Wir haben unklug gehandelt – das will einer der Ganoven sagen und der andere fragt nach, „Warum?". Jedenfalls der erste Ganove – so könnten wir vermuten – hält die gemeinsame Praxis (beide haben gestanden) für kollektiv irrational.

Diese kollektive Irrationalität lässt sich auch anders charakterisieren: Beide hätten, wenn die Möglichkeit dazu bestanden hätte, in einen Vertrag eingewilligt, der jedem, der gesteht, eine Strafe auferlegt, die hoch genug ist, ihn vom Gestehen abzuhalten (z. B. der von der Mafia angedrohte Betonpfeiler). Es mag merkwürdig anmuten, dass man sich freiwillig eine Strafe auferlegt, ohne dass sich an den Entscheidungsoptionen etwas verbessern würde: In beiden Fällen (mit oder ohne Strafe) gibt es die beiden Handlungsoptionen und es hat sich an der Gesamtsituation für keinen der beiden Ganoven etwas verbessert: Im Gegenteil, es sind mögliche Nachteile einer Entscheidung hinzugetreten. Trotzdem profitieren Ganoven davon sich selbst im Falle des Gestehens Strafen aufzuerlegen, wenn es denn möglich ist, einen solchen Vertrag zu schließen, der dann auch für beide verlässlich eine entsprechende Sanktion nach sich zöge. Man kann diese Bereitschaft als Konsequenz der erkannten Divergenz von individuell optimierendem Verhalten und kollektiver Rationalität interpretieren: Jeder der Beteiligten wünscht sich ein kollektiv rationales Ergebnis, weiß darum, dass die je individuelle Konsequenzenoptimierung zu einem kollektiv irrationalen Ergebnis führen würde und befürwortet daher eine Sanktion (für sich und alle anderen Beteiligten), die diese Divergenz behebt.

Der skeptische Ganove wird vielleicht hartnäckig sein und nachfassen, dass ohne eine solche Sanktion ja gar keine Möglichkeit bestanden hätte, die Aussage zu verweigern, denn schließlich sei Aussageverweigerung für beide die je individuell optimierende Strategie gewesen. Der reuige Ganove wird dem entgegenhalten, dass dies zwar der üblichen Anwendung des *rational choice*-Paradigmas entspreche (vorausgesetzt, er hat Ökonomie oder Philosophie studiert), dass aber doch unbezweifelbar sei, dass beide Ganoven die Option gehabt haben, zu schweigen. Sie hätten schweigen können, sie hätten eine je individuelle Strategie wählen können, die, wenn gemeinsam gewählt, kollektive Irrationalität vermieden hätte. Niemand war zu irgendetwas gezwungen. Auch die Auferlegung einer Sanktion lässt die Autonomie der beiden Akteure unangetastet. Sie können abwägen, was sie tun wollen und können dieses dann tun (hier: gestehen oder nicht gestehen).

Das Kriterium kollektiver Rationalität lässt sich nicht auf individuelles Handeln anwenden, sondern nur auf Kombinationen individueller Handlungen, ganz analog zur kollektiven Intentionalität. Aber kollektive Rationalität ist – wie kollektive Intentionalität – konstituiert durch epistemische und prohairetische Zustände der handelnden Individuen. Die handelnden Individuen haben Konsequenzenbewertungen, sie wissen wechselseitig um ihre Konsequenzenbewertungen, sie haben Erwartungen bezüglich der Handlungsabsichten der Beteiligten und können sich daher ein Urteil bilden, welche der möglichen Handlungskombinationen als kollektiv irrational gelten müsste – sofern kollektive Rationalität über die Bedingung der Pareto-Optimalität charakterisiert wird, welche allen Beteiligten einen Grund gibt zu sagen, „Wir hätten uns besser anders verhalten". Der strukturelle Aspekt kollektiver Rationalität liegt hier auf der Hand: Das „wir" bezieht sich auf die – strukturelle – Einbettung der einzelnen Praxis in eine gewünschte kollektive.

Kollektive Rationalität lässt sich nicht lediglich über Konsequenzen von Handlungskombinationen charakterisieren. Voraussetzung für kollektive Rationalität, wie für kollektive Irrationalität ist, dass sich die an der Interaktion Beteiligten in ihrem Handeln als solche einordnen, d. h. die anderen Beteiligten nicht lediglich als Umweltaspekt zur Kenntnis nehmen, sondern als Akteure. Die bloßen Konsequenzenbewertungen (*outcomes* des Spiels) geben keine Informationen über diese epistemische Dimension. Genauer charakterisiert ist die Voraussetzung für kollektive Rationalität, wie kollektive Irrationalität, dass die beteiligten Individuen ihr Handeln als Teil einer gemeinsamen Praxis ansehen und davon ausgehen, dass auch alle anderen Beteiligten diese Perspektive einnehmen, also wechselseitige Erwartungen bezüglich dieser Praxis entwickeln. Eine kollektiv rationale Kombination individueller Strategien kommt zustande, wenn sich die Individuen einig sind, welche Kombination wünschenswert ist und jeweils ihren Teil dazu beitragen, dass sich diese realisiert. Im Falle, dass die Bewertungen sich auf Handlungskonsequenzen beschränken, heißt dies, dass sie nur solche Kombinationen individueller Strategien als kollektiv rational betrachten können, deren Konsequenzen pareto-optimal sind. Im Falle des ursprünglichen Gefangenendilemmas, wie wir es präsentiert haben, gibt es drei Kombinationen individueller Strategien, die pareto-optimal sind und eine, die es nicht ist, nämlich diejenige, die zustande kommt, wenn alle ihre Interessen je individuell optimieren. Wir brauchen also auch im Falle der ursprünglichen Geschichte ein zusätzliches Kriterium, das uns hilft, eine der drei pareto-optimalen Handlungskombinationen auszuwählen. Intuitiv mag man wegen der Symmetrie der Situation von vorneherein nur die beiden Optionen, nämlich „beide gestehen" oder „beide gestehen nicht", berücksichtigen. Aber das wäre voreilig. So könnte es immerhin sein, dass in einem Gefangenendilemma die Konsequenzenbewertungen so ausfallen, dass eine oder beide asymmetrischen Kombinationen individuellen Handelns eine größere Nutzensumme aufweisen als die des beidseitigen Nicht-Gestehens, bzw. eine geringere Zahl von Gefängnisjahren, die die beiden Angeklagten in der Summe hinter Gitter verbringen. Angenommen, diese beiden asymmetrischen Handlungskombinationen haben unterschiedliche Summen von Gefängnisjahren oder auch Nutzensummen zur Konsequenz, dann müssten überzeugte Utilitaristen die Wahl derjenigen asymmetrischen Entscheidungskombination befürworten, die das bessere Ergebnis zeigt. Für Utilitaristen wäre dann diese asymmetrische Handlungskombination kollektiv rational und jede andere Kombination individueller Entscheidungen (hier gibt es noch drei) kollektiv irrational, nicht nur die Kombination individuell optimierenden Verhaltens. Dieses Beispiel zeigt, dass das Symmetrie-Argument allein nicht ausreichend ist, um eine der möglichen Handlungskombinationen als kollektiv rational zu charakterisieren.[122] Das heißt allerdings nicht, dass das Symmetrie-Argument irrelevant wäre. Wenn man z. B. das *normative* Kriterium heranzieht, dass die jeweilige Handlungskombination niemanden benachteiligen sollte, dann bleibt nur eine der drei pareto-optimalen Handlungskombinationen übrig, nämlich die beidseitigen Schweigens bzw. beidseitiger Kooperation. Die Kombination von Pareto-Inklusivität und Fairness als notwendige Bedingung kollektiver Rationa-

---

[122] Man beachte an dieser Stelle, dass diese Form des Utilitarismus eine ganz andere ist, als die, von der wir oben Gebrauch gemacht haben. Oben wurde die utilitaristische Handlungsorientierung in Gestalt einer Umwertung der Konsequenzen vorgenommen, während hier die (egoistischen) Konsequenzenbewertungen (minimiere den eigenen Aufenthalt im Gefängnis) Bestand haben und die utilitaristische Perspektive sich erst in der Bestimmung kollektiver Rationalität niederschlägt. Man könnte auch sagen: Der Utilitarismus wird hier schon strukturell gefasst, während er oben noch als eine Variante instrumenteller Rationalität diskutiert wurde.

lität, zeichnet in diesem Fall eine einzige Handlungskombination als kollektiv rational aus.

Es sind also nicht die Konsequenzen der Handlungskombinationen, die kollektive Rationalität festlegen, sondern normative Kriterien, die diese evaluieren – hier Fairness und Pareto-Inklusivität. Wenn beide Akteure sich diese Kriterien zu eigen machen, dann ist in diesem Fall eindeutig bestimmt, welche Handlungskombination rational ist und damit auch eindeutig bestimmt, welche individuelle Strategie strukturell rational ist: Es ist die kooperative, die in der Absicht vollzogen wird, seinen Teil zu einer kollektiv rationalen Praxis beizusteuern. Voraussetzung kollektiver Rationalität ist, dass sie getragen ist von korrespondierender kollektiver Intentionalität, also einem kollektiven Wissen, das sich auf die Interessen, die Intentionen und die normativen Beurteilungen der anderen Beteiligten bezieht, aber auch auf ihre Replikationen. Zu diesem kollektiven Wissen gehört die intentionale Struktur der Interaktion und dies kann, nicht muss, dazu führen, dass die Individuen jeweils ihren Teil zu einer kollektiv rationalen Praxis beisteuern. Sie handeln dann insofern *strukturell rational* als sie ihren Beitrag zu einer kollektiven Praxis beisteuern, die kollektiv rational ist. Diese kollektive Rationalität zu beurteilen ist nicht mehr Sache des einzelnen Individuums. Aus begrifflichen Gründen kann das einzelne Individuum das Vorliegen kollektiv irrationaler Handlungskombinationen für sich genommen nicht beurteilen, es hängt von den Beurteilungen der anderen Beteiligten ab. Kollektive Rationalität ist *konstituiert* durch individuelle Interessen, Bewertungen und Intentionen, aber sie hat einen *strukturellen* Charakter.

§ 10 Gerechtigkeit als kollektive Rationalität

Gerecht ist, was von jeder Person akzeptiert werden kann. Ungerecht ist, was aus der Perspektive mindestens einer Person normativ inakzeptabel ist. Rationale Individuen würden sich auf gerechte Regeln (Institutionen, Praktiken, Verteilungen...) vertraglich einigen. Ungerecht ist, was einer solchen vertraglichen Einigung nicht zugeführt werden könnte. Gerechtigkeit lässt sich auf Rationalität zurückführen. Lässt sich Gerechtigkeit also als eine Form kollektiver Rationalität charakterisieren?

Die Formulierungen des vorherigen Absatzes charakterisieren einen wichtigen Strang der modernen Ethik und politischen Theorie, den vertragstheoretischen. Die Etikettierung als „Vertragstheorie" legt Missverständnisse nahe, wie etwa das, dass es hier um eine Theorie der Verträge ginge. Zwar gibt es durchaus unterschiedliche Vertragsvarianten in der Ethik und der politischen Theorie, aber der gemeinsame Ausgangspunkt ist eine These, nämlich die, dass Gerechtigkeit sich als eine Form der Rationalität rekonstruieren lässt. Auch der wichtigste zeitgenössische Gerechtigkeitstheoretiker John Rawls hat seine *Theory of Justice* ursprünglich als einen Zweig der *rational choice*-Theorie präsentiert. Selbst der Gründungsvater der modernen vertragstheoretischen Tradition, Thomas Hobbes, präsentiert seine Theorie politischer Legitimation und politischer Gerechtigkeit als Rationalitätstheorie. Auch für Immanuel Kant, über hundert Jahre später, wird die politische Theorie durch die Idee des Vertrages gegenüber der Ethik abgegrenzt. Interessanterweise setzt das vertragstheoretische Denken aber nicht, wie es in einem Gutteil der Sekundärliteratur heißt, mit dem Rationalismus der Neuzeit im 17. Jahrhundert ein, sondern lässt sich bis auf Platon[123] zurückverfolgen. Auch die Fürstenspiegel des Mittelalters und der frühen Neuzeit machen vom Vertragsgedanken Gebrauch. In der Neuzeit ist die normative politische Philosophie derart eng mit dem Vertragsargument verknüpft, dass Blütephasen und Niedergang der politischen Philosophie mit der Blüte und dem Niedergang der Vertragstheorie einhergehen. Mit Thomas Hobbes beginnt die interessanteste Phase der neuzeitlichen politischen Philosophie und sie endet in ihrer zunehmenden Ideologisierung und der Ablehnung der Vertragstheorie durch die beiden dominierenden intellektuellen Figuren der Zeit, nämlich David Hume und Georg Wilhelm Friedrich Hegel. Dieser Niedergang gehört zum Vorspiel der menschlichen und politischen Katastrophen des 20. Jahrhunderts. Die Rehabilitierung der praktischen Philosophie danach gelingt nur in hermeneutischer und historischer Perspektive, erst mit John Rawls jenseits und mit Jürgen Habermas diesseits des Atlantiks setzt eine neue Blütephase der politischen Philosophie ein, die charakteristischerweise wieder die Verbindung von Gerechtigkeit und Rationalität als Ausgangspunkt hat. Es lohnt sich also, dieses Verhältnis genauer zu betrachten. Tatsächlich handelt es sich um nichts anderes als eine Ausdifferenzierung der Konzeption struktureller Rationalität.

Wir bezeichnen im Folgenden eine Theorie als *kontraktisch*, wenn sie Gerechtigkeit als kollektive Rationalität gegenüber egoistischer Konsequenzenbewertung bestimmt. Dagegen bezeichnen wir eine Theorie als *kontraktualistisch*, wenn sie kollektive Rationalität unter Einbeziehung von Gerechtigkeitskriterien bestimmt. Eine kontraktualistische Theorie ist nicht kontraktisch. Eine kontraktische Theorie ist nicht kontraktualistisch. Beides gilt analytisch. Kontraktualistische und kontraktische Theorien bilden keine Partition auf der Menge der Vertragstheorien. Man kann sich durchaus Vertragstheorien vorstellen, die weder kontraktisch noch kontraktualistisch sind. Aber die Literatur in diesem Feld bietet fast ausschließlich entweder kontraktische oder kontraktualistische Vari-

---

[123] Vgl. Kriton Dialog

anten. Auch wenn sich im Englischen unterdessen der Sprachgebrauch eingebürgert hat, zwischen *contractarian* und *contractualist theories* zu unterscheiden, bleibt das Kriterium dieser Unterscheidung in der Regel unklar. Die strukturelle Konzeption der Rationalität erlaubt es, diese Unterscheidung zu präzisieren und handlungstheoretisch einzubetten.

Der konsequente Kontraktist[124] führt – in erster Näherung – Gerechtigkeit auf individuelle Rationalität zurück. Dies muss qualifiziert werden, insbesondere, wenn man sich – wie wir in dieser Abhandlung – von der egoistischen und instrumentalistischen Engführung der *rational choice*-Dogmatik gelöst hat. Wenn diejenige Handlung rational ist, die die besseren Gründe für sich hat, dann lässt sich ein Kontraktist nicht dadurch charakterisieren, dass er Gerechtigkeit auf Rationalität zurückzuführen versucht. Der konsequente Kontraktist behauptet vielmehr, dass ausschließlich die Optimierung des Eigeninteresses ein rationales Handlungsmotiv darstellt, dass daher eine Interessenkonstellation vom Typ des Gefangenendilemmas zwangsläufig zu einem kollektiv irrationalen Ergebnis führt (pareto-ineffizient, gemessen an den individuellen Interessen bzw. deren quantitativen Repräsentationen).[125] Der rationale Akteur der kontraktischen Theorie hat ein Problem kollektiver Rationalität (jedenfalls in Situationen vom Typ des Gefangenendilemmas). Da ihm der Weg über altruistische Motive oder gar genuine Kooperationsbereitschaft verschlossen ist, wünscht er sich, dass Sanktionen etabliert werden, die kooperatives Verhalten „erzwingen". Wohlgemerkt: Streng genommen wünscht er sich, dass dies von allen anderen erzwungen wird, aber nicht von ihm selbst, da ihm dies die Möglichkeit gäbe, alle anderen bei Gelegenheit auszubeuten. Erst die Annahme, dass sich Regeln, die eine Ausnahme nur für ihn selbst machen, wohl nicht werden etablieren lassen (außer für einen Diktator), lässt ihn die Etablierung sanktionierter Regeln, die alle gleichermaßen binden, befürworten.[126] Für konsequente Kontraktisten ist die

---

124 Im Englischen wird zwischen *contractarians* und *contractualists* unterschieden, entsprechend unterscheiden wir zwischen Kontraktisten und Kontraktualisten. Adjektive: kontraktisch vs. kontraktualistisch. Aber Vorsicht: Diese deutschen Wortschöpfungen werden von mir als *termini technici* gebraucht – ich behaupte nicht, dass sie Übersetzungen der genannten englischen Termini sind.
125 Der Übergang von Interessen zu Nutzenfunktionen, die diese individuellen Interessen quantitativ (reellwertig) repräsentieren, erfolgt nach demselben Muster, wie der Übergang von Präferenzen zu (reellwertigen) Nutzenfunktionen, wie wir es in II §1 dargelegt haben (Nutzentheorem).
126 Sowohl klassische (Hobbes), wie zeitgenössische (Buchanan) Kontraktisten gehen wie selbstverständlich von dieser Meta-Regel aus, dass etablierte Regeln erster Ordnung jeweils alle gleichermaßen binden. Aber warum sollen sich ausschließlich eigenorientierte Optimierer auf Regeln der Gleichbehandlung überhaupt einlassen? Weit plausibler ist es, dass diese, je nach

Etablierung einer Regel gegenüber einer Person begründet, wenn nachgewiesen werden kann, dass die Etablierung dieser Regeln ihren eigenen Interessen dient (genauer: ihre eigenen Interessen optimiert).[127] Dazu bekennt sich z. B. Norbert Hoerster oder auch Ken Binmore, auch James Buchanan, für die normative Rechtfertigung nichts anderes ist, als der Nachweis (gegenüber einer Person), dass das, was ‚gerechtfertigt' wird, die eigenen Interessen optimiert. Thomas Hobbes selbst, der Gründervater des Kontraktismus, kann – interessanterweise – dafür allerdings nicht in Anspruch genommen werden.[128]

Es stellt sich die Frage, ob der konsequente Kontraktist über einen Gerechtigkeitsbegriff verfügen kann. Er kann feststellen, welche (sanktionierten) Regeln im Interesse welcher Personen sind, er kann auf dieser Grundlage analysieren, welche Regeln die allgemeine Zustimmung eigenorientierter rationaler Egoisten fänden und natürlich ist es ihm unbenommen, dann diese Regeln als „gerecht" zu bezeichnen. Allerdings stellt sich die Frage, welchen zusätzlichen Informationsgehalt dieses Prädikat gegenüber der Feststellung, dass eine Regel im Interesse von allen ist, haben soll. Die Situation ändert sich, wenn die Akteure ihr Verhalten zwar ausschließlich an der Optimierung ihres Eigeninteresses ausrichten (die motivationstheoretische Prämisse des Kontraktismus), aber zugleich über einen *Gerechtigkeitssinn* verfügen und es mag ja durchaus sein, dass solche

---

Ausgangssituation, Regeln der Ungleichbehandlung vereinbaren werden, die das Macht- und Einkommensverhältnis widerspiegeln. Die Neigung der Kontraktisten, ausschließlich Regeln der Gleichbehandlung zu diskutieren, muss man entweder als Indiz dafür interpretieren, dass – entgegen der Programmatik dieses Ansatzes – normative Elemente, wie Fairness oder eben gleiche individuelle Rechte, implizit in die Konstruktion der jeweiligen Vertragstheorie eingehen, dass sie also kontraktualistisch impliziert sind, oder als Indiz dafür, dass versäumt wurde, die Ergebnisse der zeitgenössischen *bargaining theory* zu berücksichtigen. Eine Ausnahme ist David Gauthier, der nicht nur die *bargaining theory* in seine Analyse einbezieht, sondern zudem die normativen Präsuppositionen (Locke'sches Proviso) explizit macht, vgl. David Gauthier: *Morals by Agreement*. Oxford: University Press 1986.

127 Es ist ein Unterschied, ob man lediglich behauptet, dass nur solche Regelsysteme gerechtfertigt sind, deren Etablierung im Interesse jeder einzelnen Person ist (das vertreten die meisten Kontraktisten von Thomas Hobbes bis Bernard Gert), oder ob man den Begriff der normativen Begründung durch den des je individuellen Eigeninteresses ersetzt.

128 Auch wenn in der Sekundärliteratur über viele Jahre eine solche Interpretation von Thomas Hobbes dominierte, darunter auch diejenige von David Gauthier. Spätestens seit den Studien von Gregory Kavka (vgl. *Hobbesian Moral and Political Theory*. Princeton: University Press 1986) und Jean Hampton (vgl. *Hobbes and the Social Contract Tradition*. Cambridge: University Press 1988) lässt sich das nicht mehr aufrechterhalten. Vgl. a. JNR: „Bellum omnium contra omnes. Konflikttheorie und Naturzustandskonzeption im 13. Kapitel des Leviathan". In: *Leviathan oder Stoff, Form und Gewalt eines kirchlichen und bürgerlichen Staates*. Hrsg. von Wolfgang Kersting. Berlin: Akademie Verlag 2008.

Akteure Regeln (Institutionen, Verteilungen) als gerecht empfinden, die das Eigeninteresse jeder einzelnen Person optimieren. Für diese Variante werben im ökonomischen und politischen Feld diejenigen, die Verteilungsgerechtigkeit durch Marktgerechtigkeit ersetzen möchten. Wenn der Markt als ein System der Interaktion interpretiert wird, in dem alle Teilnehmer ihre jeweiligen Eigeninteressen optimieren, dann ist das, was auf Grund von marktförmigen Transfers resultiert (die Verteilungen von Konsum, Arbeitszeit, Einkommen, Vermögen...), Ausdruck dieser individuellen Interessen und der Bedingungen, unter denen diese ausgetragen werden, aber darüber hinaus hat es keine ethische Qualität. Die Rede von der Marktgerechtigkeit kann man daher durchaus auch als Plädoyer verstehen, auf substanzielle normative Kriterien der Gerechtigkeit zu verzichten. Der Kontraktist könnte analog den Versuch unternehmen, substanzielle normative Kriterien in der Gerechtigkeitstheorie dadurch zu entsorgen, dass er an deren Stelle die bloße ‚Interessen'-Gerechtigkeit setzt. Man beachte dabei, dass der Modus von Marktgerechtigkeit und kontraktistischer Interessengerechtigkeit ein anderer ist: Im ersten Fall sind es die je individuellen *bargaining*-Prozesse, die die Verteilungen (und Regeln, nach denen diese stattfinden) bestimmen und im anderen ist es die *eine* kollektive Entscheidung, die diese Regeln etabliert. An dieser Stelle geht ein Riss durch den Kontraktismus, der von der Frage ausgelöst wurde, ob die – in der Regel nur hypothetische, kontrafaktische – Annahme einer solchen Kollektiventscheidung zulässig ist, oder ob eine solche Annahme nicht den anthropologischen und methodologischen Prämissen des Kontraktismus widerspricht. Buchanan (*für* die Möglichkeit einer Kollektiventscheidung) steht auf der einen, Gauthier (*gegen* die Möglichkeit einer Kollektiventscheidung) steht auf der anderen Seite dieses Risses – um zwei aus der Reihe der sogenannten *new contractarians* zu nennen.

Es liegt meines Erachtens auf der Hand, dass ein konsequenter Kontraktismus nicht als Variante einer substanziellen Gerechtigkeitstheorie gelten kann, sondern Gerechtigkeit durch individuelle Interessenoptimierung ersetzt. Allerdings sind die wenigsten Vertragstheoretiker in dieser Hinsicht konsequent: An verschiedenen Stellen ihrer Argumentation werden normative (Meta-)Regeln eingeführt, wie z. B. die des Locke'schen Proviso (Gauthier), oder die Gleichheit der konstitutionellen Rechte (Buchanan im *Constitutional Contract*) oder die gleichen Menschenrechte (Nozick). Man kann dieses auffällige Phänomen als Indiz dafür ansehen, dass die programmatisch beabsichtigte Reduktion von Gerechtigkeit auf eigeninteressierte Rationalität nicht gelingt.

Der *Kontraktualismus* hat mit dem Kontraktismus gemeinsam, dass beide Varianten der Vertragstheorie Interaktionssituationen vom Typ des Gefangenendilemmas zum Ausgangspunkt nehmen. Es geht um die Frage, wie Kooperation (politische, soziale, ökonomische) gesichert werden kann. Der Kontraktismus geht dabei reduktionistisch vor und muss daher zumindest als Gerechtigkeitstheorie scheitern. Der Kontraktualismus dagegen will die Kooperationsproblematik auch dadurch auflösen, dass normative Kriterien in die Konstruktion des Vertrages eingehen.

Bei John Rawls ist das die Fairness-Bedingung, die durch einen Schleier des Nicht-Wissens garantiert werden soll, unter dem die Parteien über die Prinzipien der Gerechtigkeit, die den institutionellen Aufbau der Gesellschaft anleiten sollen, entscheiden. Diese Entscheidung wird von Rawls als vertragsförmige verstanden (sein Anspruch ist es die Tradition der Vertragstheorie zu erneuern), obwohl gerade auf Grund dieses Fairness sichernden *veil of ignorance* unklar ist, wie überhaupt noch ein Vertrag zustande kommen könnte: Die konsequente Unterdrückung aller Information über die Interessenlage und die Annahme wechselseitiger Desinteressiertheit und eigeninteressierter Rationalität macht die „vertragsschließenden" Parteien ununterscheidbar. Es ist rätselhaft, in welchem Sinne sie unterschiedliche Gruppen der Gesellschaft repräsentieren. Die Fairness-Bedingung ist so stark ausgefallen, dass sie unter der Hand die *Theory of Justice* in eine Theorie des idealen Beobachters – ungewollt – transformiert hat.

Trotz dieser Problematik der Rawls'schen Gerechtigkeitstheorie bleibt sie für den Kontraktualismus paradigmatisch. Sie geht aus von einem gemeinsamen *Gerechtigkeitssinn*, den alle Menschen der betreffenden Gesellschaft über alle kulturellen Unterschiede hinweg teilen, der es erlaubt, Kooperation über gemeinsam akzeptierte Institutionen dann zu sichern, wenn sie als fair gelten können. Ob sie als fair gelten können, entscheidet der – fiktive – Vertrag. Der Vertragsschluss unter dem Schleier des Nicht-Wissens operationalisiert die Fairness der institutionellen Grundstruktur. Er ist ein Verfahren, um die Fairness einer institutionellen Grundstruktur zu beurteilen. Die beiden Prinzipien stellen die Kriterien dafür bereit. Von der politischen, sozialen, kulturellen und ökonomischen Kooperation profitieren alle. Die Bereitschaft zu kooperieren hängt aber davon ab, dass dieser Vorteil durch Kooperation auch gerecht verteilt wird. Das Differenzprinzip von Rawls wird entsprechend gefasst als die Verteilung der Vorteile der Kooperation, so dass alle davon, speziell die am schlechtesten gestellte Personengruppe, profitieren. Das macht Verteilungsgerechtigkeit aus. Dies ist ein weit stärkeres Kriterium, als das der bloßen Vermeidung pareto-ineffizienter und in dieser Hinsicht dann kollektiv irrationaler Ergebnisse (von Verfassungen, Gesetzgebungen, Rechtsprechungen, gesellschaftlichen Handlungsweisen im Rahmen der gesellschaftlichen Grundstruktur). Pareto-effizient ist eine Verteilung schon dann, wenn es dazu keine Alternative gibt, die alle besser stellt oder in der strikten Variante, die mindestens eine Person besser stellt, ohne jemand anderen schlechter zu stellen. Bei einer gleich großen Menge von Gütern, die auf Individuen verteilt werden, wäre jede Verteilung pareto-effizient. Diese Form von kollektiver Irrationalität (Pareto-Ineffizienz) wäre unter solchen Bedingungen gar nicht möglich. Die Rawls'sche Gerechtigkeitstheorie ist (wenn man für die Zwecke unserer Analyse die Rolle des ersten Prinzips, gleiche individuelle Freiheiten, einmal außer Acht lässt) zwar pareto-inklusiv, aber nicht pareto-suffizient: Pareto-Optimalität reicht für gerechte Kooperation nicht aus. Nicht jede pareto-optimale Verteilung ist fair. Aber alle pareto-ineffizienten Verteilungen sind unfair.

Gerechtigkeit wird bei John Rawls als kollektive Rationalität verstanden, aber die Kriterien kollektiver Rationalität lassen sich nicht lediglich auf die Optimierung individueller Eigeninteressen zurückführen, wie im Kontraktismus. Die Bereitschaft zur Kooperation und damit zur Vermeidung pareto-ineffizienter Verteilungen wird an die Voraussetzung fairer institutioneller Strukturen gebunden. Diese erzwingen nicht jeweils ein bestimmtes Verteilungsergebnis, sondern stecken den Rahmen ab, innerhalb dessen die soziale Kooperation stattfindet und dieser Rahmen ist so gestaltet, dass alle Beteiligten davon ausgehen können, dass die Kooperation fair bleibt.

Kollektive Rationalität wird im Falle des *Kontraktismus* über die individuellen Nutzenfunktionen, die die Eigeninteressen der Beteiligten repräsentieren, bestimmt. Kollektiv irrational ist eine Kombination individueller Strategien dann, wenn ihre Konsequenzen pareto-ineffizient bezüglich dieser Nutzenfunktionen sind. Kollektive Rationalität wird gesichert über eine Veränderung der Auszahlungen (Sanktionen) und ist dann im allgemeinen Interesse, wenn eine Pareto-Verbesserung dadurch erreicht wird. Der *Kontraktualismus* hat einen reichhaltigeren Begriff von kollektiver Rationalität. Eine Regel, eine institutionelle Grundstruktur, ist kollektiv rational, wenn sie für alle von Vorteil ist und zugleich für (hinreichend) gerechte Verteilungen sorgt. Dieser reichhaltigere Begriff kollektiver Rationalität hat den Vorteil, dass er im günstigen Fall gestattet, unter den vielen Alternativen, die, kontraktistisch betrachtet, kollektiv rational sind, eine weitere Auswahl zu treffen. Im Falle von John Rawls ist dies die Situation der am schlechtesten gestellten Personengruppe, die es sogar erlaubt, eine vollständige Rangordnung unter Gerechtigkeitsaspekten zu entwickeln.[129] Man mag es ande-

---

129 Vgl. Hammond, Peter J.: „Equity, Arrow's Conditions, and Rawls' Difference Principle". In: *Econometrica: Journal of Econometric Society* 44 (1976), 793–804 für eine präzise Rekonstruktion des Rawls'schen Differenzprinzips im Rahmen der *collective choice*-Theorie. Vergleiche aber auch die Kritik des *collective choice*-Theoretikers Amartya Sen an vollständigen Ordnungen bzw. generell an Ideal-Theorien der Gerechtigkeit. Sen stellt dem ein inkrementalistisches Konzept von Gerechtigkeit gegenüber, das ohne eine Idealtheorie, eine Theorie, wie der ideal gerechte Zustand einer Gesellschaft aussähe, auskommt und zugleich eindeutigere soziale und politische Handlungsanweisungen beinhaltet. Der Ökonom Amartya Sen, der mit formalen und mathe-

rerseits als Nachteil des kontraktualistischen Ansatzes ansehen, dass er starke normative Voraussetzungen hat, deren Bewährungsinstanz geklärt werden muss. Im Fall von John Rawls sind es die *well considered moral judgments*, was seine Kritiker aber nicht davon abgehalten hat, ihm eine fundamentale Inkonsistenz vorzuhalten, nämlich einerseits die Deduktion von Prinzipien aus einer rationalen Entscheidungssituation vorzunehmen und andererseits – kohärentistisch – im Sinne des Überlegungs-Gleichgewichtes moralische oder politische Intuitionen in einer Theorie der Gerechtigkeit zusammenführen zu wollen. Auch wenn es Rawls in der Tat versäumt hat, das Verhältnis dieser beiden Stränge seiner Argumentation in der *Theory of Justice* klar zu machen, so sehe ich darin keine unauflösliche Problematik: Die Ableitung der Gerechtigkeitsprinzipien aus einer Situation rationaler Entscheidung unter Fairness-Bedingungen darf nicht den Anspruch erheben, damit zwei Gerechtigkeitsprinzipien gerechtfertigt zu haben. Vielmehr ist diese Herleitung der beiden Prinzipien selbst über ihre Systematisierungsleistung gegenüber *well considered moral judgments* zu rechtfertigen. Es sind also bestimmte Invarianzen des normativen Urteils, zu denen das Akzeptieren von Bedingungen der Fairness gehört, die Operationalisierung des Fairness-Standpunktes über den Schleier des Nicht-Wissens und der Nachweis, dass das Ergebnis (die beiden Prinzipien), ausdifferenziert über den Vier-Stufen-Gang der Gerechtigkeit, mit wohlüberlegten normativen Urteilen übereinstimmt, die zusammen die Theorie tragen. Die einzelnen Teile, die Übereinstimmung mit *well considered moral judgments*, die Tatsache, dass aus dieser Operationalisierung des Fairness-Standpunktes sich plausible Prinzipien der Gerechtigkeit herleiten lassen (wenn Rawls hier nicht irrt), die Möglichkeit, diese Prinzipien in einem Vier-Stufen-Gang der Gerechtigkeit strukturell auszudifferenzieren und an die politische Realität einer modernen Demokratie anzupassen, der geringe Revisionsbedarf gegenüber den normativen Einstellungen einer liberalen, multikulturellen modernen Gesellschaft, die zentrale Rolle von Freiheitsrechten, abgeleitet aus Entscheidungsrationalität unter Fairness-Bedingungen, dies alles zusammen genommen stützt die *Theory of Justice*.

Für die Kontraktisten ist die Frage der Wünschbarkeit keine normative, für die Kontraktualisten sehr wohl. Im einen Fall sind es ausschließlich die individuellen

---

matischen Methoden Zeit seines Lebens gearbeitet hat, weist die überzogenen Präzisions- und Quantifizierungsideen der Rawls'schen Tradition zurück. Nicht zum ersten Mal in der Geschichte des philosophischen Denkens kommt es zu dieser Vertauschung. Ich bin der Überzeugung, dass die Sen'sche Kritik sehr viel mehr Substanz hat, als ihr besonders im deutschsprachigen Raum beigemessen wurde. Vgl. Amartya Sen: *The Idea of Justice*. London: Penguin Books 2009 (deutsch u. d. T. *Die Idee der Gerechtigkeit* 2010 bei C. H. Beck).

Interessen, die über Wünschbarkeit entscheiden: Die Etablierung einer Regel ist aus der Sicht einer Person wünschenswert, wenn sie ihren Interessen entspricht (idealerweise ihre Interessen optimiert), während sie aus Sicht der Kontraktualisten dann wünschenswert ist, wenn diese Regel bestimmten normativen Kriterien, in der Rawls'schen Theorie einem Kriterium der Fairness, genügt. Der Konflikt zwischen Kontraktismus und Kontraktualismus ist der zwischen zwei unterschiedlichen Kategorien normativer Beurteilung. Im Kontraktismus repräsentiert die normative Beurteilung lediglich den individuellen Nutzen, im Kontraktualismus (über den eigenen Nutzen hinaus) auch normative Einstellungen.

§ 11 Vertragstheorie und strukturelle Rationalität

Die Grundintuition der Vertragstheorie ist es, durch Regelsetzung (durch Institutionen und Sanktionen) Situationen zu vermeiden oder zu überwinden, in denen die je individuelle Optimierung eigener Interessen zu kollektiver Irrationalität führt. Die Theorie struktureller Rationalität besagt, dass die Einbettung der eigenen Praxis in eine wünschenswerte kollektive Praxis eine Handlungsstruktur, ein rationales Handlungsmotiv sein kann. Die Theorie struktureller Rationalität erlaubt dieses Handlungsmotiv, sie schließt es nicht als irrational aus, wie die zeitgenössische *rational choice*-Orthodoxie, aber auch der traditionelle philosophische Egoismus, wie er spätestens seit Thomas Hobbes vertreten wird. Der – fiktive – Vertrag kann struktureller Rationalität ihren konkreten Inhalt geben. Angenommen, zwei Personen möchten kooperieren. Sie haben jeweils eine Vielzahl von Handlungsmöglichkeiten, für die jeweils gilt, dass sie für beide ein besseres Ergebnis generieren würden, als die Kombination individuell optimierender Strategien. Ihnen steht also die Menge der kooperativen Lösungen ihrer Interaktionssituation vor Augen. Es gibt jedoch zwischen diesen verschiedenen kooperativen Lösungen Interessenkonflikte. Die eine kooperative Lösung ist eher für diese Person von Vorteil, die andere eher für jene. Die wechselseitige Kooperationsbereitschaft kann daran scheitern. In sehr einfachen Situationen, in denen genau eine ausgezeichnete kooperative Lösung existiert, die beiden bekannt ist, gibt es über die Kooperationsbereitschaft hinaus keinen weiteren Koordinationsbedarf. In Fällen mehrerer kooperativer Lösungen entsteht dieser. Er kann sogar dann entstehen, wenn kein Interessenkonflikt auftritt. Angenommen, es gibt zwei Kinos in der Stadt und in beiden läuft derselbe Film. Zwei Personen wollen zusammen ins Kino gehen. Dieser – strukturelle – Wunsch lässt sich aber nur realisieren, wenn sie ihr Handeln koordinieren, d. h. wenn sie eines der beiden Kinos auswählen, in das sie dann beide gehen. Dies ist eine reine Koordinationsproblematik ohne Interessenkonflikt. Im oben definierten Sinne handelt es sich auch nicht um eine Kooperationssituation. Es liegt keine Gefangenendilemma-Situation vor.

Verändern wir dieses Beispiel: Nun liegt eine Kooperationssituation vor, d. h., die individuelle Optimierung führt zu kollektiver Irrationalität, zugleich gibt es mehrere kooperative Lösungen und zwischen diesen Interessenkonflikte. Für welche der kooperativen Lösungen entscheidet sich die einzelne Person? Wenn jede sich jeweils für die kooperative Lösung entscheidet, bei der sie selbst den größten Vorteil hätte, dann wird keine kooperative Lösung realisiert. Wenn eine Person ankündigt, sie werde sich für die für sie günstige kooperative Lösung entscheiden, bleibt der anderen, sofern sie sich an dieser kooperativen Lösung – strukturell oder rational – beteiligen will, keine andere Wahl, als einzulenken. Die Kooperationsproblematik verwandelt sich in eine Interaktionssituation vom Typ *battle of the sexes*. Diese hat zwei Gleichgewichtspunkte (gemischte Strategien werden hier nicht berücksichtigt), aber bietet bei Individuen, die ihre individuellen Bewertungen optimieren, keine wohlbestimmte Lösung an. Das Fehlen einer eindeutigen kooperativen Lösung kann also bei Interessenkonflikten oder fehlender Koordinationsmöglichkeit dazu führen, dass es erst gar nicht zu einer kooperativen Praxis kommt.

Die Konzeption struktureller Rationalität reichert die zulässigen (im Sinne der Rationalitätstheorie zulässigen) Handlungsmotivationen um die der *strukturellen* an. Die Einbettung der eigenen Praxis in eine gewünschte gemeinsame Praxis (interpersoneller Fall) oder die Einbettung der punktuellen Praxis in eine zeitliche Handlungsstruktur der eigenen Praxis (intrapersoneller, diachronischer Fall) erlaubt es, Handlungen als rational zu charakterisieren, die weder im Sinne der Optimierung des eigenen Nutzens noch im Sinne einer die Interessen anderer einbeziehenden Konsequenzenbewertung als irrational erscheinen müssten. Dies hilft ein Dilemma des Kontraktismus zu beheben: Entweder die Individuen handeln in jeder Situation so, dass sie ihren eigenen Vorteil optimieren, dann ist jede Form von Loyalität zu Institutionen oder zu legitimen Regierungen, ist jede kooperative Handlungsmotivation ausgeschlossen. Der daraus resultierende Staat könnte nur funktionieren, wenn er jede einzelne Handlung jedes einzelnen Individuums kontrolliert und bei Abweichung von den Regeln entsprechend sanktioniert. Der Einwand, es genüge, wenn dies mit einer gewissen Wahrscheinlichkeit stattfinde, trägt deswegen nicht, weil eine Kontrolle und Sanktionierung zu einem beträchtlichen Prozentsatz von keinem Staat der Welt, auch nicht totalitär-diktatorischen, zu leisten wäre. Thomas Hobbes hat offenkundig dieses Dilemma erkannt. Es gibt einige Passagen, die berühmteste darunter ist die über den *fool*, in denen Thomas Hobbes einen Akteur als irrational kritisiert, der seine Verträge nur dann hält, wenn ihm dies im Einzelfall zum eigenen Vorteil dient. Er weist diese Haltung als unklug (*foolish*) zurück, die betreffende

Passage ist hinreichend ausführlich und zentral, als dass ihre traditionelle Interpretation als ein Lapsus, der Hobbes hier unterlaufen sein muss, von vornherein abwegig erscheint. Die traditionelle (an der egoistischen Anthropologie orientierte) Hobbes-Interpretation unterschlug diese Passagen oder erklärte sie für irrelevant und rekonstruierte den Hobbes'schen Vertrag – im Einklang mit der *rational choice*-Orthodoxie – als eine Entscheidung von Individuen, die zu jedem Zeitpunkt und bei jeder Handlung ihren Eigennutzen optimieren. Dies hat die merkwürdige Nebenfolge, dass von den drei Konflikt-Ursachen, auf die Thomas Hobbes ausführlich eingeht, nur eine als relevant übrigbleibt, nämlich die Konkurrenz um knappe Güter. Die Passage über den *fool*, die unzweifelhaft nicht in diese Interpretation passt, korrespondiert mit zwei weiteren Konflikt-Ursachen neben *competition* (Konkurrenz um knappe Güter), auch *diffidence* (Misstrauen unter den Beteiligten, man kann dies als Ausschluss eines *assurance games* interpretieren) und *glory* (Ruhmsucht, man kann dies als das Streben nach einem positionellen Gut interpretieren, das kooperative Lösungen von vornherein ausschließt). Bei der Passage über den *fool* handelt es sich nicht um einen Ausrutscher, sondern um eine Modifikation der optimierenden, an der bloßen Optimierung des Eigennutzens orientierten Anthropologie und Handlungstheorie in Richtung struktureller Rationalität. Thomas Hobbes geht nicht von seinen egoistischen Prämissen, die Menschennatur betreffend, ab, sondern konzediert, dass Individuen, auch wenn sie nur ihren eigenen Vorteil im Auge haben, durchaus in der Lage sind, ihr Handeln in eine wünschenswerte Struktur, hier in die des Einhaltens derjenigen Verträge, die den Frieden sichern, einzubetten. Diese Einbettung kann aber dann nicht erwartet werden, wenn die einzelne Person bei jedem strukturell rationalen Akt mit einer entsprechenden Sanktionierung (Bestrafung) rechnen muss. Wenn diejenige Person, die sich an Verträge hält, die einzige ist und alle anderen aus ihrer Vertragstreue Nutzen ziehen, während sie selbst Verluste erleidet, so kann man das von einer rationalen Person nicht erwarten. Die Voraussetzung für strukturell rationales Handeln ist eine gewisse *Stabilität der wechselseitigen Erwartungen*. Nur dann, wenn die Person erwarten kann, dass die anderen Beteiligten ebenfalls bereit sind, ihren Beitrag zu einer kollektiv rationalen Handlungsweise beizusteuern, erscheint die eigene Bereitschaft, selbiges zu tun, nicht irrational. Im Hobbes'schen Naturzustand ist diese Bedingung nicht erfüllbar. Weil es keinerlei Sanktionierung für nicht konformes Verhalten unter den Bedingungen des Naturzustandes gibt und es immer hinreichend viele Personen gibt, die daraus Nutzen ziehen werden, wäre die Erwartung einer allgemeinen oder nur hinreichend weit verbreiteten Kooperationsbereitschaft irrational. Die *epistemische Bedingung rationaler Kooperation* im Sinne der Theorie struktureller Rationalität wäre nicht erfüllt. Dies erklärt, dass die Kritik des *fool* sich nicht auf ein Verhalten im Naturzustand, sondern ausschließlich auf ein Verhalten im *civil state* (*status civilis*) bezieht: Wenn die Zentralgewalt etabliert ist, dann wäre es *foolish*, jeweils Verträge nur dann einzuhalten, wenn diese konkrete Einhaltung in meinem eigenen Interesse ist. Thomas Hobbes war sich vermutlich – intelligent wie er war – der Tatsache voll bewusst, die wir Heutigen nach den Erfahrungen mit totalitären Regimen empirisch zweifelsfrei belegt haben: Die staatlichen Kontrollen können nie so ausfallen, dass sie den Frieden unter Personen sichern, die keinerlei strukturelle Rationalität aufweisen. Punktuelle, lediglich eigeninteressierte Optimierer lassen sich durch staatliche Institutionen und Sanktionierung ihrer Regeln nicht in einen *status civilis* überführen und jeder *status civilis* wäre instabil. Die erstaunliche Hilflosigkeit totalitärer Regime angesichts von Volksaufständen belegt diese (empirische) These drastisch: Der Zerfall des Vielvölker-Staates Jugoslawien ist dafür ebenso ein Beispiel, wie die hilflose Reaktion der DDR-Regierung angesichts der Volksbewegung zur Demokratie Ende der 1980er Jahre und auch die Niederschlagung des Aufstandes auf dem Tian'anmen-Platz mit rund 3.000 Toten kann nicht als Gegenbeispiel gelten. Auch totalitäre Regime sind immer nur im Stande, abschreckend das nicht konforme Verhalten Einzelner oder kleiner Gruppen, eventuell noch von Minderheiten, zu unterdrücken, ein Volksaufstand ist, auch mit modernen Mitteln der massenhaften Menschentötung, nicht mehr zu unterbinden. Die je individuelle Nicht-Konformität rein egoistisch motivierter, optimierender Akteure geht über den Fall eines Volksaufstandes weit hinaus. Ein Volksaufstand hat einen konkreten Grund für eine sich auf eine bestimmte Praxis beziehende Nicht-Konformität, will vielleicht das Regime stürzen oder die Aufhebung ungerechter Gesetze und Praktiken erzwingen, die endemische Nicht-Konformität individuell optimierender, egoistischer Akteure aber ginge weit darüber hinaus: Die Anzahl nicht konformer Handlungen wäre um viele Zehnerpotenzen höher und der Kontrollaufwand entsprechend unermesslich groß und unter den empirischen Bedingungen, auch moderner Gesellschaften, nicht zu leisten. Wir kommen also zu dem – vielleicht überraschenden – Ergebnis, dass Thomas Hobbes nicht nur die Kooperationsproblematik in aller Klarheit, nämlich in Gestalt des Gefangenendilemmas als Grundtyp, erfasst hat (darüber gibt es in einem großen Teil der Sekundärliteratur Konsens), sondern darüber hinaus schon Anhänger der hier entwickelten Theorie struktureller Rationalität *avant la lettre* war. Wir können Hobbes als einen ihrer Kronzeugen aufführen.

Nur eine Rationalitätstheorie, die *struktur-blind* ist, kann zu dem Ergebnis kommen, dass Kooperation in Gefangenendilemma-Situationen grundsätzlich ausgeschlossen ist (Kooperation wurde hier ja über dieses Format erst definiert), dass rationale Individuen nicht kooperieren können, dass eine kooperative Handlung immer irrational ist. Auch ohne die Anthropologie wechselseitig mindestens desinteressierter, wenn nicht von Abneigung geprägter Individuen, die ihr Handeln an ihrer eigenen Sicherheit und ihrem eigenen Wohl ausrichten, ist Kooperation unter günstigen Bedingungen, die im *civil state* realisiert sind, möglich. Unter *zivilen* Bedingungen prägen sich wechselseitige Kooperationserwartungen aus, die Erfahrung, dass Verträge – teilweise erzwungen durch staatliche Sanktionierung – eingehalten werden, lässt die Erwartung entstehen, dass andere, wie man selbst, bereit sind, Verträge zu schließen und diese auch dann einzuhalten, wenn dies im Einzelfall nicht im eigenen Interesse ist. Es entsteht eine Vertrauenskultur, die erst die wunderbaren Passagen des Aufblühens eines Gemeinwesens im staatlichen Frieden bei Thomas Hobbes plausibel macht. Die Individuen treiben Handel, sie kooperieren und kommunizieren, sie vertrauen sich wechselseitig und können ihren Geschäften nachgehen, nichts entzweit sie mehr, weil sie wissen, dass ihre Interessenkonflikte unterhalb der Gewaltschwelle ausgetragen werden und sie nun, statt des vermeintlichen *summum bonum* der eigenen Selbsterhaltung, ihrem eigenen Wohl in seinen individuell unterschiedlichen Ausprägungen nachgehen können. Von den drei Konflikt-Ursachen ist nur eine übrig geblieben, nämlich die Konkurrenz um knappe Güter, während Ruhmsucht schon deswegen entfällt, weil es nur einen einzigen Akteur gibt, der Ruhm erreichen kann und dies ist der Souverän, der gewissermaßen außerhalb der sozialen Ordnung steht. Das Politische ist durch Entsorgung befriedet, da die Glaubens- und Weltanschauungsgemeinschaften domestiziert sind (dies erklärt den lebenslangen Konflikt von Thomas Hobbes mit den Kirchen, trotz seines Bemühens, sich als gläubiger Christ im letzten Teil des *Leviathans* zu präsentieren) und über Gerechtigkeitsfragen erübrigt sich jeder Streit, da er durch die positiv rechtliche Normierung gegenstandslos geworden ist. Lesen wir Hobbes also vor dem Hintergrund der strukturellen Konzeption der Rationalität folgendermaßen neu: Kooperative Handlungsmotive sind unter den Bedingungen des Naturzustandes irrational. Die epistemische Bedingung von Kooperation – und generell von strukturell rationalem Verhalten – lässt sich im Naturzustand nicht realisieren. Der Anarchismus irrt. *Der Übergang zum status civilis ist ein Akt struktureller Rationalität*: Ich gebe meine Gewaltmittel ab in der Erwartung, dass sich alle anderen ebenfalls dazu entschließen, ihre Gewaltmittel an eine zentrale Instanz abzugeben und da der Zeitpunkt dafür zwar beliebig ist, aber für alle der gleiche sein muss, hängt es von den Glücksfällen der Geschichte ab, wann er sich realisiert, z. B. aufgrund von Usurpation durch einen Eroberer. Der Akt der Konstitution des *status civilis* selbst ist ein strukturell rationaler, kein punktuell optimierender. Die Entscheidungssituation hat die Struktur eines *prisoner's dilemmas* und damit wäre, wenn die traditionellen Hobbes-Interpreten Recht hätten, der Vertragsschluss rational ausgeschlossen. Rationale Individuen könnten einen solchen Akt nicht vollziehen. Sobald der *status civilis* etabliert ist, haben sich die Bedingungen des Handelns verändert, von drei Konfliktursachen ist nur eine übrig geblieben und zwar gerade diejenige, die sich bei wechselseitigen kooperativen Erwartungen befrieden lässt, nämlich die Konkurrenz um knappe Güter. Diese Konkurrenz ist eingebettet in eine Vertrauenskultur, die allerdings die staatliche Kontrolle und Sanktionierung nicht konformen Verhaltens voraussetzt. Nicht in dem Sinne, dass die staatliche Kontrolle und Sanktionierung ausreicht, um jede einzelne Nicht-Konformität irrational zu machen, sondern lediglich in dem Sinne, dass diese staatliche Kontrolle und Sanktionierung das Mindestmaß an Kooperationsbereitschaft aufrecht erhält, das erforderlich ist, um den *status civilis* zu sichern. Der Übergang vom *status naturalis* zum *status civilis* ist der von optimierender zu struktureller Rationalität. Der Gründervater der modernen Vertragstheorie, Thomas Hobbes, ist – erstaunlicherweise – ein Verbündeter in Sachen struktureller Rationalität.

Kontraktismus und Kontraktualismus unterscheiden sich hinsichtlich der Vertragsgrundlage: Der Kontraktist vertritt eine sparsame Theorie der Motivation, wonach die Handlungen rationaler Akteure ausschließlich auf die Optimierung des eigenen Wohls gerichtet sind und damit ein Vertragsabschluss nur möglich ist, wenn dieser im Interesse aller vertragschließenden Parteien ist. Regeln (Institutionen) sind legitim, wenn ein Vertrag, der diese Regeln sanktioniert, im Interesse aller ist. Legitimation gegenüber einer Menge von Personen ist in kontraktistischer Perspektive nichts anderes als der Nachweis der Rationalität eines Vertragsabschlusses mit diesen Regeln (Institutionen) als Inhalt.

Der Kontraktualist reichert den Vertrag um normative Elemente an: Diese können sich auf die Ausgangssituation des Vertragsschlusses beziehen, wie im Locke'schen Proviso, das nur solche Ausgangssituationen zulässt, die ohne Verletzung von individuellen Rechten entstanden sind (oder: haben entstehen können) oder auf den Inhalt der Handlungsmotivation (Gerechtigkeitssinn) oder auf einschränkende Bedingungen der Vertragsinhalte. Die Zustimmung zu einem Vertrag hängt – in kontraktualistischer Perspektive – von mehr ab als lediglich den einzelnen Interessenlagen. Demnach wäre es nicht ausgeschlossen, dass eine Person einem Vertrag nicht zustimmt, obwohl dieser ihren Interessen entspricht, weil der Vertrag als unfair empfunden wird. Umgekehrt mag es sein, dass ein Vertrag den eigenen Interessen nicht entspricht, die Person ihm jedoch aus moralischen Motiven zustimmt. Man wende hier nicht ein, mit dieser Charakterisierung des Kontraktualismus werde eine irreale Voraussetzung gemacht, die das ganze Projekt in Frage stelle! Die empirischen Befunde sind reichhaltig, die am natürlichsten so interpretiert werden, dass beide genannten Varianten vorkommen: Individuen sprechen sich aus moralischen Gründen gegen Regeln aus, von denen sie profitieren und Individuen sprechen sich aus moralischen Gründen für eine Regel aus, obwohl sie von ihr nicht profitieren. Dies gilt sogar dann, wenn die Befürwortung keinerlei Einfluss auf das Verhalten anderer haben kann, weil diese nicht bekannt wird. Die Detail-Analysen des Wahlverhaltens lassen z. B. kaum einen anderen Schluss zu, als dass beide Verhaltensmuster weit verbreitet sind: In Quartieren mit hohem Einkommen und Vermögenswerten wählt ein erstaunlich hoher Prozentsatz Parteien, die sich für eine höhere Besteuerung hoher Einkommen und Vermögen aussprechen.[130] Es ist anzunehmen, dass die Motive moralischer Natur sind: Die einzelne Person ist durchaus im Stande, zwischen dem individuellen Interesse und dem politischen Argument zu unterscheiden. Rationale Personen wissen, dass sie von einer höheren Besteuerung hoher Einkommen persönliche Nachteile gewärtigen müssen, plädieren aber dennoch dafür, weil sie sich als Bürger eine gleichmäßigere Verteilung der Einkommen wünschen, oder weil sie bestimmte Bereiche staatlich finanzierter Leistungen, z. B. Schulen oder Krankenhäuser oder öffentliche Infrastruktur, für unterfinanziert halten. Der wohlfeile (den methodologischen Egoismus immunisierende) Einwand, dass eine solche moralische Motivation in Wirklichkeit ja nun doch eine egoistische sei, weil die Person ja von der Verbesserung der Schulen oder der Krankenhäuser oder der öffentlichen Infrastruktur selbst profitiert, beruht auf einem Denkfehler, denn die Finanzierung dieser Leistungen generiert ein Gefangenendilemma: Der Nachteil der höheren Besteuerung für den einzelnen Wohlhabenden wird durch dessen Beitrag zum öffentlichen Wohl in egoistischer Perspektive nicht aufgewogen. Erst wenn man eine solche Wahlentscheidung im Sinne struktureller Rationalität interpretiert, nämlich als eigenen Beitrag zu einer wünschenswerten gemeinsamen Praxis, löst sich die Problematik auf: In der Tat kann auch die wohlhabende Person es vorziehen, in einem Staat zu leben, in dem Wohlhabende hoch besteuert werden, aber dann auch von den öffentlichen Leistungen profitieren, zumindest in Gestalt eines hohen Sicherheitsniveaus (man vergleiche die Situation in US-amerikanischen Metropolen mit der in skandinavischen Ländern), aber das ist kein für den methodologischen Egoismus zulässiges Argument. Dieses Motiv ist vernünftig, aber nur im Rahmen der Theorie struktureller Rationalität. Dieser Sachverhalt lässt sich zuspitzen: Die moralische Anreicherung des Vertrages, wie sie beim Übergang vom Kontraktismus zum Kontraktualismus stattfindet, ist nur im Rahmen einer strukturellen Konzeption der Rationalität plausibel.

Die Rawls'sche *Theory of Justice* illustriert diesen Zusammenhang in faszinierender Weise. Während die Wahl der Gerechtigkeitsprinzipien im Urzustand

---

[130] In den vergangenen Jahren gilt dies in Deutschland zunehmend für die Wähler der Grünen, die unterdessen über ein höheres Durchschnittseinkommen verfügen als die der FDP, in Italien für die *Partito Democratico*, eine links-liberal bis sozialistische Partei, die aus der früher starken euro-kommunistischen Partei hervorgegangen ist.

noch der *rational choice*-Orthodoxie verhaftet ist, wenn auch die Bedingungen so gestaltet sind, dass diese Entscheidung fair ist (*veil of ignorance*), lässt sich diese rationalitätstheoretische Position im weiteren Aufbau der Theorie nicht durchhalten. Ganz unbeschwert geht Rawls zu einer strukturellen Konzeption über, ohne diese je explizit zu machen und ohne die Abweichung von der *rational choice*-Orthodoxie näher zu begründen. Das strukturelle Element kommt bei Rawls dadurch ins Spiel, dass die Akteure in der Gestaltung ihres Lebens (in der Entwicklung ihrer *rational life plans*, wie der abschreckende Ausdruck von Rawls lautet) sich im Rahmen der durch die institutionelle Grundstruktur aufgespannten, fast gerechten Ordnung bewegen, während die Urzustands-Parteien die Konsequenzen ihrer Entscheidungen optimieren. Die realen Akteure der Gesellschaft, deren Grundzüge von den Urzustands-Parteien bestimmt werden, nehmen von einer optimierenden Rationalität Abstand. Sie wählen ihre *rational life plans* im Rahmen von Strukturen, die ihrem Gerechtigkeitssinn entsprechen und deren konkrete Prinzipien im Urzustand festgelegt und im Verlaufe des Vier-Stufen-Gangs der Gerechtigkeit ausdifferenziert werden.

Die Rawls'sche Gerechtigkeitstheorie ist *deontologisch*[131] insofern als es keine Nutzensumme, kein kollektives Wohl gibt, das durch die Institutionen optimiert werden soll, sondern Regeln, nach denen die Interaktionen der gerechten Gesellschaft gestaltet werden. Das Rechte ist nicht instrumentell gegenüber dem Guten, sondern eigenständig: Es sind nur solche Institutionen und Praktiken zulässig, die die individuellen Rechte, entsprechend dem ersten, vorgeordneten Prinzip, nicht verletzen. Diese Regeln dürfen der Optimierung des Wohls auch dann nicht geopfert werden, wenn diese verteilungssensitiv, entsprechend dem zweiten, dem Differenzprinzip, sind, also verhindern, dass die am schlechtesten gestellte Personengruppe so gut als nur möglich gestellt wird. Aber Rawls führt diesen Gedanken nicht konsequent zu Ende: Wie ist denn der Übergang zu denken, von der optimierenden *rational choice*-orientierten Entscheidung des Urzustandes zu realen Entscheidungen im Rahmen der institutionellen Grundstruktur einer fast gerechten Gesellschaft? Wie sieht denn die Theorie der Entscheidungsrationalität unter den Bedingungen einer fast gerechten Gesellschaft aus? Warum verzichten die einzelnen Individuen auf Optimierung, um konform mit den Institutionen einer fast gerechten Gesellschaft zu leben? Rawls entwickelt keine deontologische Theorie individueller Rationalität, sondern lediglich eine deontologisch verfasste institutionelle Grundstruktur. Es ist die Getrenntheit der Personen (*separateness of persons*), die Rawls von einem teleologischen (konsequentialistischen) Konzept der Gerechtigkeit abhält. Aber warum stützt sich dann die Herleitung der

---

131 Vgl. Appendix §6.

Prinzipien der Gerechtigkeit auf ein traditionelles, der *rational choice*-Orthodoxie entsprechendes Rationalitätskonzept? Wäre es dann nicht konsequent gewesen, die Wahl im Urzustand von vornherein einem strukturellen Verständnis von Handlungsrationalität anzupassen, wie es die starke Theorie des Guten von John Rawls prägt?

In der Tat, ich bin davon überzeugt, dass die größten Schwierigkeiten von *A Theory of Justice* mit diesem ungeklärten Rationalitätsbegriff zu tun haben. Der Gebrauch beider Rationalitätsmodelle, eines konsequentialistischen, im Sinne der *rational choice*-Orthodoxie, und eines – implizit – strukturellen für reale Personen in der fast gerechten Gesellschaft, lässt den Vertragscharakter der Theorie kollabieren, wie wir oben gesehen haben. Erst in struktureller Perspektive werden die einzelnen Teile der Rawls'schen Theorie stimmig. Es ist der Gerechtigkeitssinn, der die Zustimmungsfähigkeit der Prinzipien ausmacht. Auch bei unterschiedlichen Interessenlagen, bei unterschiedlichen kulturellen und politischen Einstellungen, können wir uns auf Grund eines geteilten Gerechtigkeitssinnes auf Prinzipien einigen, nach denen wir die institutionelle Grundstruktur gestalten. Auch wenn die einzelne kulturelle Gemeinschaft sich wünschen mag, dass sie mit ihren partikularen Wertungen die gesamte politisch-soziale Ordnung prägt, so wird sie doch unter den Bedingungen einer multikulturellen modernen Gesellschaft für das Recht auf freie Religionsausübung votieren, nicht nur, weil sie meint, damit das Partikularinteresse ihrer Glaubensgemeinschaft zu befördern, sondern auch, weil sie alles andere als unfair empfände, sie agiert strukturell rational, wenn sie – vertraglich – eine gerechte Grundstruktur festlegt, die Religionsfreiheit vorsieht.

Bei dieser Charakterisierung ist es nicht ausgeschlossen, dass eine kontraktisch gerechtfertigte Lösung auch kontraktualistisch Zustimmung findet. Warum soll es ausgeschlossen sein, dass, auch bei Berücksichtigung ethischer Beurteilungsmaßstäbe, eine Lösung (eine Regel, eine Institution, eine institutionelle Grundstruktur, eine Herrschaftsform etc.), die im Interesse jeder einzelnen Person ist, akzeptabel erscheint? Aber auch dort, wo aus kontraktischer Sicht keine Lösung möglich ist, weil die individuellen Interessen zu stark divergieren (hinsichtlich unterschiedlicher Regeln etc.), mag es eine kontraktualistische Lösung geben, etwa dergestalt, dass die Wohlhabenden bereit sind, höhere Steuern zu zahlen, weil sie damit einen Beitrag zum Gemeinwohl leisten möchten. Hätten sie ausschließlich die Optimierung ihrer eigenen Interessen im Auge, könnten sie dem nicht zustimmen. Verbesserungen, die allen, auch ihnen selbst, zu Gute kommen, können (nicht müssen) auch diejenigen befürworten, die ethische Kriterien in die Beurteilung mit einbeziehen. In diesem Fall wäre die Menge der kontraktischen Lösungen eine echte Teilmenge der Menge der kontraktualistischen. Denkbar ist aber auch der entgegengesetzte Fall: Das Gerechtigkeitskriterium ist so geartet, dass nur pareto-effiziente Lösungen hinsichtlich der individuellen Interessen in Frage kommen, unter diesen aber solche ausgeschlossen werden, die Mindestbedingungen von Fairness verletzen. In diesem Falle wäre die Menge der kontraktualistischen Lösungen eine echte Teilmenge der Menge der kontraktischen. Bei Berücksichtigung ethischer Gesichtspunkte verringert sich die Zahl der kollektiv rationalen Optionen. Im vorausgegangenen Fall war es umgekehrt: Die Einbeziehung ethischer Aspekte erweitert die Zahl kollektiv rationaler Lösungen.[132]

Es ist nicht immer leicht zu bestimmen, zu welchem Typ eine Gerechtigkeitstheorie gehört. Ernst Tugendhat, zurückgekehrt von seinen „Refraktationen", vertritt einen erstaunlich schlichten Kontraktismus – mit allen kontraintuitiven Konsequenzen, z. B. der, dass man schwarzfahren sollte, wenn die Wahrscheinlichkeit, dabei ertappt zu werden, hinreichend niedrig ist. Typisch für die „hardcore"-Varianten des Kontraktismus ist die explizite oder implizite Ablehnung struktureller Elemente von Rationalität. Wie wir bei Thomas Hobbes allerdings gesehen haben, bedürfen auch kontraktische Varianten der Vertragstheorie, zumindest rudimentär, struktureller Elemente der Rationalität. Ist dies nicht der Fall, dann entgleist die Konzeption als ganze. Thomas Hobbes hat dies deutlicher gesehen als seine zeitgenössischen Nachfahren.

Auch der aristotelische Kantianer (oder kantianische Aristoteliker) Otfried Höffe fällt in seinem originären Beitrag zur zeitgenössischen Gerechtigkeitstheorie auf ein kontraktisches Schema zurück, das dem archaischen Prinzip des *do ut des* entspricht und die anspruchsvollen moralischen Motivlagen, die bei Aristoteles in der ganzen Vielfalt ethischer Tugenden und bei Immanuel Kant in der Gegenüberstellung pragmatischer und moralischer Imperative vorgestellt wurden, auf die Optimierung des Eigeninteresses bei Vertragsschluss reduziert.[133] Diese Theorie ist eindeutig der kontraktischen Variante zuzuordnen, während Immanuel Kant das Gegenmodell, ja man mag sagen, das Urmodell des Kontraktualismus in *Zum ewigen Frieden* und in *Über den Gemeinspruch* vorgelegt hat. Allerdings ist das Verhältnis von Ethik und Politik bei Immanuel Kant hoch umstritten. Der Ausgang aus dem Naturzustand dient der Etablierung einer Rechtsordnung, die jedem Einzelnen zugesteht, in den Grenzen, die nicht nur moralisch, sondern auch rechtlich abgesteckt, die Autonomie anderer Akteure nicht bedrohen, zu leben. Die konkrete Ausgestaltung des rechtlichen Zustandes, der staatlichen

---

[132] Diese beiden Effekte können auch in Kombination auftreten, mit oder ohne einen Überschneidungsbereich, d. h. einer nicht-leeren Schnittmenge der Menge der kontraktischen und der Menge der kontraktualistischen Lösungen.

[133] Vgl. Ottfried Höffe: *Politische Gerechtigkeit: Grundlegung einer kritischen Philosophie von Recht und Staat*. Frankfurt am Main: Suhrkamp 2003.

Zwangsordnung, soll dann dergestalt sein, dass der Staat auch in einer „Welt von Teufeln" existieren könnte. Dies allerdings hatte nicht einmal Hobbes angestrebt und es wäre nicht realisierbar. Die Friedensschrift offenbart eine damit nur schwer in Einklang zu bringende Sichtweise, wonach es unter anderem das Publizitäts-Kriterium ist, das den Frieden sichert, also – wie wir es wohl lesen sollen – die Rechtsordnung, die der Würde der einzelnen Person Ausdruck verleiht, korrespondiert mit einem Ethos, das den Einsatz von Gewalt gegen andere Personen nur zur Verteidigung rechtfertigt. Das erstaunliche empirische Phänomen des demokratischen Friedens – man könnte auch sagen: des kantianischen Friedens – nämlich, dass Demokratien bislang noch nie gegeneinander einen Krieg geführt haben, lässt sich in kantianischer Perspektive als Ausdruck eines republikanischen bzw. demokratischen[134] Ethos verstehen, das sowohl Folge wie auch Grundlage einer demokratischen Rechtsordnung ist. Die allgemeine Zustimmungsfähigkeit zu Gesetzen, die er in *Über den Gemeinspruch* einfordert und die Maßgabe der fürstlichen Gesetzgebung sein sollte (gültig also schon für feudale Systeme, erst recht dann für republikanische), ist zweifellos eine kontraktualistische, keine kontraktische. Die Zustimmungsfähigkeit ist nicht lediglich Ausdruck der je individuellen Interessenlage bzw. des Eigennutzes, sondern auch Ausdruck einer moralischen Stellungnahme, z. B. einer solchen (um noch einmal an den Kantianer Rawls anzuknüpfen), die dem Fairness-Gesichtspunkt gerecht wird. Vernunftwesen wünschen sich, in einer staatlichen Ordnung zu leben, die der Würde jeder einzelnen Person gerecht wird. Vernunftwesen können einer staatlichen Ordnung (und ihren konstitutiven Akten: Verfassungsgesetzgebung, einfache Gesetzgebung, Rechtsprechung) nicht zustimmen, wenn die Autonomie des Einzelnen nicht in angemessener Weise gesichert ist. Die legitime Staatsordnung ist nicht das Ergebnis eines reinen Interessenvertrages (ist keine lediglich kontraktische Lösung), sondern repräsentiert die allgemeine Zustimmungsfähigkeit aus praktischer Vernunft. Das moralische Kriterium des Kategorischen Imperatives und das politische Kriterium der allgemeinen Zustimmungsfähigkeit korrespondieren also eng miteinander, anders als diejenigen meinen, die die politische Theorie Immanuel Kants in die Nähe derjenigen von Thomas Hobbes rücken.[135]

---

134 Kant differenziert zwischen Republik und Demokratie, allerdings in einem Sinne, wie es der modernen Staatlichkeit nicht mehr entspricht, sodass wir uns diese etwas vergröbernde Gleichsetzung erlauben können.

135 An diesem Missverständnis ist Immanuel Kant allerdings nicht unschuldig und es mag durchaus sein, dass seine changierenden Einlassungen zum Verhältnis von Ethik und Politik nicht lediglich *lapsus linguae* sind, sondern einem gewissen Schwanken des philosophischen Urteils geschuldet sind.

Auch für den späten Kantianer Jürgen Habermas ist die Zuordnung nicht einfach. Wenn man die Formulierungen des Diskursprinzips wörtlich nimmt, dann scheint eine kontraktische Konzeption zu resultieren. Auch wenn von einem Vertrag nicht die Rede ist, so scheint doch die allgemeine Zustimmungsfähigkeit sich lediglich auf die Interessenlagen der Beteiligten zu beziehen. Wenn man dies wörtlich nimmt, dann könnte einer Regel rational nur zugestimmt werden, wenn ihre Befolgung im Interesse jeder einzelnen Person ist, die dieser Regel unterstellt werden soll. Habermas kann diese Konsequenz nicht gewollt haben, denn dies hieße, dass eine einzelne Person – nehmen wir den zeitgenössischen *homo novus* in Gestalt des Internet-Milliardärs – jede faire Besteuerung von Einkommen und Vermögen im Rahmen einer diskursethischen Rechtfertigung mit dem Hinweis darauf blockieren könnte, dass dies nicht seinem Interesse entspricht. In der *homo oeconomicus*-Interpretation ist das Diskursprinzip nicht plausibel und ließe sich in die politische und Rechtsphilosophie von Jürgen Habermas schwerlich integrieren. Wenn wir allerdings bei allen Beteiligten praktische Vernunft (im kantianischen Sinne) voraussetzen können, wenn diese also nicht ausschließlich – atomistisch – die Optimierung ihrer eigenen Interessen im Auge haben, sondern auch, ob ihre eigenen Interessen legitimerweise durch das befürwortende Regelsystem befördert werden können oder nicht, wenn wir einen gemeinsamen *Gerechtigkeitssinn* postulieren können, der auch dann normative Konsense ermöglicht, wenn Interessen divergieren, die Individuen aber die Struktur der Interessenlage als ganze im Auge haben und danach ihre Zustimmungsbereitschaft, aber auch ihre Konformitätsbereitschaft ausrichten, wenn diese also die strukturellen Merkmale im Auge haben und ihr Handeln strukturell rational ist, dann lässt sich das Diskursprinzip als formales Kriterium kollektiver Rationalität (Habermas spricht hier etwas ambivalent von „Geltung") heranziehen. Kontraktisch interpretiert ist die Diskursethik unplausibel, kontraktualistisch interpretiert bleibt sie zwar formal (ein formales Kriterium kollektiver Rationalität), ohne die konkreten moralischen und politischen Gründe zu konkretisieren, kann dann aber als Minimalbedingung kollektiver Rationalität verstanden werden.

Weder Kontraktismus noch Kontraktualismus – beide Varianten der Vertragstheorie – kommen ohne strukturelle Elemente der Bewertung und der Entscheidung aus. Erst die Einbettung in eine Konzeption struktureller Rationalität verleiht dem vertragstheoretischen Ansatz der Gerechtigkeit und der Legitimität Plausibilität. Im Falle der kontraktualistischen Varianten ist der strukturelle Charakter in die jeweiligen normativen Beurteilungskriterien eingeschrieben, während für kontraktische Varianten erst die Realisierung (nicht lediglich die Konzeption des Vertrages) und die Konformität der Praxis ein strukturelles Verständnis von Handlungsrationalität erforderlich macht.

III Strukturelle Handlungstheorie

§ 1 Prohairesis

Die antike Handlungsphilosophie hatte zweifellos das im Blick, was wir in dieser Schrift als „strukturelle Rationalität" bezeichnet haben: Wie fügt sich die einzelne Handlung in den größeren Kontext einer Praxis, einer Handlungsweise ein? Im aristotelischen Verständnis ist die einzelne Handlung jeweils Ausdruck einer Haltung (*hexis*), einer wertenden Einstellung (*prohairesis*), eines Ethos, einer Tugend (*aretê*). Im zeitgenössischen Aristotelismus wird *aretê* entweder in Richtung Fähigkeit (der Nussbaum'sche und Sen'sche Capability Approach[136]) oder, eher behavioristisch beeinflusst, als eine Verhaltensgewohnheit oder Verhaltensdisposition interpretiert. Beides ist eine Vereinseitigung und Ausdünnung der aristotelischen Tugendlehre. Aristoteles weist in der *Nikomachischen Ethik* ausdrücklich darauf hin, dass *aretê* sich zwar durch Gewohnheiten ausbilde, aber eben auch eine *hexis* und eine *prohairesis* sei. Der Einwand, die Tugendethik habe kein angemessenes Personen-Verständnis, da das, was moralisch wesentlich ist, ja von Erziehung und Gemeinschaftszugehörigkeit bestimmt werde, erübrigt sich angesichts dieser Charakterisierung, da Tugend dann eben nicht das ist, für welches allenfalls die Eltern und andere Einflussfaktoren auf Erziehung und Sozialisation verantwortlich sind, sondern etwas, für das man selbst Verantwortung trägt. In unserer Begrifflichkeit heißt das, dass es auch für Tugenden leitende Gründe gibt. Es sind jeweils *meine* Gründe, die meine (wertenden) Einstellungen bestimmen. Und da meine Gründe eine zentrale Rolle spielen, bin ich für das Wirken der Gründe verantwortlich. In den letzten beiden Kapiteln werden wir die philosophischen Implikationen dieser Sichtweise noch eingehender diskutieren.

Die moderne Handlungstheorie, die sich parallel zur *scientia nova* entwickelt und sich besonders eindrücklich schon bei Thomas Hobbes manifestiert, ist punktuell und nicht strukturell: Sie nimmt den einzelnen Akt zu einem bestimmten Zeitpunkt als Ergebnis einer individuellen Vorteilskalkulation (sowohl bei Hobbes als auch in der modernen ökonomischen Theorie) als Paradigma menschlichen Handelns. Einen Gutteil der modernen philosophischen Ethik kann man als den Versuch verstehen, die Defizite, die mit diesem punktuellen Paradigma verbunden sind, wieder normativ, in besonders radikaler Form bei Immanuel Kant durch den Kategorischen Imperativ oder durch Gemeinschaftsverpflich-

---

[136] Vgl. Amartya Sen: *Commodities and Capabilities*. Oxford: University Press 1999; Martha Nussbaum: *Creating Capabilities: The Human Development Approach*. Cambridge/Mass.: Harvard University Press 2011.

tungen im Kommunitarismus, auszugleichen. Dadurch entsteht eine Entgegensetzung punktueller Rationalität und struktureller praktischer Vernunft, von Eigeninteresse und Moral. Im Extrem der ökonomischen Theorie wird daraus die Irrationalität moralischen Handelns. In der abgeschwächten, kantianischen Variante ist das genuin moralische Handeln dadurch charakterisiert, dass es Ergebnis eines Maximentests ist, der sicherstellt, dass die eigene Handlung bzw. genauer, die subjektive Handlungsregel, die diese Handlung leitet, als allgemeines Gesetz gedacht (oder in der stärkeren Form: gewünscht) werden kann.[137] Die pragmatischen Imperative Kants sind darauf gerichtet, das eigene Wohlergehen zu optimieren, sie sind dem punktuellen Paradigma verpflichtet. Die strukturellen Tugend-Aspekte sind hier irrelevant, was mit der lebensweltlichen Erfahrung, aber auch mit der antiken Sichtweise, wonach es gerade die Tugenden sind, die erst ein gelungenes Leben möglich machen, unvereinbar ist.

In der zeitgenössischen analytischen Philosophie wird das punktuelle Handlungsparadigma meist unter Verweis auf David Hume zur *belief-desire theory of action* radikalisiert. Demnach ist es die im jeweiligen Zeitpunkt bestehende Präferenz (die jeweiligen Wünsche, die die Person zu diesem Zeitpunkt hat), die *modulo belief*, das heißt bei gegebener Einschätzung der Handlungsoptionen und ihrer Erfolgsaussichten, die Handlung selbst hervorbringt. Dieses mysteriöse Hervorbringen wird bei einigen, zumal bei Donald Davidson, als ein kausaler Prozess interpretiert, was als anomaler Monismus gilt. Anomal deswegen, weil Davidson der Auffassung war, dass es keine Gesetzmäßigkeiten für diese Kausalrelation in Analogie zu den Naturwissenschaften gibt, dass also die Regularitätstheorie der Kausalität hier nicht anwendbar ist. Man kann die *belief-desire theory of action* aber auch als Nukleus der Rechtfertigung bzw. Begründung einer (punktuellen) Handlung, eines Aktes, verstehen. Die erste Interpretation ist empirisch und kausal, die zweite normativ und akausal. Beide Varianten einer *punktuellen Handlungstheorie* sind damit mit dem Problem der strukturellen Einbettung des jeweiligen einzelnen Aktes in den größeren Kontext der Praxis konfrontiert. Wie schwierig es ist, diese Einbettung im Begriffsrahmen der rationalen Entscheidungstheorie vorzunehmen, wurde im vorausgegangenen zweiten Teil dieser

---

[137] Was nicht gedacht werden kann, kann auch nicht gewünscht werden. Aber einiges, was gedacht werden kann, kann nicht gewünscht werden. Daher ist das Wünschbarkeitskriterium, das Kant in der Anwendung des Kategorischen Imperatives selbst zugrunde legt, eine stärkere Variante des Kategorischen Imperatives. Selbstverständlich kann eine Gesellschaft gedacht werden, in der Menschen Bilanzsuizide begehen (es hat sie gegeben in Gestalt der spätrömischen, stoizistisch beeinflussten Patrizier-Kultur). Aber, wenn Kant Recht hat, ist eine Gesellschaft nicht wünschenswert, in der Menschen Bilanzsuizide begehen. Daher sei es mir individuell moralisch untersagt, einen Bilanzsuizid zu begehen.

Schrift am Beispiel eines angemessenen Verständnisses von Kooperation gezeigt. In diesem dritten Teil soll es nun darum gehen, die erarbeiteten Einsichten in die Defizite punktueller Optimierung in den größeren Rahmen einer strukturellen Handlungstheorie zu überführen und damit der Komplexität dessen, was im Begriffsfeld von *prohairesis* enthalten war, wieder gerecht zu werden.[138]

§ 2 Die Inkohärenz der Entscheidungstheorie

Entgegen einem populären Missverständnis[139] ist es ausgerechnet die rationale Entscheidungstheorie, das mathematische Instrumentarium der modernen Ökonomie, die Defizite des punktuellen Optimierungsparadigmas besonders eindrucksvoll vor Augen führt. Das in unterschiedlichen Modellen der Entscheidungstheorie jeweils zugrunde gelegte gemeinsame Kriterium praktischer Rationalität, die Erwartungswertmaximierung, wird beim Übergang zur Spieltheorie, also zur Theorie rationaler Interaktionen, aufgegeben, auch wenn das nicht allen, die vom begrifflichen Instrumentarium der Entscheidungs- und Spieltheorie Gebrauch machen, bewusst ist. In der bayesianischen Interpretation, die am universellsten anwendbar ist, können subjektive Wahrscheinlichkeiten und subjektive Wünschbarkeiten oder Präferenzen des jeweils handelnden Akteurs immer als gegeben angenommen werden. Die subjektiven Präferenzen können auf der Grundlage von manifesten oder potentiellen Entscheidungen zwischen probabilistischen Alternativen zugeschrieben werden und die subjektiven Wünschbarkeiten in Gestalt des jeweils maximalen Wettquotienten, den die betreffende Person einzugehen bereit ist. Dass auch bei dieser Zuschreibungspraxis gewisse zeitliche Invarianzen angenommen werden müssen, liegt auf der Hand. Denn müssten wir davon ausgehen, dass sich die Präferenzen und die subjektiven Wahrscheinlichkeiten der handelnden Personen innerhalb von Sekunden ändern, ließen sich nur noch die jeweils getroffenen Entscheidungen feststellen und ihre Kohärenz mit den beiden propositionalen Einstellungen (Wünschen und Erwartungen) nicht bestimmen. Die Einschätzung der Entscheidungssituation, und das heißt aller für die Entscheidung potentiell relevanten Aspekte des aktuellen und zukünftigen Weltzustandes, kondensieren zu subjektiven Wahrscheinlichkeiten des jeweiligen Akteurs. Da es sich um subjektive Wahrscheinlichkeiten als Ausdruck subjek-

---

138 Ursprünglich wollte ich dieser Studie den Titel geben: *Prohairesis: Eine Theorie der Vernunft*. Der Einwand, damit erwarte der Leser eine Schrift zur Philosophie der griechischen Klassik, brachte mich davon wieder ab.
139 Vgl. Frank Schirrmachers Bestseller *Ego. Das Spiel des Lebens*. München: Karl Blessing 2013.

tiver Beurteilungen und Einschätzungen handelt, ist es unerheblich, in welchem Maße belegte Daten und wissenschaftliche Theorien einfließen. Das Reizvolle der bayesianischen Interpretation ist es ja gerade, dass sie sich von der Verfügbarkeit objektiver Wahrscheinlichkeiten unabhängig macht und dadurch erst ihre universelle Anwendbarkeit sichert. Wenn die sogenannte Nutzenfunktion (*utility function*) lediglich als Repräsentation subjektiver Präferenzen, unabhängig von ihrer jeweiligen Motivation interpretiert wird, dann scheint dieses Rationalitätsmodell uneingeschränkt anwendbar zu sein. Aufgrund der Verkoppelung von Wahrscheinlichkeits- und Nutzenfunktion ist dann jeweils sichergestellt, dass in jeder Entscheidungssituation mindestens eine Handlungsoption erwartungswertmaximierend ist. Wenn mehrere Handlungsoptionen erwartungswertmaximierend sind, dann haben sie denselben Nutzenerwartungswert, die rationale Person ist also zwischen ihnen indifferent. Insofern gibt es in jeder Entscheidungssituation eine rationale Handlungsempfehlung, mindestens eine Handlungsoption kann als rational gelten, und wenn es mehrere sind, entsteht keine Dilemma-, sondern lediglich eine Indifferenzsituation.

Dieses harmonische Bild, das manche wegen seiner übermäßigen Simplizität langweilt und andere gerade deswegen fasziniert, lässt sich allerdings nicht auf Rationalität in Interaktionssituationen, also auf das Feld der Spieltheorie übertragen. Dem steht entgegen, dass die Spieltheorie in vielen, ja in einem mathematisch präzisierbaren Sinne, in den meisten Entscheidungssituationen keine rationalen Handlungsempfehlungen geben kann. Dies hängt damit zusammen, dass zahlreiche Interaktionssituationen (Spiel-Formate, *game formats*) keinen Nash-Gleichgewichtspunkt aufweisen oder mehrere Nash-Gleichgewichtspunkte haben, die jedoch für den einzelnen Akteur nicht realisierbar sind, ohne sich mit den anderen Akteuren abstimmen zu können, oder weil es zwischen den unterschiedlichen Gleichgewichtspunkten Interessendivergenzen zwischen den Interaktionsbeteiligten gibt. Wir sehen hier also von dem im zweiten Teil ausführlich diskutierten Sonderproblem ab, dass manche Nash-Gleichgewichtspunkte pareto-ineffizient sind.

Wie ist diese Inkohärenz zwischen Entscheidungstheorie im engeren Sinne, also als Theorie rationaler Entscheidung eines Individuums bei gegebener unsicherer Umwelt, und Spieltheorie, die sich mit der Rationalität von Interaktionen befasst, zu erklären?[140] Gleichgewichtspunkte sind in der Spieltheorie deswegen eine unverzichtbare Bedingung der Rationalitätsempfehlung, weil diese ihre

---

[140] Es hat bis heute zahlreiche Versuche gegeben, diese Inkohärenz zu beheben und das Bemühen dauert an. Es ist aus Gründen, die im Folgenden deutlich werden, nicht möglich, diese Inkohärenz zu beheben.

Rationalitätsempfehlungen potentiell an alle Akteure richtet, also auch an alle Interaktionsbeteiligten. Philosophischer formuliert: Der radikale atomistische Individualismus der Entscheidungstheorie im engeren Sinne wird beim Übergang zur Spieltheorie, zur Theorie rationaler Interaktionen, aufgegeben. Die anderen an der Interaktion beteiligten Personen sind nicht lediglich Umwelt, sondern Teil der Mitwelt, sie sind selbst potentielle Adressaten der Rationalitätsempfehlung der Spieltheorie. Die Umwelt transformiert sich in Zufallsentscheidungen, die in der extensiven Darstellung der Spieltheorie explizit gemacht werden.

Die Spieltheorie bleibt dennoch eine punktuelle und individualistische Rationalitätstheorie. Sie wendet sich nicht an ein Kollektiv von Akteuren, denn dann dürften nur pareto-effiziente Kombinationen individueller Strategien als Rationalitätsempfehlungen taugen. Gleichgewichtspunkte, die pareto-ineffizient sind, werden jedoch im spieltheoretischen Rahmen als Rationalitätsempfehlungen nicht ausgeschlossen. Es handelt sich in der Spieltheorie nicht um Handlungsempfehlungen an ein Kollektiv, sondern lediglich um Handlungsempfehlungen an Individuen, unter der Bedingung, dass die simultane Empfehlung einer Praxis unterschiedlichen, an der Interaktion beteiligten Individuen gegenüber damit verträglich ist, dass alle Individuen über diese Empfehlung informiert sind. Ein Gleichgewichtspunkt ist ja nichts anderes als eine Kombination individueller Strategien, für die gilt, dass keine an der Interaktion beteiligte Person einen Grund hat, von dieser Strategienkombination individuell abzuweichen, wenn sie annimmt, dass die anderen an der Interaktion Beteiligten jeweils bei ihrer Strategie bleiben. Individueller Rationalität wird eine epistemische Kohärenzbedingung auferlegt, nämlich die, dass die jeweilige Rationalitätsempfehlung mit der gemeinsamen Kenntnis aller Rationalitätsempfehlungen in dieser Situation kompatibel ist.

Für den atomistischen Individualismus der Entscheidungstheorie im engeren Sinne wird alles zur Umwelt, insofern könnte man ihn als eine Variante des Solipsismus bezeichnen: Der Akteur allein, nur er selbst, existiert in Situationen, die für ihn bloße Bedingungen seines Handelns sind, die Welt wird zur Umwelt des einzelnen Akteurs. Die Spieltheorie bricht mit dieser Variante des Solipsismus: Das, was vordem im Rahmen der entscheidungstheoretischen Analyse Umwelt war, bleibt zwar Bedingung des eigenen Handlungserfolges, ist aber nun selbst Adressat der Rationalitätsempfehlung. Dies zwingt zu einer besonderen Form der Koordination dieser je individuellen Handlungsempfehlungen, die damit kompatibel sein müssen, dass alle dasselbe Wissen bezüglich dieser Handlungsempfehlungen haben. Das, was zuvor Umwelt des einen Akteurs war – vernunftlos, gegeben –, wird nun zur Mitwelt – vernunftbegabt und variabel.

Entscheidungs- wie Spieltheorie gehen von rationalen Akteuren aus, also von solchen Individuen, die den jeweiligen Empfehlungen der Theorie folgen. In der

Entscheidungstheorie ist es nur der einzelne Akteur, der diesen Empfehlungen folgt, in der Spieltheorie sind es alle an der Interaktion Beteiligten. Das merkwürdige Phänomen, dass es nicht sinnvoll ist, Wahrscheinlichkeiten für eigene Handlungen zu haben,[141] greift nun über den einzelnen Akteur hinaus und umfasst alle an der Interaktion Beteiligten. Diese sind Adressaten der Handlungsempfehlung, aber kein möglicher Gegenstand der Wahrscheinlichkeitsabschätzung mehr.[142] Dies ist ein durchaus gravierender Vorgang, denn die Wahrscheinlichkeitsabschätzungen des Akteurs, seine subjektiven Wahrscheinlichkeiten, repräsentieren seinen epistemischen Zustand als ganzen. *In extremis* können wir uns eine umfassende Wahrscheinlichkeitsbewertung auf der Potenzmenge aller Elementarzustände der Welt vorstellen, die alles konkrete, empirische Wissen, aber auch alle Kausalitätsannahmen, Hypothesen und Theorien enthält. Elemente dieser Potenzmenge können mit Ereignissen identifiziert werden, also genau mit der jeweiligen Menge von Weltzuständen, die mit dem Vorliegen dieses Ereignisses verträglich sind. Kausale Relationen in probabilistischer Sprache würden diese jeweiligen Mengen nicht einschränken, sondern äußern sich in den jeweiligen Wahrscheinlichkeitsbewertungen über die Menge ihrer Teilmengen.[143]

Die Rationalitätsempfehlungen der Spieltheorie sind nach wie vor *individuell*, aber nicht mehr *atomistisch individuell*. Sie sind, so könnte man sagen, strukturell eingebettet in Gestalt einer epistemischen Bedingung, nämlich den gemeinsamen Überzeugungen über die Rationalitätsempfehlungen gegenüber allen an der Interaktion Beteiligten. Dies hat allerdings zwei gravierende Nachteile: Der erste ist, dass, anders als in der Entscheidungstheorie im engeren Sinne, die Rationalitätsempfehlungen nicht mehr eindeutig sind. Während bei Vorliegen mehrerer erwartungswertmaximierender Optionen im entscheidungstheoretischen Rahmen die Person zwischen diesen Optionen indifferent ist, da diese Handlungsoptionen jeweils den gleichen Erwartungswert haben, gilt dies nicht mehr nach dem Übergang zur spieltheoretischen Analyse. Jetzt kann es mehrere Gleichgewichtspunkte geben, zwischen denen die Individuen in der Regel aber nicht indifferent sind. Sind alle Individuen bezüglich unterschiedlicher Gleichgewichtspunkte indifferent, handelt es sich um reine Koordinationsspiele. Diese Unterbestimmtheit lässt sich im begrifflichen Rahmen der nicht-kooperativen

---

[141] Dieses Phänomen ist am natürlichsten dadurch zu erklären, dass die eigenen Handlungen frei sind, dass sie nicht durch die Umstände bestimmt, sondern erst durch eigene Deliberation entschieden werden, vgl. a. *ÜmF*, speziell II §2.
[142] In meinen Augen können alle Versuche, dies zu umgehen und doch an dem Modell einer umfassenden Theorie rationaler Interaktionen festzuhalten, als gescheitert gelten.
[143] Das gilt jedenfalls dann, wenn wir die Werte 0 und 1 aus der Wahrscheinlichkeitsbewertung herausnehmen, also den Wertebereich auf das offene Intervall (0,1) einschränken.

Spiele nicht beheben. Die Folge ist, dass es zu einem Realisierbarkeitsproblem der spieltheoretischen Rationalitätsempfehlungen kommt: Das Ergebnis rationaler individueller Entscheidung, die der spieltheoretischen Empfehlung folgt, bildet dann in der Regel selbst keinen Gleichgewichtspunkt, da dann mindestens eine an der Interaktion beteiligte Person einen anderen Gleichgewichtspunkt zu realisieren versucht, als andere an der Interaktion Beteiligte. Es wäre im Übrigen ein Irrtum zu meinen, dass wechselseitige Information das Problem behebt. Dies ist nur für reine Koordinationsspiele der Fall. Die simpelste Form einer Interaktionssituation mit zwei Gleichgewichtspunkten und divergierenden Interessen ist das Format *battle of the sexes*.

	1	0
2	0	
	0	2
0	1	

Abb. Battle of the Sexes

Hier könnte man meinen, dass die wechselseitige Information ausreicht, um zu bestimmen, welcher der beiden Gleichgewichtspunkte von rationalen Akteuren realisiert wird. Dies ist jedoch nicht der Fall. Es ist zwar zutreffend, dass gewissermaßen die „erste" Person, die entsprechend ihrer Interessen die andere darüber informiert, dass sie den für sie günstigeren Gleichgewichtspunkt wählt, diese dazu zwingt, zwischen Totalverlust (0) und Unterlegenheit (1) zu wählen. Wer in einer solchen Situation wieder auf das entscheidungstheoretische Begriffsmuster zurückgreift, würde sagen, damit sei klar, wie sich die andere Person entscheidet. Dass dies nicht der Fall ist, sieht man daran, dass die andere Person ihrerseits reagieren könnte und den für sie günstigeren Gleichgewichtspunkt als Handlungsorientierung mitteilt und damit wiederum die erste Person zwingt, zwischen Totalverlust und Unterlegenheit zu wählen. Die zeitliche Abfolge der wechselseitigen Informationen verliert ihre Relevanz gerade unter der Annahme, dass es sich um rationale Individuen handelt. Für solche gibt es keine Selbstbindung, die alle Entscheidungsoptionen aus dem Spiel nimmt. Allerdings kennt vor allem die empirische Analyse von Verhandlungsstrategien eine Vielzahl von

Verhaltensweisen, um durch Selbstbindung andere in die Defensive zu zwingen. So wirkt eine öffentliche Festlegung eines öffentlichen Akteurs, der darauf achten muss, seine Glaubwürdigkeit nicht einzubüßen, wie eine Selbstbindung, die für die anderen an der Verhandlung Beteiligten dann doch wie eine äußere Festlegung wirken muss. Die Folge sind dann unterschiedliche Festlegungen der Interaktionsbeteiligten, die zusammen inkompatibel sind und zu den berühmt-berüchtigten Rationalitätsfallen führen.

Die Ethifizierung der Spieltheorie, insbesondere der Theorie von Verhandlungsspielen, hat versucht, dem auch in der Theorie zu begegnen. Mit mäßigem Erfolg, weil sich die Kriterien auf Gleichgewichtslösungen beschränkten und damit einer Ethifizierung von vornherein allzu enge Schranken auferlegten. Ohne den Übergang zu einem *strukturellen Verständnis von Handlungsrationalität* lassen sich die Aporien rationaler Interaktion nicht beheben. Die Tatsache, dass die meisten Interaktionssituationen keine Gleichgewichtspunkte aufweisen und es damit keine spieltheoretische Handlungsempfehlung gibt, sollte Motivation genug sein, diesen Weg zu gehen. Die Spieltheorie in der gegenwärtigen, an punktueller Rationalität orientierten Version leidet unter Überbestimmtheit ihrer Rationalitätsempfehlungen im Falle mehrerer Gleichgewichtspunkte und zugleich an Unterbestimmtheit, nämlich dann, wenn keine Gleichgewichtspunkte vorliegen. Aber selbst wenn es einen einzigen Gleichgewichtspunkt gibt, ist nicht sichergestellt, dass dieser minimalen Bedingungen struktureller Rationalität entspricht, wie im Kapitel II dieser Schrift gezeigt wurde.

§ 3 Kollektive Irrationalität

Punktuell optimierende Einzelhandlungen werfen jedoch nicht nur in Interaktionssituationen (für die Spieltheorie) Probleme auf, die wir im vorausgegangenen Abschnitt beschrieben haben, sondern auch für kollektive Entscheidungen. Wichtige Ergebnisse sind dazu in der *collective choice* Theorie erarbeitet worden, auf die wir hier kurz rekurrieren, um die handlungstheoretische Problematik um einen weiteren wichtigen Aspekt zu ergänzen und den Übergang zu einer strukturellen Handlungstheorie vorzubereiten.

Besonders aufschlussreich ist das Gibbard-Satterthwaite-Theorem. Genau besehen handelt es sich um zwei Theoreme, die sich bei allerdings als äquivalent herausstellen. Das erste besagt, dass es keine manipulationsfreien Verfahren kollektiver Entscheidungsfindung gibt. Das zweite besagt, dass es keine strategiefreien Verfahren kollektiver Entscheidungsfindung gibt. Da jedoch alle Verfahren kollektiver Entscheidungsfindung, die manipulationsfrei, auch strategiefrei sind und umgekehrt, da also Strategie- und Manipulationsfreiheit äquivalente

Bedingungen kollektiver Rationalität sind, liegt tatsächlich nur ein einziges Theorem vor.[144] Strategiefrei ist ein Verfahren kollektiver Entscheidungsfindung dann, wenn – untechnisch und nicht ganz präzise gesprochen – keine der an der kollektiven Entscheidungsfindung Beteiligten hinsichtlich ihrer gegebenen Präferenzen ein für sie günstigeres Ergebnis erreichen würde, wenn sie andere Präferenzen in die Aggregation einspeist, als sie tatsächlich hat.[145]

Wenn mehrere Personen gemeinsam zu einer Entscheidung kommen wollen und jede einzelne sich optimierend verhält, so entsteht ganz unabhängig davon, auf welches Entscheidungsverfahren sie sich festlegen, eine instabile Situation. Je nach gegebenen individuellen Präferenzen müssen sie davon ausgehen, dass sie selbst und andere abweichende Präferenzen in die Entscheidungsfindung einspeisen, um ein jeweils für sich selbst günstigeres Resultat zu erreichen. Es liegt auf der Hand, dass die dann so erwarteten strategischen Wahlakte durch Gegenstrategien beantwortet werden, wobei auch ohne mathematische Analyse klar sein sollte, dass diese wechselseitigen strategischen Replikationen insofern instabil sind, als die Anzahl der Replikationen selbst bei vollständiger wechselseitiger Information prinzipiell nach oben offen ist und im Allgemeinen keine Konvergenz erwartet werden kann. Es lässt sich dann für die einzelne rational optimierende Person nicht mehr bestimmen, welche Präferenz sie in das Entscheidungsverfahren einspeisen sollte, um ihre eigenen Interessen zu optimieren. Individuell optimierende Individuen bringen instabile soziale Zustände hervor. Obwohl jedes der beteiligten Individuen für sich jeweils rational im Sinne optimierenden Verhaltens agiert, kann das Ergebnis, das heißt die Kombination dieser je individuell optimierenden Strategien, nicht mehr bestimmt werden. Es ist unterbestimmt, da der Abbruch der Replikationen willkürlich wäre und instabil, da mit jeder neuen Replikation, bei unveränderter Interessenlage der Individuen, andere Sozialzustände resultieren. Die kollektive Rationalität der Sozialzustände ist durch die individuell optimierende Rationalität der einzelnen Beteiligten nicht festgelegt. Individuelle optimierende Rationalität überträgt sich nicht auf Kollektive.

Wenn man diesen Befund generalisiert, die Problematik der Übertragung individueller auf kollektive Rationalität, dann ist damit nicht nur die zentrale Motivation der Konzeption struktureller Rationalität erfasst, sondern auch die Rolle normativer Regeln generell: Punktuelle, je individuelle Rationalität fügt sich nicht zu einer vernünftigen Gesamtpraxis zusammen – das gilt für die einzelne Person und ihre individuelle Lebensform ebenso wie für Kollektive, ganze Gesell-

---

144 Vgl. *LkE*, Kap. 5.
145 Die formale Charakterisierung ist neutral gegenüber der Frage, was tatsächliche und was nur vorgegebene Präferenzen sind.

schaften oder die Menschheit als ganze. In evolutionsbiologischer Perspektive mag man vermuten, dass Familienzusammenhalt, Empathie unter Nahestehenden, Kooperationsbereitschaft in der größeren Gruppe und andere Phänomene sich als Folgen eines adaptiven evolutionären Prozesses erklären lassen, zumindest aber gilt dies für die Konkurrenz unterschiedlicher kultureller Verfasstheiten menschlicher Gemeinschaften. Während *kin selection* in der darwinistischen Evolutionsbiologie umstritten geblieben ist, kann ihr kulturelles Analogon nicht bestritten werden: Menschliche Gemeinschaften, die von einem höheren Maß an wechselseitigem Vertrauen und Kooperationsbereitschaft geprägt sind, haben günstigere Entwicklungsbedingungen als solche, die mit wechselseitigem Misstrauen und mangelnder Kooperationsbereitschaft zu kämpfen haben. In kleinen Gemeinschaften mit dichter Kooperation sind die Bedingungen für eine Konvergenz individuell optimierender und doch kollektiv rationaler Praxis günstiger. In größeren Gemeinschaften nimmt die Divergenz zu und damit der Aufwand für Verhaltenssteuerung durch Anreize und Sanktionen, um kollektiver Irrationalität und Instabilität entgegenzuwirken.

Eine besondere Rolle spielt dabei die Kommunikation. Diese hängt selbst von starken ethischen Bedingungen ab, denn erfolgreiche Kommunikation ist ohne Wahrhaftigkeit und Vertrauen nicht möglich. Tatsächlich gilt für alle Kulturen, dass ein gewisses Maß an Wahrhaftigkeit, das allerdings zwischen den Kulturen schwankt, ethisch eingefordert wird: Die Personen erwarten voneinander, dass sie in der Regel nur das behaupten, von dem sie selbst überzeugt sind. Abweichungen von dieser Regel sind dabei im sozialen Nahbereich stärker geächtet als in der ausgedünnten Interaktion zwischen mehr oder weniger Fremden. Manche archaischen Kulturen beschränken den Geltungsbereich der für Kommunikation konstitutiven Regeln Wahrhaftigkeit und Vertrauen auf die Familie oder die jeweilige Ethnie. Das allerdings heißt, dass nur innerhalb des jeweiligen Bereiches verlässliche Kommunikation möglich ist.

Vor dem Hintergrund des Gibbard-Satterthwaite-Theorems erscheinen die kommunikationskonstitutiven Regeln Wahrhaftigkeit und Vertrauen in einem anderen Licht. Es sind nun nicht lediglich moralische Regeln, die kommunikative Akte ermöglichen und Bedeutungen sprachlicher Ausdrücke stabil halten,[146] sondern sie helfen, kollektive Rationalität zu sichern. Wenn wir uns nämlich vom Modell der punktuellen Einspeisung eigener Präferenzen in eine kollektive Entscheidungsfindung lösen und die kommunikative oder diskursive Dimension miteinbeziehen, also die Begründung der jeweiligen Präferenz vor anderen, im

---

146 Vgl. David Lewis: „Languages and Language". In: *Minnesota Studies in the Philosophy of Science*. Hrsg. von Keith Gunderson. Minneapolis: University of Minnesota Press 1975.

Idealfall vor allen an der kollektiven Entscheidung Beteiligten, und wenn wir einmal annehmen, dass die jeweilige individuelle Präferenzeinspeisung öffentlich ist, also allen an der kollektiven Entscheidung Beteiligten bekannt ist, dann wird durch die kommunikationskonstitutiven Regeln der Wahrhaftigkeit und des Vertrauens manipulatives und strategisches Verhalten, je nach dem Ausmaß der Konformität mit diesen Regeln und der Strenge der Sanktionierung, in unterschiedlichem Ausmaß unmöglich gemacht. In dieser Perspektive erscheinen ethische Regeln, wie die der Wahrhaftigkeit und des Vertrauens, als Stabilisatoren interpretiert, die den chaotisierenden Tendenzen individuell und punktuell optimierenden Verhaltens entgegenwirken. Sie sichern einen Aspekt struktureller Rationalität: verlässliche Kommunikation und deliberative (politische) Praxis.

§ 4 Strukturelle Intentionen

Wenn man unter der Handlung einer Person die zu einem bestimmten Zeitpunkt stattfindende kausale Intervention versteht, geleitet durch motivierende Absichten, also auf bestimmte Konsequenzen des Handelns bedacht, und die Rationalitätskriterien auf die zu erwartenden Konsequenzen zu dem betreffenden Zeitpunkt beschränkt, dann ist die Einhaltung von Regeln, wie der Wahrhaftigkeit und des Vertrauens, die im vorausgegangenen Abschnitt erörtert wurden, nur rational, wenn dies den Erfolg dieser kausalen Intervention sichert, bzw. präziser: optimiert. In diesem punktuellen Verständnis von Handlung ist Regeleinhaltung also entweder kontingent oder die Folge von Anreizen und Sanktionen, die die Regeleinhaltung punktuell optimierend machen. Die Einsicht in die Vernünftigkeit einer Regel allein reicht dagegen nicht aus. Man könnte auch sagen, die moderne Handlungstheorie hat sich dem hobbesianischen Paradigma verschrieben. Thomas Hobbes hat eindrücklich dafür argumentiert, dass die Einsicht der Menschen in die Vernünftigkeit bestimmter Handlungsregeln nicht ausreicht, um die Einhaltung dieser Regeln rational zu machen. *Leges naturales*, die den zivilen Frieden sichern würden, werden von allen vernünftigen Akteuren befürwortet, das heißt präziser, alle vernünftigen Akteure wünschen sich, dass alle diese *leges naturales* einhalten, zugleich aber ist es je individuell irrational, sie einzuhalten. Die Vernünftigkeit einer Regel sichert nicht die Vernünftigkeit ihrer Einhaltung. In der modernen ökonomischen Theorie und ihren praktischen Anwendungen ist dieses Verständnis zu einem Dogma geronnen, was die umfangreichen und detaillierten Incentivierungsprogramme zeitgenössischer Unternehmen erklärt.

Wenn man jedoch den Blick von den Extremen abwendet und sich die lebensweltliche Praxis vor Augen führt, dann wird deutlich, dass punktuelle Optimierung und Strukturkonformität Hand in Hand gehen. Die einzelnen Handlungen fügen sich zu kleineren und größeren Einheiten, die erst als ganze Sinn ergeben. Jeder einzelne Handgriff, der nach dem Aufstehen vollzogen wird, ergibt – im günstigen Falle und wenn man schon hinreichend ausgeschlafen ist – eine Abfolge von Einzelhandlungen, für die gilt, dass kein einzelner Teil dieser Folge bereut werden muss. Wenn jede dieser einzelnen Handlungen bei den gegebenen Handlungsoptionen und möglichen Konsequenzen des Handelns optimierend gewählt würde, dann ist es so gut wie ausgeschlossen, dass die Abfolge dieser Einzelhandlungen zusammen ein stimmiges Bild ergäbe. Der Versuch, dies im Paradigma punktueller Optimierung einzufangen, in dem man die Einzelhandlung als eine kausale Festlegung der Handlungsbedingungen der darauffolgenden Handlungen charakterisiert, geht weit an der lebensweltlichen Praxis der Verhaltenssteuerung vorbei. Wir tun das Einzelne, weil es sich in eine gewünschte Handlungsstruktur einfügt.

Soweit bewegen wir uns noch im Bereich der Trivialitäten, Trivialitäten allerdings, die der modernen Standardkonzeption optimierender Rationalität Schwierigkeiten bereiten. Wenn wir jedoch die verhaltenssteuernde Intentionalität in die Beschreibung einbeziehen, drängen sich sofort Zweifel an der punktuellen Handlungskonzeption auf. Denn die verhaltenssteuernden Intentionen sind in den allerseltensten Fällen punktuell optimierend. Fast jede Handlungswahl (*pragma*) ist dadurch motiviert, dass sie Teil einer zeitlich ausgedehnten Verhaltensweise oder *praxis* ist, die wir zu realisieren beabsichtigen. Wir tun das Einzelne als Teil dieser *praxis*. Die verhaltenssteuernde Intentionalität ist zunächst auf die Handlungsstruktur gerichtet und dann – gewissermaßen daraus abgeleitet – auf den *punktuellen Akt*. Der punktuelle Akt ist nur sinnvoll als Teil dieser Struktur und die handlungssteuernden Absichten einer vernünftigen Person spiegeln dies getreulich wider: Die Bestimmung der jeweiligen Handlungsabsichten geht vom Umfassenderen auf das Detailliertere. Das Detailliertere ist durch das Umfassendere gerechtfertigt oder, in der Sprache der verhaltenssteuernden Intentionalität: Die jeweils punktuell ausschlaggebenden Intentionen sind als Teil umfassenderer Intentionen zu verstehen, die die jeweilige *praxis* anleiten. In einer modischen, hier aber möglicherweise eher irreführenden Terminologie, formen sich die verhaltenssteuernden Intentionen *top down* und nicht *bottom up*. Besser ist das Bild: Sie formen sich von außen nach innen und nicht von innen nach außen. Wir müssen wissen, welche Funktion die einzelne Handlung in einem größeren strukturellen Gefüge hat, um überhaupt beurteilen zu können, ob diese (punktuelle) Handlung, dieser Akt vernünftig ist.

So steuern wir unser Verhalten: Wir wählen Handlungen als *praxeis*, um auf dieser Grundlage Handlungen als Akte (*pragmata*) zu bestimmen. So agieren wir. Dies ist keine philosophische Theorie, sondern lediglich eine Umschreibung dessen, was uns allen lebensweltlich vertraut ist. Ich muss die Tochter pünktlich zur Schule fahren und zuvor noch meine Oberhemden aus der Reinigung holen, die ich für meinen Flug nach Berlin um 10.15 Uhr benötige. Es handelt sich hier um mehrere Handlungsziele: die Tochter pünktlich in der Schule abzugeben, sich mit frischen Hemden zu versehen, pünktlich am Flughafen einzutreffen und dieses jeweils mit einem möglichst geringen zeitlichen, finanziellen und energetischen Aufwand zu bewältigen. Ökonomen würden hier sagen, Rationalität bestehe darin, die Kosten zu minimieren, also Zeit, Geld und Energieaufwand, und sicherzustellen, dass diese Ziele auch bei auftretenden unerwarteten Ereignissen erreicht werden, z. B. einem Stau auf der Autobahn. Gegen diese Interpretation ist nichts einzuwenden, aber wir dürfen dabei nicht übersehen, dass diese Optimierung im Rahmen gegebener und/oder gewählter *Strukturen* stattfindet: Die gesamte Abfolge von Einzelentscheidungen, die erforderlich sind, um diese Ziele zu erreichen, ist durch eine umfassende, aufeinander abgestimmte Kombination von Absichten angeleitet. Die jeweilige Einzelhandlung ergibt erst im Rahmen dieser komplexen *praxis* Sinn. Die jeweiligen Einzelhandlungen sind auch dann sinnvoll und vernünftig, wenn es dazu Alternativen gäbe, die mit geringeren Kosten realisierbar gewesen wären. In der lebensweltlichen Praxis verfolgen wir in der Tat eher ein *Satisficing*- als ein Optimierungskonzept.[147]

Was wollen wir nun unter einer Handlung verstehen? Nur den jeweiligen Akt (*pragma*) oder auch die *praxis*? Ist die *praxis* eine Folge von Akten, die jeweils für sich, also gegeben die epistemischen und optionalen Bedingungen des Augenblickes, rational zu sein haben, oder sind die Akte nicht erst im Kontext der *praxis* rational?

Wenn wir Handlungen als ein Verhalten charakterisieren, das durch motivierende, vorausgehende und begleitende Intentionalität gesteuert ist, dann erschiene die Beschränkung des Handlungsbegriffes auf Akte als willkürlich. Denn es ist offenkundig, dass auch *praxeis*[148] von motivierenden, vorausgehenden und begleitenden Absichten geleitet sind. Motivierende Absichten sind solche, die sich sprachlich darin äußern, dass ein Verhalten, das Handlungscharakter hat, von der handelnden Person begründet werden kann: Für jedes Verhalten, das Handlungscharakter hat, gilt, dass die Person Gründe dafür angeben kann. Wenn dies nicht der Fall ist, ist sie entweder vergesslich oder will nicht wahrha-

---

[147] Vgl. Herbert A. Simon: „A Behavioral Model of Rational Choice". In: *Quarterly Journal of Economics* 69 (1955), 99–118, und „Theories of Bounded Rationality". In: *Decision and Organization* 1 (1972), 161–176; Gerd Gigerenzer: „Moral Satisficing: Rethinking Moral Behavior as Bounded Rationality". In: *Topics in Cognitive Science* 2 (2010), 528–554.
[148] Plural von *praxis*.

ben, was sie motiviert hat, oder es handelt sich nicht um eine Handlung, sondern um ein Verhalten, das keinen Handlungscharakter hat. Motivierende Intentionalität und die Fähigkeit, Gründe zu geben, sind nicht logisch unabhängig voneinander: Wir verstehen unter motivierenden Absichten gerade solche, die als Gründe für unser Handeln genannt werden (können). Vorausgehende Absichten äußern sich im Phänomen der Entscheidung. Entscheidungen gehen den Handlungen jeweils voraus und schließen eine wie auch immer rudimentäre Deliberation ab. Entscheidungen werden nur getroffen, wenn nach dem Zeitpunkt der Entscheidung keine weitere Abwägung des Pro und Contra, keine Deliberation, keine Reflexion über Gründe stattfindet. Ist dies doch der Fall, dann handelte es sich nur vermeintlich, zum Beispiel aus der Sicht der handelnden Person zu diesem Zeitpunkt, um eine Entscheidung.

Eine Handlung ohne Entscheidung gibt es nicht. Handlungen gehen immer Intentionen voraus, die durch die jeweilige Handlung im Sinne des Akt-*Tokens* erfüllt werden. Dies ist der Unterschied zwischen motivierenden und vorausgehenden Absichten: Motivierende Absichten leiten die Handlung an, ohne dass diese durch die Handlung selbst erfüllt werden, während vorausgehende Intentionen (Entscheidungen) durch die Handlung erfüllt werden: Die Entscheidung erfüllt sich in der Handlung und die Ernsthaftigkeit der Entscheidung findet in der Handlung – wiederum sowohl als *pragma* wie als *praxis* – ihren Ausdruck. Die strukturelle *praxis* bestimmt die Rationalität des punktuellen Aktes. Es ist nicht möglich, den Akt isoliert von der beabsichtigten *praxis* als rational oder irrational zu charakterisieren. Erst der strukturelle Zusammenhang einer *praxis* lässt einen Akt als Teil dieser *praxis* als mehr oder weniger rational erscheinen.

Stellen wir zum Zwecke des Argumentes zwei extreme Handlungstheorien gegenüber: Die punktuell optimierende und die umfassend strukturelle: Im punktuellen Paradigma der Handlungsrationalität wäre der Akteur jeweils angehalten, die zum Zeitpunkt der Handlung bestehenden Handlungsoptionen zu prüfen und bei gegebenem Bewertungsmaß und subjektiven Wahrscheinlichkeiten die erwartungswertmaximierende Alternative zu wählen. Das offenkundige Problem dieser punktuellen Handlungstheorie ist nicht nur, dass sie weit an der lebensweltlichen Praxis, die wir alle teilen, vorbeigeht, sondern dass sich aus der zeitlichen Abfolge punktuell optimierender Handlungen in der Regel keine vernünftige *praxis* ergibt. Die Probleme der interpersonellen Handlungskoordination stellen sich für Personen analog intrapersonell in der zeitlichen Abfolge unterschiedlicher punktuell optimierender Akte.

Der radikale Gegenentwurf wäre der strukturell rationale Weise, der nur eine einzige Entscheidung, nämlich diejenige, die die Wahl der eigenen Lebensform betrifft, vornimmt und alle Einzelentscheidungen als instrumentell rational bezüglich dieser umfassenden existenziellen Entscheidung für eine Lebensform wählt. Der Einwand, man könne eine solche existenzielle Gesamtentscheidung nicht treffen, da man die Zukunft noch nicht kennt und damit die konkreten Handlungsbedingungen, ist zwar pragmatisch zutreffend, aber in der Theorie gegenstandslos. Die Wahl einer Gesamtstrategie, die Wahl einer Lebensform kann in der Festlegung einer Strategie bestehen, die für alle beliebigen Entscheidungsbedingungen jeweils diejenigen Akte festlegt, die die erwünschte Lebensform etablieren würde. Der strukturell rationale Weise entscheidet sich nur einmal für die Super-Strategie seines Lebens.

Beide Extreme sind fernab der Lebenswirklichkeit: das des strukturell rationalen Weisen, das die Anmutung fernöstlicher Lebensweisheit hat, und das punktuelle Paradigma von Handlungsrationalität, obwohl es nach wie vor Leitschnur ökonomischer Analyse und ökonomischer Verhaltenssteuerung ist.

Die Konzeption struktureller Handlungsrationalität meidet beide Extreme. Verhaltenskontrolle durch Intentionen ist immer nur in mittlerer Reichweite möglich und sinnvoll. Wir steuern unsere *praxis* und richten die einzelnen Teile dieser *praxis* bis hin zu punktuellen Akten entsprechend aus. Zugleich bleiben wir offen gegenüber Revisionen und geben Entscheidungen für *praxeis* auf, wenn sie im Einzelfall zu große Opfer verlangen. Auch die punktuelle Optimierung hat ihren Platz in der strukturellen Handlungstheorie, aber immer eingebettet, das heißt in den Grenzen der Strukturen, die wir nicht aufgeben bereit sind. Alle Optimierung findet im Rahmen etablierter und gewünschter Strukturen der *praxeis* statt.

Als Handelnde sind wir in der Welt wirksam, wir beeinflussen, wie diese Welt sich entwickelt, wir intervenieren und verändern Kausalketten. Diese aktive Rolle ist Ausdruck unserer besonderen Fähigkeit, uns von Gründen leiten zu lassen. Die Affektion durch Gründe gibt uns diese Freiheit, macht uns zu wirksamen Akteuren in der Welt. Die Verzwergung zu punktuell optimierenden Monaden würde unsere Wirksamkeit in der Welt minimieren und am Ende wären wir Beobachter in einer chaotischen Szenerie unbeabsichtigter Effekte, wir würden zu Zeugen einer inkohärenten individuellen und kollektiven *praxis*. Autorinnen und Autoren unseres Lebens können wir nur in dem Maße sein, in dem wir strukturell rational handeln – intra- und interpersonell.

§ 5 Der strukturelle Handlungsbegriff

Es gibt spätestens seit Elizabeth Anscombes *Intention*[149] eine intensive Debatte über das Phänomen, dass wir mit manchen Handlungen andere Handlungen vollziehen. Wir tun etwas und dadurch, dass wir das tun, tun wir etwas anderes. Ich betätige einen Hebel, dadurch fülle ich Flüssigkeit in einen Behälter. Da aus diesem Behälter die Versorgung der Hausbewohner mit Wasser erfolgt, versorge ich diese mit Flüssigkeit und da das Reservoir, aus dem ich schöpfe, vergiftet ist, füge ich den Hausbewohnern einen körperlichen Schaden zu oder töte sie im schlimmsten Fall. Da zunächst nur einige Wenige erkranken und die Anderen davon erfahren, könnte man zudem sagen, ich quäle die Einen und erschrecke die Anderen. Zweifellos ließe sich diese Liste bei einiger Fantasie noch deutlich verlängern.

Welche dieser Tätigkeiten, von der Bewegung eines Hebels bis zur Tötung eines Hausbewohners, hat Handlungscharakter, kann mir als Handlung zugeschrieben werden? Die Redeweise „Etwas als Handlung zuschreiben" hat ihren Ursprung wohl in der Übersetzung aus dem Englischen. Der britische Rechtsphilosoph H.L.A. Hart hat die These vertreten, dass Handlung und Verantwortung simultan zugeschrieben werden.[150] Die Kritik, die dagegen von juristischer und philosophischer Seite vorgebracht wurde, war heftig und die analytische Handlungsphilosophie hat aus dieser Debatte wichtige Anstöße bezogen.[151] Demnach schien es lediglich darum zu gehen, bestimmte Einsichten von Hart zu retten, aber die enge Verbindung von Verantwortungszuschreibung und Handlungszuschreibung in jedem Falle aufzugeben. Ich bin in meiner Analyse den umgekehrten Weg gegangen und habe dafür plädiert, Handlungen als denjenigen Teil des Verhaltens zu charakterisieren, für den die betreffende Person Verantwortung hat. Dieses Verantwortung-Haben hat wiederum damit zu tun, dass ich Gründe habe und mich von Gründen affizieren lasse (bzw. lassen kann). Dies wiederum legt eine Verbindung von Verantwortungszuschreibung und der Fähigkeit, sich von Gründen affizieren zu lassen, nahe und weitet damit den Verantwortungsbe-

---

149 Anscombes Elizabeth: *Intention*. Oxford: Blackwell 1957
150 Vgl. H.L.A. Hart: „The Ascription of Responsibility and Rights". In: *Proceedings of the Aristotelian Society* 49 (1948), 171–194.
151 Vgl. G. Pitcher: „Hart on Action and Responsibility". In: *Philosophical Review* 69 (1960), 226–235; und besonders einflussreich: Joel Feinberg: „Action and Responsibility". In: *Doing and Deserving. Essays in the Theory of Responsibility*. Hrsg. von Joel Feinberg. Princeton: University Press 1970.

griff über den Bereich des Handelns auch auf den des Urteilens und der emotiven Einstellungen aus.[152]

Die Liste der genannten Tätigkeiten ist durch die kausalen Abläufe und nicht durch die Intentionen der handelnden Person bestimmt. Nehmen wir einmal an, die Person dachte, dass es sich um reines Wasser handele, das sie in den Behälter pumpt. Tatsächlich war es aber eine giftige Substanz mit den entsprechenden Folgen. Dann wird man sagen können, „die Person vergiftete den Inhalt des Behälters" oder im unglücklichen Fall entsprechender Folgen, „sie vergiftete einen Hausbewohner". Wenn die Person aber zweifellos nicht wusste, dass es sich um eine vergiftete Flüssigkeit handelte und man ihr dieses Nicht-Wissen nicht vorwerfen kann (vielleicht hätte sie sich ja informieren sollen, hat das aber versäumt, vielleicht gab es Möglichkeiten sich zu vergewissern, ob es sich um sauberes Wasser handelte ...), dann macht man diese Person für die nicht intendierten und nicht absehbaren Folgen ihres Tuns nicht verantwortlich. Oder anders formuliert: Man schreibt der betreffenden Person die Handlung des Vergiftens nicht zu, obwohl sie (kausal) den Hausbewohner vergiftet hat. Handeln ist ein intentionales Verhalten, eine durch *motivierende, vorausgehende* und *begleitende* Intentionen gesteuerte Praxis und Verantwortung erstreckt sich nur auf diese so charakterisierte Aktivität. Die Verantwortung erstreckt sich nicht auf alle kausalen Wirkungen, die eine Handlung hat, wenn diese kausalen Wirkungen für die Person nicht absehbar waren.

Die einfachste Form dies zu erfassen ist, die Person für ihre Handlungen verantwortlich zu machen, also Handlungen als diejenigen Aspekte des Verhaltens einer Person zu charakterisieren, für die die Person verantwortlich ist und alle darüberhinausgehenden Verantwortungszuschreibungen auf diese primäre zurückzuführen. Demnach wären Menschen für ihre Handlungen und nur für ihre Handlungen (im Bereich der Praxis, nicht im Bereich der Emotionen und der Überzeugungen) verantwortlich. Weitere Verantwortungszuschreibungen, etwa für Schäden, die Dritte erleiden, müssen auf diese Primärverantwortung für Handlungen zurückgeführt bzw. aus dieser abgeleitet werden.

Prüfen wir zunächst an diesem Beispiel, ob das plausibel ist. Angenommen, die betreffende Person tat das, was sie in Trockenzeiten jeden Tag tut, nämlich die Zisterne mit Wasser aus einem Notbehälter auffüllen. Zu diesem Zweck betätigt sie einen Hebel. Die motivierende Intention ist, die Hausbewohner mit Wasser zu versorgen und zu diesem Zweck den Behälter aufzufüllen. Die vorausgehende Intention könnte sein: Heute früh um 6:30 Uhr steige ich auf das Dach des Hauses und fülle den Behälter nach. Die Person vollzieht diese Handlung (den Behäl-

---

[152] Vgl. *VER*.

ter nachfüllen) dadurch, dass sie einen Hebel betätigt. Sowohl das Betätigen des Hebels, wie das Nachfüllen des Behälters können der Person als Handlungen zugeschrieben werden, die jeweiligen Handlungen erfüllen die vorausgehenden Intentionen bzw. die getroffenen Entscheidungen. Es handelt sich dabei um zwei miteinander verknüpfte Entscheidungen, verknüpft durch eine Überzeugung, die die Person hat, nämlich, dass das Auffüllen des Behälters durch die Betätigung des Hebels erfolgen wird. Das Auffüllen des Behälters ist dabei die strukturell umgreifende und das wiederholte Bewegen des Hebels nach vorne und zurück ist die punktuelle Handlung. Wir können annehmen, dass diese punktuelle Handlung nicht weiter in Einzelhandlungen zerfällt, d. h. die Person bewegt den Hebel einmal und nochmal und nochmal und nochmal, sie kann jeweils entscheiden, es dabei bewenden zu lassen und die Folge dieser punktuellen Handlungen ergibt eine strukturelle Handlung aufgrund des kausalen Prozesses, der dadurch ausgelöst wird, nämlich das Auffüllen des Behälters. Die umgreifendere Intention richtet sich auf das Auffüllen des Behälters, die punktuelle – aus der umgreifenden sich ergebende oder durch diese umgreifendere motivierte – ist die wiederholte Betätigung des Hebels. Die Details der Realisierung dieser umgreifenderen Absicht sind dabei irrelevant. *Die punktuellen Aktivitäten sind durch die strukturellen motiviert* und, sofern die Person ihre strukturellen Intentionen begründen kann, dadurch motiviert. Das Umgekehrte gilt nicht: Es sind nicht die punktuellen Intentionen, die die strukturellen motivieren.

Der Umgriff der Handlungszuschreibung richtet sich nun nach dem epistemischen Zustand der handelnden Person. Je nachdem welche Wirkungen sie sich von dieser Aktivität erwartet, können diese Wirkungen in die Handlungsbeschreibung einbezogen werden. Wenn sie sich etwa die Wirkung erwartet, dass die Hausbewohner durch das Auffüllen des Behälters hinreichend mit Wasser versorgt sind, dann ist auch dieses – die ausreichende Versorgung mit Wasser – eine Handlung, die man der Person zuschreiben kann, für die man sie loben oder tadeln kann, für die sie Verantwortung hat. Die Verantwortlichkeit ist also auf den epistemischen und den prohairetischen Zustand zum Zeitpunkt der Handlung beschränkt. Voraussetzung für die Verantwortungszuschreibung ist, dass es sich nicht um bloßes Verhalten, sondern um ein Verhalten mit Handlungscharakter handelte, bzw. dass das Verhalten intentional kontrolliert und von Gründen geleitet war.

Während die intentionale Kontrolle als Bedingung des Handlungscharakters eines Verhaltens kaum bestritten wird, ist die Verbindung mit Gründen rechtfertigungsbedürftig. Diese Verbindung stellt sich folgendermaßen her: *ohne Motive keine Entscheidungen* (vorausgehende Intentionen), *ohne Gründe keine Motive*. Wer ein Motiv hat, kann seine Handlung gegenüber Nachfragen begründen. Motive sind nichts anderes als das, was als Grund einer Handlung angegeben werden kann. Gründe, die keine Rolle für Motive spielen, sind nicht handlungsleitend und haben daher keine rechtfertigende Rolle. Nur intentional kontrolliertes Verhalten hat Handlungscharakter. Die intentionale Kontrolle hat drei Dimensionen: Motive, Entscheidungen und die verhaltensbegleitende Intentionalität.

Die Differenz zwischen handlungsbegleitender Kontrolle und Entscheidung lässt sich wiederum über die Rolle von Gründen charakterisieren: *Entscheidungen werden durch Handlungen erfüllt* und *Entscheidungen bringen die Deliberation zum Abschluss*. Zwischen Entscheidung und Handlung kann eine mehr oder weniger größere Zeitspanne vergehen, aber in dieser Zeitspanne kommt es nicht mehr zum Wirksamwerden von Gründen. Entscheidungen schließen das Wirken der Gründe ab, der Übergang von der Entscheidung zur Handlung ist nicht mehr von denjenigen Gründen geleitet, die die Handlung motivieren. Auf Differenzierungen, die hier noch erforderlich sind, gehen wir im nächsten Abschnitt ein.

Wichtig ist hier festzuhalten, dass die Begründungsbeziehungen von der umfassenden Handlung zur Teilhandlung gehen und nicht umgekehrt: Die Betätigung des Hebels bliebe unverständlich, wenn die Person nicht die Absicht verfolgte, die Hausbewohner mit Wasser zu versorgen. Es ist die umgreifendere Intention, den Wasserbehälter aufzufüllen, um die Hausbewohner mit Wasser zu versorgen, die die kleinteiligen Intentionen, wie zum Beispiel das Besteigen des Daches und die mehrfach wiederholte Betätigung des Hebels, begründen. Das Motiv des Betätigens des Hebels ist es, den Wasserbehälter zu füllen und nicht umgekehrt: Es ist nicht das Motiv der Handlung des Auffüllens, dass ich den Hebel betätigen möchte. Die Kausalrelationen gehen vom Teil zum Ganzen, die Begründungsrelationen vom Ganzen zu den Teilen. Es ist die motivierende Absicht den Behälter zu füllen, damit die Hausbewohner mit Wasser versorgt sind, die mein Verhalten steuert und die Einzelhandlungen, aus denen dieses Verhalten komponiert ist, bedürfen keiner eigenen Motive mehr. Ja, sie haben keine eigenen Motive. Das Motiv für die Einzelhandlungen ergibt sich hier ausschließlich aus dem Motiv für die Gesamthandlung.

Das gilt auch, wenn die Gesamthandlung nicht zusammengesetzt ist. Angenommen ich muss nur einen einzigen Knopf drücken, um den Behälter zu füllen. Auch dann gilt, dass diese Handlung (das Knopfdrücken) dadurch motiviert ist, dass ich dadurch den Behälter fülle und die Hausbewohner mit Wasser versorgen möchte. Die Handlung des Knopfdrückens ist eingebettet in die umfassendere Handlung, die Hausbewohner mit Wasser zu versorgen durch die erwarteten kausalen Wirkungen, die die Handlung des Knopfdrückens hat. Der kleine raumzeitliche Vorgang des Knopfdrückens dehnt sich nicht über die kausalen Wirkungen selbst auf die große Handlung, die Hausbewohner mit Wasser zu versorgen, aus, sondern nur in Kombination mit den Erwartungen der handelnden Person und der intentionalen Struktur des Handlungsvollzugs: Die Handlung des Knopfdrückens ist motiviert durch die beabsichtigte Handlung, die Hausbewohner mit Wasser zu versorgen.

Während die zugeschriebenen Aktivitäten, also die möglichen Antworten auf die Frage, was die Person getan hat, lediglich von den kausalen Effekten bestimmt sind, hängt die Handlungszuschreibung und damit die Verantwortungszuschreibung von den Erwartungen und den Absichten der handelnden Person ab. Die Handlungszuschreibung findet ihre Grenzen im Horizont der Erwartungen und Absichten, die die Person mit der betreffenden Handlung verbindet.

Die strukturelle Handlung ist in diesem Beispiel die primäre, sie ist von motivierenden, vorausgehenden und begleitenden Absichten geleitet und damit intentional strukturiert. Mit der umfassenden (strukturellen) Handlung wirke ich auf die Welt ein, für diese bin ich verantwortlich. Die Gründe, die ich anführen kann, beziehen sich auf die strukturelle Handlung, die punktuellen Handlungen ergeben nur als Mittel zur Realisierung der strukturellen einen Sinn. Ihre Motivation ergibt sich aus den Motiven, die für die strukturelle Handlung sprechen. Man könnte auch sagen: Die strukturelle Handlung ist die logisch primäre, die Einzelhandlungen leiten sich aus dieser erst ab. Ja, ihr Handlungscharakter ist sekundär. Er zeigt sich daran, dass sie intentional kontrolliert sind. Eine zunehmend routinierte Praxis stuft die punktuellen Handlungen weiter herunter, mit wachsender Routine werden diese zunehmend automatisiert, um am Ende bloße Verhaltensbestandteile ohne Handlungscharakter zu werden. Die intentionale Steuerung meiner Praxis wird dadurch nicht geschwächt, sondern gestärkt. Die strukturelle Praxis als ganze ist weniger fehleranfällig, je automatisierter ihre einzelnen Verhaltensbestandteile werden. Die Zunahme automatischer, intentional im Einzelnen nicht kontrollierter Verhaltenselemente bedeutet in der Regel keinen Verlust an Autorschaft und intentionaler Kontrolle. Im Gegenteil, routinierte Praxis kann sich auf die für die intentionale Verhaltens-Steuerung wesentlichen Interventionen beschränken, sie entlastet die Autorin dieser Praxis von lästiger Detail-Kontrolle, die die Handlungsweise umständlich und fehleranfällig macht.[153]

---

[153] Hier scheint mir ein interdisziplinäres Missverständnis zwischen Philosophie und Psychologie eine problematische Rolle zu spielen: Psychologen betonen gerne den hohen Anteil automatisierter, intentional nicht kontrollierter Verhaltensbestandteile, um daraus eine durch empirische Befunde gestützte Rationalitäts-Skepsis zu begründen, während Philosophen die Rolle rationaler Handlungswahlen, insbesondere im Rahmen der Entscheidungstheorie und der analytischen Handlungstheorie, überschätzen. Tatsächlich erlaubt ein hohes Maß an Automatisierung erst das, was ich als strukturelle Rationalität bezeichne, also die kohärente und umfassende Verhaltenskontrolle, genuine menschliche Autorschaft.

§ 6 Strukturelle Handlung und Kausalität

Wenn von Kausalität die Rede ist, wird meist angenommen, dass dieser Begriff in den Naturwissenschaften klar umrissen ist. Tatsächlich ist in der avanciertesten Naturwissenschaft, der theoretischen Physik, von Kausalität nie die Rede. In der klassischen Physik, klassischen Mechanik, Thermodynamik und Elektrodynamik, werden Verlaufsgesetze aufgestellt und empirisch überprüft. Trotz der dann Anfang des 20. Jahrhunderts aufkommenden relativistischen Physik und einige Jahre später der Quantenphysik, sind diese klassischen Verlaufsgesetze extrem präzise und verlässlich. Die Gesetzmäßigkeiten der klassischen Physik stellen Zusammenhänge zwischen Größen her, wie zum Beispiel Masse und Beschleunigung gemäß dem Newton'schen Gesetz *Kraft ist Masse mal Beschleunigung* oder zwischen den Kräften, die auf einen stromführenden Leiter wirken und der Stärke des Magnetfelds, in dem er sich befindet, oder zwischen Wärmeleitfähigkeit in Abhängigkeit vom Material und dessen Dicke und Übertragung der Wärmemenge. Oder zwischen dem Ort und der Geschwindigkeit eines Körpers im Gravitationsfeld zu einem bestimmten Zeitpunkt und der Geschwindigkeit und dem Ort dieses Körpers zu einem späteren Zeitpunkt, nachdem er sich durch dieses Gravitationsfeld bewegt hat etc. Größen werden miteinander in Beziehung gesetzt, die mathematische Form bedient sich unterschiedlicher reellwertiger Funktionen. Die Rede von Kausalität erübrigt sich.[154]

Unser intuitives Rationalitätsverständnis verknüpft Ereignisse miteinander: Ein Ereignis passiert, ein anderes Ereignis passiert und wenn das Ereignis der zweiten Art regelmäßig auf das Ereignis der ersten Art folgt, dann vermuten wir einen kausalen Zusammenhang. Aber von Ereignissen ist in der klassischen Physik nicht die Rede. Es werden Abläufe beschrieben und der Zusammenhang zwischen unterschiedlichen Abläufen wird systematisch erfasst – systematisch, d. h. in mathematischer Beschreibung, sodass sich empirisch feststellbare Abläufe näherungsweise im mathematischen Modell abbilden lassen. Der Winkel, in dem der Mond relativ zu einem bestimmten Punkt auf der Erdoberfläche zu einem Zeitpunkt steht, lässt sich in dieser Beschreibungsform aus dem Winkel sowie der Winkelgeschwindigkeit des Mondes zu einem früheren Zeitpunkt mathematisch

---

[154] Die Schönheit, Eleganz und (fast) Vollständigkeit der klassischen Physik kann angesichts der zunehmenden Unübersichtlichkeit, des anwachsenden Teilchenzoos und der fehlenden theoretischen Durchbrüche der modernen (nach-relativistischen) Physik nostalgische Empfindungen auslösen. Tröstlich ist, dass die klassische Physik für die allermeisten physikalischen Fragen, die man bezüglich der Welt mittelgroßer Gegenstände, Geschwindigkeiten und Entfernungen haben kann, verlässliche und präzise Antworten gibt.

herleiten. Aber will man wirklich sagen, dass diese beiden Merkmale *ursächlich* dafür sind, dass der Mond zu einem späteren Zeitpunkt in einem bestimmten Winkel zu dem betreffenden Punkt auf der Erdoberfläche steht? Zumindest wirkt diese Interpretation künstlich. Natürlich kann man ein Verlaufsgesetz als eine Abfolge von Einzelereignissen interpretieren, aber man fügt damit dem, was wir wissen, nämlich dem Verlaufsgesetz, nichts Substanzielles hinzu. Die Kausalitätsinterpretation wirkt mangels intervenierender Ereignisse deplatziert.

Der kanonische Ort der Rede von Kausalitäten ist nicht die Physik, sondern menschliches Handeln. Es ist unsere Erfahrung als freie Akteure, dass wir mit unseren Entscheidungen in den Weltverlauf intervenieren. Die Welt sähe anders aus, wenn ich mich anders entschieden hätte. Handelnd wirken wir kausal auf die Welt ein.

Die naturalistische, humeanisch inspirierte, *belief-desire*-Kausalitäts-Theorie des sogenannten anomalen Monismus von Donald Davidson[155] läuft Gefahr, die Erfahrung der kausalen Wirksamkeit eigener Entscheidungen nachträglich wieder zu eskamotieren: Wenn die epistemischen Zustände der handelnden Personen kausale Folge ihrer genetischen Ausstattung und ihrer epigenetischen und sensorischen Vorgeschichte sind und wenn die jeweiligen handlungsleitenden Motive auf gegebene *desires* zurückgeführt werden können, die selbst nicht das Ergebnis von Deliberationen, bzw. dem Wirken von Gründen, sind, dann scheint die kausale Wirksamkeit menschlichen Handelns wieder im Fluss der kausal determinierten natürlichen Ereignisse zu verschwinden. Der anomale Monismus enthält allerdings eine Zumutung, nämlich die Verabschiedung der Regularitätstheorie der Kausalität. Zwar sind dann die jeweiligen Kombinationen epistemischer und prohairetischer Zustände (*belief / desire*) kausal wirksam in Gestalt der dann folgenden Handlung, aber es wird keine Gesetzmäßigkeit mehr postuliert, die diesen kausalen Zusammenhang stiftet. Damit allerdings wird der anomale Monismus zum bloßen Postulat ohne wissenschaftliche Bewährungsinstanz.

Es ist unsere Erfahrung, die wir als Akteure machen, die das Verständnis von Kausalität bestimmt: Ich hatte die Möglichkeit mich anders zu entscheiden, ich hätte mich vergewissern können, ob die Flüssigkeit im Reservoir sauber ist, dann wäre niemand zu Tode gekommen. Mein Handeln ist kausal wirksam in der Welt, weil es andere Optionen gab, weil ich auch anders hätte handeln können. Für Naturalisten ist diese Bedingung menschlicher Praxis (hätte auch anders handeln können) ein anhaltendes Ärgernis und in immer wieder neuen Anläufen versuchen sie dieses Ärgernis loszuwerden. Die intelligenteste Form geht

---

[155] Vgl. Donald Davidson: *Handlung und Ereignis*. Frankfurt am Main: Suhrkamp 1990.

auf Harry Frankfurt zurück.[156] Der sich darauf stützende Semi-Kompatibilismus erfreut sich zwar großer Beliebtheit, aber entbehrt einer validen Begründung. Die Frankfurt'sche Argumentation beruht auf einem philosophischen Taschenspielertrick, nämlich der Minimierung der Interventionsmöglichkeit bis zu dem bloßen Entwickeln einer Absicht[157]. Das sollte uns aber nicht in die Irre führen. Ohne alternative Möglichkeiten, ohne echte Wahl, gibt es keine Entscheidung und keine Handlung, keine Autorschaft. Wir sind Autorinnen oder Autoren unseres Lebens, sofern wir (an bestimmten Verzweigungspunkten) uns so und nicht anders entscheiden, obwohl wir uns auch anders hätten entscheiden können. Dies ist das Paradigma der Kausalität: sich so und nicht anders entschieden zu haben, obwohl es andere Möglichkeiten gab, und damit in der Welt eine (kausale) Wirkung entfaltet zu haben.

Diese Wirksamkeit ist eine kontrollierte, unsere motivierenden Absichten steuern sie. Diese Steuerung geht nicht von der punktuellen zur strukturellen, sondern von der strukturellen zur punktuellen Handlung: Unsere Absichten sind darauf gerichtet, die Hausbewohner mit Trinkwasser zu versorgen, dies motiviert die Betätigung des Schalters und nicht umgekehrt. Unsere Absicht ist es, in einer bestimmten Weise auf die Welt einzuwirken und unsere Praxis wählt unterschiedlich feinkörnige Einzelakte, um diese umfassende, strukturelle Handlung zu realisieren. Die Rationalität des Einzelaktes ergibt sich aus der Rationalität der Gesamthandlung, dessen (beabsichtigter) Teil sie ist. Es ist nicht das *desire* des Augenblicks, das zusammen mit dem epistemischen Zustand desselben Augenblicks die Handlung kausal hervorbringt, sondern es ist die strukturelle Intention, die eine Handlung als das geeignete Mittel ihrer Realisierung (über Gründe, bzw. deren Deliberation) bestimmt und damit auch die Folge einzelner Akte, die geeignet sind, diese strukturellen Intentionen zu realisieren. Die Reichweite der strukturellen Intention bemisst sich dabei nach den epistemischen Bedingungen und den charakterlichen Dispositionen. Die epistemischen Bedingungen entscheiden über die Abschätzbarkeit der Handlungsfolgen und die charakterlichen Dispositionen über das Maß der Entscheidungskraft bzw. der Willensstärke.

Die Fähigkeit die Einzelhandlungen in einen gewünschten strukturellen Zusammenhang der Praxis als ganzer zu bringen, macht den Kern dessen aus, was wir als Willensstärke bezeichnen. Je struktureller die Praxis angelegt ist, desto freier, selbstbestimmter sind wir. Die paradox erscheinende, zentrale These Immanuel Kants, dass Vernünftigkeit und Freiheit nur zwei Seiten derselben

---

[156] Harry G. Frankfurt: „Alternate Possibilities and Moral Responsibility". In: *The Journal of Philosophy* 66 (1969), 829–839.
[157] Vgl. ÜmF, Kap. III

Medaille sind, erfährt in der strukturellen Handlungstheorie eine vielleicht unerwartete Stützung.

Nehmen wir einmal zum Zwecke des Arguments an, wir hätten eine Bewertungsfunktion, die wir der Auswahl der jeweiligen Handlung zu Grunde legen. Wir versuchen also, uns jeweils so zu entscheiden, dass die Folgen der betreffenden Handlung diese Wertfunktion optimieren. Es ist nicht anzunehmen, dass je individuell optimierende Akte eine strukturelle Handlung konstituieren, die diese nämliche Wertfunktion optimieren. In der Regel werden diese beiden Optimierungsverfahren divergieren. Entsprechend handeln wir strukturell rational, sofern wir auf die Optimierung durch die einzelnen Akte dann verzichten, wenn diese Optimierung mit der strukturellen Optimierung unverträglich ist. Willensschwäche zeigt sich in der jeweils struktursprengenden Optimierung einzelner Akte. Auch wenn jeder einzelne Akt kausal wirksam ist, sofern er eine bestimmte Option realisiert, obwohl andere Optionen möglich gewesen wären, ist die Wirksamkeit meiner Praxis größer, wenn ich strukturell rational handle. Dieses „größer" zeigt sich daran, dass das Ergebnis mit den eigenen Bewertungen in höherem Maße übereinstimmt.

Meine prohairetischen (propositionalen) Einstellungen sind bei strukturell rationaler Handlung wirksamer als bei punktuell optimierender. Ohne alternative Möglichkeiten keine (Handlungs-) Kausalität. Dieses handlungstheoretische Grundverständnis von Kausalität zeigt sich auch in naturwissenschaftlichen Kontexten: Wir schreiben einem natürlichen Ereignis Kausalität zu, wenn es ausschlaggebend war für das Ereignis, dessen Ursache gesucht wird. Dieses „ausschlaggebend" wird danach bestimmt, was als normal und was als überraschend angesehen wird, aber auch danach, wie stark die Veränderungen sind, die zu erwarten gewesen wären, wenn das Ereignis nicht stattgefunden hätte. Das, was in Handlungskontexten jedoch eine triviale Bedingung ist, nämlich die Existenz alternativer Möglichkeiten des Entscheidens, wird bei der Übertragung auf naturwissenschaftliche Anwendungsbedingungen dubios. Hier sind alternative Möglichkeiten nicht real, sondern, jedenfalls im Kontext deterministischer Theorien, immer nur kontrafaktisch und hypothetisch. Eine Person, die sich entscheidet aufzustehen, obwohl sie auch hätte sitzen bleiben können, hatte real die Möglichkeit sitzen zu bleiben. Der Mond dagegen würde einen anderen Winkel zu dem betreffenden Punkt auf der Erdoberfläche einnehmen, wenn er zuvor eine andere Stellung gehabt hätte, aber die Möglichkeit dazu gab es nicht. Die Bewegung des Mondes war durch die vorausgegangene Natur-Geschichte determiniert. Ich bin als Akteur durch die vorausgegangene Geschichte meines Lebens immer dann nicht vollständig determiniert, wenn ich handelnd interveniere. Als strukturell rationaler Akteur bin ich wirksamer, weil meine handlungsleitenden Absichten, meine prohairetischen Einstellungen, meine subjektiven Bewertungen, in höherem Maße den Lauf der Dinge bestimmen. Ich wähle real zwischen alternativen Optionen und habe, wenn meine Einschätzungen stimmen und die Folge der gewählten Akte strukturell rational ist, keinen Grund zur Reue: Mein Leben als Ganzes repräsentiert die Gründe, die meine Praxis leiten. Diese Gründe sind idealiter kohärent und die Praxis als ganze strukturell rational. Der strukturell rationale Weise entscheidet sich für eine Lebensform und hält sich punktuell an diese größte (ihm mögliche) strukturelle Entscheidung.

§ 7 Freiheit und Determination in struktureller Praxis

Das Altgriechische weist eine für unsere Zwecke geeignetere, weil komplexere und zugleich präzisere Begrifflichkeit auf, um menschliches Handeln zu beschreiben. Den weiteren philosophischen Kontext haben wir in III §1 skizziert. Aristoteles unterscheidet zwischen *poiesis* und *praxis*, wobei *poiesis* Tätigkeiten umfasst, die auf das Machen und Herstellen (auf ein *ergon*, ein Werk) gerichtet sind, während *praxis* die Tätigkeit als solche ist.[158] Aristoteles hat in der *Nikomachischen Ethik* zwei Formen des Tätigseins unterschieden, die eine hat ihren Zweck in sich selbst (zur Charakterisierung verwendet er den Ausdruck *energeia*), die andere hat ihren Zweck in dem Werk (*ergon*), das sie hervorbringt (zum Beispiel Schuhe anfertigen).

Das strukturelle Verständnis menschlicher Praxis geht aber, wie in den vorausgegangenen Paragraphen schon angedeutet, über diese Unterscheidung hinaus, bzw. bietet einen begrifflichen Rahmen, der diese Dichotomisierungen lediglich als heuristisches Mittel benötigt und die verschiedenen Handlungsaspekte wieder integriert. Dennoch werden wir gelegentlich die altgriechischen Ausdrücke verwenden, da sie auf dem Wege einer systematischen, handlungstheoretischen Klärung hilfreich sein können.

In erster Näherung geht es der strukturellen Sichtweise um die Einbettung der *pragmata* in eine gewünschte *praxis*. In *punktueller* Betrachtung kann das einzelne *pragma* nur dann als rational gelten, wenn es in einer angemessenen Beziehung zur gewünschten *praxis* steht. Entscheidend ist dabei natürlich, die Form der Angemessenheit näher zu bestimmen und ihre Kriterien zu konkretisieren. Die philosophische Analyse bietet dazu nur einen begrifflichen Rahmen, die Konkretisierung dieser Angemessenheit erfolgt in der lebensweltlichen Praxis. Die philosophische Theorie ist also nicht viel mehr, als eine systematisierende

---

[158] Vgl. Hannah Arendt: *Vita activa oder Vom tätigen Leben*. München/Zürich: Piper 2002. [EA 1960].

Beschreibung dessen, was wir tun, um das Gesamt unseres Verhaltens in wünschenswerter Weise zu strukturieren.

Für die *rational choice*-Interpretationen wäre die einzelne punktuelle Handlung rational, wenn sie die subjektiven Bewertungen der handelnden Person (die Nutzenfunktion), gegeben ihren epistemischen Zustand zum Zeitpunkt der Entscheidung, optimiert (den Nutzenerwartungswert maximiert). Damit friert der *rational choice account* die Entscheidungssituation gewissermaßen an diesem Zeitpunkt ein: Der epistemische Zustand umfasst die Erwartungen der Umstände, die darüber bestimmen, welche Konsequenzen mein Handeln hat, unter Einschluss des möglichen Agierens anderer Personen (in entscheidungstheoretischer Perspektive) und lässt die eigenen Entscheidungen der Zukunft zu Umwelt-Bedingungen werden. Dies ist schon deswegen hochgradig kontraintuitiv, weil dieser Aspekt der Bedingungen (der Umstände) ja unter der intentionalen Kontrolle des Akteurs steht und er daher gegenüber diesen keine Erwartungen bilden kann. Es ist nicht sinnvoll, subjektive Wahrscheinlichkeiten bezüglich eigener Entscheidungen/Handlungen in der Zukunft zu haben.

In der strukturellen Sicht dagegen ist das *pragma* Teil einer *praxis* und beides steht unter der Kontrolle der handelnden Person. Wir wählen nicht die punktuelle Handlung bei gegebener (feststehender) *praxis*, sondern gehen vor und zurück, überlegen, welche punktuelle Handlung sich mit welchen punktuellen Handlungen zu einem späteren Zeitpunkt zu einer kohärenten *praxis* gut zusammengefügt. Die späteren *pragmata* sind nicht Gegenstand von Vermutungen, sondern von Entscheidungen und prohairetischen Einstellungen. Meine Freiheit als Akteur beschränkt sich nicht auf den punktuellen Akt der Wahl zwischen je zum Zeitpunkt gegebenen Optionen, sondern erstreckt sich – diachron – auf eine in die Zukunft offene, zeitliche Perspektive. Die Freiheit der Person äußert sich in ihrer Fähigkeit Zukunft zu gestalten (in den Grenzen der eigenen Wirksamkeit als Akteurin), sie beschränkt sich nicht darauf im jeweiligen Augenblick aus den zu diesem Zeitpunkt gegebenen Optionen eine auszuwählen und im nächsten Augenblick dann wieder diese Wahl als Umwelt-Bedingung und zukünftige Wahlen als mehr oder weniger wahrscheinliche Umstände in die Umwelt der Entscheidung zu verschieben.

Auch ohne die existentialistischen Übertreibungen von Jean-Paul Sartre (vor seiner marxistischen Selbstdisziplinierung) ist der Umfang der Freiheit, den vernünftige Akteure haben, also solche, die nicht jeweils punktuell optimieren, über den Augenblick der Wahl der Einzelhandlung ausgreifend auf die eigene zukünftige *praxis*. Die vernünftige Person wählt die punktuelle Handlung als konstitutiven Teil einer Praxis, die sie befürworten kann. Da diese Praxis nicht vorab festgelegt werden kann, schränkt sie mit jedem *pragma* den Spielraum ihrer Freiheit als kausal intervenierende Akteurin ein. Die Biographie verfestigt sich über die Jahre, sie wird weniger fluid und zunehmend kristallin, begleitet von einer Veränderung der kognitiven Fähigkeiten, die Psychologen als Übergang von der fluiden zur kristallinen Intelligenz bezeichnen. Wer mit seiner Biographie im Reinen ist, muss diesen Verlust des Fluiden nicht beklagen und den sentimentalen Anwandlungen, die Alternde oft schon in jungen Jahren befallen, nicht über die Maße nachgeben. Schließlich ist das Nicht-Festgelegte, das Offene der eigenen Biographie in einer weiten und vielleicht zunächst fast unbegrenzt erscheinenden Zukunftsperspektive auch Anlass für Unsicherheiten und Ängste. Nicht nur Platons Lob des Alters setzt dagegen die Ruhe des einmal Entschiedenen und Geklärten, ja des Statischen. Die *kalê psychê*, die schöne Seele, ist zur Ruhe gekommen, während die unfertigen Seelen Veränderung brauchen, um existieren zu können.

Die Figur des strukturell rationalen Weisen ist, so könnte man spotten, vorzeitig gealtert, begibt sich nicht ins Offene, sondern wählt aus der Vielfalt möglicher Lebensformen die ihre ein für alle Mal aus. Der Mythos des *ÈR* suggeriert, dass das unsere tatsächliche Lebenssituation sei und die Schuld des Wählenden darin besteht, die falsche Lebensform gewählt zu haben.[159] Im Mythos des *ÈR* ist es die einmalige Wahl der Lebensform aus einer begrenzten Anzahl unterschiedlicher Lebensformen. Der Mythos des *ÈR* wendet sich gegen eine doppelte Illusion: diejenige, dass wir immer wieder neu wählen und diejenige, dass es unzählige Möglichkeiten zu leben gibt. Immerhin hat der Mythos auch einen Trost parat, nämlich den, dass dieses jeweils gewählte Leben nicht das einzige war.

Die Determination durch strukturelle Rationalität ist eine selbstauferlegte, eine, die Freiheit erst ermöglicht. Die Freiheit der willkürlichen oder auch optimierenden Wahl von *pragmata* würde im Chaos eines unstrukturierten Lebens voller Reue und Selbstbetrug enden. Die Freiheit der strukturell rationalen Person ist es, ihre Lebensform selbst zu bestimmen, sich Strukturen aufzuerlegen, die dem Leben erst seinen Sinn geben.

Die Tatsache, dass diese Wahlen – der *pragmata* und der *praxeis* – Ausdruck akzeptierter Gründe sind, ist mit der radikalen Subjektivität des Existenzialismus unvereinbar. Die Freiheit der Wahl wird gerahmt durch die Erkenntnis des Guten. Aber es ist *meine* Erkenntnis und es sind *meine* Gründe. Die Determination struktureller Rationalität schränkt meine Freiheit nicht ein, da sie selbst auferlegt ist. Die Preisgabe von Willkürfreiheit schwächt nicht, sondern *stärkt Autorschaft*. Die *pragmata* sind nun nicht mehr Instrumente einer Optimierungsmaschinerie, sondern kohärenter Teil einer sinnvollen *praxis*, einer Lebensform, die nicht nur

---

159 Vgl. Platon: *Politeia*, 10. Buch.

in sich stimmig ist (kohärent), sondern die auch von guten Gründen geleitet ist, welche Sinn stiften und Verständigung ermöglichen.

§ 8 Die Rolle des Zufalls

In der punktuellen Handlungstheorie, wie sie der *rational choice* zugrunde gelegt wird, hat jede Entscheidung einen Zeitpunkt, zu dem sie getroffen wird, wobei der Zeitpunkt der Handlung und der Zeitpunkt der Entscheidung nicht unterschieden werden. Präferenzen werden zugeschrieben aufgrund von Handlungswahlen. *Choice* und *preference* werden durch die Zuschreibung von Präferenzen aufgrund manifesten Verhaltens (*revealed preference*) amalgamiert. Die Rationalität einer Entscheidung/Handlung bemisst sich nach den zu diesem Zeitpunkt gegebenen Präferenzen (repräsentiert durch die Nutzenfunktion) und empirischen Überzeugungen und Erwartungen (repräsentiert durch die subjektive Wahrscheinlichkeitsfunktion). Rational ist die Entscheidung/Handlung dann, wenn sie den Erwartungswert der Nutzenfunktion bei den zu diesem Zeitpunkt gegebenen subjektiven Wahrscheinlichkeiten maximiert.

In der strukturellen Handlungstheorie dehnen sich Handlungen zeitlich aus: Strukturelle Handlungen sind nicht in einem Zeitpunkt realisiert, sondern realisieren sich über eine Zeitspanne oder über eine Folge von Zeitpunkten hinweg, da strukturelle Handlungen (*praxeis*) selbst durch punktuelle (bzw. punktuellere[160]) Einzelhandlungen (*pragmata*) vollzogen werden. Trotz dieser Veränderung beim Übergang von der punktuellen zur strukturellen Sichtweise scheint es mir wichtig zu sein, ein Element der *rational choice*-Doktrin zu bewahren, nämlich die Indizierung der Rationalitätskriterien auf den Zeitpunkt, zu dem die betreffende Entscheidung getroffen wird. Dies ist vor allem hinsichtlich der Rolle des Zufalls relevant.

Unsere lebensweltliche Praxis der Verantwortungszuschreibung macht Menschen nicht dafür verantwortlich, was zufällig passiert. Der Zufall kann in ganz unterschiedlicher Weise wirksam werden. Er kann die böse Tat vereiteln, ohne dass dies den Akteur moralisch entlastet. Er kann aber auch die gute Tat mit schlimmen Konsequenzen versehen, im existenziellen Grenzfall sprechen wir dann von tragischen Handlungen.

---

[160] Diese Redeweise von punktuellen und strukturellen Handlungen bzw. *pragmata* versus *praxeis* ist immer gradualistisch zu verstehen, Handlungen sind mehr oder weniger punktuell bzw. strukturell.

In der philosophischen Debatte ist ein *ethischer Heroismus* weit verbreitet, wonach die Person für alle Konsequenzen ihres Handelns die Verantwortung trägt, unabhängig davon, ob diese Konsequenzen absehbar waren. Die Vertreter dieses ethischen Heroismus, darunter die zeitgenössischen Klassiker Bernard Williams und Thomas Nagel, übersehen jedoch in der Regel, dass damit auch der Exkulpation durch Zufall das Wort geredet wird. Der gedungene Killer, der als Sniper aus sicherer Entfernung vom Dach eines Hauses im umkämpften Rakka die Evakuierung von Frauen und Kindern aus Wohngebäuden dadurch torpediert, dass er einzelne auf der Flucht erschießt, wird nicht dadurch exkulpiert, dass unversehens ein Vogel in die Bahn der Gewehrkugel geraten ist und damit den Tod des Kindes verhindert hat. Es ist der böse Wille, der hier moralisch zählt, und nicht der Zufall, der schlimme Konsequenzen verhindert. An der moralischen Schuld des Snipers ändert der Vogelflug nichts, auch wenn das Recht und das Kriegsrecht gnädig sein mögen und der Sniper nur wegen versuchten Mordes und nicht wegen Mordes verurteilt wird. Diese gelegentlichen Divergenzen zwischen Moral und Recht, die einer eigenen Untersuchung wert wären, sollten uns nicht am Prinzip der moralischen Verantwortungszuschreibung zweifeln lassen.

Diese beruht auf drei Informationsquellen:
1. Den Absichten (welche Motive hatte die handelnde Person und welche Gründe leiteten diese Motive hierzu?),
2. den Überzeugungen (welche deskriptiven und normativen Meinungen bestimmten die Entscheidung?),
3. der Tat selbst (zusammengesetzt aus einem äußeren, einem Verhaltensbestandteil in Zeit und Raum und einem inneren, einem mentalen, speziell intentionalen).

Diese drei Informationsquellen sind nicht separiert, sondern miteinander verbunden und es ist Aufgabe der philosophischen Handlungs- und Entscheidungstheorie, aber auch der Psychologie, der Soziologie, der Jurisprudenz und anderer wissenschaftlicher Disziplinen, diesen Zusammenhang systematisch zu klären. Die in diesem Buch vorgestellte Theorie praktischer Vernunft versteht sich als ein Beitrag dazu. Sie hält, wenn auch modifiziert, an einem zentralen Element der *rational choice*-Interpretation von Rationalität fest, nämlich der Relativierung von Rationalität (und Verantwortung) auf den epistemischen und prohairetischen Zustand der handelnden Person zum Zeitpunkt der Entscheidung.

Im Einklang mit lebensweltlichen und juridischen Praktiken kommen allerdings Zumutbarkeitsbedingungen hinzu: War es zumutbar, dass sich die handelnde Person ein genaueres Bild machte, bevor sie entschied? Oder in einer anderen beliebten Formulierung: „Hätte die Person wissen können, dass p?" Die Rationalität einer Person bemisst sich nicht lediglich danach, welche Wünsche und Überzeugungen sie zum Zeitpunkt ihrer Entscheidung hat, sondern auch danach, welchen Gründen diese Wünsche und Überzeugungen folgten. Nicht-Wissen allein befreit noch nicht von Schuld, schon eher Nicht-Wissen-Können. Aber die Übergänge sind fließend. Gleiches gilt für den prohairetischen Aspekt der Handlung: Sind die Ziele, die die Person verfolgte, zumindest akzeptabel, im Idealfalle wohl begründet? Die Ziele des Snipers mit der Tötung Unschuldiger die Evakuierung zu behindern oder gar zu vereiteln, rechtfertigen die Tat nicht, sie sind inakzeptabel, die Motive sind böse Motive, der die Handlung leitende Wille ist ein böser Wille und die Tat ist daher ein Verbrechen, unabhängig davon, welche Folgen der Schuss jeweils hat.

Die handelnde Person ist nicht nur dafür verantwortlich, dass die Handlung ein geeignetes Mittel ist, um subjektive Ziele zu erreichen, sondern auch dafür, dass die Motive und die (empirischen, wie normativen) Überzeugungen angemessen sind. Diese doppelte Angemessenheit bemisst sich nach (objektiven) Gründen. Der Streit um Angemessenheit zeigt die natürliche, nämlich realistische Interpretation leitender theoretischer, wie praktischer Gründe. Dabei räumen wir Akteuren einen großen Spielraum der Beurteilung ein und nehmen eigene Interessen der handelnden Personen als ein wichtiges Bestimmungselement guter (objektiv guter) Handlungsgründe. Es ist legitim den eigenen Interessen nachzukommen, sofern bestimmte Bedingungen erfüllt sind, zum Beispiel die, dass dabei andere Personen nicht zu Schaden kommen. Allein die Absicht, eine unschuldige Person zu schädigen, macht eine Tat zu einer moralisch schlechten, im Falle des Snipers zu einem Verbrechen, auch dann, wenn Zufälle die Realisierung dieser Absicht vereiteln.

Der ethische Heroismus, also die These des moralischen Zufalls[161], verwechselt die Zuschreibung von Tätigkeiten mit der Zuschreibung von Handlungen, sowohl im Sinne von *pragma* wie von *praxis*. Wenn ich nicht weiß, dass sich in dem Reservoir eine giftige Flüssigkeit befand, die ich in der guten Absicht, die Hausbewohner mit Wasser zu versorgen, in den Behälter auf dem Dach fülle und damit die Tötung einer Person verursache, dann habe ich mit dieser Handlung eine Person (de facto) getötet. Ob ich die Person getötet habe oder nicht, bemisst sich nach der kausalen Rolle, die eine Handlung (die Betätigung des Hebels) für die Tötung des Hausbewohners spielte. Auch wenn ich mit meinem Tun eine Person getötet habe, kann ich völlig frei sein von moralischer Schuld. Etwa dann, wenn ich nicht habe wissen können, dass sich Gift in dem Reservoir befand. Der

---

[161] Vgl. Thomas Nagel: „Moral Luck". In: *Free Will*. Hrsg. von G. Watson. Oxford: University Press 1982.

ethische Heroismus müsste auch in einem solchen Fall behaupten, ich sei moralisch schuldig geworden. Dies scheint mir ganz offensichtlich inadäquat zu sein.

Bislang haben wir extreme Fälle betrachtet und nicht solche mit fließenden Übergängen. Es handelt sich um einen extremen Fall, wenn eine schreckliche Konsequenz völlig unerwartet und unerwartbar eintritt. Die Tragik solcher Situationen, das, was in den antiken Tragödien verhandelt wird, besteht dann darin, dass die vertrauten Lebensumstände nicht mehr zu gelten scheinen, dass man sich am Ende sogar von den Göttern verlassen oder verraten fühlt. Die in unserer lebensweltlichen Moral tief verankerte Vorstellung, dass diejenigen, die sich ernsthaft und mit guten Absichten bemühen, am Ende damit auch Erfolg haben, wird – vielleicht irreversibel – erschüttert. Die Auflösung des Zusammenhangs zwischen (guten) Motiven und gelungenem Leben erschüttert die Fundamente menschlichen Handelns.

Der epistemische Optimismus, der unsere theoretische Deliberation trägt, die Abwägung von Argumenten pro und contra, um herauszufinden, welche Überzeugung gerechtfertigt und welche ungerechtfertigt ist, hat ein praktisches Pendant: das Vertrauen, dass es sinnvoll ist, sich zu bemühen, den besseren Gründen zu folgen, um ein gelungenes Leben individuell und im Austausch mit anderen zu realisieren. Wenn gute Argumente und schlechte Argumente mit gleicher Wahrscheinlichkeit für zutreffende Überzeugungen sprächen, ließe sich der epistemische Optimismus nicht aufrechterhalten. Wenn gute Absichten mit gleicher Wahrscheinlichkeit gute bzw. schlechte Konsequenzen hätten wie schlechte, dann spräche nichts mehr dafür, sich an praktischer Vernunft zu orientieren.

In der orthodoxen *rational choice*-Sicht kondensiert die deliberative Praxis zu zwei reellwertigen Funktionen, die zwei Typen propositionaler Einstellungen – prohairetische und epistemische – repräsentieren. Wenn die Präferenzen und die Wahrscheinlichkeiten der Person bestimmte Kohärenz-Postulate erfüllen,[162] dann lässt sich *Rationalität als Erwartungswertmaximierung* sichern. Die guten Absichten und die unter Umständen schrecklichen Konsequenzen, das Auseinanderklaffen von Zielen und Resultaten, wird in der Erwartungswertmaximierung als Rationalitätskriterium aufgehoben. Schreckliche, aber nicht erwartete und erst recht nicht intendierte Handlungsfolgen gehen in die Gesamtbewertung ein, allerdings mit einer entsprechend niedrigen subjektiven Wahrscheinlichkeit, die den möglichen menschlichen Katastrophen ihren Schrecken nimmt. Wenn es dann doch so kommt und das Schreckliche wider Erwarten eintritt, dann bleibt die Entscheidung die richtige, da sie Erwartungswert-maximierend war (gegeben die Nutzen- und Wahrscheinlichkeitsfunktion zum Zeitpunkt der Handlung).

---

162 Vgl. II §1 und Appendix §1.

Wir sollten die Relativierung auf den Augenblick der Entscheidung aufrechterhalten, aber die *rational choice*-Immunisierung gegenüber unbeabsichtigten negativen Folgen des eigenen Handelns problematisieren. Tatsächlich wird in der Entscheidungstheorie vom sogenannten Maximin-Kriterium immer dann Gebrauch gemacht, wenn die Wahrscheinlichkeiten der Handlungsfolgen als schwer abschätzbar erscheinen. Auch John Rawls macht in seiner *Theorie der Gerechtigkeit* ausgiebig von diesem Kriterium Gebrauch, da ansonsten die von ihm konzipierte Entscheidungssituation unter dem Schleier des Nichtwissens zu einem Durchschnittnutzenmaximierungsprinzip und nicht zum Differenzprinzip, das die am schlechtesten gestellte Personengruppe möglichst gut stellt, führen würde.

Der Umweg über die Einschätzbarkeit von Wahrscheinlichkeiten kann mich jedoch nicht überzeugen. Allein die Tatsache, dass eine Handlung möglicherweise Folgen hat, die meinen Absichten vollständig zuwiderlaufen, ist ein guter Grund, von dieser Handlung Abstand zu nehmen. Man spielt nicht Roulette mit dem Kopf eines Kindes, hat der konservative, katholische Moralphilosoph Robert Spaemann einmal gegen die Kernenergie eingewandt und in ähnlicher Weise hat sich Hans Jonas in *Prinzip Verantwortung* dafür ausgesprochen, die Erwartungswertmaximierung zugunsten eines Katastrophenvermeidungsprinzips aufzugeben. Es sind nicht die fehlenden Wahrscheinlichkeiten, sondern es ist die, wenn auch geringe Wahrscheinlichkeit, dass etwas Schreckliches eintritt, was ich auf keinen Fall akzeptieren kann, das gegen die betreffende Handlung spricht, unabhängig davon, wie die Berechnung des Erwartungswertes ausfällt.

Die lebensweltliche Moral ist da weit differenzierter in der Beurteilung von Handlungsabsichten, als die *rational choice*-Orthodoxie. Sie verlangt von verantwortlichen Akteuren, dass sie Handlungen meiden, von denen sie befürchten müssen, dass deren Ergebnisse den eigenen Absichten zuwiderlaufen. Mit anderen Worten: Wir erwarten eine Form der praktischen Vernunft, in der die handlungsleitenden Absichten und die erwarteten Handlungsfolgen hinreichend eng korreliert sind. Die ethische Asymmetrie zwischen dem Verbot anderen Personen einen Schaden zuzufügen, während es keine moralische Verpflichtung gibt, anderen einen Vorteil zu verschaffen, hat eine Fortsetzung in der Theorie praktischer Vernunft: Nicht beabsichtigte Schäden zu vermeiden hat Priorität gegenüber der Realisierung guter Absichten. *Die deontologische Struktur moralischer Praxis setzt sich in der Risikoaversion praktischer Vernunft fort.*

Schadensvermeidung rangiert auch in intrapersoneller Perspektive vor Vorteilsrealisierung. Wie aber lässt sich die Ablehnung des ethischen Heroismus bzw. der Theorie des moralischen Zufalls damit vereinbaren, dass strukturelle Handlungen im Gegensatz zu punktuellen eine zeitliche Ausdehnung haben? Im vorausgegangenen Abschnitt wurde sogar dafür argumentiert, dass die primären

Handlungen in Gestalt der *praxeis* und die sekundären Handlungen als *pragmata* auftreten. Wie aber kann im Falle einer zeitlich ausgedehnten *praxis* der Zeitpunkt bestimmt werden, auf den die Rationalitätskriterien hinsichtlich der epistemischen und prohairetischen Bedingungen der Entscheidungssituationen relativiert werden? Darauf gibt es eine präzise Antwort: Es ist das Auseinanderfallen von Entscheidung (der vorausgehenden Intention der handelnden Person) und (struktureller) zeitlich ausgedehnter *praxis*. Es macht ja gerade die strukturell rationale Person aus, dass sie zu einem bestimmten Zeitpunkt sich für eine *praxis* entscheiden kann und sich durch diese Entscheidung hinsichtlich der einzelnen *pragmata*, die diese *praxis* dann realisieren, selbst bindet. Die Selbstbindung ist kein Instrument, das nur eingesetzt werden kann, wenn die handelnde Person sich selbst bestimmter Optionen entledigt, etwa in Gestalt des Odysseus, der den Sirenengesang zwar hören, aber die verderblichen Folgen vermeiden möchte und sich daher an den Mast des Schiffes binden lässt, der strukturell rationale Odysseus wird die Entscheidung treffen, trotz Sirenengesang den Impulsen des Augenblicks nicht zu folgen und auf dem Schiff auszuharren.[163]

Die Entscheidung hat auch im Rahmen der Theorie struktureller Rationalität einen klar definierten Zeitpunkt, nämlich den des Abschlusses der Deliberation. Jenseits dieses Zeitpunktes gibt es keine Abwägung von handlungsleitenden Gründen mehr: Die strukturell rationale Person hat sich festgelegt und realisiert diese Festlegung durch eine gewünschte, zeitlich wie auch immer ausgedehnte *praxis*, die sich in unterschiedlichen *pragmata* erst noch realisiert. Die Handlungsoptionen bleiben bestehen, aber die willensstarke, strukturell rationale Person wird von diesen nicht mehr in Versuchung geführt, die einmal getroffene Entscheidung wieder zur Disposition zu stellen.

---

[163] Jon Elster hat diesen Weg der Selbstbindung durch Restriktionen, die die Optionen der handelnden Person beschränken, beschritten, um Aporien und Dilemmata der *rational choice*-Doktrin zu lösen. Vgl. die beiden Bücher *Sour Grapes: Studies in the Subversion of Rationality*. Cambridge: University Press 1983; und *Ulysses and the Sirens: Studies in Rationality and Irrationality*. Cambridge: University Press 1979. Das Unbehagen, das Jon Elster angesichts der *rational choice*-Doktrin erfasst hat, teile ich. Der Unterschied ist, dass Elster an der *rational choice*-Orthodoxie festhält, während ich sie durch den Ansatz der strukturellen Rationalität überwinde, ohne den formalen Rahmen der doppelten Kohärenz-Axiomatik (des sog. Nutzentheorems und der Wahrscheinlichkeitstheorie) zu verlassen.

§ 9 Token und Type

Eine konkrete Handlung ist ein *token*, ein raumzeitlicher Vorgang, kontrolliert durch motivierende vorausgehende und begleitende Intentionalität, wie in den vorausgegangenen Abschnitten beschrieben. Die motivierenden und entscheidenden Absichten sind aber nicht auf einen Handlungs*token*, eine konkrete Handlung zu einem bestimmten Zeitpunkt als raumzeitlichen Vorgang gerichtet, sondern auf einen *type*, eine Handlung einer bestimmten Art. Wenn wir uns entscheiden im nächsten Jahr zu heiraten, dann mag der Zeitpunkt der Eheschließung ebenso offen sein, wie die Form, in der die Heirat vollzogen werden soll, vielleicht ist der Ort, an dem geheiratet wird, noch unbestimmt und auch die Liste der zu beteiligenden Personen (Standesbeamten, Trauzeugen, ...) ist noch ungeklärt. Die Entscheidung zweier Personen, im nächsten Jahr zu heiraten, hat aber einen klaren Inhalt: Diese *vorausgehende Intention* wird durch eine *Eheschließung im kommenden Jahr*, egal in welcher konkreten Form und zu welchem genauen Zeitpunkt, realisiert. Die Eheschließung zwischen den beiden Verlobten im kommenden Jahr ist hier der Handlungs*type*, der einigermaßen komplex ist und nur realisiert werden kann, wenn institutionelle Kriterien und Akteure (Standesbeamte) einbezogen sind. Die beiden Verlobten allein können diesen Akt nicht vollziehen, obwohl deren Willensäußerungen eine konstitutive Rolle spielen.

Wenn den Verlobten Zweifel kommen und sie die Eheschließung vielleicht doch noch um ein weiteres Jahr hinauszögern oder möglicherweise ganz aufgeben möchten, dann dispensieren diese Zweifel die vermeintlich schon getroffene Entscheidung. Dann haben sich die beiden Beteiligten entgegen dem, was sie selbst annahmen, noch nicht entschieden. Denn eine Entscheidung beendet eine Phase der Deliberation und wird durch eine Handlung bestimmten Typs (hier die Eheschließung im darauffolgenden Jahr) realisiert.

Nehmen wir ein etwas exotischeres, wenn auch viel diskutiertes, Beispiel: In der berühmten Studie von Benjamin Libet, die bis heute als Beleg dafür herangezogen wird, dass menschliches Handeln nur vermeintlich durch Intentionen gesteuert sei, tatsächlich aber lediglich automatischen, vor aller Handlungsintentionalität schon festliegenden Mustern folgt, werden die Versuchsteilnehmer aufgefordert in der nächsten halben Minute ihre rechte Hand zu bewegen. Zur gleichen Zeit sollen sie sich aber nicht vorab überlegen, zu welchem Zeitpunkt sie ihre Hand innerhalb dieses Zeitraums von 30 Sekunden bewegen wollen. Während des Versuchs bewegt sich ein Lichtpunkt auf einem Kreis, den er alle 2,56 Sekunden durchmisst. Die Person soll sich die Stellung des Lichtpunkts merken, die dieser hatte, als sie die Entscheidung traf, ihre Hand zu bewegen. Das berühmte Ergebnis dieser Studie ist, dass die Personen angaben, sich im

Schnitt eine viertel Sekunde vor ihrer Handbewegung entschieden zu haben, ihre Hand zu bewegen, während aber die neurophysiologische Analyse zeigt, dass sich das sogenannte Bereitschaftspotential, ein Begriff, der auf den deutschen Psychologen Kornhuber zurückgeht, schon etwa eine halbe Sekunde vor der Handbewegung aufbaut. Die kühne These, für die der Experimentator Benjamin Libet selbst verantwortlich ist, lautet dann, dass der kausale Prozess, der zu der Handbewegung (dem *moto act*) führt, unabhängig von den Absichten (Entscheidungen) der Versuchspersonen entsteht und daher der Eindruck, man habe sich entschieden zu einem bestimmten Zeitpunkt die Hand zu bewegen, eine Illusion sei. Benjamin Libet hat dann dafür argumentiert, dass dennoch eine schwache Form von Kontrolle erhalten bliebe, nämlich in Gestalt der Veto-Option, die bis zu einer zehntel Sekunde vor der Bewegung diesen Prozess noch zu unterbrechen oder zu stoppen erlaubt. Das Problem von Patienten mit Tourette-Syndrom sei, dass sie offenbar diese Veto-Option aus einem neurophysiologischen Defekt heraus nicht zur Verfügung haben.[164]

Philosophierende Neurowissenschaftler und neurowissenschaftlich interessierte Philosophen haben aus diesen und anderen Befunden eine arationale Handlungsphilosophie entwickelt, wonach das neurophysiologische System deterministischen Gesetzen, wie auch sonst alle natürlichen, das heißt naturwissenschaftlich erfassbaren Vorgänge, folge und Intentionen, das Abwägen von Gründen, die Kontrolle der eigenen Praxis, lediglich eine, vielleicht nützliche Illusion sei.[165] Ein wenig Begriffsklärung reicht aber im Grunde schon aus, um deutlich zu machen, wie abwegig diese Interpretation der Libet-Studie ist. Niemand wird ernsthaft bezweifeln wollen, dass die Bereitschaft der Versuchspersonen, ihre Hand innerhalb des vorgegebenen Zeitraums von lediglich 30 Sekunden zu bewegen, Ergebnis einer Entscheidung ist, die sie aus freiem Willen getroffen haben, nämlich der Absicht, an dem Versuch teilzunehmen und den Anordnungen des Versuchspersonals Folge zu leisten. Die Versuchsleiterin fordert die Teilnehmerinnen und Teilnehmer auf, sich keine Gedanken zu machen, wann genau sie ihre rechte Hand bewegen, sondern lediglich dafür zu sorgen, dass sie ihre rechte Hand innerhalb einer kurzen Zeitspanne von 30 Sekunden bewegen,

---

164 Vgl. Benjamin Libet: „Do we have Free Will?" In: *Journal of Consciousness Studies* 6 (1999), 47–57; ders.: *Mind Time: Wie das Gehirn Bewusstsein produziert.* Frankfurt am Main: Suhrkamp 2005.
165 In Deutschland haben sich besonders Gerhard Roth und Wolf Singer für diese Position stark gemacht, vgl. Gerhard Roth: *Das Gehirn und seine Wirklichkeit. Kognitive Neurobiologie und ihre philosophischen Konsequenzen.* Frankfurt am Main: Suhrkamp 1994; Wolf Singer: „Selbsterfahrung und neurobiologische Fremdbeschreibung". In: *Deutsche Zeitschrift für Philosophie* 52 (2004), 235–256.

die beginnt, sobald der Uhr-Punkt seine Umläufe alle 2,56 Sekunden startet. An dieser Stelle müsste einen schon stutzig machen, dass die Versuchsanordnung verlangt, dass einerseits die Versuchsteilnehmer die Entscheidung treffen sollen, ihre Hand innerhalb einer halben Minute zu bewegen, sie zugleich aber angehalten werden, keine Entscheidung zu treffen, wann sie dieses tun werden. Das ist eine durchaus paradoxe Aufforderung, sie verlangt von den Versuchsteilnehmern zwei Absichten zu haben, die nicht ohne weiteres vereinbar sind, nämlich (1) sich der intentionalen Kontrolle der Handlung zu enthalten: „Entscheiden Sie nicht vorab, wann Sie ihre Hand bewegen" und (2) „Bewegen Sie Ihre Hand innerhalb der nächsten 30 Sekunden". Im Falle der Entscheidung im nächsten Jahr zu heiraten, wäre diese paradoxe Intentionalität jedenfalls nicht realisierbar. Diese Entscheidung wird dadurch realisiert, dass dann weitere Entscheidungen getroffen werden, zu welchem Zeitpunkt und an welchem Standesamt, mit welchen beteiligten Personen etc. die Heirat vollzogen wird. Es bedarf einer konkretisierenden Entscheidung, die das *pragma* festlegt, das die *praxis* (wir heiraten im kommenden Jahr) realisiert. Man heiratet in der Regel nicht aus Versehen, ausgenommen ein deutsches Starlet, das sich, aus den USA zurückgekehrt, sehr darüber wunderte, dass es nun verheiratet war.[166]

Die Aufforderung von Benjamin Libet lautet: „Wenn wir starten, habt ihr 30 Sekunden Zeit, um eure Hand zu bewegen. Überlegt nicht vorher, wann ihr innerhalb dieser 30 Sekunden eure Hand bewegt!" Innerhalb dieser 30 Sekunden gibt es keinen ausgezeichneten Zeitpunkt, die Zeitpunkte unterscheiden sich in keiner relevanten Hinsicht, wenn man einmal den letztmöglichen ausnimmt. Natürlich könnten sich die Versuchsteilnehmer entscheiden, gleich zu Beginn ihre Hand zu bewegen oder nach 15 Sekunden oder erst ganz am Ende oder irgendwann dazwischen. Das aber dürfen sie laut Versuchsanordnung nicht. Was in einer solchen, geradezu paradoxen Situation mental und neurophysiologisch abläuft, ist schwer zu beschreiben. Da die meisten Versuchsteilnehmer auch tatsächlich innerhalb der 30 Sekunden ihre Hand bewegen, ist anzunehmen, dass es zu einer Art Abwartehaltung kommt, das heißt, die Versuchsteilnehmer warten ab, ob ein Handlungsimpuls entsteht und geben diesem dann nach.[167] Jedenfalls haben

---

166 Ich spiele hier auf Sophia Thomallas Heirat in Georgia, USA an: „So richtig weiß ich das nicht mehr", sagte Thomalla, befragt, wie es zur Eheschließung mit Andy La Plegua gekommen ist, „Manchmal tut man im Leben eben Dinge, die nicht richtig durchdacht sind", Gala vom 11. 6. 2016.

167 Nicht ganz klar ist, ob der Zeitpunkt der Entscheidung auch tatsächlich der Zeitpunkt ist, der von den Versuchsteilnehmern angegeben wird, da zwischen dem Zeitpunkt der Entscheidung und der Angabe, an welcher Stelle sich der Lichtpunkt befunden haben soll, als man entschied, ja durchaus noch ein Unterschied bestehen kann.

wir es mit einer im doppelten Sinne anormalen Situation zu tun: Entscheidungen zum Zeitpunkt der Handlung dürfen nicht getroffen werden, zugleich aber soll berichtet werden, wann die Entscheidung gefallen ist. Und die Frage, welche der *pragmata*, die die *praxis* (innerhalb von 30 Sekunden die Hand zu bewegen) realisieren, gewählt wird, ist in diesem Falle aufgrund der Versuchsanordnung völlig willkürlich. Es gibt keinerlei Gründe pro und contra, anders als im Falle der Entscheidung, in welchem Monat, an welchem Wochentag, in welchem Standesamt die Heirat, die für dieses Jahr entschieden war, realisiert wird. Zu welchem Zeitpunkt innerhalb der 30 Sekunden die Handbewegung erfolgt, ist vollständig willkürlich, dennoch scheint es, dass die konkrete Handlung, die die Aufforderung des Versuchsleiters erfüllt, insofern intentional gesteuert ist, als der Aufforderung schließlich Folge geleistet wird. Es muss also eine Absicht der Versuchsteilnehmer geben, ihre Hand in 30 Sekunden zu bewegen (es versteht sich von selbst, dass ohne diese Absicht die Hand sich nicht bewegen würde) und es scheint ausreichend zu sein, eine derart vage handlungsleitende Intention zu entwickeln, um dann – gewissermaßen abwartend und ohne Vorabentscheidung – die die Aufforderung des Versuchsleiters realisierende Handbewegung zu vollziehen. Als Beleg dafür, dass Deliberation, dass Handlungsabsichten für das tatsächliche Verhalten einer Person keine Rolle spielen, ist dieser Befund völlig abwegig. Ohne die Entscheidung zu heiraten, werde ich nicht heiraten. Ohne die Anordnung des Versuchsleiters, innerhalb der nächsten 30 Sekunden meine Hand zu bewegen, werde ich meine Hand nicht bewegen. Nicht *die Hand wird bewegt*, sondern *ich bewege die Hand, ich entscheide die Hand zu bewegen*. Nicht ich werde von geheimnisvollen Kräften, jenseits aller bewussten Steuerung meines Verhaltens zum Traualtar geführt, sondern es bedarf meiner eigenen Bereitschaft, einer vorausgehenden Intentionalität, einer mit der Partnerin abgestimmten Entscheidung, um am Ende vor dem Traualtar zu stehen.

Es ist geradezu anrührend, wie sich eine von postmoderner Ideologie beeinflusste Philosophie (oder sollte man besser sagen Ideologie des Nicht-Handelns, des Nicht-Ich, beruhend auf einer radikalen Subjekt- und Logozentrismus-Kritik), sich an ein empirisches Resultat klammert, dessen ursprüngliche Interpretation durch Benjamin Libet schon dubios genug war und das unterdessen als empirisch widerlegt gelten kann.[168]

---

[168] Allerdings gibt es zahlreiche Nachfolge-Experimente zu dem ursprünglichen von Benjamin Libet durchgeführten, die aber entweder demselben handlungstheoretischen Irrtum aufsitzen, oder den ursprünglichen Befund ins Gegenteil verkehren: vgl. Sonja Henz, Julian Nida-Rümelin et. al.: „Stimulus-Dependent Deliberation Process Leading to a Specific Motor Action Demonstrated via a Multi-channel EEG Analysis". In: *Frontiers in Human Neuroscience* 9 (2015), 1–14. Eine

Nehmen wir aber einmal zum Zwecke des Argumentes an, dass die Entscheidung für die Praxis, innerhalb der nächsten 30 Sekunden die rechte Hand zu bewegen, ausreicht, um in einem reinen Zufallsprozess eine Handbewegung zu vollziehen, die diese Entscheidung (in den folgenden 30 Sekunden die Hand zu bewegen) erfüllt. Die punktuelle Handlung, die dann die strukturelle realisiert, wäre in der üblichen Weise intentional gesteuert, nur dann kann man der Aufforderung des Versuchsleiters Folge leisten und die Entscheidung treffen, die Hand in den kommenden 30 Sekunden zu bewegen. Tatsächlich tue ich dann gerade das, was ich beabsichtigt habe, auch wenn die einzelne Handbewegung, die diese Absicht erfüllt, einem stochastischen Prozess folgt, dessen Details nicht mehr intentional kontrolliert sind. Möglicherweise führt die paradoxe Handlungsanweisung des Libet-Experiments zu einem Prozess dieser Art. Als Gegenargument dafür, dass Handlungsabsichten keine Rolle spielen für das, was ich tue, taugt das Ergebnis jedenfalls nicht.

Wir hatten in einem vorausgegangenen Abschnitt von *routinierten* Handlungen gesprochen als solchen, die durch die leitende Intentionalität bezüglich struktureller Handlungen bestimmt sind. Nehmen wir als Beispiel eine routinierte Autofahrerin: Sie muss, anders als der Fahranfänger, nicht jedes Mal neu entscheiden, in welcher Reihenfolge sie den Zeiger betätigt, in den Spiegel schaut, auskoppelt, den Gang herunterschaltet etc., um abzubiegen. Es macht ja die umständliche und langwierige Art von Fahranfängern aus, dass sie in dichter Folge Entscheidungen zu treffen haben, auch immer wieder darüber nachdenken müssen, welche Entscheidung sie zu welchem Zeitpunkt zu treffen haben, während die routinierte Fahrerin auf all dies verzichten kann. Sie entscheidet lediglich an der nächsten Straßenecke rechts abzubiegen und die konkreten Verhaltensbestandteile, die dann einen Token realisieren, der diese Absicht erfüllt, müssen nicht mehr unter ihrer intentionalen Kontrolle stehen. Wohlgemerkt, die strukturelle Handlung steht sehr wohl unter ihrer intentionalen Kontrolle, aber die konkrete Form, in der diese strukturelle Handlung realisiert wird, ist nicht

---

naheliegende Erklärung für die Anomalie des Libet-Befundes ist, dass es sich bei der negativen Potentialität, die man im Vorlauf zur Handbewegung beobachten kann, tatsächlich um eine Art Bereitschaft handelt, die damit zum Ausdruck kommt, wie es Kornhuber ursprünglich annahm. Die negative Potentialität wäre dann das neurophysiologische Korrelat zur Bereitschaft die Hand zu bewegen, nicht der Beginn des kausalen Prozesses, der die Handbewegung determiniert. Das Veto-Resultat von Libet spricht ebenfalls für diese Vermutung. In dem Moment jedenfalls, in dem die Handlungswahl in normaler Weise durch vorausgehende Deliberationen und Entscheidungen gesteuert wird, treten solche Anomalien nicht mehr auf, das heißt, die neurophysiologischen Korrelate treten dann eben erst nach dem Wahrnehmungsereignis auf, das die konkrete Entscheidung erst festzulegen erlaubt.

mehr intentional gesteuert. Dadurch wird die Handlungskontrolle der routinierten Fahrerin nicht geschwächt, sondern gestärkt! Ihre Absichten, zum Beispiel die, an der nächsten Kreuzung rechts abzubiegen, werden zuverlässiger realisiert, als von einem Fahranfänger, der möglicherweise zu spät realisiert, dass er einen Fahrradfahrer übersehen hat und daher nicht rechts abbiegen kann.

Die handlungsleitende Intentionalität ist immer auf *types*, nie auf *token* gerichtet. Dies erkennt man schon daran, dass in der sprachlichen Repräsentation dieser Handlungsabsichten die Konkretisierung nie so weit geht, dass ein einzelner *token* ausgezeichnet wäre. Es gibt immer eine Vielzahl, ja je nach Beschreibung kann man auch sagen, eine unendliche Vielzahl (wenn man zum Beispiel reellwertige Funktionen zur Erfassung von Verhaltenseigenschaften zugrunde legt), die die jeweils leitenden Absichten (vorausgehende Intentionen, Entscheidungen) erfüllen. Auch das, was wir als „begleitende Intentionalität" bezeichnet haben, macht diesbezüglich keine Ausnahme. Sie beruht darauf, dass das Verhalten, das einen Handlungstyp realisiert, als Ganzes bewusst bleibt und auch in der konkreten Form den handlungsleitenden Intentionen entspricht. Aber auch diese begleitende Intentionalität, die, wenn neurophysiologische Befunde verlässlich sind, dem konkreten Verhalten um mindestens 0,1 Sekunden vorausgehen muss, lässt sich durch eine Vielzahl von *Token* realisieren. Spätestens da ist es wohl plausibel vom Vorliegen komplexer stochastischer Prozesse zu sprechen, die als *token* nicht mehr der Kontrolle der handelnden Person unterliegen. Diese naheliegende phänomenologische Beschreibung menschlicher Praxis steht in diametralem Gegensatz zum verbreiteten Irrationalismus in der Neuro-Philosophie, ist aber mit den empirischen Befunden, auch der Libet-Studie, gut verträglich. Sie betont die intentionale Steuerung durch Handlungsabsichten, berücksichtigt aber in Gestalt der strukturellen Form der Intentionen und der *praxis*, die diese realisieren, die stochastischen und deterministischen, *automatisierten* Aspekte menschlichen Handelns.

§ 10 Diachrone Struktur

Die *rational choice*-Konzeption punktuell optimierender Rationalität verbindet sich mit einer besonderen Art Wunderglaube. Wie jeder Wunderglaube verlangt er den Gläubigen viel ab, insbesondere dürfen sie sich nicht zu rasch von entgegenstehenden Erfahrungen und Argumenten beeinflussen lassen. Sie müssen fest im Glauben stehen. Wenn mehrfach bezeugt wurde, dass die Reliquie einmal im Jahr Tränen absondert, dann ist Skepsis unangebracht. Alltagswissen, das mit Wunderglauben unverträglich ist, muss zurückstehen, es muss gewissermaßen angesichts der wundersamen Erscheinungen ausgesetzt werden. Vor allem aber ist eine hoch entwickelte Kunst der Interpretation gefordert: Widerspenstige Daten müssen passend gemacht werden, sodass sie den Wunderglauben nicht erschüttern.[169]

Die *rational choice*-Orthodoxie muss an das Wunder glauben, dass je punktuell optimierendes Verhalten (die *pragmata*) in der zeitlichen Abfolge eine kohärente *praxis* ergibt. Unsere Alltagserfahrung spricht dagegen. Wenn ich mein Wohlbefinden am heutigen Tage optimiere und am morgigen ebenfalls und so fort, dann wird der Zeitpunkt nahen, an dem ich angesichts all der unerledigten, unangenehmen Aufgaben in große Schwierigkeiten gerate. Es gehört zu den wichtigsten Erziehungszielen, schon in frühester Kindheit zu lernen, dass die Beförderung des eigenen Vorteils in der jeweiligen Situation unvernünftig sein kann. Kleine Kinder scheinen zu wissen, dass sie dazu tendieren, sich durch ihre Neigung den jeweiligen Augenblickswünschen zu folgen, selbst Schaden zuzufügen und legen daher Wert darauf, dass jemand „auf sie aufpasst". Zu reifen und am Ende erwachsen zu werden, heißt zu lernen, selbst auf sich aufzupassen, mit anderen Worten *strukturell rational* zu handeln.

Aber da der *rational choice*-Orthodoxe strukturelle Rationalität nicht anerkennt, muss er an das Wunder glauben, dass strukturelle Rationalität sich durch punktuelle Optimierung schon irgendwie einstellen wird. Der Fantasie sind da, wie ein Blick in die Literatur zeigt, keine Grenzen gesetzt. Die am weitesten verbreitete, aber auch besonders schlichte Methode den Wunderglauben zu stabilisieren, besteht darin, *Sanktionen* für das Phänomen vermeintlicher struktureller Rationalität verantwortlich zu machen. Demnach sieht es so aus, als würden die Menschen strukturell rational handeln, in Wirklichkeit handeln sie je punktuell optimierend, aber unter Einbeziehung möglicher Sanktionen, die sie gewärtigen müssten, wenn sie von den Regeln, die strukturelle Rationalität sichern, abwichen.[170]

Das erklärungsbedürftige Wunder ist, dass je punktuell optimierendes Verhalten in diachroner Betrachtung gerade denjenigen Strukturen entsprechen soll, die eine kohärente Praxis ausmachen. Warum sollten gerade diejenigen

---

169 Ich spiele hier auf eine katholische Reliquie aus den 1950er Jahren an, die in Syrakus auf Sizilien in einem großen, modernen Gebäude präsentiert wird und deren Echtheit von einer wissenschaftlichen Kommission des Vatikans bestätigt wurde.
170 Ich verwende hier diesen Ausdruck „strukturelle Rationalität", weil er nach den vorausgegangenen Darlegungen für die Leserinnen und Leser verständlich ist, und keiner weiteren Erläuterung bedarf, will aber damit nicht suggerieren, dass die *rational choice*-Protagonisten von „struktureller Rationalität" sprechen. Das tun sie in der Regel nicht, auch wenn sich dies an einigen Stellen unterdessen verändert hat, vgl. David Langlois: *The Normativity of Structural Rationality*. Diss. U. Harvard 2014.

Strukturen der Praxis, die aus der Sicht des Akteurs, wünschenswert sind, entstehen, ohne dass der Akteur diese Strukturen intendiert?

Erster Anlauf zur Erklärung des Wunders: Die zukünftigen Nachteile machen sich jeweils schon in Sanktionen zum Zeitpunkt des *pragma* bemerkbar. Dies ließe sich etwa im Rückgriff auf die *prospectus*-Theorie von Thomas Hobbes erklären: Da die Menschen, im Gegensatz zu allen anderen Lebewesen, über die Fähigkeit des *prospectus*, die Voraussicht, verfügen, haben sie Ängste, die andere Lebewesen nicht kennen. Zum Beispiel die Angst vor dem eigenen Tod. Diese Ängste motivieren, alles zu vermeiden, was die Wahrscheinlichkeit des Eintretens des unerwünschten Ereignisses erhöht. Die geistige Vorwegnahme möglicher zukünftiger Erfahrungen – positiver und negativer – übersetzt sich nach dieser Wundererklärung in verlässliche Incentivierungen und Sanktionierungen zum jeweiligen Zeitpunkt der Entscheidung.

Dass dies nicht generell funktioniert, weiß jedes Kind, zumal jedes Schulkind. Die Angst, in drei Jahren das Abitur nicht zu schaffen, hat eine allzu geringe motivierende Kraft, um heute zu motivieren, sich für mehr als anderthalb Stunden den Schulaufgaben zu widmen. Menschen, auch jüngere, sind jedoch imstande, Strukturen ihrer *praxis* zu intendieren und zu realisieren. Warum soll ich nicht in der Lage sein zu entscheiden, jeden Tag für mindestens anderthalb Stunden an meinen Hausaufgaben zu sitzen? Es ist ein schwer bestreitbares Faktum, dass Menschen dazu imstande sind. Warum sollten wir dies in der Theorie bestreiten? Diese Selbstbindung erfordert keine Sanktionen, weder solche, die über den Hobbesschen *prospectus* eine verlässliche Verhaltenssteuerung vermeintlich nach sich ziehen, noch solche, die ich mir selbst in Gestalt von Bestrafungs- und Anreizsystemen auferlege. Dass diese Feststellung damit vereinbar ist, dass Menschen, zumal willensschwache, immer einmal wieder zu solchen Selbst-Sanktionierungen und -Incentivierungen als Notlösung greifen, muss nicht eigens betont werden. Aber warum sollte ich mich nicht *entscheiden* können mich jeden Nachmittag eineinhalb Stunden mit den Hausaufgaben zu befassen?

Wie wir gesehen haben, sind die punktuellen Intentionen von den strukturellen abhängig und nicht umgekehrt. Die Entscheidung, jeden Tag anderthalb Stunden am Schreibtisch zu sitzen, zieht es nach sich, dass ich auf den zweiten Cappuccino verzichte, obwohl ich ihn gerne zu mir genommen hätte, um ausreichend Zeit zu haben am Schreibtisch zu sitzen. Wir sprechen dann auch davon, dass ich auf den zweiten Cappuccino verzichten *muss*, als Ausdruck einer Art Verpflichtung, die ich mir selbst gegenüber habe. Die naheliegende Interpretation dieser Verpflichtung ist eine strukturelle: Ich habe mich für eine bestimmte *praxis* entschieden und diese ist nur realisierbar, wenn ich die einzelnen Entscheidungen so ausrichte, dass sie damit kompatibel sind. Die Rücksichtnahme gegenüber den Interessen und Rechten anderer, die Pflichten generieren, hat eine Entsprechung in der Rücksichtnahme gegenüber den Strukturen, die ich zu realisieren entschieden habe. Ich nehme dann, so könnte man sagen, auf diese Strukturen Rücksicht, oder in kantianischer Formulierung: Es gibt Pflichten gegen sich selbst.

In der aristotelisch inspirierten Überhöhung habe ich die Pflicht zur Tugendhaftigkeit, nicht als ängstliche Selbstbeschränkung gegenüber geistigen und körperlichen Freuden, sondern als volle Entfaltung meiner Fähigkeiten – ich habe sogar die Pflicht, diese Fähigkeiten zu entfalten, eine Pflicht gegenüber mir selbst. Aber auch dann, wenn man diese ethische Überhöhung ablehnt, bleibt es bei der Erfahrung, dass wir unser Leben leben, indem wir unserer Praxis explizit und implizit Strukturen auferlegen, die intentional kontrolliert sind, die Entscheidungen realisieren und eine vernünftige Lebensform sichern.

Da die selbst- und die fremdauferlegten Sanktionen und Incentivierungen meist nicht ausreichen, um strukturelle Rationalität zu sichern, muss der Wunderglaube der *rational choice*-Orthodoxie eine weitere Stützung erhalten. Diese greift ebenfalls auf eine Idee von Thomas Hobbes zurück, nämlich die Sanktionen *in foro interno*: Die Idee ist, dass man dort, wo sich keine Sanktionen feststellen lassen, dennoch Sanktionen annimmt (ein bewährtes Mittel, um abergläubische Überzeugungen zu stützen). Diese Sanktionen sind zwar dann nicht manifest, aber können als eine Art Bestrafung vermutet werden, die nur innerlich, nicht äußerlich wirkt. Personen verhalten sich dann strukturkonform, nicht etwa deswegen, weil sie das wollen, weil sie entschieden haben, sich entsprechend zu verhalten, sondern weil sie eine virtuelle Bestrafung in Gestalt eines schlechten Gewissens vermeiden wollen. Es sieht zwar dann so aus, als verhielten sie sich strukturell rational, tatsächlich aber optimieren sie lediglich zu jedem Zeitpunkt ihren Gewissenszustand. Warum aber dann gerade Menschen mit einer stabilen charakterlichen Konstitution, die sich nicht leicht aus dem Gleichgewicht bringen lassen und die weder zu Ängstlichkeit (der Hobbessche *prospectus*) noch zu Gewissensqualen (*in foro interno*) neigen, besonders gute Voraussetzungen mitbringen, um strukturell rational zu handeln, bleibt ein Geheimnis. Der Umweg über Ängste und Gewissensbisse trägt alle Züge einer Popper'schen Ad-hoc-Hypothese, um die Theorie zu immunisieren.

Die Frage, die wir der *rational choice*-Orthodoxie zu stellen haben, lautet: Warum soll es nicht möglich sein, sich für eine *praxis* zu entscheiden? Die Antwort, dass wir uns nur für Einzelhandlungen entscheiden können (*pragmata*) und Handlungsweisen, strukturkonforme Praktiken, kein möglicher Gegenstand von motivierenden und vorausgehenden Absichten seien, ist durch die Analysen der vorausgehenden Paragraphen entkräftet. Handlungen sind immer zusammengesetzt, sie haben gewissermaßen immer strukturelle Züge und schon von daher ist eine Beschränkung auf *pragmata* als einzig möglicher Gegenstand rationaler Entscheidung unbegründet, willkürlich und kontraintuitiv.

Wir sind *frei*, uns für Strukturen unseres Handelns und unseres Lebens zu entscheiden und wir bleiben auch nach dieser Entscheidung frei. Wir legen uns als rationale Akteure nur dann Sanktionen auf (*in foro externo* oder *in foro interno*), wenn es uns an Willensstärke mangelt. Willensstärke erlaubt uns frei zu bleiben, also darauf zu verzichten, den Spielraum der Optionen unserer *praxis* einzuschränken. Wir sind in jedem Zeitpunkt wieder frei, uns an die einmal gewählten Strukturen zu halten, oder uns von diesen zu lösen. *Der willensstarke Mensch kann frei bleiben, ohne strukturell irrational zu werden.*

§ 11 Interpersonelle Struktur

Das paradigmatische Beispiel interpersoneller struktureller Rationalität, das der Kooperation, wurde ausführlich im zweiten Kapitel erörtert. Wir sind dort zum Ergebnis gekommen, dass die individualistische Charakterisierung von Handlungsrationalität über individuell optimierende Strategien keine adäquate Interpretation kooperativer Praxis darstellt. Auch hier ist der Ausgangspunkt der Analyse das Faktum der Kooperation, die Tatsache, dass Individuen in der Lage sind, mit anderen Individuen zu kooperieren. Die Antworten der *rational choice*-Orthodoxie, diese Phänomene entweder als Ausdruck einer verbreiteten Irrationalität anzusehen oder den Umweg über Iteration oder altruistische Motive zu nehmen, konnte uns nicht überzeugen. Die so beliebte Erklärung vermeintlich kooperativer Praxis als eine in Wirklichkeit individuell optimierende in iterativen *prisoner's dilemma*-Spielen, hat uns nicht lange aufgehalten, da sie das Phänomen von Kooperationen in *one-shot prisoner's dilemmata* nicht erfassen kann. Der Wunderglaube der *rational choice*-Orthodoxie, von dem im vorausgegangenen Paragraphen die Rede war, lässt sich mit all seinen Ad-hoc-Hypothesen und Ausflüchten in ganz ähnlicher Weise, auch angesichts diachroner struktureller Rationalität der einzelnen Person, beobachten. Da es genuine Kooperationen entgegen der Alltagserfahrungen und zahlreichen empirischen Studien in der Psychologie und Soziologie, auch der Politikwissenschaft, nicht geben kann, da wundersamerweise das verbreitete Phänomen der Kooperation allein aus individuell optimierendem Verhalten entstehen soll, bedarf es einiger interpretativer Anstrengungen, um dieses Wunder zu erklären.

Dabei ist Kooperation kein besonderes Phänomen, sondern bildet den Kern struktureller Rationalität im interpersonellen Fall. Dies kann man sich folgendermaßen klarmachen: Jede Regelbefolgung konstituiert ein *n-Personen prisoner's dilemma*, das darin besteht, dass die je individuelle Nicht-Konformität hinreichend häufig im Interesse der einzelnen Akteure ist, um das hohe Maß an Konformität als ein erklärungsbedürftiges Rätsel aus Sicht der *rational choice*-Orthodoxie erscheinen zu lassen. Die naheliegende Erklärung, dass es das Akzeptieren normativer Regeln ist, die diese interpersonell strukturelle Praxis erklären, schließt sich für die *rational choice*-Orthodoxie aus. Der diachrone und der interpersonelle Fall sind völlig analog. Warum sollen Personen nicht je für sich entscheiden, dass sie sich an einer kooperativen Praxis beteiligen wollen, in der Regel wohl in der Erwartung, dass die anderen Personen ebenfalls bereit sind, sich an dieser kooperativen Praxis zu beteiligen? Ich kann mich für diese kooperative Praxis entscheiden, auch wenn ich als Einzelperson das Gelingen dieser kooperativen Praxis nicht garantieren kann. Ich entscheide mich für eine kooperative Praxis, weil ich meinen Teil zu einer interpersonellen Handlungsstruktur beitragen möchte, die aus meiner Sicht und aus Sicht der anderen Beteiligten (nach meiner Überzeugung) begründet ist.

Individuen sind keine optimierenden Monaden, sie stehen in sozialen Bezügen, sie verstehen sich selbst als Bestandteil von Interaktions- und Kommunikationsformen, von sozialen Praktiken und kulturellen Gemeinschaften. Dabei sollten wir nicht den *kommunitaristischen* Weg gehen, Phänomene der Kooperation auf Gemeinschaftsbildung und Konvergenz der Wertungen zurückzuführen, da die Bereitschaft zu kooperieren zwar durch Erfahrungen gemeinsamer Praxis und gemeinsamer Bewertungen erleichtert wird, diese aber keineswegs zur Bedingung hat. Kooperation ist auch unter Personen möglich, die keine gemeinsame Praxiserfahrung haben und deren kulturelle und moralische Bewertungen divergieren. Der Unterschied zum diachronen Fall struktureller Rationalität ist, dass im interpersonellen Fall erst die *geteilte Intentionalität* eine strukturell rationale Praxis ermöglicht, eine Intentionalität, die von wechselseitigen Replikationen bestimmt ist: „Ich erwarte, dass Du zur Kooperation bereit bist, wenn Du erwarten kannst, dass ich es ebenso bin und Du erwartest, dass ich erwarte, dass usw.", in einer nach oben offenen Stufung.

Die Analogie zwischen beiden Fällen ist, dass die je punktuelle Handlungsweise, die individuellen *pragmata*, die intendierte strukturelle *praxis* noch nicht garantieren: Ich habe heute nicht geraucht, da ich mit dem Rauchen für den Rest meines Lebens aufhören möchte. Nach einigen Wochen stellt sich aber heraus, dass ich das nicht durchhalte. Die intendierte *praxis* wird nicht realisiert, obwohl sie die punktuelle Entscheidung (heute nicht zu rauchen) motiviert hat. Die Analogie im interpersonellen Fall: Ich wähle meine Handlung so, dass sie sich in eine interpersonelle kooperative Handlungsstruktur einbettet (einbetten würde), da die anderen, potentiell an der Interaktion Beteiligten, aber entweder nicht kooperativ motiviert sind oder eine andere kooperative Handlung zu realisieren suchen, kommt es nicht zur kooperativen kollektiven Handlung. In beiden Fällen gilt, dass die handlungsleitenden Intentionen vernünftig gewesen sein können, obwohl die Handlung selbst dann mangels struktureller Rationalität – im interpersonellen bzw. diachronen Sinne – ausbleibt und damit die *pragmata* sinnlos werden.

Das Handeln im interpersonellen Fall wird durch das Geben und Nehmen von Gründen geleitet. Dies soll nicht heißen, dass strukturelles Handeln ausschließlich auf der Verständigung über Gründe beruht, aber, dass diese Verständigung eine wichtige Rolle spielt, um strukturelles Handeln zu ermöglichen und zu befördern. Geteilte Gründe wählen aus. In der abstrakten (spieltheoretisch präzisierbaren) Beschreibung interpersoneller Praxis bedarf es einer Auswahlfunktion auf der Menge der kollektiven Handlungsoptionen. Diese Auswahlfunktion hat den Charakter einer normativen Beurteilung: Gegeben eine bestimmte Struktur von Interessen, Präferenzen und Bewertungen, erscheint diese oder jene Kombination individueller *pragmata* sinnvoll, geboten, gerecht, bzw. strukturell rational.

Im kontraktualistischen Beurteilungsschema[171] gilt es, diejenigen kollektiven Handlungsoptionen ausfindig zu machen, die aus der jeweiligen Perspektive der Beteiligten akzeptabel erscheinen. Im Kontraktismus sind dabei nur die Interessen der Beteiligten relevant, im Kontraktualismus auch die normativen Beurteilungen. Auch die Habermas'sche Diskursethik[172] ist kontraktualistisch, während die Sozialethik Ernst Tugendhats am Ende kontraktisch geworden ist.[173] Es sind aber auch komplexere Modellierungen denkbar, etwa dergestalt, dass die jeweils individuellen Situationen nicht nur die Präferenzen, sondern auch die Handlungsmöglichkeiten (einschließlich der Produktivität) einer Person beurteilen und dann nur solche kollektiven Entscheidungen als akzeptabel bestimmen, für die gilt, dass sich keine Person in einer anderen Verteilung als dieser besserstellen könnte, das ist der vieldiskutierte Ansatz von Varians Fairness-Theorie.[174]

Das Problem dieser Theorien ist, dass sie in der lebensweltlichen Praxis nicht realisierbar sind. Sie postulieren Modelle, deren Bestimmungselemente die Erhebung umfangreichen Datenmaterials[175] oder einen unrealistisch großen diskursiven Aufwand unter Einbeziehung aller potentiell Betroffenen erfordern, oder

---

171 vgl. II §§ 11–13.
172 Vgl. Jürgen Habermas: „Diskursethik – Notizen zu einem Begründungsprogramm". In: *Moralbewusstsein und kommunikatives Handeln*. Frankfurt am Main: Suhrkamp 1983, 53–126.
173 Vgl. Ernst Tugendhat: *Dialog in Laeticia*. Frankfurt am Main: Suhrkamp 1997; ders.: „Retraktationen". In: *Probleme der Ethik*. Frankfurt am Main: Suhrkamp 1984, 76–132.
174 Vgl. Hal R. Varian: „Equity, Envy, and Efficiency". In: *Journal of Economic Theory* 9 (1974), 63–91; Kritik dazu u. a. von Robert Sugden: „Is Fairness Good? A Critique of Varian's Theory of Fairness". In: *Nous* 18 (1984), 505–511.
175 Das gilt für Varians und andere in der *collective choice* Tradition stehende Modelle, aber auch für Rawls' Theorie der Gerechtigkeit.

die Zustimmung von bloßen Interessen abhängig machen würden, was mit der normativen Verfasstheit der lebensweltlichen Praxis unvereinbar wäre.

Die lebensweltliche Praxis der Verständigung über Gründe ist effektiver, flexibler und komplexer, als die genannten und anderen Modelle aus der Sozialethik und *collective choice*. Sie ordnet Individuen jeweils in einen Spielraum eigener Willkür ein, in dessen Grenzen die Person sich keiner Kritik aussetzt. Die kantianische Ethik hat versucht, dies über das Kriterium des Kategorischen Imperativs formal, aber unzureichend, zu erfassen. Die deontologische Ethik ist insofern näher an der lebensweltlichen Praxis des Gründe-Gebens und -Nehmens, als sie Interaktionen nicht nach Optimierungskriterien, wie die konsequentialistische Ethik, beurteilt, sondern nach der Einhaltung normativer Mindestbedingungen.

Während sich die konsequentialistische Ethik auf ein Optimierungskriterium stützt und jeweils damit nur *eine* kollektive *praxis*, außer im Falle von Indifferenz zulässt, etablieren deontologische Sozialethiken eine Auswahlfunktion, die in der Regel jeder Konstellation von Interessen und moralischen Bewertungen eine Menge von Optionen kollektiven Handelns zuordnet, die den Spielraum individueller und kollektiver Willkürfreiheit markieren. Aber auch für deontologische Sozialethiken gilt, dass sie weit hinter der Komplexität lebensweltlich etablierter Verständigungspraktiken zurückbleiben. Die Form dieser Verständigungspraxis stützt die hier entwickelte Auffassung von praktischer Vernunft. Sie beginnt typischerweise bei der Feststellung individueller Situierungen: Welche Interessenlagen sind hier im Spiel, welche wechselseitigen Erwartungen, welche Ansprüche, welche Rechte, welche Pflichten, welche Verpflichtungen?[176] In vielen Fällen müssen Situierungen nicht thematisch werden, da sie interpersonell übereinstimmend beurteilt werden. In anderen zeigt die divergente normative Stellungnahme der Beteiligten, dass Klärungsbedarf besteht. Hier beginnt die Praxis des Gründe-Gebens und -Nehmens. Eine Charakterisierung der eigenen Situierung kann von anderen Personen bezweifelt werden, ja, sie ist nur sinnvoll, wenn solche Zweifel vermutet werden. Behauptungen wie Bestreitungen erfolgen sowohl im empirischen als auch im normativen Modus und diese beiden Modi lassen sich nicht anhand der grammatischen Form unterscheiden. Insofern ist diese Unterscheidung ein Import aus der Philosophie, ein Beispiel für die Imprägnierung lebensweltlicher Praxis durch Theorie. Der umfassende Realismus, für den ich plädiere,[177] wird diesem Merkmal der lebensweltlichen Diskurse dadurch gerecht, dass er für beide Sphären Tatsachen akzeptiert, die nicht epistemisch

---

[176] Das Verhältnis von Rationalität und Moralität ist Gegenstand des nachfolgenden Teils dieser Schrift.
[177] Vgl. *REAL*.

konstituiert sind. Sowohl mit empirischen wie mit normativen Argumenten versuchen wir, Tatsachenfragen zu klären.

„Willst Du bestreiten, dass ich das Recht habe selbst zu entscheiden, wen ich heirate?", sagt die volljährige Tochter einer Hindu-Familie, die in London lebt. Sie ist überzeugt, dass sie dieses Recht hat, während ihre Eltern meinen, dass sie dieses Recht nicht hat. Sie meint dies nicht im rechtlichen Sinne, da dies für Großbritannien unumstritten wäre. Sie meint dies im moralischen Sinne. Sie meint, dass es eine moralische Tatsache sei, dass sie selbst entscheiden dürfe, wen sie heiratet und sie diese Entscheidung nicht ihren Eltern überlassen müsse. Es kann sein, dass in diesem Konflikt zwei Kulturen aufeinanderprallen, die keine gemeinsame Verständigungsbasis haben. Die vorgebrachten Gründe von beiden Seiten bleiben wirkungslos, weil sie sich nicht auf gemeinsame normative Überzeugungen stützen können. Begründende Argumente sind aber darauf gerichtet, Meinungsverschiedenheiten aufzulösen und das kann nur gelingen, wenn sie überzeugen. Überzeugen können sie nur, wenn der Adressat der Argumente die vorgebrachten Gründe akzeptieren kann. Dies setzt wiederum voraus, dass die Gründe sich auf normative Überzeugungen stützen, die der Adressat teilt. Erfolgreiche Begründungen setzen daher einen in der Regel großen Bereich gemeinsamer empirischer und normativer Überzeugungen voraus, sie sind wirksam nur vor dem Hintergrund geteilter empirischer und moralischer Erfahrungen und deskriptiver wie normativer Überzeugungen. Daher gilt, dass Menschen, die sich an einer Verständigungspraxis beteiligen, die Gründe mit Aussicht auf Erfolg vorbringen und entgegennehmen, keine relativistische, anti-realistische Haltung einnehmen. Sie nehmen mit jedem Grund, den sie vorbringen, Stellung, dass es sich so und nicht anders verhält – empirisch und normativ. Eine relativistische Haltung ist allenfalls aus der Distanz, aus der Perspektive der unbeteiligten Person möglich.

Auf der Basis dieser Praxis Gründe vorzunehmen und zurückzuweisen, gemeinsame Referenzpunkte von Begründungen zu finden, Meinungen zu ändern, um sie den besseren Argumenten anzupassen, entsteht unser Bild der Welt empirischer und normativer Tatsachen. Wir stellen uns durch diese Praxis des Gründe-Gebens und -Nehmens gemeinsam in diese Welt und agieren in ihr. Strukturelle Rationalität lässt sich nur vor einem gemeinsamen Hintergrund geteilter Gründe, einer gemeinsamen Welt empirischer und normativer Tatsachen realisieren. Die radikal andere Lebensform, die durch radikal abweichende Wertungen und Überzeugungen geprägt ist, erlaubt keine gemeinsam praktizierte kollektive Vernunft. *Mit dem Löwen können wir nicht kooperieren, selbst wenn er reden könnte*, um eine Formulierung Wittgensteins abzuwandeln.[178]

---

[178] Vgl. Wittgenstein, Ludwig: *Philosophische Untersuchungen*. Teil 2, XI: „Wenn ein Löwe sprechen könnte, wir könnten ihn nicht verstehen."

§ 12 Grenzen des Lingualismus

Der berühmte *linguistic turn* in der Philosophie des zwanzigsten Jahrhunderts hat einerseits bedeutende Erkenntnisfortschritte ermöglicht und andererseits Einseitigkeiten der Analyse mit sich gebracht, die auf unser Denken insgesamt zurückwirken. Möglicherweise geht die Zeit des Lingualismus in der Philosophie, aber auch in einem großen Teil der Geistes- und Kulturwissenschaften, in diesen Jahren zu Ende. Die Anzeichen mehren sich, dass wir nun Zeuge eines *realistic turns* werden könnten. Der Lingualismus und die mit ihm verbundenen relativistischen und instrumentalistischen Tendenzen, sowohl in der *ordinary language philosophy* wie in der *ideal language philosophy* und der auf dieser aufbauenden philosophischen Analysen in der Wissenschaftstheorie und der praktischen Philosophie, waren mir von jeher suspekt. Allerdings muss man zugeben, dass die Alternativen dazu verschwommen geblieben sind. Die phänomenologisch geprägte Philosophie ist jedenfalls mit ihren fundamentalistischen Tendenzen und ihrer Neigung zum sprachlichen Obskurantismus nicht der „sichere Hafen", den man sich wünscht. Ich nehme, wie in dieser Schrift wohl deutlich geworden ist, Zuflucht zu einer Systematisierung der von uns allen geteilten Praxis der Urteilsbegründung, im empirischen, wie im normativen Bereich, im weitesten Sinne ein pragmatistischer Ansatz. Der Lingualismus in der analytischen Philosophie stellt dagegen eine Form des Apriorismus dar und steht insofern in einer schlechten Tradition der modernen Philosophie. Die Methode der Analyse, die in dieser Schrift zur Anwendung kommt, versteht sich nicht als aprioristisch, sie verabschiedet sich nicht von den lebensweltlichen empirischen wie normativen Erfahrungen. So bewahrt sie sich empirische und normative Bewährungsinstanzen: Lebensweltliche Überzeugungen, die zu bezweifeln wir keinen Grund haben, müssen mit den philosophischen Annahmen im Einklang stehen.

Insofern muss man sich vor einer linguistischen Fehlinterpretation dieser Schrift hüten. So naheliegend es ist, Gründe als sprachlich verfasste und mündlich oder schriftlich fixierbare Äußerungen anzusehen, man kann damit auf die schiefe Bahn des Rationalismus geraten. Wenn ich sehe, wie ein Kind zu ertrinken droht, werde ich – vorausgesetzt ich kann selbst hinreichend gut schwimmen – ins Wasser springen, um das Kind zu retten. Sollte jemand im Nachhinein die Frage stellen, warum ich denn nun ins Wasser gesprungen sei, dann kann ich eine Antwort geben, nämlich, dass das Kind zu ertrinken drohte. Wenn die fragende Person mit dieser Antwort nicht zufrieden ist, werde ich vielleicht antworten: „Jeder Mensch, der sich in einer solchen Situation befindet, hat die Pflicht, alles zu tun, um das Leben dieses Kindes zu retten." „Du hast das also aus Pflicht getan? Es war der Wunsch eine (moralische) Pflicht zu erfüllen, der Dich motivierte?" Ich hatte eine moralische Pflicht, aber war diese wirklich ausschlaggebend für mein Verhalten? „Ich habe darüber nicht nachgedacht, ob es meine Pflicht ist, ich habe das getan, was in diesem Augenblick zu tun war". Vielleicht füge ich hinzu „Ich habe spontan gehandelt".

Bernard Williams hat gegen die Möglichkeit einer ethischen Theorie unter anderem damit argumentiert, dass sich viele Handlungen moralisch von selbst verstehen, dass sie keiner Begründung bedürfen, ja dass Begründungen für die moralische Handlungsmotivation schädlich sein können. Sein berühmtes Beispiel: Wenn das Boot kentert und meine Frau zu ertrinken droht und ich nachdenke, ob ich sie oder jemand anderen retten sollte, dann ist das ein Gedanke zu viel („one thought too many"). Williams suggeriert in seinen ethischen Schriften[179], dass sich die moderne Ethik, anders als die antike, in einer rationalistischen Falle befände, wenn sie mithilfe der Theorie unsere moralischen Pflichten klären möchte. Wir sind bislang in dieser Schrift Bernard Williams gewissermaßen auf halbem Wege entgegengekommen. Wir haben mehrfach darauf hingewiesen, dass es die etablierte Praxis des Gründe-Gebens und Gründe-Nehmens ist, die uns motiviert und motivieren sollte, dass es nicht die Theorie ist, die erst die Kriterien bereitstellt, nach denen wir diese Praxis beurteilen. Zugleich haben wir darauf hingewiesen, dass diese etablierte Praxis nicht zweifelsfrei ist, da sie Inkohärenzen aufweist und uns daher zur Klärung unseres normativen Urteils zwingt. Wir haben uns gegen einen anti-theoretischen Quietismus ausgesprochen. Warum kommen wir Bernard Williams nicht auf ganzem Weg entgegen und verabschieden die Begründung? Ja schlimmer noch, ist nicht die Verbindung von *Gründe haben* und *Handlungen vollziehen* der zentrale rationalistische Sündenfall, aus dem alle anderen Verfehlungen rationalistischen Denkens in der praktischen Philosophie erst hervorgehen?

Bleiben wir nahe an den Phänomenen der lebensweltlichen moralischen Praxis. Nehmen wir an, der Ehemann rettet seine Frau nicht, obwohl er sie hätte retten können. Lassen wir die Komplikationen unbeachtet, die sich ergeben, wenn er sein Kind, anstelle seiner Frau rettet oder auch das Kind eines anderen Paares anstelle seiner Frau etc. Werden wir nicht sagen, er hätte seine Ehefrau retten sollen? Etwas künstlicher: Alles habe dafür gesprochen, seine Frau zu retten oder jedenfalls den Versuch zu unternehmen sie zu retten? Oder auch, er habe einen guten Grund gehabt, ins Wasser zu springen, nämlich den, seine Ehefrau zu retten? „Warum bist du ins Wasser gesprungen?" Antwort: „Um meine Frau zu retten". Menschen, die sich mit dieser Antwort nicht zufriedengeben, scheinen so radikal andere Überzeugungen und Wertungen zu haben, dass der Versuch einer Verständigung sinnlos zu sein scheint. Zur geteilten Lebensform

---

[179] Bernard Williams: *Persons, Character, and Morality*. Cambridge: University Press 1981.

gehört, dass man sich um das Wohl seiner Ehefrau bemüht und wenn möglich und nötig ihr Leben rettet. Wer dies nicht als Handlungsgrund anerkennt, kennt offenbar wesentliche Charakteristika dieser Lebensform nicht.

Gründe vorzubringen ist nur sinnvoll, wenn es Zweifel an diesen geben kann. Das Unbezweifelbare muss nicht begründet werden. Und alle Begründungen enden über kurz oder lang in Unbezweifelbarem. Dieses Unbezweifelbare ist das, was nicht bezweifelt wird und das hinreichend bedeutsam ist, um in begründenden Argumenten für anderes, Bezweifelbares, eine Rolle zu spielen.

Wittgenstein hat in *Über Gewißheit* argumentiert, dass wir von Wissen nur sprechen sollten, wenn es Zweifel geben kann, die durch Argumente behoben werden. Dort wo keine Zweifel bestehen können, befinden wir uns am Grund des Grundes, dort wo die Fundamente sind, die das Übrige tragen. Allerdings sind diese Fundamente selbst wiederum abhängig von dem, was sie tragen und sie sind nicht starr, sie können ihre Lage verändern. Alles Begründen hat ein Ende in der geteilten Lebensform. Aber diese ist im Fluss, sie verändert sich und sobald sie sich verändert, wirken wir mit Gründen darauf hin, dass sie sich in einer bestimmten Weise verändert. Das zuvor Unbezweifelbare wird bezweifelt und anderes, was bislang umstritten gewesen sein mag, verfestigt sich zu Unbezweifelbarem.

Die moralische Irrelevanz der Hautfarbe ist ein Beispiel für eine solche Veränderung der geteilten Lebensform und der normativen Verfasstheit von Beziehungen. Während Aristoteles noch wie selbstverständlich von der naturgemäßen Herrschaft des Mannes über die Frau ausging, eine königliche Herrschaft *(arche kyriake)*, die im Interesse der Unterstellten ausgeübt werden sollte, gilt jemand, der in modernen, westlichen Gesellschaften eine solche These vertritt, wohl in der Regel als unzurechnungsfähig, er ist aus der geteilten Lebensform ausgestiegen.

Die zentrale Rolle von Gründen für unsere Handlungstheorie soll nicht suggerieren, dass menschliche Praxis das Ergebnis anhaltender und gegebenenfalls langwieriger Klärungen von Überzeugungen sei. Wer lange nachdenkt, ob er seine Frau retten solle, hat in der Tat *one thought too many*. Aber die Person, die die Ehefrau oder das ertrinkende Kind im ersten Beispiel rettet, hatte dafür gute Gründe. Diese Gründe müssen nicht ausgesprochen, ja nicht einmal gedacht werden, weil sie selbstverständlich sind. Etwas Selbstverständliches ist nicht unvernünftig. Die spontan richtige Handlung ist vernünftig. *Das Maß der Vernunft zeigt sich nicht im Umfang der Deliberation.* Aber die Freiheit des Einzelnen sich so oder auch anders zu entscheiden und sich dann auf der Basis eigener Gründe in einer bestimmten Weise zu entscheiden, geht nicht dadurch verloren, dass es keiner Abwägung bedurfte, um sich (richtig) zu entscheiden. Gründe gibt es auch dort, wo diese selbstverständlich und unumstritten sind.

Gründe, die ich vorbringe, sind normative Stellungnahmen. Viele dieser normativen Stellungnahmen lassen sich in einer sprachlich elaborierten Form zum Ausdruck bringen und dann auch schriftlich festhalten. Aber die konkreten Abläufe, die mein Handeln bestimmen, sind zum großen Teil vor-, manchmal sogar außer-sprachlich. Sie sind vorsprachlich, wenn es *ex post* möglich ist, sie sprachlich zu fassen, sie sind außer-sprachlich, wenn dies nicht gelingt.

Nehmen wir als banales Beispiel den Weg, den ich nehme, um in einer mir noch weitgehend fremden Stadt zu einem Gebäude zu kommen, das mich vor ein paar Tagen beeindruckt hat. Ich habe die Richtung, in der das Gebäude zu suchen ist, in etwa im Kopf und ich sehe einige der Wege und Plätze vor mir, die nach meiner Erinnerung zu diesem Gebäude führen. Mir sind nicht alle Details vertraut, ich kenne die Straßennamen nicht, ich könnte die Gebäude nicht beschreiben, jedenfalls nicht so, dass sie für eine Person, die diese Beschreibung hört, identifizierbar wären. Dennoch kann es gut sein, dass ich zuverlässig den Weg zu diesem Gebäude finde. Ich habe gewissermaßen ein Bild vor mir, eine Bilderfolge, Ausschnitte von Straßen und Plätzen und Gebäuden, unzureichend miteinander verknüpft, aber doch hinreichend, um mich zurechtzufinden. Vielleicht wäge ich ab, ob ich diesen oder jenen Weg nehmen soll und diese Abwägung ist sprachlich nicht repräsentierbar, sondern mir lediglich in Gestalt zweier bruchstückhafter Bilderfolgen präsent. Da die eine mir vollständiger und daher verlässlicher zu sein scheint als die andere, entscheide ich mich für den betreffenden Weg, auf dem ich diese Bilderfolge erwarte. Stellen wir uns einfach zwei visuelle Prozesse vor, wie zwei Videofilmchen und ich wähle dann den einen – ich gehe den betreffenden Weg. Der Weg, den ich gehe, ist selbst aus einer Vielzahl von Einzelentscheidungen zusammengesetzt – gehe ich jetzt rechts, oder links? – und auch hier gilt, ich kann gute Gründe haben so und nicht anders zu gehen, ohne dass ich diese Gründe sprachlich ausdrücken könnte.

Ich bin im Museum und sehe zwei Bilder vor mir. Ich sehe, dass das eine Bild von überragender Qualität ist, das andere dagegen nicht. Ich werde gebeten dieses ästhetische Urteil zu begründen. Ich kann es nicht. Aber es kann sein, dass dieses Urteil verlässlich ist. Auf Nachfrage könnte ich sagen: Ich weiß genau, warum dieses Bild besser ist, aber ich kann dir nicht *sagen*, warum. Der Kunsthistoriker könnte sagen, warum. Es ist allerdings nicht sicher, dass sein Urteil deswegen verlässlicher ist.

Manche Stellungnahmen sind nicht weiter begründbar, weil sie selbstverständlich sind. Deswegen fehlen uns die Worte. Andere Stellungnahmen sind nicht begründbar, weil sie nicht sprachlich verfasst sind. Auf manches muss man zeigen, man kann es nicht beschreiben. Mein Wissen kann sich auf Sachverhalte auch dann beziehen, wenn sich diese Sachverhalte nicht oder nur schlecht in eine sprachliche Form bringen lassen. Jemand mag zuverlässig chinesische von japanischen Gesichtern unterscheiden können, aber unfähig sein den Unterschied zu beschreiben. Die Person weiß dann, dass es sich um eine Japanerin und nicht um eine Chinesin handelt, sie hat propositionales Wissen, ohne den Unterschied beschreiben zu können. Propositionales Wissen ist nicht notwendigerweise sprachlich verfasst oder besser: Nicht alle Aspekte propositionalen Wissens lassen sich sprachlich ausdrücken.

Der Lingualismus ist mit dem Rationalismus eng verbunden. Wenn sich alles Wesentliche sprachlich ausdrücken und niederschreiben lässt, dann liegt das Missverständnis nahe, dass jede Form der Deliberation, der Erfassung von Gründen oder des Verfügens über propositionales Wissen der Logik, der benutzten Sprache gehorche. Eine Schwäche des sprachlichen Ausdrucks, eine Unfähigkeit, seinen normativen oder empirischen Überzeugungen sprachlich Ausdruck zu geben, erscheint dann als irrational.

Bestimmte Eigenschaften sind unmittelbar durch Wahrnehmung festzustellen. Es ist rational aufgrund einer Gelbwahrnehmung zu urteilen, dass es sich um einen gelben Gegenstand handelt. Es ist rational, wenn die Bedingungen dieser Wahrnehmung die üblichen sind und ich keinen Grund zu der Annahme habe, dass die Lichtverhältnisse mir etwas Falsches suggerieren. Die Überzeugung, etwas sei gelb aufgrund einer gelben Farbwahrnehmung, ist zweifellos rational, sie ist wohlbegründet. Ein inferentieller, sprachlich verfasster, argumentativer Prozess, der zu dieser Überzeugung führt, ist dafür nicht erforderlich. „Denk nicht, sondern schau", meint Wittgenstein in den *Philosophischen Untersuchungen*.

Aber wie ist dies mit dem Stab, der beim Eintauchen ins Wasser bei schräger Draufsicht als gebrochen erscheint? Ich schaue und sehe den Stab als gebrochen. Ich weiß aber, er ist nicht gebrochen. Ich kann mich dessen vergewissern, wenn ich ihn wieder herausziehe. Ich setze dabei voraus, dass er sich nicht beim Herausziehen neu formt. Es fällt mir schwer, für diese Annahme eine Begründung zu geben, aber meine Überzeugung, dass der Stab nicht an der Wasseroberfläche gebrochen ist, ist zweifellos rational. Ich habe dafür gute Gründe und das Gegenteil anzunehmen, wäre unbegründet. Wahrnehmungen führen nicht kausal zu bestimmten Überzeugungen. Wahrnehmungen sind immer schon interpretiert, gesteuert durch Intentionen und strukturiert durch Gegenstände, die wir durch Wahrnehmungen erfassen. Die Gestalt unserer Wahrnehmungen ist nicht sprachlich verfasst. Die sprachliche Beschreibung ist gewissermaßen *ex post*, sie versucht dann Strukturen der Welt, die durch unsere Wahrnehmungen erschlossen sind, zu erfassen. Es handelt sich dabei oft eher um ein Zeigen, einen Hinweis etwa derart, „das da meine ich", als um eine präzise Beschreibung.

Man denke an die Katalogtexte, die die Werke eines Künstlers beschreiben. Wie langatmig oder anspruchsvoll die Texte auch immer sein mögen, wir würden nicht wissen, um welche Art Kunst es sich handelt, wenn wir sie nicht sähen. Wenn es möglich wäre, Werke der bildenden Kunst mit sprachlichen Mitteln vollständig zu beschreiben, dann würden wir diese Werke nicht benötigen, dann wären sie redundant, dann genügte die Sprache als Medium der Mitteilung. Ich sehe, wie das Kind im Fluss zu ertrinken droht, ich kann nicht schwimmen, mir fehlen die Worte, ich zeige hin und mein Nachbar springt auf, um das Kind zu retten. In meiner Vorstellung läuft ein Film ab, wie das Kind sich nicht mehr über Wasser halten kann, wie der Kopf des Kindes unter Wasser gerät, wie das Kind Wasser schluckt, ohne dass es noch gerettet werden kann, weil man die genaue Stelle, an der es sich befindet, nicht mehr sehen kann. In meiner Vorstellung ist ein Film abgelaufen und ich habe, als ich wortlos auf das Geschehen im Wasser zeigte, einen ähnlichen „Film" in dessen Vorstellung evoziert. Daraufhin sprang er ins Wasser und rettete das Kind. Er hatte einen guten Grund, sich so zu verhalten. Sein Verhalten war vernünftig. Er hätte auch anders handeln können. Er hat sich frei und ohne weiter nachzudenken für die Rettung des Kindes entschieden, obwohl ihm das Risiko bewusst war, selbst vom Fluss mitgerissen zu werden. Auch dieses Risiko war ihm eher in Gestalt eines möglichen Ablaufes der Ereignisse vor Augen gestanden, denn als Folge von beschreibenden Sätzen. *Gründe müssen nicht sprachlich verfasst sein, um vernünftige, objektiv gültige und wirksame Gründe zu sein.*

IV Phänomenologie struktureller Rationalität

§ 1 Strukturelle Praxis

Die Phänomenologie struktureller Praxis ist unerschöpflich. Wir können in diesem Teil des Buches nicht mehr tun, als einige Beispielsfälle herauszugreifen und hoffen, dass sie sich als Teile eines umfassenderen Bildes von vernünftiger menschlicher Praxis interpretieren lassen. Wir beabsichtigen also nicht ein Mosaik zusammenzustellen, ein vollständiges Bild zu malen. Wir setzen ein paar Pinselstriche da und ein paar Pinselstriche dort und sollte das gelingen, kann jede Leserin und jeder Leser an diesem Bild weitermalen. Es würden sich verschiedene Bilder ergeben, aber sie hätten etwas gemeinsam, die strukturelle Einbettung der einzelnen, wenn vernünftigen, Handlungen in einen größeren Zusammenhang.

In der Physik wird gelegentlich von *phänomenologischen Theorien* gesprochen, in dem Sinne, dass sie eng an den Erscheinungen, den Phänomenen, den empirischen Daten bleiben, aber nicht den Anspruch erheben, eine systematische Analyse, speziell die Zurückführung auf schon etablierte und vielfältig bestätigte Paradigmen zu leisten. Phänomenologische Theorien bleiben gewissermaßen an der Oberfläche, sie erheben keinen tieferen Erklärungsanspruch. Das heißt aber keineswegs, dass man sich mit der Entwicklung phänomenologischer Theorien gegen eine systematische oder eine tiefgreifende, eine die physikalischen Grundlagen aufzeigende, Theorie stellt. Aber es mag sein, dass diese (noch) nicht zur Verfügung steht. Vielleicht wäre es zu kompliziert, den komplexen, phänomenologischen Zusammenhang auf diese Grundlagen zurückzuführen, beziehungsweise aus diesen abzuleiten. Phänomenologische Theorien folgen meist einer Heuristik wissenschaftlicher Forschung, sie werden entwickelt in der Hoffnung, dass sie am Ende, angesichts einer grundlegenden, systematischen und erklärenden Theorie, überflüssig werden. Aber die epistemische Situation ist auch in den Naturwissenschaften durch Gradualismus und Kohärentismus geprägt. Es gibt nicht die eine, alles erklärende Theorie (die „Weltformel", nach der Journalisten immer wieder fragen), sondern es gibt Theorien, die eine umfassendere Erklärungskraft haben, als andere, deren Systematisierungsleistung höher ist, die uns ein kohärenteres Bild der Zusammenhänge vermitteln. Wenn allerdings die Vereinheitlichung der Theorie zu einem Verlust an Erklärungskraft führt, wenn die Phänomene, die es zu beschreiben und zu erklären gilt, nicht adäquat erfasst werden, wenn sich empirische Daten nicht einpassen lassen, wenn die vermeintlichen Anomalien zunehmen, wenn gar ein Teil unseres Erfahrungswissen ausgeblendet werden muss, um die Theorie aufrechtzuerhalten, dann befinden wir uns auf einem falschen Weg, der am Ende zu Immunisierungsstrategien, Dogmatik und Ideologie führt. Es droht der Verlust epistemischer Rationalität. Daher ist es manchmal vernünftiger, es bei der phänomenologischen Beschreibung und allenfalls behutsamen Systematisierung bewenden zu lassen. Eine extreme Form dieser epistemischen Haltung ist der Partikularismus von Jonathan Dancy.[180]

Das strukturelle Verständnis von Handlungsrationalität ist zwar skeptisch gegenüber den großen, systematisierenden, prinzipienorientierten Ethik- und Rationalitätskonzeptionen, weil sich immer wieder herausgestellt hat, dass sie mit der Komplexität der normativen Beurteilungspraxis ebenso wenig in Einklang zu bringen sind, wie mit der Vielfalt menschlicher Handlungsweisen, es stellt sich jedoch nicht grundsätzlich gegen ethische Theoriebildung. Es geht um die angemessene Form: Wir sind nicht auf der Suche nach dem verborgenen Prinzip oder den zehn Geboten, wir wissen schon vor aller Theorie und allen Prinzipien meist gut, was zu tun ist. Es sind nicht die Prinzipien, die im günstigsten Falle das Ergebnis ethischer Theoriebildung sind, die uns erst normative Orientierung geben, die Kritik des *principlism* und *generalism* ist berechtigt. Dennoch können Regeln, die sich in der lebensweltlichen Beurteilungspraxis bewähren, helfen, Zweifelsfälle zu beheben und moralische Konflikte aufzulösen.

Wenn wir im Folgenden von der *Phänomenologie struktureller Praxis* sprechen, dann ist nicht die spezifische philosophische Methode der Phänomenologie gemeint, auch wenn die Grundintuitionen der Theorie praktischer Vernunft – sich auf die Sachen selbst einzulassen, sie nicht voreilig durch Interpretationen und Systematisierungen zu entstellen, das Theoretische in einem ersten Zugriff zurückzuhalten – mit denjenigen der philosophischen Phänomenologie durchaus verwandt sind.

Die Phänomenologie struktureller Praxis soll verbreitete, aber irreführende Dichotomien und Oppositionen zu überwinden helfen. So hat das unbestreitbare Phänomen, dass Menschen in zahlreichen konkreten Entscheidungssituationen sich nicht erwartungswertmaximierend im Sinne der rationalen Entscheidungstheorie und des *homo oeconomicus* Modells verhalten, zunächst zu der These geführt, dass Menschen sich eben in der Regel weit weniger rational verhalten, als es die (ökonomische) Theorie annimmt, was die empirische Relevanz der ökonomischen Theorie natürlich einschränken würde. Oder diese Phänomene wurden als Hinweise auf ein anderes Paradigma der Rationalitätstheorie, das man in Anschluss an Herbert Simon meistens mit dem *Satisficing*-Konzept identifizierte, interpretiert. Eine dritte Sichtweise behandelt diese Phänomene als Heuristiken oder Praxis-Regeln, die Ausdruck einer unvollständigen Rationalität sind und sich den epistemischen und praktischen Beschränktheiten der jewei-

---

[180] Vgl. Jonathan Dancy: *Ethics without Principles*. Oxford: University Press 2004.

ligen Entscheidungssituationen verdanken. Die sogenannte Verhaltensökonomie hat als metatheoretischen Hintergrund in der Regel die erste Interpretation: Demnach gibt es eine Vielzahl empirischer Phänomene menschlichen Handelns, die sich in das *rational choice*-Modell nicht integrieren lassen. Aber die sorgsame Beschreibung dieser Phänomene gibt wiederum Hinweise darauf, welches Verhalten zu erwarten ist und wie Verhalten gesteuert werden kann, zum Beispiel durch *Nudging*, also durch die bloße Veränderung der Entscheidungsarchitektur, ohne an den Handlungskonsequenzen zu manipulieren. Allein die Tatsache, dass *Nudging* erfolgreich ist, dass es tatsächlich eine Veränderung des Verhaltens nach sich zieht, wird dann wieder als Beleg für die Irrationalität der Akteure herangezogen.

Die Phänomenologie struktureller Praxis legt jedoch eine andere Sichtweise nahe, nämlich die, dass Verhaltensphänomene, die vom *rational choice*-Modell abweichen in vielen Fällen nicht als irrational anzusehen sind, sondern als Formen der strukturellen Einbettung von *pragmata* in *praxis*. Diese Einbettung macht die jeweiligen *pragmata* nicht irrational, sondern sichert im Gegenteil erst ihre Vernünftigkeit. Eine spezielle Form dieses Spannungsverhältnisses zwischen Optimierung im Sinne des *rational choice*-Modells und struktureller Einbettung, ist das Verhältnis von Rationalität und Moralität, mit dem wir uns dann im darauffolgenden fünften Kapitel der Schrift befassen.

§ 2 Selbstkontrolle

Humeaner können ihre Auffassung von instrumenteller Rationalität, also die geeignete Wahl nach den je im Augenblick der Entscheidung gegebenen Wünschen, dadurch gegen Kritik immunisieren, dass sie jeweils postulieren, dass die Wünsche so angenommen werden sollten, dass sie die jeweils vorgebrachte Kritik entkräften. Variieren wir ein altes Beispiel von Thomas Nagel[181]: Jemand beabsichtigt, in zwei Wochen in Rom Urlaub zu machen und weiß heute, dass es sinnvoll wäre, dort über Grundkenntnisse des Italienischen zu verfügen. Also hat er einen Kurs gebucht, der allerdings wertvolle Zeit für Anderes, was jeweils wünschenswert wäre, nimmt. Für das *belief-desire*-Modell ergibt sich hier insofern eine Schwierigkeit, als es ja durchaus plausibel ist, anzunehmen, dass die jeweiligen Wünsche, die die Person zu einem bestimmten Zeitpunkt hat, eher dadurch erfüllt werden, dass sie den Italienischkurs nicht besucht, sondern stattdessen sich im Café mit Freunden trifft, einen schönen Film ansieht oder ein Buch liest.

---

181 Nagel, Thomas: *The Possibility of Altruism*. Oxford: Clarendon Press 1970.

Die willensstarke und vernünftige Person wird dennoch auf die Optimierung der Wunscherfüllung zum jeweiligen Zeitpunkt der Entscheidung verzichten und den Italienischkurs besuchen, vorausgesetzt, dass die entgangenen Freuden durch den Besuch des Italienischkurses – bei vernünftiger Abwägung – nicht den Vorteil der Italienischkenntnisse in Rom überwiegen.

Humeaner können ihre Theorie gegen solche Einwände immunisieren, indem sie annehmen, dass der vernünftige Akteur eben zum Zeitpunkt der Entscheidung ein *desire* entwickelt, jetzt etwas zu tun, nämlich den Italienischkurs zu besuchen, um später etwas zu können, nämlich Italienisch, was der dann zu erwartenden Wunscherfüllung zuträglich sein wird. Diese Immunisierung ist psychologisch unplausibel: So funktionieren unsere Wünsche nicht, außer wir banalisieren den Wunschbegriff dergestalt, dass uns alles als Wunsch zugeschrieben wird, was sich in Handlungen manifestiert, wenn wir also den Wunschbegriff dem *revealed preference* Konzept angleichen. Dann wünschen wir jeweils das, was wir tun, und jede weitere Rationalitätsbetrachtung erübrigt sich. Tatsächlich ist das *revealed preference* Konzept nur insofern trennscharf, als es mit Kohärenzbedingungen, wie sie die Postulate des Nutzentheorems formulieren[182], verbunden wird.

Was aber hier entscheidender ist: Wenn die Wünsche einer rationalen Person die zukünftige Wunscherfüllung jeweils schon vorwegnehmen, dann wird die Vernünftigkeit der Praxis in eine psychologische Theorie der Wunschgenese eingebaut. Es findet eine Verschiebung von der normativen Rationalitätstheorie zur empirischen Psychologie statt und dies in einer Weise, die hochgradig unplausibel ist. So funktioniert die Wunschgenese nicht. Praktische Vernunft besteht gerade darin, die jeweiligen Wünsche des Augenblicks zu evaluieren, zu diesen Stellung zu nehmen, und sei es auch nur höchst implizit und rudimentär, um dann das Handeln an denjenigen Wünschen des Augenblicks auszurichten, die diesen Test erfüllen. Vieles spricht aber dafür, sich noch weiter vom *belief-desire*-Modell zu entfernen. Die Wünsche werden nicht lediglich einem Vernünftigkeits- oder zumindest Zulässigkeits-Test unterworfen, sondern die Praxis ist Ausdruck einer normativen Beurteilung, in die die eigenen Wünsche, aber auch die Wünsche Anderer, die Erwartungen für die Zukunft, normative Überzeugungen unterschiedlichen Typs, eingehen. Es ist das Urteil, das die Entscheidung ausmacht. Die Entscheidung ist nicht Ausdruck eines Wunsches, sondern Ausdruck einer normativen Stellungnahme: Es ist (für mich) vernünftig, jetzt dieses zu tun.

Das komplexe Verhältnis von eigenen Wünschen (im Sinne von *desires*) und Handlungsgründen lässt sich an einem alltäglichen Beispiel illustrieren: dem der

---

182 Vgl. Appendix §1.

Entscheidungsfindung eines zweifelnden Rauchers. Nehmen wir an, der Raucher ist zu dem Ergebnis gekommen, dass es insgesamt für ihn vernünftiger wäre, mit dem Rauchen aufzuhören. Er kann sich dabei auf Auskünfte seines Hausarztes stützen oder auf medizinische Studien oder auch sein eigenes Interesse an Sport und einem langen Leben. Andere Raucher mögen, mit denselben Informationen aus der medizinischen Wissenschaft versehen, zu einem anderen Ergebnis kommen und zum Beispiel eine gewisse Lebensverkürzung dem Genuss des Rauchens und der vermeintlichen oder tatsächlichen höheren Konzentrationsfähigkeit, eventuell auch dem meditativen Augenblick des Zigarettenanzündens, unterordnen. Lebensweltlich scheint die Situation eindeutig: Der einsichtige Raucher hat allen Grund, mit dem Rauchen aufzuhören, es wäre unvernünftig beziehungsweise ein Zeichen von Willensschwäche, wenn er sein Rauchen fortsetzte. In der Theorie allerdings stellt sich die Sachlage weit komplexer dar. Einfach ist noch die Zurückweisung der humeanischen Interpretation, für die es nicht irrational ist, trotz der Einsicht des Rauchers, weiter zu rauchen, weil die Erfüllung der Wünsche des Augenblicks und die dazu instrumentell rationale Wahl der Option, sich die nächste Zigarette anzuzünden, ausschlaggebend ist. Der schlichte Humeanismus überzeugt nicht.

Der anspruchsvollere (im Englischen würde man sagen *sophisticated*) Humeaner allerdings bietet hier eine Lösung an, nämlich die, dass die Person, unzufrieden mit ihren handlungsleitenden *desires* oder Präferenzen (genauer: Volitionen), Metapräferenzen entwickelt und ihr Personenstatus davon abhängt, dass sie diese Metapräferenzen wirksam werden lässt, das heißt, dass ihre Metapräferenzen ihre Volitionen erster Stufe bestimmen. Im Falle, dass dies nicht stattfindet, handelt es sich um eine willensschwache Person und *a limine* verliert der Raucher seinen Status als Person, er mutiert zum bloßen *Wanton*, der den jeweiligen Präferenzen des Augenblickes folgt.

So etwas findet zweifellos statt: Personen, die starke Volitionen haben, deren praktische Konsequenzen sie aber ablehnen, wie im Beispiel des einsichtigen Rauchers, entwickeln Metapräferenzen, sie wünschen sich, andere Wünsche zu haben, als sie tatsächlich haben. Diese Interpretation, so beliebt sie in der zeitgenössischen, analytisch geprägten Handlungsphilosophie ist, ist jedoch unplausibel, weil die willensstarke Person gerade dadurch charakterisiert ist, dass sie es nicht nötig hat, andere *desires* zu haben, als sie gerade hat, weil sie der vernünftigen Einsicht folgt und das Rauchen beendet, obwohl sie den starken Wunsch hat, sich die nächste Zigarette anzuzünden. Willensstärke besteht darin, das hat Aristoteles weit besser als Harry Frankfurt festgestellt, der Einsicht und nicht dem Wunsch des Augenblicks zu folgen. Wenn diese Einsicht selbst durch die erwartbare Wunscherfüllung in der Zeit bestimmt ist, dann kann man auch sagen, dass der Willensstarke die Wunscherfüllung in der Zeit (genauer das zeitliche Integral der Wunscherfüllung) zum Maßstab seines Handelns macht und die Wünsche des jeweiligen Augenblicks lediglich als Bestimmungsgrößen dieses Integrals nimmt. Der willensstarke Raucher hört mit dem Rauchen auf, weil er *eingesehen* hat, dass Rauchen für ihn schädlich ist. Eines Umwegs über veränderte Wunschlagen bedarf es nicht. Allerdings erleichtert es dem willensstarken Raucher, seine Einsicht und nicht seine Augenblickswünsche zum Maßstab seiner Entscheidungen zu machen, zu wissen, dass der starke Wunsch, sich die nächste Zigarette anzuzünden, aller Voraussicht nach im Laufe der nächsten Tage und Wochen ohne Nikotingenuss abnehmen und eines Tages ganz verschwinden wird.

Die natürliche Interpretation von Willensstärke liegt auf der Hand: Es handelt sich um nichts anderes als *strukturelle Rationalität*: Der Raucher ist zur Einsicht gekommen, dass eine Lebensform ohne Rauchgenuss für ihn die bessere ist und tut punktuell das, was diese Struktur (hier fortgesetztes Nichtrauchen) erfüllt. Die Tatsache, dass willensschwächere Raucher Umwegstrategien wählen und etwa konkurrierende Wünsche aufbauen, um ihren Wunsch, sich die nächste Zigarette anzuzünden, zu unterdrücken, etwa indem sie Sport treiben und dort besonders Leistungen zeigen möchten, steht mit dieser Interpretation von Willensstärke keineswegs im Widerspruch. Solche Umgehungsstrategien sind sinnvoll, sie können helfen, das als vernünftig Eingesehene zu realisieren, aber sie sollten nicht zum *signum* des Personenstatus gemacht werden.

Die Freiheit des Willens besteht darin, dem vernünftig Eingesehenen zu folgen und nicht Volitionen zweiter Stufe zu entwickeln, deren praktische Relevanz erst dann manifest wird, wenn diese die bestehenden *desires* verändert haben. Frankfurt irrt, wenn er meint, *it's desire not reason that constitutes rationality*. Umgekehrt gilt: *it's reason, not desire, that constitutes rationality*. Wohlgemerkt: Wir bestreiten nicht, dass es das Phänomen der Metapräferenzen gibt, ja wir billigen diesen eine wichtige Rolle in der Formation prohairetischer Einstellungen zu, aber wir sollten eine Ausdrucksform von Willensschwäche nicht zum Ausweis des Personenstatus machen. Man kann es auch anders, positiver formulieren: Was Harry Frankfurt im Blick hat, ist in der Tat ein Defizit des traditionellen Hume'schen Handlungsmodells, nämlich das der diachronen Inkohärenz. Er illustriert dies am Beispiel des Drogensüchtigen und hofft durch die Einführung von *second order volitions*, also *meta- desires*, hinreichende strukturelle Rationalität zu sichern, ohne vom Primat der Wünsche abgehen zu müssen.

Würde es aber nicht genügen, sich vom traditionellen Hume'schen Modell zu lösen, also nicht mehr die Wunscherfüllung des Augenblicks zum Rationalitätskriterium zu machen, sondern stattdessen die langfristige Optimierung der Wunscherfüllung? Machen wir die hierfür günstige Annahme, dass ausschließlich die Erfüllung der eigenen Wünsche normativ relevant ist, dass der Akteur alle anderen Aspekte, zum Beispiel die Wunscherfüllung anderer Personen oder gar die Berücksichtigung ihrer Rechte, außer Betracht lassen kann. Wir würden also für den Zweck des Arguments eine zeitliche Diskontierung eigener Wunscherfüllung von 0 annehmen und hoffen, dass bei dieser starken Rationalitätsprämisse die Einsicht, dass es für den Raucher am besten wäre, das Rauchen aufzuhören, durch Optimierung des zeitlichen Integrals der Wunscherfüllung sichergestellt würde.

Dies wirft, auch mathematisch, durchaus anspruchsvolle Fragen auf. Nehmen wir an, dass der positive Gesundheitseffekt, der für die Einsicht des Rauchers, dass es für ihn am besten sei, mit dem Rauchen aufzuhören, ausschlaggebend war, sich kontinuierlich mit den Tagen des Nichtrauchens erhöht. Im einfachsten Fall würde dieser Zusammenhang einer linearen Funktion in der Zeit folgen. Noch günstiger für die Behauptung, dass punktuell optimierendes Verhalten – bei allerdings einer zeitlich nicht diskontierten Wertfunktion – zur Sicherstellung der vernünftigen Entscheidung, mit dem Rauchen aufzuhören, ausreicht, wäre, dass die positiven Effekte nicht linear in der Zeit sind, sondern einer monoton steigenden, aber im Grenzwert kontinuierlich fallenden Funktion mit einer kleinsten oberen Schranke, an die sich diese Funktion asymptotisch annähert, entspricht. Allerdings könnte diese günstige Gestalt der Nutzenfunktion mit der inversen Funktion der Schadensfunktion korrelieren. Es mag durchaus sein, dass – sagen wir – der erste Tag des Nichtrauchens von so großem Leid geprägt ist, dass der Nutzen im zeitlichen Integral geringer ist, als der Schaden.[183] Das irritierende Ergebnis dieser durchaus lebensnahen Modellierung wäre dann, dass ein rationaler Konsequentialist, der keine zeitliche Diskontierung aufweist, der also die zukünftige Wunscherfüllung, unabhängig davon, in wie ferner Zukunft sie stattfindet, mit gleichem Gewicht versieht wie die gegenwärtige (eine überaus starke Annahme), mit dem Rauchen entgegen besserer Einsicht nicht aufhören würde. Es wäre für ihn sogar irrational, wenn man das konsequentialistische Optimierungsprinzip als Rationalitätskriterium annimmt, mit dem Rauchen aufzuhören. Jedenfalls so lange, bis sich dieses Nutzen-Kosten-Verhältnis nicht verändert hat, zum Beispiel dadurch, dass die Person durch Rauchen erkrankt ist.

Eine andere Möglichkeit, die Rationalität des Weiterrauchens trotz besserer Einsicht zu sichern, besteht in der Annahme einer Präferenzschwellentheorie.[184] Empirische Studien zeigen, dass wir Wahrnehmungsschwellen haben, dass wir minimale Veränderungen nicht wahrnehmen, dass es also ein Delta gibt, das überschritten wird, damit eine Veränderung, zum Beispiel der Temperatur von uns wahrgenommen wird. Übertragen auf unser Beispiel wäre es durchaus plau-

---

183 Eine mathematische Präzisierung im Appendix §4.
184 Vgl. *KdK*, §§ 33–35.

sibel anzunehmen, dass es für den Gesundheitszustand und die spätere Präferenzerfüllung des einsichtigen Rauchers langfristig völlig unerheblich ist, ob er am ersten oder am zweiten Januar 2020 mit dem Rauchen aufgehört hat. Die positiven Effekte unterscheiden sich so minimal, dass sie für ihn nicht wahrnehmbar sind. Wenn wir dieses auch für die Verschiebung des Tages, an dem der einsichtige Raucher mit dem Rauchen aufhört, vom zweiten auf den dritten Januar, dann auch vom dritten auf den vierten und so fort annehmen, dann ist es *modulo* Präferenzschwellen rational, wenn der einsichtige Raucher dennoch weiter raucht.

Tatsächlich ist es natürlich genau umgekehrt: Es wird dadurch nicht rational, weiter zu rauchen, sondern die Irrationalität punktueller konsequentialistischer Optimierung wird offenkundig. Der Übergang zu struktureller Rationalität liegt auf der Hand: Der Raucher befürwortet aus guten Gründen ein Leben ohne Rauchen und hört deswegen – noch heute – mit dem Rauchen auf. Vielleicht werden wir großherzig zulassen, dass es unter bestimmten Bedingungen rational sein kann, weiter zu rauchen, aber wir sollten auf keinen Fall ausschließen, dass dieser Entschluss irrational ist, selbst wenn die Präferenzschwellentheorie oder die zuvor vorgenommene Kosten-Nutzen-Abwägung zutreffend ist. Nur der Übergang zu struktureller Rationalität kann hier sicherstellen, dass eine vernünftige Praxis auch in der Theorie als vernünftig gilt.

§ 3 Selbstbeschränkung

Verhaltensökonomen gilt es als Ausweis unserer Irrationalität, dass wir eine weit stärkere Präferenz haben, Verluste in einer bestimmten monetären Höhe zu vermeiden, als Gewinne in derselben Höhe zu erreichen. Dabei gibt es eine sehr plausible Erklärung für die Verlustaversion, die dagegen spricht, sie als irrational zu bezeichnen. Wir sind nicht punktuelle Optimierer, sondern wir richten uns in unserem Leben ein. Wir planen zum Beispiel unsere Ausgaben und stellen uns auf Situationen ein, in denen wir bestimmte, auch monetäre, Ressourcen zur Verfügung haben. Uns ist es als strukturell rationalen Wesen nicht wichtig, dass wir in jedem Augenblick das Optimum herausholen, sondern dass wir unser Leben erwartbar einrichten können. Dies setzt voraus, dass wir in etwa wissen, welche Ressourcen uns jeweils zur Verfügung stehen. Vernünftige Menschen richten ihre Planungen nicht daran aus, was sie unter günstigen Umständen bekommen könnten, sondern daran, was sie auch unter ungünstigen Umständen zur Verfügung haben werden. Verluste greifen daher in die Lebensplanung ein, Gewinne sind lediglich ein *Additum*, das man so oder so nutzen kann, das zusätzliche Freiräume schafft, mit dem vernünftige Menschen aber nicht planen. Die vorrangige

Vermeidung von Verlusten dient der Planbarkeit der Lebensgestaltung und ist ohne Zweifel vernünftig.

Ökonomen finden es auch merkwürdig, dass wir das, was wir haben, höher bewerten, als das, was wir haben könnten. Man kann diese Asymmetrie als eine Variante der Verlust-Gewinn-Asymmetrie ansehen. Wir geben etwas, das wir besitzen, ungern her, auch wenn wir dafür etwas erhalten, das mehr wert ist. Man stelle sich eine Gesellschaft vor, die diese *bias* zugunsten der eigenen Dinge nicht hätte. Sie wäre permanent damit beschäftigt, das, was Andere haben, mit dem zu vergleichen, das man selbst hat, und alles zu unternehmen, das zu bekommen, was wertvoller ist, aber Anderen gehört, im Tausch gegen das, was weniger wertvoll ist, was man aber selbst besitzt. Von einer Dame, die durch sechs Eheschließungen wohlhabend und angesehen wurde und heute als *charity lady* durch die bunte Presse geistert, hat ein uncharmanter Kommentator geschrieben, sie werde sicher, wenn sie eines Tages beerdigt sei, darüber nachdenken, ob sie nicht in einem anderen Grab besser liegen würde. Eine Gesellschaft, getrieben von permanentem Vergleichen zwischen dem, was Andere haben, und dem, was man selbst hat, ist nicht Ausweis einer besonders hochentwickelten Rationalität, sondern Folge einer verbreiteten Charakterdeformation, die Aristoteles dazu geführt hat, ein Leben, das darauf gerichtet ist, den eigenen Reichtum zu mehren, als menschenunwürdig zu charakterisieren. Aristoteles würde in der modernen kapitalistischen Gesellschaft viel Menschenunwürdiges zu beobachten haben. Nein, die kritisierte *bias* für das, was man hat, gegenüber dem, was Andere haben oder was man noch nicht hat, ist Ausdruck menschlicher Vernunft, das zu schätzen, was man hat, und nicht nach dem zu streben, was man nicht hat. Die von Ökonomen als rational eingeforderte Praxis des permanenten Vergleichs und der permanenten Suche nach Besserstellung ist strukturell irrational. Sie ist unvereinbar mit dem, was einmal im Mittelpunkt der ökonomischen Analyse stand, nämlich einen Beitrag zur menschlichen Zufriedenheit zu leisten. Die moderne ökonomische Theorie hat sich allzu weit von ihren moralphilosophischen Ursprüngen entfernt.

Manche Menschen lassen es sich viel kosten, „Optionen" offenzuhalten. Dies kann bis zur Entscheidungsunfähigkeit gehen. Nun ist es zweifellos irrational, auf eine Entscheidung zu verzichten, weil zwei Optionen gleichermaßen attraktiv erscheinen. Dies ist die alte Geschichte von Buridans Esel, der zwischen zwei gleich großen Heuhaufen, die sich in gleichem Abstand zu ihm befinden, verhungert, weil er keinen Grund hat, einen von ihnen zu bevorzugen. Aber das ist nicht der Normalfall, vielmehr ist dieser dadurch charakterisiert, dass Menschen nicht genau wissen, welche Merkmale, welche Vor- und Nachteile die unterschiedlichen Optionen, die ihnen offenstehen, haben und hoffen, durch Verzögerung der Entscheidung dieses herauszufinden. Manchmal ist es sicher auch die Unfähigkeit, sich von einer Möglichkeit zu verabschieden, so unwahrscheinlich es schon immer war, dass diese Möglichkeit am Ende die gewählte sein würde. Wenn die Bewertungsmaßstäbe klar, aber die Eigenschaften, die eine Bewertung ermöglichen, unklar sind, lässt sich diese Situation rational kontrollieren und es gibt schöne entscheidungstheoretische Modelle, das mathematisch zu präzisieren. Wie viel Zeit sollte man darauf verwenden, bessere Informationen zu bekommen? Dies hängt davon ab, wie viel uns die Aufschiebung der Entscheidung „kostet" und welche möglichen Vorteile wir von besseren Informationen erwarten.

Aber diese Form der Rationalisierung ist uns versperrt, wenn es sich um existenzielle Entscheidungen handelt, also um solche, die zugleich die Bewertungsmaßstäbe mitbestimmen. Existenzielle oder große Entscheidungen unterscheiden sich von nicht-existenziellen, kleinen oder alltäglichen darin, dass sie eine so starke strukturelle Veränderung unserer Lebensform beinhalten, dass die Bewertungen dieser unterschiedlichen Lebensformen, die sich aus der jeweiligen Entscheidung ergeben, inkompatibel werden. Zwischen diesen beiden Extremen gibt es natürlich fließende Übergänge. Manche empfinden es als bitter, dass sich im Laufe des Lebens der Spielraum existenzieller Entscheidungen verengt. Die Berufswahl ist getroffen, vielleicht das Berufsleben schon vollendet. Kinder sind auf die Welt gekommen und haben Verpflichtungsstrukturen über Jahrzehnte etabliert und so weiter. Andere empfinden gerade dies als einen Vorteil des Älterwerdens. Die Seele beruhigt sich, weil sie nicht mehr hin- und hergerissen ist zwischen ganz unterschiedlichen Lebensentwürfen. In der Tat zeigen empirische Studien, dass die Lebenszufriedenheit im zeitlichen Verlauf eine U-Form hat, also in der Zeit des jungen Erwachsenenlebens und in dem, was Amerikaner die *rush hour of life* nennen, sich in einem Tal befinden, während die Lebenszufriedenheit der deutlich Jüngeren, meist noch ohne existenzielle Optionen, und der deutlich Älteren höher ist, ja mit dem Abstand von den Jahren des jungen Erwachsenseins zunimmt. Selbst die zeitliche Verengung des Horizonts gegen Ende des Lebens ändert daran erstaunlicherweise nichts: Ältere werden zufriedener, wenn sie nicht von Krankheiten und Gebrechen gequält sind. Zufriedenheit ist zweifellos ein, aber nur ein, zentraler Wert der Lebensgestaltung. Im Hinblick auf diesen scheint es in der Tat irrational zu sein, den Versuch zu unternehmen, sich möglichst viele Optionen auf möglichst lange Zeit offenzuhalten.

Ein genauerer Blick aber zeigt sofort, dass es hier einen Zusammenhang gibt: Die oft kostspielige Tendenz, sich möglichst viele Optionen auf möglichst lange Frist offenzuhalten, die Verhaltensökonomen als irrational gilt,[185] korrespondiert

---

[185] Vgl: Dan Ariely: *Predictably Irrational: The Hidden Forces that Shape our Decisions*. New York: Harper 2010, Kapitel 9.

mit der vermeintlichen Irrationalität der Verlust-Aversion und der Eigentums-*bias*. Ohne Verlust-Aversion, das heißt bei Gleichbewertung von Gewinnen und Verlusten, und ohne Eigentums-*bias*, das heißt bei Gleichbewertung eigenen und fremden Eigentums, entsteht der permanente Entscheidungsdruck, nach dem möglicherweise Besseren zu suchen. Dies ist aber nichts anderes als das Syndrom des „*keeping doors open*" (Dan Ariely). Ohne Verlust-Aversion und Eigentums-*bias* würden wir nicht nur Türen offenhalten, sondern immer wieder vor neu geöffneten Türen stehen. Wir kämen nie zur Ruhe.

Auch in einer von Gewinnstreben und Konsumgeist geprägten Welt schützen sich die Menschen davor, zu optimierenden Nomaden in einem Universum unbegrenzter Möglichkeiten zu werden, indem sie Strukturen in ihr Leben legen und sich an diesen Strukturen orientieren. Sie stellen das, für das sie sich entschieden haben, nicht mehr in Frage, auch wenn es dazu Alternativen, möglicherweise bessere, gäbe. Sie bleiben bei dem, was sie in ihr Leben integriert haben, auch wenn es Möglichkeiten gäbe, andere Waren oder Dienstleistungen, vielleicht wertvollere, zu erwerben. Auf diese Weise bleiben sie, so könnte man es durchaus nennen, bei sich und begrenzen die Selbstentäußerung in einer uferlosen Welt des Konsums und der Profite.

§ 4 Pflichten gegen sich selbst

Die moderne Ethik und politische Philosophie, aber auch die Rechtspraxis in den liberalen Verfassungsstaaten kennen – fast – nur Pflichten gegen Andere. Ich tue Unrecht, wenn ich die Rechte Anderer verletze, auch wenn ich meinen Hilfs- oder Solidaritätspflichten nicht nachkomme – bei Immanuel Kant, wenn ich eine Person lediglich als Mittel und nicht zugleich als Zweck an sich behandle. Zumindest der radikale Flügel des Liberalismus, das, was im Amerikanischen *libertarianism* genannt wird, postuliert *self-ownership* und das heißt, jede Person kann über sich selbst nach eigenem Gutdünken verfügen, moralische oder gar juridische Einschränkungen gibt es nicht.

Das ist eine sympathische Position, die der Eigenverantwortung erwachsener, zurechnungsfähiger Individuen deutlich Ausdruck verleiht. Ich bin für mich selbst verantwortlich und Andere bestimmen hier nicht mit, auch nicht der Gesetzgeber. Was ich Anderen antue, ist aber legitimer Gegenstand der moralischen und juridischen Bewertung. Selbst im sozialen Nahbereich dürfen Grenzen nicht überschritten werden, die die individuelle Selbstbestimmung sichern oder Hilfsbedürftigkeit berücksichtigen. Diese libertäre Fundierung moderner, demokratischer Rechtsstaaten wird allerdings nicht konsequent durchgehalten. Anschnall- oder Helmpflicht oder die gesetzliche Sanktionierung von Drogenkonsum, aber auch die Formatierung von Familienbeziehungen, etwa in Gestalt der gesetzlichen Monogamie, sind Gegenbeispiele.

Die libertäre Ethik und politische Philosophie ist eine extreme Form des normativen Minimalismus, der sich in der Moderne zunehmend durchsetzt. Auch der Kantianische Liberalismus ist minimalistisch, es geht um die Kompatibilität der Handlungsmaximen, die sich einbetten lassen sollen in eine allgemeine Regularität („Gesetz"), die möglich ist, oder – stärker – von Vernunftwesen gewollt werden kann. In den Anwendungsbeispielen, die Immanuel Kant selbst entwickelt, zeigt sich, dass sich in seiner Interpretation daraus nun doch wiederum Pflichten gegen sich selbst ergeben, etwa derart, dass ein Bilanz-Suizid moralisch unzulässig ist. Libertäre würden dagegenhalten, dass der eigene Körper zum Eigentum der Person gehört, über das sie nach Belieben verfügen kann. John Locke, der Gründervater der Libertarismus, war anderer Auffassung, weil er Gott als Eigentümer sah, also keine unumschränkte *self-ownership* zuließ: Ein Suizid zerstört ein Eigentum Gottes.

Auch die Stoiker waren mit einem weitgefassten Verantwortungsbegriff nicht weit von einer Theorie der *self-ownership* entfernt, was sich zum Beispiel in ihrer Befürwortung, ja Empfehlung, eines Bilanz-Suizids zeigt. Aber sie waren ganz anderer Auffassung, was die Rolle von Pflichten gegen sich selbst betrifft. Das stoische Verantwortungskonzept stellte diese sogar in den Mittelpunkt, wie andere antike Ethik-Konzeptionen auch. Die enge Verbindung von *dikaiosyne* und *eudaimonia* bei Platon, seine Forderung, sich vorrangig um die eigene Seele zu kümmern in der Apologie (*epimeleiea tes psyches*), Tugend als Eigenschaft einer großen Seele (*megalopsychia*) bei Aristoteles, erst recht das Ziel der *ataraxia*, der seelischen Unerschütterlichkeit bei Epikur, verweisen auf den gemeinsamen Kern antiker Ethik-Konzeptionen, nämlich zu bestimmen, was das gute Leben des Einzelnen, allerdings in der *polis*-Gemeinschaft mit Anderen, und später im Hellenismus in der universell entgrenzten, menschlichen Gemeinschaft der Stoiker, beinhaltet.

Wenn wir uns die Folge von Einzelentscheidungen vor Augen führen, die das alltägliche Leben von Menschen bestimmen, zeigen sich Spuren dieser unterschiedlichen theoretischen Systematisierungen in verschieden starker Ausprägung. Aber es ist offensichtlich, dass der normative Minimalismus der Moderne sich in unserer Alltagspraxis nicht abbildet. Die Frage, wozu wir in der Situation verpflichtet sind, was wir tun sollten, für welche Handlung die besten Gründe sprechen, wird in der Regel beantwortet, indem wir auf eingegangene Verpflichtungen (*comissiva*), auf eigene und fremde Rechte (*libertates*) und Pflichten (*officia*) verweisen, die mit bestimmten sozialen Rollen, zum Beispiel als Eltern, einhergehen. In manchen, eher seltenen Fällen, geht es uns um die Optimierung unseres Eigeninteresses und in anderen um die Beachtung von (Invarianz-)Prinzipien, wie Gleichbehandlung oder Nicht-Diskriminierung.

Die normativen Beurteilungen, die unsere Alltagspraxis anleiten, bestimmen am Ende die gewählte Lebensform, man könnte auch sagen, diese repräsentiert das Gesamt dieser normativen Stellungnahmen und die Ergebnisse praktischer Deliberation. Aus dieser evaluativen Praxis erwachsen die jeweiligen Einzelverpflichtungen, die Teil eines strukturellen Ganzen sind, das die gewählte Lebensform ausmacht. In dieser Perspektive sind alle Verpflichtungen auch Verpflichtungen gegen mich selbst, gegen das, was ich wertschätze, das, was ich verabscheue, das, was meine moralische Identität ausmacht. Auch die Pflichten, die ich gegenüber Anderen habe, kann ich nur verletzen um den Preis der Erschütterung der von mir gelebten Lebensform, wenn diese Pflichten denn von mir als solche erkannt wurden und ich die Willenskraft besitze, mein Leben nach diesen auszurichten. In der realistischen Interpretation, die dieser Schrift zugrunde liegt, geht es um eine normative Erkenntnis und keine Setzung im Sinne des radikalen oder Kantianischen Konstruktivismus. Aber diese Erkenntnis bleibt dennoch meine Erkenntnis, ich bin durch Abwägung von Gründen zu dieser Erkenntnis gelangt, sie bestimmt über eine vernünftige Praxis, eine Praxis, die mit dieser Erkenntnis kompatibel ist, *mein* Leben. Wenn ich dieser Erkenntnis zuwider handle, verletze ich nicht nur – sagen wir – die Rechte Anderer, sondern auch meine eigene Integrität als moralische Person. Zugespitzt formuliert: Erkannte Pflichten gegenüber Anderen bestimmen Pflichten gegen mich selbst. *Sich selbst treu bleiben*, ist eine treffende Formulierung, die diesen Zusammenhang zum Ausdruck bringt.

Was eine Pflicht gegen mich selbst ist, bestimmt nicht allein meine Willkür, sondern die bestehenden guten Gründe als moralisch einsichtige Person. Aber es gibt einen hinreichenden Spielraum der Stiftung von Lebenssinn durch eigene Entscheidungen, Wertungen und Ziele. Um noch einmal ein banales Alltagsbeispiel zu bemühen: Meine Entscheidung, im Laufe der nächsten zwei Jahre Chinesisch zu lernen, generiert Pflichten, Pflichten, die ich gegenüber mir selbst als derjenigen Person habe, die diese Entscheidung getroffen hat. So empfinden wir das lebensweltlich. Wenn ich nun zum wiederholten Male den Chinesisch-Kurs geschwänzt habe, habe ich zurecht ein Schuldgefühl, ich bin mir gewissermaßen selbst nicht gerecht geworden, ich bin mir selbst untreu geworden, ich habe mich nicht an meine eigenen Entscheidungen gehalten, oder in der Terminologie, die wir hier entwickelt haben: Die punktuelle Entscheidung, den Kurs zu schwänzen, passt nicht zu der von mir gewünschten strukturellen Praxis, auf die ich mich mit der Entscheidung, in den nächsten zwei Jahren Chinesisch zu lernen, festgelegt habe. Ich zerfalle gewissermaßen in die Person, die unter den jeweiligen Umständen abwägt, ob sie hinreichend Lust hat, den Chinesisch-Kurs zu besuchen, oder Anderes reizvoller erscheint, und die Person, die die strukturelle Entscheidung getroffen hat, im Laufe der nächsten zwei Jahre Chinesisch zu lernen. Meine Identität als Autorin meines Lebens ist herausgefordert, die Dinge passen nicht zusammen und das äußert sich in Schuldgefühlen und Selbstvorwürfen. Ich wünsche mir dann, andere handlungsleitende Wünsche zu haben, als ich sie in diesem Augenblick hatte. Die strukturell rationale Person wägt nicht immer wieder neu ab, wie ihre Gefühlslage ist, welche anderen Optionen sie vielleicht hätte, was ihr im Augenblick reizvoller erschiene, sondern bleibt bei der strukturellen Entscheidung, regelmäßig den Chinesisch-Kurs zu besuchen, und besucht ihn. Sie hat dann keinen Grund zu Reue, sie hat ihre Pflicht gegen sich selbst erfüllt. Die strukturelle Entscheidung generiert Pflichten gegen sich selbst.

Oder nehmen wir das Beispiel des Bilanz-Suizids, gegen den Immanuel Kant Stellung nimmt.[186] Angenommen ich bin mit einer Krebs-Diagnose konfrontiert und die behandelnde Fachärztin prognostiziert noch eine Lebensspanne von zwei bis drei Jahren. Ich bin verzweifelt und aus Angst vor all dem, was noch bevorstehen könnte, einschließlich der Behandlungen und ihrer Nebenfolgen, entscheide ich mich spontan, meinem Leben ein Ende zu setzen. Irgendetwas hält mich von der Umsetzung dieser Entscheidung ab. Nach ein paar Tagen hat sich mein Gemütszustand schon ein wenig beruhigt und ich komme zum Ergebnis, dass ich das nicht tun sollte, dass ich damit den Menschen, die mir nahestehen, ein zu großes Leid zufügen würde. Wohlgemerkt: Wir verurteilen die Person nicht, die sich in einer solchen Situation für den Bilanz-Suizid entscheidet, also in der Abwägung der zu erwartenden guten Seiten des Lebens in der verbleibenden Lebensspanne und der zu erwartenden negativen Seiten zum Ergebnis kommt, dass ein möglichst frühzeitiger Tod wünschenswert ist. Es geht uns um etwas anderes, nämlich die Integrität der Person, die durch die Vielfalt praktischer Gründe gestiftet ist, die ihre Lebensform – bis dato – bestimmt hat. Wenn dazu die Rücksichtnahme auf Nahestehende, auf Lebenspartner und Kinder, auch enge Freunde, gehört, dann würde ein vorzeitiger Suizid sich mit dieser normativen Ordnung, die die moralische Identität der betreffenden Person bislang bestimmt hat, nicht gut vertragen.

Immanuel Kant weist in seiner Diskussion des Bilanz-Suizids zurecht auf diese Dimension hin, und zwar als Pflichten gegenüber Anderen, aber er leitet daraus unzutreffenderweise ab, dass jede Form von Bilanz-Suizid moralisch unzulässig sei. Ein Denkfehler des Typs *pars pro toto*. Die – zwangsläufig – virtuellen Selbstvorwürfe, die die Person sich – posthum – machen könnte, die Verletzungen, die sie anderen, ihr Nahestehenden zugefügt hat, die anhaltende Ratlosigkeit, weil es keine Gelegenheit mehr gab, sich mit der tragischen Situation auseinanderzusetzen und mit ihr umzugehen, sind ein Hinweis darauf, dass

---

[186] Immanuel Kant: *Grundlegung zur Metaphysik der Sitten*. [EA 1785], Kapitel IV.

auch in existenziellen Grenzsituationen die Postulate struktureller Rationalität relevant bleiben.

In ähnlicher Weise gilt dies für das Fortwirken von Entscheidungen und Bewertungen über den Tod hinaus. Die Erfüllung des testamentarischen Willens einer verstorbenen Person stiftet strukturelle Rationalität über ihren Tod hinaus und dazu sind diejenigen verpflichtet, die das bewirken können, ohne dass die bisherige Autorin ihres Lebens noch Einfluss nehmen kann.

Früher war in Deutschland der Suizid strafbar, bzw. da bei erfolgreichem Suizid die betreffende Person nicht mehr bestraft werden kann, war der versuchte Suizid strafbar. Zurecht hat der Gesetzgeber entschieden, diese Strafbarkeit abzuschaffen. Das heißt allerdings keineswegs, dass die Beurteilung eines Suizids nun lediglich in der Willkür der handelnden Person liegt. Es ist ein Trugschluss zu meinen, dass alles, was vom Strafrecht nicht sanktioniert wird, moralisch indifferent sei. Es spricht viel dafür, das Strafrecht minimalistisch zu gestalten und das heißt auf der Grundlage libertärer normativer Kriterien: Es ist unzulässig, die Rechte einer anderen Person zu verletzen. Aber vieles, was strafrechtlich nicht normiert und sanktioniert werden sollte, spielt für die moralische Beurteilung unserer Praxis eine wichtige Rolle. Pflichten gegen sich selbst gehören dazu.

§ 5 Ehrlichkeit

Wir sind uns – meistens – einig, was ein unehrliches Verhalten ist. Weit schwieriger ist es, dafür allgemeingültige ethische Kriterien anzugeben. Ein unehrliches Verhalten liegt zum Beispiel vor, wenn ein Verkäufer die Unkenntnis der Käuferin ausnutzt und Restgeld in zu geringer Höhe herausgibt. Die punktuell optimierende Standardtheorie besagt, dass eine Person irrational handelt, wenn sie auf Vorteile verzichtet, die sie ohne Kosten haben könnte. Eine Person, die also ehrlich ist und das richtige Restgeld herausgibt, ohne dass sie andernfalls befürchten müsste, aufgedeckt und bestraft zu werden, handelt demnach irrational. Nun könnte es sein, dass jemand den Wunsch hat, ehrlich zu handeln, und die optimale Form, sich diesen Wunsch zu erfüllen, wäre in diesem Fall, das Restgeld korrekt herauszugeben. Dieses Phänomen – ehrliches Verhalten ohne punktuelle Anreize und Sanktionen – ist weit verbreitet und wird in der Verhaltensökonomie als ein Konflikt zwischen sozialen Normen und Markt-Normen interpretiert. Demnach gibt es die soziale Norm, sich ehrlich zu verhalten, und die Markt-Norm, jede Vorteilschance zu nutzen, auch dann, wenn sie mit sozialen Normen konfligiert.

Manchmal wird von Ökonomen der Versuch unternommen, die Einhaltung sozialer Regeln in die Markt-Normen zu integrieren, etwa in der Form, dass eine

Person, die sich einer sozialen Regel gegenüber konform verhält, dies deswegen tue, weil ein nicht konformes Verhalten mit einer Sanktion *in foro interno* verbunden wäre, also etwa zu einem schlechten Gewissen führt, das das Nutzenniveau entsprechend absenkt, oder, im umgekehrten Fall, eine Gratifikation bereitstellt, etwa die, dass sich die ehrliche Person selbst für ihr ehrliches Verhalten lobt und dieses Lob als angenehm empfindet. Es sind oft dieselben Ökonomen, die dann an anderer Stelle davon sprechen, dass das Über-Ich intervenieren und gewissermaßen das Heft des Handelns an sich reißen würde, die Person also als Handelnde in solchen Fällen gar nicht in Erscheinung tritt. Es handelt dann das Über-Ich.

Beides sind in meinen Augen an den Haaren herbeigezogene Immunisierungsstrategien der Standardtheorie punktuell optimierender (ökonomischer) Rationalität. Es mag zweifellos vorkommen, dass eine Person dadurch motiviert ist, sich ehrlich zu verhalten, weil sie das schlechte Gewissen fürchtet, das sie dann möglicherweise haben würde, wenn sie unehrlich war, aber das sind exotische Ausnahmen. Auch das Über-Ich reißt nicht das Heft des Handelns an sich, nur deswegen, weil ich nun zum wiederholten Male schwarzgefahren bin. Die weit plausiblere, direkte Erklärung ehrlichen Verhaltens ist, dass es Menschen gibt, die in vielen Situationen ehrlich handeln wollen und es manche gibt, die in allen Situationen ehrlich handeln wollen. Aber es mag auch einige Personen geben, die nur manchmal, und eher seltene Exemplare der menschlichen Spezies, die nie den Wunsch verspüren, ehrlich zu handeln. Solche Menschen enden in der Regel in der Kriminalität.

Verhaltensökonomische Experimente stützen diese Auffassung. Wenn man Aufgaben lösen lässt und je nach der Zahl der korrekten Antworten eine Auszahlung bereitstellt, es aber den Test-Personen freistellt, wie viele der Aufgaben sie als korrekt gelöst angeben, dann steigt die Zahl der durchschnittlich gelösten Aufgaben beziehungsweise die Zahl der Aufgaben, von denen behauptet wird, sie seien gelöst worden. Da es einen materiellen Anreiz gibt, möglichst viele Aufgaben zu lösen, wäre die jeweilige Angabe der maximalen Anzahl korrekter Lösungen rational, wenn es keine Möglichkeit der Kontrolle gibt. Tatsächlich haben umfangreiche Testreihen gezeigt, dass die durchschnittliche Zahl von gelösten Aufgaben nur unwesentlich steigt, wenn man den Testpersonen die Möglichkeit gibt, selber anzugeben, wie viele Aufgaben sie gelöst haben.[187] In speziell kon-

---

[187] Vgl: Maurice Schweitzer & Christopher Hsee: „Stretching the Truth: Elastic Justification and Motivated Communication of Uncertain Information". In: *Journal of Risk and Uncertainty* 25 (2002), 185–201; Nina Mazar & Dan Ariely: „Dishonesty in Everyday Life and its Policy Implications". In: *Journal of Public Policy and Marketing* 25 (2006), 117–126; und dies.: „The Dishonesty

zipierten Testreihen stellte sich zudem heraus, dass die Wahrscheinlichkeit, der Unehrlichkeit überführt zu werden, nur eine geringe Rolle spielt, während der Einsatz von Geld als Zahlungsmittel die Wahrscheinlichkeit unehrlicher Handlungen erhöht und eine vorausgegangene Thematisierung ethischer Themen unehrliches Verhalten in einem der Tests völlig zum Verschwinden brachte. In einer populärwissenschaftlichen Darstellung interpretiert Dan Ariely, einer der beteiligten Forscher, diese überraschenden Ergebnisse als Ausdruck des Konflikts zwischen Über-Ich einerseits und rationaler, Markt-konformer, ökonomischer Praxis andererseits.[188] Die Erinnerung an die zehn Gebote, oder auch nur an die Schullektüre erbauender Texte, reiche demnach aus, um das Über-Ich in die Alltagspraxis intervenieren zu lassen, was diese Testergebnisse erklären soll.

Das ist natürlich höherer Unfug, es dient dazu, eine vorgefasste Theorie menschlicher Rationalität gegen empirische Befunde zu immunisieren mit dem abwegigen Ergebnis, dass der Wunsch, sich ehrlich zu verhalten, als Ausdruck von Irrationalität interpretiert wird. Meine Gegenthese ist keineswegs, dass jedes ehrliche Verhalten *ipso facto* auch rational ist, sondern lediglich, dass der Wunsch, sich ehrlich zu verhalten und ein Handeln, das diesen Wunsch erfüllt, nicht notwendigerweise irrational sind. Dies ist aber gemäß der Standardtheorie der Fall. Ein Verhalten aus dem Wunsch heraus, ehrlich zu sein, ist als solches irrational. Ehrliches Verhalten kann nur dann als rational gelten, entsprechend der Standardtheorie, wenn dieses Verhalten andere Wünsche erfüllt, als den nach Ehrlichkeit. Zum Beispiel den Wunsch, sein Wohlergehen zu maximieren, und in diesem Fall Vorteile durch ehrliches Verhalten zu erreichen, zum Beispiel Strafen zu vermeiden.

Nicht jedes ehrliche Verhalten ist Ausdruck struktureller Rationalität. Meine These ist weit schwächer: Ehrliches Verhalten *kann* Ausdruck struktureller Rationalität sein, ja ich gehe noch einen Schritt weiter: Strukturelle Rationalität ist die natürlichste Interpretation der lebensweltlichen Begründungen ehrlichen Verhaltens. Der Ehrliche wird, zumal in der künstlichen Situation eines verhaltensökonomischen Experiments, keineswegs von Gewissensbissen geplagt, wenn er nicht ehrlich ist, ja es gibt aufgrund der interpersonellen Anordnung der Testreihen keinen Grund auf Andere Rücksicht zu nehmen oder sich vor Anderen zu genieren, vielmehr ist der überraschend hohe Prozentsatz ehrlichen Verhaltens ohne Konformitätsanreize (zwischen 70% und über 80%) am natürlichs-

---

of Honest People: A Theory of Self-Concept Maintenance". In: *Journal of Marketing Research* 45 (2008), 633–644.
188 Vgl: Dan Ariely: *Predictably Irrational: The Hidden Forces that Shape our Decisions*. New York: Harper 2010, Kapitel 13 & 14.

ten dadurch zu erklären, dass die Versuchsteilnehmer Ehrlichkeit als *constraint* praktizieren. Sie verhalten sich je individuell und punktuell ehrlich, weil sie dies als Merkmal des Entscheidungsverhaltens aller an dieser Testreihe Beteiligten erwarten – erwarten im doppelten Sinne, als subjektive Wahrscheinlichkeit und als normative Einstellung. Diese doppelte – normative und empirische – Erwartung gegenüber der *allgemeinen* Praxis führt zu einer Formatierung der *eigenen* Praxis. Als ehrliche Praxis bettet sie sich ein in eine interpersonelle Handlungsstruktur, die Ausdruck der Akzeptanz allgemeiner Ehrlichkeit als *constraint* ist. Das ehrliche Verhalten des Einzelnen im Einzelfall ist Ausdruck seiner strukturellen Rationalität. Ehrlichkeit ist in diesen Fällen in der Tat nicht punktuell und konsequentialistisch optimierend, sie ist im Sinne des Standardmodells irrational, sie ist aber vernünftig im Sinne struktureller Rationalität. Dies spricht gegen das Standardmodell und für die Konzeption struktureller Rationalität. Anders formuliert: Die Rationalitätskonzeption des Standardmodells ist inadäquat. Sie kann geheilt werden durch die je individuell intendierte Einbettung punktueller Praxis in diachrone und interpersonelle Strukturen.

§ 6 Höflichkeit

Höflichkeit ist eine Haltung gegenüber anderen Personen, die – wie ein kluger Ratgeber aus Afrika empfahl – darauf gerichtet ist, dass sich die betreffende Person wohlfühlt. Höflichkeit, das ist die sympathische Botschaft, äußert sich nicht darin, bestimmte konventionelle Regeln einzuhalten, sondern eine bestimmte Haltung gegenüber einer anderen Person einzunehmen und sich entsprechend zu verhalten. Nun kann es ganz unterschiedliche Möglichkeiten geben, dafür zu sorgen, dass sich eine andere Person in unserer Anwesenheit wohlfühlt. Höflichkeit ist nur eine von ihnen. Aber mit einigem Recht kann man sagen, dass Höflichkeit als bloße Einhaltung von konventionellen Regeln ihre Substanz verliert und wenn die betroffene Person merkt, dass die Höflichkeitsregeln gewissermaßen um ihrer selbst willen eingehalten werden, sie ein solches Verhalten sogar als unangenehm empfinden kann.[189]

Dieser personale Aspekt von Höflichkeit geht aber dann – zumindest weitgehend – verloren, wenn die Interaktionen anonym bleiben. Nehmen wir ein Beispiel aus dem Verkehrsgeschehen. Während seit einigen Jahren die Regel in die Straßenverkehrsordnung aufgenommen wurde, dass man Fahrzeugen, die auf einer von rechts einmündenden Straße kommen, im Reißverschlussverfahren

---

[189] Vgl. Asfa-Wossen Asserate: *Manieren*. Frankfurt am Main: Eichborn Verlag 2003.

die Möglichkeit geben muss, auf die Hauptstraße zu kommen, war das Geschehen zuvor von einer bunten Mischung aus Rücksichtnahme, Rücksichtslosigkeit und oft sehr individuellen Regelanwendungen bestimmt. Die Fahrzeuge auf der Hauptstraße hatten Vorfahrt, es war daher ein Entgegenkommen, wenn sie einem Fahrzeug auf der einmündenden Straße die Möglichkeit gaben, sich einzufädeln. Diese Möglichkeit zu geben, bedeutete in vielen Fällen, dass Andere, die möglicherweise schon länger gewartet hatten, sich mit hineindrängten und zudem stellte sich die Frage, warum man nicht, wenn man ohnehin schon abbremst, nicht nur einem, sondern zwei oder drei oder fünf Fahrzeugen den Vortritt lassen sollte.

Typischerweise gab es eine Reihe in der Straßenverkehrsordnung nicht festgelegter Signale, etwa das kurze Aufblinken, um zu signalisieren, dass man dem anderen Fahrzeug den Vortritt lässt, oder das lange Aufblinken, um zu warnen, dass man nicht bereit sei, es vorzulassen, die angehobene Hand des Vorgelassenen, die man gegen die Windschutzscheibe erkennen konnte, als Dankeszeichen etc. Da es in solchen Situationen ausgeschlossen ist, dass die praktizierte Höflichkeit Ausdruck einer interpersonalen Beziehung ist oder auch nur des Wunsches, einer bestimmten Person etwas Gutes zu tun, stellt sich die Frage nach der Motivation. Typischerweise scheint mir diese von dem Bemühen um strukturelle Rationalität gekennzeichnet zu sein. Wir alle befinden uns immer wieder im Straßenverkehr in solchen Situationen, in denen wir auf das Entgegenkommen Anderer angewiesen sind, zu dem diese nicht verpflichtet sind. Wir halten in solchen Fällen die Praxis gelegentlicher Rücksichtnahme für erwünscht und halten uns selbst in der Rolle des zu nichts rechtlich Verpflichteten an diese Regel und gewähren Einlass.

Hier allerdings fangen die Probleme erst an: Wie weit soll die Rücksichtnahme gehen, soll sie sich an jeder Straßeneinmündung erneut zeigen? Soll sie nur jeweils ein Fahrzeug betreffen oder mehrere? Inkommodieren wir nachkommende Fahrerinnen auf der Hauptstraße mit einem Übermaß an Rücksichtnahme? Vor allem aber, wie steht es um die Gleichbehandlung aller Verkehrsteilnehmer? Welche Regel ist eigentlich wünschenswert: Einlass gewähren, erst wenn sich eine Schlange auf der einmündenden Straße gebildet hat? Jeweils nur einem Fahrzeug Einlass gewähren, in der Hoffnung, dass der Nachfolgende auf der Hauptstraße ebenfalls Einlass gewährt oder jedenfalls jeder zweite oder dritte? Ist die Rücksichtnahme nicht am Ende eine Benachteiligung der Fahrzeuge, die die Hauptstraße benutzen, weil diese ohnehin schon seit einer Viertelstunde im Stau stehen, der sich dadurch nun verlängert, während die Fahrzeuge der Nebenstraße vermutlich gerade erst angekommen sind? Etc.

An diesem Beispiel ist zweierlei interessant. Zum einen, dass die Motivation einer bestimmten punktuellen Handlung, also das Vorlassen eines Fahrzeugs in einer konkreten Verkehrssituation, eine strukturelle Begründung hat, nämlich die, welches Verkehrsgeschehen man sich insgesamt für solche Situationen wünscht. Zum zweiten, dass die Unterbestimmtheit dieser Frage in jedem Einzelfall Probleme aufwirft, die zu Ratlosigkeit, zu erratischem, willkürlichem Verhalten, oder zum Ignorieren der unterschiedlichen Handlungsoptionen führen können. Die Etablierung einer konventionellen oder auch juridischen Regel behebt das Problem der Unterbestimmtheit, beendet den Bedarf nach immer wieder neuer Abstimmung zwischen den Beteiligten, da sie wechselseitige Erwartungen haben, die replizierbar sind (ich weiß, dass er weiß, dass ich weiß...) und damit alle Beteiligten über gemeinsames Wissen verfügen,[190] macht aber dann auch Gesten der Höflichkeit oder der Dankbarkeit überflüssig. Man könnte sagen: Mit der Etablierung einer Regel wird nicht nur das Verhalten interpersonell koordiniert, sondern auch ent-moralisiert. Die allgemeine Funktion des Rechtsstaates die Verantwortlichkeit durch Normierung zu reduzieren und den Bedarf an moralischer Entscheidungsfindung zu verringern, hat hier eine anschauliche und alltägliche Illustration.

Während die Höflichkeit im Sinne von Asserate noch als eine spezielle Form des Altruismus expliziert werden kann, lässt sich dieses Modell nicht auf die anonymen Interaktionsbeziehungen, etwa im Verkehrsgeschehen, ausweiten. Hier kommen wir ohne die Anwendung der einen oder anderen Einbettungsregel, also derjenigen Regel, die jeweils strukturelle Rationalität sicherstellt, nicht aus. Wenn diese Regeln unterbestimmt sind und daher nicht durchgängig und kohärent zur Anwendung kommen, sondern nur erratisch und in unterschiedlichen Formen, dann spricht dies nicht gegen die Rolle von Regeln generell, sondern lediglich gegen die These, dass die Verallgemeinerungsforderung normative Unterbestimmtheit behebt, wie traditionelle Kantianer, aber auch zeitgenössische Kantianische Konstruktivisten annehmen. Unterbestimmtheit von Regeln heißt nicht Nicht-Existenz von regelgeleiteter Praxis.

Die Verwechslung dieser beiden Phänomene spielt für den Partikularismus von Jonathan Dancy und seine Begründung eine – problematische – Rolle. Dancy versteht sich als Realist, das heißt, er ist der Überzeugung, dass es moralische Tatsachen gibt, dass wir – objektiv – moralisch etwas falsch machen können, unabhängig davon, was wir meinen oder andere meinen oder ideale Diskursgemeinschaften meinen würden (und hier bin ich ganz seiner Meinung), aber zugleich meint er, dass die Tatsache, dass jede konkrete Einzelhandlung hinsichtlich der Regeln oder Prinzipien, denen sie folgt, unterbestimmt ist, dafür spricht, dass Regeln oder Prinzipien keine normative Relevanz hätten. In der letzten

---

190 Vgl. II §9 Kollektive Intentionalität.

monographischen Präsentation des Dancy'schen Partikularismus konstruiert er in den ersten Kapiteln eine Parallele zwischen physikalischer Erklärung und ethischer Erklärung, die sogar darauf hinauslaufen würde, dass Gesetze in der Erklärung von physikalischen Ereignissen letztlich keine Rolle spielen.[191] Dabei ist es zweifellos zutreffend, dass wir physikalische Tatsachen unserer Lebenswelt ohne Kenntnis physikalischer Gesetzmäßigkeiten erfassen können, so wie wir die Richtigkeit oder Falschheit von einzelnen Handlungen ohne Kenntnis ethischer Prinzipien erkennen können. Aber daraus zu schließen, Prinzipien bzw. Gesetze seien irrelevant, überzeugt nicht.

Schon angesichts der Anonymität einer Verkehrssituation legen wir auf Gleichbehandlung der Verkehrsteilnehmer, außer wenn es Gründe gibt, die für Ungleichbehandlung sprechen, großen Wert. Ja es ist eine Form von Kränkung, wenn einzelne Verkehrsteilnehmer Grund haben anzunehmen, dass sie gegenüber anderen diskriminiert werden, dass sie schlechter behandelt werden als andere. Die moderne Gesellschaft ist von zahlreichen Situationen im Alltagsleben bestimmt, die ein mehr oder weniger hohes Maß an Anonymität aufweisen. Das Treffen mit Managern einer anderen Firma, mit der eine Vereinbarung angestrebt wird, begründet in der Regel keine interpersonalen Beziehungen, ja das zeitgenössische professionelle Ethos schließt dies in der Regel aus. Umso wichtiger ist allen Teilnehmern die Einhaltung von Regeln der Gleichbehandlung, des gleichen Respekts, der gleichen Anerkennung. Die Nicht-Begrüßung von Frauen oder von Schwarzen bei einem solchen Treffen wäre ein massiver Affront mit dramatischen Folgen. Diese Form der Invarianz-Bedingung (Gleichbehandlung) verlangt aber nach Beurteilungskriterien und diese sind, wie wir gesehen haben, in vielen Fällen unterbestimmt. Typischerweise wird diese Unterbestimmtheit konventionell oder juridisch – ein Teil der Gesetzgebung als Form konventioneller Konfliktlösung – behoben. Abweichungen von den jeweils etablierten, konventionellen, weil inhaltlich nicht eindeutig festgelegten, Regeln wären dann unhöflich, auch dort, wo zuvor die Abweichung von dieser Regel noch nicht als unhöflich hätte gelten können. In der Perspektive struktureller Rationalität gewinnen Konventionen normative Kraft und die traditionelle Dichotomisierung zwischen pragmatischen und moralischen Imperativen löst sich auf.

---

[191] Vgl. Jonathan Dancy: *Ethics without Principles*. Oxford: University Press 2004.

§ 7 Angemessenheit

Es gibt viele Phänomene, die aus ökonomischer Sicht unerklärlich zu sein scheinen, wie etwa die Praxis des Trinkgeldgebens, die schon in II §3 erwähnt wurde. Tatsächlich gibt es dazu einige ökonomische Fachliteratur, die aber den Kern dieser Praxis geradezu grotesk missversteht: interne Gratifikationen in Gestalt eines Sich-besser-Fühlens nach der Trinkgeldgabe; Altruismus gegenüber der servierenden Person; die Erwartung auch zukünftig gut behandelt zu werden, was allerdings bei einmaligem Lokalbesuch, wie es in der Welt des Tourismus häufig vorkommt, als Erklärung versagt; Irrationalität der Restaurantbesucher, die etwa erwarten, dass sie in anderen Lokalen besser behandelt werden, weil sie in diesem Lokal freigiebig Trinkgeld gegeben haben; etc. Nein, Restaurantbesucher zahlen Trinkgeld, weil sie es in der jeweiligen Situation für *angemessen* halten. Das, was als angemessen gilt, ist durch übliche Praktiken beeinflusst. Zahlungen, die deutlich über diesen Erwartungen liegen, gelten ebenso als unangemessen, wie solche, die deutlich darunter liegen. Selbst die Variation der Trinkgeldhöhe, je nach der Zufriedenheit des Gastes, hat Hautgout. Das kann man einmal im Einzelfall machen, praktiziert das aber üblicherweise nicht, es wäre nicht angemessen, oder jedenfalls in den meisten Ländern der Welt nicht. In manchen gibt es diese Praxis nicht. Die Serviererin in Peking kommt auf die Straße nachgelaufen, um einem das Trinkgeld nachzutragen, das man auf dem Teller liegengelassen hat. Sie empfindet die Trinkgeldzahlung als unangemessen, ja möglicherweise als entwürdigend (sie hätte doch in jedem Fall freundlich bedient, unabhängig von der Erwartung einer Gratifikation). Sobald eine solche Praxis pseudo-rationalisiert wird, dadurch dass man sie als Erfüllung bestimmter *desires* interpretiert, verfehlt man die Handlungsmotivation. Die je punktuelle Entscheidung Trinkgeld zu geben, entspricht der Befürwortung einer allgemeinen Praxis, nämlich Trinkgeld nach den Sitten des Landes zu geben. Viel mehr ist dazu nicht zu sagen und es besteht keine Erklärungslücke.

Menschen sind frei als rationale Akteure solche Gründe zu haben und ihnen zu folgen. Wenn sie sich an einer allgemein als angemessen empfundenen Praxis beteiligen wollen, dann ist es nicht irrational das zu tun, auch dann, wenn sie davon keinen persönlichen Vorteil haben, wenn es keine *desires* zu postulieren gibt, die dadurch erfüllt werden, außer dem *desire*, sich an einer angemessenen Praxis zu beteiligen, wenn Gratifikationen weder *in foro interno*, noch als Anreizsysteme für andere eine Rolle spielen. Die Präferenzen-Neutralität, auf die die ökonomische Analyse so viel Wert legt, also die inhaltliche Zurückhaltung gegenüber den Handlungsmotiven, dehnt sich auf die Wahl von *pragmata* als Teil einer angemessenen *praxis* aus.

Der San Pellegrino, das vielleicht berühmteste Mineralwasser in Europa, ist nicht nur in Italien, sondern in vielen Ländern, auch in Deutschland, weit verbreitet. In einem durchschnittlich teuren Resteraunt in Italien wird eine große Flasche San Pellegrino mit 2€ in Rechnung gestellt, nördlich der italienischen Grenze steigt der Preis beträchtlich an, zum Beispiel auf 7,50€. Es ist allerdings keineswegs so, dass die Preise der Speisen derart stark divergieren, nein, sie sind durchaus vergleichbar, es ist allein der Preis des Mineralwassers. Ein ähnliches Phänomen gilt für den Kaffee, den italienischen Espresso. In den meisten Bars bekommt man diesen immer noch für etwa 1€, was in Deutschland völlig ungebräuchlich geworden ist. Eine Erklärung, etwa durch die Zölle, mit denen diese Produkte belegt wären, oder Transportkosten, ginge in die Irre, weil es Zölle innerhalb der Europäischen Union nicht mehr gibt, und weil die Transportkosten für diese Preisdifferenzen keine Rolle spielen. Die einzig plausible Erklärung ist eine *kulturelle*: Das Mineralwasser bei Tisch wird bei den Italienern als Grundnahrungsmittel empfunden, man benötigt viel Flüssigkeit, gerade in den Sommermonaten, und ein Restaurant, das dafür wie in Deutschland 7,50€ in Rechnung stellen würde, litte sofort unter Besucherschwund seiner italienischen Kundschaft. Ähnlich der Espresso: Er ist weit mehr als nur ein Genussmittel wie in Deutschland, er gehört gewissermaßen zum sozialen Kit des italienischen Alltagslebens, man verabredet oder trifft sich regelmäßig zu einem Kaffee, um die Arbeit zu unterbrechen, um ein paar Worte zu wechseln, um einen Vorwand zu haben, sich zu treffen. Eine Bar, die für den Espresso 2,80€ oder 3,50€ in Rechnung stellte, würde sofort ihre italienische Kundschaft verlieren und zwar auch im Veneto, wo das Einkommen höher ist als in Deutschland. Die plausibelste Erklärung ist nun nicht, dass hier ökonomische Optimierungsprozesse eine Rolle spielen, sondern es ist die Rolle, die Erwägungen und Erwartungen der Angemessenheit in unserer Alltagspraxis spielen. Es gibt kulturelle Standards für Angemessenheit und diese schlagen in manchen Fällen auf die ökonomische Praxis durch. Die Interpretation dieser Kriterien als Ausdruck einer verbreiteten Irrationalität geht in die Irre. Die Erwartungen der Kundschaft, dass man seinen Espresso für 1€ bekommt, ist vollständig rational, nämlich darauf gestützt, dass alle diese Erwartungen haben. Und das Verhalten des Barbesitzers, die Preise nach diesen Erwartungen auszurichten, ist ebenfalls völlig rational, weil er ansonsten seine Kundschaft verliert. Die Vorstellung allerdings, der ökonomische Markt planiere solche kulturellen Unterschiede und sorge für gleiche Preise bei gleichen Produktions- und Nachfragebedingungen, ist irrational.

Strukturelle Rationalität hat eine Konkretisierung in Gestalt von Angemessenheitsbedingungen, die unsere punktuelle Praxis bestimmen. Es scheint mir ganz offenkundig zu sein, dass Kriterien der Angemessenheit unser Verhalten als Konsumenten wesentlich stärker bestimmen, als punktuelle Optimierung im

Sinne der Maximierung des Erwartungswertes der eigenen Nutzenfunktion bei gegebenen subjektiven Wahrscheinlichkeiten. Die meisten der Einzelentscheidungen als Konsument, als Käufer einer Ware oder Dienstleistung, erfolgen unter extrem restriktiven Bedingungen: Der Kaufpreis ist nicht hoch genug, um ihn mit anderen Angeboten zu vergleichen, die Zeit, die zur Verfügung steht, macht allein die räumliche Anordnung der Angebote relevant, ein intendiert nutzenoptimierendes Verhalten der einzelnen Kaufentscheidungen würde die Strukturen der gewählten Lebensform in Frage stellen. Ich lasse mich auf Angebote ein, die ein angemessenes Preis-Leistung-Verhältnis aufweisen, und realisiere die alltäglichen Kauf- und Konsum-Entscheidungen innerhalb gewählter Strukturen, die ich nicht zum Zwecke der Einzeloptimierung in Frage stelle. In Italien würde ich eine Bar wieder verlassen, die den Espresso für 2,50€ anbietet, nicht etwa deswegen, weil mir in Italien ein geringeres Budget zur Verfügung steht, sondern weil es sich dort nicht gehört, einen Espresso für diesen Preis anzubieten. Eine Bar, die das dennoch tut, ist mir gewissermaßen unsympathisch. Zur Optimierung meines Nutzenerwartungswertes fehlt mir bei diesem geringen Betrag und bei der weitgehenden Irrelevanz dieses einzelnen konsumtiven Aktes die Motivation. Ich wähle eine andere Bar, obwohl dies mit einer gewissen Unannehmlichkeit, zumindest einer Zeitverzögerung, mit einem kürzeren oder längeren Fußweg, verbunden ist, weil ein solcher Preis unangemessen erscheint und ich unangemessenes Verhalten auf Märkten nicht durch meine Kaufentscheidung unterstützen möchte. Die (Pseudo-)Rationalisierung dieser Praxis, ich würde einen kausalen Effekt beabsichtigen, also hier die betreffenden Bars zu einer angemesseneren Preisgestaltung bewegen, ist jedoch nicht das Handlungsmotiv. Wäre es das Handlungsmotiv, handelte es sich um ein irrationales: Diese Einzelentscheidung von mir spielt keine kausale Rolle für die Preisgestaltung auf diesem spezifischen Markt.

In diesen trivialen Beispielen – Preis eines Espresso oder Zahlung von Trinkgeld – geht es nicht um die Abwägung komplexer normativer Gründe, die über die jeweilige Angemessenheit erst entscheiden. Man könnte mit Wittgenstein sagen, das Begründen hat hier sein Ende in der praktizierten (ökonomischen) Lebensform. Wir haben an dieser teil, wir haben entsprechend wechselseitige Erwartungen (wie viel Trinkgeld angemessen ist, was ein Espresso oder eine Flasche San Pellegrino kosten darf) und orientieren uns in unserer Praxis daran. Deutliche Abweichungen von den jeweils etablierten Kriterien der Angemessenheit bewirken Verwunderung oder Verärgerung. Es ist nicht etwa so, dass wir an diese Praxis jeweils gewöhnt sind und deswegen gar nicht anders können, als uns selbst daran zu beteiligen. Oben wurde darauf hingewiesen, dass sich diese Praxis von Land zu Land deutlich unterscheiden kann und wir uns schon vor aller Gewöhnung, kurz nach Überschreitung der Grenze, an den veränderten

Kriterien der Angemessenheit orientieren. Es ist eher so, dass die je etablierte ökonomische Praxis normative Standards setzt, die wir in der Regel akzeptieren. Damit wir das tun können, müssen bestimmte Bedingungen erfüllt sein. Aber sofern diese Bedingungen erfüllt sind, kritisieren wir Abweichungen und versuchen uns selbst an die Normen zu halten. Dies ist keineswegs als ein irrationaler Konformismus misszuverstehen. Auch der mag eine Rolle spielen, also die Sorge mancher Menschen aufzufallen, sich nicht genau so zu verhalten, wie es andere erwarten, aber diese Motivlage ist keineswegs erforderlich. Es genügt, dass wir eine bestimmte normative Beurteilung dieser Praxis vornehmen und uns deswegen selbst an diesen orientieren und von anderen dies ebenfalls erwarten. Es mag sein, dass in Monaco angesichts einer ungewöhnlich hohen Millionärsdichte ökonomische Praktiken verbreitet sind, die mir unangemessen erscheinen. Dann bin ich immer noch im Stande zu erkennen, was in Monaco erwartet wird und üblich ist, was dort als angemessen gilt, zugleich mag ich mich selbst nicht an dieser Praxis beteiligen. Ich würde also den Ministaat meiden und, wenn sich ein Besuch nicht meiden lässt, ihn so kurz wie möglich halten.

Allgemeiner formuliert: Die Kriterien der Angemessenheit, die eine Lebensform bestimmen, muss jedenfalls derjenige nicht teilen, der an dieser Lebensform nicht oder nur ephemer teilnimmt. Es gibt allerdings eine Vielfalt von empirischen Studien, die zeigen, dass die dauerhafte Distanzierung von den Angemessenheitskriterien etablierter Lebensformen und partikularen Interaktionsmustern in Gruppen einzelnen Individuen schwerfällt. In der in dieser Schrift entwickelten Begrifflichkeit könnte man sagen, dass die Strukturen, die die individuelle Rationalität ausmachen, sich in die Strukturen der interaktiven Praxis einbetten lassen müssen und daher die Übernahme einer kohärenten normativen Perspektive mit sich bringen. Diese Kohärenz ist, wie wir oben gesehen haben, nicht nur eine intrapersonelle diachrone, sondern auch eine interpersonelle kollektive. Eine Distanzierung ist nur in Grenzen möglich, weil sie das einzelne Individuum vor die Herausforderung stellt, sich bei weit divergierenden normativen Beurteilungen verständlich zu machen, um die eigene Praxis gegenüber Anderen begründen zu können. Diese Begründungsleistung setzt, pragmatisch gesehen, voraus, dass wir mit unseren Gesprächspartnern vieles gemeinsam haben, darunter das Gros der normativen Beurteilung der geteilten sozialen und kulturellen *praxeis*.

Eine Distanzierung, die über die lokale Kritik hinausgeht und größere Teile der etablierten Lebensform als ganze umfasst, ist immer in Gefahr in Utopismus umzuschlagen: Es ist dann die vorgestellte ideale menschliche Lebensform, die zur Folie der Kritik wird, einer globalen Kritik, die die betroffene Lebensform als ganze umfasst. Der einzelne Kritiker löst sich damit aus den sozialen Zusammenhängen, er kommt als Gegenüber im Austausch praktischer und theoretischer

Gründe nicht mehr in Frage und die Möglichkeiten einer geteilten kooperativen Praxis schwinden.¹⁹²

Es ist vielleicht der wichtigste Beitrag des US-amerikanischen Kommunitarismus der 1980er Jahre, auch den kritischsten Kritikern deutlich gemacht zu haben, dass jede Kritik nur erfolgreich sein kann, wenn sie an die normativen Konstituentien der geteilten Lebensform anschließt oder von diesen ihren Ausgang nimmt.¹⁹³ Der Ausstieg ist gewissermaßen keine Option. Wir bewegen uns innerhalb des Netzes von Angemessenheiten und können diese allenfalls lokal verändern, vor dem Hintergrund einer nicht in Frage gestellten geteilten Normativität.

§ 8 Fairness

Menschen legen Wert darauf, dass es fair zugeht. Der Terminus kommt aus dem Englischen und in den angelsächsischen Kulturen spielt Fairness eine besonders große Rolle. John Rawls hat seine umfassende Theorie der Gerechtigkeit auf einer Operationalisierung des Fairness-Grundsatzes aufgebaut. Diese Operationalisierung hat den Vorteil, dass man nicht im Detail festlegen muss, was unter Fairness zu verstehen ist, beziehungsweise welche Kriterien je nach Entscheidungssituation Fairness sicherstellen können, sondern sich darauf beschränkt, eine Entscheidungssituation zu charakterisieren, die aufgrund ihrer besonderen Eigenschaften sicherstellt, dass der Vertrag fair ist. Wenn ausgeschlossen ist, dass einzelne an der Entscheidung Beteiligte ihren eigenen, spezifischen Interessen Vorrang gegenüber den Interessen Anderer geben können, dann, so Rawls, ist

---

192 Die Geschichte von Ulrike Meinhof und generell der Radikalisierung linker Utopisten der damaligen post 1968er Zeit bieten dafür ebenso intensives und verstörendes Anschauungsmaterial, wie Prozesse der Fanatisierung einzelner Jugendlicher in muslimischen Familien, die teilweise über Jahrzehnte in westlichen Gesellschaften leben, begleitet vom Unverständnis der Eltern, die nicht mehr verstehen, von was ihre Kinder eigentlich reden, was sie beschäftigt, was sie so wütend macht, dass sie vielleicht sogar zu Gewalt greifen. Hier spielt eine Identifizierung mit fingierten utopischen Lebensformen, im Falle des fundamentalistischen Islam in die ferne Vergangenheit projiziert und im Falle der RAF-Sympathisanten als solidarische Akte gegenüber den Geknechteten der Dritten Welt interpretiert, von deren realen Lebensbedingungen sie wenig wussten. Man könnte fast sagen, ohne eine Gemeinschaftszugehörigkeit, sei es eine reale oder sei es wenigstens eine virtuelle, fällt es menschlichen Individuen schwer, ihr Leben zu organisieren. Und diese Zugehörigkeiten sind nur möglich, wenn sie von gemeinsamen normativen Einstellungen und der Bereitschaft, das Eigene zu einer als wünschenswert empfundenen sozialen oder kulturellen oder politischen Praxis beizutragen, bestimmt sind.
193 Vgl. Michael Walzer: *Kritik und Gemeinsinn: Drei Wege der Gesellschaftskritik*. Berlin: Rotbuch-Verlag 1990.

das Ergebnis fair. Da der Schleier des Nichtwissens Kenntnisse über eigene Interessen ausschließt, ist Fairness garantiert. Das Umfassendere, nämlich politische Gerechtigkeit, die Gerechtigkeit der institutionellen Grundstruktur, lässt sich dann aus minimalen Bedingungen der Rationalität im Sinne der Optimierung des jeweiligen Eigeninteresses unter Bedingungen, die Fairness garantieren – dem *veil of ignorance* –, ableiten, das ist jedenfalls der Anspruch der Theorie. In dieser Interpretation ist Fairness garantiert, wenn Interessen Einzelner kein besonderes Gewicht gegeben werden kann und die Entscheidungen rational sind.

Nicht jede Form der Gleichbehandlung von Interessen führt jedoch zu fairen Verteilungen oder Regeln. Es gilt für alle Varianten des Utilitarismus, dass sie eine Gleichgewichtung individueller Interessen, wie immer diese näher bestimmt sind, vorsehen. Die utilitaristische Optimierung allerdings benachteiligt zum Beispiel diejenigen, die aus einer Ressource nur wenig Vorteile im Sinne der Präferenzen-Erfüllung oder des Wohlergehens ziehen, und bevorzugt diejenigen, für die das Gegenteil gilt. Der Utilitarist ist mit dem Problem des Nutzenmonsters konfrontiert, also Menschen, die große Vorteile aus minimalen Ressourcen ziehen. Wenn man, entgegen der ökonomischen Standardauffassung, lineare Nutzenfunktionen annimmt, dann wäre die Konzentration der Ressourcen auf diejenige Person mit der steilsten Nutzenfunktion utilitaristisch geboten.[194] Alle Ressourcen müssten dann dieser einen Person zugutekommen, weil in der Aggregation individueller Nutzenwerte dies die höchste Summe ergäbe. Aber auch wenn man standardmäßig monoton steigende Nutzenfunktionen mit monoton fallendem Grenznutzen annimmt, ergeben sich nach utilitaristischen Prinzipien Verteilungen, die nicht als fair gelten können.

John Rawls' Antwort, die er mit anderen *new contractarians*[195] gemeinsam hat, lautet, das Problem des Utilitarismus sei, dass er zwar eine Gleichgewichtung von Interessen vornimmt, aber das Verteilungsprinzip nicht an die Zustimmungsfähigkeit Aller knüpft. Es ist also die allgemeine Zustimmungsfähigkeit unter Fairnessbedingungen, die (politische) Gerechtigkeit sichert, und nicht die, wie auch immer gestaltete Aggregation von Interessen.

Das in liberalen Gesellschaften so wesentliche Prinzip der Sicherung individueller Freiheit wird bei Rawls aus Fairness und individueller Rationalität hergeleitet. Diese Herleitung funktioniert allerdings nur unter ganz spezifischen

---

194 Vgl. Appendix § 5.
195 Robert Nozick: *Anarchy, State, and Utopia.* New York: Basic Books 1974; James Buchanan: *The Limits of Liberty: Between Anarchy and Leviathan.* Chicago: University Press 1975; David Gauthier: *Morals by Agreement.* Oxford: University Press 1986; Thomas Scanlon: *What we Owe to Each Other.* Cambridge/Mass.: Harvard University Press 1998.

sozio-kulturellen Bedingungen. Rawls erkennt nicht, dass der Vorrang gleicher maximaler Freiheiten nur überzeugen kann, wenn man vom Faktum der Pluralität – Pluralität der Religionen, der Lebensformen, der Kulturen – und der Individualität – des Wunsches jeder einzelnen Person, nach eigenen Vorstellungen leben zu können – ausgeht. Diese Bedingungen sind in den modernen westlichen Gesellschaften erfüllt, aber in nicht-westlichen und traditionellen Gesellschaften in der Regel nicht. Die vermeintlich universelle Geltung der Prinzipien politischer Gerechtigkeit scheitert aus zwei Gründen: Impliciter werden die spezifischen, multi-kulturellen Bedingungen westlicher Gesellschaften als empirisch gegeben angenommen und das Verständnis von Rationalität als wechselseitig desinteressierter Optimierung des je individuellen Eigeninteresses ist keineswegs zwingend, auch wenn es dem Standard-Modell der zeitgenössischen Ökonomie entspricht.

Unbeschadet dieser Kautelen können wir – jedenfalls für unsere westliche und damit die weltweit zunehmend verbreitete Gesellschaftsform – annehmen, dass Menschen sich in ihrer konkreten Praxis in hohem Maße an der Norm der Fairness orientieren. Ob es eine axiologische oder eine im engeren Sinne normative (regulatorische) Größe ist, hängt von der spezifischen Konzeptualisierung ab. Normative Theorien, die das Zustandekommen von Verteilungen, ihre historische Genese zum Kriterium machen,[196] sind rein deontologisch, sie können Verteilungen als solche, ohne Kenntnis ihres Zustandekommens, nicht beurteilen. Andere – egalitaristische – Theorien entwickeln dagegen Kriterien, die es erlauben, Verteilungen als solche, auch ohne Kenntnis ihres Zustandekommens, als fair oder unfair zu beurteilen, was eine teleologische, auf die Konsequenzen des Handelns ausgerichtete, normative Beurteilung erlaubt.[197]

---

[196] Robert Nozick hatte ursprünglich auf diesen Unterschied zwischen sogenannten *time slice theories of justice* und *historical theories of justice* hingewiesen und seine eigene Theorie im Gegensatz zu derjenigen John Rawls' als *historical* charakterisiert. Diese Unterscheidung bleibt wichtig, obwohl die Zuordnung von Theorien zu einer dieser beiden Kategorien weniger eindeutig ist, als Nozick offensichtlich annahm. Schließlich gibt es auch in der Nozick'schen *entitlement theory of justice* ein *time slice* Element, nämlich das der ursprünglichen, gerechten Verteilung, die erst historische Kriterien legitimiert und umgekehrt legen die Prinzipien der Gerechtigkeit von John Rawls institutionelle Grundstrukturen fest, in deren Rahmen dann sozio-ökonomische Dynamiken in Gang kommen, deren Verteilungen, wie immer diese dann aussehen, als gerecht gelten müssen. Vgl.: Robert Nozick: *Anarchy, State and Utopia*. New York: Basic Books 1974, Part II, Chap. 7 „Distributive Justice" § 2; John Rawls: *A Theory of Justice*. Cambridge/Mass.: Harvard University Press 1971, Chap. I „Justice as Fairness", § 1 – 6.
[197] Wie z. B. der Gerechtigkeits-Utilitarismus von Rainer Trapp: *Nicht-klassischer Utilitarismus. Eine Theorie der Gerechtigkeit*. Frankfurt am Main: Klostermann 1988.

Eine besondere Prominenz hat unterdessen die – in meinen Augen problematische – Beurteilung von sozio-ökonomischen Zuständen über das Kriterium der Armutsgefährdung in der öffentlichen Debatte, zumal in Deutschland, aber auch international, gewonnen. Demnach ist es der Prozentsatz der Personen, die weniger als 60 Prozent des Median-Einkommens zur Verfügung haben, der über die Fairness (oder Ungerechtigkeit) eines sozio-ökonomischen Zustandes entscheidet.[198]

Aber auch innerhalb der westlichen Gesellschaften gehen nicht nur die Kriterien der Gerechtigkeitstheorie weit auseinander, sondern auch die der politischen Gerechtigkeitsintuitionen, wie sie die öffentlichen Diskurse und philosophischen Konflikte prägen. Das Feld dieser divergierenden Intuitionen lässt sich angesichts der beeindruckenden Vielfalt normativer Einstellungen nur schwer kategorisieren. Jedenfalls reicht die in der *behavioral economics* übliche Gegenüberstellung von sozialen Normen der Gerechtigkeit einerseits und Marktgerechtigkeit andererseits, also eine Dichotomisierung in soziale und ökonomische Kriterien, auf keinen Fall aus. Auch jenseits der *behavioral economics* entfaltet sich eine große Vielfalt ganz unterschiedlicher Praktiken, die mit der Vielfalt unterschiedlicher Gemeinschaftsformationen und Interaktionsmuster korrespondieren.

Es ist ein Verdienst des neuen US-amerikanischen Kommunitarismus, wie er als Gegenbewegung gegen die *new contractarians* in den 1980er Jahren entstand, dass er, anders als sein deutscher historistischer Vorgänger im 19. Jahrhundert[199], auf diese empirische Vielfalt aufmerksam gemacht hat, die auch in normativen Theorien nicht unterschlagen werden darf.[200] Anti-Theorie beziehungsweise Soziologisierung des Normativen scheint mir nicht die angemessene Antwort darauf zu sein. Anti-Theorie verzichtet auf ethische Prinzipien der normativen Beurteilung zugunsten eines konsequenten Partikularismus,[201] Soziologisierung überführt normative Fragestellungen in empirische und sucht nicht nach Akzeptabilität, sondern nach de facto Akzeptanz. Die angemessenere Reaktion ist die, die sich des begrifflichen Rahmens struktureller Rationalität bedient: Die Einbettungsrelationen des Punktuellen in das Strukturelle lassen sich durch die norma-

---

198 Vgl. JNR: „Ungleich ist nicht ungerecht". In: *Frankfurter Allgemeine Zeitung* Nr. 296, 19.12.2016.
199 Vgl. Johann G. Hamann: *Metakritik über den Purismus der Vernunft*. [EA 1784]; Johann G. von Herder: *Verstand und Erfahrung. Eine Metakritik zur Kritik der reinen Vernunft*. [EA 1799]; Georg W. F. Hegel: *System der Wissenschaft. Erster Theil: Die Phänomenologie des Geistes*. [EA 1807].
200 Vgl.: Michael Walzer: *Spheres of Justice: A Defense of Pluralism and Equality*. New York: Basic Books 1983; Charles Taylor: *The Malaise of Modernity*. Toronto: House of Anansi 1991.
201 Vgl.: Jonathan Dancy: „Ethical Particularism and morally relevant Properties". In: *Mind* 92 (1983), 530–547; Bernhard Williams: *Ethics and the Limits of Philosophy*. Cambridge/Mass.: Harvard University Press 1985.

tive Theorie nicht vorgeben, sie werden durch die jeweiligen normativen Bestimmungselemente einer Praxis, an der die beurteilende Person selbst teilnimmt, bestimmt. Dies kann man auch als ein weiteres Beispiel der Unterbestimmtheit der Theorie durch Daten interpretieren.

Ein besonders interessantes Beispiel ist die Vielfalt von Fairnessregeln im sozialen Nahbereich. Was schulden Eltern ihren Kindern und Kinder ihren Eltern, oder Geschwister einander, oder Großeltern ihren Enkeln und umgekehrt? Was jeweils als fair oder unfair gilt, bemisst sich nicht nach Kriterien der Gleichberücksichtigung von Interessen allein, sondern korreliert mit dem jeweiligen Status oder der Rolle, die eine Person hat. Die Reziprozitätserwartung früherer Zeiten, wonach das, was Eltern ihren Kindern gegenüber geleistet haben, wenigstens zum Teil dadurch ausgeglichen wurde, dass alte Eltern auf die Solidarität ihrer Kinder bauen können, hat sich spätestens im Zuge der Individualisierung westlicher Kulturen in den 1960er und 1970er Jahren weitgehend, wenn auch noch nicht rechtlich, aufgelöst. Diese Verhältnisse sind nicht ohne Paradoxien: Ein Beispiel für eine solche Paradoxie ist etwa die Herabsetzung der Volljährigkeit von 21 auf 18 Jahre bei Ausdehnung der Adoleszenz und Verlängerung der Phase ökonomischer Unselbstständigkeit, oft weit über das 25. oder sogar 30. Lebensjahr hinaus, insbesondere in den südeuropäischen Gesellschaften. Ein weiteres Beispiel: Das besondere Nähe-Verhältnis von Geschwistern konstituiert in den westlichen Gesellschaften in der Regel keine wechselseitigen Unterstützungserwartungen. Auch wenn eines der Geschwister sehr wohlhabend wird und das andere nur einen Bruchteil verdient, entstehen daraus keine Erwartungen der Kompensation. Andererseits wird aber erwartet, dass sich Eltern je nach ihrer ökonomischen Leistungsfähigkeit für ihre Kinder materiell engagieren, merkwürdigerweise weicht hier auch das Familienrecht vom Gleichbehandlungskriterium ab, wonach allen Individuen bei gleichen Bedingungen das Gleiche geschuldet ist. Auch die Unterhaltszahlungen sind nach Zahlungsfähigkeit gestaffelt, während der Staat den Unterhaltsersatz ohne eine solche Staffelung leistet, wie auch die früheren Alimenten-Zahlungen vom Wohlstand des Zahlungspflichtigen unabhängig waren. In traditionelleren Kulturen sind die Solidaritätserwartungen innerhalb der Familie weit höher und führen zu einer ausgedehnten Praxis des Nepotismus, auch in der ökonomischen und administrativen Sphäre. Es scheint auch eine schichtenspezifische Varianz zu geben, wonach in den Arbeitermilieus die innerfamiliären, wechselseitigen Solidaritätspflichten ausgeprägter sind als in den bürgerlichen Mittelschichten. Dies erklärt, dass ein hoher Prozentsatz der Obdachlosen sich aus früheren Angehörigen der Mittelschichten rekrutiert. Die je unterschiedlichen Solidaritätserwartungen bestimmen das, was als fair oder unfair empfunden wird. Ist es unfair, einen volljährigen Sohn, der in der Lage wäre, sein Geld selber zu verdienen, aber sich dazu nicht aufraffen kann, aus der elterlichen Wohnung zu weisen? Hier divergieren die Antworten schon beträchtlich zwischen Nord- und Südeuropa.

Die sozialen Praktiken und die diese begleitenden normativen Erwartungen sind derart vielgestaltig, dass schon das Rechtssystem regelmäßig an seine Grenzen stößt, obwohl es nicht nur in etablierten gesetzlichen Regeln, sondern auch in einer Auslegungspraxis mit breiter Varianz durch Gerichte etabliert ist. Erst recht gilt dies für das hoffnungslose Unterfangen, diese kulturelle und normative Vielfalt in einem einzigen ethischen Prinzip angemessen abbilden zu können, gar einen ethischen Reduktionismus dieser Art als umfassendes normatives Reformprojekt durchzusetzen. Die jeweils bestehenden normativen Erwartungen konstituieren gute Handlungsgründe, die nur im Ausnahmefall von allgemeinen, ethischen Erwägungen konterkariert werden können. Aber die konkrete Handlungsweise von Individuen ist in hohem Maße von der Absicht geprägt, mit der eigenen Praxis zu wünschenswerten sozialen Praktiken beizutragen. Die Wahl einer konkreten Handlung erfolgt nicht ausschließlich in Hinblick auf die Folgen für eigenes Wohlergehen oder die Erfüllung anderer eigen-orientierter Ziele, sondern auch in Hinblick darauf, welche soziale Praxis für wünschenswert gehalten wird. Dies macht die einzelne, individuelle Handlung strukturell rational.

Die Verhaltensökonomie bietet für diese These umfangreiches Belegmaterial.[202] Die Rolle, die der Wert Fairness für das Verhalten von Individuen hat, wurde in der Verhaltensökonomie, insbesondere anhand experimenteller Befunde zum sogenannten Ultimatumspiel[203] analysiert. Die Befunde belegen – ungewollt –

---

202 Die empirischen Befunde in der Verhaltensökonomie werden in der Regel entweder als irrationale Abweichung von eigeninteressierter Optimierung oder als Ausdruck von Reziprozitätserwartungen, meist aber als instrumentell rationales Verhalten, um langfristige Vorteilserwartungen zu realisieren, interpretiert. Dies gilt auch für die ingeniösen Analysen von Amos Tversky (vgl. *Preference, Belief, and Similarity: Selected Writings*. Cambridge/Mass.: MIT Press 2004). Insofern ist auch dieser Zweig der ökonomischen Analyse dem Standard-Modell individuell und punktuell optimierender Rationalität stärker verpflichtet als manchen Kritikern des homo oeconomicus bewusst zu sein scheint. Ein Teil dieser Problematik ist wohl darauf zurückzuführen, dass die Verhaltensökonomie an der Nahtstelle zwischen empirischer Sozialpsychologie und neo-klassischer Ökonomie operiert, während die praktische Philosophie mit ihren unterschiedlichen normativen Rationalitätsmodellen fast vollständig ausgeblendet bleibt. Die zeitgenössische praktische Philosophie ist wiederum entweder selbst dem neo-klassischen ökonomischen Standardmodell individueller Vorteilsoptimierung verpflichtet oder gegenüber der ökonomischen Praxis indifferent.
203 Einen guten Überblick bietet Werner Güth & Reinhard Tietz: „Ultimatum Bargaining Behavior. A Survey and Comparison of Experimental Results". In: *Journal of Economic Psychology* 11.3 (1990), 417–449.

eindrücklich, in welchem Umfang Erwägungen struktureller Rationalität handlungswirksam sind.[204]

Im einmaligen Ultimatum,[205] in dem die eine Partei ein Angebot unterbreitet und die andere nur die Alternative hat, dieses Angebot anzunehmen oder abzulehnen, wobei im Falle der Ablehnung keiner der beiden eine Auszahlung erhält, zeigt sich, dass die von ihrer Stellung her unterlegene Person, also diejenige, die lediglich auf das Angebot reagieren kann und nur noch die Möglichkeit hat, anzunehmen oder abzulehnen, in aller Regel auf den persönlichen Vorteil verzichtet, wenn ihr die Verteilung als unfair erscheint. Man könnte die zahlreichen Studien dazu so zusammenfassen: Personen akzeptieren die Asymmetrie der Entscheidungssituation insofern, als sie nicht auf eine gleiche Verteilung der Auszahlungen bestehen (also alle Angebote unter 50:50 ablehnen), sind aber nicht bereit einen unfair niedrigen Anteil zu akzeptieren. Was natürlich heißt, dass sie dann auf dieses Angebot verzichten und völlig leer ausgehen. Allerdings geht auch der Anbieter dann leer aus.

Es ist ein Gemeinplatz in der verhaltensökonomischen Literatur, an dieser Stelle darauf hinzuweisen, dass die Ablehnung selbstverständlich als eine Form der Irrationalität zu bewerten sei, da die Person ja auf einen möglichen Gewinn verzichtet. Dieser Gemeinplatz beruht auf einer Rationalitätstheorie, die inadäquat ist. Demnach ist ausschließlich die Optimierung des eigenen Vorteils ein rationales Handlungsmotiv. Wenn man dagegen zulässt, dass eine Person auch an anderen Dingen außer ihrem eigenen Vorteil ein legitimes Interesse haben kann, dann fällt diese Interpretation in sich zusammen. Bei der Zwei-Personen-Variante des Ultimatumspiels entscheidet die zweite Person mit Annahme oder Ablehnung über die Verteilung eines Gutes in der Zwei-Personen-Welt der beiden Spieler. Wenn es ihr wichtig ist, dass in dieser Zwei-Personen-Welt faire Verteilungen realisiert werden, dann wägt sie diesen Bewertungsaspekt gegen den anderen des persönlichen Vorteils ab. Die in der ökonomischen Theorie so hochgehaltene Präferenzen-Souveränität gilt auch hier: Es muss den Individuen überlassen sein, selbst zu entscheiden, was ihnen wichtig ist. Wenn einer Person faire Verteilungen wichtig sind, dann darf dieser Bewertungsaspekt selbstverständlich eine Rolle für ihre Handlungswahlen spielen, ohne dass diese dann als irrational

---

204 Interessante Beiträge dazu: Werner Güth et al.: „An Experimental Analysis of Ultimatum Bargaining". In: *Journal of Economic Behavior and Organization* 3 (1982), 367–388; Daniel Kahneman et al.: „Fairness and Assumption of Economics". In: *Journal of Business* 59 (1986), 285–300; sowie Kahneman et al: „Fairness as a Constraint on Profit Seeking: Entitlements in the Market". In: *The American Economic Review* (1986), 728–741.
205 Vgl. Appendix §4.

zu bewerten sind. Die offenkundige Inadäquatheit des Standardmodells ökonomischer Rationalität tritt in der Standard-Interpretation empirischen Befunde in der Verhaltensökonomie besonders offen zutage.

Interessanterweise ändert sich die Akzeptabilität der Angebote, wenn wir vom Zwei-Personen-Ultimatumspiel zur Mehr-Personen-Varianten übergehen und zwar dergestalt, dass nach wie vor eine Person das Angebot macht, aber mehrere Personen das Angebot annehmen können, etwa in der Form wie sie von Alwin Roth et al. (1991) in unterschiedlichen Städten (Jerusalem, Ljubljana, Pittsburgh und Tokio) experimentell getestet wurde. Eine andere Variante sieht folgendermaßen aus: Mehrere Personen unterbreiten unabhängig voneinander Angebote in – möglicherweise – verschiedener Höhe und eine Person hat die Wahl, das höchste Angebot anzunehmen oder zurückzuweisen. Wenn sie das höchste Angebot zurückweist, bekommt niemand irgendetwas. Wenn sie das höchste Angebot akzeptiert, bekommt sie ihren Anteil und der Anbieter, dessen Angebot sie akzeptiert hat, erhält seinen Anteil, während alle anderen Anbieter nichts erhalten. Diese simulierte Markt-Situation verschafft der Person, die auf die Angebote reagiert, eine starke Stellung. Und trotz unterschiedlicher Gewichtung von Fairness-Aspekten in den vier Städten beziehungsweise Ländern, gibt es nach wenigen Wiederholungen Angebote, die der reagierenden Person (fast) die gesamte Auszahlung sichern. Wenn man stattdessen ein Mehr-Personen-Ultimatumspiel konzipiert, bei dem die reagierenden Personen untereinander in Konkurrenz stehen, ändert dies sofort die Akzeptabilität auch niedriger Angebote.[206]

Diese Befunde sind für die Perspektive struktureller Rationalität deswegen interessant, weil sie eine deutliche Differenz belegen in Abhängigkeit davon, ob die handelnde Person selbst mit ihrer Entscheidung eine Handlungsstruktur festlegt (wie im Zwei-Personen-Ultimatumspiel die reagierende Person), oder nicht (bei der Ausweitung des Ultimatumspiels auf Konkurrenzsituationen entweder der Anbieter mit der Tendenz hoher Angebote für die reagierende Person oder der reagierenden Personen mit der Tendenz niedriger Angebote). Je irrelevanter die eigene Entscheidung für die von der handelnden Person gewünschte Struktur ist, desto dominanter wird die Orientierung am eigenen Interesse. Dies erklärt, dass strukturell rationales Handeln in kleineren Interaktionsgemeinschaften deutlicher zutage tritt als in anonymen und größeren. Man mag es als eines der wichtigsten Ziele normativer Ethik ansehen, die Referenzgrößen struktureller

---

[206] Vgl. Werner Güth et al.: *On the Reliability of Reciprocal Fairness – An Experimental Study*. Berlin: Humboldt Universität 1997; Fehr & Fischbacher: „The Nature of Human Altruism". In: *Nature* 425.6960 (2003).

Rationalität *a limine* auf alle Akteure, wie im Falle des Kategorischen Imperativs Immanuel Kants, auszuweiten.[207]

§ 9 Gleichheit

Die Verhaltensökonomie hat interessante empirische Befunde zusammengetragen, die zeigen, dass Menschen unter Markt-Bedingungen, also als Konsumenten oder Produzenten, als Nachfrager oder Anbieter von Gütern und Dienstleistungen, die zu einem monetären Preis gehandelt werden, wenig Wert auf Gleichheit legen, während sie in Situationen, in denen es nicht um Kauf oder Verkauf und auch nicht um die Konkurrenz um knappe Güter geht, auf ein gewisses, je nach Situation variierendes, Maß an Gleichheit achten. Schon im vorausgegangenen Abschnitt spielte dieser Unterschied eine Rolle im modifizierten Ultimatumspiel. So interessant die vielfältigen, teilweise widersprüchlichen Studien aus der Verhaltensökonomie sind, so grotesk ist das offenkundige Unvermögen, diese in kohärenter Weise zu interpretieren.[208] Möglicherweise hängt dies damit zusammen, dass die Verhaltensökonomie ein Import aus der Sozialpsychologie in die ökonomische Wissenschaft ist, während sie so gut wie keinen Bezug zur zeitgenössischen praktischen Philosophie hat. Die meisten Verhaltensökonomen akzeptieren das Rationalitätsmodell konventioneller Ökonomie, changieren dabei zwischen einer kohärentistischen und einer konsequentialistischen Interpretation und präsentieren die verhaltensökonomischen Befunde als Belege für eine verbreitete Irrationalität menschlichen Entscheidungsverhaltens, das auf ökonomische Märkte ausgreift. Der Vorwurf gegenüber der konventionellen Ökonomie lautet dann, sie überschätze die Rationalität von Individuen und daher sei ihre prognostische Leistungskraft eingeschränkt.[209] Eine dazu alternative Sicht geht auf Herbert Simons *Satisficing Rationaliy* zurück und interpretiert die verhaltens-

---

207 Hier sind alle Akteure alle Vernunftwesen, nicht nur lebende, sondern auch potenzielle, der Kantianische Universalismus greift also hypothetisch über die menschliche Spezies hinaus.
208 Vgl. die Sammlungen wichtiger verhaltensökonomischer Beiträge, z. B. C. Camerer & G. Loewenstein & M. Rabin (Hrsg.): *Advances in Behavioral Economics*. Princeton: University Press 2011.
209 Vgl. Dan Ariely: *Predictably Irrational: The Hidden Forces that shape our Decisions*. New York: Harper 2010 und ders.: *The Upside of Irrationality*. New York: Harper 2013. Auch die Ergebnisse einer dichten Folge empirischer Studien, in unterschiedlicher Autorenkonstellation um Amos Tversky und Daniel Kahneman, werden als Rationalitäts-Abweichungen präsentiert, allerdings mit der gegenüber Ariely radikaleren Interpretation, dass das Standardmodell der Ökonomie in den seltensten Fällen aussagekräftig sei. Eine psychologisch informierte ökonomische Theorie solle daher davon ausgehen, dass Menschen sich in der Regel irrational verhalten.

ökonomischen Befunde als Ausdruck bewährter Heuristiken, die sich in der Praxis besser bewähren, als ökonomische Optimierungsmodelle. Diese Sichtweise, wie sie etwa von Reinhard Selten oder Gerd Gigerenzer vertreten wird, greift aber dann bei der Beurteilung der Rationalität oder Irrationalität der Heuristiken wieder auf das ökonomische Optimierungsmodell zurück, nimmt also das konventionelle Rationalitätsverständnis der Ökonomie als Meta-Kriterium der Rationalität.[210] Die Verhaltensökonomie scheint einerseits von einer hochentwickelten, empirischen Forschungspraxis, verbunden mit fantasievollen mathematischen Modellierungen, aber andererseits auch von einem auffallend hohen Maß an begrifflicher Konfusion geprägt zu sein. Die Dichotomie zwischen schnellem, automatischem und intuitivem Entscheiden und langsamem, rationalem Entscheiden, wie sie insbesondere durch Kahneman prominent wurde, scheint mir keine Auflösung dieser Problematik zu sein, sondern eher eine Verstärkung der Begriffskonfusionen mit sich zu bringen.[211] Eine naheliegende und vermutlich sehr fruchtbare Heuristik der neuen Disziplin wäre es, Abweichungen vom konventionellen ökonomischen Optimierungsmodell zunächst nicht als eine Form der Irrationalität, sondern als Ausdruck struktureller Rationalität zu rekonstruieren. Dies erforderte eine Verabschiedung des konsequentialistischen Rationalitätsverständnisses, wie es in der Anwendung des ökonomischen Optimierungsmodells zumindest implizit vorausgesetzt wird, eine sorgfältige Unterscheidung zwischen kohärentistischer und konsequentialistischer Interpretation des Nutzentheorems und seiner Postulate[212] und eine Kategorisierung der handlungsleitenden Gründe, die die unterschiedlichen Bereichs-Rationalitäten menschlicher Praxis bestimmen.

Wie wir gesehen haben, ist es nicht irrational, etwas zu tun, um eine Bitte zu erfüllen (die Kategorie der *exhortationes*), ein Versprechen einzuhalten (die Kategorie der *comissiva*), seine Aufgaben im Rahmen einer bestimmten sozialen Rolle wahrzunehmen (die Kategorie der *officia*) oder Postulaten der Gleichbehandlung nachzukommen (die Kategorie der *principia*). Es kann rational sein, etwas zu tun, um die Rechte, die eine andere Person hat, nicht zu verletzen, auch wenn diese

---

210 Gerd Gigerenzer & Reinhard Selten (Hrsg.): *Bounded Rationality: The Adaptive Toolbox.* Cambridge/Mass.: MIT Press 2002.
211 Zur These der Dualität von schnellem, automatischem und intuitivem einerseits und langsamem, unzuverlässigem, ex post rationalisierendem Denken andererseits vgl. Jonathan Evans: *Bias in Human Reasoning: Causes and Consequences.* Lawrence Erlbaum Associates, 1989; und – besonders einflussreich – Daniel Kahneman: *Thinking, Fast and Slow.* New York: Farrar, Strauss & Giroux 2011. Eine überzeugende, auf psychologische Befunde gestützte Kritik dieser Dualitätsthese entwickeln Hugo Mercier & Dan Sperber: *The Enigma of Reason: A New Theory of Human Understanding.* Cambridge/Mass: Harvard University Press 2017.
212 Vgl. II §1.

nicht sanktioniert sind (die Kategorie der *libertates*) und vor allem, es kann rational sein, etwas zu tun, weil man mit anderen Personen kooperieren möchte.[213]

Daher wäre zunächst zu prüfen, welche Befunde der Verhaltensökonomie Ausdruck guter Handlungsgründe sind, die im konventionellen ökonomischen Optimierungsmodell nicht abgebildet werden können, und welche tatsächlich als eine Form der Irrationalität gelten müssen, weil elementare Kohärenzpostulate verletzt werden. Die Verhaltensökonomie sollte sich dann nicht als Proponentin menschlicher Irrationalität präsentieren, sondern als eine empirisch gestützte Modifikation des ökonomischen Optimierungsmodells. Ich persönlich würde, wie diese Schrift deutlich macht, darüber hinaus gehen und ökonomischer Optimierung lediglich eine Nischenfunktion zuschreiben, die nur unter ganz spezifischen, auch auf ökonomischen Märkten in der Regel nicht realisierten, Bedingungen Rationalität angemessen erfasst. Vernünftige menschliche Praxis ist in der Regel nicht konsequentialistisch optimierend, aber sie erfüllt die Kohärenzpostulate des Nutzentheorems. Am Wert der Gleichheit lässt sich diese Einbettung empirischer Befunde in den Begriffsrahmen struktureller Rationalität illustrieren.

Empirische Befunde der Verhaltensökonomie zeigen, dass die meisten Menschen gleichere gegenüber ungleicheren Verteilungen bevorzugen. Das gilt unabhängig davon, ob sie selbst zu den besser oder zu den schlechter Gestellten gehören, allerdings ist das Ausmaß, in dem sich eine Ungleichheitsaversion zeigt, durchaus davon abhängig, wie sich die eigene Situation darstellt, mit der Tendenz, dass Ungleichheit desto stärker abgelehnt wird, je schlechter es einer Person im Vergleich zu den anderen geht. Fehr und Schmidt[214] haben ein mathematisch recht schlichtes Modell entwickelt, um diese Ungleichheitsaversion zu erfassen, nämlich als Absenkung des eigenen Nutzens proportional zur Summe der Abweichungen nach oben (α) und mit einer weiteren Absenkung des eigenen Nutzens proportional zur Summe der Abweichungen nach unten (β), wobei α größer als β ist und je nach dem Ausmaß der Ungleichheitsaversion bestimmt wird. Dieser mathematische Zusammenhang wird mit der Interpretation unterlegt, es sei den Menschen unangenehm, Ungleichheit wahrzunehmen, allerdings nur insofern, als sich diese Ungleichheit im Vergleich zur eigenen Situation darstellt, gegenüber Ungleichheit als solcher seien Menschen indifferent, es handle

---

213 Umstritten ist, ob letztlich alle anderen normativen Kategorien in dieser, der Kooperation, aufgehen (s. II), zumindest integrieren kooperative Handlungsgründe andere Typen von Gründen, wie die vertragstheoretische Tradition in Politik und Ethik gezeigt hat.
214 Ernst Fehr & Klaus Schmidt: „A Theory of Fairness, Competition and Cooperation". In: *Advances in Behavioral Economics*. Hrsg. von Colin F. Camerer, George Loewenstein & Matthew Rabin. Princeton: University Press 2011.

sich um eine selbst-zentrierte Ungleichheitsaversion und diese schlage sich in einer Absenkung des Wohlergehens nieder.

Diese Interpretation ist doppelt willkürlich, einmal weil die linearen Ungleichheitsmaße nur deshalb das beobachtbare Verhalten – scheinbar – modellieren, weil die beiden Faktoren α und β jeweils fest, aber beliebig in Bezug auf das Verhalten einer Person gewählt werden, und damit sicherstellen, dass die Hypothese nicht widerlegt werden kann und zum zweiten, weil die Möglichkeit, dass ein normatives Urteil und keine Absenkung des eigenen Nutzenniveaus das beobachtbare Verhalten leitet, von vornherein begrifflich ausgeschlossen wird, weil Ungleichheitsaversion als Nutzenabsenkung interpretiert wird.

In der alltäglichen Praxis können Kriterien der Gleichbehandlung oder Gleichverteilung wie Einschränkungen (*constraints*) wirken. Nehmen wir Diskriminierungsverbote. Verteilungen, die aufgrund der Diskriminierung von Einzelnen, zum Beispiel aufgrund ihrer Hautfarbe, zustande kommen, gelten Vielen zurecht als unzulässig. Sie werden sich dann an einer Praxis nicht beteiligen, die zu solchen Verteilungen führt. Nun muss man hier, auch informiert durch den vorausgegangenen Abschnitt, unterscheiden zwischen Situationen, in denen meine eigene Entscheidung unmittelbar relevant ist für die Struktur der Praxis oder der Verteilung und solchen, in denen dies nicht der Fall ist. Marktsituationen sind typischerweise vom letzteren Typus. Hier ist die Anzahl der Konkurrenten um knappe Güter oder der Produzenten derart hoch, dass die eigene Handlung keine Relevanz hat für das Verteilungsergebnis. Deswegen tendieren Marktsituationen dazu, dass Personen ihre strukturellen Präferenzen nicht handlungswirksam werden lassen. Dies ist im Einklang mit den empirischen Befunden.[215] Allerdings gilt dies nicht (mehr) durchgängig: So hat die Zahl der Personen, die sich auch in ihrem Marktverhalten moralische Einschränkungen auferlegen, deutlich zugenommen. *Fair Trade* Produkte verdanken ihren Markterfolg dieser moralisch modifizierten ökonomischen Praxis, denn das Kosten-Nutzen-Verhältnis ist zumeist ungünstiger, als das der Konkurrierenden.[216]

Die ökonomische Theorie, interessanterweise auch in der Verhaltensökonomie, scheint deontologische Einschränkungen nur dann akzeptieren zu können,

---

[215] Vgl. Judy Bethwaite & Paul Tompkinson: „The Ultimatum Game and Non-Selfish Utility Functions". In: *Journal of Economic Psychology* 17.2 (1996) 259–271; Vernon Smith und Arlington Williams: „The Boundaries of Competitive Price Theory: Convergence, Expectations, and Transaction Costs". In: *Advances in Behavioral Economics* 2 (1990), 31–53; und Werner Güth, Nadège Marchand & Jean-Louis Rullière: „Equilibration et dépendance du contexte. Une évaluation expérimentale du jeu de négociation sous ultimatum". In: *Revue économique* 49 (1998), 785–794.
[216] Der *Fair Trade* Kaffee ist bitterer und teurer, die Geldanlage in Nachhaltigkeitsprojekte wirft weniger Ertrag ab, das Fleisch aus artgerechter Tierhaltung ist kostspielig, etc.

wenn sie mit Incentivierungen oder Sanktionen versehen sind. Wenn dies nicht der Fall ist, dann werden diese künstlich dadurch herbeigeführt, dass man das Entscheidungsverhalten als Ausdruck veränderter Nutzenfunktionen interpretiert, also die Sanktionen gewissermaßen durch einen terminologischen Trick hervorzaubert. Nun gibt es Menschen, die sich in der Tat schlecht fühlen, wenn sie eine moralische Regel, die sie für wichtig halten, verletzen. Aber selbst in diesen Fällen ist es unplausibel, ihr tatsächliches Entscheidungsverhalten als Ausdruck des Versuches zu interpretieren, ihren eigenen Nutzen zu optimieren. Umgekehrt wird ein Schuh draus und darauf hatte schon vor geraumer Zeit Joseph Butler in *Fifteen Sermons Preached at the Rolls Chapel* (1729) hingewiesen: Der Altruist fühlt sich besser, wenn er jemanden helfen kann, aber er hilft nicht, weil es ihm dann besser geht. Wir haben es hier mit einer Umkehrung des Begründungsverhältnisses zu tun. Der Altruist will helfen und deswegen fühlt er sich besser, wenn er diese Hilfe auch realisiert. Aber es ist nicht das Besserfühlen, was ihn motiviert, sondern das Helfen. Es ist bedenklich, wenn die Terminologie und das Analyseinstrumentarium auf einer fundamentalen Begriffskonfusion aufbauen. Eine solche Begriffskonfusion liegt vor, wenn Kriterien der Gleichheit in Nutzenmodifikationen übersetzt werden.

Wie grotesk diese Uminterpretation ist, erkennt man daran, dass sie offenbar für die ökonomischen Analytiker nur akzeptabel ist, wenn sie jeweils eigenzentriert ist, also die Differenzen der eigenen Situationen gegenüber denjenigen Anderer zum Maß der Ungleichheit nimmt. Auch das ist hochgradig unplausibel. Menschen legen in der Regel großen Wert auf Gleichbehandlung und faire Verteilungen. Sie legen darauf nicht deswegen Wert, weil sie die Differenzen im Blick haben, die ihr Anteil zu den Anteilen Anderer aufweist, sondern weil sie eine Welt befürworten, in der es gerecht zugeht. Es ist der gleiche moralische Status aller, der solchen normativen Beurteilungen seine praktische Relevanz und Wirksamkeit verleiht.

Das, was Rawls als den gemeinsamen Gerechtigkeitssinn bezeichnet, bezieht sich offenkundig nicht auf Verteilungskriterien von zum Beispiel Einkommen oder Vermögen. Hier divergieren die normativen Auffassungen in hohem Maße. Daraus zu schließen, dass Gleichheit für manche eben ein hoher Wert, für andere aber so gut wie irrelevant sei, wäre ein Trugschluss. Viel plausibler ist es, anzunehmen, dass diese Differenzen nicht auf fundamentalen normativen Dissensen beruhen, sondern unterschiedlichen empirischen Einschätzungen zu verdanken sind. Die zeitgenössische philosophische Gerechtigkeitstheorie hat das begriffliche Instrumentarium entwickelt, um dies genauer zu analysieren (auch das spräche dafür, den Austausch zwischen Philosophie und Ökonomie angesichts des Siegeszugs der Verhaltensökonomie auszubauen). Egalitaristen, wie etwa Ronald Dworkin, sind nicht für Gleichverteilung, sondern dafür, dass das, was man in der angelsächsischen Literatur als *natural* oder *social luck* bezeichnet, idealiter egalisiert wird. Zu *natural luck* zählt etwa die genetische Ausstattung, zu *social luck* die soziale Herkunft und ihre Wirkung auf die Entwicklungschancen einer Person. Dementsprechend besteht eine zentrale Kritik am Egalitarismus darin, die hypertrophen Maßnahmen zu kritisieren, die nötig wären, um *natural* und *social luck* zu egalisieren. Aber auch die radikalsten Egalitaristen fordern nicht, dass Güter, Einkommen oder Vermögen gleichverteilt werden. Sie fordern lediglich, dass Personen nicht unfair benachteiligt werden und dass der Staat (im linken Egalitarismus) durch bildungs- und sozialstaatliche Maßnahmen alles tun sollte, um unfaire, also unverdiente, Ungleichheiten zu minimieren.

Die großen Differenzen, die sich in der gesellschaftlichen und politischen Debatte zeigen, wenn es um Beurteilungen von Gerechtigkeit und Ungerechtigkeit geht, sind zum großen Teil Ausdruck unterschiedlicher empirischer Einschätzungen: In welchem Umfang sind Einkommensdifferenzen Ausdruck von Leistungsanreizen, die gegeben werden müssen, um eine florierende Ökonomie zu ermöglichen? Und welche Einkommensdifferenzen sind das Ergebnis von diskriminierender Praxis, zum Beispiel gegenüber unterschiedlichen Geschlechtern oder Hautfarben? Und vor allem, in welchem Umfange ist eine ausgeweitete Staatstätigkeit wünschenswert? Prinzipiell kann man sich einen vollständigen Konsens angesichts fundamentaler Kriterien der Gleichheit vorstellen: Gleichverteilung ist die einzig legitime, wenn es keine guten Gründe für Ungleichverteilung gibt; Ungleichverteilung muss allen zugutekommen, zumal der am schlechtestgestellten Personengruppe (Rawls), Maßnahmen der Gleichheitssicherung dürfen nicht mit umgekehrter Diskriminierung verbunden sein (Einschränkungen von Maßnahmen ausgleichender Gerechtigkeit durch individuelle Gleichbehandlungskriterien[217]).

Weitere Beurteilungs- und Verhaltensdifferenzen sind vermutlich auf das Maß zurückzuführen, in dem Menschen bereit sind, strukturell rational zu handeln, das von Fall zu Fall variiert. Manche Milliardäre haben sich dem Aufruf angeschlossen, 99 Prozent ihres Vermögens gemeinnützigen Zwecken zuzuführen, andere nicht. Manche Menschen sind nur begrenzt bereit, ihre je individuelle Praxis daran auszurichten, welche Struktur der sozialen Praxis sie befürworten, bei anderen besteht eine weitgehende Kongruenz. Aber auch bei denjenigen, bei denen eine starke Divergenz feststellbar ist, was offenkundig gerade für den Unterschied zwischen ökonomischer und gesellschaftlicher Praxis gilt, sollte nicht voreilig auf mangelnde moralische Motivation geschlossen werden. So scheint es

---

[217] So hat das Bundesverfassungsgericht entschieden, dass Frauen bei der Einstellung nur bei gleicher Eignung gegenüber männlichen Bewerbern bevorzugt werden dürfen, entgegen der Praxis in vielen Universitäten der USA.

mir weder irrational noch unmoralisch zu sein, auf individuelle karitative Akte vollständig zu verzichten, obwohl man die bestehende Armut in ökonomisch hochentwickelten Staaten für inakzeptabel hält. Man ist also selbst nicht bereit, individuell zur Senkung dieser Armut gegenüber einem Einzelfall beizutragen, obwohl man eine Maßnahme befürworten würde, die zum Beispiel die Steuern für Gutverdienende erhöht, um Armut in der Gesellschaft effektiver bekämpfen zu können und zwar auch dann, wenn man selbst zu diesen Besserverdienenden gehört. Wenn der ökonomische Analytiker nun daraus folgert, dass also das Nutzenniveau der Person durch eine solche sozialpolitische Maßnahme stärker steige, als durch den Einkommensverlust, der durch zusätzliche Steuern zustande kommt, handelt es sich wiederum um ein klares *non sequitur*. Die Person befürwortet eine solche sozial- und steuerpolitische Maßnahme, wohl wissend, dass dies ihren eigenen Nutzen beschränkt, weil sie es für geboten hält, dass Armut in hochentwickelten ökonomischen Gesellschaften effektiv bekämpft wird. Es mag sogar sein, dass dieser Person am individuellen Schicksal der Armen gar nicht gelegen ist, sondern dass es ihr in erster Linie darum geht, dass die Gesellschaft als ganze hinreichend gerecht gestaltet ist. Vor allem ist es für sie aber völlig irrelevant, in welchem Verhältnis ihr eigenes Einkommen zu dem der Armen steht, weil es darum ja in Gerechtigkeitsfragen nicht geht, sofern man einen rationalen Standpunkt einnimmt. Neidgefühle sind immer irrational, Schuldgefühle jedenfalls dann, wenn man selbst zur Armut der Anderen keinen Beitrag geleistet hat.

Wenn man sich die politischen Wahlergebnisse ansieht, dann scheint viel für die Vermutung zu sprechen, dass Menschen, die materiell in beengten Verhältnissen leben, ihrer eigenen Lebenssituation eine größere Bedeutung geben, als diejenigen, die keine materiellen Sorgen haben. Allerdings scheint die Ich-Zentriertheit oben wieder deutlich zuzunehmen, der Zusammenhang zwischen Eigeninteresse und politischem Engagement wird bei den Reichen und Superreichen wieder enger. Es kann nicht sein, dass eine theoretische Analyse, wie sie auch in der Verhaltensökonomie stilprägend ist, die Distanzierung von eigenen Interessen von vornherein als irrational brandmarkt. Das Remedium Verteilungs-, Fairness- oder Kooperationsaspekte in die individuelle Nutzenfunktion zu integrieren, geht von vornherein in die Irre, es schließt empirische Phänomene, wie etwa die Berücksichtigung normativer Beurteilungskriterien, begrifflich aus, was bedeutet, offenkundige, empirisch vielfach belegte und gerade in der Verhaltensökonomie präzise erfasste Phänomene moralischer Motivation und struktureller Rationalität zu ignorieren.[218]

---

218 Vergleiche dazu auch Appendix §5: Gleichheit und Nutzen.

Es ist nicht der Markt als solcher, der Beurteilungen der Fairness oder der ungerechten Ungleichheit für die Praxis irrelevant macht, sondern es ist die Tatsache, dass auf Märkten das eigene Entscheidungsverhalten für die Strukturen der Verteilung keine Rolle spielt. Dies heißt allerdings keineswegs, dass Personen sich nicht auch als Marktteilnehmer an deontologischen Regeln orientieren, wie wir unten (§11 u. §12) noch erörtern.

§ 10 Relativität

Für eine humane Praxis spielt die normative Nicht-Verrechenbarkeit eine zentrale Rolle. Sie prägt nicht nur die moralische Praxis einer zivilen Gesellschaft, sondern bestimmt auch das Rechtssystem. So können Verletzungen individueller Rechte nicht durch ökonomische Vorteile aufgewogen werden. Selbst wenn man die absolutistische Interpretation etwa von Artikel 1 Absatz 1 „Die Würde des Menschen ist unantastbar" abschwächt, wäre damit noch nicht der Übergang zu einer umfassenden normativen Verrechenbarkeit vollzogen. Man kann durchaus der Auffassung sein, dass alle deontologischen Normen unter extremen Bedingungen einer konsequentialistischen Abschwächung bedürfen, und doch unter Normalbedingungen daran festhalten, dass individuelle Rechte nicht gegen ökonomische Vorteile abgewogen werden dürfen.

So gilt das Folter-Verbot absolut, möglicherweise mit einer konsequentialistischen Abschwächung in extremen Fällen, in denen eine umfassende Katastrophe droht, aber deswegen ist die Einhaltung des Folter-Verbotes keineswegs irrational. Sie impliziert auch nicht, dass das Gut des Straftäters, nicht gefoltert zu werden, höher wiegt als etwa das Leben eines Kindes, das durch Folter-Androhung möglicherweise gerettet werden könnte.[219]

Für die ökonomische Theorie ist dagegen das *Vollständigkeitsaxiom*[220] von großer Bedeutung, dieses scheint aber mit der normativen Nicht-Verrechenbarkeit unverträglich zu sein. Diese Unverträglichkeit ist allerdings nur eine scheinbare, denn wenn man das *revealed preference* Konzept ernst nimmt, fordert es lediglich, dass die handlungsleitenden Präferenzen vollständig sind. An dieser Forderung kann man aber festhalten, ohne deontologische Normen und deren absolute Geltung mit oder ohne konsequentialistischer Abschwächung aufrecht

---

[219] Hier spiele ich auf den Fall Jakob von Metzler an (vgl. „Schriftliche Urteilsgründe in der Strafsache gegen Wolfgang Daschner". Pressemitteilung des Landgerichts Frankfurt vom 15.02.2005. Zuletzt abgerufen: 11.11.2018 (PDF)).
[220] Vgl. Appendix §1.

zu erhalten. Wenn eine deontologische Norm eine bestimmte Handlungsweise verbietet, dann fallen die entsprechenden Optionen aus der Alternativenmenge heraus. Dies ist die angemessenere Modellierung, als diejenige, die den Umweg über eine entsprechende Gestaltung der individuellen Präferenzrelation nimmt. Angemessener deswegen, weil der deontologische Akteur ja gerade dadurch charakterisiert ist, dass für ihn bestimmte Handlungsoptionen nicht in Frage kommen, ihre Einfügung in seine Präferenzrelation also die Motivlage verzerrt. Immanuel Kant hat nicht eine Präferenz für Handlungen, deren Maximen den Test des Kategorischen Imperativs bestehen, sondern er schließt Handlungen, deren Maximen diesen Test nicht bestehen, als Optionen aus, sie sind in der englischen Formulierung *not feasible*.

Das *revealed preference* Konzept allerdings identifiziert Präferenzen mit Entscheidungen in bestimmten Wahlsituationen. Eine Präferenz einer Person von A gegenüber B wird dieser Person genau dann zugeschrieben, wenn sie vor die Alternative gestellt, A oder B zu wählen, sich für A entscheidet. Auch der Kantianer zeigt seine Achtung vor dem Sittengesetz dadurch, dass er, falls er zwei Handlungsoptionen hat, von denen die eine den Kantianischen Maximentest besteht und die andere nicht, sich für jene entscheidet und nicht für diese. Selbst wenn man also an der weiten Alternativenmenge festhält und nicht diejenigen Alternativen aus dieser Menge entfernt, die gemäß dem jeweiligen deontologischen Kriterium unzulässig sind, bleibt es bei der Vollständigkeit der Präferenzrelation. Man kann an der Nicht-Verrechenbarkeit festhalten, ohne das Vollständigkeitspostulat aufzugeben.

Das Vollständigkeitspostulat impliziert nicht die monetäre Verrechenbarkeit, also die Bewertung jeder Handlungsoption mit einem monetären Wert, wie es der üblichen ökonomischen Anwendungspraxis der Kohärenzpostulate des Nutzentheorems entspricht. In den Worten des katholischen Philosophen Robert Spaemann: „Man würfelt nicht mit dem Kopf eines Kindes!"[221] Gemeint ist: Eine Lotterie mit einem monetären Wert als eine Auszahlung und dem Tod eines Kindes als die andere „Auszahlung", ist unter allen Bedingungen, unabhängig davon, wie hoch der monetäre Wert und wie niedrig die Wahrscheinlichkeit für den Tod des Kindes ist, inakzeptabel, eine solche Lotterie darf man nicht wählen.

---

[221] Gemünzt war das auf Risiko-Studien zur Kernkraft, mit den Angaben von Todesfall-Wahrscheinlichkeiten im Falle eines GAU (Größter anzunehmender Unfall), auch niedrige Wahrscheinlichkeiten für den Tod Unschuldiger rechtfertigten nicht den Einsatz dieser Technologie. Diese Ablehnung risiko-ethischer Kriterien führt allerdings in Aporien, vgl. JNR et al: *Risikoethik*. Berlin: De Gruyter 2012.

Etwas künstlich fällt zugegebenermaßen die Interpretation deontologischer Praxis als Ramsey-kompatibel hinsichtlich der beiden probabilistischen Postulate *Monotonie* und *Stetigkeit* aus. Selbstverständlich gilt für einen Kantianer, dass eine Handlung, die mit dem Sittengesetz vereinbar ist, einer Handlung vorzuziehen ist, die nicht mit dem Sittengesetz vereinbar ist. Daraus mag man noch schlussfolgern, dass eine Lotterie mit diesen beiden möglichen Ergebnissen von einer moralischen Person im Sinne Immanuel Kants umso höher geschätzt wird, desto wahrscheinlicher das moralisch zulässige Ergebnis ist. Allerdings knirscht es hier schon beträchtlich, da die konsequent moralische Person sich auf eine solche Lotterie als Handlungsoption nicht einlassen würde. Sie wäre nicht bereit, mit einer noch so geringen Wahrscheinlichkeit, eine moralisch unzulässige Handlung zu vollziehen.

Noch deutlicher tritt diese Problematik beim Stetigkeitsaxiom zu Tage, wie folgende Überlegung zeigt: Angenommen, wir haben zwei moralisch zulässige Handlungsoptionen, von denen die eine aus pragmatischen Gründen der anderen vorzuziehen ist, sie ist leichter zu realisieren oder befördert das Wohlergehen der handelnden Person. Gemäß dem Stetigkeitsaxiom müsste nun genau eine Wahrscheinlichkeit existieren, bei der die Lotterie zwischen dieser moralischen und pragmatisch günstigen Handlung und der moralisch unzulässigen Handlung indifferent ist gegenüber der moralisch zulässigen, aber pragmatisch ungünstigeren. Dies wird jedoch der kantianische Akteur zurückweisen, er wird dann die moralisch zulässige, wenn auch pragmatisch ungünstigere Handlungsoption in jedem Fall einer Lotterie vorziehen, die, mit einer noch so geringen Wahrscheinlichkeit, eine moralisch unzulässige Handlung nach sich zieht.

Deontologische Ethiken, jedenfalls solche vom Kantianischen Typ, ziehen eine Kategorisierung von Handlungsoptionen nach sich, die mit einer kontinuierlichen, reell-wertigen Bewertung unvereinbar sind. Mathematisch gesprochen etablieren solche Typen deontologischer Ethik Stufenfunktionen, die in der ökonomischen Theorie als Nutzenfunktionen nicht vorkommen. *Reale* Akteure, die sich an der Kantianischen Ethik orientieren, werden jedoch diesen Rigorismus nicht durchhalten können. Sie werden im Grenzfall extrem niedriger Wahrscheinlichkeiten moralische Risiken in Kauf nehmen, da sie sonst immer wieder vor Handlungsblockaden gestellt würden. Für diese pragmatisch abgeschwächten kantianischen Akteure gilt, dass ihre *revealed preferences*, also die Präferenzen, die ihr Entscheidungsverhalten leiten, die Postulate des Nutzentheorems erfüllen sollten. Dass die damit konstituierte, bis auf positiv lineare Transformationen eindeutig bestimmbare, reell-wertige Funktion keine Nutzenfunktion im üblichen ökonomischen Sinne, also Repräsentanz der Eigeninteressen des Akteurs ist, liegt auf der Hand. Die „Nutzenfunktionen" sind dann in diesem erweiterten kohärentistischen Verständnis lediglich reell-wertige Repräsentanten der, wie auch immer komplexen, Bewertungspraxis eines Individuums. Sie repräsentieren das Ergebnis aller praktischer und theoretischer Deliberationen zusammen mit der dem Individuum zuschreibbaren Funktion subjektiver Wahrscheinlichkeiten. Die unterschiedlichen normativen Kriterien der Beurteilung werden dann gewissermaßen amalgamiert zu einer Bewertung der Handlungsoptionen, gegeben die Einschätzungen, welche empirischen Sachverhalte bestehen, beziehungsweise mit welcher Wahrscheinlichkeit sie eintreten werden.

John Rawls hat, in meinen Augen zu Recht, Neid als ein irrationales Gefühl charakterisiert. Rationale Menschen sind neidfrei. Dies ist wichtig für die Gerechtigkeitstheorie, weil nur unter der Annahme von Neidfreiheit die Forderung der Pareto-Inklusivität von Gerechtigkeitskriterien aufrechterhalten werden kann. Pareto-Inklusivität verlangt, dass ein Zustand oder eine Verteilung gegenüber einer anderen vorgezogen wird, wenn es mindestens einer Person in jener besser geht als in dieser, ohne dass eine andere Person in dieser schlechter gestellt wird als in jener. Wenn es möglich ist, jemandem etwas Gutes zu tun, sollten wir das tun, auch dann, wenn diese Person ohnehin schon bessergestellt ist. In der politischen und ökonomischen öffentlichen Diskussion wird denjenigen, die die Ungerechtigkeit einer Verteilung kritisieren, meist unterstellt, dass sie in ihrem Urteil von Neidgefühlen geleitet sind. Das jedoch ist eine Unterstellung. Auch vollkommen neidfreie Menschen können Ungerechtigkeit und Ungleichverteilung kritisieren.

Anti-Egalitäre oder Non-Egalitäre wenden ein, dass Gleichheit kein Wert an sich sei. Wie gleich oder ungleich eine Verteilung ist, sei irrelevant.[222] Das Argument ist das folgende: Angenommen wir haben eine ungleiche Verteilung, zum Beispiel von Einkommen. Wenn wir einer Person oberhalb des Median etwas wegnehmen, ohne deren Einkommen unter den Median zu drücken, nimmt der Gini-Koeffizient als Maß der Ungleichheit ab. Allerdings ist die Summe aller Einkommen, bei *ceteris paribus* Bedingungen, gesunken. Verbessert sich dadurch die Situation? Die Antwort der Non-Egalitarier lautet: „Nein". Der Einwand, dies hänge damit zusammen, dass wir die Gesamtwohlfahrt gegen die Ungleichheit verrechnen, ist nicht überzeugend, da nicht einzusehen ist, warum eine Verteilung als besser oder gerechter beurteilt werden soll, bloß deswegen, weil einer gutgestellten Person etwas weggenommen wird. Es scheint, dass es nicht die Verrechnung von Wohlfahrt gegen Gerechtigkeit ist, die hier den Ausschlag gibt, sondern die Unangemessenheit eines egalitaristischen Gerechtigkeitskriteriums.

---

[222] Vgl. A. Krebs: *Gleichheit oder Gerechtigkeit: Texte der neuen Egalitarismuskritik*. Frankfurt am Main: Suhrkamp 2000.

Ich halte dieses anti- oder non-egalitäre Argument für zutreffend, allerdings teile ich nicht die aus diesem Argument abgeleitete Fundamentalkritik des Egalitarismus. Gleichheit ist im richtigen Verständnis ein hoher Wert. Dies zeigt sich schon daran, dass die ungleiche Verteilung eines Gutes auf unterschiedliche Rezipienten rechtfertigungsbedürftig ist. Die sozialstaatliche Institutionalisierung von Solidarität steht vor gerade dieser Herausforderung, nämlich jede Form der Ungleichverteilung rechtfertigen zu können. Ein rechtverstandener Egalitarismus fokussiert auf die gleiche Würde, die jedem menschlichen Individuum zukommt, und den gleichen Respekt, den es verdient. Wer fünf Gäste hat und auf diese einen Kuchen verteilt, muss Gründe haben, wenn er seinen Gästen nicht gleich große Kuchenstücke serviert. Wer fünf Personen begrüßt und vier davon die Hand schüttelt, aber einem nicht, sollte dafür einen guten Grund haben. Ungleichbehandlung ist erklärungsbedürftig, Gleichbehandlung nicht. Sofern Verteilungen das Ergebnis von nicht rechtfertigbarer Ungleichbehandlung sind, sind diese ungerecht. Es ist der Akt der Verteilung, der unter deontologischen Kriterien die Gleichheit aller Menschen beachten muss, es ist nicht die Verteilung selbst, die gleich sein muss. Aber sofern die Gleichbehandlung im Akt des Verteilens zu Gleichverteilung führt, ist Gleichverteilung geboten.

John Rawls hat zwar Neid als ein irrationales Handlungsmotiv abgelehnt, und das versetzte ihn in die Lage, ein Pareto-inklusives Gerechtigkeitskriterium, das Differenzprinzip, vorzuschlagen, dieses macht aber die Legitimität von Ungleichverteilungen davon abhängig, dass diese der am schlechtesten gestellten Personengruppe zugutekommen. Genauer: Ungleichverteilungen sind dann gerecht, wenn sie allen, zumal der am schlechtesten gestellten Personengruppe zugutekommen. Das lässt sich selbstverständlich präzisieren zu: Das Festhalten an einer Pareto-ineffizienten Verteilung ist ungerecht (es enthält Vorteile vor, die ohne Benachteiligung Anderer möglich wären), die Auswahl zwischen den unterschiedlichen, möglichen Pareto-Verbesserungen aber sollte im Hinblick auf die jeweils am schlechtesten gestellte Personengruppe vollzogen werden, die von diesen Verbesserungen profitieren kann. Es handelt sich hier um ein Priorisierungskriterium, das Ungleichverteilungen damit legitimiert, dass rationale Personen unter Fairnessbedingungen ein solches Prinzip befürworten würden. Diese Personen im Urzustand sind schon deswegen neidfrei, weil sie wechselseitig desinteressiert sind, also weder positive noch negative Bindungen und Gefühle füreinander haben. Die gleichen und freien, wechselseitig desinteressierten, rationalen Personen befürworten die Vorordnung individueller Freiheiten in einem institutionalisierten, also rechtsstaatlichen, System und die Verteilung des kooperativen Vorteils nach dem Differenzprinzip. Die Realisierung dieser beiden Prinzipien erfolgt aber nicht lediglich durch Institutionen und deren Sanktionierung, sondern auch durch die starke Theorie des Guten,[223] also die Bereitschaft, das, was man für sich als wertvolle Güter verfolgt, in die Strukturen eines praktizierten gemeinsamen Gerechtigkeitssinnes einzubetten. Die starke Theorie des Guten ist eine Variante struktureller Rationalität.

Liberale und humane Theorien der Gerechtigkeit verlassen sich nicht auf die Sanktionsmacht des Staates. Sie appellieren an den gemeinsamen Gerechtigkeitssinn (Rawls), gemeinsam akzeptierte individuelle Rechte und Freiheiten (Locke), oder die Vernünftigkeit der Teilnehmer politischer Beratung (Habermas). Dies erklärt, warum der Staat als Zwangsordnung in diesen Theorien eine untergeordnete Rolle spielt, wie ihre Kritiker von rechts, wie von links, immer wieder moniert haben. Die Bereitschaft zu strukturell rationalem Handeln ist die implizite Bedingung liberaler und humaner Theorien des Politischen.

Vor diesem Hintergrund sollte es unmittelbar einsichtig sein, dass die Übersetzung struktureller Rationalität im Hinblick auf Normen der Gleichbehandlung und andere politische Normen in ‚*self-centered inequity aversion*'[224], also eigenzentrierte Aversion gegenüber Ungleichheit, inadäquat ist. Diese Uminterpretation versucht vom traditionellen Optimierungsmodell möglichst viel zu retten, und doch den empirischen Befunden gerecht zu werden.[225] Es macht aber gerade den Kern des Wertes der Gleichbehandlung aus, dass es mir nicht lediglich um meine eigene Nicht-Diskriminierung geht, sondern um eine Praxis der Gleichbehandlung generell. Das, was in solchen und anderen ökonomischen Modellen als *inequity aversion* modelliert wird, ist nichts anderes, als das normative Urteil, dass bestimmte Ungleichbehandlungen ethisch oder politisch unzulässig sind und man als Individuum dazu beitragen möchte, dass diese Ungleichbehandlung nicht stattfindet. Da sich dieses normative Urteil in bestimmten handlungsleitenden Präferenzen niederschlägt, sofern die Person strukturell rational motiviert ist, lässt es sich als Modifikation der eigenen Präferenzenerfüllung beziehungsweise Wohlergehen-orientierten Nutzenfunktion modellieren.[226]

---

223 Vgl. John Rawls: *A Theory of Justice*. Cambridge/Mass.: Harvard University Press 1971, Kap. 7.
224 Ernst Fehr & Klaus Schmidt: „A Theory of Fairness, Competition and Cooperation". In: *Advances in Behavioral Economics*. Hrsg. von Colin F. Camerer, George Loewenstein & Matthew Rabin. Princeton: University Press 2011, Kap. 9.
225 „Inequity aversion is self-centered if people do not care *per se* about inequity that exists among other people but are interested only in the fairness of their own material payoff relative to the payoff of others.", a.a.O.
226 Hier gibt es natürlich eine hohe Komplexität und es ist von daher unplausibel anzunehmen, dass die Bestimmungselemente dieser Nutzen-Modifikation mathematisch derart simpel (nämlich jeweils linear) sind, wie Fehr & Schmidt annehmen (vgl. Appendix §5 Gleichheit und Nutzen).

Darüber hinaus führt eine solche Modifikation der individuellen Nutzenfunktionen zu einem unendlichen Regress, zumindest dann, wenn man am *revealed preference* Konzept festhält.[227] Weit plausibler ist es, die Abweichungen vom Modell des egoistischen Nutzenoptimierers als Ausdruck der Wertschätzung von Gleichbehandlung (gleicher Würde, gleichem Respekt) und im Sinne des *revealed preference* Konzeptes als Ausdruck struktureller Rationalität zu modellieren. Sofern ich als Individuum die Chance habe, einen individuellen Beitrag für die Strukturen der Interaktionen zu leisten, bin ich bereit, auf eigene Nutzenverbesserungen zu verzichten, um Gleichbehandlung zu fördern. Diese Bereitschaft wägt nicht die je punktuell zu erwartenden Vorteile für Gleichbehandlung gegen die Nachteile der individuellen Nutzeneinbußen ab, sondern bettet – hypothetisch – die einzelne punktuelle Entscheidung in eine mehr oder weniger egalitäre Praxis ein. *A limine* macht sich der Akteur den Kantianischen Maximentest des Kategorischen Imperativs zu eigen, hier variiert zu: Handle so, dass die Maxime deiner Handlung jederzeit mit einer allgemeinen Handlungsregel vereinbar ist, die alle Personen in ihrem Status als Vernunftwesen gleich behandelt, ihnen gleiche Würde zuerkennt und gleichen Respekt zum Ausdruck bringt.

Ein Gutteil der Kritik an der Kommodifizierung, wie sie etwa von Michael Sandel vorgetragen wird, variiert diese Thematik: Liebe ist nicht mit Geld aufzuwiegen, Freundschaft nicht mit Geschenken, Solidarität kann nicht über finanzielle Anreize erreicht werden. Die Verrechenbarkeit zerstört Werte. Dies erklärt, dass Menschen zwar bereit sind, ohne Vergütung anderen zu helfen, auch wenn es sich um aufwändige und mühsame Tätigkeiten handelt, dass sie aber nicht bereit sind, dieselbe Tätigkeit bei Bezahlung zu verrichten. Der vermeintlich moralisch neutrale monetäre Vorteil verwandelt diese Aktivität von einer freiwilligen Hilfeleistung in eine bezahlte Dienstleistung und damit erübrigt sich die intrinsische Motivation aus Solidarität. Empirische Studien zeigen, dass dieser Effekt massiv ist, dass eine Aktivität, die zuvor freiwillig vollzogen wurde, nach ihrer Kommodifizierung, also Verwandlung in eine bezahlte Ware, oft nicht mehr stattfindet.

Einige empirische Studien zeigen, dass die Fragmentierung der Werte bzw. die Relativität der Bewertungsmaßstäbe zu inkohärenten Präferenzen führt, was in manchen kommerziellen Angeboten ausgenutzt wird. Wir neigen dann dazu, Angebote, die vergleichbar sind, solchen Angeboten vorzuziehen, die nicht vergleichbar sind. Wenn zum Beispiel zwei Angebote vergleichbar sind und eines davon besser ist, dann tendieren wir dazu, dieses bessere Angebot zu nehmen und machen uns keine Gedanken mehr, wie dieses Angebot im Verhältnis zu

---

[227] Vgl. Appendix §7 Zirkuläre Präferenzenbestimmtheit.

einem ganz anders gearteten, steht. Generell sind die Angebote von Gütern und Dienstleistungen auf ökonomischen Märkten für die allermeisten Konsumenten hinsichtlich ihres Preis-Leistungs-Verhältnisses schwer zu vergleichen, außer es handelt sich um Güter derselben Kategorie. Wir sind als Optimierer eines Gesamtbudgets nicht gut ausgestattet und das hat seinen tieferen, handlungsphilosophischen Grund darin, dass wir keine Optimierer sind. Wir orientieren uns an deontologischen Kriterien und sind nur in engen Grenzen bereit, diese durch Optimierungskriterien zu ersetzen. Wenn sich daraus eine Verletzung der Transitivitätsbedingung ergibt, handelt es sich zweifellos um eine Form der Irrationalität, da Transitivität zu den Minimalbedingungen (idealer) rationaler Präferenzen gehört. Aber die Fragmentierung der Werte ist mit einer kohärenten, vernünftigen Praxis vereinbar.[228]

§ 11 Verständigung

Das Phänomen der sprachlichen Verständigung wurde von jeher als besonderes Merkmal der menschlichen Spezies angesehen. Allerdings scheint es oft einige Zeit gebraucht zu haben, bis auch Angehörige anderer Kulturen als gleichermaßen vernünftig anerkannt wurden. Die Hellenen sprachen von den Nicht-Griechen als *barbaroi*, also diejenigen, die babbelten, aber nicht sprachen. In der Praxis des Kolonialismus spielte die mangelnde Fähigkeit der unterworfenen Völker, die Sprache der neuen Herren zu sprechen, eine wichtige Rolle, um die Kolonisierten als ewige Kinder zu behandeln. Diese Attitüde ist in Zeiten der neuen *lingua franca* in Gestalt eines globalisierten Englisch nicht überwunden.

Die Selbstcharakterisierung der menschlichen Spezies als einziger, die über sprachliche Verständigungsmittel verfügt, hat insbesondere im 20. Jahrhundert zu einem philosophischen Lingualismus geführt, der nicht nur die Gemeinsamkeiten mit anderen Spezies verdeckt, bis hin zu abstrusen Thesen, wie etwa der, dass Tiere nicht denken können,[229] sondern auch zu einer hochproblematischen Anthropologie, die alle Eigenschaften, die nicht sprachlich vermittelt sind, unter Wert handelt. Auch in der analytischen Philosophie ist die Emanzipation vom Lingualismus noch nicht weit gediehen, erst recht gilt das für philosophische Positionen im Umfeld der Postmoderne und des Post-Strukturalismus.

---

228 Vgl. dagegen Dan Ariely in *Predictably Irrational: The Hidden Forces that shape our Decisions*. New York: Harper 2010, Kapitel 1 „The Truth about Relativity".
229 Vgl. Donald Davidson: „Rational Animals". In: *Dialectica* 36 (1982), 317–327.

In diesem Abschnitt wollen wir einen Blick auf die Phänomenologie der Verständigungspraxis werfen, und daraus einige Schlussfolgerungen für die Theorie praktischer Vernunft ziehen. Wir stützen uns dabei auf eine nicht-lingualistische, nämlich intentionalistische Bedeutungstheorie, auf das *Grundmodell gelungener kommunikativer Akte* von Paul Grice, das allerdings, um adäquat zu sein, einer deutlichen, deontologischen oder humanistischen, Modifikation bedarf.[230] Menschen und Tiere kommunizieren erfolgreich miteinander, wenn es gelingt, durch bestimmte Signale Verhalten zu koordinieren und speziell eine kooperative Praxis zu ermöglichen. Dieser Ansatz, wonach sprachliche Kommunikation in erster Linie ein Instrument der Kooperation ist, wurde vom Primatenforscher Michael Tomasello über die Jahrzehnte mit empirischen, vergleichenden Befunden zum Verhalten von Primaten- und Menschenkindern untermauert und zu einer veritablen Brücke zwischen analytischer Sprachphilosophie und Tier-Ethologie ausgebaut.[231] Die leitende These dabei ist, dass der entscheidende Unterschied zwischen (zum Beispiel) Schimpansen und Menschen nicht der einer unterschiedlich hoch entwickelten Intelligenz ist, sondern dass es die Fähigkeit des Menschen zu Kooperation ist, die erklärt, warum die menschliche Spezies sprachfähig ist und Schimpansen nicht oder nur in sehr geringem Maße.[232]

Die erste Einsicht der intentionalistischen Semantik lautet: ohne Intentionen, keine (sprachliche) Verständigung. Wenn wir annehmen, dass Bienen keine oder jedenfalls nicht eine hinreichend komplexe Intentionalität aufweisen, dann gibt es keine Bienen-Sprache, sondern eine durch kausale, genetisch fixierte Mechanismen erfolgende Verhaltenskoordination, die ohne Akte der Verständigung auskommt.[233] Auch umgekehrt gilt, wenn bestimmte Verhaltensmuster zwischen Personen zusammen mit Äußerungen auftreten, dann ist dies allein noch kein Beleg dafür, dass eine Verständigung stattgefunden hat.

Nehmen wir ein Beispiel von Paul Grice: Jemand sieht, dass ein Feuer ausgebrochen ist und möchte andere Menschen davor warnen. Es gibt aber keine konventionelle Kommunikationsmöglichkeit, kein Telefon, keine Internetverbindung. Also entschließt sich die Person zu einer Reihe von Rauchzeichen, die ohne konventionelle Bedeutung sind, von der sie jedoch annimmt, dass andere

---

230 Vgl. JNR: *HumR*, Teil IV „Humanistische Semantik".
231 Vgl. Michael Tomasello: *The Cultural Origins of Human Cognition*. Cambridge/Mass.: Harvard University Press 2009.
232 Zu dieser These, die in unterschiedlicher, mit der Tendenz einer sich abschwächenden Radikalität im Laufe der Zeit, von Michael Tomasello vertreten wurde, vergleiche die Kritik von Wolfgang Detel: „Sprachliche Fähigkeiten". In: *Deutsche Zeitschrift für Philosophie* 59 (2011), 147–152.
233 Vgl. Ludwig Armbruster: „Bienentöne, Bienensprache und Bienengehör". *Archiv für Bienenkunde* 4 (1922), 221–259.

Personen, die diese sehen, sofort erkennen, dass es sich nicht um ein natürliches Ereignis, sondern um ein Zeichen handelt. Wenn sie erkennen, dass es sich um ein Zeichen handelt, werden sie darüber nachdenken, welche Bedeutung dieses Zeichen haben könnte und die Bedeutung dieses Zeichens hängt ausschließlich davon ab, welche Intentionen der Sender mit dieser Zeichensetzung verbindet. Dieser kommunikative Akt gelingt, wenn die Adressaten dieser Zeichensetzung erkennen, dass sie vor einem ausgebrochenen Feuer gewarnt werden sollen. Dazu wurden keine Morsezeichen, also Zeichen mit konventioneller Bedeutung verwendet und das ist für dieses Beispiel deswegen wichtig, weil es eben in letzter Instanz nicht auf die konventionelle Bedeutung, sondern auf die Sprecherintentionen ankommt, die zu erkennen den Erfolg des kommunikativen Aktes ausmachen.[234] Ob mit oder ohne humanistische Modifikation, die entscheidende Weichenstellung lautet: Die Bedeutung von Äußerungen (Ausdrücken, Zeichen, Sätzen, etc.) ist nichts anderes, als das, was die Person, die diese Äußerung tut, mit dieser Äußerung beabsichtigt – in der humanistischen Modifikation des Grice'schen Grundmodells: ist durch die theoretischen, wie praktischen Gründe, die sie demjenigen gibt, an den diese Äußerung adressiert ist, bestimmt.

Wenn die erfolgreiche Einwirkung auf Adressaten das entscheidende Kriterium für erfolgreiche Kommunikation wäre, dann würde der Unterschied zwischen konsequentialistischer Optimierung und erfolgreicher Kommunikation verschwimmen.[235] Der springende Punkt ist die Verflechtung von prohairetischen und epistemischen Einstellungen zwischen Sender und Empfänger: Die Bedeutung einer Äußerung ergibt sich aus den Gründen, die eine Person mit der Äußerung übermitteln möchte: theoretische Gründe für Überzeugungen, praktische Gründe für Handlungen, auch emotive Gründe für Emotionen. Da die Personen sich in Fällen gelingender Kommunikation wechselseitig als vollwertige Akteure anerkennen, ist der Adressat der Äußerung nicht Objekt der Beeinflussung, sondern Subjekt der Entgegennahme von Gründen, von denen er sich dann affizieren lassen kann oder eben nicht.

---

[234] Grice hatte den Erfolg an ein konsequentialistisches Kriterium gebunden, zumindest wird ein Gutteil seiner Formulierungen üblicherweise so interpretiert, dass der Erfolg eines kommunikativen Aktes darin besteht, dass der Sender des Zeichens, der Sprecher der Äußerung, seine Ziele in der Einwirkung auf den Adressaten in Gestalt eines Verhaltens oder einer Überzeugungsänderung erreicht. Unabhängig davon, ob diese Interpretation adäquat ist, scheint mir das sachlich offenkundig falsch zu sein: Es geht nicht um den Erfolg im Sinne eines Bewirkens, sondern lediglich um den Erfolg im Sinne des Erkennens einer Intention und damit der Vermittlung von Gründen, etwas zu tun oder etwas zu glauben; vgl. *HumR*, Vierter Teil „Humanistische Semantik".
[235] Dies entspricht der Rekonstruktion der Grice'schen Bedeutungstheorie durch Georg Meggle in: *Handlungstheoretische Semantik*. Berlin: De Gruyter 1984.

Epistemische Gründe: Eine Person nennt Gründe, die für eine bestimmte wissenschaftliche Hypothese sprechen. Sie wird verstanden, sofern die Zuhörer nachvollziehen können, welche Überzeugung die Person hat und aus welchen Gründen heraus sie der Meinung ist, dass diese Überzeugung (die wissenschaftliche Hypothese) zutrifft. Der kommunikative Akt gelingt nicht erst dann, wenn die Zuhörer des Vortrages (nehmen wir an, diese Gründe werden in einem Vortrag auf einer Konferenz dargelegt) von der Hypothese überzeugt sind. Epistemische Gründe sind zwar darauf gerichtet, Personen von dem Begründeten zu überzeugen, aber der kommunikative Akt gelingt nicht erst dann, wenn diese Intention erfüllt ist. Die wechselseitige Anerkennung als Urteilsfähige setzt voraus, dass wir den Akt der Kommunikation nicht über ein Erfolgskriterium der Einwirkung auf Andere abhängig machen.

Das Ethos epistemischer Rationalität verlangt, dass wir Gründe für Überzeugungen insofern als selbstgenügsam ansehen, als wir uns von diesen Gründen unabhängig davon leiten lassen, welche Folgen und Nebenfolgen der Akt des Überzeugtseins mit sich bringt. Sowohl von neo-klassisch geprägten, liberalen Ökonomen als auch von marxistischen Intellektuellen wird gerne die Frage an Überzeugungen und Theorien gerichtet: „*Cui bono?*" – Wem nützt es, dass man diese Theorie oder jene Überzeugung für richtig hält. Das ist eine interessante Frage, sie hat aber mit der Richtigkeit oder Falschheit und der Rationalität einer Überzeugung oder einer Theorie nichts zu tun. Es kann durchaus sein, dass eine zutreffende, wohlbegründete Überzeugung unter politischen oder sozialen Aspekten wenig wünschenswerte Folgen hat. Es mag sein, um ein aktuelles Beispiel zu nennen, dass die Anerkenntnis der Tatsache, dass die meisten Flüchtlinge aus dem subsaharischen Afrika, die nach Europa drängen, in der Regel nicht zum ärmsten Drittel der Weltbevölkerung gehören, sondern sich aus den dortigen Mittelschichten rekrutieren, dazu führt, dass die Ressentiments gegen Einwanderer zunehmen oder rechte Parteien Auftrieb erhalten. Das ändert aber nichts daran, dass es gute Gründe (epistemische) gibt, diese Überzeugung zu haben und es daher irrational wäre, sich diese Überzeugung nicht zu eigen zu machen. Es ist ein Signum aufgeklärter, offener Gesellschaften, dass ihre Mitglieder sich nicht nur von theoretischen Gründen affizieren lassen, sondern auch an *öffentlichen* Diskursen teilnehmen, in denen es darum geht herauszufinden, was im gemeinsamen Interesse ist und zugleich eine kohärente und mit unterschiedlichen Interessen und Perspektiven verträgliche Weltsicht zu entwickeln.

Die Abkoppelung von Überzeugungen, die man je nach Affektion durch gute, theoretische Gründe hat und der Äußerung oder eben dem Verschweigen einer Überzeugung aus pragmatischen, zum Beispiel politischen, Gründen, ist dagegen ein Signum *geschlossener* Gesellschaften, zumal diktatorischer oder gar totalitärer. Offene Gesellschaften sind von einem Ethos epistemischer Rationalität abhängig, das in Europa Jahrhunderte benötigte, um sich im hinreichenden Maße zu entwickeln. Es ist in allen westlichen Gesellschaften unterdessen wieder gefährdet und nicht-westliche Gesellschaften haben in der Regel noch einige Schwierigkeit, dieses Ethos kulturell wirksam zu etablieren.

Wenn man nun das Sich-Aneignen einer Überzeugung oder zumindest die Äußerung einer Überzeugung als eine Handlung kategorisiert, dann verlangt das Ethos epistemischer Rationalität Handlungen, die kein geeignetes Mittel sind, die subjektiven, punktuellen Präferenzen einer Person zu optimieren. Wer Überzeugungen seinen Interessen unterordnet, dem gebricht es an Urteilskraft. So verbreitet dieses Phänomen ist, es ist eine Form von Irrationalität.

Wenn zudem zutrifft, was wir im Kapitel V *Moralität und Rationalität* erörtern werden, dass nämlich auch gute, praktische Gründe ein Gegenstand der Erkenntnis sind, also realistisch interpretiert werden sollten, dann weitet sich das Ethos epistemischer Rationalität von theoretischer, auf praktische Urteilskraft aus. Praktische Rationalität wird damit unter theoretischer subsumiert. Es gibt jedoch eine Disanalogie zwischen theoretischen und praktischen Gründen, die dieser Subsumtion Grenzen auferlegt: Die Gründe, die ich mir zu eigen mache und die Entscheidungen, die ich für mein Leben getroffen habe, bestimmen zum Teil mit, was für mich gute Gründe sind. Dies gilt nicht, oder jedenfalls nicht in gleichem Maße, für theoretische Gründe. Diese Disanalogie wird uns im letzten Teil dieses Buches noch beschäftigen. Aber auch ohne eine vollständige Subsumtion praktischer unter theoretische Gründe, weitet sich das Ethos epistemischer Rationalität auf die Deliberation dessen, was getan werden sollte, aus. Als Wesen, die mit der Fähigkeit zu praktischer Vernunft ausgestattet sind – für Aristoteles und die zeitgenössischen Aristoteliker die zentrale Charakterisierung der *conditio humana*[236] – werden wir zu Autorinnen oder Autoren unseres Lebens. Diese Autorschaft macht nicht alles zu Mitteln der Optimierung eigener Präferenzen und Interessen, sondern verlangt die Abwägung von theoretischen, praktischen und emotiven Gründen. Als Abwägende, Deliberierende sind wir frei, als Reagierende und lediglich unser eigenes Wohl Optimierende wären wir unfrei. Verständigung ist das Medium der Koordination unterschiedlicher Lebens-Autorschaften.

Verständigung hat im Deutschen eine Doppelbedeutung, jedenfalls scheint es so: Verständigung als Kommunikation und Verständigung als Herstellung eines Konsenses. Beides scheint miteinander zunächst nichts zu tun zu haben. Dieser

---

236 Vgl. Martha Nussbaum: „Non-Relative Virtues: An Aristotelian Approach". In: *Midwest Studies in Philosophy* 13 (1988), 32–53; und dies.: *Frontiers of Justice: Disability, Nationality, Species Membership*. Cambridge/Mass.: Harvard University Press 2006.

Eindruck täuscht allerdings. Damit wir kommunizieren können, ist es erforderlich, dass wir einen Gutteil prohairetischer und epistemischer Einstellungen teilen. Wir können Meinungsverschiedenheiten nur identifizieren vor dem Hintergrund geteilter Überzeugungen und Praktiken. Wenn letztere zu stark divergieren, ist eine Verständigung nicht mehr möglich, misslingen Kommunikationsversuche. Verständigung im Sinne von Kommunikation beruht auf Konsens, der allerdings meist nur implizit besteht: ein Konsens, der sich darin ausdrückt, dass wir vieles für selbstverständlich halten und der damit keiner näheren Begründung bedürftig ist. Ein Konsens, der darin besteht, dass man bestimmte Gründe wechselseitig akzeptiert und den Zweifel lokal hält. Verständigung ist mit globaler Skepsis unverträglich. Der pyrrhonische Skeptiker fällt, wie der konsequente Ironiker, aus allen sozialen Bezügen heraus. Skepsis und Ironie, Sarkasmus und Zynismus sind nur als Distanznahme von einer Praxis möglich, die man ansonsten zu großen Teilen akzeptiert. Ohne diese Akzeptanz keine Zugehörigkeit und keine Verständigung. Wir sind, so könnte man es auch formulieren, immer eingebettet in die Strukturen einer geteilten Praxis, einer sozialen Lebensform. Vernunft besteht nicht nur in der Fähigkeit zur Kritik und zum Zweifel, sondern auch in der Fähigkeit zur Akzeptanz, zur Einbettung der eigenen Praxis in die Praktiken der Lebensform, deren Teil wir sind.

§ 12 Regeln

Regeln sind immer normativ. Abweichungen von Regeln verletzen ein Gebot. Regeln dürfen mit Regularitäten nicht verwechselt werden. Regularitäten sind beobachtbare Strukturen des Verhaltens bei Akteuren oder von Gegenständen, etwa in der Physik. Die dominierende Auffassung von Natur-Kausalität ist eine Regularitäts-Konzeption: Demnach besteht ein kausaler Zusammenhang zwischen x und y, wenn y auf x aufgrund einer Regularität, im Idealfalle einem universellen Naturgesetz, folgt. Wenn diese Regularität präzise genug, das heißt in mathematischer Form, erfasst ist und die Bedingungen der Ereignisse hinreichend präzise beschrieben werden können, dann gilt: y ist von x verursacht, wenn y sich logisch, mathematisch, deduktiv aus der angenommenen Gesetzmäßigkeit oder Regularität zusammen mit denjenigen Sätzen, die die Umstände der Ereignisse beschreiben, ableiten lässt. Die Kausalitätsbeziehung verwandelt sich in eine logische Inferenz. Insofern spricht dann Donald Davidson von *anomalem Monismus*, wenn er menschliches Handeln unter Natur-Kausalität subsumiert, aber einräumen muss, dass sich keine allgemeinen Regularitäten formulieren lassen, die diese Form der Akteurs-Kausalität – die einzelne Handlung ist kausal verursacht durch den epistemischen und den prohairetischen Zustand des Akteurs – angemessen erfassen.[237] Die plausiblere Interpretation scheint mir die Tatsache zu sein, dass sich solche Regularitäten nicht angeben lassen, was dagegen spricht, dass sich menschliche Praxis unter diese Form der Natur-Kausalität subsumieren lässt.

Normative Regeln korrespondieren mit empirischen Regularitäten. Menschen, die sich von (praktischen) Gründen affizieren lassen, zeigen Verhaltensregularitäten, die konform mit den betreffenden normativen Regeln gehen. Jeder praktische Grund etabliert *impliciter* normative Regeln, nämlich die Festlegung generischer Handlungen, die dem betreffenden praktischen Grund folgen. Hier stellt sich die Frage, inwiefern generische Handlungen als Regeln zu fassen sind. Dies ist eine schwierige Frage, die spätestens seit der Kripke-Interpretation von Wittgenstein eine besondere philosophische Aufmerksamkeit auf sich gezogen hat.[238] Wittgenstein jedenfalls war überzeugt, dass zwar einerseits unsere (Sprach-) Praxis Regeln folgt, andererseits aber diese Regeln nicht explizit gemacht werden können. Wir müssten uns darauf beschränken, auf die bestehenden Regeln durch Aufzählung von Fällen hinzuweisen, die diese Regeln erfüllen. Die Fortsetzung dieser Aufzählung aber weist immer ein gewisses Maß an Unterbestimmtheit auf. Das lässt sich mathematisch präzisieren: Jede Aufzählung von Zahlen lässt sich als Exemplifizierung von unendlich vielen arithmetischen Regeln interpretieren. Da wir aber die Bedeutung sprachlicher Ausdrücke durch Exemplifizierungen lernen und uns mehr oder weniger verlässlich im Rahmen dieser Regelsysteme verständigen können, spricht Vieles dafür, dass Menschen in gleicher Weise, gewissermaßen intuitiv, ohne dieses explizit machen zu können, erfassen, welche Regeln jeweils gemeint sind. Insofern kann die Charakterisierung von Ludwig Wittgenstein als Regel-Skeptiker irreführend sein. Wittgenstein war Optimist hinsichtlich der menschlichen Fähigkeit, durch wenige Exemplifizierungen sich allgemeine Verhaltensregularitäten anzueignen, die den einzelnen Ausdrücken eine stabile Bedeutung verleihen.

Wittgenstein war aber zweifellos Ethik- und Ästhetik-Skeptiker. Moralische und ästhetische Urteile lägen außerhalb des Sagbaren. Dies ist aber keineswegs plausibel, da die Lebensform, die unsere Sprachpraxis trägt und von ihr getragen wird, zweifellos normativ verfasst ist: Wir wissen sehr viel zuverlässiger, wann eine Regel verletzt wird, als wir sicherstellen können, regelkonform zu sprechen.

---

[237] Vgl. Donald Davidson: „Denkende Ursachen". In: *Wahrheit, Sprache und Geschichte*. Frankfurt am Main: Suhrkamp 2008, S. 287–311.
[238] Vgl. Saul Kripke: *Wittgenstein. On Rules and Private Language*. Oxford 1982; sowie Wolfgang Stegmüller: *Kripkes Deutung der Spätphilosophie Wittgensteins. Kommentarversuch über einen versuchten Kommentar*. Stuttgart: Kröner 1986.

Die normative Urteilssicherheit ist deutlich höher als die empirische Regelkonformität. So wissen die meisten Menschen recht gut, nach welchen Regeln der Dativ und der Genitiv gebraucht werden, obwohl sie in der alltäglichen Sprachpraxis diese Regeln immer wieder verletzen. Die Erfassung normativer Regeln zeigt sich dann nicht in einer durchgängigen Konformität, sondern in dem Urteil, dass dieses oder jenes Sprachverhalten inkorrekt ist.[239]

Die meisten dieser sprachlichen Regeln sind rein konventionell, das heißt, sie könnten auch anders gefasst sein, ohne dass sich irgendetwas Wesentliches ändert. Für sie sprechen keine tiefergehenden, zum Beispiel moralischen, Gründe. Aber es wäre ein Irrtum zu meinen, dass der konventionelle Charakter von Regeln ihnen ihren normativen Charakter nimmt. Eine etablierte Norm ermöglicht sprachliche Verständigung und andere Formen der interpersonellen Kooperation, sodass die Übereinstimmung mit dieser Konvention wesentlich für die Aufrechterhaltung der Verständigungs- und Kooperationspraxis ist. Einmal etablierte Konventionen entfalten eine normative Kraft. Die normative Kraft des Faktischen hat eine präzise ethische Interpretation. Der konventionelle Charakter einer Regel ist nicht dadurch charakterisiert, dass die Regeleinhaltung oder die Regelverletzung (die Konformität oder Nicht-Konformität) ein reines Koordinationsspiel sei, wie David Lewis in seiner berühmten Studie *Convention*[240] ausgeführt hat, sondern dadurch, dass die Einführung oder Etablierung dieser Regel ein reines Koordinationsspiel wäre. Über Sprach-Konventionen wird nicht abgestimmt, es werden dazu auch keine Verträge geschlossen, aber hypothetisch kann man sich vorstellen, dass Solches erfolgt. Das macht die sprachlichen Regeln zu Konventionen. Aber wenn diese einmal etabliert sind, das heißt, wenn auf dieser Grundlage Verständigung erfolgt, dann wächst diesen bloßen Konventionen eine normative Kraft zu, die Mitglieder der Sprachgemeinschaft *sollten* sich an diese

---

239 Ein harmloses Beispiel: Es hat sich unterdessen im allgemeinen Sprachgebrauch der Ausdruck „nichtsdestotrotz" eingebürgert, der aus der Kindersprache, um nicht zu sagen einem kindlichen Scherz hervorgegangen ist. Sprachsensible werden nach kurzem Nachdenken die Unsinnigkeit dieses Ausdrucks erkennen, der aus „trotzdem" und „nichtsdestoweniger" zusammengesetzt ist. Beide Ausdrücke „trotzdem" und „nichtsdestoweniger" sind sinnvoll: „dem zum Trotze" ist unmittelbar verständlich, ebenso, dass etwas unbeschadet dessen, also „nichtsdestoweniger" gilt, während die Sprachschöpfung „nichtsdestotrotz" unsinnig ist. Sie ist nicht einmal dazu geeignet, den Sprachgebrauch zu vereinfachen, wie manch andere Neuschöpfungen, denn „trotzdem" ist kürzer und klarer als „nichtsdestotrotz". Wenn ich diesen Ausdruck in studentischen Seminar- und Abschlussarbeiten als unkorrekt markiere, gibt es meist keinen Dissens: Der Konsens über die normativen Regeln ist größer als die Übereinstimmung des Sprachverhaltens, wie sich dann bei der Korrektur von Hausarbeiten zeigt.
240 David Lewis: *Konventionen. Eine sprachphilosophische Abhandlung.* Berlin: De Gruyter 1975.

Konventionen halten. Warum sollten sie dies? Weil sie als Sprachnutzer sich an einer Praxis beteiligen, die durch diese Konventionen erst instituiert ist und nur die Konformität mit diesen konventionellen Regeln erfolgreiche Kommunikation ermöglicht. Individuen, die sich über diese Regeln beliebig hinwegsetzen (beliebig im Sinne, ohne dafür im Einzelfall wiederum gute Gründe zu haben), befinden sich in der Tat in einem performativen Selbstwiderspruch, denn ihre Beteiligung an Kommunikation offenbart eine Akzeptanz dieser konventionellen Regeln, die dann durch den willkürlichen Regelbruch konterkariert wird. Performativ ist dieser Widerspruch deswegen, weil er sich nicht in geäußerten Überzeugungen in Gestalt von Sätzen, die widersprüchlich sind, zeigt, sondern in einer Praxis, die sowohl die Akzeptanz wie die Nicht-Akzeptanz der betreffenden konventionellen Sprachregeln zu zeigen scheint.

Vollends grotesk wird die Analyse von David Lewis, wenn er behauptet, dass auch die fundamentalen, Verständigungs-konstitutiven Regeln, wie Wahrhaftigkeit und Vertrauen, im Sinne der spieltheoretischen Explikation als reine Koordinationsspiele, konventionell seien. Die Regel der Wahrhaftigkeit und die des Vertrauens sind in der Tat, wie David Lewis in *Languages and Language*[241] überzeugend ausgeführt hat, konstitutiv für sprachliche Verständigung, für das Bestehen einer *language community*, zugleich aber gilt, dass das Eigeninteresse an unwahrhaftigen, wissentlich falschen oder irreführenden Behauptungen immer wieder in Konflikt mit der für die Verständigungspraxis unverzichtbaren Regelkonformität gerät. Selbstverständlich ist es nicht die einzelne individuelle Nicht-Konformität, die die Verständigungspraxis als ganze gefährdet, sondern es ist die *prisoner's dilemma* Struktur der sprachlichen Verständigung in n-Personengruppen, die bei je individuell optimierendem, strukturell irrationalem Sprachverhalten Verständigung unmöglich machen würde. Es bedarf keiner Statistiken, um sich deutlich zu machen, dass ein hohes Maß an Konformität mit diesen Sprachgemeinschafts-konstitutiven Regeln, wie Wahrhaftigkeit und Vertrauen, erforderlich ist, um Verständigung zuverlässig zu ermöglichen, dass aber in hinreichend vielen Fällen das individuelle Interesse an Irreführung Anderer in Konflikt mit diesen Regeln gerät, dass also eine verlässliche Verständigungspraxis strukturell rationales Sprachverhalten erfordert.[242]

---

241 David Lewis: „Languages and Language". In: *Minnesota Studies in the Philosophy of Science*. Hrsg. von Keith Gunderson. Minneapolis: University of Minnesota Press 1975, 3–35.
242 Was hier angedeutet wird, kann man als eine Reformulierung oder auch eine rationale Rekonstruktion dessen verstehen, was Jürgen Habermas als „Gegensatz kommunikativer und strategischer Rationalität" entwickelt hat. Vgl: *Theorie kommunikativen Handelns*, Kapitel 3. Irritieren mag auf den ersten Blick, dass hier eine deontologische Interpretation intentionalistischer Semantik zugunsten der Habermas'schen Theorie ins Feld geführt wird, da Habermas diesen An-

Robert Brandom hat in seinem beeindruckenden Werk *Making it Explicit*[243] diesen normativen Charakter der konstitutiven Regeln der Verständigungspraxis deutlich gemacht. Wer diese *entitlement-conception* als Explikation unseres Sprachverhaltens, wenigstens in groben Zügen für adäquat hält, kommt nicht umhin, die normative Verfasstheit unserer Lebensform und die in diese eingebettete Sprachpraxis zu akzeptieren. Selbst die Regeln der formalen Logik sind in dieser Perspektive lediglich Systematisierungen dieser von normativen Regeln geleiteten Praxis. Ihre Übersetzung ins bloße Empirische, wie es der Logische Behaviorismus zu unternehmen versucht hat, bezieht seine Attraktivität daraus, dass er auf die Idee mehr oder weniger vernunftgeleiteter Akteure verzichten kann und sich auf die Beschreibung empirischer Regularitäten beschränkt. Aber gerade dieses Merkmal lässt ihn scheitern. Bedeutung kommt in die Welt durch Intentionen und Kooperationsbereitschaft, ohne eine von normativen Regeln geleitete Sprachpraxis gibt es keine Verständigung.

In dieser Interpretation gibt es eine ultimative Einschränkung punktuell optimierender Rationalität durch die menschliche Eigenschaft, ein verständigungsorientiertes, sprachliches Wesen zu sein. Die menschliche Fähigkeit, sich mit Anderen zu verständigen, ist Ausdruck einer kooperativen Einstellung, die individuelle und punktuelle Optimierung nur in den Grenzen zulässt, die mit der Aufrechterhaltung erfolgreicher Kommunikation kompatibel sind. Da Menschen auch als Marktteilnehmer kommunizierende Akteure bleiben, auf Verständigung angewiesen sind und Kooperationsbereitschaft mitbringen, ist die schlichte Gegenüberstellung von amoralischem, das jeweilige Eigeninteresse optimierendem, Verhalten und moralischem, an sozialen Normen orientiertem, außerhalb von ökonomischen Märkten obsolet. Märkte können nur funktionieren, wenn sie eingebettet bleiben in die Strukturen unserer Kooperation und Verständigung. Diese Strukturen legen dem eigeninteressierten Optimieren, jedenfalls kollektiv, enge Schranken auf, was nicht heißt, dass einzelne Akteure diese Strukturen nicht für die eigene Vorteilsverfolgung nutzen können. Dieses Verhalten kann aber immer nur als parasitäres Erfolg haben. Sobald es sich verallgemeinert, zerstört es die Bedingungen erfolgreicher Praxis generell und erfolgreicher ökonomischer Praxis speziell.[244]

---

satz der Bedeutungstheorie vehement zurückgewiesen hat. Man könnte es zuspitzen: Es ist die Differenz zwischen Koordinations- und Kooperationsspielen, die meinen Dissens mit Lewis und anderen Vertretern der intentionalistischen Semantik ausmacht, eine in diesem Sinne bereinigte intentionalistische Semantik wäre ein natürlicher „Bündnispartner" der Theorie kommunikativen Handelns von Habermas; vgl. Teil „Humanistische Semantik" in *HumR*.
243 Robert Brandom: *Making it Explicit*. Cambridge/Mass.: Harvard University Press 1994.
244 Vgl. *OPT*.

V Moralität und Rationalität

§ 1 Kritik des Konsequentialismus

Die Theorie struktureller Rationalität versteht sich als Alternative zu konsequentialistischen Konzeptionen praktischer Vernunft. Wenn man unter deontologischen Theorien solche versteht, die nicht konsequentialistisch sind, dann handelt es sich bei struktureller Rationalität um eine deontologische Konzeption. Diese verführerisch einfache Dichotomie zwischen konsequentialistischen und deontologischen Ansätzen wird der Komplexität der Problematik allerdings nicht gerecht. Generell gilt, dass die Tatsache, dass unvereinbare Paradigmen in einer wissenschaftlichen Disziplin, hier der Ethik und der Rationalitätstheorie, über Jahrzehnte, ja in diesem Fall über Jahrhunderte, nebeneinander und in Konkurrenz zueinander Bestand haben, Anlass zu der Vermutung gibt, dass weder das eine noch das andere Paradigma die ganze Wahrheit enthält, sondern dass nur die Überwindung dieser beiden opponierenden Paradigmen und die Aufnahme von Elementen aus beiden in einem neuen, der Sachlage wirklich gerecht wird. Die Theorie struktureller Rationalität enthält in der Tat wesentliche Elemente jedes dieser beiden Paradigmen. In der Theorie struktureller Rationalität ist – in hegelianischer Formulierung – sowohl das konsequentialistische wie das deontologische Paradigma *aufgehoben*. Noch radikaler formuliert: Konsequentialistische und deontologische Konzeptionen erfassen jeweils unverzichtbare Aspekte praktischer Vernunft, die allerdings erst im Begriffsrahmen struktureller Rationalität zusammengeführt werden können.

Deontologische Theorien leiden in der Regel an *Absolutismus*: Entweder eine Handlung ist im Einklang mit der betreffenden Regel oder nicht. Deontologische Theorien werden dem normativen Gradualismus unserer Praxis meist nicht gerecht. Die Theorie struktureller Rationalität ist dagegen gradualistisch. Deontologische Theorien sind in der Regel apriorisch. Die kantianische Ethik ist dafür paradigmatisch. Die Theorie struktureller Rationalität bestimmt dagegen das Vernünftige in Abhängigkeit von empirischen Gegebenheiten.

Deontologische Theorien haben zudem ein Abwägungsproblem: Die Deliberation unterschiedlicher, jeweils relevanter Gründe lässt sich im Rahmen deontologischer Theorien nicht adäquat rekonstruieren: In einer monistischen deontologischen Theorie, wie der von Immanuel Kant, in der das Sittengesetz, der Kategorische Imperativ, einziges Kriterium der Moralität ist, müssen alle normativen Gründe sich auf dieses eine Kriterium der Beurteilung, nämlich die Verallgemeinerungsfähigkeit subjektiver Handlungsregeln (Maximen) reduzieren lassen. Wie unplausibel das ist, zeigen die Anwendungsbeispiele, die Kant selbst in der *Grundlegung zur Metaphysik der Sitten* erörtert. In pluralistischen deontologischen Theorien bleibt die Abwägung selbst unterbestimmt. Während sie gute moralische Gründe identifiziert, kann sie keine Kriterien der Abwägung im Konfliktfalle anbieten. William David Ross' *The Right and the Good*[245] ist dafür das prominenteste Beispiel. Die Theorie struktureller Rationalität versteht sich dagegen als eine Systematisierung unserer lebensweltlichen praktischen Deliberationen.

Diese hier genannten Einwendungen gegen deontologische Ethiken gelten gemeinhin als Argumente für konsequentialistische Handlungskriterien. Alle der genannten Schwächen deontologischer Theorien sind im Konsequentialismus in der Tat behoben. Und dennoch scheint mir eine konsequentialistische Systematisierung unserer praktischen Deliberationen offenkundig inadäquat zu sein.

Beginnen wir mit einem schlichten und alltäglichen Beispiel. Sie haben sich am Imbiss ein paar Würstchen gekauft. Ihnen wurden diese auf einem Pappteller serviert, Sie haben im Weitergehen die Würstchen vertilgt und es ist gerade kein Abfalleimer zu sehen. Sie würden Ihren Pappteller gerne loswerden, zumal er noch von Senfresten verziert ist. Sie stehen also vor der Alternative, weiter mit dem Pappteller die Straße herunterzugehen, bis Sie im günstigen Fall auf einen Abfalleimer treffen, oder den Pappteller unauffällig fallen zu lassen. Wir sind uns vermutlich alle einig, dass es nicht in Ordnung wäre, Ihren Pappteller auf diese Weise zu entsorgen. Deswegen unterlassen Sie das auch. Da Sie allerdings nicht der Erste sind, der nicht weiß, wo er die Reste seines Mittagessens entsorgen soll, sehen Sie am Rande des Trottoirs zwei Pappteller liegen. Sie könnten diese aufheben und zusammen mit Ihrem Pappteller bei nächster Gelegenheit entsorgen. Sie sind dazu allerdings nicht verpflichtet. Konsequentialistisch betrachtet ist die Sachlage klar: Zwei Pappteller nicht aufzuheben und zu entsorgen führt zu einer gravierenderen Verschlechterung des Weltzustandes, als einen Pappteller fallen zu lassen. Die konsequentialistische Ethik gerät hier in einen – banalen, aber symptomatischen – Konflikt mit unserer lebensweltlichen Beurteilungspraxis. Aus konsequentialistischer Sicht urteilen wir inkohärent, wenn wir den Würstchen-Liebhaber verpflichten, seinen Pappteller zu entsorgen, ihn aber nicht dazu verpflichten, die beiden Pappteller auf der Straße aufzuheben und ebenfalls zu entsorgen. Etwas technischer gesprochen: Es ist keine plausible Bewertungsfunktion über Weltzustände vorstellbar, die dieses Verhalten konsequentialistisch rechtfertigt. Utilitaristische Theorien, als Sonderform konsequentialistischer Ethik, würden einen Zusammenhang herstellen zwischen menschlichem Wohlergehen und der Sauberkeit von Gehwegen, wobei anzunehmen ist, dass ceteris paribus das Wohlergehen der Trottoir-Nutzer monoton mit der Sauberkeit des

---

245 Vgl. W. D. Ross: *The Right and the Good*. Oxford: Clarendon Press 1930.

Trottoirs steigt. Der Weltzustand wird durch die ordnungsgemäße Entsorgung zweier Pappteller stärker verbessert als durch die ordnungsgemäße Entsorgung eines Papptellers.

Utilitaristen wie Richard Hare[246] oder Dieter Birnbacher[247] fangen diese Problematik ab, indem sie ideale Handlungsregeln von Praxis-Regeln unterscheiden, die wir befolgen, weil wir eben nicht in jedem Einzelfall kalkulieren können. Die Praxis-Regel würde in diesem Beispiel etwa lauten: Jeder entsorgt seine eigenen Pappteller, niemand ist verpflichtet die Pappteller anderer zu entsorgen. Wenn diese Praxis-Regel besser als andere für Sauberkeit auf den Straßen führt, wäre diese angesichts der begrenzten Fähigkeiten menschlicher Akteure, die sich eben nicht an idealen, utilitaristischen Prinzipien orientieren können, ethisch gerechtfertigt. Aber dieser Rettungsversuch geht an der eigentlichen moralischen Problematik vorbei. Der Grund ist, dass wir für unsere eigene Praxis verantwortlich sind, aber nicht oder nicht in demselben Umfange für die Praxis anderer. Wenn ich in einem Augenblick moralischer Nachlässigkeit den Pappteller unauffällig fallenlasse, mag es sein, dass ich nach einigen Schritten mein Tun bereue, umkehre und den Pappteller wieder aufhebe, um ihn bei der nächsten Gelegenheit ordnungsgemäß zu entsorgen. Auch wenn der Weltzustand durch diese Aktion in geringerem Maße verbessert wird als dadurch, dass ich zwei Pappteller aufhebe, die andere fallengelassen haben, handle ich doch vernünftig. Die Autorschaft des menschlichen Individuums geht nicht in ihrer kausalen Rolle zur Verbesserung der Welt auf. Unsere Praxis ist nicht lediglich Instrument zur Verbesserung von Weltzuständen.

Konsequentialistische Rationalisten pflegen an dieser Stelle, einen umfassenden Skeptizismus gegenüber unserer lebensweltlichen moralischen Urteilskraft geltend zu machen. Diese weit verbreitete Einstellung (dass jeder für seinen eigenen Pappteller verantwortlich ist, aber nicht für die Pappteller anderer) ist für sie ein Beispiel mangelnder moralischer Urteilskraft. Wir sollten Handlungen demnach ausschließlich nach ihren kausalen Folgen für den Zustand der Welt, speziell für das Wohlergehen der Menschheit beurteilen. Es wäre aber irreführend, den Gegensatz so zu konstruieren: auf der einen Seite das konsequentialistische Handlungsprinzip, auf der anderen Seite eine Alltagsregel (jeder sorgt für seine Pappteller). Schon adäquater ist die Gegenüberstellung: Die moralische Bewertung einer Handlung sollte diese als Instrument zur Verbesserung der Welt (Optimierung von Weltzuständen) ansehen vs. Verantwortung für die eigene

---

246 Vgl. Richard Hare: *Moral Thinking*. Oxford: Clarendon Press 1981.
247 Vgl. Dieter Birnbacher: *Verantwortung für zukünftige Generationen*. Stuttgart: Reclam 1995; sowie ders.: *Tun und Unterlassen*. Stuttgart: Reclam 1995.

Praxis beschränkt sich nicht auf ihre kausalen Wirkungen auf den Zustand der Welt. Es ist die *Entgrenzung der Verantwortung*, die den Konsequentialismus in Konflikt mit unserer lebensweltlichen Moralität bringt. Die Entgrenzung der Verantwortung im Konsequentialismus geht einher mit der Minimierung der Rolle des Individuums. Die einzelne Person wird zu einem kleinen Rädchen in einem gigantischen Weltgetriebe, deren Relevanz darin besteht, diesen eigenen minimalen Beitrag zu leisten. Eigenverantwortung im Sinne einer Verantwortung für das eigene Leben in den Grenzen der Rücksichtnahme auf die Eigenverantwortung anderer – dieses deontologische Verständnis ist der Opponent des Konsequentialismus.

Aristoteliker neigen dazu, Kantianismus und Utilitarismus als zwei Varianten einer universalistischen Fehlinterpretation der Moralität anzusehen.[248] Beide vertrauen auf ein fundamentales Prinzip, hier das Prinzip der Optimierung des Guten in der Welt, dort der Kategorische Imperativ, als Verallgemeinerungsprinzip interpretiert. Aber damit wird ein wichtiger Unterschied verwischt: Dieser besteht darin, dass die deontologische Ethik des kantianischen Typs die Grenzen des Zulässigen absteckt und innerhalb dieser Grenzen der Eigenverantwortung Raum gibt. Konsequentialistische Ethiken geben der Eigenverantwortung keinen Raum. Das eigentliche Defizit deontologischer Ethik vom kantianischen Typ besteht darin, dass innerhalb der Grenzen des Zulässigen sich alle Moralität in der Verantwortung für die eigene Glückseligkeit auflöst und Moralität im engeren Sinne verloren geht. Die Theorie struktureller Rationalität behebt dieses Defizit.

§ 2 Unparteilichkeit

Unparteilichkeit gilt weithin als die Essenz aller Moralität. Ein Theorietyp der Ethik reduziert alle moralische Beurteilung auf Unparteilichkeit: Theorien des unparteilichen Beobachters. Das, was der ideale unparteiliche Beobachter als Handlung empfehlen würde, ist – per definitionem – moralisch richtig.[249] Zweifellos ist die Fähigkeit, Interessen unparteilich abzuwägen, in diesem Sinne fair zu sein, Menschen gleich zu behandeln, gleichen Respekt zu zeigen, unabhängig von Herkunft, Religion, Geschlecht usw., eine Bedingung moralischer Urteilskraft. In der Theorie struktureller Rationalität spielt Unparteilichkeit eine wich-

---

[248] Vgl. Bernard Williams: *Ethics and the Limits of Philosophy*. Cambridge/Mass.: Harvard University Press 1985.
[249] H. Sidgwick: *The Methods of Ethics*. London: Macmillan 1874.

tige Rolle. In ihr wird aber nicht der Versuch unternommen, alle Aspekte der moralischen Beurteilung auf das Prinzip der Unparteilichkeit zurückzuführen.

Die konsequentialistische Ethik kann man als eine Form hypertropher Unparteilichkeit interpretieren: Menschen haben Ziele, diese Ziele orientieren ihre Praxis; Moralisch ist diese Praxis dann, wenn sie alle individuellen Handlungsziele gleichermaßen berücksichtigt. Nehmen wir mit Jeremy Bentham an, dass alle Menschen die Mehrung ihrer Lust und die Vermeidung ihres Leids als Ziele verfolgen, dann ergibt sich, dass die moralische Praxis die Lust aller mehren, beziehungsweise das Leid aller mindern möchte. Dies legt das Prinzip der Nutzensummen-Maximierung nahe: Moralische Praxis ist darauf gerichtet, die Summe der Lust abzüglich des jeweiligen Leides zu maximieren, die aggregierte Lust-Leid-Bilanz unter Berücksichtigung der Wahrscheinlichkeiten, mit denen die jeweilige Praxis sich auf die Lust-Leid-Bilanz auswirkt, zu optimieren.

Diese Form der Unparteilichkeit ist deswegen hypertroph, weil sie streng genommen das, was sie gleichermaßen zu berücksichtigen vorgibt (im Sinne der Unparteilichkeit), zum Verschwinden bringt: die je individuellen Ziele menschlicher Individuen. Alle menschlichen Individuen verfolgen als moralische Akteure nur noch ein Ziel, nämlich die Optimierung der aggregierten Lust-Leid-Bilanz. Sie haben darüber hinaus keine persönlichen Ziele mehr. Oder wenn sie solche Ziele haben, dann werden diese nicht handlungsrelevant. Eine Unparteilichkeit, die alles Individuelle, alles Parteiliche zum Verschwinden bringt, verliert gewissermaßen ihren Gegenstand. Im klassischen Utilitarismus ist diese Problematik konsequentialistischer Ethik durch eine hedonistische Anthropologie verdeckt. Demnach wird als anthropologisches Faktum angenommen, dass Menschen das übergeordnete Ziel haben, ihr eigenes Wohlergehen zu mehren (interessanterweise war auch Kant dieser Meinung), sodass die moralische Motivation hinzutreten muss (in welcher Weise bleibt chronisch ungeklärt), ohne dieses fundamentale, anthropologisch verankerte Handlungsziel zu verdrängen. Aber auch in der Variante des klassischen hedonistischen Utilitarismus stellt sich die Frage, wie man sich die ideale moralische Person vorstellen darf. Ist ihr gesamtes Leben von permanentem Verzicht auf das geprägt, was sie eigentlich anstrebt, außer in den seltenen Fällen einer Konvergenz ihres Eigeninteresses an Optimierung ihres Wohlergehens und der Optimierung der Summe allen Wohlergehens? Nun könnte man meinen, dass die private Lebensgestaltung einen so großen Raum einnimmt, dass es die Nutzensumme optimiert, wenn jeder – eigeninteressiert – an sich selbst denkt. Diese Vermutung macht jedoch eine Voraussetzung, die selbst Gegenstand von menschlichen Entscheidungen ist. Wie viel Zeit wir unseren privaten Zielen widmen, Ziele, die darauf gerichtet sind, unsere eigenen Interessen zu realisieren und die im günstigsten Fall mit der Verfolgung der Interessen durch andere nicht kollidieren, hängt von der Gestaltung der je individuellen Lebensform ab. Es liegt die Vermutung nahe, dass die moralische Pflicht, die Nutzensumme zu maximieren, individuelle Lebensformen, die Spielraum für die Verfolgung eigener Interessen geben, moralisch unzulässig macht. Die Lebensformen sind nicht fix, sondern das Ergebnis menschlicher Entscheidung. Ein Leben in Kooperation und Interdependenz mit anderen wird aber nur in den seltensten Fällen Handlungsoptionen aufweisen, die zugleich das eigene Wohlergehen wie das allgemeine Wohl optimieren. So lebensnah und pragmatisch sich die utilitaristische Ethik als Paradigma des Konsequentialismus gibt, in letzter Instanz definiert sie die ideale moralische Person als heilige, als eine, die keine persönlichen Ziele hat. Der ethische Konsequentialismus löscht das, was Individuen ausmacht, ihre je spezifischen Ziele, Wünsche, Hoffnungen, in letzter Instanz aus. Die hypertrophe Unparteilichkeit des ethischen Konsequentialismus marginalisiert das, was ursprünglich – unparteilich – gefördert werden sollte: das je individuelle Interesse.

Gerade diejenige Form des ethischen Konsequentialismus, die von besonderer begrifflicher und kriterialer Präzision geprägt ist, macht dieses Scheitern des ethischen Konsequentialismus an hypertropher Unparteilichkeit offenkundig. Ich denke dabei an den Präferenz-Utilitarismus, wie er von dem späteren Ökonomie-Nobelpreisträger John C. Harsanyi in mehreren Aufsätzen entwickelt wurde.[250] Die Theorie wird von Harsanyi *Ethical Bayesianism* genannt und das ist durchaus treffend, da er zeigen kann, dass die Ergänzung der Postulate des Nutzentheorems von von Neumann und Morgenstern um ein weiteres, sowie die Normierung der individuellen Nutzenfunktionen ausreicht, um als Handlungskriterium die Nutzensummen-Maximierung zu etablieren. Der moderne Präferenz-Utilitarismus unterscheidet sich vom klassischen Utilitarismus darin, dass er keine inhaltlichen Zielbestimmungen individueller Interessenverfolgung vornimmt, also anthropologisch neutral ist. Es geht nicht mehr um die Lust-Leid-Bilanz, sondern um Präferenzen-Erfüllung. Der individuelle Nutzen wird über die Präferenzen der Individuen bestimmt. Nützlich ist, was der Präferenzen-Erfüllung dient. Der Nutzen-Begriff ist nichts anderes als die Metrisierung des qualitativen Begriffes der Präferenz.[251] Die individuellen Präferenzen einer Person müssen kohärent

---

250 Vgl. J. C. Harsanyi: *Rational Behavior and Bargaining Equilibrium in Games and Social Situations*. Cambridge: University Press 1977; ders. „Rule Utilitarianism, Rights, Obligations, and the Theory of Rational Behavior". In: *Papers in Game Theory*. Springer 1982, 235–253.
251 Peter Singer hat sich in seinen letzten Schriften erstaunlicherweise wieder, nach Jahrzehnten, von dieser modernen Form utilitaristischer Ethik verabschiedet und ist zum klassischen Utilitarismus der Optimierung des globalen Wohlergehens (und nicht der globalen Präferenzenerfüllung) zurückgekehrt (vgl. *Effektiver Altruismus. Eine Anleitung zum ethischen Leben*. Berlin: Suhrkamp 2016).

sein, um sich durch eine reellwertige Funktion (die Nutzenfunktion) repräsentieren zu lassen. Es ist völlig unerheblich, wie die jeweiligen individuellen Präferenzen motiviert sind. Der ethische Bayesianismus ist inhaltlich neutral.[252] Die einzelnen individuellen Nutzenfunktionen repräsentieren die individuellen Präferenzen, der individuelle Nutzen misst das Maß der Erfüllung dieser Präferenzen. Harsanyi unterscheidet nun von diesen persönlichen Präferenzen (*personal preferences*) ethische Präferenzen (*ethical preferences*), die darauf gerichtet sind, die Summe der persönlichen Präferenzen in möglichst hohem Maße zu erfüllen. Diese Variante des Utilitarismus verzichtet also auf problematische anthropologische Annahmen, wie etwa die, dass Menschen ausschließlich an der Optimierung ihrer Lust-Leid-Bilanz interessiert seien, überlässt es den Individuen selbst, zu bestimmen, was sie interessiert und die moralische Verpflichtung wird dann zum Gebot, die Summe dessen zu optimieren, was die Individuen jeweils persönlich erstreben. Der gleiche Respekt vor dem je individuellen Wohl, der den klassischen Utilitarismus motivierte und ihn zu einer Grundlage sozialreformerischer Bestrebungen in Schottland und England des 19. Jahrhunderts machte, wird gewissermaßen komplettiert durch den Respekt gegenüber den je individuellen Bestrebungen: Was immer die einzelne Person motiviert, es geht in die moralische Verpflichtung ein, ist gleichermaßen zu berücksichtigen.

In dieser Theorie tritt nun die hypertrophe Unparteilichkeit konsequentialistischer Ethik besonders deutlich zu Tage, eine Unparteilichkeit, die so stark überzogen wird, dass sie die Bewertungsgrundlage selbst eliminiert. Nehmen wir einmal an, alle Akteure seien in ihrem Handeln moralisch motiviert und hätten sich als Kriterium den ethischen Bayesianismus zu eigen gemacht. Dann würden sie auf Grund des Entscheidungsverhaltens der Personen persönliche Präferenzen zuordnen und entsprechende individuelle Nutzenfunktionen bestimmen, die aggregiert zu einer Gesamtnutzenfunktion dann zum Maß des moralischen Ver-

---

252 Harsanyi weicht von dieser inhaltlichen Neutralität an einer Stelle ab, wenn er *clearly antisocial preferences* in die Aggregation nicht einbeziehen möchte. Tatsächlich bringt er sich damit allerdings in größere begriffliche Schwierigkeiten, da die Herausnahme einzelner Präferenzen aus einer individuellen Präferenz-Relation in der Regel zu Inkohärenzen führen wird. Das heißt, die Präferenz-Relation, die ursprünglich unter Einschluss der anti-sozialen Präferenzen die Postulate der Vollständigkeit, der Transitivität, der Monotonie und der Stetigkeit erfüllt hat, erfüllt diese Postulate nach der Herausnahme einzelner Präferenzen, eben der anti-sozialen, nicht mehr. Wie diese Problematik geheilt werden soll, wird von Harsanyi nicht erörtert. Er wollte sich wohl mit diesem Hinweis nur gegenüber einer bestimmten Form von Kritik absichern, ohne zu bedenken, welche theoretischen Folgen diese Absicherung nach sich zieht. Vgl. John C. Harsanyi: „Morality and the Theory of Rational Behavior". In: *Social Research* (1977), 623–656.

haltens würden.²⁵³ Wir befänden uns in einem unendlichen Regress und das, was moralisch geboten ist, ließe sich nicht mehr bestimmen.

§ 3 Individualität

Die Kritik einer hypertrophen Unparteilichkeit konsequentialistischer Ethik hängt eng zusammen mit der Wertschätzung des Individuums. Der Zusammenhang lässt sich folgendermaßen formulieren: Die Verbindung von Unparteilichkeit und Optimierung führt zu einer Auslöschung individueller Besonderheiten. Die individuellen Akteure verschwinden in der kollektiven Optimierung. Sie werden ununterscheidbar. Für konsequentialistische Ethiken ist es unerheblich, wer welchen Vorteil oder Nachteil in Kauf nehmen muss, es kommt nur auf die Summe der Vor- und Nachteile an. Dies scheint zunächst eine attraktive, ethisch erwünschte Eigenschaft konsequentialistischer Theorien zu sein. Es ist unerheblich, wer einen Vorteil oder Nachteil hat, es kommt nur darauf an, dass es einen entsprechenden Vorteil beziehungsweise Nachteil gibt. In der *collective choice*-Theorie heißt das entsprechende Prinzip *Anonymität*. So lässt sich zum Beispiel zeigen, dass die einfache Mehrheitswahlregel als einziges aller möglichen Entscheidungsverfahren zwei demokratische Minimalprinzipien erfüllt, nämlich das der Neutralität (es ist unerheblich, welche Alternativen inhaltlich zur Abstimmung stehen) und das der Anonymität (es ist unerheblich, wer welche Präferenzen hat). Erheblich ist nur, für welche der angebotenen Alternativen es eine Mehrheit gibt, um diese zur kollektiven Entscheidung zu machen.²⁵⁴ Der ethische Konsequentialismus erfüllt die Anonymitätsbedingung: Es ist unerheblich, wer welche Vorteile oder Nachteile hat, alle zählen in diesem Sinne als gleich. Und in der Variante des Präferenz-Utilitarismus ist zudem die Neutralitätsbedingung erfüllt. Zugleich aber schließt diese spezifische, eben konsequentialistische Realisierung des Anonymitätsprinzips die Berücksichtigung von Gerechtigkeitskriterien aus. Die konsequentialistische Optimierung erlaubt nicht, zu differenzieren, ob einer besser oder einer schlechter gestellten Person ein Vorteil zugutekommt. Solange der Vorteil gleich groß ist, ist das konsequentialistische Optimierungsprinzip gegenüber diesen beiden Verbesserungen neutral oder indifferent. Es ist diese Indifferenz, die den ethischen Konsequentialismus mit Kriterien der Verteilungsgerechtigkeit unverträglich macht.

---

253 Im Appendix §7 ist die zirkuläre Bestimmtheit der Präferenzen im ethischen Bayesianismus näher ausgeführt.
254 Vgl. *LkE*, Kapitel 6.

An einem Beispiel: Versetzen wir uns in eine Zwei-Personen-Welt, in der es der einen Person doppelt so gut geht wie der anderen. Angenommen, es wäre möglich, das Wohlergehen der ohnehin schon doppelt so gut gestellten Person noch einmal zu verdoppeln, indem man das Wohlergehen der schlechter gestellten Person halbiert. Das konsequentialistische Prinzip der Optimierung der Summe des Wohlergehens verlangt in diesem Fall den Transfer von der schlechter gestellten Person zu der besser gestellten, da dies die Summe des Wohlergehens optimiert. Einmal angenommen, Individuen würden tatsächlich versuchen, das Integral ihres Wohlergehens über ihre Lebenszeit zu optimieren, dann würden sie in vielen Fällen auf die Realisierung bestimmter Vorteile zu einem bestimmten Zeitpunkt verzichten, um dadurch zu einem späteren Zeitpunkt größere Vorteile möglich zu machen. Sie verzichten auf ein Ski-Wochenende und büffeln den Stoff, um eine Klausur zu bestehen, was wiederum den erneuten Besuch dieser Lehrveranstaltung unnötig macht. Dieser Vorteil überwiegt den Nachteil des ausgefallenen Ski-Wochenendes, wollen wir annehmen. Der ethische Konsequentialismus behandelt diesen intrapersonellen Fall analog zum interpersonellen Fall, den wir oben illustriert haben. Dies ist mit der Getrenntheit der Personen, ihrer je individuellen Verantwortlichkeit als Autorinnen und Autoren ihres Lebens unvereinbar.

Nach John Rawls sollte eine Theorie der Gerechtigkeit diese *separateness of persons* berücksichtigen,[255] der Utilitarismus tut das nicht. *Separateness of persons* ist aber nur eine Metapher. Natürlich sind Individuen separiert, sie sind jeweils eigenständige Akteure. Aber warum sollen sie nicht die moralische Verpflichtung haben, auf eigene Vorteile zu verzichten, wenn damit die Summe des Guten in der Welt optimiert wird? Dies ist jedenfalls die Intuition der Utilitaristen. Die Metapher der *separateness of persons* muss, philosophisch expliziert, ihre – wenn man es so nennen will – *metaphysische* Dimension deutlich machen.

Was ist das Trennende zwischen Individuen, abgesehen von ihrer getrennten Körperlichkeit? Ethisch relevant ist das Trennende unabhängig von interpersonellen Unterschieden. Auch wenn alle die gleichen Wünsche und Überzeugungen hätten, die gleichen Ziele verfolgten, in vergleichbaren Situationen in ähnlichen emotiven Zuständen wären, selbst dann wäre jede Person Autorin ihres eigenen Lebens. Es ist die individuelle subjektive Perspektive auf die Welt und die pragmatische Perspektive der Verantwortung für eigenes Handeln, die Fähigkeit, eigene Gründe zu haben, für das, was man meint, tut und fühlt, die das jeweilige Individuum von anderen Individuen trennt. Diese Autorschaft bezieht sich eben nicht auf andere, auch wenn diese von meiner Autorschaft in der einen oder anderen Weise betroffen sein können, wenn es für sie einen Unterschied

---

255 Vgl. John Rawls: *A Theory of Justice*. Cambridge/Mass.: Harvard University Press 1971, Kap. 3.

macht, ob ich mich in dieser oder in jener Weise äußere oder verhalte. Ich habe eine genuine Verantwortung für mein Handeln, sofern ich zurechnungsfähig bin. Kleine Kinder haben diese genuine Verantwortung noch nicht oder jedenfalls nur unvollständig. Diese genuine Eigenverantwortlichkeit ist tief in unser modernes Rechtsverständnis eingelassen, schlägt sich aber auch in unseren Alltagsinteraktionen, unserer wertenden Stellungnahme zu eigenem und fremdem Handeln nieder. Interventionen, die diese Eigenverantwortlichkeit bedrohen oder auch nur einschränken, gelten als problematisch, unabhängig von ihrer juridischen Relevanz. Auch solche Interventionen, die dem Wohl der Person dienen, die diese Interventionen hinnehmen muss, werden als problematisch beurteilt. Auch wenn es völlig unstrittig wäre, welche veränderten Ernährungsgewohnheiten den Gesundheitszustand einer Person verbessern würden, ist es keineswegs zulässig, diese dazu zu zwingen. Selbst die weiche Form des Paternalismus in Gestalt des *Nudging* wird zu Recht kritisiert.[256]

Dieses Interventionsverbot besteht selbst dann, wenn die intervenierende Person und die Person, gegenüber der interveniert wird, sich einig sind, dass die betreffende Intervention zu ihrem Guten erfolgen würde. Dieses zentrale Element unserer lebensweltlichen Beurteilungspraxis ist mit der konsequentialistischen Optimierung des Guten in der Welt nicht in Einklang zu bringen. Wir akzeptieren, dass das moralische (teilweise auch juridische) Interventionsverbot in vielen Fällen die Verbesserung der Welt verhindert. Selbst Interventionen, die keinerlei Zwangscharakter haben, die lediglich darin bestehen, dass eine wertende Stellungnahme abgegeben wird, sind rechtfertigungsbedürftig. Auch wenn ich der Auffassung bin, dass ein bestimmtes Verhalten, das eine mir bekannte Person gegenüber ihrem Lebenspartner zeigt, inakzeptabel ist, bin ich damit noch nicht berechtigt, Kritik zu äußern. Diese ist nur unter ganz bestimmten Bedingungen zulässig, etwa einer besonders vertrauensvollen Beziehung, die von einer Praxis wechselseitiger Anteilnahme geprägt ist. Wir wollen nicht, dass die Fähigkeit, ein Leben nach eigenen Vorstellungen zu praktizieren, dadurch gefährdet wird, dass wir uns beeinflussen lassen von der wertenden Stellungnahme anderer. Dies macht auch den Unterschied zwischen karitativer Zuwendung und Sozialstaatlichkeit aus. Die karitative Zuwendung beruht auf einer wertenden Stellungnahme, sowohl zu der Situation des Betroffenen (Hilfsbedürftigkeit) als auch zu seiner eigenen Rolle (Hilfsberechtigung). Karitative Akte sind durchzogen von wertenden Stellungnahmen und gerade dies macht einerseits ihre besondere

---

[256] Vgl. „Nudging: perchè aiuterà governi e imprese", ein Interview mit mir zum Thema mit Luciano Floridi im Magazin PANORAMA am 24.10.2014 (https://www.panorama.it/cultura/nudging-perche-aiutera-governi-imprese/, zugegriffen am 11.11.2018).

humane Qualität, aber andererseits auch ihre ethische Problematik aus. So wie es Menschen gibt, die auf keinen Fall bemitleidet werden wollen, wenn es ihnen wirklich schlecht geht, so empfinden viele Menschen karitative Akte als entwürdigend, auch wenn sie von besten Absichten getragen sind und nur Gutes im Sinn haben. Sozialstaatlichkeit dagegen definiert *individuelle Anspruchsrechte*, die einzelne Individuen gegenüber staatlichen Institutionen haben. Sie sind Bedingungen organisierter Solidarität, deren normative Grundlagen in Gestalt der Gesetzgebung für alle verbindlich gelegt werden. Es entstehen keine interpersonalen Beziehungen, keine Übergriffigkeiten, keine wertenden Stellungnahmen, jedenfalls wenn man die Idealtypen karitativer Praxis und sozialstaatlicher Praxis gegenüberstellt. In der Realität sind die Grenzen weniger scharf und besonders im Bereich der früheren Sozialhilfe und der heutigen Hartz-IV-Praxis sind die staatlichen Stellen zu wertenden Stellungnahmen angehalten. Die *separateness of persons*, die vom ethischen Konsequentialismus verletzt wird, hat eine Tiefendimension nicht in individuellen Unterschieden, sondern in der *Eigenverantwortlichkeit* der Lebensführung. Nur ich bin Autor oder Autorin meines Lebens, niemand anderes. Eine ethische Theorie, die diese lebensweltlich tief verankerte Praxis der Eigenverantwortung aushebelt oder in einen unauflöslichen Konflikt dazu gerät, ist per se inadäquat. Die lebensweltliche Praxis der begründeten normativen Stellungnahme obsiegt gegenüber den Qualitäten einer einfachen, reduktionistischen, auf ein einziges Prinzip rückführbaren und mathematisch elegant formulierbaren Theorie.

Ein naheliegender Einwand gegen dieses Argument der Individualität könnte geltend machen, dass die besondere Wertschätzung der Eigenverantwortung ja lediglich ein spezifisches kulturelles Phänomen sei, das es in anderen Kulturen und zu anderen Zeiten so nicht gegeben habe. Warum soll sich die ethische Theorie an einer unterdessen zugegebenermaßen etablierten Beurteilungspraxis orientieren, die sich in einigen Jahrzehnten wieder verändern mag und die auch heute nur auf eine bestimmte Kulturregion der Welt beschränkt ist. Ich halte es dagegen für eine Selbststilisierung der modernen europäischen (oder westlichen) Kultur, wenn sie für sich in Anspruch nimmt, sich von allen anderen hinsichtlich der Eigenverantwortlichkeit der Individuen zu unterscheiden. Die Fragen, wer wofür verantwortlich ist, wer für welche Handlung kritisiert werden kann oder sollte, wer mit welcher Berechtigung in die Lebenssituation anderer interveniert, wer das Recht hat, Kritik vorzubringen, wo die Grenzen der Verfolgung des Eigeninteresses liegen, durchziehen die gesamte Weltliteratur aus unterschiedlichen Zeiten und Kulturen. Die Tragödien des antiken Griechenlands verhandeln Grenzsituationen menschlichen Lebens, in denen alle Selbstverständlichkeiten in Frage gestellt zu sein scheinen und in denen sich daher Fragen der moralischen Beurteilung in besonderer Schärfe stellen.

Man könnte einwenden, dass es sich hier um einen gemeinsamen kulturellen Kontext handele, dass die Griechische Klassik und die Europäische Aufklärung eben diese Gemeinsamkeit aufwiesen, nämlich die der individuellen Verantwortlichkeit. Schon ein oberflächlicher Blick auf die Literatur fernerer Kulturkreise, etwa des konfuzianischen oder des buddhistischen, entkräftet diesen Einwand. Auch wenn die jeweiligen Kriterien richtigen Handelns differieren, so wird doch die zentrale Frage, wofür Menschen verantwortlich sind, welche Rücksichtnahmen sie anderen schulden, wie viel Sorge um sich selbst geboten ist, in allen Kulturkreisen, jedenfalls solchen mit schriftlicher Überlieferung, erörtert. Auch wenn der Verantwortungsbegriff als Terminus erst vor etwa 300 Jahren in den europäischen Sprachen auftaucht, so ist doch das normative Fundament der Verantwortlichkeit von Individuen für ihr Handeln und Argumentieren, für ihre Überzeugungen, Emotionen und ihr Verhalten in all diesen Kulturen vertraut. Auch die archaischen Kulturen verhandeln *in extenso* Fragen individueller Schuld und Verantwortlichkeit. Das gilt nicht nur für die *Ilias*, deren Ausgangspunkt die Frage ist, ob Agamemnon das Recht hat, Achill seine Lieblingssklavin zu nehmen[257] und da ihm dieses Recht offenbar formaliter, um nicht zu sagen *ex officio* als Heerführer zustand, ob dann Achill das (moralische) Recht hatte, sich aus dem Kampfgeschehen zurückzuziehen und anschließend über lange Zeit seine Zurückhaltung aufrecht zu erhalten, obwohl sie zahlreiche hellenische Gefallene vor den Toren Trojas zur Folge hatte. Interessanterweise ist es erst der Tod seines Freundes Patroklos, also eine persönliche emotionale Erschütterung, die ihn zum Einlenken bewegt und wieder am Kriegsgeschehen zu Gunsten der Hellenen teilnehmen lässt. Die Verantwortung für Tausende tote Hellenen konnte Achill niemand abnehmen, nicht einmal Thetis, seine Göttermutter.

§ 4 Individuelle Rechte

Der philosophische und politische Liberalismus bildet zusammen mit der Sozialstaatsidee das normative Fundament der modernen – liberalen und sozialen – Demokratie.[258] Der sich im 19. Jahrhundert in Europa etablierende politische Libe-

---

257 Dieses Beispiel aus der Ilias nutze ich zur Illustration unterschiedlicher normativer Aspekte mehrfach, hier in V §2 (Individualität), in V §19 (Moralische Dilemmata) und in VI §10 (Emotive Einstellungen). Ich bedanke mich für eine Einladung von Susan Neiman zu einer Tagung *Heriosm Reconsidered* am Einstein-Zentrum am 13. Juni 2009, auf der die unterschiedlichen Heldenrollen von Odysseus und Achill intensiv erörtert wurden.
258 Auffällig ist, dass Kommentatoren meist das zweite Prädikat „sozial" unterschlagen und offenbar meinen, dass es die moderne westliche Demokratie am besten charakterisiere, wenn man

ralismus hat mehrere philosophische Quellen: eine ist die der Menschenrechte, wie sie John Locke wirkungsmächtig postulierte. Danach hat jedes menschliche Individuum von Geburt an individuelle Rechte, zu denen insbesondere das Recht auf Leben, das Recht auf körperliche Unversehrtheit und das Recht auf rechtmäßig erworbenes Eigentum gehören. Für John Locke und seine heutigen Anhänger sind diese Individualrechte zweifelsfrei und bedürfen keiner weiteren Begründung. Der zeitgenössische *libertarianism* (i. F. „Libertarismus") nimmt die Locke'schen Individualrechte als normatives Fundament, interpretiert dieses meist sogar realistisch als eine *ethische Erkenntnis*, die jeden Zweifels enthoben ist und leitet politische Legitimität ausschließlich aus diesen Individualrechten ab. Darüber hinaus gehende moralische Verpflichtungen, etwa die moralische Pflicht der Hilfeleistung gegenüber Bedürftigen, erkennt der Libertarismus nicht an, billigt aber jeder Person subjektive moralische Einstellungen dieser Art zu. Diese dürfen jedoch die normative Ordnung, wie sie sich in einer rechtlich verfassten Staatlichkeit niederschlägt, da lediglich subjektiv, nicht beeinflussen.[259]

Eine zweite philosophische Quelle des politischen Liberalismus hat sein wichtigster Vertreter, John Stuart Mill, entwickelt – eine Quelle, die sowohl eine detaillierte Konzeption des Utilitarismus, die Einwänden, die gegen die krude Variante von Jeremy Bentham vorgebracht werden können, begegnet, als auch ein Plädoyer für individuelle Freiheit enthält.[260] Für John Stuart Mill gibt es keinerlei Widerspruch zwischen dem staatlichen Ziel möglichst weitgehender Freiheit für jedes einzelne Individuum und dem staatlichen Ziel der Maximierung des Wohlergehens aller. Es wird nicht ganz klar, ob John Stuart Mill die Postulate individueller Freiheit in letzter Instanz damit begründet, dass nur eine Gesellschaft freier Individuen dem Wohlergehen aller dienlich ist, oder ob bei ihm zwei unabhängige normative Quellen von Staat, Wirtschaft und Gesellschaft vorliegen, die in ihren konkreten praktischen Implikationen konvergieren: Das, was die Freiheit des Individuums fördert, ist zugleich das, was die Wohlfahrt aller fördert.

---

sie als „liberal" bezeichne, um sich gegenüber illiberalen Demokratien, früher zum Beispiel den sogenannten Volksdemokratien der realsozialistischen Staaten Osteuropas, abzugrenzen. Tatsächlich spricht vieles dafür, dass die moderne Bürgerschaft in allen europäischen Demokratien sich über zwei gleichgewichtige normative Orientierungen konstituiert: die liberale der individuellen Rechte und die soziale der institutionalisierten Solidarität (Vgl. Thomas Meyer: *Theorie der sozialen Demokratie.* Springer 2005; und ders.: *Praxis der Sozialen Demokratie.* Springer 2006).
259 Den differenziertesten und bis heute wirkungsmächtigsten libertären Entwurf hat Robert Nozick vorgelegt: *Anarchy, State, and Utopia.* New York: Basic Books 1974.
260 Vgl. John Stuart Mill: *Utilitarianism.* [EA 1863]; und *On Liberty.* [EA 1864].

Eine dritte philosophische Quelle des politischen Liberalismus ist der ethische Egalitarismus Immanuel Kants: Die je individuelle Würde ist eine *gleiche Würde* aller Menschen als potentieller Vernunftwesen. Da wir alle gleichermaßen in der Lage sind, vernünftig, und das heißt autonom und das heißt wiederum, moralisch zu handeln, verdient jedes menschliche Individuum den gleichen Respekt: Die Würde der Menschheit ist in jeder einzelnen Person präsent. Der politische Liberalismus des kantianischen Typs nimmt den Staat daher in die Pflicht, die Bedingungen gleicher individueller Autonomie sicherzustellen. Der Staat hat einen Beitrag „selbstverschuldeter Unmündigkeit" zu entkommen zu leisten, indem er allen ein Bildungsangebot unterbreitet, das im Falle seiner Wahrnehmung hinreichende Urteilsfähigkeit und Entscheidungskraft garantiert, um autonom, verantwortlich und frei zu leben. Auch der sogenannte Kathedersozialismus der Neukantianer im 19. und frühen 20. Jahrhundert in Deutschland, aber auch die Theoretiker der britischen Fabian Society sind dieser Programmatik verpflichtet: staatlicherseits die Bedingungen zu garantieren, die jedem Einzelnen gleiche individuelle Autonomie, gleichen Respekt, gleiche Anerkennung ermöglichen. Der zeitgenössische US-amerikanische *political liberalism* ist interessanterweise weniger John Locke als Immanuel Kant verpflichtet. Es geht um die Bedingungen gleicher Würde und gleichen Respekts. Amerikanische Liberale, wie etwa die Kennedys oder auch Barack Obama, nehmen den Staat dafür in die Pflicht und werden von Libertären und Neo-Konservativen dafür kritisiert, dass sie eine Politik des *big government* betreiben, die am Ende individuelle Freiheiten zu ersticken droht.[261] Dieser egalitäre Liberalismus versucht über Institutionen des Bildungs- und Sozialstaats Chancengleichheit zu realisieren und verfolgt das Ziel einer Gesellschaft gleicher individueller Gestaltungsmacht und Anerkennung. Damit entsteht ein Spannungsverhältnis zwischen Postulaten der Gleichheit, speziell der Chancengleichheit, aber unter Umständen auch der Gleichverteilung von Gütern auf der einen Seite und den Postulaten individueller Freiheit auf der anderen. Die Egalisierung dessen, was gelegentlich als *natural luck* (z. B. die genetische Ausstattung einer Person) oder *social luck* (z. B. die soziale oder kulturelle Herkunft) in dieser Debatte bezeichnet wird, ist unter Umständen nur bei deutlichen Einschränkungen individueller Rechte und Freiheiten zu erreichen. Auch die Problematik der umgekehrten Diskriminierung, also der Bevorzugung von Individuen aus benachteiligten Gruppen, steht in diesem Zusammenhang.

---

[261] Während in Kontinentaleuropa der politische Liberalismus eher rechts von der Mitte angesiedelt wird, ist in den USA die Bezeichnung „liberal" für viele Republikaner ein Schimpfwort, da sie in ihren Augen eine linke politische Programmatik charakterisiert.

Die Diversität der philosophischen Quellen des politischen Liberalismus erklärt wenigstens zum Teil die inneren Spannungen, die diese politische Bewegung bis heute prägen. Der Bürgerrechts-Liberalismus konfligiert mit dem Wirtschafts-Liberalismus, eine Politik gleicher individueller Freiheit konfligiert mit den teils krassen Ungleichverteilungen freier Märkte. Der Liberalismus des Bildungs- und Sozialstaats konfligiert mit der Politik der Eigenverantwortlichkeit der Wirtschaftssubjekte. Die Garantenstellung des Staates für individuelle gleiche Freiheit konfligiert mit der liberalen Idee minimaler Staatlichkeit.

1970 konnte bewiesen werden, dass es in der Tat einen unauflöslichen Konflikt zwischen individueller Freiheit und Wohlfahrtsoptimierung gibt. Es handelt sich dabei um das Theorem des indischen Ökonomen und Philosophen Amartya Sen: Das liberale Paradoxon.[262] Dieses Theorem zeigt eine logische Unvereinbarkeit zweier normativer Postulate auf, die wir gerne beide vertreten würden: das der kollektiven Rationalität in Gestalt der Pareto-Optimalität und das der individuellen Rechte und Freiheiten. Dieses Theorem zeigt, dass es kein Verfahren der Aggregation individueller Präferenzen gibt, das für beliebige Präferenzstrukturen, also Verteilungen individueller Präferenzen, beide Postulate erfüllt: erstens das Postulat, dass jede Person bezüglich mindestens einer Entscheidungsalternative frei ist, also eine Entscheidung treffen kann, unabhängig davon, wie die Präferenzen anderer Personen beschaffen sind und zweitens das Postulat, dass, wenn alle Personen hinsichtlich bestimmter Alternativen übereinstimmende Präferenzen haben, diese dann auch zu realisieren sind. Letzteres kann man als eine Minimalbedingung kollektiver Rationalität verstehen. In der Sprache der Entscheidungstheorie heißt dieses Postulat „das Prinzip der Pareto-Effizienz": Ein Zustand ist nicht Pareto-effizient, wenn er den Präferenzen aller Beteiligten zuwiderläuft, wenn es also einen anderen Zustand gibt, den alle bevorzugen.[263] Wenn man sich die umfangreiche wissenschaftliche Debatte zu diesem Theorem ansieht, könnte man den Eindruck gewinnen, es handele sich um eine eher spezielle Fragestellung für die Entscheidungstheorie, die Logik und Mathematik. Dies wäre eine Fehleinschätzung, die möglicherweise der unzureichenden Rezeption dieses Theorems, insbesondere auf dem europäischen Kontinent, zugrunde liegt. Bis heute sind in meinen Augen die politischen und philosophischen Implikationen dieses Theorems nicht wirklich klar herausgearbeitet worden. Im Folgenden mache ich den Versuch, dieses Defizit zu beheben.

---

262 Vgl. Amartya Sen: *Collective Choice and Social Welfare*. London: Penguin Books 1970, Kap. 6 und 6*.
263 Oder in der strikten Variante: den mindestens eine Person bevorzugt, ohne dass es eine Person gibt, die eine gegenläufige Präferenz hat. Vgl. *LkE*.

Wie sich zeigen lässt,[264] tritt der Konflikt von Liberalität und Effizienz nur auf, wenn die beteiligten Individuen mit ihren Präferenzen auf die Präferenzen anderer Rücksicht nehmen. Zyniker könnten daraus ableiten, dass es sich nur in einer Welt von Egoisten gut leben lässt, dass der Konflikt zwischen individueller Freiheit und ökonomischer Effizienz sich in einer Gesellschaft der *homines oeconomici* auflöse.[265] Aber um welchen Preis? Um dem Konflikt zwischen individuellen Rechten einerseits und allgemeiner Präferenzenerfüllung andererseits zu entgehen, müssten sich die Individuen aller moralischer Motivationen entledigen. Denn nur der radikale Schnitt, der die Präferenzenerfüllung anderer für jeden Akteur irrelevant macht, beseitigt diesen Konflikt systematisch. In allen anderen Fällen kann man nicht ausschließen, dass die wechselseitige Rücksichtnahme wiederum zu Situationen führt, in denen beides zugleich nicht zu haben ist: die Beachtung individueller Rechte und die Realisierung gemeinsamer Präferenzen.

Das Sen-Theorem lässt sich noch in anderer Weise lesen, nämlich als Konflikt zwischen Liberalismus und Utilitarismus. Um das zu verstehen, müssen wir ein wenig ausholen. Die ökonomische Theorie ist aus der utilitaristischen Moralphilosophie der Schottischen Aufklärung hervorgegangen. Das gemeinsame Wohl, die Nutzensumme, bot sich als rationales Kriterium der Sozialpolitik an und gab der Nationalökonomie als einer politikberatenden Disziplin die Leitlinie. Erst relativ spät in der Geschichte der ökonomischen Disziplin kommen Zweifel auf. Zweifel, die sich einmal auf die Messbarkeit des Nutzens für Individuen beziehen und dann aber vor allem auf die Vergleichbarkeit. Schon der Positivismus des 19., erst recht aber der Logische Empirismus des 20. Jahrhunderts zerstört, so könnte man sagen, die Bewertungsbasis der utilitaristischen Ökonomie. Nur das Gegebene, das, was sich zweifelsfrei messen lässt, ist in der positivistischen Wissenschaftspraxis zulässig. Der individuelle Nutzen und erst recht die Nutzensumme, die nur gezogen werden kann, wenn interpersonelle Nutzenvergleiche möglich sind, wird damit zu einer metaphysischen Größe. Erst Mitte des 20. Jahrhunderts gelingt es von Neumann und Morgenstern in *Theory of Games and Economic Behavior* zumindest den individuellen Nutzenbegriff in Gestalt eines Metrisierungstheorems zu retten, das es erlaubt, unter bestimmten Kohärenzbedingungen, individuelle Präferenzen in Gestalt einer reellwertigen Funktion zu repräsentieren. Aber die Problematik der interpersonellen Nutzenvergleiche bleibt bestehen. Mit anderen Worten: Die Überführung des qualitativen Präferenzbegriffes in einen quantitativen Nutzenbegriff, die Ersetzung eines ordinalen und unmittelbar messbaren Begriffs der Präferenz in einen kardinalen des reell-

---

264 Vgl. *LkE*.
265 Vgl. *OPT* und *EcR*.

wertigen Nutzens reicht nicht hin, um an der utilitaristischen Ausrichtung der Ökonomie festzuhalten. Anders formuliert: Ein Utilitarismus ohne interpersonelle Vergleichbarkeit schrumpft zum Kriterium der Pareto-Effizienz: Wenn auch nur eine einzige gegenläufige Präferenz vorliegt, kann man nicht mehr sagen, dass ein bestimmter Zustand gegenüber einem anderen besser ist. Es könnte ja sein, dass die einzige Person, die eine gegenläufige Präferenz hat, einen derart großen Nutzenverlust hat, dass er alle Nutzengewinne der übrigen Personen aufwiegt. Noch einmal anders formuliert: Wenn alle Personen einen Zustand gegenüber einem anderen vorziehen, beziehungsweise wenn die subjektiven Bewertungen des einen Zustands bei jeder einzelnen Person höher sind als bei einem anderen, dann wenigstens sollte eine konsequentialistische Ethik diesen Zustand für besser halten als den anderen. Wie immer die Aggregation der subjektiven Bewertungen beziehungsweise Präferenzen ausfällt, konsequentialistische Theorien kommen nicht umhin, Zustände, die von jeder der individuellen Bewertungsperspektiven aus betrachtet besser sind, auch in der Theorie als besser zu bewerten. Pareto-Inklusivität ist eine Minimalbedingung konsequentialistischer Theorien. Ohne Pareto-Inklusivität kein Konsequentialismus.

Das Sen-Theorem zeigt nun, dass diese Minimalbedingung konsequentialistischer Bewertung mit der Minimalbedingung aller Liberalität, nämlich, dass Individuen wenigstens bezüglich einer Alternative eine Wahlmöglichkeit haben, kollidiert. Wir müssen uns entscheiden zwischen Liberalität und Konsequentialismus. Die Harmonie zwischen Wohlfahrt und Freiheit ist eine Illusion. Die Harmonie von Freiheit und Wohlergehen war aber die Kernbotschaft des traditionellen politischen Liberalismus des 18. und 19. Jahrhunderts. Meine Überzeugung ist, dass wir im Konflikt zwischen Liberalität und Effizienz für das Primat der Freiheit optieren und anerkennen sollten, dass ein wohlverstandener Liberalismus, der die Individualität im Sinne des vorausgegangenen Abschnitts ernst nimmt, einen Preis hat. Man kann nicht beides haben, den Respekt vor den Individuen, ausgedrückt in der wechselseitigen Zuerkennung individueller Rechte und Freiheiten und allgemeine Präferenzenerfüllung. Freiheit kostet etwas und verlangt im Einzelfall Wohlfahrtseinbußen.

Individuelle Rechte rangieren in der Regel vor ökonomischen Vorteilen. Die radikal-libertäre Position lautet: Wenn alle individuellen Rechte wahrgenommen sind, bleiben keine Spielräume mehr für kollektives Entscheiden: Die Individuen, die für sich ihre Rechte realisieren, legen fest, welche Zustände der Gesellschaft realisiert werden. In der Illustration, die Amartya Sen seinem Liberalen Paradoxon unterlegt, wird dies – intuitiv überzeugend – deutlich: Die laszive Person hat ein individuelles Recht zu entscheiden, ob sie das Buch liest oder nicht, vorausgesetzt, die andere Person ist davon nicht betroffen. Die laszive Person wählt also zwischen den beiden „Zuständen": (1) sie selbst liest das Buch oder (2) niemand liest das Buch. Analoges gilt für die prüde Person: Sie entscheidet auf Grund der Liberalitätsbedingung frei, ob sie das Buch liest oder nicht, wieder vorausgesetzt, dass die laszive Person davon nicht tangiert ist, also in beiden Fällen das Buch nicht liest. Wenn beide ihre Wahl getroffen haben, zu der sie auf Grund ihrer individuellen Rechte legitimiert sind, bleibt kein Spielraum mehr. Die gemeinsame Präferenz dafür, dass die prüde Person *Lady Chatterley's Lover* liest, weil die laszive meint, dass ihr das gut täte und die prüde meint, dass der laszivem Person es nicht gut täte, dieses Buch zu lesen, kommt so gar nicht zur Geltung, wird nicht wirksam in der kollektiven Entscheidungsfindung.

Die politische Philosophie des Libertarismus suggeriert, dass alle kollektiven Entscheidungen diesem Muster entsprechen, dies ist jedoch ihr zentraler Irrtum. Der Spielraum kollektiver Entscheidungen ohne Verletzung individueller Rechte ist groß. Er ist umso größer, desto stärker wir von Motiven der Solidarität, des gemeinsamen Handelns, des gesellschaftlichen Zusammenhalts, geprägt sind. Dennoch sind individuelle Rechte Trümpfe, das heißt, sie dürfen auch dann nicht verletzt werden, wenn ihre Verletzung das allgemeine Wohl fördert. Es macht individuelle Rechte aus, dass sie keinem Optimierungskalkül unterworfen sind, dass sie keine Instrumente der Optimierung sozialen Wohlergehens darstellen. Es ist gerade das individuelle Recht einer Person, sich auch so zu verhalten, dass es dem allgemeinen Wohl zuwiderläuft. Genuine individuelle Rechte sind mit konsequentialistischer Ethik und Politik nicht verträglich.

§ 5 Gerechtigkeit

Für Platon, den bedeutendsten Gerechtigkeitstheoretiker der Antike, und John Rawls, den bedeutendsten Gerechtigkeitstheoretiker der Moderne, ist Gerechtigkeit die oberste politische Tugend. Diese Gemeinsamkeit ist verblüffend, da der politische Diskurs in der Regel Gerechtigkeit auf Verteilungsgerechtigkeit verkürzt und gegen andere normative Größen, wie Freiheit oder Effizienz, abwägt. Im liberalen Mainstream der westlichen Industriegesellschaften ist ein gewisses Misstrauen gegenüber Gerechtigkeitsdiskursen weit verbreitet. Die Auseinandersetzung hat dann nicht die Form: „Diese Praxis, diese Institution, diese Verteilung ist ungerecht" – „Nein, sie ist gerecht, aus den und den Gründen", sondern: „Das mag wohl sein, dass sie ungerecht ist, aber sie ist das Resultat der Wahrnehmung individueller Freiheiten", oder: „diese Ungerechtigkeit ist unverzichtbar, um Effizienz sicherzustellen, ...". Nun versteht sich die Theorie der Gerechtigkeit als Fairness von John Rawls als eine Systematisierung eines im weitesten Sinne sozialen und liberalen Verständnisses politischer Legitimität: Die jeweiligen Institutionen sind auf die prinzipielle Zustimmung der Bürgerschaft zurückzuführen, repräsentiert durch ihre wichtigsten Gruppen – und die Unterschiedlichkeit der Lebensformen und Wertungen wird durch einen gemeinsamen Gerechtigkeitssinn in der politischen Sphäre ausgeglichen, in dessen Zentrum die Idee der Fairness steht. Die Genialität der Theorie der Gerechtigkeit von John Rawls besteht gerade darin, die vermeintlich mit Gerechtigkeit konkurrierenden Bewertungsaspekte, wie Freiheit und Effizienz, in die Prinzipien der Gerechtigkeit selbst zu integrieren. Auch wenn ich in vielem mit der Rawls'schen Auffassung nicht übereinstimme, halte ich doch diese Herangehensweise für die allein zielführende. In diesem Abschnitt soll allerdings nicht eine umfassende Theorie der Gerechtigkeit vorgestellt werden, sondern lediglich die Frage geklärt werden, ob und wenn ja inwiefern die angemessene Berücksichtigung von Gerechtigkeitsaspekten mit einer konsequentialistischen Herangehensweise verträglich ist.

John Rawls verknüpft das Argument der *separateness of persons* mit seiner Utilitarismuskritik: Auch dann, wenn die Umverteilung von Ressourcen von einer schlechter gestellten Personengruppe zu einer besser gestellten die Summe des Wohlergehens erhöhte, würde ein solcher Transfer dadurch allein noch nicht gerechtfertigt. John Rawls kommt am Ende zum Ergebnis, dass Ungleichheiten nur dann gerechtfertigt sind, wenn sie der am schlechtesten gestellten Personengruppe zum (optimalen) Vorteil gereichen. Das Argument der *separateness of persons*, das wir schon in den vorausgegangenen Abschnitten angeführt haben, besagt, dass Nachteile für eine Person durch Vorteile für dieselbe Person zwar ausgeglichen werden können, dass aber Nachteile für eine Person grundsätzlich nicht durch Vorteile für eine andere Person ausgeglichen werden können. Der Kontraktualismus als Begründungsmodell stellt die Legitimität aller Transfers in Frage, die nicht auf einer grundsätzlichen, wie immer im Einzelnen motivierten Zustimmung aller Beteiligten beruhen. Kontraktualisten (*contractualists*) und Kontraktisten (*contractarianists*)[266] unterscheiden sich darin, dass letztere ausschließlich die Optimierung individueller Interessen als Legitimation akzeptieren, während der Kontraktualismus auch normative Bewertungen, zum Beispiel die der Fairness einer Verteilung, mit einbezieht. Drei normative Beurteilungsformen scheinen hier in einem spannungsreichen Verhältnis zueinander zu stehen: die konsequentialistische Beurteilungsform, wonach es ausschließlich auf die Folgen des Handelns, zum Beispiel für die Summe des Wohlergehens der Menschen, ankommt, die kontraktualistische, wonach es die prinzipielle Zustimmungsfähigkeit von Verteilungen, Institutionen, Praktiken ist, die über die Gerechtigkeit entscheidet, und die egalitaristische, wonach jede Ungleichver-

---

266 vgl. II §10 und §11.

teilung einer Rechtfertigung bedarf und Gleichverteilungen der Ausgangspunkt der Bewertung sind.

Auch John Rawls geht in seinen ersten Entwürfen der Theorie der Gerechtigkeit[267] von der maximalen Gleichverteilung aus und prüft, unter welchen Bedingungen eine Ungleichverteilung gerechtfertigt sein kann. Die wichtigste Bedingung ist, dass in ihr keine Person schlechter gestellt wird als in der maximalen Gleichverteilung. Die Besserstellung aller gegenüber der maximalen Gleichverteilung scheint zumindest rational geboten zu sein, wenn auch möglicherweise nicht als ein Gebot der Gerechtigkeit. Gerecht ist eine Ungleichverteilung nach Rawls, wenn sie allen zugute kommt, zumal der am schlechtesten gestellten Personengruppe.

Kontraktualismus und Egalitarismus stehen zunächst in einem Konkurrenzverhältnis zueinander, denn es ist keineswegs ausgemacht, dass Individuen Gleichverteilung bevorzugen. Einer der bekanntesten Vertragstheoretiker, James Buchanan,[268] legt daher auch Wert auf die Feststellung, dass die Legitimation durch Zustimmung von der natürlichen Ungleichverteilung ausgehen müsse, da das Ergebnis der natürlichen Verteilung aus vertragstheoretischer Sicht zu akzeptieren sei. Der *constitutional contract* ermöglicht eine Besserstellung aller gegenüber der natürlichen Ungleichverteilung, perpetuiert also bestehende Ungleichverteilungen, allerdings nicht im Modus der Zuschreibung individueller Rechte: Die natürliche (Ungleich-)Verteilung legitimiert nach Buchanan keine Ungleichverteilung der Rechte. Dies könnte man durchaus in Zweifel ziehen und zum Beispiel darauf hinweisen, dass feudale Systeme, also politisch-institutionelle Ordnungen ungleicher Rechte und Freiheiten, historisch aus natürlichen Ungleichheiten erwachsen sind und diese institutionell verfestigen. Die Fokussierung auf Ungleichverteilung von ökonomischen Gütern scheint einer spezifischen, nämlich ökonomischen Perspektive geschuldet zu sein, die willkürlich erscheint. Warum sollen Individuen in einer natürlichen Ungleichverteilung nicht übereinkommen, dass sie sich alle dadurch besser stellen, dass sie Mord und Totschlag und andere, für alle nachteilige, Verhaltensweisen ausschließen, die Zustimmungsfähigkeit dieses Regelsystems aber dadurch erreichen, dass denen, die in der natürlichen Verteilung besser gestellt sind, auch Vorrechte eingeräumt werden? Wer die natürliche Ungleichverteilung als Ausgangspunkt einer vertragstheoretischen (im Falle Buchanans kontraktischen) Legitimation recht-

---

267 Vgl. John Rawls: „Justice as Fairness". In: *Collected Papers*. Cambridge/Massachusetts: Harvard University Press 2001.
268 Vgl. James Buchanan: *The Limits of Liberty. Between Anarchy and Leviathan*. Chicago: University Press 1975.

licher und politischer Ordnungen wählt, hat Schwierigkeiten, seinen egalitären Intuitionen, und seien sie lediglich auf die Anerkennung gleicher individueller Rechte beschränkt, Rechnung zu tragen. Kontraktualismus und Egalitarismus scheinen sich nur vereinbaren zu lassen unter spezifischen normativen Bedingungen, zu denen zum Beispiel eine Anthropologie menschlicher Gleichheit gehört. Wenn die vertragsschließenden Individuen so gedacht sind, dass sie nur solche Systeme individueller Rechte und Freiheiten in die Betrachtung einbeziehen, die allen Individuen *gleiche* Rechte und Freiheiten zuerkennen, dann kann die je individuelle Zustimmungsfähigkeit mit einem Egalitarismus der Rechte kompatibel gemacht werden. Ohne solche Zusatzannahmen, die nur im Rahmen normativer Bestimmungselemente der Zustimmungsfähigkeit möglich sind, scheint schon die minimalste Form des Egalitarismus in Gestalt gleicher fundamentaler Rechte auf Leben, körperliche Unversehrtheit und Eigentum unplausibel.

Interessanterweise bleibt auch der prononcierteste Vertreter libertärer Einwände gegen egalitäre Gerechtigkeitskonzeptionen, Robert Nozick, einem Egalitarismus der Rechte verhaftet. So wie Rawls die legitimen Ungleichheiten der Verteilung von Grundgütern, die er in Gestalt seines Differenzprinzips akzeptiert, nicht auf die Verteilung individueller Rechte und Freiheiten ausweitet, so weitet Robert Nozick seine Egalitarismus-Kritik nicht auf die Verteilung Locke'scher Grundrechte aus. Beide sind in dieser Hinsicht Egalitaristen. Und in beiden Fällen mindert dies die Plausibilität der Legitimation von Ungleichheit. Warum sollte in einem Fall die Gleichverteilung Ausgangspunkt oder gar Grenze aller Transfers sein und im anderen nicht? Warum sollte es unzulässig sein, Ungleichheiten der Güterverteilung, etwa durch Steuersysteme, auszugleichen, während eine Ungleichverteilung der Rechte auch für Robert Nozick staatliche Interventionen legitimieren würde? Warum legitimiert es die Besserstellung von Personen, wenn diese zugleich die Situation der am schlechtesten gestellten Personengruppe in der Gesellschaft verbessert, während die Ausweitung von Vorrechten für privilegierte Statusgruppen auch dann als unzulässig gilt, wenn dies der hinsichtlich ihrer Rechte und Freiheiten am schlechtesten gestellten Personengruppe Vorteile brächte? Nur eine unplausible empirische Randbedingung, nämlich diejenige, dass es bei Güterverteilungen möglich ist, alle besser zu stellen oder zumindest einzelne Personengruppen besser zu stellen, ohne andere schlechter zu stellen, während im Bereich der Rechte jede Besserstellung einer Gruppe zulasten der Rechte einer anderen Gruppe ginge, könnte diese Asymmetrie rechtfertigen. Nichts spricht aber dafür, dass eine solche empirische Bedingung allgemein gegeben ist. Wir sind hier offenbar mit einem zentralen Element moralischer Phänomenologie unserer modernen Kultur konfrontiert: Wir scheinen alle Egalitaristen hinsichtlich individueller Rechte und Freiheiten zu sein. Dies ist nicht verwunderlich, wenn man bedenkt, dass die moderne Demokratie ihren Ursprung in der Kritik feudaler Privilegien hat. Die *Idee gleicher Rechte*, unabhängig vom gesellschaftlichen Status und der sozio-ökonomischen Situation, bildet die eine Säule der modernen Demokratie, die andere besteht in der Idee *kollektiver Selbstbestimmung* des Volkes. Nur dies erlaubt es, die hartnäckige Verbindung einer egalitären Theorie individueller Rechte und Freiheiten mit einer nicht-egalitären Theorie der Verteilung zu verstehen. Verständnis ist aber keine Rechtfertigung. Wenn die non- oder anti-egalitären Argumente für die Verteilung von Gütern und Ressourcen zwingend sind, dann bedürfte es einer eigenen Begründung, warum dieselben Argumente im Falle der Verteilung von individuellen Rechten und Freiheiten ihre Wirkung verlieren. Die beiden Antipoden des Liberalismus, John Rawls und Robert Nozick, bieten interessanterweise eine solche Begründung nicht auf.

Die Sonderstellung eines radikalen Rechte-Egalitarismus, wie er die modernen Kulturen und Rechtssysteme prägt, lässt sich nur normativ-anthropologisch rechtfertigen: Es ist der gleiche Status als Person und speziell als Bürgerin, der Menschen Würde verleiht und Respekt gebietet.[269] Eine Ungleichverteilung fundamentaler Rechte würde, anders als eine Ungleichverteilung ökonomischer Güter, diesen Status verletzten. Im Sinn der kohärentistischen Methode hat der Egalitarismus der Rechte die Rolle einer Invarianz-Bedingung, der sich andere normative Bewertungen unterordnen müssen. Auffällig ist allerdings, dass diese Tiefendimension in der politischen Philosophie des zeitgenössischen Kontraktualismus nicht thematisiert wird. Wohl deswegen nicht, weil dies in Konflikt mit dem Bestreben geriete, die normativen Vorannahmen so sparsam wie möglich zu halten, ja Moralität auf Rationalität zu reduzieren.

Diese Sonderstellung individueller Rechte und Freiheiten hat allerdings weitreichende Implikationen. Wenn eine Gerechtigkeitstheorie nur dann als adäquat gelten kann, wenn sie allen gleiche (maximale) individuelle Rechte und Freihei-

---

[269] Elisabeth Anderson, die oft als anti-egalitäre Kronzeugin bemüht wird, plädiert für eine Gleichheit als Bürgerinnen und Bürger, einen egalitären politischen Status, verbunden mit einer Politik der Suffizienz, also der Sicherung der notwendigen Mindestausstattung für ein menschenwürdiges Leben, kritisiert aber einen hypertrophen Verteilungsegalitarismus, wie er z. B. von Ronald Dworkin ausgearbeitet worden ist. Vgl. Elizabeth Anderson: „What is the Point of Equality?" In: *Ethics* 109 (1999), 287–337; sowie die Zusammenstellung Egalitarismus-kritischer Aufsätze von Angelika Krebs: *Gleichheit oder Gerechtigkeit: Texte der neuen Egalitarismuskritik.* Frankfurt am Main: Suhrkamp 2000; und Ronald Dworkin: „What is Equality? Part 1: Equality of Welfare". In: *Philosophy and Public Affairs* 10 (1981), 185–246; ders.: „What Is Equality? Part 2: Equality of Resources". In: *Philosophy and Public Affairs* 10 (1981), 283–345; ders.: „What is Equality? Part 3: The Place of Liberty". In: *Iowa L. Rev.* 73 (1987); ders.: „What is Equality? Part 4: Political Equality". In: *USFL Rev.* 22 (1987).

ten zuerkennt und diese nicht beliebig gegen ökonomische Vorteile verrechnet werden können, dann ist eine konsequentialistische Gerechtigkeitstheorie ausgeschlossen, denn auch die minimale Anerkennung individueller Rechte und Freiheiten gerät, wie wir oben gesehen haben, in einen Konflikt mit dem Prinzip der Pareto-Optimalität. Da das Prinzip der Pareto-Optimalität aber allen adäquaten konsequentialistischen Theorien gemeinsam ist, kann es keine (adäquate) konsequentialistische Gerechtigkeitstheorie geben.

§ 6 Integrität

Bernard Williams,[270] der britische Moralphilosoph, hat vor vielen Jahren als Kritik des Utilitarismus das Integritätsargument vorgebracht. Seine, in meinen Augen zutreffende, These war, dass ein konsequenter Utilitarist, d. h. eine Person, die konsequent das utilitaristische Prinzip der Maximierung der Nutzensumme aller verfolgt, in ihrer persönlichen Integrität beschädigt würde. Der Grund dafür ist, dass sie kein persönliches Projekt, nichts, was ihrem Leben Sinn geben könnte, auf Dauer verfolgen könnte, da sie bei jeder einzelnen Handlung, die zur Realisierung dieses oder jenes Vorhabens vollzogen würde, überprüfen müsste, ob es nicht eine alternative Handlung gibt, die im Gegensatz zu dieser günstiger für die Optimierung des globalen Wohlergehens ist.

Zu Ende gedacht reicht dieses Argument allerdings viel weiter. Die auf diesem Argument begründete Kritik ist umfassend, sie richtet sich nicht nur gegen den Utilitarismus und generell konsequentialistische Ethik-Theorien, sondern gegen den ethischen Rationalismus generell. Der rationale Utilitarist tut nichts, von dem er nicht annimmt, dass es die Summe des Wohlergehens in der Welt maximiert. Diese Haltung würde zweifellos nicht nur mit der Verfolgung von einzelnen Projekten kollidieren, sondern auch mit freundschaftlichen Bindungen, besonderen Verpflichtungen gegenüber anderen Menschen, ja ebenso mit beruflichen und gesellschaftlichen Rollen. In diesem Sinne wäre nicht nur die Integrität der Person gefährdet (wie auch immer man Integrität genauer charakterisiert), sondern auch ihre Autorschaft. Sie wäre nicht mehr im Stande als Interaktionspartner zu fungieren.

Nun lässt sich eine Ausnahme vorstellen und das ist die des utilitaristischen Heiligen. Dieser hätte keine persönlichen Projekte, die er verfolgt, keine Freundschaften und andere Bindungen, keine spezifische soziale Rolle. Der Heilige würde ausschließlich als Instrument der Optimierung des globalen Wohlerge-

---

270 Vgl. Bernard Williams: *Kritik des Utilitarismus*. Frankfurt am Main: Klostermann 1979.

hens in Erscheinung treten. Der utilitaristische Heilige würde sich – wie manche andere Heilige – aus allen gesellschaftlichen Bezügen herauslösen, unzugänglich, ja möglicherweise psychisch krank erscheinen. Diejenigen, die mit ihm zu tun haben, würden voraussichtlich zwischen Abscheu und Bewunderung schwanken. Sie würden nicht verstehen, warum man mit dieser Person nicht in eine normale Verbindung treten kann, warum sie so entrückt und unzugänglich erscheint. Zugleich mag es sein, dass ihre Selbstaufopferung Respekt aufnötigt. Aber dieser Respekt könnte auf einem Irrtum beruhen. Der wahre utilitaristische Heilige opfert nichts auf, er ist lediglich Instrument des großen Plans (das globale Wohlergehen zu maximieren). Heilige anderer Art kommen in spirituellen und politischen Religionen häufiger vor. Sie zahlen für ihre Rolle als Heilige einen hohen Preis, nämlich den Verlust der Zwischenmenschlichkeit, der Teilhabe, der Bindung, auch der Verantwortung. Der konsequente Heilige aber opfert nichts, er kennt nur eine Form der wertenden Stellungnahme und das ist die der Beurteilung von Praktiken als Instrumente des globalen Wohls, für ihn gibt es nichts Persönliches, nur die Pflicht als Diener des gemeinen Wohls, der allgemeinen Erleuchtung, der religiösen oder politischen Befreiung, des Klassenkampfes, des Willens Gottes zu wirken. Heilige dienen dem höheren Zweck und verlieren ihren eigenen. Wenn allerdings der höhere Zweck zu ihrem eigenen geworden ist, dann opfern sie nichts. Es ist unwahrscheinlich, dass es einen Heiligen je gegeben hat.

Während der Heilige die menschliche Lebensform verlässt, nicht mehr teilhat an den Interaktionen und Kommunikationen, bleiben wir anderen eingebunden. Durch Praktiken des Gründe-Gebens und Gründe-Nehmens, die uns erst Interaktion und Kommunikation ermöglichen. Durch die Zuschreibung von Vernunft, Freiheit und Verantwortung. Durch partikulare Bindungen, die einzelne Menschen zu besonderen Menschen für uns machen, zu denen wir ein engeres Verhältnis haben als zu anderen. Durch Verpflichtungen, die wir freiwillig eingehen, durch Pflichten, die mit sozialen Rollen verbunden sind, die wir übernehmen, durch Prinzipien des gleichen Respekts, die wir alle (im günstigen Fall) akzeptieren. Die ethische Theorie sollte uns aus diesen Bezügen nicht herausführen, uns nicht radikal vereinsamen lassen, sprich, sie sollte damit vereinbar sein, dass wir Teil der menschlichen Lebensform sind, dass wir interagieren und kommunizieren. Wenn wir alles, was wir tun und sagen, unter das Prinzip stellten, das globale Wohl zu maximieren, dann fielen wir als Interaktions- und Kommunikationspartner aus. Die ethische Theorie sollte von uns dieses Opfer nicht verlangen. Eine ethische Theorie, die das tut, ist ipso facto inadäquat. Kurz: Ethische Praxis und persönliche Integrität müssen vereinbar sein.

Damit aber tritt die ganze Vielfalt lebensweltlicher Bindungen, Verpflichtungen, Pflichten, die lebensweltliche Praxis epistemischer und prohairetischer Gründe auf den Plan und beschränkt die Spielräume ethischer Theoriebildung.

Diese Beschränkung gilt aber nicht nur für die Ethik, sondern auch für die Rationalitätstheorie. Auch diese muss mit der Praxis des Gründe-Nehmens und Gründe-Gebens vereinbar sein, wir haben praktische und theoretische Vernunft charakterisiert durch diese Praxis des Gründe-Nehmens und Gründe-Gebens (Teil I). Die Vereinbarkeit der Rationalitätstheorie mit persönlicher Integrität führt zum Konzept der strukturellen Rationalität, die mit den Strukturen, die durch die Praxis des Gründe-Gebens und Gründe-Nehmens, durch die Formen lebensweltlicher Interaktion und Kommunikation imprägniert ist, die diese nicht im rationalistischen Geist zu ersetzen versucht, sondern sie lediglich systematisiert und bei bestehenden Inkohärenzen modifiziert. Wie auch sonst in der Theoriebildung gibt es eine Unterbestimmtheit, d. h., es ist nicht von vornhinein gegeben, dass es lediglich eine Form der Systematisierung gibt, die mit einer so verstandenen persönlichen Integrität vereinbar ist. Aber dass die durch die lebensweltliche Praxis des Gründe-Gebens und Gründe-Nehmens, der Interaktion und Kommunikation, etablierten Strukturen zwar modifiziert, aber nicht durch Rationalitätstheorie und Ethik ersetzt werden können, scheint mir eine zentrale und unaufgebare Einsicht zu sein. Auf dieser Einsicht beruht die hier entwickelte Theorie praktischer Vernunft.

§ 7 Irreduzible Pluralität

Die je individuell praktizierte Lebensform ist durch eine mehr oder weniger dichte Abfolge von Entscheidungen geprägt. Wir entscheiden uns zu einem bestimmten Zeitpunkt das Haus zu verlassen, um rechtzeitig im Büro zu sein. Während des Frühstücks entscheiden wir uns gegen eine dritte Tasse Kaffee, obwohl noch Zeit dafür gewesen wäre, weil wir beabsichtigen im Laufe des Vormittags eine Kaffee-Pause einzulegen und mehr als drei Tassen Kaffee an einem Vormittag nicht gesund sein sollen. Im Büro angekommen, entscheiden wir, Aufgaben vorzuziehen, die zwar nicht dringlich sind, aber wichtig genug, um nicht auf Dauer liegen zu bleiben. Wenn wir uns die einzelne Aufgabenerfüllung ansehen, zerfällt diese wiederum in eine dichte Folge von Einzelentscheidungen, die wir zu treffen haben. Das Telefon klingelt und ich entscheide mich abzuheben, obwohl ein Text unbedingt bis um elf Uhr abgeschlossen sein sollte und das Telefonat in dieser Hinsicht einen riskanten Zeitverlust bedeutet, weil ich die Vermutung habe, dass es um eine wichtige Frage geht, die gestern noch offengeblieben ist. Die Myriaden von Einzelentscheidungen, die wir treffen, werden durch Routinen, auch durch selbstauferlegte Regeln, durch bestimmte Priorisierungen und Wertungen strukturiert. Keine dieser Einzelentscheidungen kann isoliert vom größeren Kontext der Entscheidungsfindung betrachtet werden.

Auch kommunikative Akte, die Abfolge von Entscheidungen etwas zu sagen oder nicht zu sagen, es in einer bestimmten Weise zu sagen, Überzeugungen zu artikulieren, im Einzelfall einmal gegen eine eigene Überzeugung auszusagen, sind Ausdruck von Stellungnahmen Pro und Contra. Das Wenigste ist von außen vorgegeben, manches ist vorab entschieden, das meiste aber steht zur eigenen Disposition. Dieses hohe Maß an Freiheit kann, wie psychologische Studien zeigen, auch belasten. Manche Menschen sind froh, wenn sie klare Anweisungen haben und den Anweisungen *peu a peu* Folge leisten. Aber selbst dieses Folgeleisten ist Ausdruck einer Entscheidung.

Der Streit zwischen Psychologie und Philosophie (auch Ökonomie), in welchem Umfange Rationalität in der je individuell praktizierten Lebensform eine Rolle spielt, scheint mir müßig zu sein. Dieser Streit beruht zum großen Teil auf begrifflichen Konfusionen. Wenn ich all das als eine Entscheidung verstehe, was nicht vorab, vor aller Deliberation, vor aller Abwägung von Gründen, festgelegt ist, dann kann kein Zweifel bestehen, dass unser Alltag von einer dichten Folge von Entscheidungen geprägt ist. Auch die von Seiten der Psychologie oft hervorgehobenen Routinen und Automatismen sind nicht absolut, sie entlasten die Deliberation, verlieren aber ihre Wirksamkeit, sobald sie in den Focus unserer Aufmerksamkeit kommen, zum Beispiel, weil sie sich als problematisch erweisen. Die Praxis, jeweils am Hauseingang rechts zu gehen, über 20 Jahre „automatisiert", lässt sich jederzeit korrigieren, zum Beispiel dann, wenn sich rechts von der Eingangstür für einige Wochen eine Baustelle befindet. Das eine oder andere Mal werden sich die Schritte noch nach rechts wenden (weil man zum Beispiel „in Gedanken war"), aber dann ist der „Automatismus" dispensiert: Man wendet sich dann jeweils nach links, weil einem bewusst ist, dass sich rechts nun eine Baustelle befindet.

Die Konfusionen entstehen dadurch, dass ein bestimmtes, nämlich reduktionistisches und konsequentialistisches Rationalitätsverständnis der lebensweltlichen Praxis begründeten Handelns gegenübergestellt wird. Bei dieser Gegenüberstellung schneidet die „Rationalitätstheorie" in der Tat schlecht ab. Aber wenn wir Rationalität oder genauer, praktische Vernunft mit der Fähigkeit zur angemessenen Deliberation von Gründen und der Affektion durch Gründe, d. h. der Wirksamkeit der resultierenden Beurteilungen charakterisieren, dann ist unser Alltag von praktischer und theoretischer Vernunft im hohen Maß geprägt. Wir überlegen, was wir tun sollen, wägen ab, ob eine bestimmte Überzeugung gerechtfertigt ist und entscheiden uns entsprechend. Diese Abwägungen können ganz rudimentär sein, d. h. sich auf Sekunden oder vielleicht sogar gelegentlich Bruchteile von Sekunden beschränken, aber sie finden statt, immer dann, wenn uns bewusst ist, dass wir so oder auch anders handeln können.

Interessanterweise spielt weder die Optimierung des eigenen Wohlergehens noch die Maximierung der Nutzensumme eine herausgehobene Rolle in unseren praktischen Deliberationen des Alltags. Was wir jeweils tun, wie wir jeweils entscheiden, welche Überzeugung wir uns zu eigen machen – wir reagieren damit auf die uns angemessen erscheinenden Gründe und diese sind bezogen auf die strukturelle Einbettbarkeit der jeweiligen Entscheidung bzw. der jeweiligen Überzeugungen in das Gesamt unserer Handlungs- und Beurteilungspraxis.

Die kantianische Ethik radikalisiert diese strukturelle Einbettung zum berühmten Maximentest des Kategorischen Imperativs. Aber das Ergebnis ist eine dramatische Vergröberung. Zum einen wird hier eine apriorische Grundlegung der ethischen Theorie unternommen, die angesichts der Pluralität der Lebensformen und Gründe abwegig ist. Zum anderen wird der Relevanz empirischer und normativer Erfahrung der Boden entzogen. Wir beurteilen aufgrund unserer normativen und empirischen Erfahrungen, auch gegebenenfalls der Systematisierungen und Theoriebildungen, zu denen wir gelangt sind, und beurteilen eine Überzeugung oder eine Entscheidung als rational, sofern sie sich in diese so strukturierte Gesamtheit einbetten lässt. Ein Prinzip, sei es utilitaristischen oder kantianischen Typs, kann dieser Pluralität nicht gerecht werden.

Eine Wissenschaftlerin trifft in ihrer Arbeit eine Vielzahl von Entscheidungen, um in ihren Forschungen weiterzukommen. Sie hat bestimmte Hypothesen und experimentelle Möglichkeiten, sie prüft, was sie angesichts der begrenzten Etatmittel des Lehrstuhls einsetzen kann, konsultiert einschlägige Literatur, bespricht sich mit Kolleginnen und bei besonders weitreichenden Entscheidungen vielleicht sogar mit ihrem Freund und wenn sie gefragt wird, warum sie dieses so und jenes anders entschieden hat, wird sie jeweils ihre Motive (die ihr als Handlungsgrund gelten) angeben können. Dabei wird das Motiv, das zeitliche Integral ihres eigenen hedonischen Niveaus zu optimieren oder das aggregierte Wohl der Menschheit, vermutlich keine Rolle spielen. Auch der Kategorische Imperativ oder die Achtung der Menschenrechte werden nur in Ausnahmefällen eine Rolle spielen. Ihr Handeln ist weder darauf gerichtet, bestimmten Prinzipien einer ethischen Theorie zu entsprechen noch ihr individuelles Wohlergehen zu optimieren. In der Tat könnte sie sich andere, bequemere Lebensformen vorstellen als die einer Forscherin.

Vielleicht können wir ihre generelle Haltung so charakterisieren: Sie möchte ihre Arbeit als Wissenschaftlerin gut machen. Sie hat bestimmte Vorstellungen davon, was eine gute und sorgfältige von einer nachlässigen und schlechten Forschung unterscheidet. Es ist nicht einmal gesagt, dass sie dieses Ziel deswegen verfolgt, weil sie damit andere weitreichende Karriereziele verbindet. Vielleicht ist die Wissenschaftlerin in ihrem Weg schon so weit vorangeschritten, dass sie weder Sanktionen noch Karrierevorteile erwarten kann. Es gehörte gerade zum Ethos des akademischen Lebens über viele Jahrhunderte, dass solche Erwägungen keine Rolle spielten. Manche erfolgreichen Wissenschaftler wurden früh zu

Lehrstuhlinhabern, sie hatten niemanden, der sie überwachte, sanktionierte oder belohnte und es gab auf Jahrzehnte hinaus keine Möglichkeit seinen sozioökonomischen Status weiter zu verbessern. Dies hat ökonomistisch gesinnte Universitätsreformer veranlasst, die Grundgehälter von Akademikern abzusenken und einen variablen leistungsabhängigen Bestandteil des Gehalts vorzuschreiben. Dadurch sind die Leistungen in der akademischen Welt nicht gestiegen. Es ist eine Kindervorstellung menschlicher Motivation, dass diese sich in erster Linie von monetären Erwartungen steuern lässt. Es ist eine Geringschätzung der Akteure, wenn immer wieder behauptet wird, dass hohe Gehälter erforderlich sind, um Menschen zu Höchstleistungen anzuspornen. Wenn man sich die Höchstleistungen der Geschichte anschaut, beginnend in unserem Kulturkreis bei den Philosophen Sokrates und Platon, dem genialen Wissenschaftler und Techniker Archimedes, später dann Galileo Galilei, Johannes Kepler und Isaac Newton oder die Künstler der klassischen Moderne, die physikalischen Genies des frühen zwanzigsten Jahrhunderts etc. – wohl keiner von diesen hat seine wissenschaftlichen oder künstlerischen Höchstleistungen in Erwartung monetärer Vorteile erbracht. Hier ist der Ausdruck „intrinsische Motivation" passend. Es geht darum, eine Arbeit, ein Werk, ein Forschungsprojekt gut zu machen, und die jeweiligen Kriterien dieses Gutmachens sind nicht subjektiv. Es sind nicht meine frei gewählten subjektiven Kriterien. Ich orientiere mich an dem, was ich für eine – objektiv – gute künstlerische oder wissenschaftliche Praxis halte. Ich möchte diese gut machen. Auch der Umweg über das Renommee, der manchmal gegangen wird, um die inadäquate, eigeninteressierte Rationalitätstheorie zu retten, geht an der Realität weit vorbei. Vincent van Gogh war nicht nur fast die gesamte Zeit seines künstlerischen Schaffens unglücklich, ebenso Ludwig Wittgenstein als philosophischer Grübler oder Bertrand Russell als vermeintlich skrupelloser Libertin – für die meisten der führenden Figuren des Geisteslebens hat die Orientierung an anspruchsvollen Kriterien exzellenter eigener Leistung für das seelische Equilibrium und anhaltendes Wohlgefühl keinen Beitrag geleistet oder war offenkundig kontraproduktiv. Ludwig Wittgenstein, der Milliardärssohn eines Stahlindustriellen, hätte einen bequemeren Lebensweg nehmen können, wie zum Beispiel seine Schwester Margarete Stonborough-Wittgenstein, als den eines einsamen und mittellosen philosophischen Grüblers. Der argumentative Notnagel, dass denen, die sich für die Kunst oder die Wissenschaft quälen, keine andere Wahl offen gestanden hätte, scheint mir zu ad hoc, um überzeugen zu können. Die meisten Menschen wissen, dass sie sich von dem, was sie in Beschlag nimmt, was sie quält, was sie aber auch zu Höchstleistungen anhält, durchaus lösen können. Sie können den Stift weglegen und sich anderem widmen und nach einigen Wochen verblassen die selbstauferlegten Verpflichtungen, die einen so gequält haben. Nein, es ist nicht die Abwesenheit einer Alternative, sondern es ist die Überzeugung, die Wertung, dass es sich hier um etwas handelt, für das ich einen Beitrag leisten *sollte*, die Überzeugung, dass ich etwas Sinnvolles tue, z. B. ein großes Kunstwerk schaffen, eine philosophische Klärung herbeiführen, einen besonderen Stuhl entwerfen, eine geniale Software entwickeln, ein formvollendetes, aber auch bewohnbares Haus bauen, Menschen auf ihrem letzten Lebensweg so begleiten, dass sie ruhig sterben können, Kindern Freude bereiten, einen Tante-Emma-Laden vor dem ökonomischen Niedergang bewahren, dazu beitragen, dass mein Fußballverein sich in der Regionalliga halten kann, meine tägliche Arbeit gut erledigen etc. Aber das Sinnvolle, das, was meiner Praxis Bedeutung gibt, ist nicht zwingend das, was für mich selbst vorteilhalft ist. Und das, was jeweils einer Praxis Sinn gibt, sie für mich als bedeutungsvoll erscheinen lässt, kann nicht subjektiv gestiftet werden. Es sind nicht *meine* Wünsche, die Bedeutung in meinem Leben und der Welt erst *generieren*. Meine Wünsche reagieren vielmehr auf das, was ich für bedeutungsvoll halte. Die *offene Frage*[271]: „Ich wünsche dies, aber ist das auch wünschenswert, ist es auch wert, von mir gewünscht zu werden?" kann ich mir immer stellen. Mit der Feststellung, dass ich etwas wünsche, ist die Deliberation nie abgeschlossen. Immer kann man sich die Frage stellen, ob dieser Wunsch angemessen ist, ob er zurecht besteht, ob er wirklich auf Wünschenswertes gerichtet ist.

Die Kriterien, die wir anlegen, um beurteilen zu können, ob etwas sinnvoll, wertvoll, wünschenswert, bedeutsam ist, sind allerdings vielfältig und beziehen sich auf die jeweiligen Kontexte des Urteilens und Handelns. Die Praxis der Forscherin ist von immanenten Kriterien der Güte einer Forschungspraxis geprägt. Diese sind nicht fixiert oder von außen vorgegeben, sie sind selbst Gegenstand der Beurteilung, aber sie beruhen nicht auf subjektiven Ansichten einzelner Forscherinnen. Der Umgang eines Vaters mit seinem Kind untersteht ebenfalls Kriterien des Angemessenen, es gibt vermutlich niemanden, der es für irrelevant hält, welche elterliche Praxis gut und welche schlecht ist. Eltern wollen, wie Lehrer oder Krankenschwestern, richtig handeln, richtig in dieser Rolle, und auch hier gilt wiederum: Diese Kriterien sind nicht vorgegeben oder oktroyiert, sondern sie sind Gegenstand der Deliberation. Wir müssen herausfinden, was ein gutes Verhalten einer Krankenschwester gegenüber den Patienten ist, was man Eltern empfehlen kann, wie sich Lehrer verhalten sollten. Der Reduktionsversuch auf die individuellen Interessen der Krankenschwestern, der Lehrer, der Eltern funktioniert ebenso wenig, wie die Reduktion auf das Prinzip der Maximierung globalen Wohlergehens. In vielen Fällen wäre eine Orientierung am Wohlergehen des Gegenübers, der anvertrauten Schülerinnen und Schüler, der Kinder, der Pati-

---

[271] Im Sinne George Edward Moores *Principia Ethica* [EA 1903].

entinnen, sogar strafbar. Manche Krankenpfleger sind vor Gericht zur Rechenschaft gezogen worden, weil sie alten, kranken Menschen Mittel gegeben haben, die sie vorzeitig zu Tode brachten. Selbst dann, wenn der Krankenpfleger mit seiner Argumentation vor Gericht Recht gehabt hätte, dass er ja nur das Wohl der Alten im Auge hatte, wäre eine solche Praxis falsch. Es geht nicht nur darum, das Wohlergehen zu maximieren, sondern den Kriterien einer angemessenen Pflegetätigkeit zu entsprechen. Dafür ist das Wohl des Patienten relevant, aber es ist nicht das letzte und einzige normative Kriterium. Die Selbstbestimmung des Patienten spielt eine mindestens ebenso große Rolle. Erst recht gilt das für die Summe des Wohlergehens. Die Tötung eines schwerverletzten Motorradfahrers im Operationssaal, um einer Reihe moribunder Personen ein Spenderorgan geben zu können, wäre Mord und ist ethisch unzulässig.

Die Gründe, die dafür sprechen, dass eine bestimmte Praxis angemessen (auch sinnvoll, bedeutungsvoll etc.) ist, sind vielfältig und die naive Vorstellung moderner Ethik und Rationalitätstheorie, sie ließen sich auf ein einziges Prinzip reduzieren, ist angesichts dieser Pluralität abwegig. Wir müssen diese Pluralität nicht als gegeben hinnehmen, da sie zu zahlreichen Unsicherheiten und Wertungskonflikten führt. Die lebensweltliche Deliberation ist darauf gerichtet eine kohärente Beurteilungspraxis zu ermöglichen, aber sie stößt regelmäßig an ihre Grenzen. Die Methode der *Ersetzung* lebensweltlicher und wissenschaftlicher Deliberation durch rationalitätstheoretische oder ethische Postulate kann nicht gutgehen. In diesem Sinne kann der rationalistische und reduktionistische Mainstream moderner Rationalitätstheorie und normativer Ethik als gescheitert gelten.

§ 8 Quietismus

Die rationalistische Ersetzungsstrategie der lebensweltlichen Pluralität praktischer Gründe hat einen Opponenten im quietistischen Konservatismus. Wenn immer wieder hochgespannte theoretische Prinzipien der Rationalität und Moralität an unabweisbaren Einwänden, sprich entgegenstehenden, nicht integrierbaren, praktischen Gründen scheitern, so liegt es nahe, das ganze Projekt aufzugeben. Eine Form, dieses Projekt aufzugeben, kann man als *quietistisch* bezeichnen. Der Quietismus lässt alles, wie es ist. Er akzeptiert die jeweils etablierten Kriterien des Begründens, akzeptiert damit auch die Pluralität der Begründungsformen, die Vielfalt der Bewertungsmaßstäbe und ihre Irreduzibilität. Die jeweilige Praxis des Begründens und die von diesen Gründen geleitete Lebensform ist dann allenfalls Ausgangspunkt philosophischer Analysen, gilt aber gewissermaßen als autonom – ihr gegenüber ist weder Kritik noch Revision denkbar. Ludwig Wittgenstein wird im Hinblick auf die Praktiken der Alltagssprache, die Sprachspiele, ein solcher Quietismus unterstellt. In der Ethik führt ein analoger Quietismus zu einer radikalen Theorie-Abstinenz, zur Anti-Theorie, die im ethischen Partikularismus ihren konsequentesten Ausdruck findet.[272] Die Konzeption struktureller Rationalität ist dagegen weder rationalistisch, noch quietistisch. Sie nimmt zwischen diesen beiden Extremen eine ausgleichende, eine mittlere Position ein. Sie kritisiert den ethischen und rationalitätstheoretischen Rationalismus für den Verlust der Bewährungsinstanz in den lebensweltlichen Praktiken des Begründens und kritisiert den Quietismus für eine vorzeitige Kapitulation gegenüber den Komplexitäten dieser lebensweltlichen Praxis. Die Quelle aller Normativität liegt nicht in der Theorie, nicht im Postulat, nicht im ethischen oder rationalitätstheoretischen Prinzip, sondern in der geteilten Lebensform und der geteilten Praxis des Begründens. Einen externen Standpunkt, der sich jenseits und außerhalb dieser Praxis befindet, kann es nicht geben. Dieser Standpunkt müsste eine eigene normative Autorität haben und es ist schleierhaft, woher er diese beziehen soll. Nein, in letzter Instanz sind es immer die Gründe, die wir teilen, die der Ausgangspunkt aller Beurteilung sind. Aber unsere lebensweltliche Beurteilungspraxis selbst geht über die Feststellung der je gegebenen und etablierten Kriterien der Beurteilung hinaus. Wir sind gezwungen, zu diesen immer dann kritisch Stellung zu nehmen, wenn sich Wertungswidersprüche ergeben oder Einzelfälle sich nicht unter die akzeptierte Praxis des Begründens subsumieren lassen. Die lebensweltliche Begründungspraxis selbst ist nicht nur *transzendent* insofern, als die Gegenstände der Begründung außerhalb der Diskurse und epistemischen Zustände zu verorten sind, vielmehr wird die je etablierte Beurteilungspraxis im Zuge der Deliberation transzendiert. Die Frage „Warum?" (bezogen auf eine Überzeugung oder eine Handlung) bricht nicht in dem Moment ab, in dem ein Grund angegeben ist. Es kann, mit Gründen, weitergefragt werden, weil dieser Grund noch nicht überzeugt, weil er sich nicht auf einen epistemischen oder normativen Konsens der Dialogpartner stützen kann, oder weil Gegengründe nicht entkräftet sind. Diese – aufklärerische – Dynamik der Deliberation ist keine europäische Erfindung der letzten dreihundert Jahre, sondern Wesenselement verantwortlicher menschlicher Autorschaft generell. Die Literatur aller Hochkulturen bietet

---

[272] Diese partikularistische Form des Quietismus ist meist relativistisch, manchmal systemtheoretisch (beeinflusst von Niclas Luhmann), oft postmodern, im Falle Jonathan Dancys, der elaboriertesten Version, jedoch realistisch, das heißt Dancy nimmt an, dass es (objektive) moralische Tatsachen gibt, die vom erkennenden und handelnden Subjekt unabhängig, also nicht epistemisch konstituiert sind, ohne allerdings diese, mir sympathische, realistische Interpretation näher zu begründen. Vgl. Jonathan Dancy: *Ethics without Principles*. Oxford: University Press 2004 und *REAL*.

dazu faszinierende Einblicke, von den antiken Reichen, den Unterredungen zwischen ‚Meistern' und ‚Schülern' im Buddhismus und Konfuzianismus, der Auslegungspraxis in Gesetzesreligionen, wie dem Judentum und dem Islam, den platonischen Dialogen, den Tragödien der griechischen Klassik, den hellenistischen und römischen Traktaten der Stoa, über die Kasuistik der thomistischen Tradition im Christentum, die Belletristik des italienischen Früh-Humanismus bis zu den philosophischen Schriften der europäischen Aufklärung und schließlich zu den aufblühenden Bereichsethiken der Gegenwart.

Nehmen wir das obige Beispiel des verunglückten Motorradfahrers. Wir sind uns einig, dass dieser nicht getötet werden darf, auch dann nicht, wenn davon mehrere Patienten die Rettung ihres Lebens erwarten können. Wir haben keinen Zweifel daran, dass diese Beurteilung die angemessene ist und doch ist es denkbar, legitim, ja naheliegend nachzufragen, warum wir zu dieser Beurteilung kommen. Es ist also nicht die Unsicherheit des konkreten Urteils und die Fragwürdigkeit seiner Begründung (in diesem Fall könnte diese etwa lauten: man dürfe keine unschuldigen Personen töten, selbst dann nicht, wenn davon andere einen großen Vorteil, in diesem Fall den Vorteil des Überlebens, haben), die hier in Frage steht. Man kann dieses Phänomen auch so formulieren: Alle Begründung weist über sich selbst hinaus, erlaubt die Nachfrage, warum etwas eine Begründung sei und zwar auch dann, wenn man an dem Begründeten und an der Form der Begründung keine Zweifel hat. Mit anderen Worten: Es ist die lebensweltliche Praxis des Gründe-Gebens und Gründe-Nehmens selbst, die über sich hinausweist, der eine Dynamik innewohnt, die diese modifiziert. Die Bewährungsinstanzen bleiben (immer graduell verstanden) erhalten. Eine ethische Theorie, die die Tötung des schwerverletzten Motorradfahrers legitimiert, kann damit als gescheitert gelten. Aber je partikularer die vorgebrachten Gründe sind, desto deutlicher treibt die Deliberation über die lebensweltlich etablierten Praktiken des Begründens hinaus und verlangt nach tiefergehenden Gründen. Die Systematisierung epistemischer und normativer Beurteilungen ist nicht erst eine Leistung der wissenschaftlichen Theorien, sondern ist schon in die lebensweltliche Praxis des Gründe-Gebens und Gründe-Nehmens eingelassen. Die philosophische Ethik und Rationalitätstheorie verlängert diese Praxis und bietet ihr im günstigen Fall einen kohärenten begrifflichen und methodischen Rahmen.

Man mag hier zwischen mehr oder weniger rationalistischen beziehungsweise quietistischen Kulturen unterscheiden. Diese geben sich mit dem Offenkundigen und seiner *partikularen* Begründung zufrieden, während jene weiterfragen und nach *Systematisierung* der Urteilsbildung verlangen. In der menschlichen Kulturgeschichte findet sich beides und die Trennlinien verlaufen nicht zwischen Hochkultur und Volkskultur, zwischen Moderne und Antike, zwischen Aufklärung und Mittelalter. Der hochentwickelten Kasuistik mittelalterlicher Theologie steht eine eher gefühlige protestantische Sozialethik der Gegenwart gegenüber. Die Gesetzesreligionen des Judentums und des Islam unterscheiden sich deutlich von den Haltungs-Religionen des Hinduismus und Buddhismus. Tugendethische Ansätze gibt es nicht nur in der europäischen Antike und dem Konfuzianismus, sondern auch in der Moderne in Gestalt des Moralismus oder im späten 20. Jahrhundert des Kommunitarismus. Die europäische Aufklärung bringt differenzierte *moral sense* Theorien, etwa von Earl of Shaftesbury und Joseph Butler hervor und selbst der britische Gründervater der analytischen Philosophie George Edward Moore (zusammen mit Bertrand Russell) verlässt sich in seiner pluralistischen Theorie intrinsischer Werte auf die moralische Intuition. Das rationalistische Element ist bei ihm auf die instrumentelle Wahl einer Handlung zur Förderung des Guten beschränkt. Das Gute selbst ist der unmittelbaren Intuition gegeben, wie Farben unseren Sinnen.

Strukturelle Rationalität steckt den Rahmen ab, innerhalb dessen die Systematisierungen unserer normativen Beurteilungen erfolgen können. Sie ist keine Vorentscheidung hinsichtlich des Ausmaßes, in dem die Oberfläche zugunsten einer systematisierenden Tiefen-Analyse verlassen wird. Das Maß der Rationalisierung unserer wertenden Stellungnahme wird durch die Konzeption struktureller Rationalität nicht vorgegeben, aber sie plädiert für ein gradualistisches, kohärentistisches und holistisches Verständnis praktischer Urteilsbildung, lehnt also die beiden Extreme des Quietismus und Rationalismus gleichermaßen ab.

§ 9 Fragmentierung

Die Systematisierung der wertenden Stellungnahme scheitert in den reduktionistischen Ansätzen des Utilitarismus und des Kantianismus, erlaubt aber eine mildere Form der Theoriebildung, die allerdings mit der *Fragmentierung der Werte* konfrontiert ist. Wenn wir es als unabweisbar sehen, dass wir gegenüber Freunden ein höheres Maß an Verpflichtungen eingehen als gegenüber unbekannten Personen, dann muss die ethische Systematisierung diesem Phänomen gerecht werden. Sie kann dies in unterschiedlicher Weise tun. Eine, die kommunitaristische, besagt, dass die Zugehörigkeit zu Gemeinschaften die moralische Person erst konstituiere, dass also unabhängig von Gemeinschaftsbindung und Zugehörigkeit moralische Beurteilungen ausgeschlossen sind.

Diese kommunitaristische Radikalisierung eines in meinen Augen unbestreitbaren moralischen Phänomens führt zwingend in eine kulturrelativistische und partikulare Richtung. Auch wenn Kommunitaristen unterschiedliche Strategien ersonnen haben, um diesem Verdikt zu entgehen, ist die gemeinsame Frontstellung gegen realistische und universalistische Interpretationen für den gesamten

Kommunitarismus charakteristisch. Damit aber verliert der Kommunitarismus ein zentrales Element unserer normativen Diskurse, ja man könnte sagen, er verliert ihren eigentlichen Gegenstand, nämlich die Frage, welche moralischen Sachverhalte bestehen und welche nicht, mit welchen Gründen wir bestimmte normative Überzeugungen rechtfertigen können, was – objektiv – für oder wider eine spezifische Theorie der Gerechtigkeit spricht etc. Der Kommunitarismus fällt hinter die partikularen, lebensweltlich verankerten Diskurspraktiken zurück, an denen er sich zu orientieren vorgibt. Diese sind objektivistisch und realistisch und mit einer relativistischen Uminterpretation nicht verträglich.

Es geht also darum, einen Weg zu finden, die partikularen normativen Bindungen in eine universalistisch und realistisch interpretierbare normative Theorie zu integrieren. Dies kann zum Beispiel über den Begriff und die Kriterien von Kooperation, dem paradigmatischen Fall struktureller Rationalität, erfolgen (was wir im zweiten Teil dieser Schrift unternommen haben). Demnach ergibt sich die je konkrete Verpflichtung aus einem spezifischen Kooperationsverhältnis, aber die Pflichten zu kooperieren sind universell.

Ähnlich kann man hinsichtlich von Pflichten argumentieren, die mit sozialen Rollen verbunden sind. Man kann die spezifischen Pflichten von Eltern oder Lehrerinnen, von Arbeitnehmern gegenüber ihrem Betrieb etc. in Gestalt universeller Prinzipien rekonstruieren. Man könnte zum Beispiel – kontraktualistisch – argumentieren, dass es aus einer unparteiischen Perspektive sinnvoll zu sein scheint, eine Vereinbarung zu treffen, wonach die jeweiligen Eltern sich vorrangig um ihre eigenen Kinder kümmern, unabhängig davon, ob dies im Einzelfall die günstigsten Folgen hat. Man kann sich wünschen, in einer Gesellschaft zu leben, in der es Familien und die für das Phänomen der Familie konstitutiven Pflichten gibt. Die universelle normative Perspektive ist mit der partikularen Bindung an Familienmitglieder zum Beispiel keineswegs unverträglich.

Man könnte das Beispiel des Tötungsverbots eines schwerverletzten Motoradfahrers dahingehend interpretieren, dass es zu den Menschenrechten jeder einzelnen Person gehört, nicht in dieser Weise für das Wohlergehen oder auch für das Leben anderer instrumentalisiert zu werden. Niemand darf eine Person töten, um anderen Personen einen Vorteil zu erschaffen, wie groß dieser Vorteil auch immer sein mag. Wir postulieren hier ein individuelles Recht, das geeignet ist, unsere Beurteilungspraxis zu systematisieren. Es muss dann getestet werden, ob diese allgemeine Regel (dieses individuelle Recht) mit der normativen Beurteilungspraxis insgesamt verträglich ist. Die berühmten Trolley-Examples,[273] die

---

[273] Die Trolley-Examples sind ethische Gedankenexperimente und präsentieren z. B. folgendes Szenario: Der Akteur sieht, dass ein Straßenbahnwagon (engl. *Trolley*) auf eine Gruppe von fünf

ursprünglich Philippa Foot in die Debatte eingeführt hat und die sich unterdessen in problematischer Weise verselbständigt haben, halten – vermeintlich oder tatsächlich – Gegenargumente parat. Es scheint Situationen zu geben, in denen wir die gezielte Tötung einer unschuldigen Person zur Rettung anderer für richtig halten. Das Problem der Trolley-Examples ist, dass sie schon von der Art der Beispiele her außerhalb der lebensweltlichen Praxis situiert sind, also lediglich Grenzfälle umfassen, für die unser normatives Urteil unsicher und unzuverlässig zu sein scheint.[274]

Die lebensweltliche Praxis des Gründe-Gebens und Gründe-Nehmens, der Deliberation von Überzeugungen und Entscheidungen (eng miteinander verwoben), weist gewissermaßen über sich hinaus, es gibt keinen Endpunkt des – lebensweltlichen – Begründens. Die Begründungen enden nicht, wie Wittgenstein in *Über Gewißheit* meint, in der fraglos hingenommenen Lebensform. Diese spielt keine fundamentale letztbegründende Rolle, sie lässt sich jedenfalls in Teilen in Frage stellen. Aber zweifellos gibt es ein Gefälle der subjektiven Gewissheit der Zentralität und der Peripherie, des leicht Revidierbaren und des – fast – Unaufgebbaren. Von Unverfügbarkeiten sprechen theologisch geprägte Ethiker wie Robert Spaemann,[275] aber auch Jürgen Habermas,[276] Unverfügbarkeiten, die aus theologischer Perspektive mit dem Willen Gottes zusammenhängen, aus deontologischer mit apriorischen Merkmalen der moralischen Urteilsbildung. In kantianischer Perspektive ist die Verbindung von Letztbegründung mit Präsuppositionen moralischer Diskurse – das Programm von Karl-Otto Apel – konsequenter als ihre pragmatistische Aufweichung. Aber das Problem der Letztbegründung ist, dass sie inhaltlich unbestimmt und nicht auf konkrete Diskurspraktiken bezogen bleibt. Es gibt Präsuppositionen dieser Praktiken, die in dem Sinne unhintergehbar sind, als wir an ihnen lebensweltlich teilnehmen, aber der Rückgriff auf ein aprioristisches und fundamentalistisches Begründungskonzept kann nicht überzeugen. Von diesen aprioristischen, gewissermaßen radikalen Systematisierungsversuchen sind die behutsamen, erfahrungsgesättigten, an moralischer Urteilskraft ausgerichteten, partikularen Systematisierungsver-

---

Personen zurollt, die auf den Gleisen liegen, sodass diese sterben werden. Der Akteur steht an einer Weiche, die den Wagon auf ein anderes Gleis umlenken würde, sodass der Wagon nur eine einzige, dort liegende Person erfassen würde. Die Frage ist, was die moralisch bessere Handlungsoption für den Akteur ist: nichts tun, und fünf Menschen sterben lassen, oder die Weiche umstellen, und eine Person umbringen.

274 Vgl. Nikil Mukerji: *The Case against Consequentialism Reconsidered*. Berlin: Springer 2016.
275 Vgl. Robert Spaemann: *Das Natürliche und das Vernünftige: Essays zur Anthropologie*. München: Piper 1987.
276 Vgl. Jürgen Habermas: *Die Zukunft der menschlichen Natur*. Berlin: Suhrkamp 2014.

suche zu unterscheiden. Letztere nehmen für sich keinen fundamentalistischen oder gar aprioristischen Status in Anspruch. Sie versuchen lediglich die von uns akzeptierte Praxis der normativen Stellungnahme zu verbessern, Vagheiten zu beheben, Anwendungsgebiete auszudehnen, Widersprüche und Dilemmata, soweit möglich, zu umgehen. Es sind diese partikularen Systematisierungsversuche, die den Eindruck einer Fragmentierung der Moral erwecken können.

Tatsächlich liegt es nahe, unterschiedliche Kategorien der moralischen Beurteilung zu unterscheiden: Beurteilungen, die sich auf die Zuschreibungspraxis individueller Rechte beziehen, die also davon ausgehen, dass Individuen Rechte haben, die den jeweils Anderen Beschränkungen auferlegen, Interventionsverbote, auch zur Zurückhaltung in der normativen Stellungnahme selbst. Ein individuelles Recht auf Selbstbestimmung hinsichtlich der Gestaltung meines Lebens schränkt zulässige Interventionen empfindlich ein. Dies betrifft nicht erst die gewaltsame, sondern schon die urteilende Intervention. Wenn der Hausarzt aus guten Gründen einer schon kränkelnden Person empfiehlt, mit dem Rauchen aufzuhören, gibt die normative Tatsache, dass es für diese Person besser wäre mit dem Rauchen aufzuhören, niemandem das Recht, sie dazu auch zu zwingen, selbst wenn es wirksame Zwangsmaßnahmen geben sollte. Wir schreiben Personen eine Eigenverantwortlichkeit zu, die von individuellen Rechten geschützt ist und dazu gehört, dass jede erwachsene zurechnungsfähige Person selbst entscheidet, wie sie mit ihrer eigenen Gesundheit umgeht. Davon zu unterscheiden sind natürlich die möglichen Auswirkungen meines Verhaltens auf Andere, im Falle des Rauchens könnten Andere in irgendeiner Weise in Mitleidenschaft gezogen werden, aber davon soll hier nicht die Rede sein.

Die Zuschreibung individueller Rechte schränkt Interventionserlaubnisse ein, macht Interventionen unzulässig. Die wechselseitige Anerkennung individueller Rechte ist insofern eine Vorkehrung gegen Gewalt. Die Einhelligkeit dieser Zuschreibung ist Grundlage einer zivilen, humanen Kultur des Zusammenlebens. Die Verletzung individueller Rechte durch unzulässige Interventionen kann allerdings auch der Ausgangspunkt eskalierender Konflikte sein, wie in dem oben erwähnten Beispiel aus der *Ilias*. Verletzungen individueller Rechte gehen an die Substanz, sie sind geeignet das Selbstwertgefühl zu erschüttern, sie können Gründe geben, sich in seiner Selbstachtung verletzt zu sehen, umso wichtiger ist eine kohärente und zustimmungsfähige Zuschreibung individueller Rechte.

Wir haben nicht nur individuelle Rechte, sondern zum Beispiel auch Hilfspflichten gegenüber denjenigen, die hilfsbedürftig sind und denen wir ohne allzu große persönliche Nachteile helfen können. Einer alten Dame, die auf dem Trottoir stürzt und nicht mehr aufstehen kann, muss ein Passant, der sich in der Nähe befindet, helfen, sich wenigstens erkundigen, ob Hilfe zu holen ist. Wenn der zufällige Passant dies unterlässt, macht er sich einer offenkundigen, durchaus gravierenden Pflichtverletzung schuldig. Das gilt sogar rechtlich: Unterlassene Hilfeleistung ist eine Straftat. Der Libertarismus lehnt moralische (und erst recht juridische) Hilfspflichten ab. Er erkennt nur individuelle (Abwehr-)Rechte an. Er verabsolutiert einen Teilbereich des moralischen Urteilens und subsumiert den gesamten Rest unter diesen Teilbereich bzw. eskamotiert ihn aus dem Bereich des normativ Relevanten hinaus. Wer Hilfspflichten, oder allgemeiner formuliert, die Pflicht, nicht nur das Eigene, sondern auch das Wohlergehen anderer zu fördern, einbezieht, erkennt zumindest eine weitere Kategorie der normativen Beurteilung an. Neben Rechten auch Hilfspflichten.

Wenn wir darüber hinaus, entsprechend unserer lebensweltlichen Praxis der normativen Stellungnahme, auch die Pflichten, die wir in bestimmten sozialen Rollen einnehmen, anerkennen, dann zeigt sich eine weitere Kategorie, nennen wir sie die der kommunitären Pflichten. Kommunitaristen meinen, dass sich alle normativen Stellungnahmen auf diese zurückführen lassen und irren damit offenkundig: Es gibt universelle Pflichten, man kann sie durchaus „Menschheitspflichten" nennen, die wir gegenüber jeder Person haben, unabhängig davon, zu welcher sozialen oder kulturellen Gemeinschaft sie gehört. Wir dürfen zum Beispiel niemanden als bloßes Instrument der Verfolgung von Zielen und seien diese von hohem Rang, etwa die Rettung menschlichen Lebens, einsetzen. Menschen haben als solche eine je individuelle Würde und diejenigen kulturellen Praktiken, die diese missachten, beruhen auf einer irrtümlichen normativen Überzeugung.

Die Gleichbehandlungsgebote, der menschenrechtliche Egalitarismus im Sinne gleichen normativen Gewichts jeder Person, gehören einer weiteren Kategorie der normativen Beurteilung an, die man als Gleichbehandlungsprinzipien bezeichnen kann. Diese fungieren ähnlich wie Invarianzprinzipien in der Physik: Wie immer die konkreten Gegenstände der normativen Beurteilung aussehen, sie müssen mit diesen Invarianz- bzw. Gleichbehandlungsprinzipien vereinbar sein. Ich umreiße hier nicht eine bestimmte Sichtweise, die zu bestimmten Zeiten und in manchen Kulturen verbreitet ist, sondern weise auf ein unverzichtbares Element adäquater normativer Beurteilung hin. Die Tatsache, dass die Einsicht in die gleiche menschliche Würde bis heute umstritten ist und über viele Jahrhunderte sich nicht durchsetzen konnte, ist kein Argument gegen ihre universelle und objektive Geltung.

Diese Fragmentierung der moralischen Werte in solche, die sich auf die Zuschreibung individueller Rechte stützen, auf Hilfspflichten, auf Gemeinschaftszugehörigkeiten, auf Gleichbehandlungsprinzipien etc. ist kein Grund, das Projekt einer *kohärenten ethischen Gesamtbeurteilung* fallen zu lassen. Schon innerhalb einer Kategorie kommt es zu Kollisionen von Verpflichtungsgründen, das gilt insbesondere für kommunitäre Pflichten. Jedenfalls in der modernen Gesellschaft gehören Menschen in der Regel unterschiedlichen Kommunitäten, unterschiedlichen kulturellen, sozialen, regionalen, weltanschaulichen, politischen etc. Gemeinschaften an. Und diese Gemeinschaften werden durch gemeinsame normative Überzeugungen zusammengehalten, die aber mit der normativen Überzeugung anderer Gemeinschaften oft nicht in – völliger – Übereinstimmung sind. Innerhalb der Kategorie kommunitärer Pflichten treten normative Konflikte schon allein aufgrund der Vielfalt unterschiedlicher Kommunitäten und der Zugehörigkeit zu mehr als einer Gemeinschaft auf.

Ich habe in diesem Zusammenhang gelegentlich das Bild des Navigierens verwendet: Die einzelne Person als Navigatorin zwischen einer Vielfalt normativer Ansprüche, die sicherstellen muss, dass sie ihr Eigenes angesichts der unterschiedlichen Erwartungen und Zugehörigkeiten bewahrt. Die Befähigung, diesen unterschiedlichen normativen Erwartungen gerecht zu werden, ist durch die jeweilige Gemeinschaftspraxis nicht vorgegeben und die eigenen normativen Vorstellungen haben Priorität auch gegenüber den konstitutiven Normen und Werten der Gemeinschaft, der man fallweise angehört. Die Navigatorin distanziert sich dann von den Kommunitäten, die sie durchquert. Ein gewisses Maß an Distanzierung ist, besonders in multi-kulturellen Gesellschaften, erforderlich, damit sie sich im Einzelfall auch gegen die Erwartungen einer Gemeinschaft, der sie neben anderen Gemeinschaften angehört, stellen kann. Ich-Stärke wird zur Voraussetzung moralischer Integrität in der pluralistisch verfassten modernen Gesellschaft.

Die Konflikte zwischen unterschiedlichen Verpflichtungsgründen, die ihre Quelle in verschiedenen Kategorien der normativen Beurteilungspraxis haben, sind nicht prinzipiell tiefgreifender oder unauflöslicher. Auch Verpflichtungsgründe unterschiedlicher Kategorien erlauben in vielen Fällen die problemlose Konfliktauflösung in Gestalt einer akzeptablen, ja in günstigen Fällen allgemein akzeptierten, Priorisierung. Die Verpflichtung, ein gegebenes Versprechen zu halten, gehört zur Kategorie der *comissiva*, also der Verpflichtungen, die auf einer eigenen Entscheidung beruhen und die ihrerseits wiederum als Ausdruck einer Form der Kooperation interpretiert werden können. Die Institution des Versprechens ist eine Form der regelgeleiteten Kooperation. Wenn ein gegebenes Versprechen, etwa sich rechtzeitig vor einem Kino einzufinden, mit Hilfspflichten kollidiert, dann scheint es offenkundig, dass diese Hilfspflichten Vorrang haben. Diese Vorrangstellung äußert sich auch darin, dass die Person, gegenüber der ich ein Versprechen breche, für diesen Versprechensbruch selbstverständlich Verständnis haben wird. Ja, sie würde mich möglicherweise sogar tadeln, wenn ich meinen Hilfspflichten nicht entsprochen hätte, um mein Versprechen einzuhalten. Hier ist es ganz unerheblich, ob die Quellen der normativen Verpflichtung unterschiedlichen Kategorien angehören, entscheidend ist, dass eine normative begründbare Priorisierung erfolgen kann. Es ist nicht die Fragmentierung der

Werte als solche, die eine kohärente Beurteilungspraxis ausschließt, sondern es sind normative Konflikte, die unauflöslich erscheinen, solche, die man als *moralische Dilemmata* bezeichnen kann.

§ 10 Moralische Dilemmata[277]

Ein moralisches Dilemma ist eine Situation, in der ein Handelnder moralisch verpflichtet ist, A zu tun, und moralisch verpflichtet ist, B zu tun, aber in der er nicht beides gleichzeitig erfüllen kann. Er kann nicht beides tun (A und B), da irgendeine kontingente Tatsache, eine empirische Gegebenheit der Welt, in der er lebt, ihn daran hindert A und B zu tun.

Jedoch führt nicht jeder Konflikt von Werten oder Regeln zu einem moralischen Dilemma. Es gibt Situationen, in denen es verschiedene und teilweise inkompatible *prima facie* Gründe, das sind Gründe, A zu tun, und Gründe, B zu tun, dafür gibt, dass wir nicht A und B tun können. Wir müssen uns für eine der beiden Handlungen entscheiden. Man könnte sogar einen Schritt weitergehen und sagen, dass dies menschliches Handeln generell charakterisiere. Handlungsfähigkeit setzt voraus, dass es konfligierende praktische Gründe gibt, da wir nur dann von einer Handlung sprechen, wenn es unterschiedliche Optionen gibt, zwischen denen die Person wählen kann.[278] Wenn wir ein moralisches Dilemma als eine Situation auffassen, in der es *prima facie* Gründe gibt, A zu tun, und prima facie Gründe, B zu tun, und in der A und B nicht gleichzeitig getan werden können, dann wären moralische Dilemmata pandemisch. Aber moralische Dilemmata sind nicht pandemisch, sondern auf eine sehr spezifische Art von Situationen beschränkt.

---

277 Eine frühere Fassung dieses Abschnitts wurde auf dem Internationalen Wittgenstein-Symposion 2012 unter dem Titel „Moral Dilemmas and Practical Reason" vorgetragen und in den Proceedings des Kongresses publiziert (vgl. JNR: „Moral Dilemmas and Practical Reason". In: *Ethics, Society, Politics. Proceedings of the 35th International Wittgenstein Symposium*. Hrsg. von Hajo Greif und Martin Weiss. Berlin: De Gruyter 2012). Die Übersetzung ins Deutsche besorgte Rebecca Gutwald.
278 Ich stelle mich hier gegen die These von Harry Frankfurt, wonach die Existenz alternativer Möglichkeiten (PAP, *principle of alternate possibilities*) für verantwortliches Handeln entbehrlich sei, eine These, die den Semikompatibilismus initiierte, der Freiheit von Verantwortung entkoppeln zu können meint. Wir werden im letzten Teil dieser Schrift dagegen für die enge Verbindung von Rationalität, Freiheit und Verantwortung argumentieren (VII §§ 2–6).

Moralische Dilemmata spielen in der dramatischen Literatur eine wichtige Rolle.[279] Moralische Dilemmata sind praktische Konflikte, die besonders schwerwiegend sind. Oder um es anders auszudrücken: Sie sind *existenziell*. Wir sollten einen praktischen Konflikt als ein moralisches Dilemma charakterisieren, wenn:
1. Es keine Meta-Kriterien gibt, die ihn auflösen
2. Die in Frage stehende Entscheidung die Form des Lebens ändert, das man führt
3. Gefühle der Schuld, Reue oder Unruhe verbleiben, unabhängig davon, wie man sich entscheidet

Nun scheint die Existenz genuiner moralischer Dilemmata (MD) mit Prinzipien der deontischen Logik zu kollidieren:

(1) □A ("A ist geboten", eine normative Tatsache)

(2) □B ("B ist geboten", eine normative Tatsache)

(3) ¬◊(A ∧ B) ("A und B ist nicht möglich", eine empirische Tatsache)

Diejenigen, die die Existenz genuiner moralischer Dilemmata behaupten, meinen, dass (1), (2) und (3) kompatibel seien, während diejenigen, die die Existenz genuiner moralischer Dilemmata bestreiten, überzeugt sind, dass (1), (2) und (3) inkompatibel sind. Wenn A geboten ist und zugleich B geboten ist, dann scheint die Konjunktion der beiden Handlungen ebenfalls geboten zu sein. Wenn ich allerdings etwas nicht tun kann, hier A und B zugleich ausführen, dann bin ich dazu auch nicht verpflichtet.

Agglomerationsprinzip: (1) und (2) impliziert □(A ∧ B)

Ultra posse nemo obligatur: (3) impliziert ¬□(A ∧ B)

Unter Berücksichtigung von (I) und (II) deduzieren wir aus (1), (2), (3) einen logischen Widerspruch:

(3) und (II) impliziert ¬□(A ∧ B)

¬□(A ∧ B) impliziert (¬□A oder ¬□B), im Widerspruch zu den Annahmen (1) bzw. (2).

Innerhalb der konsequentialistischen Ethik gibt es keine moralischen Dilemmata. Oder um es etwas anders auszudrücken: Moralische Dilemmata lösen sich

---

279 Vgl. Martha Nussbaum: *The Fragility of Goodness: Luck and Ethics in Greek Tragedy and Philosophy*. Cambridge: University Press 1983.

innerhalb eines konsequentialistischen Rahmens praktischer Vernunft auf. Die Erklärung dafür ist einfach: Konsequentialistische Theorien der Ethik bzw. der Rationalität leiten – via Optimierung – das Kriterium des *Sollens* aus der Abwägung von Handlungskonsequenzen ab. Konsequentialistische Rationalität setzt die Existenz einer Wertfunktion über Handlungskonsequenzen voraus. Utilitaristische Versionen des Konsequentialismus messen subjektiven Zuständen von Menschen (oder aller wahrnehmungsfähiger Wesen) Wert zu, doch der Konsequentialismus ist nicht an einen Wertesubjektivismus gebunden. Ein Konsequentialist kann auch Gegebenheiten der Welt in Betracht ziehen, die unabhängig von subjektiven Zuständen sind. Der Konsequentialismus ist also durch zwei Elemente zu charakterisieren:

1. Eine Wertfunktion über Zustände der Welt
2. Die Bestimmung von Handlungen als obligatorisch genau dann, wenn sie den Zustand der Welt optimieren (gegeben die Wertfunktion und unter Berücksichtigung von Wahrscheinlichkeiten)

Der Konsequentialismus ist eine attraktive Darstellung praktischer Vernunft, da er gut zu unserem Selbstbild als Handelnde passt. Unser Handeln verändert die Welt. Die Welt wäre anders, wenn wir anders gehandelt hätten. Und es ist dieses Merkmal der Handlungsfähigkeit, d. h. die Interventionsrolle von Handlungen, die entscheidend für unsere moralische Bewertung von richtig und falsch ist. Ohne Berücksichtigung von Konsequenzen können wir eine Handlung nicht als richtig oder falsch beurteilen.

Wenn es eine reell-wertige Funktion gibt, welche die Evaluation der Zustände in der Welt repräsentiert, induziert sie eine binäre Relation des Besserseins. Wenn der Wert eines Zustands arithmetisch höher ist als der eines anderen Zustands, ist ersterer besser als letzterer. Diese induzierte Relation des Besserseins führt eine Ordnung ein; sie ist vollständig, sie ist reflexiv (wenn wir die schwache Relation des Besserseins annehmen, d. h. „mindestens so gut wie") und sie ist transitiv. Zyklische oder unvollständige Relationen des Besserseins können nicht aus einer reell-wertigen Bewertungsfunktion resultieren. In einer Situation, in der die Konsequenzen der möglichen Handlungen determiniert sind, induziert die Relation des Besserseins von Zuständen eine Relation des Besserseins von Handlungen. Es gibt nur eine Form der Aporie, nämlich wenn es mehrere Handlungen mit gleichem Maximalwert gibt. Dann ist die rationale Person zwischen diesen indifferent. Es ist dann allerdings obligatorisch, eine dieser Handlungen zu vollbringen. Der Konsequentialismus ist eine radikale Lösung für praktische Konflikte im Allgemeinen und speziell für moralische Dilemmata. Der Konsequentialismus in der Ethik und praktischen Rationalität wäre eine gute Lösung, wenn er moralische Gründe adäquat integrieren könnte, das aber ist, wie wir gesehen haben, nicht der Fall: Individuelle Rechte, soziale Pflichten und Verpflichtungen sind als konsequentialistisch nicht rekonstruierbare Kategorien moralischer Gründe unverzichtbar.

Nun könnte man hoffen, dass moralische Dilemmata vom normativen System kultureller Gemeinschaften ausgeschlossen seien, also von den Pflichten, die daraus resultieren, dass man dieser oder jener kulturellen Gruppe angehört, die kommunitaristische Lösung. Menschen haben ihre moralische Identität als Angehörige kultureller Gemeinschaften und deren Normen und Werte sorgen dafür, dass ihre Mitglieder jeweils wissen, was zu tun ist, sie bewahren diese vor der Konfrontation mit moralischen Dilemmata. Oder anders, modernitätsskeptisch gewendet, es sei das spezifische Problem moderner Gesellschaften, dass diese moralische Eindeutigkeit durch Glaubensverlust und Multikulturalität verloren gegangen ist.[280]

Ein beeindruckendes Beispiel dafür, dass auch antike Kulturen mit moralischen Dilemmata konfrontiert waren, ist die Tragödie der Antigone: In kommunitaristischer Perspektive steht Antigone einem Dilemma gegenüber, weil sie zwei Gemeinschaften angehört. Die eine konstituiert sich aus ihrer thebanischen Staatsangehörigkeit und den Autoritäten, der sie als Bürgerin unterworfen ist, die andere aus ihrer Zugehörigkeit zur spirituellen Ordnung der griechischen Götterwelt. Das Dilemma als einen Konflikt von Familienpflichten (Pflichten ihrem Bruder gegenüber) und Bürgerpflichten zu beschreiben scheint adäquater, aber diese zwei Zugehörigkeiten können wiederum nicht mit Bezug auf eine kulturelle Differenz beschrieben werden. Ihre Familie ist Teil der Stadt; Loyalitätskonflikte zur eigenen Familie und zum eigenen Land resultieren nicht aus multi-kultureller Vielfalt, sie sind auch in traditionellen Kulturen pandemisch.

Es ist die Fragmentierung von Werten, die mit der Reduktion aller moralischer Aspekte auf ein einziges normatives Kriterium unvereinbar ist. Praktische Konflikte und insbesondere moralische Dilemmata können nicht auf diese Weise gelöst werden. Die Fragmentierung von Werten repräsentiert die normative Kraft unserer lebensweltlichen Vernunft. Keine Theorie kann die lebensweltliche Rationalität durch Prinzipien ersetzen (unabhängig davon, was ihr Inhalt sein mag).

---

[280] Dieser Haltung hat Alasdair MacIntyre in Form einer aristotelisch und thomistisch geprägten Kritik in *After Virtue* einen faszinierenden Ausdruck gegeben. Wenn man sich diese Kritik zu eigen machte, würde allerdings nur die Rückkehr zu einem gemeinsamen religiösen, monotheistischen Glauben und spirituell angeleiteter Alltagspraxis einen Ausweg aus dem vermeintlichen Ruinenfeld moderner Moralität weisen (vgl. Alasdair MacIntyre: *After Virtue: A Study in Moral Theory*. London: A&C Black 2013).

Kriterien der philosophischen Ethik müssen sich an der lebensweltlichen Vernunft bewähren.

Das Recht des Agamemnon, Entscheidungen zu treffen, die für alle griechischen Soldaten verbindlich sind, und das Recht des Achill zu entscheiden, welches Mädchen er sich zur Gefährtin macht, kollidieren. Es scheint, dass Homer dies für ein moralisches Dilemma hält. Achill hat kein moralisches Recht, sich Agamemnons Entscheidung zu widersetzen, doch Agamemnons Autorität scheint auf eine Weise beschränkt zu sein, die es Achill erlaubt sich vom Schlachtfeld zurückzuziehen. Beide, Agamemnon und Achill, denken, dass sie im Recht seien. Beide stehen einem Dilemma gegenüber: Agamemnon hat allen seine Macht demonstriert, aber er riskiert als Konsequenz den Krieg zu verlieren. Achill zeigt allen, dass es ihm seine Ehre nicht erlaubt, nach Agamemnons Entscheidung am Kampf teilzunehmen. Aber Achill riskiert eine Niederlage der griechischen Armee zu verursachen – und damit viele seiner Freunde zu verlieren. Der interpersonelle praktische Konflikt resultiert in zwei intrapersonellen moralischen Dilemmata, denen Agamemnon und Achill gegenüberstehen. Es ist nicht die Fragmentierung der Werte in unterschiedliche Kategorien, sondern die Tatsache, dass es eine Pluralität praktischer Gründe gibt, die in praktische Konflikte und in existenziell gravierenden Fällen in Dilemmata führt. Es gibt keine adäquaten normativen Kriterien philosophischer Ethik, die das von vorneherein ausschließen könnten.

Dies trifft auch für Verpflichtungen zu. Ich kann mich dazu verpflichten, A zu tun, und kann mich gleichzeitig dazu verpflichten, B zu tun. In manchen Fällen kann ich nicht sowohl A als auch B tun. Wenn der resultierende praktische Konflikt existenziell ist, stehe ich vor einem moralischen Dilemma: Ich kann weder A noch B tun und damit zufrieden sein. Ich fühle Schuld oder Reue und habe den Eindruck, dass die Entscheidung für die jeweilige Handlung zugleich die Entscheidung für eine spezifische Lebensform ist.

Wenn feministische oder konservative Kommunitaristen argumentieren,[281] dass die Sprache der Gerechtigkeit oder der Rechte einen moralischen Verfall indiziere, dann ist das eine Form der Abwertung individueller menschlicher Autorschaft. Die Fragmentierung der Werte zu akzeptieren, heißt menschliche Personen als Autorinnen ihres Lebens zu respektieren, die sich in all den Konflikten und Dilemmata immer wieder neu bewähren und dabei ihre personale Identität wahren müssen. Die Fragmentierung von Werten schließt eine reduktio-

---

281 Vgl. Carol Gilligan: *In a Different Voice*. Harvard: University Press 1993; Virgina Held: *Feminist Morality: Transforming Culture, Society, and Politics*. Chicago: University Press 1993.

nistische Auflösung moralischer Dilemmata aus, aber sie ist weder eine notwendige noch eine hinreichende Bedingung für die Existenz moralischer Dilemmata.

Nun stellt sich uns die Frage, wie wir die dilemmatischen Entscheidungen in die kohärentistische Konzeption struktureller Rationalität integrieren sollen, die wir in dieser Schrift entwickelt haben. Die Präferenzen eines deontologisch Handelnden können bei realistischer Interpretation, selbst wenn sie kohärent sind, nicht in Präferenzen über Weltzustände transformiert werden. Amartya Sen hat einst gefordert, zwischen Entscheidung und Präferenz „einen Keil zu treiben" – und das ist genau das, was wir hier tun.[282] Rationale moralische Entscheidungen können in der Regel nicht in Präferenzen zwischen Zuständen der Welt überführt oder als deren manifester Ausdruck (im *revealed preference concept*) interpretiert werden. Trotzdem sollten moralische Entscheidungen kohärent sein. Sie sollten daher durch eine subjektive Wert- und eine subjektive Wahrscheinlichkeitsfunktion repräsentierbar sein.[283]

Stellen wir uns nun eine Person vor, die einem moralischen Dilemma zwischen a und b gegenübersteht. Wie kann es sein, dass die Person kohärente Präferenzen offenbart, indem sie sich zugunsten von *a* oder zugunsten von *b* entscheidet? Wenn wir annehmen, dass die Postulate für kohärente Präferenzen erfüllt sind, dann ist letzteres nur möglich, wenn *a* und *b* den gleichen subjektiven Wert haben. Aber dies scheint eine falsche Beschreibung zu sein. Moralische Dilemmata stellen nicht einen besonderen Fall von Indifferenz dar, sondern einen besonderen Fall von Konflikt. Daher scheint die Lösung über Indifferenz nicht tragfähig zu sein. Moralische Dilemmata, wie wir sie beschrieben haben, weisen ein besonderes Merkmal auf, das wir „existenziell" genannt haben. Dieses Merkmal weist auf eine Lösung hin. In der Entscheidung für *a* oder für *b* wählt der Agent nicht nur zwischen Handlungen, sondern auch zwischen propositionalen Einstellungen. Existenzielle Entscheidungen sind nicht lediglich Ausdruck von propositionalen Einstellungen, sondern sie ändern auch propositionale Einstellungen.

Die Gegenüberstellung zweier Arten von Entscheidungen, existenzielle und nicht-existenzielle, wäre allerdings eine unzulässige Vergröberung. Zwischen diesen beiden Extremfällen gibt es ein Spektrum gradueller Übergänge von einem Extrem zum anderen. Eine vollständige Rationalisierung ist nur möglich, wenn die propositionalen Einstellungen gegeben sind und die Entscheidung offen ist. Dies ist typischerweise nur im Fall von *kleinen* Entscheidungen möglich, Ent-

---

[282] Amartya Sen: „Rational Fool: A Critique of Behavioral Foundations of Economic Theory". In: *Philosophy and Public Affairs* 6 (1977), 317–344; vgl. a. *Metapref.*
[283] wie in II §§1–3 ausgeführt.

scheidungen, die nicht viel verändern. *Große* Entscheidungen verändern unsere Art, uns zu verhalten, unsere Bewertungen und Erwartungen, und im Extremfall der existenziellen Entscheidungen ändern sie die gesamte *Form unseres Lebens*. Die Zeitspanne, in der Bewertungsmaße anwendbar sind, die auf kohärenten Präferenzen beruhen, fängt nach einer dilemmatischen Entscheidung von neuem an. Wie lange es dauert, hängt von der Stabilität der gewählten Form des Lebens ab, doch in jedem Fall ist alles graduell, d. h., die meisten Entscheidungen ändern propositionale Einstellungen zumindest ein wenig. Völlig rationalisierbare Entscheidungen sind der eine, dilemmatische Entscheidungen der andere Grenzfall.

Eine ausgearbeitete Theorie praktischer Vernunft integriert drei Arten von Postulaten: 1. Postulate deontischer Logik, 2. Postulate der Konsistenz von Präferenzen, 3. Postulate der Kohärenz von Gründen. Die Relation dieser drei Kategorien von Postulaten ist konzentrisch: Die deontische Logik wird von der Entscheidungslogik vorausgesetzt und die Logik der Gründe setzt sowohl die Entscheidungslogik als auch die deontische Logik voraus. Daher könnte man sagen, dass die deontische Logik die minimalste Bedingung der praktischen Vernunft darstellt. Aber erst die Kombination dieser drei Arten von Kohärenz, inklusive der Postulate kohärenter Gründe, ist zusammengenommen hinreichend, um rationale Handlungsfähigkeit zu charakterisieren. Insofern kann man die Regeln der deontischen Logik oder die Postulate der Konsistenz von Präferenzen als Minimalbedingungen praktischer Vernunft charakterisieren. Sie repräsentieren minimale Anforderungen hinsichtlich rationaler Handlungsfähigkeit. Es scheint mir ein attraktives Merkmal der hier entwickelten Theorie praktischer Vernunft zu sein, dass sie Platonismus (bezüglich der Kohärenzbedingungen) und Aristotelismus (bezüglich des Inhalts praktischen Urteilens) verbindet.

Die Existenz moralischer Dilemmata resultiert aus der Tatsache, dass die Pluralität der lebensweltlichen moralischen Gründe Situationen einschließt, in denen einige Gründe zugunsten von *a* sprechen und einige Gründe zugunsten von *b* sprechen und in denen ich nicht *a* und *b* gleichzeitig tun kann. Es sind keine Kriterien lebensweltlicher Rationalität zur Hand, die diesen Konflikt lösen. Die Systematisierung lebensweltlicher moralischer Gründe hat – bis jetzt – nicht zu einer adäquaten Theorie philosophischer Ethik geführt, die es erlaubt moralische Dilemmata aufzulösen. Theorien, die eine Lösung moralischer Dilemmata zu liefern scheinen, sind inadäquat, weil sie unvereinbar mit unhintergehbaren Elementen lebensweltlicher Moralität sind. Aber im Gegensatz zu dem, was ein Gutteil der Literatur über moralische Dilemmata suggeriert, stellt dies nicht den ersten und den zweiten Teil der praktischen Kohärenz infrage, d. h. die deontische Logik und die Präferenzlogik. Die Tatsache, dass eine dritte Kategorie praktischer Kohärenz fehlt, gibt uns keinen Grund, die anderen beiden Kategorien zu verwerfen. Stattdessen ist es Aufgabe der normativen Ethik, praktische Gründe, soweit wie möglich, als dritte Kategorie praktischer Kohärenz zu integrieren (anstatt die zweite oder gar die erste aufzugeben). Die Inkohärenzen des lebensweltlichen praktischen Urteilens motivieren die ethische Analyse und ethische Theoriebildung. Wenn es keine Inkohärenzen in unserer lebensweltlichen Praxis moralischen Urteilens gäbe, würden wir alle als das verbleiben, was man Traditionalisten oder Quietisten nennen könnte, d. h., wir würden alles so lassen wie es ist. Jede Art von moralischer Kritik beginnt bei konfligierenden moralischen Gründen – interpersonell oder intrapersonell. Die ethische Theorie vermag nie mehr zu leisten, als einige dieser praktischen Konflikte zu lösen. Das Ziel, alle praktischen Konflikte zugleich zu lösen, hat zu reduktionistischen und rationalistischen Theorien in der philosophischen Ethik geführt, die den Kontakt zum lebensweltlichen Urteilen verlieren. Aber die Tatsache, dass wir nicht alle praktischen Konflikte, inklusive aller moralischen Dilemmata, ein für alle Mal lösen können, gibt uns keinen Grund, die Idee der praktischen Vernunft generell aufzugeben. Wir sollten so viel von der Idee der praktischen Vernunft bewahren wie möglich. Moralische Dilemmata stellen nicht die Idee der praktischen Vernunft in Frage, sondern beschränken ihren Umfang.

Die Regeln der deontischen Logik können nur auf der Ebene der handlungsleitenden normativen Gründe angewendet werden und sind dort trotz der Existenz moralischer Dilemmata valide.

Moralische Dilemmata

(1) $\Box A$ („A ist geboten"), wegen Grund G_1

(2) $\Box B$ („B ist geboten"), wegen Grund G_2

(3) $\neg \Diamond (A \wedge B)$ („A und B zugleich sind nicht möglich")

sind auf dem Feld der praktischen Gründe möglich („verpflichtende Gründe" innerhalb der kantianischen Werttheorie); die Vertreter moralischer Dilemmata haben Recht: (1), (2) und (3) sind insofern kompatibel.

Dieses Schema ist jedoch nicht gültig auf der Ebene der handlungsleitenden, normativen Überzeugungen; folglich sind die Gegner moralischer Dilemmata im Recht: (1), (2) und (3) sind inkompatibel

I. Agglomerationsprinzip: (1) und (2) impliziert $\Box(A \wedge B)$

II. Ultra posse nemo obligatur: (3) impliziert $\neg\Box(A \wedge B)$

Unter Berücksichtigung von (I) und (II) deduzieren wir einen logischen Widerspruch aus (1), (2), (3). Die Einbettung der Gründe in die normativen Institutionen unserer lebensweltlichen Praxis bringt dilemmatische Konflikte zwischen praktischen Gründen mit sich, die sich in existenziellen Entscheidungssituationen manifestieren, deren Auflösung die Kohärenz (die strukturelle Rationalität) unserer Praxis wiederherstellt. Der Preis dieser Wiederherstellung kohärenter Praxis ist die mehr oder weniger radikale Verabschiedung einer möglichen Lebensform, die Neu-Formierung der eigenen personalen Identität.

§ 11 Rationalität und Moralität

In diesem letzten Abschnitt führen wir nun die unterschiedlichen Fäden zusammen. Von Anbeginn dieses Buches haben wir zwischen Rationalität und Vernunft nicht unterschieden.[284] Rationalität (oder Vernunft) ist durch angemessene theoretische, wie praktische Gründe bestimmt. Eine Überzeugung ist rational, wenn gute Gründe für sie sprechen. Eine Entscheidung ist rational, wenn gute Gründe für sie sprechen. Eine Überzeugung ist vernünftig, wenn gute Gründe für sie sprechen. Eine Entscheidung ist vernünftig, wenn gute Gründe für sie sprechen. Die Trennung zwischen Rationalität und Vernunft ist nur für solche Theorien sinnvoll, die ein Rationalitätskonzept annehmen, das gegen die Praxis des Gründe-Nehmens und Gründe-Gebens gerichtet ist, also nach der hier vertretenen Auffassung inadäquat ist.[285]

Wenn etwas rational ist, sprechen für dieses (die Überzeugung, die emotive Einstellung, die Entscheidung/Handlung) gute Gründe, Vernunftfähigkeit besteht darin, Gründe angemessen deliberieren zu können. Rationalität hat kein eigenes Kriterium jenseits begründender Praxis. Ebenso scheint mir eine Scheidung zwischen Rationalität und Moralität nicht sinnvoll zu sein, da es nicht sein kann, dass eine Entscheidung moralisch, aber unvernünftig ist, oder vernünftig, aber unmoralisch. Es geht um die Abwägung von Gründen und wenn diese Gründe in angemessener Weise abgewogen wurden, dann sind die Überzeugungen und Handlungen, die das Akzeptieren dieser Gründe (und ihrer angemessenen Deliberation) zum Ausdruck bringen, vernünftig, sie können dann nicht zugleich irrational oder unmoralisch sein. Die Entgegensetzung von Rationalität und Moralität, eine Erfindung der Moderne, geht systematisch in die Irre. Wenn es zutrifft, dass man unschuldige Personen niemals töten darf, auch dann nicht, wenn dies dem eigenen oder dem Vorteil anderer Personen dient, dann kann es auch nicht rational sein, unschuldige Personen zu töten.

---

[284] vgl. I §2.
[285] Man kann die Trennung zwischen Rationalität und Vernunft sogar als Beleg für eine inadäquate Rationalitätstheorie nehmen.

Wünsche sind nie *gegeben*, sie sind immer Ausdruck akzeptierter Gründe, das Ergebnis von Deliberation und normativer Stellungnahme und insofern charakterisieren sie die (pragmatische) Identität des handelnden Subjekts. Handlungsleitende Wünsche sind Ausdruck einer normativen Stellungnahme, das Wünschenswerte betreffend. Wir wünschen etwas, weil wir überzeugt sind, dass das Betreffende wünschenswert ist. Wünsche sind subjektiv allenfalls in dem Sinne, dass es sich um die Wünsche des jeweiligen Subjektes handelt. Aber das ist eine irreführende Verwendung von „subjektiv". Alle Meinungen, die ich habe, sind *meine* Meinungen. Das macht sie nicht zu bloß *subjektiven* Meinungen. Dieses Prädikat „subjektiv" soll wohl in der Regel darauf verweisen, dass es sich um Meinungen ohne Begründung handelt, dass es sich um irrationale und in diesem Sinne *subjektive* epistemische Stellungnahmen handelt, gleiches gilt für normative Stellungnahmen. Wir sollten uns diesen Sprachgebrauch aber abgewöhnen. Natürlich gehören Meinungen einer Person zu dem, was man als ihren subjektiven Zustand bezeichnen kann. Ebenso steht es um die Schmerzen, die Erwartungen, die Wünsche. Aber sofern wir Gründe haben für etwas, erheben wir den Anspruch, dass es sich nicht lediglich um etwas Subjektives handelt, sondern, dass es einer Begründung zugänglich ist, in der Sprache von Jürgen Habermas, dass es einen universellen Geltungsanspruch hat. Das schließt nicht aus, dass es Gründe gibt, die, weil sie sich auf meine spezifische Situation, meine Eigenschaften, meine bisherige Lebenspraxis etc. beziehen, nur in diesem besonderen Fall zur Anwendung kommen können, relevant sein können. Damit wird die Begründung des jeweiligen Wunsches aber nicht bloß subjektiv. Wenn es sich um eine Begründung handelt, hat sie einen „Geltungsanspruch", andere sollten diese Gründe nachvollziehen können, sie sollten dann sagen können: ja, unter den spezifischen Bedingungen dieser Person halte ich auch dieses Verhalten oder diese Überzeugung für gerechtfertigt. Es handelt sich dann, wenn man diesen Ausdruck überhaupt verwenden möchte, um eine objektive Rechtfertigung, allerdings eine solche, die auf meine spezifische, „subjektive" Situation Bezug nimmt.

Wir reagieren mit unseren handlungsleitenden Wünschen auf handlungsrelevante, ihrerseits begründete Bewertungen. Selbst der schlichte Wunsch eine bestimmte, in der Speisekarte angebotene Speise zu bestellen, ist Ausdruck einer Vielzahl prohairetischer Stellungnahmen, die jede für sich Begründungen zu ihren Gunsten anführen können. Dazu gehören zum Beispiel die Überzeugungen, dass gerade diese Speise besonders sättigend ist, dass eine angebotene Alternative, die ebenfalls sättigend ist, einen zu hohen Zuckergehalt aufweist, dass das Preis-Leistungs-Verhältnis in diesem Falle besonders günstig ist, dass die Erstellung dieser Speisen ohne Verletzung von Kriterien fairen Handelns und nachhaltiger Ressourcenverwendung möglich war, dass die Wartezeit besonders kurz sein würde usw. Der handlungsleitende Wunsch ist nicht gegeben oder basal, sondern er ist eingebettet in eine komplexe Vielfalt von – begründeten – epistemischen, wie prohairetischen Stellungnahmen. Mit meinen Wünschen, mit dem auf diesen Wünschen beruhenden Verhalten, nehme ich – zwangsläufig – immer Stellung (*prohairesis krisis estin*[286]).

Das, was man gelegentlich als Eigeninteresse bezeichnet, spielt hier keine herausgehobene, fundierende oder letztbegründende Rolle. Rationalität auf Eigeninteresse zurückführen, heißt die Vielfalt der lebensweltlich etablierten Begründungspraxis zu leugnen. Alles, was wir im Tagesverlauf so tun, ist von epistemischen und normativen Stellungnahmen beeinflusst. Die Begründung einer bestimmten Handlung, z. B. jetzt die Wohnung zu verlassen und zur Bibliothek zu gehen, endet nicht in vorgegebenen oder gesetzten Wünschen, sondern im Komplex der Gründe, die ich habe, und die aus meiner Perspektive für diese Entscheidung sprechen. Bei genauerer Betrachtung zerrinnt der Begriff des Eigeninteresses zwischen den Fingern. Die basalen Wünsche, die das Eigeninteresse in letzter Instanz konstituieren, existieren nicht. Was existiert und was faktisch relevant ist, ist die alltägliche Deliberation unterschiedlicher Handlungsgründe, in denen normative und empirische Stellungnahmen zum Ausdruck kommen. Der Modus ist der einer Behauptung: Dies spricht für jenes, und dieses andere für jenes andere, und in der Abwägung überwiegt dieses vor jenem. Damit gebe ich nicht Auskunft über einen subjektiven Zustand, sondern ich nehme Stellung, ich sage, wie ich glaube, dass sich die Dinge verhalten oder verhalten sollten.

Die Begründungen enden weder in einer gegebenen und nicht kritisierbaren oder revidierbaren Lebensform, noch in den gegebenen basalen Wünschen einer Person, die ihr Eigeninteresse konstituieren. Quietismus und Humeanismus entwerfen ein falsches Bild der menschlichen deliberativen Praxis. Wenn etwas, nach Abwägung aller relevanten Gründe, moralisch geboten ist, dann ist es auch vernünftig bzw. rational. Wenn etwas, nach Abwägung aller relevanten Gründe, rational bzw. vernünftig ist, dann ist es nicht unmoralisch. Wir sollten

---

[286] In der stoischen Fassung sogar: *ta pathê kriseis einai* (selbst Affekte sind Wert-Urteile, allerdings solche, die in unmittelbarem zeitlichem Zusammenhang zu dem Auftreten des Affekts stehen), vgl. „Teil III: Chrysippi fragmenta moralia". In: *Stoicorum Veterum Fragmenta (SVF)*. Hrgs. von Hans von Arnim. 1903. *Prohairesis krisis estin* lässt sich besser in unsere Analyse einbetten: Das Vorziehen hat eben nicht, wie im zeitgenössischen Humeanismus zum Dogma geronnen, den Charakter eines *desire*, sondern beinhaltet eine, im Idealfall wohlbegründete, Stellungnahme. Die Wohlbegründetheit wiederum zeigt sich in der inneren und äußeren Schlüssigkeit der leitenden Gründe, die die griechische Stoa intensiv beschäftigt zu haben scheint: der vernünftige Mensch als Einheit (vgl. Teil II: „Chrysippi fragmenta logica et physica" in SVF): *mia hê tês psychês dynamis*. Vgl. a. VER, Kap 5, dort wird die Identität der Person mit den theoretischen und praktischen Gründen, die sie leiten, gleichgesetzt.

diese Dichotomie, auch wenn sie für das moderne Denken über die Jahrhunderte stilbildend war, aufgeben. Sie beruht auf einem falschen Verständnis menschlicher Praxis und führt die praktische Philosophie in eine Disjunktion von Ethik und Rationalitätstheorie, die sich als theoretisch unfruchtbar und praktisch als gefährlich herausgestellt hat.

Je genauer der Blick auf die lebensweltliche Praxis des Gründe-Gebens und Gründe-Nehmens, desto zweifelhafter wird die Unterteilung in rationale und moralische Gründe, Gründe der Moralität und Gründe der Rationalität. Wir haben Gründe unterschiedlicher Typen, und die angemessene Abwägung der Gründe führt idealiter zu einer kohärenten Praxis. Das Gesamt dieser Praxis ist von wertenden und behauptenden, von normativen und epistemischen Stellungnahmen geprägt. Die Unterscheidung in Rationalität und Moralität kann lediglich als ein heuristisches Mittel überleben, das die Fokussierung auf bestimmte Typen von Handlungsgründen im einen und im anderen Falle erlaubt. Aber diese Heuristik darf man nicht ernst nehmen, sie ist eine Leiter, die man wegwirft, nachdem man auf ihr hinaufgestiegen ist.[287] In der Perspektive der strukturellen Rationalität werden die unterschiedlichen Typen von Gründen in einer kohärenten Beurteilung und einer auf dieser beruhenden kohärenten Praxis integriert. Es sind die Strukturen – intertemporale und interpersonelle – die stimmig sein müssen und die Gründe, die unsere normativen Stellungnahmen leiten, sind auf diese Stimmigkeit gerichtet.

Ein Aspekt dieser Kohärenz lässt sich mit der Bayesianischen Entscheidungstheorie erfassen: Es ist die Kohärenz subjektiver Wahrscheinlichkeiten. Die Veränderungen von Überzeugungen aufgrund von Gründen, die wir pro und contra vorbringen, sollten bestimmten Grundregeln rationaler Meinungsbildung entsprechen, also dem, was als *rational belief dynamics* seit einigen Jahrzehnten diskutiert wird. Die handlungsleitenden Wünsche einer Person sollten sich durch eine Bewertungsfunktion repräsentieren lassen, die Ausdruck der Kohärenz der Präferenzen des betreffenden Individuums ist. Die Zuordnung einer Nutzenfunktion ist nicht eine Charakterisierung des Eigeninteresses der betreffenden Person, sondern Ausdruck der Kohärenz handlungsleitender Präferenzen der betreffenden Person. Die Zuschreibung von Präferenzen und Wahrscheinlichkeiten zweier propositionaler Einstellungen ist im Idealfall friktionsfrei, d. h. dass wir eine kohärente Beurteilungspraxis einer Person – epistemischer und prohairetischer Beurteilung eingeschlossen – durch ein Paar reellwertiger Funktionen, die eine, die den epistemischen Zustand der Person charakterisiert, die andere, die den

---

[287] Ludwig Wittgenstein: *Tractatus logico-philosophicus* 6.54.

prohairetischen Zustand dieser Person charakterisiert, repräsentieren können.[288] Diese beiden Bewertungsfunktionen haben keinen begründenden, sondern einen repräsentierenden Status: Sie repräsentieren die kohärente Beurteilungspraxis als ganze. Auf diese Weise ist eine Anschlussfähigkeit der Entscheidungs- und Spieltheorie gesichert, aber man darf sie nicht missverstehen: Wir subsumieren damit nicht die Praxis der Deliberation, das Geben und Nehmen von Gründen unter das optimierende Kalkül des *homo oeconomicus*. Es handelt sich um eine radikale Uminterpretation des begrifflichen Rahmens der rationalen Entscheidungstheorie gegenüber ihrer üblichen ökonomischen und sozialwissenschaftlichen Anwendung. Was dem ethischen Bayesianismus Harsanyis nicht gelungen ist, gelingt der Konzeption struktureller Rationalität.

---

[288] Vgl. Appendix §1.

VI Das Wirken der Gründe

§ 1 Gründe

Im zweiten Teil dieses Buches wurde eine Theorie praktischer Vernunft entwickelt, die ich als „strukturelle Rationalität" bezeichne, die sich messen lässt an der Praxis des Gründe-Gebens und Gründe-Nehmens und die den Anspruch erhebt, diese Praxis zu systematisieren. Wir haben als *clausula salvatoria* vorausgeschickt, dass eine adäquate philosophische Theorie der Vernunft nicht für sich beanspruchen kann, die Praxis des Gründe-Gebens und Gründe-Nehmens zu substituieren, sie durch ein wie auch immer gewonnenes Kriterium oder Prinzip zu ersetzen, sondern lediglich die weit bescheidenere Aufgabe hat, einen Beitrag zur Systematisierung oder anders formuliert, zu einer Prüfung der Kohärenz dieses Abwägens von Gründen zu leisten. Wir haben uns gegen die in der zeitgenössischen Rationalitätsdebatte übliche Unterscheidung von formaler und substanzieller Rationalitätstheorie gewandt, da diese schon deswegen in die Irre führt, weil Invarianzbedingungen ebenfalls substanziell sind. Zu diesen zählen zum Beispiel Diskriminierungsverbote: Die Gleichbehandlung von Personen ist, ganz unabhängig davon, welche anderen Gründe eine Rolle spielen, ein normatives Kriterium richtiger Praxis, gerechter Institutionen, angemessener Politik und auch wenn es formal erscheint, ist es doch schon in der Hinsicht substanziell, dass es auf einer, meist nur impliziten, egalitären Anthropologie beruht.

Bei aller Kritik der naturalistischen Tendenzen in der Gegenwartsphilosophie, nicht nur in der analytischen, ergab sich damit eine bemerkenswerte Ähnlichkeit zwischen dem Vorgehen der Physik und dem der praktischen Philosophie: Beide Disziplinen setzen die lebensweltliche Praxis des Begründens nicht außer Kraft, die Alltagsphysik bleibt (weitgehend) unangetastet, ebenso wie eine adäquate praktische Philosophie, die Alltagsintuitionen nicht in toto suspendiert. Die Theorie selbst allerdings – sowohl die physikalische wie die ethische oder rationalitätstheoretische (diese Unterscheidung hat sich im Laufe dieser Untersuchung erübrigt) – untersucht allgemeinere Eigenschaften, die die Vielfalt der lebensweltlichen Begründungen bis zu einem gewissen Grad zu systematisieren gestatten. Damit können Inkohärenzen der lebensweltlichen Begründungspraxis in beiden Bereichen, sowohl dem empirischen wie dem normativen Orientierungswissen, der Alltagsphysik und der Alltagsmoral, im günstigen Fall behoben werden.

Wir haben uns also eingelassen auf die Begründungspraxis, wir haben eine behutsame Systematisierung vorgenommen, behutsam insbesondere im Kontrast zu der zeitgenössischen *rational-choice*-Orthodoxie oder auch den utilitaristischen Ethiken, aber wir haben die Frage bislang nicht geklärt, welchen Status

Gründe haben und welche philosophischen Implikationen sich daraus ergeben. Dies zu klären ist das Ziel dieses sechsten Teils der Schrift. Wir strukturieren diese Klärung an drei Merkmalen, die Gründe aufweisen: Normativität, Objektivität und Nicht-Algorithmizität. Ich bin davon überzeugt, dass keines dieser drei Merkmale ernsthaft bestritten werden kann. Dennoch ist auffällig, dass ein Großteil der zeitgenössischen praktischen Philosophie in der Regel alle drei Merkmale gemeinsam bestreitet oder versucht, eine Interpretation für diese Merkmale zu geben, die diese nur als *prima facie*-Merkmale erscheinen lässt, die sich bei genauerer Analyse aber erübrigen. Dies ist ein erstaunliches Phänomen und die einzige Erklärung, die ich dafür habe, ist, dass sich die allermeisten zeitgenössischen Philosophinnen und Philosophen schwertun, sich von der naturalistischen Metaphysik zu lösen. Diese ist so tief in das philosophische Denken der Gegenwart eingelassen, dass zentrale Elemente unserer lebensweltlichen Überzeugungen zur Disposition gestellt werden, wann immer sie mit dieser Metaphysik kollidieren. Dies erinnert durchaus an die inferenzielle Rolle, die zum Beispiel im Spätmittelalter theologische Dogmen gespielt haben: Überzeugungssysteme mussten so lange modifiziert werden, bis diese nicht mehr gefährdet erschienen. Die Scholastik zeigt, dass mit einigem Scharfsinn auch die abwegigsten Dogmen eine Überlebenschance haben, wenn die Diskursbeteiligten hinreichend flexibel und im Extremfall zum *sacrificium intellectus* bereit sind. Nicht alle waren das, und manche von diesen haben das mit ihrem Tod bezahlen müssen. Erfreulicherweise ist die naturalistische Doktrin bis heute nur mit einer schwachen institutionellen Autorität ausgestattet. Nicht einmal für die Naturwissenschaften gilt, dass sie zu einem konstitutiven Element geworden ist. Gerade deren führendsten Köpfe zeigen sich hier oft skeptisch und müssen deswegen keine institutionellen Sanktionen befürchten.

Ein interessantes Beispiel dafür bietet der jüngste Verlauf der Qualia-Debatte. Nachdem Frank Jackson mit seinem Mary-Argument[289] nach Thomas Nagels „What is it Like to Be a Bat?"[290] den wirksamsten Einwand gegen einen neurophysiologischen Reduktionismus formuliert hatte, und die naturalistischen Entkräftungsversuche über Jahrzehnte wenig überzeugend ausfielen, zog Frank Jackson sein Argument mit dem merkwürdigen Kommentar zurück, dass irgendetwas daran nicht stimmen könne, weil es ja, wenn zutreffend, einen Mind-Body-Interaktionismus nahelege.[291] Dies aber ist natürlich mit einer naturalistischen Meta-

---

289 Frank Jackson: „What Mary Didn't Know". In: *The Journal of Philosophy* 83 (1986), 291–295.
290 Thomas Nagel: „What Is it Like to Be a Bat?" In: *The Philosophical Review* 83 (1974), 435–450.
291 Frank Jackson: „Mind and Illusion". In: *Royal Institute of Philosophy Supplements* 53 (2003), 251–271.

physik nicht mehr vereinbar. Thomas Nagel seinerseits hat sich keinen Gefallen getan, die anti-naturalistischen Implikationen seiner philosophischen Argumente mit einer Skepsis gegenüber der darwinistischen Evolutionstheorie zu verbinden und damit in die Falle mystifizierender Kritiken des Naturalismus zu laufen. Es hat ihm nicht geholfen, dass er seine Argumente tentativ vortrug und betonte, dass er sich als Atheist versteht. Die Nähe zum *intelligent design*-Argument, also der modernsten Variante eines Gottesbeweises, in Verbindung mit der von Evangelikalen und Katholiken immer wieder erneuerten Darwinismus-Kritik, erleichterten es dem naturalistischen Mainstream der amerikanischen Philosophie und Naturwissenschaften, sich ihres wohl potentesten Kritikers in der Gegenwart zu entledigen.[292]

Weltanschauliche Voreingenommenheiten, metaphysische Setzungen, ideologische Bindungen intervenieren in die epistemische Ordnung der Propositionen, sie entziehen einzelne Elemente, die nur unzureichend gestützt sind, der Kritik, „immunisieren" diese und gruppieren die mit ihnen interferierenden Elemente so, dass diese nicht gefährdet werden können. Ich kritisiere nicht diejenigen, die Argumente für eine reduktionistische Naturwissenschaft, für die Identitätstheorie des Mentalen und des Physischen, die eine naturalistische Epistemologie, die eine Entkräftung der Qualia-Argumente versuchen, nicht einmal diejenigen, die glauben, dass man auf die Sprache des Mentalen in einer fernen, wissenschaftlich aufgeklärten Zukunft vollständig verzichten könne. Ich kritisiere den Naturalismus als Ideologie, als metaphysische Setzung, als weltanschauliche Voreingenommenheit und ich möchte im Folgenden die Gründe dieser Kritik deutlich machen.

§ 2 Normativität

Auch der hartgesottenste Naturalist bringt Gründe für seine Überzeugungen vor. Er argumentiert dafür, dass man zum Beispiel annehmen sollte, dass sich alle Gegenstände und Ereignisse in der Welt mit den Mitteln der Naturwissenschaft vollständig beschreiben lassen. Er führt Gründe an, die dagegen sprechen, dass mentale Zustände etwas anderes sind als neurophysiologische. Er versucht mit

---

292 Vergleichbar gewichtig erscheint mir nur der renommierte Physiker Roger Penrose, dessen durchaus anspruchsvolle Kritik des naturalistischen Weltbildes ihm innerhalb seiner Disziplin viel Gegnerschaft eingebracht hat. Vgl.: Roger Penrose: *The Emperor's New Mind: Concerning Computers, Minds, and the Law of Physics*. Oxford: University Press 1989; ders.: *Shadows of the Mind: A Search for the Missing Science of Consciousness*. Oxford: University Press 1994.

Gründen seine Opponenten zu überzeugen. Er beteiligt sich an der Praxis des Gründe-Gebens und Gründe-Nehmens. Damit verwickelt er sich in einen performativen Widerspruch: Er beteiligt sich an einer Praxis, die nach seiner eigenen Überzeugung sinnlos ist. Denn es gibt nach seiner Auffassung ja nichts Normatives in der Welt. Es gibt nur Deskriptives, nur solches, was man als empirische Sachverhalte beschreiben kann. Aber Gründe sind – irreduzibel – normativ. Wenn er seine eigene Praxis ernst nimmt, argumentiert er für eine Überzeugung. Er führt Argumente dafür an, warum diese Überzeugung zutrifft und warum man sie sich zu eigen machen sollte. Diese Praxis ist aber nur sinnvoll, wenn Argumente eine Rolle spielen für die Überzeugungsbildung. Argumente repräsentieren akzeptierte Gründe. Vielleicht wird der Naturalist antworten, Gründe seien nichts anderes als bestimmte Aspekte von kausalen Prozessen und seine Beteiligung am Spiel des Gründe-Gebens und Gründe-Nehmens bedeute nichts anderes als Glied in einer solchen Kausalkette zu sein. Diese Uminterpretation kann jedoch nicht wirklich überzeugen, denn wenn er seine Beteiligung an dieser Praxis als Teil einer großen kausal determinierten Struktur der Welt sieht, erscheint alles Bemühen, das Bemühen um das bessere Argument, um die bessere Theorie, um die angemessenere Hypothese, um die richtige Sicht auf die Welt, sinnlos zu sein. Warum ein Bemühen, wo alles ohnehin schon seinen Gang geht? Ja, die Selbstinterpretation der Bildung von Überzeugungen ist in fundamentalem Konflikt mit dieser naturalistisch-deterministischen, kausalistischen Sichtweise. Auch der Naturalist wird abwägen, das Pro und Contra prüfen, sich überlegen, was für und was gegen eine bestimmte Hypothese spricht, auch wenn er vielleicht keine Argumente mehr wägt, die für oder gegen das naturalistische Weltbild sprechen. Die Deliberation, die Abwägungspraxis erscheint aber sinnlos, wenn diese keinen Einfluss hat. In der Tat hat die einflussreichste Form des zeitgenössischen Naturalismus – die neuro-wissenschaftlich begründete – sich dieses Argumentes bedient: Alles Begründen komme immer erst *ex post*, wenn die kausalen Prozesse einer Handlung oder einer Meinungsbildung schon längst abgeschlossen sind.[293]

Karl Popper hat vor vielen Jahrzehnten darauf hingewiesen, dass die Vorstellung, unsere epistemischen Überzeugungen seien lediglich das Ergebnis kausaler Prozesse, schon deswegen nicht stimmen könne, weil es dann möglich wäre, zu einem bestimmten Zeitpunkt alle zukünftigen epistemischen Zustände zu bestimmen, was aber durch die logischen Resultate von Gödel ausgeschlossen sei.[294] Die Möglichkeit, im Rahmen einer ärmeren Sprache, einen späteren epistemischen

---

[293] Gerhard Roth: *Das Gehirn und seine Wirklichkeit. Kognitive Neurobiologie und ihre philosophischen Konsequenzen.* Frankfurt am Main: Suhrkamp 1994.
[294] Vgl. Karl Popper: *Objektive Erkenntnis. Ein evolutionärer Entwurf.* Bertelsmann Verlag 1973.

Zustand zu beschreiben, der eine reichere Sprache erforderlich macht, ist widersprüchlich, denn dann wäre der spätere schon im früheren enthalten. Unabhängig davon, ob Gödel hier einschlägig ist, wie Popper meint, ist diese Kritik schwer zu entkräften: Wenn Deliberationen kausale Prozesse wären, würde alles zukünftige Wissen prinzipiell schon im heutigen enthalten sein, vorausgesetzt, das zukünftige Wissen geht aus dem vorausgegangenen durch Deliberationen hervor.

Theoretische Gründe sprechen für Überzeugungen. Auch der Naturalist wird typischerweise verärgert sein, wenn ein aus seiner Sicht zwingendes Argument für den Naturalismus bei seinem Opponenten nicht zieht, wenn der sich durch dieses Argument nicht beeindrucken lässt, wenn er ungerührt bei seiner bisherigen Überzeugung bleibt, obwohl er gerade aus Sicht des Naturalisten mit einem schlagenden Gegenargument konfrontiert wurde. Diese Reaktion der Entrüstung, der Erwartung, dass die andere Person auf ein gutes Argument, entweder in Gestalt einer Veränderung ihrer Überzeugungen, oder mit einem Gegenargument zu reagieren habe, ist durch und durch – irreduzibel – normativ: Die einzig angemessene Interpretation ist, dass der Naturalist überzeugt ist, dass dieses Argument für seine Sichtweise spricht und daher diese Sichtweise zu übernehmen wäre, außer es finden sich überzeugende Gegenargumente. Wenn man die Normativität als Merkmal der Praxis Gründe zu geben und zu nehmen herausnähme, stünden wir vor einem Rätsel, wir würden diese Praxis nicht mehr verstehen.

Es drängt sich hier eine Analogie auf, die die Situation vielleicht erhellt: Die frühen Emotivisten in der analytischen Philosophie haben versucht, sich des Normativen in der Ethik dadurch zu entledigen, dass sie die Moralsprache als *Mitteilungen* über eigene emotive Einstellungen oder später (als Expressivismus) als *Ausdruck* eigener emotiver Einstellungen interpretierten. Die Äußerung „Das solltest du nicht tun" bedeutet in dieser Interpretation lediglich „Ich habe eine Präferenz dafür, dass du das nicht tust". Damit wäre aber die Reaktion auf die Vorhaltung „Das solltest du nicht tun" etwa in der Form „Danke, dass du mich über deine Präferenz informiert hast" naheliegend oder jedenfalls zulässig, eine solche Reaktion ist aber im Widerspruch zu den inferenziellen Praktiken unseres Sprachgebrauchs. Wir akzeptieren eine solche Reaktion nicht, wir halten sie für inadäquat, für ein Missverständnis dessen, was gesagt wurde, also ist diese emotivistische Uminterpretation der Moralsprache selbst inadäquat.

In ganz analoger Weise scheitert das naturalistische Projekt, Gründe vorzubringen, aber an der naturalistischen Metaphysik festzuhalten, wonach es in der Welt keine Normativität gibt. Die billige Ausflucht, man beteilige sich lediglich an einer nützlichen Illusion, wohlwissend, dass es nicht wirklich Normativität und damit auch nicht wirklich Gründe gibt, ist unglaubwürdig, da mit dieser Bestreitung die gesamte Lebensform der betreffenden Person kollabieren müsste, bzw. zu einem bloßen Illusionstheater mutierte. Die Person würde sich dann durchgängig unwahrhaftig verhalten und das wollen wir dem naturalistischen Opponenten nicht unterstellen.

Damit ist aber auch der für den Naturalismus kommode Vorschlag vom Tisch, Gründe seien doch nichts anderes als deskriptive (natürliche) Tatsachen. Gründe sind schon deswegen keine natürlichen Tatsachen, weil sie normativ sind. Es erstaunt, dass auch manche ethische Realisten einer solchen Fehlinterpretation aufsitzen. Vermutlich spielt auch hier das Bemühen, einen Konflikt mit der gegenwärtig dominierenden naturalistischen Metaphysik zu vermeiden, eine Rolle. Möglicherweise verdankt sich diese verbreitete Fehlinterpretation von Gründen der Oberflächen-Grammatik unseres Sprachgebrauchs: Wir sagen in der Tat „Dieser (empirische) Sachverhalt spricht dafür, sich so und so zu verhalten...". Um ein Beispiel Scanlons[295] zu nehmen: Die Tatsache, dass dieses Messer scharf ist, spricht dagegen, es einem Kind in die Hand zu drücken. Wir verwenden Gründe jedoch immer inferenziell: Der Grund verbindet einen deskriptiven Sachverhalt mit einem normativen und diese Verbindung, dieser Übergang macht den Grund als ganzen aus. In diesem Beispiel spricht die Schärfe des Messers dagegen, dass man es einem Kind gibt, das sich dann schneiden könnte und eine Möglichkeit, diesen konkreten Grund zu verallgemeinern, könnte sein: Man sollte vermeiden, dass sich Kinder verletzen.

Gründe sind inferenzielle Beziehungen zwischen empirischen und normativen Tatsachen, zwischen der empirischen Tatsache, dass das Messer scharf ist und der normativen, dass man es dem Kind nicht geben sollte. Und der Grund erlaubt uns, aus der Beobachtung der empirischen Tatsache (die Schärfe des Messers) auf das konkrete Gebot (dieses Messer dem Kind nicht zu geben) zu schließen (dieser Schluss macht den Grund inferenziell). Man kann die Explikation um einen Schritt weiter differenzieren, indem man das Kriterium benennt, das diesen inferenziellen Übergang näher charakterisiert. In diesem Beispiel etwa: Die Schärfe des Messers (eine natürliche Tatsache) spricht dagegen, das Messer dem Kind zu geben (normative Tatsache), weil es sich verletzen könnte (Inferenz) und man alles tun sollte, damit Kinder sich nicht unabsichtlich verletzen (normatives Kriterium). Die Gefahr bei dieser Komplettierung ist eine Fehlinterpretation, der ich selbst über viele Jahre aufgesessen war, nämlich, dass es erst dieses Kriterium ist, das dem Grund seine Normativität gibt, dass also normative Kriterien oder Prinzipien die Grundlage der normativen Kraft praktischer Gründe sind, bzw. dass es die ethische Theorie ist, die den empirischen Sachverhalten im Rahmen praktischer Gründe ihre normative Relevanz gibt. Das aber führt dann geradewegs in die Probleme des ethischen Rationalismus hinein. Der Übergang

---

[295] Vgl. Thomas Scanlon: *Being Realistic about Reasons*. Oxford: University Press 2014.

von empirisch beschreibbaren, natürlichen und sozialen Tatsachen zu normativen Tatsachen (speziell Verpflichtungen) wird nicht erst aus einem normativen Prinzip generiert, sondern dieses beschreibt, oder besser: systematisiert für eine Vielzahl von konkreten Entscheidungssituationen diesen Übergang. Idealiter gibt es nur ein Prinzip, das für alle Entscheidungssituationen diese Übergänge beschreibt (die kühne Hoffnung konsequentialistischer Ethiken), im realistischeren Fall ist eine Vielfalt von weiter nicht reduzierbaren Kriterien erforderlich, die in Konflikt zueinander geraten können und dann wieder Auflösungsverfahren erfordern und dieser Prozess lässt sich vermutlich nie vervollständigen. Insofern wäre jede ethische Theorie, jede Zusammenstellung von normativen Kriterien, die diesen Übergang beschreiben, unvollständig.[296]

§ 3 Soziale Tatsachen

Auch wenn sowohl für natürliche wie für soziale Tatsachen gilt, dass sie, auf sich gestellt, keinen normativen Gehalt haben, besteht zwischen ihnen doch ein gravierender Unterschied. Auch wenn die folgende Formulierung zu Missverständnissen führen kann, charakterisiere ich diesen Unterschied dadurch, dass natürliche Tatsachen nicht normativ konstituiert sind, während *soziale Tatsachen* sehr wohl *normativ konstituiert* sind. Soziale Tatsachen kommen erst in die Welt durch normative Bindungen der an der Tatsache beteiligten Akteure. Institutionelle Tatsachen sind ein Sonderfall sozialer Tatsachen. Alle institutionellen Tatsachen sind zugleich soziale Tatsachen, aber nicht umgekehrt: Es gibt soziale Tatsachen, die keine institutionellen Tatsachen sind.

Monika hat Florian versprochen, morgen mit ihm um sieben Uhr in das einzige Kino des Ortes zu gehen. Florian hatte Monika gefragt „Kommst du Morgen um sieben mit mir ins Kino?" und Monika hatte geantwortet: „Ja, gerne, dann treffen wir uns um sieben Uhr dort"; Monika hat Florian ein Versprechen gegeben, das sie bricht, wenn sie um die betreffende Zeit sich nicht vor dem Kino

---

[296] David Ross hat dies in *The Right and the Good* (Oxford: Clarendon Press 1930) für seine Variante einer pluralistischen deontologischen Ethik angenommen, wonach es eine Reihe von *prima facie*-Pflichten gibt, die aber in Konflikt geraten können. Für diesen Fall gibt Ross keine allgemeinen Auflösungsverfahren mehr an, sondern verweist lediglich auf unsere Fähigkeit zum moralischen Urteil. Man kann an diesem Punkt noch einen Schritt weitergehen und vermuten, dass es der nicht-algorithmische Charakter der Deliberation ist, der ethische und erkenntnistheoretische Theorien prinzipiell zur Unvollständigkeit verurteilt. Vgl. Stephen Toulmin: *An Examination of the Place of Reason in Ethics*. Cambridge University Press 1970 [EA 1950]; und ders.: *Return to Reason*. Cambridge/Mass.: Harvard University Press 2001.

einfindet. Wenn Monika zu Florian allerdings gesagt hat „Ja, gerne, ich weiß aber noch nicht, ob ich kommen kann", hat sie ihm kein Versprechen gegeben. Sie könnte dies explizit machen, indem sie sagt „Ja, gerne, ich kann es dir aber nicht versprechen, weil ich nicht weiß, ob ich zu diesem Zeitpunkt meine kleine Schwester schon allein lassen kann". Ob Monika ein Versprechen gegeben hat, ist durch sprachliche Konventionen weitgehend festgelegt. Allerdings gibt es Grenzfälle, etwa wenn Monika antwortet „Ja, gerne, ich hoffe, dass ich kommen kann". In diesem Fall wird Florian dies nicht als Versprechen nehmen, dass Monika tatsächlich kommt, aber möglicherweise doch als ein Versprechen, sich darum zu bemühen. Wenn Monika sich dann für irgendeine andere Freizeitbeschäftigung entscheidet und Florian davon erfährt, wird er sich hintergangen fühlen. Wenn Monika nicht kommt und dies Florian gegenüber am nächsten Tag damit begründet, dass sie ihre kleine Schwester nicht allein lassen konnte, wird Florian dafür Verständnis haben. Wenn Monika betont „Ich habe dir doch kein Versprechen gegeben", wird Florian vielleicht antworten „Aber du hast doch gesagt, du hoffst, dass du kommen kannst, daraus hatte ich geschlossen, dass du beabsichtigst zu kommen, außer du bist aus wichtigem Grund verhindert". Eine ähnliche Rolle spielen sogenannte Bemühenszusagen im Verwaltungshandeln: Das sind keine Versprechen, dass etwas geschieht, aber Versprechen, dass man sich darum bemüht, dass es geschieht.

Man kann durchaus von einer *Institution des Versprechens* sprechen, in dem Sinne, dass die Frage, ob ein Versprechen gegeben geworden ist, durch feste, allgemein akzeptierte, normative Regeln bestimmt ist. Daraus ziehen Institutionisten die Folgerung, dass es außerhalb von Institutionen keine Verpflichtungen gibt, dass Verpflichtungen erst durch Institutionen in die Welt kommen. Im Extremfall wird die Ethik konventionalistisch verstanden, also als eine Beschreibung etablierter sozialer (institutioneller) Konventionen. Demnach gäbe es außerhalb konventionell etablierter Institutionen keine moralischen Verpflichtungen und die Ethik beschränkte sich darauf, die jeweiligen im sozialen Kontext erwarteten Regelkonformitäten zu beschreiben. Die Ethik würde deskriptiv.

Der Institutionismus erfasst einen wichtigen Aspekt moralischer und generell praktischer Gründe, aber er interpretiert diese Erkenntnis falsch. Der Fehler besteht in einer fast unmerklichen Verschiebung im Verständnis praktischer Gründe. Diese Verschiebung besteht darin, dass nun nicht die konventionellen Institutionen als Form sozialer Kooperation interpretiert werden, deren normative Bindungswirkung gerade darauf beruht, dass sie eine Form sozialer Kooperation sind, sondern die Institutionen werden selbst zur alleinigen Quelle aller Normativität. Es ist aber die Leistung von Institutionen, generell Interaktion und speziell Kooperation in einer komplexen Weise zu ermöglichen, die ihnen diese normative Kraft verleiht. Sie sind normativ relevant, da ist dem Institutionismus zuzustimmen, aber sie sind nicht selbst die alleinige Quelle von Normativität. Soziale Institutionen zum Beispiel, die diskriminierende Praktiken stützen, sind keine Quelle legitimer Normativität, da sie fundamentale Verpflichtungen, wie die der Gleichbehandlung von Personen, unabhängig von Hautfarbe, Religion, Geschlecht, verletzen. Die Radikalisierung der normativen Relevanz von Institutionen in Gestalt des Institutionismus, wie er auch in der Soziologie verbreitet ist,[297] erlaubt keine normative Kritik, außer wenn unterschiedliche Institutionen miteinander kollidieren. Man könnte auch sagen, der normative Standpunkt, die normative Perspektive, wird Institutionen-intern, also gebunden an eine spezifische soziale Institution.

Soziale Tatsachen sind *normativ* verfasst, jedes Sprachspiel, jeder Sprechakt, ist normativ verfasst, geleitet von Normen, die diejenigen teilen, die an dieser Institution, diesem Sprachspiel, diesem Sprechakt, sich beteiligen. Das macht die jeweilige *Beschreibung* der Institution, des Sprachspiels, des Sprechakts nicht selbst zu einer normativen Stellungnahme. Hier ist die Webersche Unterscheidung zwischen der konstitutiven Rolle von Wertungen für die Sozialwissenschaft einerseits und der geforderten Wertfreiheit der Sozialwissenschaft andererseits einschlägig.[298] Man kann, anders als Hilary Putnam[299] und viele, annehmen, jedenfalls idealiter eine wertfreie Sozialwissenschaft betreiben, obwohl die Gegenstände normativ konstituiert sind. Verstehen heißt nicht bewerten. Verstehen können wir soziale Praktiken nur, wenn wir hinreichend viele Merkmale mit den beobachteten Akteuren teilen, um die normative Verfasstheit ihrer Praxis erfassen zu können. Die Rede von der *„Teilnehmerperspektive"* ist insofern ambivalent: Nur wenn wir so viel teilen, dass wir uns in die beobachteten Akteure hineinversetzen können, können wir zum Beispiel Handeln von bloßem Verhalten unterscheiden, was aus der völlig externen Perspektive nicht möglich wäre. Auch intelligente Marsmenschen, die alle Möglichkeiten haben, natürliche Tatsachen bis in alle Details zu beschreiben und zu erklären, hätten vermutlich dennoch größte Probleme, soziale Tatsachen zu beschreiben und zu erklären. Sie könnten gewissermaßen die äußere Form sozialer Praxis beschreiben, aber nicht ihren Inhalt und dazu gehört ganz wesentlich die Intentionalität der an der jeweiligen Praxis Beteiligten. Die äußere Form unterscheidet nicht zwischen bloßem *Verhal-*

---

297 Vgl. z. B. Mary Douglas: *How Institutions Think*. Syracus University Press 1986. Auch Niklas Luhmanns Systemtheorie kann man als eine Variante des Institutionismus verstehen; vgl. Niklas Luhmann: *Die Gesellschaft der Gesellschaft*. Frankfurt am Main: Suhrkamp 1997.
298 Vgl. Max Weber: „Die Objektivität sozialwissenschaftlicher und sozialpolitischer Erkenntnis". In: *Schriften zur Wissenschaftslehre*. Stuttgart: Reclam 1991.
299 Vgl. Hilary Putnam: *Vernunft, Wahrheit und Geschichte*. Frankfurt am Main: Suhrkamp 1990.

ten und (intendiertem, kontrolliertem, motiviertem) *Handeln*. So wie die Oberflächen-Grammatik der Moralsprache das Normative nicht offensichtlich macht, so macht die Oberflächenstruktur des sozialen Verhaltens die konstitutiven Intentionen, die dieser erst Sinn geben und über die Erfassung dieses Sinns Erklärungen ermöglichen, nicht offenbar. Die Oberflächen-Grammatik der Moralsprache offenbart nicht ihren normativen Gehalt, die Oberflächenstruktur des sozialen Verhaltens offenbart nicht ihren Sinn. Ohne die Erschließung der Sinnhaftigkeit der Praxis aus der Perspektive der jeweiligen Beteiligten (nicht aus einer objektiven Perspektive), lässt sich die soziale Praxis jedoch nicht angemessen beschreiben. Gleiche Vorgänge, wie etwa der, dass eine Person eine Medizin aus dem Schrank holt und sie einem Patienten zur Linderung seiner Schmerzen gibt, können ganz unterschiedlich, zu unterschiedlichen Zeitpunkten, in unterschiedlichen raumzeitlichen Vorgängen, realisiert werden, obwohl sie den Vollzug derselben Handlung (desselben *type*) darstellen. Der raumzeitliche Vorgang selbst macht dies nicht offenkundig.

Schon der Terminus „Verhalten" ist hier nicht unproblematisch. Denn es ist durchaus fraglich, ob man von Verhalten in einem streng naturalistischen Sinne sprechen kann. Der Sprachgebrauch ist hier nicht eindeutig. Unter Verhaltenswissenschaft, unter Ethologie, wird die Beobachtung und Erklärung der Regularitäten des Verhaltens von Tieren verstanden.[300] Unter Ethologie fällt nicht die Beobachtung von Bakterien oder Viren, erst recht nicht von Steinen oder Elementarteilchen. Raumzeitliche Vorgänge als Verhalten zu beschreiben, scheint in diesem Sprachgebrauch schon eine zumindest rudimentäre *Intentionalität* zu präsupponieren. In der Tat kann man versuchen, diesen Gegensatz als den zwischen einer bloßen Beobachtung und einer teilnehmenden Beobachtung zu unterscheiden, aber dies birgt die Gefahr eines fundamentalen Missverständnisses: Um soziale Praktiken zu verstehen, ist es nicht erforderlich, an diesen teilzunehmen. Vielmehr reicht es hin, ihre intentionalen Elemente erfassen zu können. Diese Erfassung muss keineswegs mit Sympathie verbunden sein. Nach Ausbruch des Ukraine-Konflikts (Majdan-Krise, Russland-Sanktionen...) wurde das auffällige Phänomen, dass vor allem Vertreter der älteren Generation, darunter auch zahlreiche konservative Politiker, die Motive Russlands nachvollziehen konnten und den

---

[300] Vgl. empirische Befunde zu strukturell rationalem Verhalten von Tieren: Joan B. Silk: „The Evolution of Cooperation in Primate Groups"; Hillard Kaplan & Michael Gurven: „The Natural History of Human Food Sharing and Cooperation" und Menschen: R. Sethi & E. Somanathan: „Norm Compliance and Strong Reciprocity"; Robert Boyd et al: „The Evolution of Altruistic Punishment". All published in: *Moral Sentiments and Material Interests: The Foundations of Cooperation in Economic Life* 6 (2005).

Westen davor warnten, diese nicht ernst zu nehmen, als das der „Putin-Versteher" diskreditiert. Der Einwand, man versuche ja lediglich, nachzuvollziehen, was die jeweiligen Motive ausmache und wolle in diesem Sinne zu einem Verständnis der außenpolitischen Krisenlage beitragen, zog in der Öffentlichkeit nicht, da diese Unterscheidung zwischen nachvollziehendem und dann auch sympathisierendem Verstehen und Verstehen im Sinne der Erklärung einer Praxis über diejenigen Intentionen, die diese Praxis leiten, nicht verstanden wurde.

Verkompliziert wird die Lage allerdings dadurch, dass das Verstehen einer sozialen Praxis, einer konkreten Handlung, einer generellen Verhaltensweise, einer Institution, nur dann gelingen kann, wenn die jeweils identifizierten Intentionen, die diese Praxis leiten, in sich hinreichend stimmig, also kohärent sind. Wenn eine Praxis als vollständig unverständlich erscheint, dann hat man nicht verstanden, welche *Intentionen* diese leiten. Ein Verstehen im Sinne einer *Rekonstruktion* hinreichend kohärenter Intentionalität, die das beobachtbare Verhalten erklärbar macht, heißt aber immer auch, ein gewisses Maß an Rationalität zu unterstellen. Diese Rationalitätsunterstellung führt zum Konflikt mit den radikalen Kritikern, deren radikale Ablehnung eines Verhaltens sich dann in einem radikalen Unverständnis äußert und die all denjenigen, die nach Erklärungen suchen, unterstellen, damit zugleich eine Rechtfertigung zu liefern.

Der einzige Ausweg, aus dem sich hier abzeichnenden Dilemma ist eine *realistische* Interpretation theoretischer wie praktischer Gründe. Das Verstehen einer sozialen Praxis, einer Handlung, einer Institution, muss sich auf die von den beteiligten Akteuren jeweils akzeptierten Gründe beziehen, sonst bleibt sie unvollständig. Dies sind aber keineswegs die objektiven Gründe, die für oder gegen ein Verhalten sprechen. Die akzeptierten Gründe können irrig sein. Wer ein Verhalten versteht, indem er die von den beteiligten Personen akzeptierten Handlungsgründe rekonstruiert, teilt diese Gründe nicht notwendigerweise. Das beteiligende Verstehen muss man minimalistisch interpretieren: Es handelt sich lediglich um die notwendigen Gemeinsamkeiten der empirischen wie normativen Erfahrung, die die Zuschreibung der betreffenden Intentionen auf Grund beobachteten Verhaltens ermöglicht. Individuen, die radikal unterschiedliche *Lebensformen* praktizieren, können diese Zuordnung von Intentionen zu beobachtetem Verhalten nicht in adäquater Weise vornehmen und sich insofern nicht verstehen. Es ist durchaus fraglich, ob die kulturellen Differenzen innerhalb der menschlichen Spezies so groß sind, dass sie ein derart radikales Unverständnis zur Folge haben. Vieles spricht dafür, dass schon unsere genetischen Übereinstimmungen ein wechselseitiges Verständnis sozialer Praktiken auch über sehr stark differierende menschliche Kulturen hinweg ermöglichen.

Normativität und Sozialität sind nicht voneinander unabhängig. Das Normative ist in der Welt qua Sozialität und man kann die soziale Dimension menschlicher Existenz nicht verstehen, ohne ihre normative Konstitution einzubeziehen. Das macht die Sozialwissenschaften allerdings noch nicht zu normativen Disziplinen. Die nachvollziehende Beobachtung erfordert keine Identifikation mit den Handlungsmotiven der Beobachteten. Zugleich gibt es keinen externen Standpunkt, von dem aus sich die normative Stellungnahme begründen lässt. Die Begründungen nehmen ihren Ausgangspunkt in geteilten sozialen Praktiken. Dies ist der entscheidende Unterschied zu Konventionalismus und Institutionismus: Die normative Stellungnahme ergibt sich aus der Teilnahme an sozialen Praktiken und zugleich beurteilt sie diese. In einem gradualistischen Verständnis ist das keineswegs ein Widerspruch: Die normative Stellungnahme muss zwar ihren Ausgangspunkt in den normativen Konstituentien der sozialen Praxis, an denen man partizipiert, haben und diese bleibt ihre Bewährungsinstanz, aber zugleich trägt sie zur Systematisierung der Praxis des Begründens bei und wirkt damit auf die sozialen Praktiken ein. Die normative Stellungnahme ist also weder bloßer Ausfluss derjenigen sozialen Praktiken, an denen man teilnimmt, noch gibt es einen externen normativen Standpunkt, der die lebensweltliche Normativität als Ganze zur Disposition stellt. Das Normative und das Soziale sind miteinander verwoben, normative und soziale Tatsachen sind inferenziell miteinander verbunden, aber nicht im Sinne eines einfachen Ableitungsverhältnisses. Die Deduktion in die eine Richtung reduzierte die normative Stellungnahme auf die *Empirie* sozialer Praktiken. Die Deduktion in die andere Richtung wäre *Rationalismus* der praktischen Vernunft.

§ 4 Objektivität

Die philosophische Tradition ist von scharfen Alternativen geprägt: Die einen, die Rationalisten, meinen, dass alles Wissen auf Vernunft beruht. In der näheren Ausarbeitung dieses Programms wurden *Vernunftwahrheiten*, die als unbezweifelbar erschienen, identifiziert und der Versuch unternommen, den Rest allen Wissens aus diesen Prinzipien abzuleiten. Dieses Projekt kann jedenfalls für den Bereich unseres empirischen Wissens als gescheitert gelten. Die entgegengesetzte Alternative behauptet, dass die Quelle allen Wissens in unserer *Erfahrung* besteht. Dass es also unsere Sinneswahrnehmungen und Beobachtungen sind, aus der sich alles Wissen generieren lässt. Die Verbindung von Empirismus mit Induktivismus, also dem Programm der Ableitung umfassender Theorien aus Beobachtungen, kann ebenfalls als gescheitert gelten.

Wenn sich zwei philosophische Auffassungen über Jahrzehnte, ja Jahrhunderte, gegenüberstehen und als Alternativen gelten, zwischen denen man sich entscheiden müsse, ohne dass die eine die andere dauerhaft verdrängt, dann ist die Vermutung naheliegend, dass beide jeweils bestimmte Aspekte richtig erfassen und der Gegensatz nicht dadurch überwunden werden kann, dass einer der Opponenten als falsch und der andere als richtig erwiesen wird, sondern nur dadurch, dass sich eine Sichtweise durchsetzt, die Einsichten beider Seiten integriert. Jedenfalls für die Allgemeine Wissenschaftstheorie kann man heute wohl guten Gewissens sagen, dass dieser schroffe Gegensatz zwischen rationalistischen und empiristischen Konzeptionen obsolet ist. Es hat sich keineswegs der Empirismus gegen den Rationalismus in toto durchgesetzt, noch der Rationalismus gegen den Empirismus: Elemente beider erkenntnistheoretischer Paradigmen sind in den avanciertesten zeitgenössischen Formen der Allgemeinen Wissenschaftstheorie enthalten. Dieses Stadium der Überwindung traditioneller Oppositionen ist in der praktischen Philosophie, speziell in der Metaethik, bis heute nicht erreicht. Hier feiern die alten Gegensätze fröhliche Urstände. Nun ist es gerade das Merkmal der Überwindung alter Oppositionen, dass diese jeweils zu Teilen gewahrt werden, aber der größte Teil der Argumente innerhalb der jeweiligen opponierenden Paradigmen dann hoffnungslos überholt erscheint. Interessanterweise treten dann in der Regel an die Stelle der alten Opponenten nicht neue, in sich geschlossene, scharf abgegrenzte Theoriegebäude, sondern sorgfältige Analysen einzelner Bereiche der Begründungspraxis, verbunden mit der Einsicht, dass sich diese nicht auf eines der beiden Schemata reduzieren lassen. An die Stelle eines scharfen metaphysischen oder erkenntnistheoretischen Programms, tritt eine gewisse Pluralität der Argumentationsweisen und eine Auffächerung der Gegenstände der Analyse.

Die vorliegende Schrift ist insofern ein Plädoyer für eine Überwindung alter Oppositionen und die Öffnung des Feldes für adäquatere, sorgfältigere, achtsamere Analysen und Rekonstruktionen in der Ethik und Rationalitätstheorie. So haben wir in den beiden vorausgegangenen Teilen zur *Phänomenologie struktureller Rationalität* und zum Verhältnis von *Moralität und Rationalität* dafür plädiert, dass es keine normative Perspektive außerhalb sozialer Praktiken geben kann und zugleich deutlich gemacht, dass dies nicht etwa einen Rückfall in den Konventionalismus oder gar in die empiristische Ethik beinhaltet. Die üblichen philosophischen Oppositionen sind an dieser Stelle schon aufgekündigt. Der weitere Gang der Untersuchung wird zusätzliche Schritte zur Überwindung irreführender, traditioneller Oppositionen in der praktischen Philosophie gehen. In diesem Abschnitt zur *Objektivität* werden wir deutlich machen, dass die immanentistische Herangehensweise, die radikal epistemische Perspektive, für die wir insbesondere im ersten Kapitel argumentiert haben, mit normativem Objektivismus vereinbar ist.

Der Streit darüber, ob etwas einen guten Grund für eine Handlung, eine Überzeugung, eine emotive Einstellung darstellt oder nicht, ist uns völlig selbstverständlich. Eine philosophische Theorie, die eine solche Auseinandersetzung, die ja den Kern vernünftiger Lebensformen ausmacht, als unzulässig erklärt, wäre *ipso facto* gescheitert. Eine philosophische Theorie muss diesem Phänomen unserer lebensweltlichen Praxis des Gründe-Gebens und Gründe-Nehmens gerecht werden, um adäquat zu sein. Es handelt sich dabei nicht um ein philosophisches Postulat, sondern um ein unbestreitbares Merkmal unserer Begründungspraxis, die von der lebensweltlichen Verständigung bis zu unseren wissenschaftlichen und philosophischen Diskursen reicht. Wenn man diese, uns alltägliche Form der Verständigung, also den Versuch, zu klären, ob etwas ein guter Grund für eine Überzeugung, eine Handlung, eine emotive Einstellung ist oder nicht, in der philosophischen Analyse bewahren will, bleibt nur eine objektivistische Interpretation von Gründen.

„Ich bin der Meinung, g spricht dafür, h zu tun und du bist der Meinung, g spräche dagegen, h zu tun. Du bist der Meinung, ich hätte einen guten Grund, h zu tun, ich bin der Meinung, ich habe keinen guten Grund, h zu tun, ja ich sollte h unterlassen." Selbst wenn man der Relativierung von Gründen auf Personen (hinsichtlich ihrer Interessen zum Beispiel oder ihrer zuvor vollzogenen Entscheidungen) oder auf Situationen (einschließlich kultureller Bedingungen) einen großen Spielraum einräumt, scheint eine objektivistische Interpretation von Gründen unverzichtbar, um diese Praxis des Gründe-Gebens und Gründe-Nehmens zu erfassen, ihr Legitimität in der philosophischen Rekonstruktion zu verschaffen. Denn worüber sollte denn der Streit gegebenenfalls gehen, als darüber, welcher Grund für eine Handlung, für eine Überzeugung oder für eine emotive Einstellung spricht? Die bloße Beschreibung von Präferenzen, die eine Person hat und die nach Auffassung mancher Humeaner die letzte Quelle aller praktischen Gründe sind, kommt ja schon deswegen nicht in Frage, weil niemand von uns damit zufriedengestellt wird, dass eine Person auf ihre Wünsche verweist, um den Streit beizulegen.

Um ein Beispiel von Richard Hare[301] zu variieren: Der faule Neffe überlegt, seinen Erb-Onkel bei einem Angelausflug über Bord zu werfen, um anstrengungslos reich zu werden. Wenn beide Intellektuelle sind, könnten sie beginnen, über das Für und Wider einer solchen Tat zu räsonieren. Der Erb-Onkel könnte argumentieren, dass er dieses unterlassen solle, weil dies eine verbrecherische Tat wäre und sein Neffe könnte entgegenhalten, dass massive ökonomische Interessen auch verbrecherische Taten rechtfertigen. Beide würden aber aus dem Spiel

---

301 Vgl. R. M. Hare: *Practical Inferences: New Studies in Practical Philosophy*. London: Macmillan 1971. Hare selbst wiederum bezieht sich mit diesem Beispiel auf Max Black: „The Gap between „Is" and „Should"". In: *Philosophical Review* 73 (1964), 165–181.

des Gründe-Gebens und –Nehmens aussteigen, den Austausch von Begründungen, hier bezogen auf die in Frage stehende Mordhandlung, beenden, wenn sie lediglich auf ihre Wünsche oder Präferenzen verwiesen. Die Antwort des Neffen, er habe nun einmal den Wunsch, reich zu werden und deswegen habe er unter den gegebenen Umständen den Wunsch, seinen Onkel umzubringen, ist deskriptiv eine vermutliche zutreffende Mitteilung, für die Frage der Rechtfertigung der Handlung aber völlig irrelevant. Ebenso ist das Argument des Onkels, dass er den Wunsch habe, weiter zu leben, für sich genommen irrelevant für die Frage, ob eine solche Tat gerechtfertigt ist oder nicht. Wünsche von Personen können immer nur im Verein mit der inferenziellen Kraft praktischer Gründe relevant werden.

Das Beispiel individueller Rechte macht diese Feststellung sofort einsichtig: Individuelle Rechte hat eine Person, wenn allein ihre Wünsche normativ relevant sind für das, was sie tut, und nicht die Wünsche anderer. So jedenfalls charakterisiert Amartya Sen das Liberale Prinzip:[302] Es gibt für jede Person mindestens eine Alternative, über die ausschließlich diese Person entscheidet, für die also die Wünsche dieser Person allein ausschlaggebend dafür sind, welche der beiden Möglichkeiten realisiert wird. Individuelle Rechte bilden ein *Inferenzmuster* von der sozialen Tatsache, dass ich eine Präferenz habe, zur Erlaubnis, dass ich diese Präferenz realisiere. Aber auch in außermoralischen Kontexten gilt, dass eigene Entscheidungen, also Absichten, die einen Deliberationsprozess zum Abschluss bringen, Gründe geben, das zu tun, was die Realisierung dieser Entscheidungen ermöglicht. Ich kann mich darin irren, ich kann meinen, dies tun zu müssen, um meine Entscheidung zu realisieren, aber de facto wäre dies gar nicht nötig gewesen. Ich kann mich darin irren, dass ein bestimmter Wunsch mir das Recht gibt, etwas zu tun. Die Tatsache, dass subjektive Elemente wie Wünsche oder Entscheidungen eine Rolle dafür spielen, was ich vernünftigerweise tun sollte, spricht nicht für die Subjektivität von Gründen. Es ist objektiv richtig, dass allein ich entscheide, ob ich eine bestimmte Partnerschaft eingehe, vorausgesetzt die andere Person ist dazu ebenfalls bereit, die Meinungen Anderer dazu sind unter normalen Umständen dafür normativ irrelevant. Die Tatsache, dass das, was ich tue, das, was vernünftig für mich ist, auch davon abhängt, welche Wünsche ich habe, ob ich zum Beispiel mit dieser Person zusammenziehen möchte, macht den Grund, der dafür spricht, dass ich frei bin, mich so zu entscheiden, wie es meinen Wünschen entspricht, keineswegs zu einem subjektiven. Auch hier sind Irrtümer

---

[302] Vgl. Amartya Sen: „The Impossibility of a Paretian Liberal". In: *Journal of Political Economy* 87 (1970) und ders.: *Collective Choice and Social Welfare*. London: Penguin Books 1970, Kap. 6 und 6*.

möglich. Vielleicht ist die Person anderweitig gebunden und es gibt gute Gründe, meinen Wunsch nicht zu realisieren, obwohl er mit dem Wunsch der anderen Person übereinstimmt, zum Beispiel, weil damit eine Familie zerrissen würde. Möglicherweise ist die Person gebunden und es würde das Ende ihrer Familie bedeuten. Vielleicht ließe sich die Familie aber auch aufrechterhalten, trotz einer neuen, zusätzlichen Beziehung. Dies sind schwierige und in multikulturellen Gesellschaften besonders fordernde normative Fragestellungen, für die subjektive Wünsche relevant sind. Es ist die Form des jeweiligen Grundes, die diese inferenziell relevant macht, die den Übergang von sozialen Fakten, zu denen die Präferenzen der Betroffenen gehören, zu normativen Fakten ermöglicht, aber der Grund als solcher bleibt objektiv.

Subjektive Wünsche gibt es streng genommen ebenso wenig wie subjektive Tatsachen. Es gibt Meinungen über Wünsche, manche sind zutreffend, dann habe ich mir einen objektiv guten Grund zu eigen gemacht, manche sind unzutreffend, dann habe ich mir einen vermeintlich guten Grund zu eigen gemacht, der aber tatsächlich kein guter Grund ist. Subjektive Gründe sind wie subjektive Tatsachen *Oxymora*. Sofern sich dieser Sprachgebrauch schon etabliert hat, teilweise auch in der Jurisprudenz, sollten wir ihn in der Tat wieder aufgeben. Er ist irreführend und mit der sonstigen Praxis des Deliberierens unvereinbar. Gründe sind ausweislich unseres lebensweltlichen, aber auch wissenschaftlichen, ökonomischen oder politischen Deliberierens objektiv. Wir streiten darüber, wer wofür welche Gründe tatsächlich (objektiv) hat und wer sich hinsichtlich seiner Gründe irrt. Bei einer subjektivistischen Interpretation von Gründen erschiene die Praxis des Deliberierens als ganze als ein großes Illusionstheater, als etwas, das etwas vorgaukelt, das es in Wirklichkeit nicht gibt.

Wer das Gesamt des Deliberierens, wer das Gesamt unserer lebensweltlichen Erfahrung, wer unser Selbstbild als verantwortliche Subjekte, wer die Praxis des Gründe-Gebens und Gründe-Nehmens als bloßen Schein entlarven möchte, zieht sich selbst den Boden unter den Füßen weg, auf dem er steht, zerstört die Bewährungsinstanz aller, auch der philosophischen Argumente, stellt sich außerhalb einer Lebensform, in der Gründe ausgetauscht werden – ernstgenommen wäre dies nur um den Preis der radikalen Isolation, des Ausstiegs aus der sozialen Praxis möglich. Gründe sind ausweislich dieser Praxis objektiv. Sich Gründe zu eigen zu machen, heißt anzunehmen, dass diese objektiv gute Gründe sind und das eigene Urteilen und Handeln, die eigene Lebensform, daran auszurichten.

Wenn Gründe aber objektiv und normativ sind, dann sind Gründe nichts Psychologisches, keine mentalen Eigenschaften, Zustände, Prozesse und a fortiori nichts Physisches, keine materiellen Eigenschaften, Zustände, Prozesse, die sich mit den Mitteln der Naturwissenschaften beschreiben ließen. Gründe lassen sich, recht verstanden, nicht in ein naturalistisches Weltbild einbetten, sie sind mit einer naturalistischen Metaphysik nicht verträglich. Sie sind nicht einmal mit einer deskriptivistischen, soziale Tatsachen einbeziehenden Sicht verträglich, wie wir oben gesehen haben, denn auch soziale Tatsachen beinhalten zwar normative Konstituentien, ihre Erfassung setzt aber keine normative Perspektive, keine normative Stellungnahme voraus oder impliziert diese. Die Praxis des Gebens und Nehmens von Gründen ist aber sowohl eine normative wie eine objektive, ihre Interpretation kann nur *normativistisch* und *objektivistisch* sein. Moralischer Realismus ist nichts anderes als die metaethische Variante dieser Einsicht.

§ 5 Nicht-Algorithmizität

Die Frage, ob unsere theoretischen wie praktischen Deliberationen eine algorithmische Form haben oder nicht, scheint von eher technischem Interesse zu sein. Tatsächlich hat diese Frage eine philosophische Tiefendimension, die auch die Theorie praktischer Vernunft tangiert. Da die Problematik besser am Beispiel theoretischer Deliberationen zu klären ist, beginnen wir mit diesen, um dann zu erläutern, inwiefern das für unser Verständnis von praktischer Vernunft relevant ist.

Theoretische Deliberationen sind auf die Klärung theoretischer Fragen gerichtet, also darauf, welche deskriptiven Tatsachen bestehen, welche deskriptiven Sachverhalte zutreffend sind. Wenn wir mit einem Argument konfrontiert sind, das zeigt, dass p (eine deskriptive Tatsache) der Fall ist, dann sollten wir von p überzeugt sein. Das gilt auch dann, wenn diese Überzeugung Nachteile mit sich bringt. Man kann das auch folgendermaßen formulieren: Ein gutes Argument für eine (deskriptive) Tatsache, ein guter theoretischer Grund für p, spricht dafür, sich diese Überzeugung zu eigen zu machen. Das Argument für p ist zugleich ein Argument für eine Überzeugungsänderung, wenn p zuvor nicht zur Klasse der deskriptiven Sachverhalte gehörte, die die betreffende Person für zutreffend hielt.

Diese Differenzierung zwischen Gründen für p und Gründen dafür, von p überzeugt zu sein, scheint ein Beispiel für die Neigung der Philosophie zu sein, irrelevante Spitzfindigkeiten zu erörtern. Erst die Analogie im Bereich praktischer Gründe wird deutlich werden lassen, dass jedenfalls im Falle praktischer Deliberation dieser unauflösliche Zusammenhang zwischen Gründen für p und Gründen dafür, sich die Überzeugung p zu eigen zu machen, nicht selbstverständlich ist.

Wenn wir theoretische von praktischen Deliberationen, theoretische von praktischen Gründen, Theorie von Praxis unterscheiden, dann darf dies nicht zu dem Missverständnis führen, dass die Praxis theoriefrei sei. Im Gegenteil ist es ja ein zentraler Aspekt der hier vorgestellten Theorie praktischer Vernunft, dass die Rolle des Räsonierens, des Begründens, des Systematisierens, in beiden Bereichen in hohem Maße analog ist. Auch die Unterscheidung zwischen dem „deskriptiven" und dem „normativen" Bereich kann Missverständnisse nach sich ziehen: Nicht alles, was in den Bereich des Normativen fällt, ist in dem Sinne normativ, dass es zu Handlungen anleitet. Wenn jemand behauptet, das gegenwärtige Steuersystem sei ungerecht, dann formuliert er damit allein keinen Imperativ. Ja auch die, wie wir annehmen wollen, guten Gründe, die dafür sprechen, dass das gegenwärtig etablierte Steuersystem ungerecht ist, implizieren noch keine Gründe, die zu konkreten Handlungen anleiten. Es wäre immerhin denkbar, dass die Ungerechtigkeit des Steuersystems zweifelsfrei mit Argumenten gezeigt wäre und doch völlig offen geblieben ist, was zu tun wäre, um diesem Missstand abzuhelfen. Man mag immerhin sagen, der Nachweis, dass ein Steuersystem ungerecht ist, reicht hin zu der Forderung (dem normativen, moralischen, politischen Imperativ) „Es sollte geändert werden". Aber das ist eine sehr vage Form von Normativität, in der die vielleicht äußerst komplexen Argumente, die für die Ungerechtigkeit des bestehenden Steuersystems sprechen, nicht aufgehen. Diese Ungerechtigkeit kann geklärt werden, ohne dass konkrete Handlungsimperative impliziert sind. Auch das, was Philosophen gerne als „Deskription" bezeichnen, ist in der Regel weit mehr als dieses: eine bloße Beschreibung. Es ist zum Beispiel eine wissenschaftliche Erklärung. Oder eine Hypothese, eine Vermutung, die aber nicht direkt durch die „Beschreibung" empirischer Sachverhalte, sondern nur durch Rekurs auf anspruchsvolle wissenschaftliche Theorien formuliert werden kann. Nehmen wir die Frage, ob Marcel Proust während der Abfassung seines berühmten Romans von einer Depression geplagt war. Das ist zweifellos eine „deskriptive" Frage, die allerdings nicht durch Beobachtung geklärt werden kann, weil wir nicht mehr zu den Zeiten leben, in denen Proust sein Werk verfasste. Auch die in der analytischen Philosophie so beliebte Fassung: *Theoretical reasons speak in favor of beliefs, practical reasons speak in favor of actions*, deckt allenfalls einen Teilaspekt dieser Gegenüberstellung ab. Im Folgenden werden wir uns allerdings auf einfache Beispiele beschränken, sodass die diffizileren Fragen dieser Unterscheidung hier noch nicht auftreten.

Sie wollen klären, wie viele Stühle sich im Vortragssaal befinden. Eine Möglichkeit ist, die Stühle zu zählen. Die direkte Beobachtung im Sinne der Klärung dieser Frage durch den Augenschein scheidet bei der hohen Anzahl von Stühlen im Vortragssaal aus. Sie beginnen also vorne links die erste Reihe zu zählen und setzen dann in der zweiten Reihe vorne rechts fort usw., bis jeder Stuhl einmal gezählt worden ist und kein Stuhl zweimal. Es handelt sich hier um ein algorithmisches Verfahren: Es ist jeweils eindeutig festgelegt, welchen nächsten Schritt der Zählung Sie unternehmen und wann diese Zählung ein Ende hat. Sie hat dann ein Ende, wenn kein Stuhl ungezählt geblieben ist. Nehmen wir an, das Ergebnis lautet: 472 Stühle stehen in diesem Vortragssaal. Es ist nicht hundertprozentig sicher, dass Sie sich nicht verzählt haben, vielleicht waren Sie einen Moment unachtsam und haben bei einem Reihenwechsel die zuletzt erreichte Anzahl von Stühlen falsch erinnert, sodass das Ergebnis der Zählung anders ausfällt, als die tatsächliche Zahl der Stühle in diesem Zimmer. Niemand kommt auf die Idee, das Ergebnis der Zählung mit der Anzahl der Stühle zu identifizieren. Wir sind alle lebensweltlich Realisten. Wenn unterschiedliche Personen zu unterschiedlichen Anzahlen nach ihrer jeweiligen Zählung kommen (und niemand in der Zwischenzeit Stühle entfernt oder hinzugefügt hat), sind wir alle, unabhängig von unseren erkenntnistheoretischen oder metaphysischen Positionen der Auffassung, dass bei fünf sich wechselseitig widerstreitenden Ergebnissen höchstens eines zutreffen kann.

Zählung ist ein Verfahren, um deskriptive Sachverhalte, hier natürliche Tatsachen, zu klären. Die tatsächliche Zahl der Stühle im Vortragssaal ist eine natürliche Tatsache. Der Einwand, dass das Zählen von Stühlen erst sinnvoll wird, wenn der Begriff des Stuhls durch Menschen in die Welt gekommen ist, geht in die Irre. Wenn eine Sprachgemeinschaft nicht über den Begriff des Stuhls verfügt, werden ihr diese Gegenstände vermutlich herzlich irrelevant erscheinen und sie wird dann nie, oder jedenfalls nur selten, Zählungen vornehmen. Wenn jemand aus einer solchen Sprachgemeinschaft dennoch zählt, dann ohne die Gegenstände zu bezeichnen, etwa in Gestalt von „das und das und das...", 472-mal. Der Kieselstein, der sich über einen verdreckten Schuh in den Vortragssaal verirrt hat, wird auch von denjenigen nicht mitgezählt werden, die nicht über den Ausdruck „Stuhl" verfügen. Der Kieselstein scheint einer anderen Art anzugehören und das ganz unabhängig davon, ob die betreffende Person über den Terminus „Kieselstein" verfügt. Diese Unterschiede gehören zu einem vorsprachlichen Qualitätsraum, dessen Erfassung für entwickelte Mitglieder der Spezies *homo sapiens*, unabhängig von ihren sprachlichen Kompetenzen, möglich ist. Diese geteilte Zugänglichkeit ist Voraussetzung für eine realistische Interpretation unserer deskriptiven Überzeugungen.

Manche Eigenschaften der natürlichen Welt sind allerdings nicht in dieser einfachen Form der Zählung zu erfassen. Sie sind weder auf Grund unmittelbarer Beobachtung ersichtlich, noch durch ein einfaches algorithmisches Verfahren zu klären. Je komplizierter der Zugang zu bestimmten natürlichen Tatsachen, darunter auch generische, also allgemeine, etwa gesetzmäßige Zusammenhänge, desto eher können auch unter vergleichsweise intelligenten Menschen gravierende Meinungsunterschiede auftreten. Dieses Phänomen hält die moderne Wissenschaft in Gang. Dissense werden nicht durch das eine kluge Argument aus der Welt geschafft, sondern sie bestehen fort, werden modifiziert, und zum Teil erst durch neue gemeinsame Überzeugungen, Hypothesen und Theorien überwunden. Dies ist der Gang moderner Wissenschaft. Wenn alles so einfach wäre wie das Zählen der Stühle im Vortragssaal, gäbe es keine Wissenschaft. Bei Meinungsverschiedenheiten würden wir gemeinsam zählen und – hoffentlich – in absehbarer Zeit zu einem gemeinsamen Ergebnis kommen. Die Zweifel wären beseitigt. Es ist keineswegs gesagt, dass überall dort, wo es hinreichend kompliziert wird, also kompliziert genug, um Dissense zwischen vergleichbar intelligenten und kompetenten Personen heraufzubeschwören, sich ebenfalls ein algorithmisches Verfahren angeben ließe, das diese Dissense auflösen könnte. Manchmal mögen diese algorithmischen Verfahren, wenn sie existieren, so viel komplizierter sein als die Zählung der Stühle im Vortragssaal, dass unterschiedliche Personen dennoch zu anhaltend unterschiedlichen Ergebnissen kommen. Die Frage ist, ob sich nicht manche Tatsachen prinzipiell einer algorithmischen Überprüfung entziehen.

Diese Frage hat eine wissenschaftlich unumstrittene Antwort: Es gibt Tatsachen, die sich nicht algorithmisch überprüfen lassen. Allerdings beschränkt sich der Nachweis solcher Tatsachen auf einen besonderen Bereich, nämlich den der Logik. Es gibt logische Tatsachen, Theoreme genannt, von denen sich beweisen lässt, dass es kein algorithmisches Verfahren gibt, sie zu klären. Es lässt sich beweisen, dass die Beweise, die Logiker im Rahmen bestimmter Kalküle entwickelt haben, um Theoreme zu prüfen, nicht algorithmisch sind: Es gibt keinen Algorithmus, der uns diese Beweisführung anleitet, oder: Es gibt keine Turing-Maschine, die die Zeilen eines solchen Beweises produzieren könnte. Für diejenigen, die mit der modernen formalen Logik nicht vertraut sind, füge ich hinzu: Dies ist keine kühne philosophische These, sondern eine zwingende Folgerung aus den meta-mathematischen Resultaten zur Berechenbarkeit und Entscheidbarkeit von Kurt Gödel.[303] Während die Tautologien (Theoreme) der Aussagenlogik (der propositionalen Logik) durchgängig algorithmisch beweisbar sind, gilt dies schon nicht mehr für die nächste Stufe logischer Komplexität, nämlich die Prädikatenlogik erster Stufe. Es lässt sich beweisen, dass es keinen Algorithmus gibt, also kein mechanisches Verfahren, das es erlaubt, alle Theoreme, das heißt logisch wahren Aussageformen der Prädikatenlogik erster Stufe zu beweisen. Dies gilt a fortiori für reichere, ausdrucksstärkere Logiken.

Wenn nun aber die formale Logik nichts anderes ist als die Systematisierung von Teilen unserer inferenziellen Praxis, wenn – anders gewendet – die unterschiedlichen Logiksysteme, unter Einschluss der philosophischen Logiken

---

303 Vgl. Kurt Gödel: „Über formal unentscheidbare Sätze der Principia Mathematica und verwandter Systeme I". In: *Monatshefte für Mathematik und Physik* 38 (1931), 173–198; sowie W. Stegmüller: *Unvollständigkeit und Unentscheidbarkeit*. Wien/New York: 31973 und R. Smullyan: *Gödel's Incompleteness Theorems*. Oxford Univ. Press 1992.

(Modallogik, deontische Logik...) Formen adäquater Deliberation charakterisieren und wenn wir zudem wissen, dass die inner-logischen Inferenzen sich schon nicht mehr algorithmisch rekonstruieren lassen, dann spricht alles dafür, dass das inferenzielle System als Ganzes, also die adäquate Form des theoretischen (wie praktischen) Deliberierens kein Mechanismus ist, der sich von einer Turing-Maschine repräsentieren ließe. Kurz: Als denkende, deliberierende, Gründe abwägende, uns von Gründen affizieren lassende sind wir und alle Wesen, die zur Deliberation befähigt sind – keine (mechanistischen) Maschinen. Deliberation ist in toto kein kausaler Prozess. Das ist damit vereinbar, dass Deliberation kausal wirksam ist – eine Bedingung menschlicher Autorschaft.

Dieses philosophisch folgenreiche Ergebnis lässt sich auch durch eine *reductio ad absurdum* plausibel machen: Wäre menschliche Deliberation, das Abwägen theoretischer Gründe, die für Überzeugungen sprechen, ein mechanischer Prozess, ließe er sich prinzipiell prognostizieren. Da aber unsere Deliberation dazu führt, dass sich unser Wissen, unsere Kenntnisse, unsere Theorien, unsere Erklärungskraft erweitern, kann es nicht sein, dass sich Deliberation und deren Ergebnisse mechanisch aus einem früheren epistemischen Zustand deduzieren lassen. Denn wäre eine solche Deduktion möglich, wäre alles zukünftige Wissen schon im früheren enthalten und es gäbe, strenggenommen, keine Erweiterung unseres Wissens, keine Evolution der Wissenschaft, und damit keine durch Wissensfortschritte bewirkte soziale und kulturelle Evolution.[304]

---

304 In der Philosophie gibt es immer wieder das erstaunliche Phänomen, dass wesentliche Erkenntnisfortschritte im Laufe der Zeit verschüttet werden. Nicht, dass diese vergessen sind, aber sie spielen für die philosophische Debatte keine Rolle mehr. Manchmal werden sie dann Jahrzehnte später wieder zum Leben erweckt und beeinflussen erneut den philosophischen Diskurs. Jüngstes Beispiel ist die erstaunliche Renaissance des US-amerikanischen Pragmatisten John Dewey, der schon zu Lebzeiten zur Ikone erstarrt schien und dann in der Folgezeit durch die stürmische Entwicklung der auch von Emigranten aus Österreich und Deutschland befeuerten analytischen Philosophie in den USA als hoffnungslos vage und veraltet erschienen war. Aber auch Karl Popper hatte ein ähnliches Schicksal. Teilweise aus politischen Gründen wandten sich Prominente seiner Schüler ab und mit Thomas S. Kuhn schien eine radikale Gegenposition die Wissenschaftstheorie Poppers obsolet gemacht zu haben. Jenseits aller philosophischen Schulbildungen, auch persönlichen Aversionen und Sympathien, scheint mir viel dafür zu sprechen, dass zentrale Argumente Karl Poppers, darunter die Kritik der Ideologien einer geschlossenen Gesellschaft, seine kritische Epistemologie, auch sein Plädoyer für ein dualistisches Verständnis des Verhältnisses von Körper und Geist, die schon von Kurt Gödel vertretene Drei-Welten-Ontologie und eben dieses Argument gegen mechanistische Theorien des Geistes echte philosophische Erkenntnisfortschritte darstellen, die in einer adäquaten Theorie der Vernunft, wie auch immer modifiziert, Berücksichtigung finden müssen, vgl. K. Popper, „Of Clouds and Clocks: An Approach to the Problem of Rationality and the Freedom of Man", in ders. *Objective Knowledge: An Evolutionary Approach*, Oxford: Clarendon 1972.

Die menschliche Fähigkeit zur Deliberation ist der Kern menschlicher Freiheit.[305] Im Bereich der theoretischen Vernunft scheint mir dies unumstrittener zu sein als im Bereich der praktischen. Kaum jemand versteigt sich zu der These, dass unser theoretisches Deliberieren, speziell in den wissenschaftlichen Disziplinen, Ergebnisse zeitige, die vorab, also vor dem Einsetzen aller Deliberation, immer schon festlagen, dass es einen Mechanismus gibt, der mit naturgesetzlicher Notwendigkeit jeweils einen epistemischen Zustand aus dem Vorausgegangenen hervorbringe, dass die Wissenschaft nichts anderes sei als eine große Turing-Maschine, die nach Regeln, die wir nicht durchschauen, Schritt für Schritt, jeweils einen Nachfolge-Zustand auf einen vorausgegangenen folgen lässt. Die *Freiheit der Urteilsbildung* besteht nicht darin, dass wir entscheiden können, welche Überzeugungen wir haben, sondern dass wir fähig sind, zu deliberieren und unsere Entscheidungen vom Ergebnis dieser Deliberation leiten lassen. Wir sind die *Urheber der Gründe*, genauer: Wir sind diejenigen, die bestimmte Gründe als die unseren akzeptieren, und damit ist diese Form der Einflussnahme von Gründen auf eigenes Handeln *autonom* und nicht *heteronom* in der kantianischen Terminologie, es ist nicht etwas, das uns von außen auferlegt ist, sondern etwas, das unsere personale *Identität* ausmacht, dessen Quellen in uns, in unserer eigenen Deliberation, in der konkreten Abwägung von Gründen, die für oder gegen eine Überzeugung oder eine Handlung sprechen, liegt.[306] Da in die Deliberation unsere Erfahrungen und emotiven Einstellungen eingehen und durch diese wiederum modifiziert werden, handelt es sich bei dieser, noch vorläufigen Bestimmung von Autorschaft und Identität, nicht um ein rationalistisches Zerrbild. Es ist nicht die Deliberation als solche, sondern es ist der Inhalt der theoretischen wie praktischen Gründe, die unsere Überzeugungen und unser Handeln leiten.

Auch wenn die Sinneswahrnehmungen als solche jeweils als etwas Gegebenes interpretiert werden (was durchaus zweifelhaft ist), ist der Umgang mit diesen, ebenso wie mit unseren inferenziell noch unbeeinflussten Neigungen, in unserer *Verantwortung* als Wesen, die zur Deliberation befähigt sind. Wenn die Logik der Gründe mechanistisch wäre, wenn das Abwägen Algorithmen gehorchte, und seien diese noch so kompliziert, wenn es keinerlei Spielraum gäbe, um der mit der mechanistischen Form einhergehenden Determiniertheit zu entgehen, dann könnten wir nicht als Autorinnen oder Autoren unserer Überzeugungen und unserer Praxis gelten. Es ist der *nicht-algorithmische* Charakter theoretischer Gründe, der den Weg zur Freiheit ebnet.

---

305 Vgl. *ÜmF*.
306 Vgl. *VER*.

§ 6 Theoretische und praktische Gründe

Angenommen, einem Mathematiker ist ein Beweis für ein neues Theorem gelungen. Hat er damit Grund, anzunehmen, dass dieses Theorem wahr ist? Hat er Grund, von diesem Theorem überzeugt zu sein? Beide Fragen sind zweifellos mit „Ja" zu beantworten. Ein gelungener Beweis spricht für die Wahrheit des Theorems und wenn eine Person selbst einen solchen Beweis erarbeitet hat oder von einem solchen Beweis erfährt, dann hat sie Grund, überzeugt zu sein, dass das bewiesene Theorem wahr ist. Wir bewegen uns hier terminologisch auf einem schmalen Grat: Streng genommen handelt es sich in der Folge der soeben formulierten Behauptungen lediglich um Umformulierungen, denn was ist ein Beweis? Ein Beweis spricht für die Richtigkeit des Theorems, sonst dürfte man die Abfolge von Zeilen, die der Mathematiker zu Papier gebracht hat, nicht als Beweis bezeichnen. Wenn ein ‚Beweis' sich als falsch herausstellt, handelt es sich nicht um einen Beweis. Auch im Begriff des *Beweises* steckt, so könnte man sagen, eine realistische Interpretation: Beweis ist nicht das, was von einer Sprachgemeinschaft oder den Wissenschaftlern einer Disziplin für einen solchen gehalten wird, sondern ist das, was objektiv für die Wahrheit einer Proposition (hier eines Theorems) spricht. Ob diese Proposition mathematischer Natur ist, oder ob es sich um physikalische, ökonomische, juristische oder ethische Sachverhalte handelt, ist irrelevant. Ein gelungener Beweis kann so kompliziert sein, dass die meisten, die ihn versuchen nachzuvollziehen, dabei scheitern. Das mag dazu führen, dass viele zweifeln, ob dieser Beweis wirklich ein guter Beweis ist. Wenn aber gezeigt werden kann, dass die einzelnen Schritte des Beweises in Übereinstimmung mit bestimmten mathematischen Inferenzen (Gründen) sind, dann ist die betreffende Abfolge von Zeilen, die der Mathematiker zu Papier gebracht hat, ein Beweis. Ein Beweis bleibt ein Beweis, ganz unabhängig davon, wie sich die epistemischen Bedingungen ändern.

Ludwig Wittgenstein scheint in seinen Überlegungen zur Mathematik zu behaupten, dass es solche mathematischen Propositionen, die objektiv zu interpretieren wären, nicht geben kann, sondern nur bestimmte Regeln der Gewinnung und Überprüfung, die selbst die mathematischen Tatsachen erst konstituieren[307]. Die Frage etwa, ob es eine größte Primzahl gibt oder nicht, entscheidet sich durch ein (Beweis-)Verfahren, das klärt (beweist), ob es eine größte Primzahl gibt oder nicht. Die realistische Interpretation dagegen lautet: Es gibt eine größte

---

[307] Vgl. dagegen Felix Mühlhölzer: *Braucht die Mathematik eine Grundlegung? Ein Kommentar des Teils III von Wittgensteins Bemerkungen über die Grundlagen der Mathematik*. Frankfurt am Main: Klostermann 2010.

Primzahl oder es gibt keine größte Primzahl, entweder das eine ist wahr, oder das andere muss wahr sein, denn die eine Proposition ist eine Negation der anderen. Das, was sich durch einen gelungenen Beweis ändert, ist lediglich unser epistemischer Zustand, sind unsere Überzeugungen, diese mathematische Proposition betreffend. Nach einem (gelungenen) Beweis wissen wir, ob es eine größte Primzahl gibt oder nicht. An der Tatsache, dass es eine größte Primzahl gibt, bzw. an der Tatsache, dass es keine größte Primzahl gibt, ändert der Beweis nichts. Der Beweis *konstituiert* keine Tatsachen. Aber wie kommt diese mathematische Tatsache dann in die Welt? Ganz einfach: Dadurch, dass wir zwei eindeutige Begriffe miteinander verbinden: „Primzahl" ist eindeutig definiert und „größte" (Zahl) ist eindeutig definiert. Es kann kein Zweifel darüber bestehen, dass sich alle Mathematiker einig sind, was eine größte Zahl und was eine Primzahl ist. Ja, man darf vermuten, dass aufmerksame Schülerinnen im Alter von neun oder zehn Jahren ebenfalls wissen, was eine Primzahl ist. Jeder versteht daher auch den Satz „Es gibt eine größte Primzahl" und jeder versteht den Satz „Es gibt keine größte Primzahl". Wir wissen genau, was mit diesen Behauptungen gemeint ist, ganz unabhängig davon, ob wir beweisen können, ob es eine größte Primzahl gibt oder nicht.[308]

Unsere theoretische Freiheit, unsere *Autonomie des Denkens*, besteht nicht darin, dass wir die mathematischen, sozialen und möglicherweise auch natürlichen Tatsachen erst erfinden oder konstruieren, dass diese erst durch die Verfahren der Begründung in die Welt kämen (das wäre ein Rückfall in den erkenntnistheoretischen Idealismus), sondern die Freiheit besteht darin, zu deliberieren, die Gründe, die für eine Überzeugung sprechen, abzuwägen und am Ende uns diejenige Überzeugung zu eigen zu machen, die in höchstem Grade gerechtfertigt zu sein scheint. Es wäre eine Überzeichnung, eine Hypertrophie theoretischer Freiheit, die Gegenstände theoretischer Deliberation, und sei es nur in bestimmten Bereichen, wie zum Beispiel der Mathematik oder der Ethik oder der Sozialwissenschaft, als Ergebnis einer *Konstruktion* zu interpretieren. Auch wenn es Unterschiede zwischen natürlichen, mathematischen, sozialen und normativen Tatsachen gibt, auch wenn manche dieser Tatsachen erst durch kulturelle Praktiken in die Welt kommen, ist es doch nicht das Begründungsverfahren selbst, das diese Tatsachen konstituiert. Wahrheit ist in keinem der Bereiche unseres Wissens *epistemisch konstituiert*.

Die Praxis des Begründens ist immer kontextuell im weitesten Sinne: Sie bezieht sich auf geteiltes Hintergrundwissen, auf geteilte Zweifel, auf ein wenigs-

---

308 Vom 11.–13. Oktober 2006 fand in München ein von Felix Mühlhölzer und mir veranstaltetes DFG-Rundgespräch zum Verhältnis von Wissenschaft und Lebenswelt statt; vgl. *P&L*, Teil I.

tens zu wesentlichen Teilen gemeinsames Gefälle subjektiver Gewissheiten. Eine Begründung ist erfolgreich, wenn sie eine umstrittene Proposition gegenüber einer zweifelnden Person plausibel macht, indem sie gute Gründe für diese anführt. Eine ‚Begründung', die zwar die gewünschte Überzeugungsänderung zur Folge hat, die aber sachlich unzutreffend war, ist keine Begründung. Auch in unseren Begriff des Begründens ist der Realismus eingeschrieben.

Nichts spricht in meinen Augen dafür, dass die Rolle von Gründen sich in fundamentaler Weise ändert, wenn sie sich nicht auf Überzeugungen, sondern auf Handlungen beziehen. So wie *theoretische* Gründe, die für eine (deskriptive) Proposition sprechen, ipso facto ein in der Regel hinreichendes Motiv sind, seine Überzeugungen entsprechend anzupassen, also das Wohlbegründete in das eigene epistemische System, in das System der deskriptiven Überzeugungen zu integrieren, so sprechen *praktische* Gründe, also Gründe für Entscheidungen, dafür, die entsprechende Entscheidung zu treffen. Praktische Gründe sind ebenso wie theoretische Gründe immer auch *Motive* für die vernünftige Person. Eine Person, für die Gründe i. d. R. nicht zugleich Motive sind, wäre für uns gar nicht vorstellbar. Wir würden das betreffende Individuum nicht in unsere lebensweltlichen Interaktionen und Verständigungen einbeziehen können, es könnte sich an keiner sozialen Praxis beteiligen, es fiele aus allen sozialen Bezügen heraus und wäre für uns gewissermaßen unzugänglich.[309] Menschen, die sich weder von theoretischen noch von praktischen Gründen affizieren lassen, werden für uns, die wir an der Praxis des Gründe-Gebens und Gründe-Nehmens teilhaben und uns entsprechende Absichten und Überzeugungen zuschreiben, unverständlich. Das muss keineswegs heißen, dass das Verhalten eines solchen Menschen unerklärlich wird, aber die Form der Erklärbarkeit wäre eine ganz andere. Wir würden gewissermaßen zu Ethologen mutieren, die Verhaltensmuster beschreiben und versuchen, gewisse Regularitäten festzustellen, um zukünftiges Verhalten vorhersagen zu können, aber auch Einfluss auf dieses Verhalten zu nehmen. Man mag sogar versucht sein, aus dem äußerlich wahrnehmbaren Verhalten auf mentale Zustände zu schließen und es ist nicht ausgeschlossen, dass dabei Analoga zu

---

309 Mangels eigener Erfahrung kann ich nicht beurteilen, ob das die Situation ist, die sich im Umgang mit autistischen Menschen einstellt. Berichte legen das nahe. Vgl. Geraldine Dawson & Alexandra Adams: „Imitation and Social Responsiveness in Autistic Children". In: *Journal of Abnormal Child Psychology* 12 (1984), 209–226; Gregor Domes, Ekkehardt Kumbier, Beate Herpertz-Dahlmann & Sabine C. Herpertz: „Autismus und soziale Kognition". In: *Der Nervenarzt* 79 (2008), 261–274; und Nicole Bruning, Kerstin Konrad & Beate Herpertz-Dahlmann: „Bedeutung und Ergebnisse der Theory of Mind-Forschung für den Autismus und andere psychiatrische Erkrankungen". In: *Zeitschrift für Kinder- und Jugendpsychiatrie und Psychotherapie* 33 (2005), 77–88.

vertrauten Zuschreibungen auftreten. Verhaltensmuster, die zuvor unerklärlich schienen, zeigen sich dann als Ausdruck von Unzufriedenheit und aus diesen Korrelationen lassen sich am Ende Empfehlungen entwickeln, wie mit einem solchen Menschen umzugehen sei. Der Verlust der *Verständlichkeit* im üblichen Sinne des Teilens von Gründen, von Hintergrund- und Orientierungswissen, der Form der Konfliktlösung, der Kooperationsbereitschaft, kann dann zunehmend ersetzt werden durch sorgfältige Beobachtungen und Interpretation von Verhaltensmustern sowie Versuchen, die Lebenssituation der betroffenen Person zu verbessern. Dies ist nicht die objektive Einstellung (*objective attitude*), von der Peter Strawson spricht. Es ist eine anteilnehmende, empathische, rücksichtsvolle Einstellung, das Gegenüber wird nicht zum bloßen Objekt, sondern wird als *Subjekt eigener Erfahrungen* genommen. Wir versuchen, die mentalen Zustände nachzuvollziehen und gegebenenfalls zu verbessern. Aber das Gegenüber ist in dem Sinne keine Person, als sie aus den Begründungsspielen herausfällt, als sie nicht zur Kooperation, zur Rücksichtnahme, zur Einsicht, zur Kritik in der Lage ist. Die *Welt der Gründe* ist ihm nicht zugänglich.

Der Idealtypus des Psycho- oder Soziopathen illustriert eine andere Konstitution. Der Psychopath ist durchaus in der Lage, andere Menschen in adäquater Weise, ihre mentalen Zustände, ihre Wünsche, Absichten und Überzeugungen, ihre emotiven Einstellungen, ja den Komplex leitender Gründe, zu erfassen, ihm fehlt aber jede *Empathie*, das heißt eine über das Kognitive, die bloße Erkenntnis der jeweiligen mentalen Zustände hinausgehende Anteilnahme. Wenn eine Person leidet, dann leidet der Psychopath nicht mit, auch wenn er mit dieser Person vertraut ist und regelmäßigen Umgang pflegt. Der – idealtypische – Psychopath ist zu genuiner Kooperation im Sinne der Distanzierung von den eigenen Interessenlagen und der Bereitschaft, sich an einer gemeinsamen kooperativen Praxis zu beteiligen, nicht in der Lage, er orientiert sich durchgängig an den eigenen Interessenlagen. Andere werden zum bloßen Mittel der eigenen Interessenverfolgung.

Der Psychopath ist in der Psychologie das Pendant zum *homo oeconomicus* in der ökonomischen Theorie. Der *homo oeconomicus* und der Psychopath sind nie von altruistischen Motiven geleitet, sie sind kooperationsunfähig, aber – idealiter – auch in der langfristigen Perspektive „rational", das heißt, sie ordnen die jeweilige Mittelwahl ausschließlich der Optimierung ihrer eigenen Interessen unter. Da die Bereitschaft, mit Anderen zu interagieren und zu kooperieren, hilfreich ist, um eigene Ziele zu erreichen, entwickeln Psychopathen und *homines oeconomici* Strategien, wie sie diese Instrumentalisierung der Anderen verschleiern können. Sie sind charmant, einnehmend, drohen nur dann, wenn es gar nicht anders geht, wechseln die Interaktionspartner hinreichend häufig, sodass die eigene egoistische bzw. psychopathische Handlungsorientierung möglichst lange unentdeckt bleibt. Intelligenten Psychopathen kann auf diese Weise eine beachtliche Karriere gelingen.[310] Psychopathen und Egoisten agieren parasitär, das heißt, ihr Erfolg hängt davon ab, dass andere nicht als Psychopathen und Egoisten agieren. Im Zusammenbruch der zivilen Ordnung, zum Beispiel in Bürgerkriegssituationen, in Situationen raschen und unübersichtlichen gesellschaftlichen Umbruchs, bei Verlust der vertrauten sozialen Umgebung, nach Naturkatastrophen, bei traumatischen Erfahrungen, sind Menschen oft auf das nackte Eigeninteresse zurückgeworfen, werden gewissermaßen in ihrem Verhalten solipsistisch, kommen als vertrauenswürdige Interaktionspartner nicht mehr in Frage. Manche spalten sich auf in kooperationsfähige Individuen in einem bestimmten Lebensbereich und rücksichtslose Egoisten oder Opportunisten in einem anderen.[311] Im einen nehmen sie am Spiel des Gründe-Gebens und Gründe-Nehmens teil, lassen sich von theoretischen wie praktischen Gründen affizieren, reagieren auf Kritik, verhalten sich rücksichtsvoll und vertrauenswürdig, im anderen mutieren sie zu rücksichtslosen Macht- und Gewaltmenschen, kennen keine Gnade und keine Empathie, degradieren andere Menschen, mit denen sie zu tun haben, zu bloßen Objekten der eigenen Interessenverfolgung. Das heißt übrigens nicht, dass sie nicht *handeln*. Sie handeln und dieses ist für andere durchaus nachvollziehbar. Aber sie können sich an einer gemeinsamen, kollektiven Praxis mit denjenigen, die sie zu bloßen Objekten degradiert haben, nicht beteiligen. Der Egoist und der Opportunist weisen dabei ein wichtiges gemeinsames Merkmal auf: Beide beteiligen sich nicht mehr an einer gemeinsamen, geteilten (vernünftigen) Lebensform unter Einbeziehung derjenigen, die für sie zu bloßen Objekten geworden sind. Der idealtypische Konformist vereinsamt dabei in gleicher Weise wie der idealtypische Egoist. Beide nehmen nicht mehr an der Praxis des Gründe-Gebens und Gründe-Nehmens teil. Der eine, indem er alles für seine eigenen Interessen instrumentalisiert, der andere, indem das bloße Faktum der Konformitätserwartung der jeweiligen Autorität und nicht die Deliberation guter Gründe das Verhalten bestimmen.

Aber könnte es nicht sein, dass die guten Gründe allein durch mein Eigeninteresse bestimmt sind, dass also gerade dies wohlbegründet ist, was in meinem Eigeninteresse ist? Bzw. könnte es nicht sein, dass gerade das, was den Konformitätserwartungen der jeweiligen Autorität entspricht, die besten Gründe für sich hat? Auch wenn es nicht sehr wahrscheinlich ist, sowohl das eine wie das

---

310 Wie dargestellt im Film „Der talentierte Mr. Ripley" nach dem gleichnamigen Roman von Patricia Highsmith (Vgl. Minghella, Anthony (Regisseur), The Talented Mr. Ripley, Paramount 1999).
311 Die NS-Zeit bietet dafür prominente Beispiele.

andere wäre in der Tat möglich. Es ist nicht ausgeschlossen, dass gerade das, was in meinem Eigeninteresse ist, auch die besten Gründe für sich hat und dass das, was den Konformitätserwartungen der jeweiligen Autorität entspricht, eine Praxis ist, für die die besten Gründe sprechen. Aber wenn es so ist, dann nicht etwa deshalb, weil die betreffende Praxis in meinem Eigeninteresse ist oder weil sie den jeweiligen Konformitätserwartungen entspricht. Diese Übereinstimmung wäre kontingent. Festzustellen, dass etwas in meinem eigenen Interesse ist, reicht nicht hin, um zu zeigen, dass es wohlbegründet ist. Festzustellen, dass etwas den Konformitätserwartungen entspricht, reicht nicht hin, um zu zeigen, dass es wohlbegründet ist. Um zu klären, was wohlbegründet ist, muss ich mich auf die Deliberation, die Abwägung der Gründe, die dafür und dagegen sprechen, einlassen, ich kann diese Abwägung nicht durch eine Setzung substituieren, etwa durch die Definition, dass jeweils das wohlbegründet ist, was meinem eigenen Interesse entspricht. Eine solche Definition ist ohne jede normative Relevanz.

Aber woher wissen wir denn, welche Gründe hier relevant sind, welche ich abzuwägen habe? Gibt es ein Prinzip, das mir erlaubt, diese Gründe zu bestimmen? Ohne ein solches Prinzip weiß ich ja gar nicht, welche Gründe hier zu beachten sind. Nein, kein Priester, kein Philosoph, keine ethische Theorie, keine Anthropologie[312] oder Ontologie, kein Gottesbezug[313] kann mir diese Abwägung abnehmen. Aber woher kommen dann diese Gründe, was ist die Quelle ihrer Normativität? Nein, *die* Quelle aller Normativität gibt es nicht, weder in den Konstitutionsbedingungen menschlichen Handelns (*Kantian Constructivism*), aber auch nicht in den logischen Strukturen der Moralsprache (*universal prescriptivism*), noch in den transzendentalen Bedingungen der Kommunikation (*Diskursethik*). Es gibt keine *Theorie*, die die lebensweltliche Abwägung praktischer Gründe ersetzt.

Am Ende mag unser skeptischer Kritiker sagen: Aber was sollte mich dann überhaupt dazu bringen, Gründe abzuwägen und meine Handlungen am Ergebnis dieser Abwägung auszurichten? Hier sind wir am Ende allen Fragens angelangt.[314] Wir können nicht aus dem Spiel des Gründe-Gebens und Gründe-Nehmens aussteigen und dann nach Gründen fragen, Gründe oder Meta-Gründe einfordern. Wir sind immer inmitten dieses Spiels, ein Ausstieg hieße, die menschliche Lebensform verlassen.

---

312 Vgl. *HumR*.
313 Entgegen dem normativ-ontologischen Ansatz der politischen Theorie von Eric Voegelin: *Order and History: Vol. I–V*. Baton Rouge: Lousiana State University Press 1956–1987. Deutsche Ausgabe: *Ordnung und Geschichte: Band 1–10*. Hrsg. von Dietmar Herz und Peter Opitz. München: Wilhelm Fink Verlag 2001–2005.
314 Vgl. Ludwig Wittgenstein: *Über Gewißheit*. Frankfurt am Main: Suhrkamp 1983. Besonders §§ 192, 204, 212, 563.

§ 7 Autonomie

Dieses Verständnis der Rolle von Gründen legt einen neuen Autonomie-Begriff nahe. Während die neo-humeanischen Autonomie-Begriffe in der zeitgenössischen Philosophie[315] versuchen, ohne die Annahme menschlicher Freiheit auszukommen, radikalisiert der hier vertretene Ansatz die Gegenposition Immanuel Kants. Diese Radikalisierung ist weitreichend und verweist am Ende auf ein *stoizistisches* Verständnis praktischer Vernunft. Kants praktische Philosophie wäre demnach ein halbierter Stoizismus, während eine adäquate Autonomie-Konzeption diese Halbierung rückgängig machen muss. Es mag irritieren, dass in einer philosophiehistorischen Perspektive ein Rückgang von den zeitgenössischen neo-humeanischen Konzepten praktischer Vernunft in der analytischen Philosophie über Kant zur griechischen Stoa einen Erkenntnisfortschritt darstellen soll. In der Philosophie allerdings ist das kein Novum.[316]

Menschen sind autonom, insofern sie sich von Gründen leiten lassen. Da sich jedoch Handeln von bloßem Verhalten dadurch unterscheidet, dass es von Gründen geleitet ist, lässt sich ein angemessenes Verständnis von Autonomie nicht auf moralische Handlungen beschränken. Autonomie und Moralität fallen nicht in eins, wie Kant annahm. Das Gesamt der menschlichen Praxis wird uns nur verständlich, wenn wir es als durch Gründe geleitet interpretieren. Die Verantwortung für die eigene Praxis als ganze ist nichts anderes als ein Aspekt der menschlichen Fähigkeit, sich von Gründen leiten zu lassen. Da für die Praxis sowohl normative wie deskriptive Überzeugungen relevant sind, ist sie Ausdruck einer doppelten Freiheit, einer doppelten Autonomie, nämlich derjenigen, sich von theoretischen Gründen in seinen Überzeugungen und derjenigen, sich von praktischen Gründen in seinen Handlungen leiten zu lassen.[317] Die meist

---

315 Peter Baumann: *Autonomie einer Person*. Paderborn: Mentis 2000.
316 Ein Gutteil der zeitgenössischen praktischen Philosophie bezieht wesentliche Impulse aus dem Rückgriff und der Aktualisierung älterer Ansätze, etwa bei John McDowell und Robert Brandom, die Hegelsche Theorie der Vernunft, bei John Rawls die kantianische Theorie der Gerechtigkeit, bei Eric Voegelin und Leo Strauss die Philosophie Platons, bei Martha Nussbaum und Amartya Sen die aristotelische Anthropologie etc.
317 Wir fallen hier wieder in eine *façon de parler* zurück, die zwar in der modernen Philosophie gebräuchlich ist, die aber eine Dichotomie von Gründen in praktische und theoretische nahelegt, was schon deswegen inadäquat ist, weil emotive Einstellungen ebenfalls Gründe-geleitet sind und weil moralische Gründe oft keine praktischen sind, also solche, die die Praxis anleiten. Man nehme daher diese *façon de parler* lediglich als Kurzform für die vielfältige Rolle von Gründen, die in dieser Schrift unter verschiedenen Aspekten erörtert wurde: I §1 Philosophie als Theorie der Vernunft; I §4 Theoretische vs. praktische Vernunft; I §5 Gründe in der Lebenswelt; IV §§2–9 unterschiedliche normative Kriterien moralischen Begründens.

wie selbstverständlich akzeptierte theoretische Autonomie, also die Fähigkeit, Gründe für Überzeugungen abzuwägen und sich jeweils die Überzeugung, für die die besten Gründe sprechen, zu eigen zu machen, wird komplettiert durch die Fähigkeit, Gründe für Handlungen abzuwägen und diejenigen Entscheidungen zu treffen, die den besten praktischen Gründen entsprechen. Die Praxis als ganze repräsentiert das Akzeptieren eines Komplexes von Gründen. Wir sind als Wesen, die Überzeugungen haben (im theoretischen Sinne) autonom und wir sind als Wesen, die handeln (im praktischen Sinne) autonom. Wir sind nicht erst dann autonom, wenn wir über die beste Theorie oder die alles integrierende normative Ethik verfügen. Das Abwägen von Gründen ist unsere Freiheit, es macht den Kern der Selbstbestimmung aus.

In der kantianischen Terminologie: Pragmatische oder technische Imperative sind auf sich gestellt unzureichend, um Handlungen anzuleiten (gegen Kant). Ein Verhalten, das nichts anderes ist, als die Optimierung eigener Interessen oder wie auch immer bestimmter, aber normativ nicht ausgewiesener Gründe, hat keinen Handlungscharakter. Der moralische Imperativ, aus Achtung vor dem Sittengesetz zu handeln, kann jedoch die hohe Komplexität der Deliberation praktischer Gründe nicht angemessen erfassen. Diese Dichotomie zwischen Orientierung an der eigenen Glückseligkeit in den Grenzen deontologischer Verpflichtungen, die durch den Kategorischen Imperativ abgesteckt werden einerseits und moralisch motivierten Handlungen als Vernunftwesen andererseits, ist irreführend. Die eigene Glückseligkeit ist nur ein Handlungsmotiv unter vielen anderen, es ist nicht geeignet, die Begründungslast als ganze zu tragen, auch nicht, wenn man pragmatische Imperative auf den Bereich des moralisch Zulässigen beschränkt. Wir müssen uns von dieser Dichotomie, Eigeninteresse versus Moralität, beides reduktionistisch verstanden im Sinne von Optimierung der eigenen Glückseligkeit versus Universalisierbarkeitsgebot, lösen, um ein adäquates Verständnis menschlicher Autonomie zu erreichen.

Die menschliche Autonomie ist also umfassend, das heißt, sie betrifft den gesamten Bereich des Urteilens und Handelns, nicht nur Ausschnitte, etwa das moralische Handeln oder das wissenschaftliche Urteilen. Überall dort, wo Gründe im Spiel sind, gibt es die Möglichkeit, durch Abwägung seine Überzeugungen zu ändern und seine Entscheidungen zu treffen, dies ist die menschliche Form der Selbstbestimmung. Ein adäquates Autonomie-Verständnis ist holistisch.

Dieser *Holismus* hat einen Preis, nämlich den *Gradualismus der Autonomie*: Wenn jedes Handeln ein Minimum an Autonomie offenbart, auch jede Überzeugung, dann gibt es ein Mehr oder Weniger an Autonomie. Das Maß der Autonomie ist das Maß der Deliberation. Je sorgsamer die Abwägung der Gründe erfolgt ist, desto autonomer die handelnde oder urteilende Person. Theoretische Freiheit äußert sich darin, den jeweiligen Vorurteilen nicht zu folgen, sondern sich ein eigenes Urteil zu bilden, unbeeinflusst von den möglichen Reaktionen anderer. Praktische Autonomie zeigt sich als *Entscheidungsstärke*, als die Fähigkeit, nach den besten (praktischen) Gründen zu handeln, unabhängig davon, was andere davon halten, unabhängig von Sanktionen und Gratifikationen.

Der Stoiker geht einen Schritt weiter und verlangt vom autonomen Akteur auch Unabhängigkeit von den eigenen Leidenschaften, Neigungen, Begierden, Ängsten etc. Er verlangt *apatheia*. Wörtlich verstanden ginge dies weit über die menschlichen Fähigkeiten hinaus. Als Regel, sich von Gründen und nicht von den eigenen Neigungen, Augenblicksstimmungen, Gewohnheiten etc. leiten zu lassen, scheint mir *apatheia* aber ein wesentlicher Bestandteil praktischer Vernunft zu sein: die Fähigkeit, zu den eigenen Neigungen, den *pathe* im weitesten Sinne, normativ Stellung zu nehmen.

Ich erläutere dies kurz an einem viel diskutierten Projekt der Charité in Berlin mit dem Namen „Kein Täter werden"[318]. Hier geht es um den therapeutischen und vor allem prophylaktischen Umgang mit Männern, die pädophile Neigungen haben. Viele dieser Männer, so wird berichtet, melden sich dort freiwillig an, um zu vermeiden, dass „etwas passiert", dass sie gegenüber Kindern übergriffig werden oder gar eine Straftat begehen. Nach Auskunft der beteiligten Psychologen bilden sich pädophile Neigungen spätestens im Laufe der Pubertät aus und sind dann – und das macht sie als Beispiel für unsere Argumentation interessant – nicht mehr zu ändern. Dies zeigt sich etwa daran, dass bestimmte Phantasien, die die geschlechtliche Erregung begleiten, das „Kopfkino", mit bestimmten Episoden und Bebilderungen über Jahre und Jahrzehnte, ja über das ganze Leben, weitgehend konstant bleiben. Dies ist nicht nur eine Eigenschaft pädophiler Neigungen, sondern offenbar generell der sexuellen Orientierung, die auch durch therapeutische Maßnahmen nicht mehr verändert werden kann. Alle Versuche früherer Jahrzehnte, Homosexualität zu „heilen", sind entsprechend fehlgeschlagen. Der erste Schritt der psychologischen Betreuung und Begleitung besteht also darin, zu akzeptieren, dass die betreffende Person bestimmte sexuelle Neigungen hat, die nicht mehr ausgemerzt werden können. Der Ansatz, der an der Charité verfolgt wird, besteht nicht darin, diese Neigungen zu verändern, sondern den Umgang mit ihnen zu steuern. So werden unterschiedliche Typen von Bebilderungen sexueller Phantasien unterschieden und harmlose von weniger harmlosen und hochgefährlichen separiert und entsprechende Verhaltensempfehlungen

---

[318] Vgl. ein Interview mit dem Leiter des Projektes, Prof. Klaus Michael Beier in DER SPIEGEL 09/2014, online http://www.spiegel.de/panorama/justiz/umgang-mit-paedophilie-ganz-wichtig-ist-eine-klare-ansage-a-469104.html (abgerufen am 12.11.2018).

gegeben. Das eine, das Anschauen bestimmter Bebilderungen, ist erlaubt, das andere ist nicht erlaubt, das dritte ist strikt verboten. Sogar der strafrechtliche Umgang mit den Nutzern von Kinderpornographie berücksichtigt solche Unterscheidungen, das ist der Grund, warum Sebastian Edathy entgegen den Erwartungen einer breiten Öffentlichkeit gegen eine Zahlung von 5.000 Euro straffrei ausging (die nachgewiesene Nutzung von Bildmaterial betraf eine Kategorie von als relativ harmlos eingestuften Abbildungen). Zu den therapeutischen Regeln gehört, bestimmte Situationen strikt zu vermeiden, zum Beispiel Situationen, in denen die betreffende Person alleine mit Kindern ist. Der für uns interessanteste Aspekt dieser Form der Therapie/Prophylaxe besteht darin, dass hier der Handlungsimpuls von der Neigung entkoppelt wird. Die Neigung wird nicht bekämpft, da ihre Bekämpfung sinnlos wäre, sondern lediglich eine Praxis, die andere, hier Kinder, seelisch verletzen, herabwürdigen, traumatisieren würde.

Für Humeaner ist eine solche Form der Verhaltenssteuerung undenkbar, ja sogar begrifflich ausgeschlossen. Wenn Handlungen Neigungen offenbaren, dann kann es keine Entkoppelung von Neigung und Handlung geben. Diese humeanische Position scheitert aber schon daran, dass dann das Phänomen intertemporaler Handlungskoordination ein Rätsel bliebe. Erst die Zurückstellung augenblicklicher Neigung zugunsten späterer Satisfaktionen, ermöglicht eine im Zeitverlauf kohärente Praxis und darauf ist ein Gutteil der Erziehung und der Kulturalisation als ganze gerichtet. Es irritiert mich immer wieder, wie derart elementare Sachverhalte in einflussreichen philosophischen Theorien der Gegenwart unbeachtet bleiben können oder nur mit mühsamen und wenig überzeugenden Uminterpretationen gefügig gemacht werden. Jedenfalls zeigt der Erfolg des skizzierten therapeutischen Ansatzes, dass eine Entkoppelung durchaus möglich ist.[319]

Niemand kann allein aus Neigung handeln. Wer Hunger hat und das Erstbeste bestellt, um diesen Hunger zu stillen, unabhängig von den gesundheitlichen Folgen, handelt aus Gründen, er kann angeben, warum er sich so und nicht anders entschieden hat. Aber die Person, die den jeweiligen Augenblicksneigungen entspricht, diese zu handlungsleitenden Gründen transformiert, ist nur rudimentär autonom. Wenn keine Gründe zwischen Neigung und Verhalten wirken, dürften wir sie nicht als Akteur charakterisieren. Das höchste Maß an Autonomie hat der *strukturell rationale Weise* erreicht, der nur noch eine einzige Entscheidung für eine Lebensform trifft und die jeweiligen Praktiken und Entscheidun-

---

[319] Schon in unserer Analyse der Kooperation in Teil II haben wir für diese Entkoppelung argumentiert und sie konkret anhand der kooperativen Praxis in Gefangenendilemma-Situationen analysiert.

gen kohärent in diese Struktur einbettet.³²⁰ Diese Kunstfigur ist angesichts der *conditio humana* selbst als regulative Idee überzogen. Wir lernen, wir machen Erfahrungen, das heißt, wir erwerben das, was Aristoteles als *phronesis* bezeichnet hat, wir wachsen an unseren Aufgaben, wie der Volksmund das bezeichnet. Wir modifizieren unsere Ziele auf Grund frustrierender Erfahrungen, wir verändern sogar – idealiter mit Gründen – die von uns akzeptierten, handlungsleitenden Gründe – das Leben ist im Fluss, man kann es sich nicht als zu einer, einmal gewählten, strukturierten Lebensform erstarrt, vorstellen. Auch der vernünftige Lebensplan (*rational life plan*) von John Rawls in *A Theory of Justice* (1971) trägt puritanische Züge der überschießenden Selbstkontrolle, der Abschließung gegenüber Neuem, der Instrumentalisierung der eigenen Lebenspraxis.

Irgendwo dazwischen, zwischen dem Frankfurtschen *Wanton*, der seinen jeweiligen Augenblicksneigungen „rational" folgt und dem strukturell rationalen Stoiker, verorten sich die individuellen Lebensformen der menschlichen Spezies. Das Maß ihrer Selbstbestimmung nimmt zu, je weiter sie sich vom *Wanton* entfernen und dem strukturell rationalen Weisen annähern. Die vernünftigen Mitglieder der Spezies Homo Sapiens halten sich jedoch von beiden Extremen weit entfernt. Vom einen, dem *Wanton*, weil sie nach Kohärenz ihrer Lebensform streben, weil die Dinge in sich stimmig sein sollten, weil das Abwägen von Gründen Konflikte und Reue vermindert. Vom anderen Extrem, dem strukturell rationalen Weisen, weil sie um die Begrenztheit menschlicher Möglichkeiten wissen, weil sie die immer wieder neuen, pragmatischen Anpassungen an Erfahrungen und Handlungsbedingungen für unverzichtbar halten.

§ 8 Intertemporale und interpersonelle Kohärenz

Die *belief-desire*-Theorie bezieht ihre Attraktivität aus einem radikalen *Reduktionismus*: Die gesamte Komplexität praktischer Gründe wird durch einen einzigen fundamentalen Begriff ersetzt, nämlich den des *desire*. Wünsche als solche stiften jedoch keine Rationalität, sondern erst das, was diese Wünsche leitet: praktische Gründe. Die Tatsache, dass ich nach einer Kränkung den Wunsch habe, mich zu rächen, macht den rächenden Akt nicht rational. Vieles spricht sogar dafür, dass Handlungen aus Rachsucht nie rational sind. Es sind Motive unseres Handelns, die wir in Gestalt vorgebrachter Gründe rechtfertigen, die eine vernünftige Praxis bestimmen. Die Information (*sic*), dass eine bestimmte Handlung geeignet ist, die Wünsche einer Person zu erfüllen, hat keinerlei normative Relevanz. Es handelt

---

320 Vgl. *SR*.

sich um eine deskriptive Feststellung, die bestimmt, welche Mittel geeignet sind, um bestimmte Zwecke zu erfüllen. Das macht die entsprechenden Mittel nicht rational, es stiftet keine guten Gründe für eine Praxis.[321] Theorien und Begrifflichkeiten, die trotz aller Einwände prägend bleiben, sollten, soweit es geht, in die neue Theorie integriert werden. Um dies möglich zu machen, sind in der Regel Uminterpretationen erforderlich, diese sollten aber so moderat wie möglich ausfallen. Die Theorie praktischer Vernunft möchte dazu einen Beitrag leisten.

Die Tatsache, dass ich einen Wunsch habe, rechtfertigt auf sich gestellt keine Handlung. Um meine Rachsucht zu befriedigen, würde ich einer anderen Person gerne bleibenden Schaden zufügen. Die entscheidende Frage, die sich mir hier stellt, ist nicht, ob ich mir möglicherweise mit der Erfüllung dieses Wunsches selbst schade, sondern, ob es dieser Wunsch wert ist, verfolgt zu werden. Die ethisch gebildete Person wird zu einem negativen Ergebnis kommen. Sie wird diesen Wunsch nicht in einen, sie leitenden Handlungsgrund überführen. Sie nimmt kritisch zu diesem eigenen Wunsch Stellung, wenn sie sich entscheidet, diesem Wunsch nicht nachzukommen. Umgekehrt wäre die Entscheidung zur Tat zu schreiten und der betreffenden Person bleibenden Schaden zuzufügen, eine – implizite – Wertung: Dieser Wunsch ist es wert, realisiert zu werden. Diese Wertung wäre inadäquat und die sie repräsentierende normative Überzeugung unzutreffend. Es ist eine moralische Tatsache, dass dieser Wunsch es nicht wert ist, erfüllt zu werden.

Die Fähigkeit eigene und fremde Wünsche zu bewerten und es vom Ergebnis dieser Bewertung abhängig zu machen, ob diese handlungsleitend werden, macht den Kern praktischer Vernunft aus. Diese Bewertung ist Ausdruck normativer Stellungnahmen, deren natürliche Interpretation eine realistische ist: Ich möchte herausfinden, welche Wünsche gute Handlungs-Gründe konstituieren. Ich suche nicht in meinem Inneren nach weiteren, fundamentaleren Wünschen, die diese Wünsche bewerten oder gar nach *second order volitions*, vielmehr sind diese erst das Ergebnis normativer Einsichten, die ich mangels Willenskraft nicht in die Tat umzusetzen imstande bin: Wenn ich zum Ergebnis komme, ich sollte mit dem Rauchen aufhören, aber feststelle, dass mir dazu die Willenskraft fehlt, entwickle ich möglicherweise den Wunsch zweiter Ordnung, den handlungsleidenden Wunsch (erster Ordnung) nach einer weiteren Zigarette in Zukunft nicht mehr zu haben. Wünsche zweiter Ordnung konstituieren nicht die Person, oder ihre Willensfreiheit, sondern sind Ausdruck eines praktischen Versagens gegenüber moralischen Einsichten. Wer mit sich im Reinen ist, hat Wünsche zweiter

---

[321] Wir müssen dieses Argument hier nicht näher ausführen, da es schon in II §2 ausgeführt wurde.

Ordnung gar nicht nötig.[322] Es ist irritierend, dass eine der einflussreichsten Theorien praktischer Rationalität mit den lebensweltlichen Erfahrungen in einem offenkundigen Konflikt steht: Warum sollte die höchste menschliche Eigenschaft, der Status als Person, ausgerechnet das Paradigma des Drogensüchtigen haben? Denn für diesen ist es in der Tat charakteristisch, Wünsche höherer Ordnung zu entwickeln, er wünscht sich ja – meist – anders zu leben, als er es aus Willensschwäche tut. Und umgekehrt: Warum sollte dem ethisch Gebildeten und Willensstarken der Personenstatus aberkannt werden? Dieser hat keinen Grund Wünsche zweiter Ordnung auszubilden, weil er seine Wünsche kohärent bewertet und dem Ergebnis dieser Bewertung in der Praxis folgt.

Die vernünftigere Interpretation liegt auf der Hand: Wir versuchen[323] in unserer Praxis interpersonell und intrapersonell kohärent zu sein. Interpersonell, weil wir Rücksicht auf andere nehmen und kooperieren wollen (dies ist wiederum Ausdruck einer normativen Einsicht), intrapersonell, weil wir Situationen vermeiden wollen, in denen wir Grund haben, eigene Handlungen der Vergangenheit zu bereuen. Insofern *stiften* wir mit Entscheidungen gute Handlungsgründe, nämlich solche, die darauf gerichtet sind, diese Entscheidungen zum Erfolg zu führen. In manchen Fällen mögen wir erkennen, dass unsere Entscheidungen falsch waren, dann haben wir Grund, diese zu bereuen und weisen die Gründe zurück, die auf den Erfolg dieser Entscheidung gerichtet sind. Wir haben dann den Eindruck, inkohärent gehandelt oder geurteilt zu haben.

Interpersonelle Kohärenz wird durch die Praxis des Gründe-Gebens und Gründe-Nehmens erreicht oder zumindest angestrebt. Dabei ist es nicht erforderlich einen Konsens der normativen Urteile herzustellen, es genügt in vielen Fällen, aufeinander Rücksicht zu nehmen und abweichende Meinungen festzustellen. In diesen Fällen zeigt sich ein *Konsens höherer Ordnung*: Wir sind uns nicht einig, was jeweils richtig ist, aber wir sind uns einig, in welcher Weise wir mit diesem Dissens umgehen sollten. In der rechtsstaatlich verfassten Demokratie ist es dieser Konsens höherer Ordnung, der die Stabilität demokratischer Institutionen und den pragmatischen Erfolg politischer Aktion sichert. Es ist am Ende immer ein Konsens, der kollektives Wissen und kollektives Handeln möglich macht, selbst wenn sich dieser erst in der dritten oder vierten Ordnung einstellt.

---

322 Vgl. Harry Frankfurt: „Freedom of the Will and the Concept of a Person". In: *Journal of Philosophy* 68 (1971), 5–20; und kritisch dazu: *ÜmF*.
323 Diese Formulierung kann als Rückfall in den Humeanismus missverstanden werden: Als wäre es der (subjektive) Wunsch nach einer kohärenten Praxis, der uns leitet. Nein, es bleibt die Einsicht in gute Gründe – diese Einsicht stiftet im günstigen Fall Kohärenz; vgl. jedoch V §§ 9 u.10.

In dieser Weise wird die normative Überzeugung als solche, auch wenn sie mir irrig erscheint, zu einer relevanten Bestimmungsgröße guter Praxis.

Die *interpersonelle Kooperation* im Austausch von Handlungsgründen hat eine Analogie in der *intrapersonellen Koordination* des Handelns im Zeitverlauf: Die Wünsche, von denen ich annehme, dass ich sie demnächst haben werde (z. B den Wunsch, meinen Hunger zu stillen, wenn ich eine Zeitlang nichts gegessen habe), konstituieren – lange bevor diese auftreten – gute Handlungsgründe (z. B. dafür einzukaufen, bevor die Geschäfts schließen), vorausgesetzt es handelt sich um Wünsche, die es wert sind, realisiert zu werden. Die vernünftige Person wartet nicht darauf bis ihre Wünsche erster Ordnung sich durch Wünsche zweiter Ordnung modifizieren lassen, sie ist nicht der Spielball eines arationalen (internen) Gerangels um Einflussnahme. Sie bewertet aktuelle und zu erwartende eigene und fremde Wünsche, Umstände und Wahrscheinlichkeiten, und entwickelt auf dieser Grundlage eine interpersonell und intrapersonell kohärente Strategie – sie ist Autorin ihres Lebens und nicht ausführendes Organ ihrer Wunsch-Ökonomie.

§ 9 Normative Überzeugungen

Bislang sind wir von der gängigen Einteilung der Gründe in theoretische (für Überzeugungen) und praktische (für Handlungen) ausgegangen. Diese ist auch soweit unproblematisch, als sie nicht mit metaphysischem Ballast beladen wird, insbesondere mit der These, dass praktische Gründe auf individuelle Interessen oder Wünsche reduzierbar seien. Wir haben uns dieser Einteilung in theoretische und praktische Vernunft heuristisch bedient, um die Untersuchung an Vertrautes anzuschließen und so übersichtlich wie möglich zu halten. Jetzt ist aber der Zeitpunkt gekommen, den metaphysischen Ballast abzuschütteln, der mit dieser Einteilung der Gründe fast immer einhergeht.

Zunächst müssen wir uns von der Vorstellung lösen, es gäbe nur zwei Gegenstände des Begründens, nämlich Überzeugungen (*beliefs*) und Handlungen (oder Entscheidungen). Das Spektrum ist breiter und vielfältiger. So fehlt in dieser Dichotomie die Kategorie der *emotiven Einstellungen*, die wir in unserer lebensweltlichen Praxis des Gründe-Gebens und Gründe-Nehmens ganz selbstverständlich einbeziehen: Schon das kleine Kind fragt seine Schwester: „Warum bist du sauer?" und erwartet keine kausale Erklärung, sondern die Angabe von Gründen, nämlich, was es rechtfertigt, sauer zu sein, speziell sauer auf die Schwester. Eine typische Antwort lautet dann, dass diese aus der Sicht der Gekränkten etwas getan hat, was sie nicht hätte tun sollen und allenfalls eine rasch folgende Entschuldigung gäbe wiederum einen guten Grund, zu verzeihen und damit „nicht mehr sauer" zu sein.³²⁴ Das hat weitreichende philosophische Folgen, zum Beispiel die, dass wir nicht lediglich für Überzeugungen und Handlungen, sondern auch für unsere emotiven Einstellungen verantwortlich sind.³²⁵ Auf diese und weitere Implikationen kommen wir noch zu sprechen. Hier legen wir das Augenmerk auf die Rolle normativer Überzeugungen.

Die Redeweise von der Begründung kennt unterschiedliche Varianten und entsprechend unterschiedliche Formen der philosophischen Systematisierung. In der Tat ist es nicht ungewöhnlich, davon zu sprechen, dass eine bestimmte (natürliche) Tatsache begründet sei. Streng genommen ist aber eine Tatsache kein möglicher Gegenstand von Begründungen, sondern nur die Wahrheit dieser Tatsache oder die Überzeugung, dass diese Tatsache wahr ist, oder auch nur die subjektive Neigung, anzunehmen, dass diese Tatsache wahr ist oder die subjektive (hohe) Wahrscheinlichkeit diese Tatsache betreffend. Die inferenziellen Zusammenhänge, die Gründe stiften, bleiben immanent, sie verknüpfen unterschiedliche Elemente des epistemischen Systems miteinander, haben aber weder ihren Ausgangspunkt außerhalb dieses epistemischen Systems (es gibt keinen archimedischen Punkt der Begründung) noch enden Begründungen außerhalb des epistemischen Systems, zum Beispiel in Tatsachen. Allerdings sind die Inhalte unserer Überzeugungen in adäquater Weise nur realistisch interpretierbar, das heißt eine Überzeugung zu haben, bedeutet, davon überzeugt zu sein, dass etwas der Fall ist. Die Begründungsrelationen bleiben immanent, der Inhalt (die Gegenstände der Begründung) ist *transzendent*, verweist auf Tatsachen, die nicht epistemisch konstituiert sind.

Hier betrachten wir die Rolle normativer Überzeugungen. Die eine Richtung der Betrachtung geht von der Handlung aus, die andere führt zur Handlung hin und schließlich gibt es solche, die jedenfalls keinen unmittelbaren Handlungsbezug haben. Angenommen, ich erwäge, den Beruf zu wechseln. Es sind Gründe der unterschiedlichsten Art, die hier relevant sind: Vielleicht sehe ich keine Entwicklungsmöglichkeiten mehr, vielleicht empfinde ich die Tätigkeit als zu belastend, vielleicht reicht das Einkommen nicht aus, um angemessen für die Familie zu sorgen, vielleicht stecke ich in einer Sinnkrise und möchte mich „neu erfinden", vielleicht zieht es mich an einen anderen Ort, an dem ich diesen Beruf

---

324 Peter Strawson hat dies wunderbar sensibel, wenn auch mit einer sentimentalistischen Schlagseite in „Freedom and Resentment" (in: *Proceedings of the British Academy* 48 (1960)) ausgeführt, was ein ganzes philosophisches Forschungsprogramm initiierte, zu dessen faszinierendsten Spätfolgen das Werk von Jay Wallace gehört, vgl. Peter Strawson: *Freedom and Resentment: And Other Essays*. London: Routledge 2008; Jay Wallace: *Responsibility and the Moral Sentiments*. Harvard: University Press 1994.
325 Vgl. *VER*.

nicht ausüben kann, vielleicht bin ich frisch verliebt und möchte die Partnerin durch eine mutige Entscheidung beeindrucken, vielleicht habe ich moralische Bedenken, was diesen Beruf angeht, vielleicht fühle ich mich verpflichtet, auch mit meiner Berufstätigkeit einen Beitrag zur Milderung der Weltarmut zu leisten, vielleicht sehe ich allzu viele eigene Fähigkeiten brachliegen etc. Ich kann nicht sehen, dass sich diese Vielfalt von Gründen etwa in der Weise reduzieren ließe, dass ich jeweils Abschätzungen meines zu erwartenden zeitlichen Integrals der Zufriedenheit, des hedonischen Niveaus, vornehme. Wie sollten sich Gründe, wie Rücksichtnahme auf die Interessen der Familie oder moralische Bedenken gegenüber der jetzigen Berufstätigkeit, in eine solche Abschätzung überführen lassen? Menschen in allen Kulturen sind auch andere Dinge wichtig, neben dem eigenen Wohlergehen. Es ist kein – philosophisches oder außerphilosophisches – Argument in Sicht, das dagegen sprechen könnte, Dinge außer meinem Wohlergehen wichtig zu nehmen. Im Gegenteil scheint es, dass eine Person, die ausschließlich ihr eigenes Wohlergehen wichtig nimmt und alles andere für unwichtig hält, psychisch schwer gestört ist. Warum sollten wir eine pathologische Störung zur Grundlage der philosophischen Rationalitätstheorie machen? Hüten wir uns also vor einem voreiligen Reduktionismus. Nehmen wir die Vielfalt relevanter Handlungsgründe ernst, was nicht ausschließt, dass sie sich in der einen oder anderen Weise systematisieren lassen, zumindest in der Form, dass eine überschaubare Anzahl von Kategorien praktischer Gründe unterschieden wird.

Da es sich hier um eine möglicherweise existenzielle Entscheidung handelt, sind ihrer Rationalisierung Grenzen gesetzt. Diese Grenzen hängen damit zusammen, dass die Abwägung jeweils auf bestimmte Lebensformen bezogen ist, die selbst intrinsisch wertende Stellungnahmen enthalten. Die Lebensform besteht in spezifischen Wertungen. Wenn jedoch *in extremis* die Lebensform als ganze durch eine Entscheidung betroffen ist, ist es nicht mehr möglich, die einzelne Handlung danach zu beurteilen, ob sie in die gewählte und befürwortete Struktur der Lebenspraxis insgesamt passt. Aber auch dann, wenn es sich um *existenzielle Entscheidungen* handelt, wird das Ergebnis der, möglicherweise dilemmatischen, Abwägung eine Wertung sein: Mit meiner Entscheidung ist diese die von mir geschätzte und gewollte Lebensform. Diese Besser-Relation bringt keinen neuen Bewertungsaspekt, keine neuen Gründe ins Spiel, aber die alten Deliberationen haben angesichts des existenziellen Charakters der Entscheidung ihre orientierende Kraft ganz oder wenigstens teilweise eingebüßt. Die Abwägung, auch im Falle eines unterbestimmten Ergebnisses, resultiert nicht darin, dass eine bestimmte Qualität, wie eigenes Wohlergehen oder globale Nutzensumme, durch die eine Entscheidung in höherem Maße realisiert ist, als durch die andere. Wer wissen will, in welchem Sinne die eine Entscheidung besser ist als die andere, der ist wieder zurückverwiesen auf das Gesamt der Deliberation.

Vergleiche dies mit der Abwägung eines Utilitaristen: Auch dieser wird eine Vielzahl von Aspekten einbeziehen müssen, um zu bestimmen, welche der Entscheidungen die größte Nutzensumme im Universum nach sich ziehen wird. Diese Abwägung kann mindestens so kompliziert sein wie die lebensweltliche, von der wir gerade sprachen. Aber das Ergebnis ist dann eine Hypothese über die zu erwartende Entwicklung der Nutzensumme im Universum. Die Abwägung gäbe (theoretische) Gründe dafür, anzunehmen, dass die eine Entscheidung eine höhere Nutzensumme im Universum generieren würde als die andere. Die Besser-Relation wäre definiert über eine quantitativ größere Nutzensumme (oder den quantitativ höheren kollektiven Nutzenerwartungswert). Der Reduktionismus äußert sich nicht in einer Vereinfachung der Deliberation, sondern in der (fundamentalistischen) Setzung eines einzigen Bewertungsaspektes, oder anders formuliert: In der *Ersetzung* der ganzen Vielfalt von Bewertungsaspekten, die in der praktischen Deliberation zum Ausdruck kommen, durch einen einzigen, nämlich die Nutzensumme. Das Substitutionsverfahren, für das der Utilitarismus hier als Beispiel genommen wurde, würde zweifellos die vorausgegangene Deliberation zu einem deskriptiven Urteil zusammenführen: nämlich die eine Handlung hat eine höhere Nutzensumme zur Folge als die andere. Zusammen mit dem normativen utilitaristischen Kriterium: „Wähle diejenige Handlung, die die höhere Nutzensumme nach sich ziehen wird", lässt sich dann der normative (praktische) Schluss herleiten: Tue dies. Der Reduktionismus zeigt sich darin, dass das Gesamt der Deliberation zunächst deskriptiv ist, der Rechtfertigung deskriptiver Überzeugungen dient, um dann erst über ein Prinzip (hier das utilitaristische) in ein normatives Urteil überführt zu werden.

In beiden Fällen handelt es sich aber um Überzeugungen, die durch die Deliberation begründet bzw. generiert werden (wir kommen am Ende zu dieser Überzeugung auf Grund der Deliberation oder: Die Deliberation führt uns zu dieser Überzeugung). In beiden Fällen spielen deskriptive Sachverhalte eine große, möglicherweise allein ausschlaggebende Rolle. Zum Beispiel deshalb, weil die (normativen) Bewertungsaspekte eindeutig und unumstritten sind, während die deskriptiven Tatsachen, die normativ relevant sind, umstritten sein mögen. Auch ohne reduktionistische Transformation spricht vieles dafür, dass die normativen Eigenschaften auf den deskriptiven *supervenieren*. Die inferenzielle Rolle praktischer Gründe verbindet deskriptive Tatsachen (natürliche und soziale) mit normativen Tatsachen – so hatten wir die realistische Interpretation praktischer Gründe eingeführt. Supervenieren heißt allerdings keineswegs, dass die normativen Aspekte trivial sind. Wenn wir alles Deskriptive wissen, wissen wir noch lange nicht alles Normative, weil die Kriterien der normativen Beurteilung unklar sein mögen, umstritten, erst als Ergebnis der Deliberation eruierbar. Eine derart simple Beziehung zwischen empirischen und normativen Tatsachen, wie es die utilitaristische Ethik postuliert, sollte eher skeptisch stimmen. Wenn der Zusammenhang zwischen empirischen und normativen Tatsachen so simpel wäre, würde die lebensweltliche Komplexität praktischer Deliberation zum Rätsel. Tatsächlich aber scheitert die utilitaristische Ethik in ihrer Simplizität an den Ansprüchen, die gute praktische Gründe stellen.[326]

Wenn ich prüfen will, ob die eine oder die andere Entscheidung besser ist, bleibt mir gar nichts anderes übrig, als durch die Abwägung praktischer Gründe zu einem normativen Urteil, zur Rechtfertigung einer normativen Überzeugung zu gelangen. Die Klärung der Frage, was ich tun soll, ist die Klärung der Frage, welche normativen Überzeugungen richtig sind, (logisch zwingend) vorgeschaltet. Ich kann nicht direkt, unmittelbar zur Praxis kommen oder anders formuliert: Jede Praxis offenbart normative Überzeugungen.

Nicht alle, aber viele normative Überzeugungen haben praktische Implikationen. Wenn die normativen Überzeugungen auf die Beurteilung konkreter Handlungsalternativen gerichtet sind, ist dieser Zusammenhang ohnehin manifest. In vielen Fällen jedoch ist die normative Überzeugung nicht unmittelbar auf Handlungen gerichtet (diese Entscheidung wäre die bessere), sondern auf Bewertungen, die nur mittelbar praktische Implikationen haben. Ein prominentes Beispiel sind tugendethische Beurteilungen. Diese richten sich auf Dispositionen, wie es in zeitgenössischen Rekonstruktionsversuchen der aristotelischen Ethik meistens heißt,[327] auf Einstellungen, Charaktermerkmale, Tugenden, deren praktische Implikationen nicht immer eindeutig sind. Dass der *megalopsychos* bewundernswert ist, ist zweifellos eine normative Stellungnahme, es entspricht der tugendethischen Überzeugung des Aristoteles, aber wie sich der *megalopsychos* in Situationen, für die diese spezifische *aretē* relevant ist, tatsächlich verhält, mag oft genug umstritten sein. Die Tugendethik unterscheidet sich von der modernen Handlungsethik nicht so sehr in ihrer teleologischen Orientierung, sondern darin, dass sie die Begründungslasten anders verteilt: Für die modernen Handlungsethiken scheint das normative Kriterium für Handlungen leichter zugänglich zu sein,

---

[326] Stephen Toulmin hat frühzeitig darauf hingewiesen, dass die praktische Wendung der philosophischen Ethik, insbesondere in Gestalt der Medizin-Ethik, einen raschen Zusammenbruch, insbesondere der utilitaristischen Theorie nach sich gezogen hat, die sich als völlig unzureichend für die Abwägung normativer Fragen der medizinischen Praxis erwiesen hat. Unter dem schönen Titel „How Medicine saved the Life of Ethics" wird dies von ihm näher ausgeführt, in: *Perspectives in Biology and Medicine* 25 (1982), 736–750.
[327] Ich halte diese Übertragung von *aretê* in Disposition für irreführend, da Aristoteles in der *Nikomachischen Ethik* betont, dass es sich bei den *aretai* eben nicht lediglich um *hexeis*, sondern auch um *prohaireseis* handelt, dass Tugenden also auch einen Entscheidungscharakter haben oder – schwächer formuliert – Ausdruck einer Präferenz sind.

als Fragen des angemessenen Charakters, der angemessenen Dispositionen oder Tugenden (*aretē*), während es für die Tugendethik einfacher ist, zu bestimmen, was wünschenswerte, bewundernswerte, positive Charaktereigenschaften, Dispositionen, Einstellungen und Tugenden sind, als was im Einzelnen zu tun geboten ist. Man kann diese Differenz zwischen antiker und moderner Ethik, die ohnehin eine drastische Vereinfachung der Philosophiegeschichte darstellt, besser über eine epistemologische Differenz charakterisieren, denn über die Metaphysik. Die zeitgenössische Renaissance der Tugendethiken beinhaltet keineswegs einen Rückgriff auf die aristotelische oder gar platonische Ontologie.

Wenn die normative Überzeugung aber – wie auch immer vermittelt – feststeht, die für die Richtigkeit, Gebotenheit, Vernünftigkeit einer Entscheidung spricht, dann sollte man sich in der Regel keine Gedanken um die Handlungsmotivation machen müssen. Wenn eine Person überzeugt ist, dass diese Entscheidung die richtige ist, dann wird sie das tun – alles andere sind pathologische Ausnahmefälle, Zeichen von Willensschwäche, von Amoralität, von Unvernünftigkeit. Aber es gibt auch Fälle, in denen das normative Urteil keine praktischen Implikationen hat. Man kann sich durchaus eine hoch elaborierte Gerechtigkeitstheorie vorstellen, die keinerlei praktische Implikationen aufweist. Auch wenn klar ist, welches Steuersystem gerecht ist und welches ungerecht ist, kann es noch völlig offen sein, welche finanzpolitischen Entscheidungen richtig sind. Auch wenn die Gerechtigkeit die oberste Tugend ist, wie Platon, aber auch der zeitgenössische Gerechtigkeitstheoretiker John Rawls gemeinsam annehmen (eine auffällige Gemeinsamkeit!), kann keine Rede davon sein, dass der normative Gehalt einer Gerechtigkeitstheorie in ihren praktischen Implikationen aufgeht. Sowohl bei Platon wie bei Rawls, um bei diesen beiden prominenten Beispielen zu bleiben, ist keineswegs klar, welche praktischen Implikationen ihre elaborierten Gerechtigkeitstheorien haben. Platon schien am Ende angesichts der Unklarheit der praktischen Implikationen so verzweifelt zu sein, dass er sich in seinem Spätwerk auf die zweitbeste Verfassung zurückzog und einen Rechtsstaat entwarf, der die Gerechtigkeitstheorie, die er in der *Politeia* entwickelt hatte, keineswegs substituieren sollte, sondern lediglich den Vorteil hatte, dass die praktischen Implikationen klar waren. Auch bei John Rawls bleibt fast völlig offen, welche politischen, sozialen, kulturellen Entscheidungen sich aus seiner Theorie ergeben. Das macht seine Gerechtigkeitskonzeption in *A Theory of Justice* (1971) keineswegs unscharf. Das von ihm entwickelte Gerechtigkeitskriterium, die zwei Prinzipien mit der lexikalischen Vorordnung und den Differenzierungen, die im Laufe von vielen hunderten von Seiten vorgenommen werden, ist an Differenziertheit und Eindeutigkeit kaum zu überbieten.

Praktische Deliberation steht an Komplexität der theoretischen nicht nach. Beide haben dieselbe inferenzielle Form. Ich sehe da keine gravierenden, allenfalls marginale Unterschiede. In beiden Fällen geht es um die Rechtfertigung und die Generierung von Überzeugungen – deskriptiven im einen Falle, normativen im anderen. Das Normative ist nicht auf das Praxis-Anleitende zu beschränken. Das Normative ist nicht durch mittelbare oder unmittelbare praktische Implikationen bestimmt, wie die dominierende humeanische Sichtweise der zeitgenössischen Philosophie annimmt. Auch die grammatische Form erlaubt es uns nicht, zwischen normativen und deskriptiven Überzeugungen, normativen und deskriptiven Gründen, theoretischem und praktischem Deliberieren, zu unterscheiden. Diese Unterscheidung lässt sich an der sprachlichen Oberfläche nicht festmachen, wie Generationen von analytisch geprägten Metaethikern meinten. Dennoch bewährt sie sich an unseren lebensweltlichen Praktiken des Begründens. Auch diese Unterscheidung hat ihre Bewährungsinstanz in der lebensweltlichen Praxis des Gründe-Gebens und Gründe-Nehmens.

Die Rede von der *direction of fit*[328] ist eine, vielleicht unbeholfene, aber, wie mir scheint, recht treffende Charakterisierung zweier unterschiedlicher Typen von Intentionalität, aber diese darf nicht mit der Unterscheidung normativer und deskriptiver Überzeugungen identifiziert werden. Auch die Gerechtigkeitstheorie, deren normativer Gehalt sich nicht in praktischen Implikationen äußert, ist darauf gerichtet, die Welt an unsere (normativen) Überzeugungen anzupassen. Während die naturwissenschaftliche oder sozialwissenschaftliche Theorie darauf gerichtet ist, unsere (deskriptiven) Überzeugungen an die Welt anzupassen. Wenn wir uns hier allerdings nicht wieder von den realistischen Einsichten entfernen wollen, dann ist mit der Welt nur die Welt der deskriptiven Tatsachen gemeint und daher sollten wir diese Formulierung modifizieren zu: Im einen Fall geht es um die Anpassung unserer Überzeugungen an deskriptive Tatsachen und im anderen Fall geht es um die Veränderung (deskriptiver Tatsachen), damit sie normativen Tatsachen gerecht werden. Im einen Fall geht es um die Beschrei-

---

328 Vgl. Elisabeth Anscombe: *Intention*. Cambridge: University Press 1957; dort kommt dieser Ausdruck *direction of fit* zwar noch nicht vor, die Unterscheidung wird jedoch sehr präzise vorgenommen. J. L. Austin ist vermutlich der erste, der den Terminus verwendet (in der Analyse von Sprechakten), in *How to Do Things with Words*. Cambridge/Mass.: Harvard University Press 1975. [EA 1962]; dt. bei Reclam u. d. T. *Theorie der Sprechakte*; vgl. a. I. L. Humberstone: „Direction of Fit". In: *Mind* 101 (1992), 59–83. John Searle hat diese Unterscheidung schließlich in seiner Klassifikation „A Taxonomy of Illocutionary Acts". In ders.: *Expression and Meaning: Studies in the Theory of Speech Acts*. Cambridge: University Press 1985, S. 1–19 systematisiert. Wir problematisieren hier also eine ehrwürdige und wohl-etablierte Sichtweise mit prominenten Vertretern. Der *locus classicus* ist aber unterdessen Michael Smith: *The Moral Problem*. Oxford: Blackwell 1994; vgl. auch seinen Sammelband *Ethics and the A Priori: Selected Essays on Moral Psychology and Meta-Ethics*. Cambridge: University Press 2004.

bung deskriptiver Fakten und im anderen geht es um das Einwirken auf die empirische Welt, nach Kriterien, die wir der normativen Ordnung der Dinge, der Welt der normativen Fakten und normativen Inferenzen, entnehmen.

§ 10 Emotive Einstellungen

Scheitert die in den letzten Abschnitten entwickelte Konzeption praktischer Gründe, die These der weitgehenden Analogie theoretischen und praktischen Deliberierens, die These der grammatischen und inferenziellen Ununterscheidbarkeit, nicht spätestens an der dritten Kategorie von Gegenständen des Begründens, den emotiven Einstellungen?

Bevor diese Frage geklärt werden kann, stellt sich die fundamentalere, ob emotive Einstellungen überhaupt ein möglicher Gegenstand der Begründung sind. Die emotivistischen Theorien der Frühzeit der analytischen Metaethik legten ja gerade die Umkehrung nahe: Das, was als ethische Begründung vorgebracht wird, ist nichts anderes als eine Beschreibung bzw. ein Ausdruck emotiver Einstellungen. Emotionen sind gegeben und nicht begründbar und das, was als moralisches Argument oder auch nur als eine moralische Stellungnahme vorgebracht wird, ist Ausdruck emotiver Einstellungen. Dies war der Versuch, der philosophischen Ethik ihren traditionellen Kognitivismus und Realismus auszutreiben, der sich aber mit der lebensweltlichen, moralischen Begründungspraxis nur schwer in Einklang bringen ließ. Da sich diese Begründungspraxis sprachlich manifestiert, kann man auch so formulieren: Dieses als Analyse des alltäglichen Gebrauchs der Moralsprache vorgestellte emotivistische/expressivistische Konzept, war mit eben diesem, nämlich der Praxis der Moralsprache, unvereinbar.

Die Kritik des Emotivismus hatte traditionell die Form, unsere normativen Überzeugungen, die Richtigkeit oder Falschheit einer Handlung betreffend, wären unzureichend wiedergegeben, wenn sie nichts anderes zum Ausdruck brächten als eine emotive Einstellung. „Ich präferiere dieses" und „du präferierst jenes" wäre kein Grund, ein Gespräch zu beginnen, um zu klären, wer Recht hat, wenn es sich hier lediglich um den Ausdruck unterschiedlicher subjektiver Präferenzen handelte. Auch die Verbesserungsversuche à la: Ich präferiere x und präferiere es, dass du ebenfalls x präferierst, helfen da nicht wirklich weiter. Der Ausdruck bloßer Präferenzen ist zu schwach, um die Form unserer moralsprachlichen Praxis plausibel zu machen.

Wir gehen über die traditionelle Kritik des ethischen Subjektivismus weit hinaus, mit der Behauptung, dass emotive Einstellungen selbst begründungsfähig und begründungsbedürftig sind. Damit wird der ethische Subjektivismus nicht nur als inadäquat bezüglich der normativen Stellungnahme charakterisiert, sondern, weit fundamentaler, als schon im Ansatz nicht gangbar, weil die irrationalen, jeder Begründung unzugänglichen, schlicht gegebenen Emotionen gar nicht existieren. Auch hier könnte man übrigens von einer Wiederaufnahme eines zentralen Gedankens der griechischen Stoa sprechen. Die Vorstellungen (*phantasiai*) werden auf ihre Vernünftigkeit überprüft, und im Falle einer Zustimmung (*synkatathesis*) in einen handlungsleitenden Impuls (*hormè*) überführt. Der stoische Weise beobachtet seine eigenen *phantasiai*, wie er die umgebende Natur beobachtet und richtet dann seine Praxis nach der Beurteilung der Handlungsmöglichkeiten und der Abwägung praktischer Gründe an der Vernunft aus. Die Fähigkeit zur wertenden Stellungnahme zu den eigenen Vorstellungen und die Fähigkeit, sich von den eigenen Leidenschaften (*pathe*) nicht mitreißen zu lassen (*apatheia*), macht den stoischen Weisen aus. Kulturgeschichtlich interessant ist dabei, dass der Stoizismus aus einer Strömung der Sokratik (Kyniker) hervorgegangen ist, die ein Leben im Einklang mit der Natur, gegen die Normen, gegen die Gebräuche und Sittlichkeitsvorstellungen der jeweiligen *polis* befürwortete und damit ein ähnliches Aufsehen und Ressentiment weckte, wie dies in den 1960er Jahren der Hippie-Bewegung widerfuhr, mit ihrer Vorstellung von freier Liebe, Promiskuität und naturnaher Körperlichkeit. Vernünftigkeit durch Naturnähe ist ein Motiv, das bis heute nichts von seiner Aktualität eingebüßt hat. In regelmäßigen Schüben werden, so scheint es, die Zivilisationen von einer Gegenbewegung herausgefordert, die die Nähe zur Natur sucht, um sich den als beengend empfundenen Konventionen entziehen zu können. Spurenelemente dieses Ursprungs sind auch noch in der späten Stoa wahrzunehmen: Auch den römischen stoischen Ethiken geht es nicht um die Anpassung an Konventionen, sondern die Fähigkeit zu einer vernünftigen Lebensform, die dem Ganzen, der kosmischen Ordnung, angemessen ist. Aber während die Kyniker sich zu befreien suchten, indem sie nach dem Naturmenschen in sich suchten, sieht der späte Stoiker das gute Leben in der Selbstbeherrschung, in der Pflichterfüllung, in der Einbettung der eigenen Praxis in das geordnete Ganze. Er wendet sich nicht gegen – begründete – Emotionen, sondern gegen die Unfreiheit impulsiven Handelns. Er sucht nach der Kohärenz seiner eigenen Lebensform und der Kohärenz der menschlichen Lebensform als Ganzer als Teil eines geordneten Kosmos.

Auch unsere heutige kulturelle Praxis, man mag sagen, nach Jahrhunderten christlich motivierter Leibfeindlichkeit und der Disziplinierung durch eine industriell-kapitalistische Produktionsweise, setzt in hohem Maße auf die menschliche Fähigkeit, die eigene Emotionalität zu kontrollieren. Der aufbrausende *thymos* des Achill zeichnet den modernen Helden nicht aus.[329] Schon eher ist es der seine Kar-

---

[329] Vgl. Susan Neimans Lob des Odysseus als moderner Held in *Moralische Klarheit: Leitfaden für erwachsene Idealisten*. Hamburg: Hamburger Edition 2014.

riere und seinen Erfolg planende, zum Triebverzicht befähigte Prototyp des rationalen Angestellten. In merkwürdigem Kontrast dazu steht allerdings eine Konsum-Industrie, die gerade an das verdrängte Gegenteil appelliert, die verborgene Sehnsüchte zu wecken sucht, die mit vielen Marketing-Tricks die Triebkontrolle außer Gefecht setzen möchte, die für alberne Konsumartikel auf tiefe Leidenschaften setzt, die Vertrauen und Traditionalität vorgaukelt, wo es lediglich um Absatzmärkte geht. Die moderne Konsum-Gesellschaft setzt sich gegen die kulturellen Botschaften nicht nur der christlichen, sondern auch der konfuzianisch geprägten Gesellschaften durch. Die Person, die ihre Termine einhält, die zur einer systematischen Lebensführung in der Lage ist, die als verlässlicher Kooperationspartner taugt, die Leistung um ihrer selbst willen erbringt, die bereit ist, sich über Jahre um des Erfolges willen zu quälen, die auf Annehmlichkeiten verzichtet, um den Erwartungen gerecht zu werden, die ihre Emotionalität unter Kontrolle hat, ist als Kunde und Konsument unbequem. Auch wenn das puritanische Ethos ambivalent ist und die Bemühungen um Selbstkontrolle nur allzu oft zum Gegenteil dessen führen, was beabsichtigt ist, wenn gerade die Kulturen, in denen der Alkoholgenuss durch hohe Altersgrenzen und Steuern und soziale Ächtung sanktioniert ist, in besonderer Weise vom Alkoholismus betroffen sind, wenn gerade diejenigen Kulturen, in denen die Fitness, die Optik des Körpers, die ewige Jugend verbreitete Handlungsorientierungen sind, am meisten unter Übergewicht und Unsportlichkeit leiden, so bleibt das Ziel, die eigene Emotionalität zu einem kohärenten Ganzen zu formen und von Gründen leiten zu lassen, vernünftig. Die jeweils ihren Impulsen des Augenblicks folgende Person hat allzu viel Grund zur Reue, sie zerfällt im Extremfall in zeitliche Punktwesen, die nur lose durch Erinnerungen und bestimmte Charaktermerkmale zusammengehalten werden.

Eine kohärente Lebensführung und eine hoch entwickelte Trieb- und Impulskontrolle ist nicht erst eine westliche Errungenschaft des Protestantismus, der Europäischen Aufklärung und des industriellen Kapitalismus, sondern ein uraltes Thema philosophischer und religiöser Schriften. Es beschäftigt nicht nur Platon und Aristoteles, sondern auch Moses, Mohammed, Konfuzius und Buddha und es zieht sich als roter Faden durch die heiligen Schriften. Emotive Einstellungen als dritte Kategorie von Entitäten, die von Gründen geleitet sind oder sich jedenfalls von Gründen leiten lassen sollten, anzusehen, ist Konsens der Weltreligionen und der wichtigsten ethischen Texte seit der Antike. Es ist ein Novum des 20. Jahrhunderts, dass ein Gutteil der praktischen Philosophie über mehrere Jahrzehnte versucht hat, sich dieses Themas zu entledigen. Mit mäßigem Erfolg, wie die gegenwärtige Renaissance der Philosophie der Gefühle und der Tugendethik zeigen.[330]

---

330 Vgl. Michael Slote: *Moral Sentimentalism*. Oxford: University Press 2010.

Es ist eine in meinen Augen schlicht abwegige Vorstellung, Emotionen und Gründe separieren zu können. Möglicherweise ist die lebensweltliche Praxis des Gründe-Gebens und Gründe-Nehmens sogar in allererster Linie darauf gerichtet, die eigene Emotionalität mit derjenigen anderer abzustimmen, sich zu vergewissern, dass bestimmte Emotionen gerechtfertigt sind, eigene und die Emotionen anderer zu kritisieren. Diese Rechtfertigungen und Kritiken sind durchgängig normativ, es geht darum, zu klären, was für eine bestimmte emotive Einstellung oder gegen sie spricht. Menschen haben ein feines Sensorium für Kränkungen als Reaktion auf einen respektlosen Umgang. Nicht umsonst ist der Begriff *respect* die zentrale normative Vokabel in den sogenannten *ethnic cultures* amerikanischer Metropolen. Die Sorge, nicht respektvoll behandelt zu werden, diskriminiert zu werden auf Grund der Hautfarbe oder der Herkunft, der Kampf um Anerkennung ist gerade dort prägend, wo die Zivilität des menschlichen Umgangs gefährdet ist. Es geht um wechselseitige Wahrnehmungen emotiver Einstellungen, um ihre Angemessenheit oder Unangemessenheit, rechtfertigende und kritisierende Gründe. Wer behauptet, emotive Einstellungen seien schlicht gegeben und dem Argument unzugänglich, muss blind sein gegenüber einer Praxis, an der er selbst teilnimmt.

Die Affektion emotiver Einstellungen durch Gründe setzt allerdings voraus, dass die deliberierende Person in der Lage ist, sich hinreichend nicht nur von impulsiven Handlungen, sondern auch von impulsiver Emotionalität zu distanzieren, dass sie eine kritische Perspektive gegenüber sich selbst einzunehmen in der Lage ist. Auch hier sind es wiederum die Gründe, die man sich zu eigen macht, die Art und Weise des Deliberierens, die den eigenen Persönlichkeitskern ausmachen und anderes, wie Erinnerungen, Handlungen, Emotionen ins zweite Glied rücken. Ich bin nicht das, was ich fühle oder erinnere, sondern diejenige Person, die in der Lage ist, ihre Überzeugungen, ihre Handlungen und ihre emotiven Einstellungen von Gründen leiten zu lassen, von eigenen Gründen, von meinen Gründen, von dem, was meine Identität ausmacht.

VII Metaphysische Aspekte

§ 1 Metaphysik

Metaphysik in dem hier vertretenen Sinne ist keine Fundamentaldisziplin, sie geht anderen Untersuchungen nicht voraus, sondern folgt diesen nach, sie ist tentativ, weil sie allgemeine Merkmale unserer Urteils- und Handlungspraxis beschreibt, die meist nicht offen zutage liegen. Metaphysische Untersuchungen in unserem Sinne sind beobachtungsfern, aber nicht unabhängig von Erfahrung. In dem graduellen Spektrum, das von empirisch unmittelbar gestützten Einzelurteilen (wozu ich als ethischer Realist auch die moralische Erfahrung zähle[331]), bis zu abstrakten Verallgemeinerungen, die sich erst im Gesamtsystem der Überzeugungen (deskriptiven wie normativen) bewähren müssen, reicht, nimmt die Metaphysik eine Extremposition ein. Wenn ich hier betone, dass dieser Subdisziplin der Philosophie keine letztbegründende Rolle zukommt, sondern dass sie sich selbst erst im Gesamt der Praxis des Urteilens und Handelns zu bewähren hat, dann darf dies nicht als Umkehrung der Begründungsrelation missverstanden werden: Auch die erfahrungsnahen, deskriptiven wie normativen, Urteile stehen nicht für sich und sie haben auch in ihrer Gesamtheit keine epistemisch fundierende Rolle. Auch Erfahrungsdaten sind in der Regel nicht gegeben, sondern Ergebnis von Interpretationen, in die implizite und explizite Hintergrundannahmen einfließen. Dies meint die Rede von der Theoriebeladenheit der Beobachtung, auch im Rahmen einer exakten Naturwissenschaft wie der Physik.

Der Streit zwischen Partikularismus und Prinzipismus in der Metaethik, zwischen den rationalistischen, Prinzipien-basierten Theorie-Entwürfen des Utilitarismus oder Kantianismus einerseits und den partikularistischen Positionen Jonathan Dancys oder Bernard Williams' andererseits, ist in dieser holistischen und kohärentistischen Sichtweise gegenstandslos. Prinzipien (zum Beispiel Invarianzannahmen – in der Physik die Isotropie des Raumes oder in der Ethik Gleichbehandlungsgrundsätze) spielen ebenso wenig eine letztbegründende Rolle, wie die unmittelbare empirische oder moralische Erfahrung. Wir gehen in unseren Alltagsdiskursen, und ähnlich ist es in den Einzelwissenschaften, vor und zurück und versuchen das Ganze unserer Urteils- und Handlungspraxis kohärenter zu machen. Wir werden Einzelurteile, die erfahrungsnah sind, revidieren, wenn sie mit bewährten Prinzipien in Konflikt geraten und wir geben Prinzipien auf, wenn sie mit zentralen erfahrungsnahen Einzelurteilen konfligieren. Wir interpretie-

---

331 Vgl. *REAL*; *HumR*.

ren Erfahrungen im Lichte von strukturierenden Regeln und modifizieren diese Regeln im Lichte von Erfahrung.

Was wir in diesem Teil VII der Schrift tun, ist nichts anderes als die allgemeineren, abstrakteren, erfahrungsferneren Aspekte praktischer Vernunft zu klären. Jede Theorie praktischer Vernunft muss sich an den konkreten Einzelfällen bewähren und wir interpretieren die Einzelfälle vor dem Hintergrund von abstrakteren Vorannahmen. Die metaphysischen Überlegungen, die wir in diesem letzten Teil entwickeln, verstehen sich nicht als bloße Beschreibungen von Präsuppositionen unserer Verständigungspraxis, sondern eher als Aufdeckung und Rekonstruktion normativer und deskriptiver Überzeugungen, die in dieser Verständigungspraxis zum Ausdruck kommen. Metaphysik als sokratische *maieutikê*, als Aufdeckung eines Wissens, das wir haben, das aber nicht explizit ist, das uns nicht vor Augen steht, das wir normalerweise auch nicht artikulieren. Der Status dieser metaphysischen Opposition ist nicht relational, es geht nicht darum, spezifische Präsuppositionen unseres Sprachgebrauches zu identifizieren, die Interpretation dieser Präsuppositionen ist realistisch, entsprechend der realistischen Interpretation von Gründen generell. Zugleich aber gibt es keine externe Instanz, die uns den Zugang zu diesen Propositionen verschafft, keinen Standpunkt außerhalb unserer Verständigungs- und Interaktionspraxis, kein *fundamentum inconcussum*. Insofern ist diese Metaphysik *immanentistisch*, eine Metaphysik aus *epistemischer Perspektive*. Dieser Status entspricht dem generellen Verhältnis von Begründung und Wahrheit, wie es im ersten Teil (I §3) umrissen wurde.

§ 2 Freiheit

Menschliche Freiheit wird im Folgenden als eine metaphysische Proposition charakterisiert. Unter Freiheit wird ein Komplex von Präsuppositionen, von impliziten Bedingungen unserer Verständigungs- und Handlungspraxis verstanden, die sich in dieser Praxis erst bewähren müssen. Freiheit ist nicht lediglich die Existenz alternativer Möglichkeiten. Das Vorliegen alternativer Möglichkeiten, die Option, auch anders zu entscheiden, ist in die Verständigungs- und Handlungspraxis unabtrennbar eingelassen, aber selbst wiederum nur ein Element eines größeren Komplexes von konkreten und abstrakten Propositionen. Diese haben insofern einen metaphysischen Status, als sie sich nicht durch einzelne Erfahrungen belegen oder widerlegen lassen. Man könnte auch sagen, menschliche Freiheit (auch in der traditionellen Scheidung zwischen Handlungs- und Willensfreiheit) ist ein strukturelles und implizites Merkmal menschlicher Praxis. Immanuel Kant hat Recht, wenn er in der *Kritik praktischer Vernunft* ausführt, dass wir uns in der Ersten-Person-Perspektive als Freie verstehen müssen, weil dies unseren Charakter als Vernunftwesen ausmache. Kant hat Unrecht, wenn er meint, dass diese Erste-Person-Perspektive isoliert sei, in dem Sinne, dass aus der Dritten-Person-Perspektive das Kausalitätsprinzip die Freiheitsgesetze irrelevant mache. Diese Form der naturalistischen Integration unserer Freiheitserfahrungen, unserer Selbstwirksamkeit, unserer Verantwortlichkeit, ist in der Tat unaufgebbar, weil ohne dieses implizite Charakteristikum unserer Praxis, der Austausch von Gründen unverständlich würde oder lediglich als ein Illusionstheater fortbestehen könnte. Freiheit ist nicht lediglich ein Merkmal der subjektiven Perspektive, sondern auch der objektiven. Freiheit kann kein subjektives Merkmal sein, Freiheit kann sich nicht auf die Erste-Person-Perspektive beschränken, auf das *noumenale Ich*, weil die Praxis des Gründe-Gebens und Gründe-Nehmens auf (objektive) realistisch zu interpretierende Propositionen Bezug nimmt und selbst den Anspruch auf Wahrheitsgeltung hat. Eine realistische Theorie der Gründe, wie sie in dieser Schrift entwickelt wurde, ist mit einer subjektivistischen Interpretation menschlicher Freiheit nicht kompatibel. Ja mehr noch, das, was hier unter Freiheit verstanden wird, ist nichts anderes als die Fähigkeit, sich von Gründen affizieren zu lassen. Es sind die Gründe in ihrem objektiven und normativen Charakter, die menschliche Freiheit oder, um den kantianischen Ausdruck zu gebrauchen, die Freiheit aller Vernunftwesen, präsupponieren. Gründe, die objektiv und normativ sind, die aber keine affektive Rolle spielen, die nicht über den Umweg der Affektionen, der emotiven Stellungnahme und der Leitung unserer Praxis handlungswirksam und damit kausal in der Welt wirksam werden, wären nicht real, ihre Existenz würde sich auf das Reich der Ideen, auf die Welt III im Sinne von Frege oder Popper, beschränken.

Dass es sich bei dem Phänomen der menschlichen Freiheit nicht lediglich um ein punktuelles, isoliertes Phänomen handelt, zeigt der enge begriffliche Zusammenhang von Freiheit, Verantwortlichkeit und Vernunft. In erster Näherung scheint es sich lediglich um unterschiedliche Aspekte desselben Phänomens zu handeln, nämlich der Fähigkeit, sich von Gründen affizieren zu lassen. Dies ist jedenfalls die leitende These der folgenden Abschnitte. Diese These wirkt auf den ersten Blick einigermaßen exzentrisch, möglicherweise kontraintuitiv. Besteht Freiheit nicht in der schlichten Möglichkeit, so oder auch anders zu handeln, unabhängig davon, ob dabei Gründe eine Rolle spielen oder nicht? In der Tat scheint die *Willkürfreiheit*, wie wir das im Folgenden nennen wollen, also die schlichte Möglichkeit, so oder auch anders zu handeln, jetzt sitzen zu bleiben oder aufzustehen, jetzt sich die nächste Zigarette anzuzünden oder es bleiben zu lassen (bei Nicht-Süchtigen), sich jetzt von der Gastgeberin zu verabschieden oder erst in einer Stunde, wenn das Konzert vorüber ist usw. im Mittelpunkt unserer Erfahrung als freie, oder vielleicht sollte man hier präziser sagen, als autarke Wesen, zu stehen. Unabhängig davon, ob ich für das, was ich tue, meine

Gründe habe, ich kann entscheiden, wie ich mich verhalte. Hier gibt es eine interessante sprachliche Entsprechung des Altgriechischen und Englischen, nämlich die Charakterisierung dieses Phänomens als *eph hemin*, was ziemlich genau dem englischen *up to me* oder *up to us, it's up to me, it's up to us*, entspricht. Für die Stoiker war es von zentraler Bedeutung, präzise den Umgriff dieses *eph hemin* zu erfassen. Denn nur für diesen Bereich hatte man Verantwortlichkeit, während gegenüber allem anderen, den *adiaphora*, eine Haltung der Indifferenz gefordert wurde. Hier, im stoischen Denken, beginnt die Verknüpfung von Vernunft und Freiheit. Die Idee, dass Menschen nur in dem Maße frei sind, als sie das, was *eph hemin* ist, selbst nach vernünftiger Einsicht gestalten.

Es zieht sich eine klare Linie von der Stoa zu Immanuel Kant. Die bloße Willkürfreiheit ist nicht die Freiheit der Vernunftwesen. Wer lediglich aus Willkür so oder anders handelt, ist noch Teil einer heteronomen Ordnung, ja das Handeln nach bloßer Willkür ist wie ein Zufallsmechanismus, es hat nicht den Charakter einer vernünftigen, von Maximen geleiteten Praxis. Diese enge Verbindung von Vernunft und Freiheit, sowohl in der Stoa wie bei Kant, kann man kritisieren. Man kann dagegen argumentieren und auf die Autarkie-Tradition menschlicher Freiheit verweisen. Die antiken Helden der *Ilias* und der *Odyssee* scheinen, noch am ehesten mit der Ausnahme von Odysseus, nicht von vernünftigen Überlegungen geleitet zu sein, sie handeln aus dem Augenblick heraus, impulsiv, oft ihre jeweiligen Taten bereuend. Achill gilt als der größte Held der griechischen Mythologie und gerade Achill ist nicht im Stande, seiner Lebenspraxis als Ganzer eine kohärente Struktur zu geben. Sehenden Auges lässt er die Helenen in ihr Unglück treiben, mit Hunderten und Tausenden von Toten, bis eine neue, existenzielle Erfahrung seinem Leben eine neue Richtung gibt, nämlich der Tod des Patroklos, seinem engsten Freund. Die Trauer treibt ihn zur maßlosen Rache am größten Helden der Gegenseite, Hektor, treibt ihn dazu, ihn, wie ein Metzger das Vieh, abzuschlachten und seinen Leichnam unwürdig in das griechische Lager zu schleifen. Der größte Held versteht unter Autarkie die Möglichkeit, aus dem Augenblick heraus seinen Impulsen nachzugeben und sich von niemandem irgendetwas vorschreiben zu lassen. Er ist frei, aber nur in der Schrumpfform der Realisierung von Augenblicksimpulsen. Das Gesamt dieser Lebenspraxis ergibt keinen Sinn, er stolpert gewissermaßen von einer Reue in die nächste und bezahlt diese Lebensform am Ende mit einem frühen Tod und den Trauergesängen im Hades, mit denen Odysseus später konfrontiert wird. Odysseus, der Kluge, der Nachdenkliche, der Vernunftgeleitete dagegen zieht es vor, ein langes Leben im Licht zu verbringen, wobei die Klügeleien und Listen des Odysseus offensichtlich in der griechischen Klassik als ein problematischer Zug seines Charakters angesehen wurden. In der Tat waren diese taktischen und strategischen Züge, die die Irrfahrt des Odysseus ausmachen, immer eigeninteressiert, das Motiv seines Handelns war auf seinen eigenen Vorteil gerichtet, die listenreiche Bewältigung von unerwarteten Herausforderungen. Erst die Einbettung der praktischen Vernunft in die Strukturen menschlichen Zusammenlebens und in die kosmische Ordnung des *logos* in der Stoa bricht diese Egozentrik endgültig auf. Sowohl die Egozentrik des Achill, der aus dem Augenblick seinen Impulsen folgt, als auch die Egozentrik des Odysseus, der über die Lebensspanne ein eigeninteressiertes Kalkül verfolgt. Nun muss der einzelne Akteur Rechenschaft ablegen über das, was er tut, die Gründe abwägen, die dafür oder dagegen sprechen, er wird, wie Marc Aurel, dabei möglicherweise melancholisch oder sogar depressiv, das oberste Ziel des Handelns bleibt aber die Einbettung der eigenen Praxis in einen größeren, vernünftigen und einsichtigen Zusammenhang des *logos*. Das *Autarkie*-Ideal wird schließlich vom *Autonomie*-Ideal der Europäischen Aufklärung abgelöst. Willkür-Freiheit wird vom Zentrum in die Peripherie geschoben.

Der Zusammenhang zwischen Autarkie und Autonomie lässt sich – jetzt systematisch – folgendermaßen charakterisieren: Autarkie ist Bedingung von Autonomie. Erst die Möglichkeit, zwischen unterschiedlichen Optionen zu wählen, erlaubt die Affektion der Praxis durch Gründe. Die Kontrolle des eigenen Handelns muss durch etwas erfolgen, mit dem ich mich identifizieren kann, weil es sonst nicht ich bin, der handelt, mein Verhalten wäre dann lediglich kausale Folge äußerer Einflüsse.

Das ist der Grundgedanke, den Kant zur Entgegensetzung von Heteronomie und Autonomie geführt hat. Wir identifizieren uns mit den Gründen, die wir für Überzeugungen, Handlungen und emotive Einstellungen haben. Typischerweise haben wir auch Gründe, wenn wir Gründe dispensieren. Allerdings, und das verkompliziert die Analyse, gehören eigene Entscheidungen zu den Bedingtheiten unserer Handlungsgründe. Eine Entscheidung, so könnte man sagen, stiftet in der Regel Gründe, sie wirkt über diese Funktion als Stifterin von Gründen auf meine Praxis jenseits des jeweiligen Augenblicks, in dem ich eine Entscheidung getroffen habe, ein. Sie generiert Gründe, die über den Zeitpunkt des Entscheidens hinausreichen und meine Praxis strukturieren. Nehmen wir den Fall einer Indifferenz nach Abwägung von Gründen: Nehmen wir an, auch bei sorgfältiger Überlegung spricht in etwa gleich viel dafür, einen Kurzurlaub in Rom oder in Madrid zu verbringen. Um nicht wie Buridans Esel zur Inaktivität gezwungen zu sein, folgt nun die Entscheidung. Wenn ich mich dann für Madrid entscheide, löst diese Entscheidung wiederum eine Kaskade von guten Handlungsgründen aus, zu denen gehören mag, dass ich in Madrid ein Hotel suche, dieses reserviere, einen Flug von München nach Madrid buche etc. Mit dieser Entscheidung sind die Gründe, die zuvor für Rom als Destination des Kurzurlaubs gesprochen haben, obsolet geworden. Hier ist keinerlei Irrationalität im Spiel, sondern die Autarkie, die Willkürfreiheit, zwischen indifferenten Optionen zu entscheiden, zieht eine Kaskade von Handlungsgründen nach sich. Die Willkürfreiheit generiert Gründe.

Mit diesem Beispiel wird deutlich, dass die Willkürfreiheit eine Doppelrolle hat. Zum einen als Bedingung von Autonomie (in der Kurzfassung: Autonomie setzt Autarkie voraus) und als strukturierendes und Gründe generierendes Moment der Praxis. Ohne dieses zentrale Element der Willkürfreiheit geriete die hier vertretene Autonomie-Konzeption von Freiheit als die Fähigkeit, sich von Gründen affizieren zu lassen, jedenfalls in Verbindung mit einer realistischen Interpretation von Gründen, in Schwierigkeiten. Wenn Gründe als normative Tatsachen charakterisiert werden, für die subjektive Merkmale, wie zum Beispiel Präferenzen, Hoffnungen, Ängste, Rücksichtnahmen, etc. eine Rolle spielen, die aber selbst nicht das Ergebnis der Aktivität der einzelnen Person sind, würde die Individualität, das Eigene und das Besondere, in den objektiven Vorgaben praktischer Vernunft aufgelöst. Wenn der Kategorische Imperativ Immanuel Kants immer nur eine Option als verallgemeinerbar auszeichnen würde, wären die Gebote der Moral von jeder Individualität abgelöst. Da wir aber Autonomie nicht auf Moralität beschränken, wie Immanuel Kant, sondern auf das Gesamt praktischer Gründe ausdehnen, wäre dieser Verlust von Individualität inakzeptabel.

Die Bindung durch Projekte, also die Strukturierung des eigenen Lebens und der eigenen Praxis durch Vorhaben, die ich selbst gewählt habe, ist lediglich ein besonderer Aspekt der Willkürfreiheit, sie charakterisiert die Strukturierung autonomer Praxis durch autarke Entscheidungen. Die erst in der Neuzeit aufkommende Auffassung, dass es zwischen theoretischen und praktischen Gründen eine kategoriale Differenz gebe, dass es entweder in letzter Instanz nur theoretische Gründe gebe, wie David Hume meint, oder dass sich praktische Gründe auf das *belief-desire*-Schema reduzieren ließen, wie die zeitgenössischen Humeaner annehmen oder, dass praktische Gründe nichts anderes seien als kulturelle Merkmale einer je etablierten Lebensform (im Kommunitarismus) oder – vielleicht am weitesten verbreitet – die Auffassung, dass es nur zwei Typen praktischer Gründe gebe, nämlich diejenigen, die das Eigeninteresse generiert und diejenigen, die moralische Verpflichtungen generieren, zum Beispiel in Gestalt der utilitaristischen Regel, die Nutzensumme zu maximieren, lässt sich nun neu und adäquater formulieren: Es ist die für die menschliche Praxis zentrale Autarkie (oder Willkürfreiheit), die den Unterschied zwischen theoretischen und praktischen Gründen ausmacht. Man könnte auch sagen, es ist *lediglich* das Phänomen der Willkürfreiheit, das diesen Unterschied markiert und nicht der Modus des Begründens, nicht die Logik der Rechtfertigung, nicht die Richtung der Passung (*the direction of fit*), die den vermeintlich kategorialen Unterschied zwischen theoretischen und praktischen Gründen markiert.

Kant[332] hatte zwischen Freiheits- und Naturgesetzen unterschieden, erstere sind selbst auferlegt, letztere sind durch die natürliche Ordnung vorgegeben. Beide ermöglichen die Anwendung des Kausalitätsprinzips auf einzelne Ereignisse (auf Handlungen beziehungsweise natürliche Vorgänge). Freiheitsgesetze stecken den Raum autonomen Handelns ab, Naturgesetze den Bereich des Heteronomen. Die beiden Bereiche sind dichotom, das heißt dort, wo Menschen nicht aus Achtung vor dem Sittengesetz *autonom* handeln, handeln sie *heteronom*, bleiben dann Teil der Naturordnung. Das scheint mir ganz offenkundig falsch zu sein. Auch diejenigen Handlungen, die nicht von moralischen Motiven geleitet sind, haben aus der Sicht der handelnden Person Gründe für sich. Auch die nicht moralisch motivierte Person hat Gründe für das, was sie tut. Ihr Verhalten ist nicht lediglich ein kausal determiniertes Naturgeschehen, dann hätte es keinen Handlungscharakter, denn ein Verhalten, für das die Affektion durch Gründe keinerlei Rolle spielt, hat keinen Handlungscharakter. Sofern wir ein Verhalten als Handlung interpretieren können, schreiben wir der Person Gründe zu, von denen sie sich affizieren lässt. Der Personenstatus beginnt nicht erst mit moralischen Motiven, wie Kant und der zeitgenössische Kantianismus annehmen. Im Handeln selbst, in jeder Art von Handeln, manifestiert sich (menschliche) Freiheit.

Wenn ich nachts auf einer einsamen Straße von einer Person mit vorgehaltenem Messer aufgefordert werde, meine Geldbörse herauszugeben, entscheide ich vermutlich, dies unverzüglich zu tun. Dies ist kein Verhalten im Reiz-Reaktions-Muster, sondern eine wohlbedachte Handlung. Ich habe das Pro und Contra abgewogen und bin zum Ergebnis gekommen, dass eine Weigerung ein hohes Risiko für meine Gesundheit, vielleicht sogar für mein Leben, hat, und dass dieser mögliche Schaden in keinem Verhältnis zum Verlust der Geldbörse steht. Es mag sein, dass dabei auch moralische Gründe eine Rolle spielen, etwa die Überlegung, dass es unverantwortlich sei, mein Leben aufs Spiel zu setzen, wenn meine Familie unter diesem Verlust zu leiden hätte. Aber auch, wenn moralische Motive keine Rolle spielen, ist diese Entscheidung (diese Handlung) von Gründen geleitet, sie ist zudem vernünftig und Ausdruck meiner Freiheit.

Der Einwand liegt hier auf der Hand: Ich war nicht frei in meiner Entscheidung, sondern ich wurde gezwungen meine Geldbörse herauszugeben. Diese Art von Zwang ist eine spezifische Bedingung der Handlungssituation, die Gründe generiert, in diesem Falle Gründe, die dafür sprechen, die Geldbörse herauszugeben. Dieser Zwang ist kein Zwang der natürlichen Ordnung, nicht Ausdruck eines Naturgesetzes. *Handeln präsupponiert Freiheit*. Der Zwang, der in diesem Beispiel wirksam wird, lässt meinen Status als Akteur unangetastet. Ich bin nach wie vor

---

332 Vgl. Immanuel Kant: *Kritik der reinen Vernunft*. [A 1781, B 1787].

in der Lage abzuwägen und zwischen Optionen zu wählen. Der Drogensüchtige, dessen Bedürfnis nach der nächsten Spritze so stark ist, dass er diese Fähigkeit verliert, die Fähigkeit, das Pro und Contra unterschiedlicher Optionen zu wägen und sich nach den subjektiv besten Gründen zu richten, hat seine Freiheit eingebüßt und *a limine* seine Handlungsfähigkeit. Er erscheint uns dann nicht mehr als zurechnungsfähig. Die viel kritisierten Kriterien der Schuldfähigkeit des Paragraph 20 des Strafgesetzbuchs erfassen die Bedingtheit von Freiheit und Verantwortlichkeit ziemlich genau. Das Wissen um die Verfügbarkeit unterschiedlicher Handlungsoptionen und die Fähigkeit abzuwägen, gehören dazu. Die Einsichtsfähigkeit in die Unrechtmäßigkeit als Bedingung rechtlicher Schuld fordert implizit, dass man sich seiner Fähigkeiten zur Abwägung von Gründen auch bedient. Allein die Tatsache, dass diese Abwägung nicht erfolgt, obwohl man dazu fähig gewesen wäre, schließt Schuld im rechtlichen Sinne nicht aus.

Menschliche Freiheit ist hier im doppelten Sinne konstitutiv für die Verantwortung für eigenes Handeln. Einmal insofern als ein Verhalten ohne Wahlfreiheit, ohne die Möglichkeit, zwischen Optionen zu wählen, ohne die Gründe für und wider die eine oder die andere Option abwägen zu können, keinen Handlungscharakter hat, als Handlung der betreffenden Person nicht zugeschrieben werden kann und damit als Gegenstand der Verantwortungskriterien ausfällt. Ein Verhalten ohne Handlungscharakter steht nicht unter der Kontrolle der betreffenden Person und die Person kann daher für dieses Verhalten auch nicht verantwortlich gemacht werden. Der Umfang der Freiheit markiert die Grenzen des Zuschreibbaren und damit den Verantwortungsbereich, den Bereich, für den das Subjekt Verantwortung trägt. Die Person entscheidet sich für eine Handlung aus einer Menge von möglichen Handlungen (was möglich ist, charakterisiert den Umfang ihrer Freiheit) und ist damit dafür verantwortlich, dass sie diese Handlung gegenüber jeder anderen möglichen Handlung vorgezogen hat. Sie kann zur Rechenschaft gezogen werden dafür, dass sie andere Handlungsoptionen nicht ergriffen hat. Aber sie kann nicht zur Rechenschaft gezogen werden für nicht vollzogene Handlungen, die außerhalb dieses Bereiches liegen. Wir sind genau für das verantwortlich, was unter unserer Kontrolle ist, also für den Bereich dessen, was zu realisieren uns möglich war. Wir sind damit – derivativ – auch verantwortlich für alle absehbaren Folgen, die aus der Entscheidung für eine der Optionen resultieren und damit auch für alle Folgen, die durch das Unterlassen anderer Handlungsoptionen, absehbar, nicht eintreten konnten.

Bei den Kriterien der Schuldfähigkeit im Deutschen Strafgesetzbuch kommt aber zudem die theoretische Freiheit ins Spiel, also die Freiheit, Gründe für unterschiedliche Überzeugungen abzuwägen, sich eigene Überzeugungen auf Grund eigener Urteilskraft zu bilden. Denn das im Recht so gewichtige Kriterium des *hätte wissen können* ist als Ausdruck theoretischer Freiheit zu interpretieren: Der

Person wäre es möglich gewesen, sich ein Wissen zu verschaffen und wir fügen hinzu, dies kann ihr nur dann zugerechnet werden, wenn es auch als zumutbar gelten kann, dass die betreffende Person sich diese zutreffende Überzeugung zu eigen macht. *Hätte wissen können* heißt nicht lediglich, dass unter bestimmten Umständen die Person dieses gewusst hätte, sondern dass sie, gegeben ihre kognitiven Fähigkeiten und ihre epistemischen Bedingungen, grundsätzlich in der Lage war, sich ein zutreffendes Urteil zu bilden. Das *hätte wissen können* impliziert erstens, dass es einen (objektiven) unumstrittenen Sachverhalt gibt und es der betreffenden Person möglich und zumutbar war, zu einem begründeten Urteil zu kommen, das mit diesem Sachverhalt übereinstimmt. Es wird damit also sowohl etwas Deskriptives behauptet, nämlich dass dieser Sachverhalt tatsächlich besteht, als auch normativ Stellung bezogen, nämlich dass die betreffende Person sich mit diesem Sachverhalt hätte vertraut machen müssen. Diese Formulierung enthält also sowohl ein empirisches (der betreffende Sachverhalt besteht) als auch ein normatives (die Person war verpflichtet, sich mit diesem Urteil vertraut zu machen) Urteil. Auch diese theoretische Freiheit hat einen graduellen Charakter, dem man alltagssprachlich gelegentlich durch den Ausdruck *naheliegend* charakterisiert: Etwas war „besonders naheliegend" oder „weniger naheliegend". Dieser Ausdruck ist durchaus treffend, weil er das Maß an Revision einbezieht, das erforderlich ist, um die Erkenntnis des betreffenden Sachverhaltes zu integrieren. Je aufwendiger die Umbauten eines epistemischen Zustandes zu einem bestimmten Zeitpunkt sind, um das betreffende Urteil zu integrieren, desto weniger „naheliegend" war es.

Interessanterweise wird die Existenz *theoretischer* Freiheit von so gut wie niemandem bestritten. Diejenigen, die theoretische Freiheit bestreiten würden, wären ihrerseits dem Vorwurf ausgesetzt, sich in einen performativen Widerspruch zu verwickeln, denn Argumente bringt man in der Erwartung vor, dass Gründe eine Rolle spielen für die Überzeugungen von Personen und gerade das würde ja bestritten. Es spricht daher viel dafür, theoretische Freiheit ins Zentrum menschlicher Freiheit generell zu rücken.

§ 3 Verantwortung

Der enge Zusammenhang zwischen Verantwortung und Freiheit ergibt sich in dem hier gesteckten begrifflichen Rahmen aus der Rolle von Gründen, die sowohl Verantwortung wie Freiheit *konstituieren*: Ich bin frei, sofern es *meine Gründe* sind, die mein Handeln (meine Überzeugungen, meine emotiven Einstellungen) leiten. Ich bin verantwortlich für das, was sich von den Gründen, die ich mir zu eigen mache, affizieren lässt oder Folge der Affektion durch Gründe ist. Dies ist die indikativische Formulierung. Angemessener ist in manchen Situationen die Charakterisierung von (menschlicher) Freiheit beziehungsweise (menschlicher) Verantwortung über die grammatikalische Form des Potentialis: Ich bin frei, wenn es mir *möglich* ist, den besseren Gründen (dem Ergebnis der Abwägung von Gründen) zu folgen. Ich bin verantwortlich, sofern ich die Möglichkeit hatte, Gründe abzuwägen und dem Ergebnis dieser Abwägung zu folgen. Verantwortlichkeit und Freiheit sind extensionsgleich; wer verantwortlich ist in dieser Welt, ist auch frei und umgekehrt. Sind diese Prädikate *frei* und *verantwortlich* auch in allen möglichen Welten extensionsgleich, und damit intensionsgleich? Ich tendiere dazu diese Frage zu bejahen.

Ein spezifischer Aspekt von Verantwortlichkeit ist *Schuldfähigkeit*: Ich bin schuldig, wenn ich Falsches getan habe, obwohl ich die Möglichkeit hatte, aus Einsicht in die besseren Gründe anders und richtig zu handeln. Dies gilt nicht nur hinsichtlich der praktischen, sondern interessanterweise auch hinsichtlich der theoretischen Gründe: Unwissen enthebt mich nicht der Verantwortung, wenn ich hätte wissen können, was gegen diese falsche Handlung sprach. Dieses Können ist kein empirisches, es ist nicht so zu interpretieren, dass man sich eine andere empirische Welt vorstellen kann, in der ich dieses gewusst hätte, sondern ein normatives. Von mir konnte *erwartet* werden, dass ich mir den hier ausschlaggebenden Sachverhalt klarmache, dass ich mich entsprechend informiere, dass ich meine Urteilskraft schärfe etc.

Der Umgriff der Verantwortlichkeit hängt von normativen wie von empirischen Bedingungen ab. Beide Bedingungen haben einen *objektiven* Charakter, sie nehmen nicht lediglich Bezug auf den subjektiven, epistemischen oder prohairetischen, Zustand der betreffenden Person. Eine Person kommt zu einem bestimmten Zeitpunkt an ein Flussufer und sieht einen menschlichen Körper unter Wasser. Sie unterlässt es, hineinzuspringen und einen Rettungsversuch zu unternehmen, obwohl sie eine gute Schwimmerin ist. Stattdessen geht sie zu einer nahegelegenen Kreuzung und informiert den dortigen Polizisten über ihre Beobachtung. Dieser holt Hilfe über einen Notruf herbei. Die Rettungskräfte stellen fest, dass der Mensch schon vor mindestens einer Stunde ertrunken war, dass ihm also zum Zeitpunkt, zu dem die Passantin den Körper unter Wasser bemerkte, nicht mehr hätte geholfen werden können. Dennoch kann man ihr Vorwürfe machen: Sie hätte den Versuch unternehmen sollen, diesen Menschen zu retten, da sie zu diesem Zeitpunkt nicht wissen konnte, ob er noch mit dem Tode ringt oder schon ertrunken ist. Wenn sie sich das nicht zutraut, hätte sie sofort den Notruf nutzen sollen, statt wertvolle Minuten verstreichen zu lassen, bis sie zur nächsten Straßenkreuzung gelangt. Die betreffende Person hatte alternative Handlungsoptionen und wir machen ihr den Vorwurf, diese besseren nicht gewählt zu haben. Sie ist verantwortlich für das, was sie tat. Wenn es sich nicht um ein Kind, sondern um eine erwachsene, voll zurechnungsfähige Person handelt, werden wir den Entschuldigungsgrund, sie sei so verwirrt gewesen, dass sie das Falsche getan habe, vermutlich nicht akzeptieren. In diesem Fall wäre ein Rettungsversuch oder zumindest ein sofortiger Notruf das Richtige gewesen und das können wir von einer erwachsenen, voll zurechnungsfähigen Person, die zudem eine gute Schwimmerin ist, erwarten. Zugleich aber werden wir sie nicht für den Tod der Person verantwortlich machen, da dieser Tod zu dem Zeitpunkt, zu dem sie den Körper unter Wasser bemerkte, nicht mehr zu verhindern war. Man beachte, dass es sich hier um einen Sachverhalt handelt, der den *Umgriff der Verantwortung* bestimmt, zu dem die Passantin aber epistemisch keinen Zugang hatte (sie konnte das nicht wissen). Trotzdem schränkt dies ihre Verantwortlichkeit ein. Die Restriktionen des Bereichs, in dem wir Verantwortung tragen, sind nicht vom epistemischen Zustand der handelnden Person und den normativen Kriterien der Verantwortungswahrnehmung allein abhängig, sondern auch von den objektiven Möglichkeiten der Intervention. Der Passantin war es zu diesem Zeitpunkt nicht mehr möglich, den Tod des Badenden zu verhindern, daher können wir sie auch nicht für dessen Tod verantwortlich machen. Wenn aber der Badende tatsächlich noch mit dem Tode gerungen hätte, dann wäre sie zumindest mitverantwortlich für dessen Tod gewesen. Vielleicht sind weitere Akteure mitverantwortlich: der Badende selbst, der von seiner schlechten körperlichen Konstitution wusste, die Kommune, weil sie nicht auf entsprechende Gefährdungen an dieser Stelle hingewiesen hat, der Hausarzt, weil er seinen Patienten nach einem kürzlich vorgenommenen Herz-Kreislauf-Test nicht auf Risiken aufmerksam gemacht hat etc.

An dieser Stelle könnte man versucht sein, den Verantwortungsbegriff in einen subjektiven und einen objektiven aufzusplitten. Demgemäß wären Akteure *objektiv* verantwortlich für den Bereich, in dem sie, gegeben die empirischen Bedingungen, intervenieren können. Dies entspräche der Eingrenzung des Verantwortungsbereichs in unserem Beispiel durch den empirischen Sachverhalt, dass die betreffende Person schon zum Zeitpunkt der Beobachtung tot war. Sie konnte dann – de facto – nicht mehr gerettet werden und damit können wir die Passantin für den Tod des Badenden nicht verantwortlich machen. Auch wenn sich die subjektive epistemische Situation unverändert darstellt, hätten wir diese Person für den Tod (mit)verantwortlich gemacht, wenn der Badende zum Zeitpunkt der Beobachtung noch nicht tot gewesen wäre. *Subjektive* Verantwortlichkeit würde dann auf die epistemischen und prohairetischen Zustände der handelnden Person relativiert, während *objektive* Verantwortlichkeit die tatsächlichen Interventionsmöglichkeiten und Handlungsoptionen berücksichtigt. Diese Lösung wäre aber allzu billig, so lässt sich ein kohärenter Verantwortungsbegriff nicht entwickeln. Von subjektiver Verantwortlichkeit sollten wir nur im Sinne einer epistemischen Charakterisierung sprechen: Eine Person war subjektiv nicht verantwortlich, wenn sie annahm, dass sie keinerlei Möglichkeiten hatte, in das Geschehen einzugreifen. Oder wenn sie annahm, dass dies nicht ihre Zuständigkeit oder ihre Pflicht sei. In beiden Fällen handelt es sich um eine Meinung, die die Person hat, im ersten Fall um eine empirische, im zweiten Fall um eine normative. Im ersten Fall war sie überzeugt, dass es empirisch keine Möglichkeit gibt zu intervenieren, im zweiten Fall war sie überzeugt, dass sie keine Verpflichtung hat zu intervenieren. Solche Meinungen können sich als falsch herausstellen. Und wir klären die Richtigkeit oder Falschheit anhand objektiver, empirischer beziehungsweise normativer, Bedingungen. Wir klären, ob es zutrifft, dass sie keine Interventionsmöglichkeit hatte beziehungsweise, ob die Person tatsächlich nicht verpflichtet war zu intervenieren. Subjektive Verantwortlichkeit wäre dann nichts anderes als eine Meinung der betreffenden Person zum Umfang ihrer Verantwortlichkeit. So wie subjektive Tatsachen keine Tatsachen sind, sondern Meinungen über Tatsachen, so ist subjektive Verantwortlichkeit keine Verantwortlichkeit, sondern eine Meinung über Verantwortlichkeit. Tatsachen wie Verantwortlichkeiten sind objektiv, auch dann, wenn normative Kriterien im Spiel sind.

Das Gleiche gilt für Freiheit. Eine *subjektiv freie* Person meint, dass sie frei sei. Eine Person ist frei hinsichtlich ihrer Meinungen, wenn sie in der Lage ist, durch das Abwägen von Gründen zu einer in diesem Sinne rationalen Überzeugung zu gelangen. Sie ist unfrei hinsichtlich ihrer Überzeugungen, wenn ihr das nicht möglich ist. Überzeugungen, die sich in keiner Weise von Gründen affizieren lassen, nennen wir *pathologisch*. Es sind revisionsresistente Überzeugungen, die auch dann aufrechterhalten werden, wenn die Evidenzen eindeutig sind, die gegen ihre Richtigkeit sprechen. Handlungen sind pathologisch, wenn sie sich von Gründen nicht affizieren lassen. Psychologen sprechen dann von Zwangshandlungen oder neurotischen Störungen. Personen, für die solche Handlungen häufiger vorkommen, haben einen ausgeprägten Neurotizismus[333]. Emotionen sind pathologisch, wenn sie sich von Gründen nicht affizieren lassen. Ressentiments bilden eine spezifische Klasse solcher Emotionen, wie sie von Max Scheler in ihrer Genese überzeugend beschrieben wurden.[334]

---

[333] Neurotizismus ist eines von fünf Merkmalen, nach denen Persönlichkeiten in der zeitgenössischen Psychologie charakterisiert werden, oft „Big Five" oder Fünf-Faktoren-Modell genannt, vgl. Jens Asendorpf & Franz Neyer: *Psychologie der Persönlichkeit*. Berlin/Heidelberg: Springer 2012.
[334] Vgl. Max Scheler: *Das Ressentiment im Aufbau der Moralen*. Frankfurt am Main: Klostermann 1978.

Für den Gründer der stoischen Denkschule, Zenon von Kition, ging es nicht darum, jede Form von Praxis, die das Angenehme oder die Lust fordert, zu unterbinden, sondern lediglich darum, solche Strebungen, die sich gut begründen lassen, zum Beispiel unter Hinweis auf die menschliche Natur, und solche, die sich nicht gut begründen lassen, zum Beispiel, weil sie naturwidrig sind, zu unterscheiden. Für erstere verwendet Zenon den Ausdruck *hormai logikai*, vernünftige Strebungen, die Ausdruck einer auf Gründen beruhenden Zustimmung sind. Es ist immer die Zustimmung, die die Vernünftigkeit ausmacht. Und diese Zustimmung ist das Ergebnis der Abwägung von Gründen und nicht der Optimierung gegebener (vernunftresistenter) Wünsche. Jedenfalls in der frühen griechischen Stoa geht es nicht um die Auslöschung aller Leidenschaften, sondern um eine Praxis, die auf *wertender Zustimmung* beruht und die Kriterien dieser Wertung sind nicht subjektiv, ihr letzter Bestimmungsgrund ist nicht ein angenehmes Leben oder, in der zeitgenössischen utilitaristischen Terminologie, die Optimierung subjektiver Zustände. Das Vernünftige geht im Natürlichen nicht auf, sondern respektiert dieses. Die stoische *apatheia* bezieht sich auf die Fähigkeit, Gründe *sine ira et studio* abzuwägen – jedenfalls scheint mir dies die plausibelste Interpretation zu sein.

Seit der Antike wird interessanterweise immer wieder die menschliche Handlungsfreiheit in Zweifel gezogen, das heißt die These, dass wir zwischen Alternativen wählen können, dass tatsächlich Alternativen existieren, die unsere Handlungsfreiheit ausmachen. Weniger umstritten ist, dass wir in der Lage sind, abzuwägen, welche Überzeugung wohlbegründet ist. Dies aber läuft darauf hinaus, dass theoretische Freiheit, die Freiheit, sich ein Urteil zu bilden, weit weniger umstritten ist als die praktische Freiheit, die Freiheit, sich in der Praxis von Gründen leiten zu lassen. Eine Erklärung dieser Asymmetrie könnte die schon in der Antike verbreitete materialistische Auffassung von Kausalität sein. Demnach ist es die Übertragung physischer Wirkungen oder gar die Substanzübertragung, die Kausalität ausmacht. Diese – materialistische – Kausalität ist mit der kausalen Rolle der Deliberation, des Abwägens von Gründen, kaum in Einklang zu bringen. Solange Überzeugungen keine Rolle für das materielle Geschehen spielen, scheint daher die Wirkung theoretischer Gründe mit einer materialistischen Kausalitätstheorie vereinbar zu sein. Diese Asymmetrie zwischen theoretischer Freiheit, die als unproblematisch gilt, soweit sie überhaupt thematisiert wird, und praktischer Freiheit, die als problematisch, weil mit dem Kausalitätsprinzip im materialistischen Verständnis nicht vereinbar, gilt, hat allerdings eine Voraussetzung, die in hohem Maße kontraintuitiv ist: Sie setzt voraus, dass Überzeugungen keine Rolle für Handlungen spielen. Die hier entwickelte Konzeption praktischer Vernunft geht jedoch vom Gegenteil aus: Es sind Überzeugungen, die unser Handeln bestimmen – empirische wie normative Überzeugungen der handelnden Person. In Anlehnung an die griechische Stoa haben wir sogar dafür argumentiert, dass es in letzter

Instanz normative und empirische Überzeugungen sind, die unser Handeln anleiten. In letzter Instanz ist es diese wertende Zustimmung (die nach Abwägung gebildete Überzeugung, dass dieses zu tun vernünftig ist), die unser Handeln bestimmt. Ohne diese Zustimmung, ohne die handlungsleitende Überzeugung, kommt es gar nicht zu Handlungen, denn diese sind immer Ausdruck einer solchen normativen Überzeugung. Dort, wo ein Verhalten keine normative Überzeugung, keine Zustimmung der betreffenden Person repräsentiert, hat es keinen Handlungscharakter. Die stoische Forderung ist in die Begrifflichkeit menschlicher Praxis eingelassen oder in ihr aufgegangen. Diese kategorische Scheidung zwischen bloßem Verhalten und Handeln darf aber den Blick darauf nicht verstellen, dass Deliberation, das Abwägen von Gründen, für die Bestimmung menschlicher Praxis in unterschiedlichem Maße ausschlaggebend ist. Dies ist es, was die Theorie der strukturellen Rationalität, im Gegensatz zum stoizistischen Radikalismus, adäquater zu erfassen sucht. Wir haben das mit dem graduellen Begriff der mehr oder weniger stark ausgeprägten Kohärenz näher charakterisiert.

Max Frisch hat in seinem Text „Der Mensch erscheint im Holozän"[335] eindrücklich geschildert, wie auch bei einem weitgehenden Verlust umfassender, struktureller Rationalität punktuell immer noch rational abgewogen werden kann. Die Leser bemerken erst im Laufe der Lektüre oder sogar erst ganz zum Schluss, wenn die Perspektive des alten Mannes verlassen wird und im Rückblick die merkwürdigen Handlungen vor seinem Tod keinen Sinn mehr zu ergeben scheinen, dass die verschiedenen Erwägungen und Aktivitäten Ausdruck fortgeschrittener Demenz gewesen sind. Aber auch voll zurechnungsfähigen erwachsenen Personen unterlaufen im Alltagsleben zahlreiche strukturelle Irrationalitäten: Sie verstauen sorgfältig ihr Mobiltelefon und ihren Autoschlüssel in einer Jacke, die sie bei dem warmen Sommerwetter gar nicht nutzen werden, sie tragen gedankenverloren ein Einzelstück nach dem anderen in die Küche, statt das Geschirr zu stapeln und damit Zeit zu sparen usw. Die bloße Optimierung bestimmter Ziele bei gegebenen epistemischen Zuständen zu einem Zeitpunkt, garantiert noch keine kohärenten Handlungsabläufe, im Gegenteil, in der Regel fallen die punktuell optimierenden Aktivitäten als ganze auseinander und ergeben kein stimmiges Gesamtbild einer strukturell rationalen Praxis. Es fehlt dann die vernunftgeleitete Zustimmung (*synkatathesis* im Sinne der Stoa), die dem Handeln einer Person als ganzem strukturelle Kohärenz sichert. Die explizite oder meist nur implizite Konzession theoretischer Freiheit, hier verstanden als das Phänomen, sich Überzeugungen auf der Basis der Abwägung von Gründen, Pro und Contra, zu bilden, impliziert

---

335 Vgl. Max Frisch: *Der Mensch erscheint im Holozän: Eine Erzählung*. Frankfurt am Main: Suhrkamp 1979.

über einen adäquaten Handlungsbegriff (ein Verhalten, das auf einer zustimmenden, normativen Überzeugung beruht) praktische Freiheit, hier verstanden als das Phänomen einer Gründe geleiteten Praxis. Verantwortung und Freiheit sind lediglich zwei Aspekte desselben Phänomens, nämlich der Affektion durch Gründe. Als Autorinnen und Autoren unseres Lebens sind wir frei (= sind die Gründe, die wir uns zu eigen machen, relevant für das, was wir tun) und verantwortlich (= können wir auf Nachfragen Gründe angeben, warum wir etwas getan haben).

Verantwortung trage ich für alles, was ich unter meiner Kontrolle habe. Dieser auf die Stoa zurückgehende Verantwortungsbegriff scheint mir unaufgebbar zu sein. Wir haben dieses Phänomen des etwas-unter-seiner-Kontrolle-haben über die Affizierbarkeit durch eigene Gründe charakterisiert. Wenn ich mir die Argumente einer Person, die für eine bestimmte Handlung sprechen, zu eigen mache, dann werden diese Argumente zu meinen eigenen Gründen. Die Person hat dadurch nicht Macht über mich, sondern ich habe meine Gründe, mich so und nicht anders zu entscheiden. Die Interpretation, die die poststrukturalistischen Diskurse prägt, wonach jede Form der Beeinflussung eine Form der Machtausübung ist, lässt sich nicht aufrechterhalten. Der Hinweis auf eine Tatsache ist auch dann keine Form der Machtausübung, wenn diese Tatsache der Person zuvor nicht vertraut war. Wer die Realität verschwinden lässt, wer Wissen ohne Realitätsbezug charakterisieren möchte über Diskurspraktiken, der verliert diese Unterscheidungsmöglichkeit. Machtausübung hat immer mit der Durchsetzung eigener gegen fremde Interessen zu tun. Auch auf Sachverhalte aufmerksam zu machen, mag manchmal eigenen Interessen dienen, in anderen Fällen den eigenen Interessen zuwiderlaufen, aber in jedem Fall ist allein die Stärkung der Urteilskraft einer Person eo ipso noch keine Form der Machtausübung, im Gegenteil. Das ist das zentrale Postulat der Aufklärung, der Kern des aufklärerischen Projektes: Menschen in die Lage zu versetzen, sich ein eigenes Urteil zu bilden und nach eigenen Gründen zu handeln, verleiht diesen Personen Autorschaft und Ich-Stärke. Sie sind dann nicht lediglich die von außen Getriebenen, Abhängigen und Unwissenden, sondern die selbst Urteilenden und verantwortlich Agierenden. Aufklärung ist keine Form der Machtausübung. Das Projekt der Aufklärung ist nie abgeschlossen. Es ermächtigt Menschen und macht sie nicht machtlos. Aufklärung setzt aber voraus, dass es etwas gibt, über das aufgeklärt werden kann, ohne begründete Wahrheitsansprüche wird das Projekt der Aufklärung gegenstandslos. Wenn es aber seinen Gegenstand verloren hat, bleibt nur die Karikierung aller Diskurse im selben Modus als eine Form der Einflussnahme auf andere. Das Macht-Paradigma wird gegenüber dem Wissens-Paradigma dominant.[336]

---

336 Vgl. dazu die kleine Kontroverse zwischen Rainer Forst und mir, JNR: „Normative Bedingun-

Wenn wir von kleinen Kindern sagen, sie können für ihr Handeln noch keine Verantwortung übernehmen, dann meinen wir genau dieses: Ihre Praxis als ganze ist noch nicht kohärent, weil sie durch die Abwägung von Gründen nicht hinreichend affiziert ist. Kleine Kinder sind einer Menge von Handlungsimpulsen ausgesetzt, die sie nur unzureichend koordinieren können, man könnte sagen, sie reagieren punktuell auf diese, entwickeln durchaus mehr oder weniger rationale Strategien, die allerdings kurzfristig angelegt sind und oft genug den eigenen Interessen zuwiderlaufen, es ist das Verhaltens des *akrates*. Er hat hier ein bestimmtes Handlungsziel vor Augen, das durch einen Sinnesausdruck hervorgerufen wurde und setzt die ohne große Überlegung gerade verfügbaren Mittel ein, um dieses Ziel zu erreichen. Ob die Erreichung dieses Ziels am Ende die Erreichung anderer Ziele, die im Moment nicht vor Augen stehen, die aber über eine gelungene Praxis in der Zukunft entscheiden werden, fördert oder behindert, tritt dabei nicht ins Bewusstsein. Es ist die spezifische Irrationalität, die wir bei unbeherrschten, unüberlegten, den Augenblicksneigungen jeweils folgenden Menschen beobachten, die erst durch die Praxis eigene Gründe für eine insgesamt stimmige Lebensform zu haben, überwunden wird. Dieses *Sollen* tritt nicht von außen an diese Praxis heran, sondern ist in der Abwägung der Gründe auch schon bei denjenigen, deren Praxis als ganze noch nicht kohärent ist, angelegt. Die Gründe selbst sind darauf gerichtet, Kohärenz sicherzustellen. Es ist nicht die philosophische Idee einer kohärenten Lebensform, die wir an die normativen Diskurse der Alltagswelt herantragen, sondern es ist die lebensweltliche Praxis des Gründe-Gebens und Gründe-Nehmens, die diese konstituiert.

Dieser Verantwortungsbegriff unterscheidet sich deutlich von beiden heute dominierenden philosophischen Positionen: Der Humeanismus, der in der angelsächsischen Debatte dominiert, versteht Rationalität als Optimierung der Erfüllung gegebener Wünsche (*desires*). Wenn man dieses Optimierungskalkül wörtlich versteht, stellt sich die Frage, ob es im Humeanismus überhaupt so etwas geben kann wie verantwortliches Entscheiden. Die zeitgenössische entscheidungstheoretische Transformation des Humeanismus reduziert den einzelnen Akteur vielmehr zu einer Optimierungsmaschine, die gegebene Wünsche, wenn sie nur hinreichend kohärent sind und daher in Gestalt eine reellwertigen Nutzenfunktion zusammengefasst werden können, optimiert. Entscheidungen setzen voraus, dass es Optionen gibt, zwischen denen zu wählen ist. Dies ist im

---

gen der Macht". In: *Internationale Zeitschrift für Philosophie* 15 (2006); Rainer Forst: *Normativität und Macht: Zur Analyse sozialer Rechtfertigungsordnungen*. Berlin: Suhrkamp 2015; sowie: JNR: „Macht und Normativität – zur Konzeption noumenaler Macht bei Rainer Forst". In: *Deutsche Zeitschrift für Philosophie* 64 (2016), 677–682.

Optimierungskalkül nur dann der Fall, wenn zwei Optionen den gleichen Erwartungswert aufweisen. In diesem speziellen Fall allerdings ist die Entscheidung willkürlich, das heißt, ob die eine oder andere Option gewählt wird, ist irrelevant. Wichtig ist nur, dass in solchen Indifferenz-Situationen überhaupt eine Entscheidung getroffen wird.

Aber auch vom Kantianismus unterscheidet sich meine Position grundlegend. Für Kant und den zeitgenössischen Kantianismus gibt es immerhin Alternativen (echte Alternativen, die einen Unterschied ausmachen), zwischen denen gewählt werden kann. Dies hängt damit zusammen, dass der Kategorische Imperativ nur den Bereich der unzulässigen Maximen absteckt, aber, wenn plausibel interpretiert, Spielräume der Entscheidung des jeweiligen moralischen Akteurs zulässt. Der Test des Kategorischen Imperativs, die Prüfung, ob bestimmte Maximen geeignet sind, als eine allgemeine Handlungsregel zu gelten, schließt einzelne Maximen aus und lässt andere Maximen zu. Welche dieser Maximen sich dann die handelnde Person zu eigen macht, ist ihr überlassen. Hier gibt es Spielräume für Individualität, für das Besondere, was die einzelne Person ausmacht. Eine Entscheidung aus Achtung vor dem Sittengesetz erspart dem Akteur in der Regel nicht die Wahl zwischen genuinen Alternativen. Mit anderen Worten: Im Kantianismus bleibt der Akteur bestehen, während er im Humeanismus im Optimierungskalkül verschwindet. Aber auch Kant und die meisten Kantianer der Gegenwart sind gewissermaßen vom Humeanismus angekränkelt. Bei Kant in Gestalt der sogenannten pragmatischen Imperative, die das eigene Wohlergehen zur Richtschnur nehmen. Die pragmatischen Imperative sind insofern empirische Kriterien, als sie Bedingungen bestimmen, die zu einer Verbesserung meines Wohlbefindens, meiner „Glückseligkeit", führen. Kant vollzieht den zunehmenden hedonistischen Subjektivismus, wie er den Übergang von der griechischen Klassik zur römischen Kaiserzeit prägt, nach: Er reduziert *eudaimonia* auf das subjektive Wohlbefinden. Ja, noch mehr, die ausgleichende göttliche Gerechtigkeit soll sicherstellen, dass das sittlich Gebotene auf Dauer gesehen keine Nachteile für das Wohlbefinden des Einzelnen mit sich führt. Der hohe Ton der Sittlichkeit, die Forderung, aus Respekt vor dem Sittengesetz zu handeln, wird am Ende vom Versprechen überirdisch ausgleichender Gerechtigkeit gemildert, pragmatische und moralische Imperative konvergieren. Der kleinliche Kaufmannsgeist des aufziehenden bürgerlichen Zeitalters scheint auch Kant erfasst zu haben.

Meine Position grenzt sich zur kantianischen in doppelter Weise ab: Zum einen geht es nicht lediglich um moralische Gründe, sondern um Gründe generell und zum anderen ist der Akteur dadurch charakterisiert, dass er sich bestimmte Gründe zu eigen macht, sich von diesen Gründen affizieren lässt und damit die Verantwortung für seine Praxis als ganze übernimmt. Gründe zerfallen nicht in zwei Typen, objektive (moralische) und subjektive (pragmatische), sondern sind allesamt objektiv, wenn auch bedingt durch vorausgegangene Entscheidungen der jeweiligen handelnden Person. Die jeweilige Praxis ist Ausdruck des Ergebnisses dieser Abwägung. Wir lassen nicht nur den klassischen und zeitgenössischen analytischen Humeanismus, sondern auch den halbierten Humeanismus Immanuel Kants hinter uns.

In einer historischen Perspektive könnte man sagen, dass wir zur griechischen Stoa zurückkehren, deren zentrale These war, dass es die (wertende) Zustimmung ist, die den handelnden, vernünftigen Akteur charakterisiert. Es sind nicht die *hormai*, die jeweiligen Neigungen oder *desires*, die Rationalität konstituieren, sondern erst die wertende Stellungnahme der handelnden Person. Dies ist die Praxis des Abwägens von Gründen: zu klären, wie diese wertende Stellungnahme, die am Ende die konkrete Praxis bestimmt, ausfällt. Die Objektivität der Gründe gefährdet die Individualität der handelnden Person deswegen nicht, weil diese erst durch ihre wertende Stellungnahme festlegt, welche dieser Gründe ihr Handeln bestimmen. Dies ist nahe an der – soweit man das rekonstruieren kann – philosophischen Position des Gründers der Stoa, Zenon: Ihm geht es nicht um die Abtötung von Lustgefühlen generell, sondern um die Kontrolle durch den Akteur. Es ist die wertende Zustimmung, die einen vernünftigen Akteur zum Handeln bringt – und nicht die bloße Erfüllung augenblicklicher Neigungen und Lüste. Lüste, die der natürlichen Konstitution des menschlichen Körpers entsprechen, verdienen diese Zustimmung und sind von daher nicht irrational, es ist nicht das Ziel des Stoikers diese abzutöten. Aber der Akteur bleibt zu jedem Zeitpunkt Herr seiner selbst.

Die ethischen Implikationen liegen auf der Hand: Die radikale Beschränkung von Verantwortung auf das, was unter unserer Kontrolle ist, sind unsere Einstellungen, die von den Stoikern als „Tugenden" (*aretai*) bezeichnet werden. Stoische Tugenden sind gerade nicht das, was meist in der aristotelischen Tradition darunter verstanden wird, nämlich durch Gewohnheiten und Erziehung entstandene Verhaltensdispositionen, es ist vielmehr das, was zu unserer Disposition steht, über das wir frei entscheiden können. In meiner Transformation sind es die normativen Einstellungen, die jeweilige Zustimmung zu bestimmten Gründen, die wir erkannt zu haben glauben und deren Erkenntnis wir unserer Praxis zugrunde legen, die unsere *Autorschaft* ausmachen. Mit unserer Praxis offenbaren wir diese wertenden Stellungnahmen. Die jeweiligen Neigungen des Augenblicks, die uns ‚befallen', sind für uns als vernünftige Akteure äußere Bedingungen unserer Praxis, zu denen wir Stellung nehmen wie zum Wetter, wir entscheiden auf Grund ihrer Gegebenheit, wie wir uns verhalten. Sie sind nicht selbst das *movens* unseres Verhaltens als vernünftiger Akteur. Wenn sie das *movens* werden, erweisen wir uns als willensschwach, ja als Nicht-Handelnde. Wir werden dann Teil einer fremdbestimmten Ordnung, unser Status als Akteur wäre bedroht.

§ 4 Autorschaft

Man kann die Ergebnisse der vorausgegangenen Abschnitte so zusammenfassen: Praktische Vernunft, Freiheit und Verantwortung sind lediglich unterschiedliche Aspekte von Autorschaft. Autorschaft wiederum beruht auf der Affektion durch Gründe. Die Form dieser Affektion durch Gründe bedarf allerdings noch der Klärung.

In der humeanischen Tradition ist die Lösung – vermeintlich – einfach und eindeutig: Das Abwägen von Gründen, die Rolle der Rationalität, beschränkt sich auf die Wahl der Mittel zu Zielen, die in letzter Instanz von den *desires* der handelnden Person vorgegeben sind. In der hedonistischen Variante ist das letzte, nicht mehr näher bezweifelbare, Ziel das der Optimierung des subjektiven Wohlergehens der handelnden Person. Wenn (basale) Wünsche allerdings gegeben sind, in dem Sinne, dass sie nicht selbst wiederum das Ergebnis der Abwägung von Gründen sind, dann beschränkt sich die Autorschaft im naturalistischen Humeanismus auf die Wahl der jeweils optimierenden Strategie. Das menschliche Handeln als Ganzes ist dann nicht mehr Ausdruck praktischer Vernunft, sondern Ergebnis eines Optimierungskalküls, dessen Wertfunktion in Gestalt basaler Wünsche vorgegeben ist und dessen Ergebnis, außer im Falle von Indifferenz, schon vor aller Deliberation festliegt. Wenn die handelnde Person von dieser Vorabfestlegung abweicht, erweist sie sich als irrational, allerdings nur in dem schwachen Sinne, dass sie als Ratiocinator versagt hat: Ihr ist ein Rechenfehler unterlaufen.

Der radikale naturalistische Humeanismus der Gegenwart lässt – abweichend vom Klassiker David Hume – selbst diese Schrumpfform theoretischer Rationalität in Gestalt einer kausalen Erkenntnistheorie[337] verdunsten: Wenn die

---

[337] Die kausale Erkenntnistheorie ist eine Antwort auf das von Edward Gettier aufgeworfene Problem, wonach Wahrheit und Wohlbegründetheit nicht ausreichen, um von „Wissen" sprechen zu können. Die Gettier-Beispiele belegen, dass auch dann, wenn eine Überzeugung wohlbegründet ist und zugleich wahr ist, wir noch nicht von Wissen sprechen, nämlich dann nicht, wenn die Wohlbegründetheit mit dem – vermeintlich – gewussten Sachverhalt nicht in angemessener Weise verknüpft ist. Die kausale Erkenntnistheorie verlangt dann als zusätzliches, drittes Wissenskriterium, dass die empirischen Urteile kausal von dem betreffenden Sachverhalt hervorgerufen werden. Eine schwächere Fassung dieser Bedingung, die sich besser in den hier entwickelten humanistischen Begriffsrahmen fügt, würde lediglich verlangen, dass die Gründe, die man für eine Überzeugung hat, sich in angemessener Weise auf den Sachverhalt beziehen, hinsichtlich dessen wir unsere Überzeugung bilden (um dann diese Überzeugung als Wissen bezeichnen zu können). Vgl. Edmund Gettier: „Is Justified True Belief Knowledge?". In: *Analysis* 23 (1963), 121–123 und *REAL*, Kap. I §4.

jeweiligen empirischen Urteile selbst wiederum lediglich Ergebnis eines kausalen Prozesses sind und die Deliberation theoretischer Gründe als kausaler Prozess rekonstruiert wird, bleibt vom menschlichen Akteur nicht einmal die Schrumpfform empirischer *Urteilskraft* übrig. Streng genommen gibt es in diesem begrifflichen Rahmen keine guten Gründe, sondern nur kausale, im Prinzip naturwissenschaftlich beschreibbare Prozesse.[338]

Das Problem, das sich uns also stellt, ist die aktive Rolle, das näher zu bestimmen, was die Autorschaft letztlich ausmacht. Offenbar standen die hellenistischen Stoiker vor einem ähnlichen Problem, sie wollten etwas eigentlich Offenkundiges philosophisch fassen, fanden aber in der griechischen Alltagssprache nicht die dafür notwendige Begrifflichkeit vor. Sie griffen zum Mittel kreativer Wortbildungen und scheuten auch vor mehr oder weniger drastischen Uminterpretationen gebräuchlicher Ausdrücke nicht zurück. Die deutschen oder englischen Übersetzungen dieser stoizistischen Wortschöpfungen wiederum stellen sich selbst als noch begründungsbedürftige Interpretationen dar, überlagern also eine interpretationsbedürftige, weil durch den alltäglichen Sprachgebrauch nicht gedeckte, philosophische Terminologie mit einer zweiten philosophischen Interpretation. Ein Gutteil der englischsprachigen, älteren Literatur wiederum stützt sich auf deutsche Gelehrsamkeit und Sprachkenntnis, um die Textfragmente inhaltlich zu erfassen, was in manchen Fällen einer weiteren, mehr oder weniger kreativen, begrifflichen Überlagerung gleichkommt und den Zugang zu den antiken Einsichten nicht immer erleichtert. Nun ist hier nicht der geeignete Ort, um sich in die Verästelungen dieser Diskussion einzulassen. Stattdessen entwickle ich im Folgenden einen begrifflichen Rahmen, um Autorschaft näher zu charakterisieren, von dem ich glaube, dass er mit Einsichten der griechischen Stoa weitgehend konvergiert. Ob er das tut oder nicht, ist aber für die systematische Klärung letztlich irrelevant.

---

338 Der sogenannte anomale Monismus von Donald Davidson versucht, diesen naturalistischen Humeanismus aufrecht zu erhalten, aber sich zugleich der Begründungslast zu entledigen. Dies geschieht dadurch, dass der Zusammenhang zwischen *desires, beliefs* und *actions* zwar als kausal, aber nicht als kausal in der üblichen, der Regularitätstheorie der Kausalität entsprechenden, Weise interpretiert wird. Davidson meint, dass es offensichtlich keine gesetzmäßigen Regularitäten gibt, die diese Zusammenhänge zu beschreiben erlauben. Dies macht die ‚Anomalität' des Monismus aus. Damit ist die Reduktion von praktischer Philosophie und Sozialwissenschaft auf Physik ausgeschlossen, was wiederum Kritiker auf den Plan wirft, die Davidson vorhalten, dass er entweder den Anomalismus aufgeben oder sich zu einem Dualismus bekennen müsse. Vgl. Donald Davidson: „Actions, Reasons, and Causes". In: *The Journal of Philosophy* 60 (1963), 685–700.

Die stoische Philosophie kreist um die Frage, was man der handelnden Person als ihr Eigenes, das, wofür sie Verantwortung trägt, zuschreiben kann. Die stoische Ethik beruht auf der Unterscheidung zwischen den *ta eph hemin* und den *adiaphora*, also den Dingen, die *up to us* sind, die wir selbst kontrollieren und den Dingen, die wir nicht kontrollieren. In der späten römischen Stoa werden die *adiaphora* zu erzieherischen Zwecken auf immer weitere Bereiche des menschlichen Handelns ausgedehnt, bis am Ende nur noch das übrigbleibt, was in der deutschen Übersetzung meist als „Vorstellungen" bezeichnet wird. Epiktet verlangt von uns die Einsicht, dass die Dinge selbst uns nicht beunruhigen, sondern nur die Vorstellungen, die wir von diesen Dingen haben und dass es in unserer Macht steht, uns von diesen Vorstellungen zu lösen. Es ist nicht der Tod selbst einer geliebten Person, sondern unsere Vorstellung von diesem Tod, die uns unglücklich macht. Es ist nicht das befürchtete Unheil selbst, das uns in Angst und Schrecken setzt, sondern unsere Vorstellung von diesem Unheil etc. Man könnte auch sagen, die römische Stoa zieht sich in die innere Zitadelle zurück, sie entwickelt psychotherapeutische Strategien, die die Menschen in die Lage versetzen sollen, gegenüber allem, was sie selbst nicht beeinflussen können, indifferent zu sein. Auch die zahlreichen alltagspraktischen Übungen, die Epiktet vorschlägt und denen sich der stoizistische Kaiser Marc Aurel unterzieht, können das Grundproblem dieser subjektivistisch gewordenen stoizistischen Ethik der römischen Zeit nicht verdecken. Eine Person, die nur noch ihre Vorstellungen kontrolliert, die gegenüber allem Übrigen indifferent ist, mag zwar ihren inneren Gleichmut bewahren[339], sie zieht sich aber zugleich in eine verantwortungslose, allgemeine Indifferenz zurück, der späte römische Stoizismus nähert sich dem Epikureismus an. Die tiefere philosophische Einsicht der Stoa scheint mir jedoch in einer anderen Unterscheidung beinhaltet zu sein. Es ist die Charakterisierung des menschlichen Akteurs als wertenden und präferierenden. Das Präferieren und Werten ist in der klassischen Stoa, schon bei seinem Gründer Zenon, Ausdruck einer (begründeten) Entscheidung. Die zentrale Idee ist, dass Menschen, bevor sie sich in der einen oder anderen Weise verhalten, wertend Stellung nehmen und diese Stellungnahme eine Distanzierung von den eigenen Neigungen, um hier den kantianischen Ausdruck zu verwenden, oder *desires* beinhaltet. Diese Distanzierung führt nicht zur Auslöschung von Neigungen und *desires*, sondern lediglich dazu, dass diese nicht mehr praxisrelevant sind, wir richten uns in unserer Praxis nicht nach diesen, sondern lediglich nach unseren begründeten Wertungen. In manchen stoizistischen Fragmenten wird für dieses

---

[339] „*Aequam memento rebus in arduis servare mentem*", aus Horaz' Oden II,16.

Phänomen der Ausdruck *krisis* verwendet (*prohairesis krisis estin*), in anderen *synkatathesis* und in wieder anderen *hormai logikai*.[340]

Ich behaupte nicht, dass diese drei Ausdrücke austauschbar sind, sie akzentuieren aber dasselbe Zentralphänomen menschlicher Autorschaft in je unterschiedlicher Kategorisierung. In der ersten Fassung wird die vernünftige Praxis dem (theoretischen) Urteil angeglichen oder jedenfalls behauptet, dass jene auf diesem beruhe. Der Beschluss (die Präferenz, die Entscheidung) ist Ausdruck eines wertenden Urteils. Die handlungsleitende Entscheidung ist nicht Ergebnis eines kausalen Prozesses von gegebenen Wünschen (*hormai*) zu einem Verhalten, das diese realisiert. In der zweiten Formulierung geht es um die Betonung des Entscheidungscharakters von Einstellungen. Wir haben nicht lediglich Einstellungen, sondern diese sind etwas, was unserem Willen untersteht, das einen Akt der Zustimmung beinhaltet. Und in der dritten wird die Autorschaft auf das Unterscheidungsvermögen zurückgeführt, das vernünftige von unvernünftigen Neigungen und Wünschen (*hormai*) trennt. Wir nehmen gewissermaßen unsere Impulse, *desires*, Neigungen, unser Begehren zur Kenntnis, wie andere Vorgänge in der Welt, ob sie nun innere oder äußere sind, solche, die sich auf die eigenen mentalen Zustände beziehen und solche, die sich auf die empirische Welt beziehen, und nehmen dann dazu Stellung, unterscheiden diejenigen, die einer vernünftigen Kritik standhalten von jenen, die dies nicht tun und richten unsere Praxis an ersteren aus. Es ist dann der Akt der Zustimmung (*synkatathesis*) oder die Fähigkeit vernünftige von unvernünftigen *hormai* zu unterscheiden, es ist das (wertende, normative) Urteil, das Autorschaft konstituiert. Dies gilt generell, nicht lediglich in der kantianischen Verkürzung auf moralische Gründe, aus Achtung vor dem Sittengesetz. Wir sind als Akteure, als Autorinnen oder Autoren unseres Lebens, an dieses Urteils- und Unterscheidungsvermögen gebunden. Wir urteilen immer, ob wir es wollen oder nicht. Wir nehmen mit jeder Entscheidung Stellung, ob etwas wertvoll ist oder nicht, ob es vernünftig ist, sich entsprechend zu verhalten oder nicht. Es ist dieses Urteils- und Entscheidungsvermögen, das uns zu Autorinnen oder Autoren unseres Lebens werden lässt, das praktische Vernunft ausmacht.

Schon die antike praktische Philosophie gebraucht bestimmte Ausdrücke der Alltagssprache in einer abgewandelten Bedeutung oder führt gar neue Termini ein, um das Gemeinte zum Ausdruck zu bringen. In den heutigen europäischen Sprachen wird Grund und Ursache weitgehend austauschbar verwendet, während die sorgfältige Scheidung dieser beiden Begriffe erforderlich ist, um

---

340 Vgl. *asthenês kai pseudês synkatathesis* aus: *Stoicorum Veterum Fragmenta* (SVF). Hrsg. von Hans von Arnim. 1903. Teil I 67 und III 380.

zu weiteren Klärungen zu kommen, und sei es, dass die Klärung darin besteht, dass Gründe letztlich doch Ursachen seien (wie zum Beispiel Donald Davidson annimmt). Erst die begriffliche Scheidung von Gründen und Ursachen macht eine solche philosophische Theorie zu einer substanziellen. Mit der Stoa haben wir Autorschaft über eine von Gründen geleitete Zustimmung charakterisiert. Wir nehmen an, dass diese Zustimmung, jedenfalls in vielen Fällen, praktisch relevant ist. Mit anderen Worten: Ohne diese Zustimmung würden wir anders handeln. Das sich-zu-eigen-machen einer von Gründen geleiteten normativen Einstellung (dies ist jetzt nur eine weitere mögliche Formulierung dieses Sachverhalts) spielt eine Rolle für unsere Praxis. Diese von Deliberation geleitete Zustimmung beziehungsweise (normative) Einstellung unterscheidet sich von einem bloßen Willkürakt, insofern sie Ergebnis einer praktischen Deliberation ist. Hier allerdings sehen wir keinen kategorialen Unterschied zwischen theoretischer und praktischer Deliberation: In beiden Fällen gibt es diesen Akt der Zustimmung, etwa das Akzeptieren einer Theorie, nachdem man sich von den starken Argumenten überzeugt hat, die für diese sprechen. An dieser Stelle tut sich ein Spannungsverhältnis zwischen dem durchgängig in dieser Schrift vertretenen Gradualismus und dem Verständnis menschlicher Autorschaft auf. Wie charakterisieren wir diesen Akt der Zustimmung, das sich-zu-eigen-machen eines Grundes, das Akzeptieren einer Theorie, die Entscheidung, etwas zu tun, im gradualistischen Rahmen?

Vielleicht hilft folgende Metapher: Es gibt immer ein Mehr oder Weniger, das Akzeptieren einer Theorie heißt nicht, dass alle Zweifel beseitigt sind. Die subjektive Wahrscheinlichkeit dafür, dass diese Theorie zutrifft, ist in der Regel kleiner als 1. Das Akzeptieren sollten wir nicht als subjektive Gewissheit interpretieren, etwa indem wir es mit einer (epistemischen) Wahrscheinlichkeit von 1 identifizieren, sondern als Dispension der Deliberation. Im Falle von Entscheidungen scheint mir dies eindeutig zu sein: Wir sprechen nur dann von einer Entscheidung, wenn weitere Deliberationen ausgesetzt sind. In dem Moment, wo wir weitere Deliberationen vornehmen, nehmen wir die Entscheidung zurück, selbst dann, wenn wir am Ende nach erneuter Deliberation zur selben Entscheidung kommen. Auch das Akzeptieren einer Theorie kann man in gleicher Weise verstehen: Akzeptieren heißt, dass man nun im Weiteren davon ausgeht, dass diese Theorie wahr ist (auch wenn man Zweifel daran hat, ob sie wahr ist) und auf weitere Abwägungen der Pro- und Contra-Argumente verzichtet. Das Akzeptieren einer Theorie heißt, die theoretische Deliberation zum Abschluss zu bringen. Man könnte auch sagen: Ich urteile im Folgenden so als ob diese Theorie wahr wäre, oder: Meine weitere theoretische Deliberation stellt diese Theorie nicht in Frage. Immer: bis auf Weiteres. In dem Moment, wo diese Theorie selbst wieder zum Gegenstand theoretischer Deliberation wird, ist sie nicht mehr akzeptiert, selbst dann, wenn meine subjektive Wahrscheinlichkeit[341] für ihr Zutreffen unverändert sein sollte.[342] Autorschaft dispensiert Deliberation, sie setzt den Abschluss (und sei er nur vorläufig) der theoretischen und praktischen Deliberation voraus.[343]

§ 5 Der Status der Gründe

Wie in den vorausgegangenen Abschnitten deutlich geworden, verlassen wir zunehmend vertrautes Terrain. Unter „Metaphysik" verstehen wir das Unternehmen, die impliziten Bedingungen, die Präsuppositionen unserer Urteilspraxis und unserer Praxis generell zu klären. Je weiter wir dabei vertrautes Terrain verlassen, desto unterbestimmter wird dieses Unternehmen, das heißt desto mehr Möglichkeiten bieten sich, die „Metaphysik" der menschlichen Lebensform (und -formen) zu bestimmen[344]. Die generelle Unterbestimmtheit der Theorie durch Daten setzt sich in der Metaphysik in Gestalt der Unterbestimmtheit metaphysischer Theorien durch lebensweltliche Verständigungs- und Interaktionspraktiken fort. Die Daten sind hier nicht experimentell erhoben oder statistisch erfasst, sondern beschränken sich auf die gemeinsame lebensweltliche Erfahrung als Teilhaberinnen und Teilhaber dieser Praxis. Der Philosoph sitzt gewissermaßen

---

341 Die epistemischen Wahrscheinlichkeiten sollten im offenen Intervall (0,1) und nicht im geschlossenen [0,1] variieren, da die Extremwerte zu Revisionsresistenz führen würden, was mit einem fallibilischen (epistemischen) Realismus, für den ich in *Real* plädiert habe, unvereinbar wäre.
342 Diese Vereinbarkeit von Gradualismus und Autorschaft (Autor im Sinne von Autor einer Handlung, aber auch Autor im Sinne von Autor einer Überzeugung) kann von daher in den begrifflichen Rahmen des Bayesianismus eingebettet werden; vgl. Stephan Hartmann & Luc Bovens: *Bayesian Epistemology*. Oxford: University Press 2014 und Andrés Perea: *Epistemic Game Theory*. Cambridge: University Press 2012, bes. Kap. 8.
343 Die Kritik des Dezisionismus ist daher nur in dieser Form begründet: Deliberation sollte bei privaten, erst recht bei öffentlichen, politischen Entscheidungen eine hinreichend große Rolle spielen, um die Kohärenz und Verständlichkeit der Praxis zu sichern. Aber der Dezisionist hat recht, wenn er betont, dass Entscheidungen verlangen, die Deliberation zu beenden.
344 Dies zeigte sich in dem anhaltenden Dissens mit Charles Larmore, der sich auch durch einen intensiven Gedankenaustausch nicht beheben ließ, obwohl unsere philosophischen Auffassungen sonst erstaunlich nahe beieinander liegen: Realismus und Anti-Reduktionismus hinsichtlich Gründen, Non-Naturalismus, Werte-Pluralismus u.a. Für Larmore sind Gründe Ursachen und ihr Wirken bliebe rätselhaft, wenn man Deliberationen als akausale Phänomene verstünde, vgl. seine Frankfurter Vorlesungen im Rahmen des Exzellenzclusters Normative Ordnungen: *Vernunft und Subjektivität*. Berlin: Suhrkamp 2012.

mit dem zu klärenden Objekt in einem Boot, anders als der ethnologische oder psychologische Forscher.[345]

Autorschaft setzt etwas voraus, was in der zeitgenössischen Philosophie und Naturwissenschaft ganz überwiegend bestritten wird, nämlich die kausale Rolle der eigenen Stellungnahmen. Dies gilt für beide Bereiche, den theoretischen wie den praktischen. Ich bin es, der sich selbst eine Überzeugung bildet, es sind nicht die Umstände, die in Gestalt eines kausalen Prozesses diese Überzeugung zur Folge haben. Ich bin es, der sich in einer bestimmten Weise entscheidet, es sind nicht die Umstände, die zur Entscheidung als Ergebnis eines kausalen Prozesses führen. Diese *Selbstwirksamkeit*, wie wir dies nennen wollen, ist vernünftigerweise nicht bezweifelbar.

Wie kann das sein, wenn doch so viele ernstzunehmende Wissenschaftler und Philosophen diese These bestreiten? Was ich meine, ist, dass wir als Handelnde und Kommunizierende von unserer eigenen Selbstwirksamkeit und von der Selbstwirksamkeit anderer Akteure ausgehen (müssen). Dies zu bestreiten, hieße das Gesamt der Verständigungs- und Interaktionspraxis in Frage zu stellen. Ich gebe das Versprechen, morgen zu kommen. Der Adressat dieses Versprechens geht davon aus, dass ich im Stande bin, mein morgiges Kommen herbeizuführen. Er geht von der Selbstwirksamkeit der Person aus, die diese Verpflichtung eingegangen ist. Ich bringe ein Argument vor, in der Erwartung, dass meine Gesprächspartnerin ihre bisherige Meinung revidiert. Ich habe diese Erwartung, weil ich annehme, dass meine Gesprächspartnerin über etwas verfügt, das wir als „theoretische Freiheit" bezeichnet haben, das heißt die Fähigkeit, ihre Urteile an den eingesehenen besseren Gründen auszurichten. Wenn ich diese Erwartung nicht habe, bestreite ich impliciter die *Autorschaft* meiner Gesprächspartnerin. In einem Science-Fiction-Hollywoodfilm mag eine solche Bestreitung damit zusammenhängen, dass ich mein Gegenüber für einen humanoiden Roboter halte, dessen Reaktionen von Algorithmen gesteuert sind und daher Autorschaft hier nur simuliert, nicht praktiziert wird. Damit gebe ich nicht die ‚subjektive' zuguns-

---

345 Auch psychologische oder ethnologische Forschung ist ohne ein großes Maß an gemeinsamer Erfahrung (gemeinsam hinsichtlich der Erfahrungen des Forschers und des zu erforschenden Objektes) schwer vorstellbar. Der vollkommen externe Standpunkt, der des reinen Beobachters, kann nur um den Preis verlorener Interpretationskompetenz eingenommen werden. So setzt die Zuschreibung von Handlungen, das heißt die Interpretation von Verhalten als Handlung, eine Interpretation unter Bezugnahme auf mentale und speziell intentionale Zustände voraus. Die rein behavioristische Beschreibungsform würde den Kultur- und Sozialwissenschaften, der Geschichtsschreibung, der Psychologie, auch der Politikwissenschaft die methodische Basis entziehen; vgl. Peter Winch: *The Idea of a Social Science and its Relation to Philosophy*. London 1958, 21990 und ders.: *Trying to Make Sense*. Oxford 1987.

ten einer ‚objektiven Perspektive' (im Sinne Strawsons) auf, sondern ich *entpersonalisiere* mein Gegenüber. Es ist die wechselseitige Anerkennung als Akteure, als Autorinnen oder Autoren unseres Lebens, als Interaktionspartner, als das Gegenüber einer *Verständigung*, als Mitmenschen[346], was damit in Frage steht. Ausschlaggebend sind hier nicht die beteiligten Gefühle, sondern die wechselseitige Anerkennung, die allerdings mit bestimmten normativen Erwartungen, einem wechselseitigen Zutrauen und Zumuten einhergeht. Wenn dieses Zutrauen und diese Zumutungen enttäuscht werden, reagieren wir mit Kritik und mit dem Rückzug aus der Interaktion oder zumindest mit einem Wechsel des Modus der Interaktion. Die wechselseitigen Erwartungen erscheinen dann als unpassend, das Gegenüber gilt als eingeschränkt oder gar nicht mehr zurechnungsfähig, was mit einem Gefühl der Anteilnahme, der Sympathie, Empathie oder Antipathie durchaus vereinbar ist. Die Alternative ist in diesem Verständnis nicht die *subjektive* gegenüber der *objektiven* Haltung zu einem menschlichen Gegenüber, sondern die volle Anerkennung als Autorin oder Autor des eigenen Lebens oder, um einen in der Philosophie hoch umstrittenen, aber gebräuchlicheren, Ausdruck zu verwenden, *als Person*.

Diese Fähigkeit zur eigenen Stellungnahme (normativ wie deskriptiv, theoretisch wie praktisch) ist die Bedingung menschlicher Autorschaft (des Status als Person). Unsere Verständigungs- und Interaktionspraxis präsupponiert diese Fähigkeit. Wir können diese Fähigkeit – wenn diese Analyse zutrifft – schwerlich bestreiten. Wir können sie als Teilnehmende an der menschlichen Verständigungs- und Interaktionspraxis nicht bestreiten. Ihre Bestreitung müsste sich auf einen separaten Raum beschränken, der von der lebensweltlichen Erfahrung abgekoppelt ist. Viele Philosophen haben bis in die jüngste Vergangenheit diesen Raum postuliert. Ich bin der Überzeugung, dass er nicht existiert oder wenn er existiert, jedenfalls für uns nicht zugänglich ist. Es gibt diesen externen Standpunkt nicht. Die Wissenschaft ist nicht die jenseits aller Lebenspraxis verortete Instanz, die diese erst evaluiert und interpretiert. Sie ist lediglich eine Verlängerung dieser Praxis, an der wir alle teilnehmen.[347] Daher ist die eigentlich interessante Frage nicht die, ob man auch einen anderen, eben objektiven, Standpunkt einnehmen kann, sondern wie man diesen aus der unhintergehbaren Teilhabe-Perspektive zwingenden Standpunkt in das wissenschaftliche Weltbild integrieren kann. Ein Aspekt dieser Integration betrifft den Status der Gründe.

---

346 Eike von Savigny hat seine Wittgenstein-Interpretation bezeichnenderweise unter dieses Motto gestellt: *Der Mensch als Mitmensch. Wittgensteins Philosophische Untersuchungen.* München: dtv 1996.
347 *P&L*, Teil I.

Die Stellungnahme, die für Autorschaft konstitutiv ist, muss sich in einen strukturellen Zusammenhang einfügen lassen, der die Person gewissermaßen erkennbar macht. Der Ansatz struktureller Rationalität beschreibt einige Elemente dieser Kohärenz. Die deliberative Praxis, die Abwägung praktischer und theoretischer Gründe und ihre Expression durch Handlungen, stiftet eine insgesamt kohärente Lebenspraxis, die die Wertungen und Überzeugungen der betreffenden Person repräsentiert. Die einzelne Person ist dann nicht lediglich ein Aspekt eines umfassenden kausalen Prozesses, dessen genauere Beschreibung den Natur- und Sozialwissenschaften obliegt, sondern Autorin, die in kausale Prozesse interveniert und sich ihrer bedient. Diese Charakterisierung von Autorschaft ist es aber gerade, die die szientistisch motivierten Zweifel auf sich zieht. Denn wie kann es sein, dass Personen in das kausale Geschehen intervenieren, dass Personen etwas anderes sind als lediglich ein Aspekt eines umfassenden, kausal determinierten „natürlichen" Prozesses? Es hat nur wenige Philosophen in den letzten Jahren gegeben, die sich zu dieser radikalen Konsequenz durchgerungen haben. Meist waren es christlich geprägte Philosophen, die menschlichen Personen die ursprünglich nur Gott zugedachte Eigenschaft, unbewegter Beweger zu sein, zuschrieben.[348] Gerade dies aber scheint im offenkundigen Konflikt zum naturwissenschaftlichen Weltbild zu stehen, wonach alles was geschieht, eine Ursache hat und durch einen gesetzmäßigen Zusammenhang zwischen Ursache und Wirkung beschrieben werden kann.

Interessanterweise ist es gerade die avancierteste Grundlagenwissenschaft, die Physik, die sich gezwungen sah, dieses Konzept umfassender kausaler Klärung aufzugeben. Das, was in der Quantenphysik unterdessen wie selbstverständlich hingenommen wird, bricht mit dem sogenannten universellen Kausalitätsprinzip, das eher ein philosophisches Postulat denn eine naturwissenschaftliche Heuristik darstellt. Der Begriff der Kausalität spielt in der Physik keine Rolle, er ist dagegen ein wichtiger Forschungsgegenstand der Wissenschaftsphilosophie[349] und der populären Darstellungen natur- und sozialwissenschaftlicher Ergebnisse. Die Tatsache, dass das universelle Kausalitätsprinzip ausgerechnet von der avanciertesten Naturwissenschaft seit nun fast hundert Jahren

---

348 Unter ihnen der analytische Philosoph Roderick Chisholm: *The First Person: An Essay on Reference and Intentionality*. Minneapolis: University of Minnesota Press 1982. Diese Formulierung findet sich auch in *DigH*, was zu erstaunlich heftigen Reaktionen geführt hat. Die Vermutung, man habe sich hier verstiegen, zeigt nur, dass die Kritiker menschliche Autorschaft, Verantwortung und Freiheit nicht angemessen interpretieren, oder jedenfalls nicht ernst nehmen.
349 Vgl. die klassisch gewordene Analyse von John Mackie: The *Cement of the Universe: A Study on Causation*. Oxford: University Press 1974; oder die Studien von Wolfgang Spohn: *Causation, Coherence and Concepts* Berlin/New York Springer 2008; vgl. auch *V&F*.

als obsolet betrachtet wird, kann nicht mit dem Hinweis entkräftet werden, dass dies ja nur für die Mikrophysik gelte, deren Unterbestimmtheiten auf die makrophysikalische Welt nicht durchschlagen. Tatsächlich steht spätestens seit der empirischen Bestätigung der Bell'schen Theoreme[350] fest, dass diese Einschätzung unzutreffend ist.

Selbst die klassische Newtonsche Physik ist, entgegen dem, was als popularisierte Version in der interessierten Öffentlichkeit und in der Philosophie im Umlauf ist, zweifellos nicht deterministisch. Die klassische Physik präsentiert ein potentiell umfassendes Modell natürlicher Vorgänge, interpretiert als Massenpunkte, deren Bewegungen von Kraftfeldern bestimmt sind. In der Ergänzung um die elektrodynamischen Gleichungen von Maxwell ergibt sich ein geschlossenes physikalisches Weltbild, das allerdings, entgegen der Legende, schon deswegen nicht die Deduktion (deterministischer) Verlaufsgesetze gestattet, weil in dieser Modellwelt Singularitäten auftreten, das heißt Konstellationen, für die gilt, dass die Nachfolgekonstellation sich nicht aus der Beschreibung des jeweiligen Zustandes zusammen mit den Gesetzen der klassischen Physik ableiten lässt. Dies gilt selbst dann, wenn man die Idealisierung in Gestalt von Massenpunkten, also Massen, die keine räumliche Ausdehnung haben, fallen lässt.[351]

Hinweise auf den indeterministischen Charakter der Physik werden gerne damit abgetan, dass Indeterminismus ja noch lange nicht menschliche Autorschaft oder Handlungsfreiheit oder Autonomie garantiere.[352] Das ist natürlich zutreffend. Aber umgekehrt wird ein Schuh draus: Wenn es gute, unabhängige Gründe für menschliche Autorschaft gibt, wenn es in einem Universum ohne Autorschaft keine Vernunft, keine Freiheit und keine Verantwortung gäbe, dann würden wir nicht die Physik als wissenschaftliche Disziplin benötigen, um menschliche Autorschaft, Vernunft, Freiheit und Verantwortung zu begründen, sondern dann müsste lediglich gezeigt werden, dass menschliche Autorschaft mit den physikalischen Beschreibungsformen der natürlichen Welt verträglich

---

350 Vgl. John Stewart Bell: „The Theory of Local Beables". In ders.: *Speakable and Unspeakable in Quantum Mechanics*. Cambridge: University Press 1987, Kapitel 7.
351 Dieser Punkt schien mir so offensichtlich, dass ich nicht viel Druckerschwärze verwenden wollte und mich auf ein harmloses Beispiel einer solchen Singularität beschränkt habe. Tatsächlich hätten mir die skeptischen Reaktionen aus der Wissenschaftstheorie klarmachen sollen, dass ich dieses Argument angesichts der verständlichen Widerstände gegen eine nicht-deterministische Interpretation der klassischen Physik ausführlicher hätte entwickeln sollen. Unterdessen gibt es interessanterweise eine Debatte, die unter dem Titel *The Dome Argument* läuft, die meine These von der Indeterminiertheit der klassischen Physik schon wegen der Singularitäten bestätigt. Die erste Fassung des Dome-Arguments findet sich in *SR*, Kap 2.
352 Vgl. James Jordan: „Determinism's Dilemma", *The Review of Metaphysics* 23 (1969) S. 48–66.

ist. Oder anders formuliert: Dann wäre zu zeigen, dass menschliche Autorschaft oder konkreter, die kausale Wirksamkeit von Gründen (die selbst keine Ursachen sind) mit der physikalischen Beschreibung natürlicher Tatsachen, Prozesse und Ereignisse nicht in einen unauflöslichen Konflikt gerät. Ein solcher Konflikt würde bestehen, wenn die populäre deterministische Interpretation der Physik zuträfe.[353]

Wenn moralische Gründe in letzter Instanz nur eigene Wünsche zum Ausdruck brächten, dann müssten wir uns um die praktische Wirksamkeit moralischer Gründe keine Sorgen zu machen. Auch Scanlon bediente sich dieses Kunstgriffes: Unter *Contractualism* versteht er eine Fortentwicklung des Kategorischen Imperatives in der Gestalt, dass eine Handlung dann moralisch als unzulässig gilt, wenn es kein System (Scanlon spricht schwächer von *set*) von Prinzipien gibt, für die diese Handlung als zulässig gilt, wobei die Regeln die Bedingung erfüllen müssen, dass niemand sie vernünftigerweise zurückweisen kann.[354] Die Gründe, die wir anführen, um eine Handlung zu rechtfertigen, korrespondieren mit den Regeln solcher normativen Systeme, meint Scanlon. Wenn sich aber dann die Frage stellt, warum wir uns motiviert fühlen, diesen moralischen Gründen zu folgen, nimmt Scanlon Zuflucht zu einem grundlegenden *Wunsch*, nämlich eine moralische Person zu sein. Damit aber werden moralische Verpflichtungen von den gegebenen oder eben nicht gegebenen Wünschen einer Person abhängig gemacht, was ganz offenkundig inadäquat ist. Wir machen einer Person auch dann einen Vorwurf falsch zu handeln, wenn diese nicht den starken Wunsch ausgeprägt hat, moralisch zu handeln, ja vielleicht gerade dann. Moralische Verpflichtungen verschwinden nicht, wenn die korrespondierenden Wünsche fehlen.

Offenbar nach langem Ringen, das sich auch darin äußerte, dass Scanlon nur wenig publizierte, präsentierte er 1998 mit dem Buch *What We Owe To Each Other*[355] eine Version des Kontraktualismus, das in seinen inhaltlichen Kriterien unverändert ist, aber nun nicht mehr auf *desires*, sondern auf Gründen beruht, die er als Grundbegriff behandelt. Jeder versteht, was ein Grund ist, wir sind uns alle einige, dass Gründe in der Regel motivieren, dass wir durch Gründe zu Überzeugungsänderungen, zu emotiven Einstellungen oder eben auch zu Handlungen angeleitet werden, Gründe sind normativ und zugleich rekurrieren sie auf empi-

---

[353] Kompatibilisten bestreiten das, aber die Gründe, die sie für die problemlose Vereinbarkeit von Freiheit und Determinismus vorbringen, überzeugen bei genauerer Betrachtung nicht, vgl. *ÜmF*.
[354] Vgl. Thomas Scanlon: „Contractualism and Utilitarianism". In: *Utilitarianism and Beyond*. Hrsg. von A. Sen & B. Williams. Cambridge Univ. Press 1982.
[355] Vgl. Thomas Scanlon: *What We Owe to Each Other*. Cambridge/Mass: Harvard University Press 1998.

rische Bedingungen. Die Supervenienz normativer Eigenschaften über empirischen Eigenschaften wird damit nicht in Frage gestellt.

Wenn es dann allerdings um die Frage geht, welchen Status Gründe haben, scheint Scanlon vor dem Konflikt mit dem naturalistischen Weltbild zurückzuschrecken. Gründe werden daher als empirische Sachverhalte charakterisiert, was die Frage aufwirft, woher ihre Normativität dann rührt und ihre kausale Relevanz bleibt unerläutert. Das gemeinsame Merkmal derer, die sich teils selbst als *kantianische Konstruktivisten* bezeichnen, teils von anderen als solche bezeichnet werden, liegt gerade darin, dass sie die universalistischen Erwartungen an eine normative Ethik oder politische Philosophie zu erfüllen suchen, zugleich aber objektive moralische Tatsachen, weil unvereinbar mit dem naturalistischen Weltbild, ausschließen möchten. Im Falle von John Rawls geschieht dies in Gestalt der *Konstruktion* gemeinsamer Regeln, die einen gemeinsamen Gerechtigkeitssinn repräsentieren. Wir *erfinden* bestimmte Regeln, die uns deswegen als verpflichtend erscheinen, weil wir uns als Teil einer umfassenden *sozialen Kooperationsbeziehung* sehen. Charakteristischerweise lassen sich in diesem Rahmen zentrale Solidaritätspflichten gegenüber den besonders Hilfsbedürftigen, von deren Kooperationsbereitschaft die Stärkeren nicht profitieren, nicht legitimieren.

Für Scanlon spielen die Gründe eine fundamentale Rolle, sie sind nicht selbst das Ergebnis einer Konstruktion, sondern werden als gemeinsame Gründe vorausgesetzt, um den kontraktualistischen Rahmen zu füllen. Die vernünftige Zurückweisung (*cannot be reasonably rejected*) einer Regel setzt selbst schon das Verfügen über normative praktische Gründe voraus. Damit könnte man den Scanlon'schen Kontraktualismus auch als eine normative Ethik zweiter Ordnung interpretieren, die die unterschiedlichen normativen Standpunkte zu einer Minimal-Ethik integriert. Es ist also das faktische Akzeptieren bestimmter praktischer Gründe, das die kontraktualistische Rechtfertigung von Handlungen erst möglich macht. Die fundamentalere Rolle von Gründen ändert nichts daran, dass die ethische Rechtfertigung selbst ihre Basis in einem empirischen Faktum, nämlich dem gemeinsamen Akzeptieren beziehungsweise Nicht-Akzeptieren von Gründen hat.

Aus der *realistischen* Perspektive, für die ich plädiere, sollte das Sich-zu-eigen-machen eines Grundes, das Akzeptieren oder Zurückweisen eines Grundes aber als normatives Urteil rekonstruiert werden: Ich bin der Auffassung, dass dieses oder jenes – tatsächlich – ein guter Grund ist, oder eben nicht. Das Faktum des Akzeptierens eines Grundes selbst ist nicht letzte Legitimationsquelle, sondern das Bestehen eines Grundes.[356] Als epistemische Optimisten gehen wir

---

[356] Insofern gibt es strenggenommen keine subjektiven Gründe, so wie es auch keine subjektiven Tatsachen gibt. „Subjektive Gründe" meint dann die Annahmen einer Person, welche Grün-

davon aus, dass normative Diskurse, moralische und politische Verständigungspraktiken, es erleichtern, herauszufinden, was tatsächlich ein guter Grund für eine Handlung ist. Da wir allerdings Scanlon darin zustimmen, dass Gründe normativ sind, sind Gründe nicht Teil der natürlichen, mit den Mitteln der Naturwissenschaft beschreibbaren Welt. Sie sind in diesem Sinne nicht empirisch. In einem anderen Sinne kann man sie durchaus als empirisch bezeichnen, nämlich insofern als moralische Erfahrung für ihr Erfassen eine wichtige Rolle spielt. Wenn wir eine bestimmte Handlung als empörend empfinden, ist dies Ausdruck einer wertenden Stellungnahme. Diese wertende Stellungnahme muss sich nicht aus einem Moral-Kodex oder einem ethischen Prinzip ableiten lassen, diese normative Stellungnahme setzt nicht das Akzeptieren von Kodizes oder Prinzipien voraus, aber die Zurückweisung einer Handlung oder Handlungsweise als unmoralisch hat immer auch den Charakter eines *Urteils*, einer normativen Meinung: Ich bin der Meinung, dass diese Handlung falsch ist, selbst wenn ich keine Regel angeben kann, die sich auf diese Handlung anwenden lässt.

Der Neo-Pragmatist Morton White[357] hat in den 1980er Jahren vorgeschlagen, moralische Gefühle als Analogie zu Sinneserfahrungen als Datenbasis der ethischen Theoriebildung zu verwenden. Quine hatte dem entgegengehalten, dass Beobachtungen zwar nicht unabhängig von Theorien und Begriffen seien, aber doch eine gewisse Eigenständigkeit besäßen, was vom moralischen Gefühl nicht gesagt werden könne, da dieses sich erst aus Moral-Kodizes ergibt. Hier scheint mir ein doppelter Irrtum vorzuliegen: Erstens, es ist schlicht unzutreffend, dass moralische Gefühle auf dem Akzeptieren eines Moral-Kodex beruhen, was immer unter einem solchen Kodex verstanden wird. Es ist auch bei John Rawls schwer nachvollziehbar, wenn er von den *comprehensive moral doctrines* spricht, mit denen die politische Ordnung in der liberalen Demokratie verträglich sein sollte. Die wenigsten Menschen wären wohl im Stande, den Kodex zu beschreiben, der ihre moralischen Gefühle leitet. Vor allem aber scheint mir bei beiden, dem Empiristen Quine wie dem Pragmatisten White, die durchaus exemplarisch sind, ein vergleichbares Missverständnis vorzuliegen: Epistemische Systeme sind Systeme von Meinungen, normativen wie deskriptiven. Weder Gefühle noch sensorische Stimuli sind Teil epistemischer Systeme. Allein die mit moralischen Gefühlen in der einen oder anderen Weise verbundenen *normativen Überzeugungen* sind

---

de bestehen. Wir haben uns allerdings auch in dieser Schrift immer wieder dieser laxen, eingebürgerten Redeweise bedient, auch in der Formulierung „Gründe geben und Gründe nehmen".
357 Vgl. Morton White: *What Is and What Ought to Be Done*. Oxford: University Press 1983; und ders.: *A Philosophy of Culture: The Scope of Holistic Pragmatism*. Princeton: University Press 2009.

Teil des epistemischen Systems. Analog: Die mit sensorischen Stimuli einhergehenden beobachtungsnahen Überzeugungen, Überzeugungen, die diese sensorischen Erfahrungen interpretieren, bilden für empirische Theorien eine wichtige Bewährungsinstanz. Hier ist die Analogie offenkundig: Wenn ich ein moralisches Gefühl habe, etwa das, dass eine bestimmte Praxis abstoßend sei, dann ist die normative Stellungnahme, diese Praxis sei moralisch unzulässig, eine Interpretation dieses moralischen Gefühls.

Allerdings kann es durchaus sein, dass sensorische Stimuli und beobachtungsnahe Überzeugungen ebenso divergieren wie moralische Gefühle angesichts einer konkreten Handlung und deren moralischer Beurteilung. Dies ist typischerweise dann der Fall, wenn ich Gründe habe, meiner Sinneserfahrung oder meinen moralischen Gefühlen zu misstrauen. Die Sinneserfahrung lässt den schräg ins Wasser getauchten Stock von der Seite als gebrochen erscheinen, dieser Sinneseindruck wird auch nicht dadurch revidiert, dass ich davon überzeugt bin, dass er nicht gebrochen ist, aber mein empirisches Urteil berücksichtigt, dass der Stecken, an unterschiedlichen Stellen unter Wasser gedrückt, nicht jeweils an der Stelle des Übergangs von Luft zu Wasser bricht. Diese aus anderen Beobachtungen destillierte Überzeugung, schlägt sich dann im Einzelfall dadurch nieder, dass ich die Sinneswahrnehmung des gebrochenen Steckens nicht als Überzeugung, dass der Stecken gebrochen ist, in mein epistemisches System integriere. Es mag sein, dass sich jemand davon hat überzeugen lassen, dass die Diskriminierung von Homosexuellen ein Unrecht ist, aber aus seiner traditionellen Erziehung nach wie vor mit homosexuellen Handlungen ein Gefühl der Abscheu verbindet, aber diese Abscheu dann nicht in Gestalt eines moralischen Unwert-Urteils in sein epistemisches System integriert. Man könnte auch hier sagen: Die Deliberation von Gründen hat eine aktive Rolle, die hier besonders eindrücklich ins Auge fällt, indem der kausalen Erkenntnistheorie, sowohl für die empirische wie für die normative Meinungsbildung ein Riegel vorgeschoben wird.

Die kausale Rolle der Deliberation zeigt sich darin, dass vernunftfähige Wesen sich durch ihre theoretische, praktische und emotive Einsichtsfähigkeit von Gründen affizieren lassen. Gründe sind Entitäten, die nicht zur physikalischen Ausstattung der Welt gehören, die aber auch nicht epistemisch konstituiert sind, die in diesem Sinne real sind: Gründe können erkannt werden oder auch nicht. Die Tatsache, dass Gründe nicht erkannt werden, heißt nicht, dass Gründe nicht existieren. Dies entspricht im Übrigen auch unserem normalen Sprachgebrauch. Gründe sind in diesem Sinne objektiv und nicht-epistemisch, normativ (theoretische, praktische wie normative Gründe sprechen immer *für* etwas) und inferentiell, das heißt, sie stellen einen Zusammenhang her zwischen empirischen Bedingungen und normativer Beurteilung (das gilt für theoretische, praktische wie emotive Gründe gleichermaßen).

Die metaphysischen Zweifel beziehen sich darauf, dass wir hier gezwungen zu sein scheinen, die Ontologie durch merkwürdige („queer")[358] Gegenstände anzureichern. Wenn die Welt aber ganz offensichtlich nicht nur aus mittelgroßen, festen, mit den Mitteln der Alltagsphysik beschreibbaren Gegenständen besteht, sondern auch aus Wesen, die über Meinungen und Gefühle verfügen, die sich Gedanken machen über die Welt, wie sie ist und wie sie sein sollte, dann müssen wir neben den Gegenständen, die sich mit den Mitteln der Naturwissenschaft beschreiben lassen auch solche Gegenstände zulassen, für die wir eine Sprache mentaler Zustände benutzen, aber auch eine Sprache der Inferenzen, der Gründe. Es wäre in meinen Augen witzlos, ja ein Dokument philosophischer Hybris, wenn wir zwar anerkennten, dass (mindestens) diese drei Sprachen unverzichtbar sind, um die Welt zu erfassen, zugleich aber bezweifelten, dass die Gegenstände, auf die sich diese Sprachen beziehen, existieren. Sie werden von unserer Verständigungs- und Interaktionspraxis *präsupponiert*. Eine umfassende Skepsis bezüglich dieser drei Gegenstandstypen (materielle, mentale, inferentielle) ließe sich gar nicht formulieren, ohne das anzuerkennen, was bezweifelt werden soll.

---

358 Vgl. John Mackie: *Ethics: Inventing Right and Wrong*. London: Penguin Books 1990 [EA 1977], Kap. 1.

Appendix

In diesem Appendix werden einzelne Begriffe und Argumente der Schrift, teilweise unter Einsatz formaler Mittel präzisiert. Ich greife dabei auch auf schon Publiziertes (s. FN) zurück.

§ 1 Ramsey-Kompatibilität[359]

Sei X eine Menge von Alternativen, die von den Präferenzen einer rationalen Person in eine Rangfolge gebracht werden, dann verlangt die Kohärenztheorie praktischer Rationalität, dass diese Rangfolge eine *Ordnungsrelation R* auf X bildet, d. h., dass die (schwachen[360]) Präferenzen der rationalen Person reflexiv, vollständig und transitiv sind. Während *Reflexivität* für (schwache) Präferenzen trivial ist (jede Alternative ist mindestens so gut wie sie selbst), sind *Vollständigkeit* und *Transitivität*, wie empirische Untersuchungen zeigen, in vielen Fällen nicht gegeben. Die Bedingung der *Vollständigkeit* verlangt von einer rationalen Person, dass sie für beliebige Alternativen x, y eine Präferenz hat, d. h., dass sie entweder x gegenüber y (schwach) vorzieht oder (einschließend) y gegenüber x (schwach) vorzieht. Die Bedingung der *Transitivität* verlangt, dass eine rationale Person, die eine schwache Präferenz für x gegenüber y und y gegenüber z hat, dann auch eine schwache Präferenz von x gegenüber z hat. Während man die Bedingung der Reflexivität als Bedeutungspostulat des Begriffs ‚Präferenz' interpretieren kann, liegt es nahe, die Bedingungen der Vollständigkeit und der Transitivität als genuine Rationalitätspostulate zu interpretieren. Demnach wäre es begrifflich nicht ausgeschlossen, dass eine Person intransitive oder unvollständige Präferenzen hat.

Die genannten drei (Ordnungs-)Bedingungen reichen jedoch nicht hin, um vom *qualitativen* Begriff der Präferenz zum *quantitativen* Begriff des Nutzens überzugehen. Dazu ist erforderlich, die Alternativenmenge X probabilistisch zu X* zu erweitern. Die Präferenzen einer Person beziehen sich jetzt nicht mehr nur auf die Alternativen aus X, sondern auch auf beliebige Wahrscheinlichkeitsver-

---

[359] In dieser Schrift war mehrfach von Ramsey-Kompatibilität und der Differenz zwischen konsequentialistischer und kohärentistischer Rationalitätstheorie die Rede. In diesem Appendix wird das präzisiert, ausführlicher in *RatC*.
[360] „schwach" steht hier für „aus Sicht der handelnden Person mindestens so gut wie" oder, neutraler: die Person hat eine schwache Präferenz für a gegenüber b, genau dann, wenn sie a gegenüber b vorzieht oder zwischen a und b indifferent ist.

teilungen (Lotterien) über X. Zunächst muss nun auch bezüglich der probabilistischen erweiterten Alternativenmenge X* gefordert werden, dass die Präferenzen einer rationalen Person *reflexiv, vollständig* und *transitiv* sind. Zusätzlich werden folgende vier Kohärenzaxiome postuliert:

Reduktion: Eine rationale Person ist indifferent zwischen zwei Wahrscheinlichkeitsverteilungen über X, wenn eine in die andere durch Umformungen gemäß dem wahrscheinlichkeitstheoretischen Kalkül überführbar ist.

Substitution: Wenn eine rationale Person zwischen einer Wahrscheinlichkeitsverteilung x* und einer bestimmten Alternative x aus X indifferent ist, dann können x* und x in beliebigen Kontexten ausgetauscht werden, ohne dass sich die Präferenzen ändern.

Kontinuität: Wenn x_a die beste und x_z die schlechteste Alternative in X ist, dann gibt es für jede Alternative x aus X eine Wahrscheinlichkeit p für x_a, sodass die rationale Person zwischen der Wahrscheinlichkeitsverteilung [p x_a & (1-p) x_z] und x indifferent ist.

Monotonie: Von zwei Wahrscheinlichkeitsverteilungen zwischen x und y zieht die rationale Person diejenige vor, die eine höhere Wahrscheinlichkeit für die bessere Alternative hat.[361]

Keines dieser Axiome nimmt inhaltlich auf bestimmte Motivationen der handelnden Person Bezug oder macht Voraussetzungen darüber, was für diese betreffende Person subjektiv wertvoll ist. *Die Plausibilität dieser Axiome ist nicht nur unabhängig von jeglicher inhaltlichen Festlegung, etwa auf ökonomische oder egoistische Ziele, sondern auch unabhängig davon, ob rationale Handlungen subjektive Ziele der handelnden Person optimieren. Zwischen der instrumentell-egoistischen Ausgangstheorie und der Kohärenztheorie praktischer Rationalität scheint keine logische Verbindung zu bestehen.*

Nun lässt sich beweisen, dass eine Präferenzrelation R, die die oben aufgeführten Kohärenzaxiome erfüllt, durch eine reellwertige Funktion repräsentiert werden

---

361 Es gibt in der Literatur unterschiedliche Axiomatisierungen des Nutzentheorems: Frank P. Ramsey: „Theories". In: *The Foundations of Mathematics* (1931): 212–236; v. Neumann & Morgenstern: *Theory of Games and Economic Behavior*. Princeton: University Press 1944; J. Marschak in „Rational Behavior, Uncertain Prospects and Measurable Utility". In: *Econometrica: Journal of the Econometric Society* (1950), 111–141; R. D. Luce & H. Raiffa: *Games and Decisions*. Dover Books on Mathematics, revised ed. 1989. Von diesen Axiomatisierungen unabhängig sind Interpretationen des Theorems in Gestalt unterschiedlicher entscheidungstheoretischer Modelle von Savage, Jeffrey, Fishburn und anderen. Vgl. Wolfgang Spohn: *Grundlagen der Entscheidungstheorie*. Kronberg/Ts.: Scriptor-Verlag 1978. Hier beschränke ich mich auf die inhaltlich wesentlichen Postulate, angelehnt an Luce & Raiffa: Kapitel 2, §5: „An Axiomatic Treatment of Utility".

kann: Es gibt eine reellwertige Funktion u über X*, die bis auf positiv lineare Transformation eindeutig bestimmt ist und für die gilt: ∀ x, y ∈ X*: u(x) ≥ u(y) ⇔ x R y. Dieses sogenannte Nutzentheorem ist zunächst nichts anderes als ein harmloses *Metrisierungstheorem*, das den qualitativen Begriff der Präferenz in einen quantitativen Begriff, eine reellwertige Funktion u, überführt. Die Repräsentierbarkeit von Präferenzen durch eine reellwertige Funktion ist notwendig und hinreichende Bedingung dafür, dass die Kohärenzaxiome von einer gegebenen Präferenzrelation R erfüllt werden. Wir haben zunächst keinerlei Anlass zu der Vermutung, dass diese Funktion u etwas mit den persönlichen Interessen der Person, wie es die traditionelle ökonomische Theorie annahm, oder (allgemeiner) mit den subjektiven Zielen (konsequentialistische Interpretation) der Person zu tun hat bzw. diese repräsentiert.

Wir haben offengelassen, was die Präferenzen einer Person sind oder wie man diese empirisch feststellt. Das sog. *revealed preference* Modell der rationalen Entscheidungstheorie identifiziert Handlungen mit der manifesten Präferenz für bestimmte Elemente aus X* (angesichts der bestehenden Handlungsoptionen). Wenn man nun unter X eine Menge von Zuständen bzw. möglichen Welten versteht, dann liegt es nahe, u über X als Repräsentanz der subjektiven Bewertung von Weltzuständen und u über X*\X als Erwartungswert zu interpretieren, denn es lässt sich zeigen, dass u bzgl. der Wahrscheinlichkeitsverteilung linear ist, d. h., dass gilt:

u(x*) = p u(x) + (1-p) u(x'), wenn x* = [p x & (1-p)x'].

Da das Metrisierungstheorem aus den oben in ihrem wesentlichen Gehalt natursprachlich wiedergegebenen Axiomen logisch-deduktiv ableitbar ist, muss jeder, der die Kohärenzaxiome als adäquate Bedingungen für die Präferenzen einer rationalen Person ansieht, bei dieser Interpretation auch anerkennen, dass das Entscheidungsverhalten einer rationalen Person die so konstituierte reellwertige Funktion u (die sog. Nutzenfunktion) über X (bzw. X*) maximiert.

Die konsequentialistische Interpretation des Nutzentheorems besagt, dass eine rationale Person Zustände bewertet – diese Bewertung muss nicht explizit sein, sie kann auch implizit durch das Entscheidungsverhalten der Person zum Ausdruck kommen – und ihre Handlungen jeweils so wählt, dass der Erwartungswert dieser Bewertung über Zustände bei Zuordnung der durch die Handlung konstituierten Wahrscheinlichkeitsverteilung (über Zustände) maximiert wird. Wenn nun noch zusätzlich angenommen wird, dass diese Erwartungswert-Maximierung das *Handlungsmotiv* einer rationalen Person ist, dann ist der Übergang von der Kohärenztheorie praktischer Rationalität zur *konsequentialistischen Optimierungstheorie* perfekt. Aus der ursprünglichen Theorie, *rational sei eine Person, deren Präferenzen kohärent sind*, ist eine andere Theorie hervorgegangen, *die behauptet, rational ist eine Person, die den Erwartungswert ihrer subjektiven Bewertung von Weltzuständen maximiert.* Dass dieser Übergang logisch nicht zwingend ist, kann man sich anhand folgender Überlegungen klarmachen.

Man stelle sich den idealen kantianischen Akteur vor, der seine Handlungspräferenzen – zumindest soweit es sich nicht um pragmatische, sondern um moralische Fragen handelt – an der Erfüllung des moralischen Gesetzes (des Kategorischen Imperativs) orientiert. Können die Präferenzen des kantianischen Akteurs die Bedingungen der Kohärenztheorie praktischer Rationalität erfüllen?

Wenn X die Menge der Weltzustände ist und die Präferenzen über Handlungen identifiziert werden mit Präferenzen über die den Handlungen zugeordneten Wahrscheinlichkeitsverteilungen, dann ist das Entscheidungsverhalten des kantianischen Akteurs nicht im Einklang mit den Kohärenzbedingungen. Dies kann man sich folgendermaßen klarmachen: Eine Handlung h und eine Handlung h' können die gleiche Wahrscheinlichkeitsverteilung über Weltzustände mit sich führen, und dennoch mag h durch den Kategorischen Imperativ erlaubt und h' verboten sein. Die Einordnung einer Handlung in die Präferenzrelation des kantianischen Akteurs erfolgt eben nicht nur aufgrund der durch die Handlungen induzierten Wahrscheinlichkeitsverteilungen über Folgen (bzw. über Weltzustände), sondern eben auch aufgrund von Konformität bzw. Defektivität gegenüber einem Kriterium (dem Kategorischen Imperativ).

Die Inkompatibilität von Kohärenztheorie und Kantianischer Rationalität ist aber aufgehoben, wenn man eine Uminterpretation der Alternativenmenge vornimmt. Da für die Kohärenztheorie praktischer Rationalität die Zuordnung von Handlungspräferenzen grundlegend ist, (die die simultane Zuordnung von Glaubens- und Wünschbarkeitsgraden erlaubt), liegt es nahe, zunächst die Kohärenz der Handlungspräferenzen des kantianischen Akteurs zu prüfen. Die zu ordnenden Alternativen betreffen also Handlungsoptionen. *Die Präferenzen des kantianischen Akteurs über die Handlungsoptionen erfüllen aber idealiter die Bedingungen der Kohärenztheorie praktischer Rationalität.* In einem ersten Schritt kann man X mit einer Menge von Handlungsoptionen identifizieren und X* mit Lotterien über solche Optionen: Je nach Umstand vollziehe ich eine Handlung h oder eine Handlung h' oder, falls ein anderer Umstand eintritt, eine Handlung h" etc. Die Präferenzen des kantianischen Akteurs über eine so interpretierte Alternativenmenge X* sollten kohärent durch eine simultane Kombination entsprechender Glaubens- und Wünschbarkeitsfunktionen repräsentierbar sein. Allerdings ist der Übergang vom Kohärenz- zum Optimierungsmodell hier ausgeschlossen. Die beiden entscheidenden Schritte dieses Übergangs sind nicht realisierbar: *Erstens lassen sich die Handlungen nicht Wahrscheinlichkeitsverteilungen über Weltzustände im üblichen Sinne zuordnen, und zweitens lässt sich u als quantitative Darstellung der Handlungspräferenzen nicht als Repräsentation der Handlungsmotive* *interpretieren.* Die Zuordnung quantitativer Werte zu den Elementen aus X* repräsentiert nur die kohärente Präferenzrelation über Handlungen und repräsentiert nicht die subjektive Wünschbarkeit von Weltzuständen im üblichen Sinne.

Ich habe von „Weltzuständen im üblichen Sinne" gesprochen, da es natürlich möglich ist, den Handlungen formal Wahrscheinlichkeitsverteilungen über Weltzustände zuzuordnen, sofern die Beschreibung dieser Weltzustände Merkmale enthält wie „Die Handlung der Person erfüllt den Kategorischen Imperativ". Mit dieser Modifikation lässt sich dann allerdings das Kohärenzmodell nicht mehr in das Optimierungsmodell im konsequentialistischen Stil überführen, denn dann sind es nicht Zustände, die optimiert werden, vielmehr erhalten bestimmte Merkmale der Handlung selbst einen intrinsischen Status.

Die Erweiterung des Anwendungsbereichs des *rational choice*-Modells über den subjektivistischen Konsequentialismus zur Kohärenztheorie beinhaltet eine grundlegende Revision der Konzeption praktischer Rationalität. Die konsequentialistische und die kohärentistische Konzeption praktischer Rationalität sind logisch voneinander unabhängig. Niemand muss sich zum Konsequentialismus bekennen, der die Kohärenzpostulate des Nutzentheorems als Rationalitätsbedingungen akzeptiert.[362]

§ 2 Metapräferenzen[363]

Eine Möglichkeit der Rechtfertigung des pareto-optimalen Resultats im Gefangenendilemma, d. h. der individuell übereinstimmenden Wahl der nicht-dominanten, aber kooperativen Strategie, ergibt sich, wenn man (sozial-)ethische Prinzipien heranzieht. Tatsächlich lässt sich feststellen, dass alle verallgemeinerbaren ethischen Prinzipien wie z. B. das utilitaristische Prinzip, das Differenzprinzip von Rawls, oder Kants moralisches Gesetz, pareto-inklusiv sind und daher beidseitige Kooperation gegenüber beidseitiger Nicht-Kooperation vorziehen.

Dieser Sachverhalt führt jedoch zunächst noch nicht zu einer ‚Lösung' des Problems, sondern zu einer anderen Interpretation des Dilemmas. Danach sind Entscheidungssituationen vom Typ des Gefangenendilemmas dadurch gekenn-

---

362 Eine ausführlichere Darstellung findet sich in *RatC*.
363 In II §5 ist am Rande von Metapräferenzen die Rede. Für meine Kritik konsequentialistischer Rationalitätstheorien spielen diese eine wichtige Rolle, vgl. *D&E* und *LkE*, Kapitel 10.3; sowie *Metapref* und die interessante Analyse von Nigel Howard zu den Grenzen der Spieltheorie: *Paradoxes of Rationality*, Cambridge/Mass: MIT University Press 1971. Der folgende Text ist ein Kondensat aus *LkE*, Kap. 10.

zeichnet, dass das moralisch beste Resultat nur durch individuell nicht-rationales Verhalten erreichbar ist und umgekehrt individuell rationales Verhalten nicht zum moralisch besten Resultat führt. Diese Interpretation würde bedeuten, dass es Entscheidungssituationen gibt, in denen sich ein Widerspruch zwischen den Geboten der Moralität und der Rationalität zeigt. Kann dieser Widerspruch aufgelöst werden?

Wir wollen für die Erörterung dieser Frage eine andere Darstellungsweise des Gefangenendilemmas einführen. Da es nicht auf die absolute Höhe der Auszahlungen ankommt, sondern nur darauf, ob eine Auszahlung größer ist als eine andere, kann das 2-Personen-Gefangenendilemma auch als Struktur der Präferenzen der Spieler bezüglich aller Strategie- bzw. Auszahlungspaare dargestellt werden. Die nachfolgend aufgeführten Präferenzen der Spieler 1 und 2 geben demnach das Gefangenendilemma wieder, wobei das jeweils links des Kommas stehende Auszahlungspaar gegenüber dem rechts davon stehenden vorgezogen wird. Innerhalb der spitzen Klammern gibt die Zahl links des Kommas die Auszahlung für den Spieler 1 und die Zahl rechts des Kommas die für 2 an (I):

1: <4,1>, <3,3>, <2,2>, <1,4>

2: <1,4>, <3,3>, <2,2>, <4,1>

Diese Präferenzen korrespondieren nur dann mit der klassischen Auszahlungsmatrix, wenn wir annehmen, dass die Spieler ihre Strategiewahl ausschließlich danach ausrichten, selbst die höchstmögliche Auszahlung zu erlangen (Eigeninteresse). Dies ist keineswegs die einzig mögliche Annahme hinsichtlich des individuellen Entscheidungsverhaltens, diese kann variiert werden. Damit lassen sich insbesondere auch ‚moralisch relevante' Annahmen einführen. Nehmen wir an, dass beide Spieler die kooperative Strategie genau dann wählen, wenn der jeweils andere Spieler ebenfalls die kooperative Strategie wählt. Dann hängt die individuelle Entscheidung vom Vertrauen in die Kooperationsbereitschaft des Anderen ab. Unter der Annahme ‚Vertrauen' (II) würden beide Spieler <3,3> präferieren:

1: <3,3>, <4,1>, <2,2>, <1,4>

2: <3,3>, <1,4>, <2,2>, <4,1>

In dieser Vertrauens-Präferenz (II) erzeugt neben <2,2> auch <3,3> ein Gleichgewicht, und da <2,2> pareto-dominiert wird, liegt es nahe, dass beide Spieler Strategien wählen, um das Gleichgewicht <3,3> zu erreichen.

Das kooperative Ergebnis kann bei diesen Präferenzen also durch eine Übereinkunft zwischen den Spielern garantiert werden, die ohne Sanktionen auskommt. Das Ergebnis ist kollektiv rational (d. h. es führt zum pareto-optimalen

Ergebnis), während sich ein kollektiv irrationales (d. h. pareto-schlechteres) Ergebnis ergibt, wenn die Spieler ihre Entscheidungen im Gefangenendilemma an ihrem Eigeninteresse ausrichten.

Eine noch stärkere Annahme ist ‚unbedingte Kooperation': Beide Spieler entscheiden sich, in jedem Fall die kooperative Strategie zu wählen, unabhängig von der Entscheidung des anderen Spielers. Diese Annahme führt zu folgenden Präferenzen (III):

1: <3,3>, <1,4>, <4,1>, <2,2>

2: <3,3>, <4,1>, <1,4>, <2,2>

Diese Präferenzen haben die Eigenschaft, dass die kooperative Strategie dominant ist, es bedarf also weder Übereinkunft noch Sanktionen, um zum kollektiv rationalen Resultat zu gelangen. Dieses Ergebnis ist sogar kollektiv rational bzgl. der Vertrauenspräferenzen (II) und der Gefangenendilemma-Präferenzen (I). Damit zeigt sich, dass im Gefangenendilemma individuell rationale Entscheidungen durchaus zu kollektiv rationalen Resultaten führen können. Voraussetzung hierfür ist aber, dass die Spieler ihre Entscheidungen an anderen Präferenzen ausrichten als jenen, die die Entscheidungssituation beschreiben.

Diesen Gedanken weiterführend könnte man daran denken, eine Metapräferenzrelation bezüglich der obigen Präferenzfolgen zu bilden, also eine Präferenz über (individuelle) Präferenzen, und zu verlangen, dass die Beteiligten sich daran orientieren. Sei R die Menge aller möglichen individuellen Präferenzen, dann würde eine ‚moralisch bessere' Relation dieser Art eine Quasi-Ordnung (reflexiv, transitiv, aber nicht vollständig) der Elemente von R sein. Die Idee einer moralischen Metapräferenzrelation, die individuelle Präferenzen im Gefangenendilemma ordnet, scheint auf den ersten Blick den vermeintlichen Widerspruch zwischen Rationalität und Moralität[364] aufzuheben, daher wollen wir diese nun genauer analysieren.

Offenbar gibt es hier zwei Arten von Präferenzen: solche, die das *Gefangenendilemma konstituieren*, und solche, die *handlungsleitend* sind oder sein sollten. Die handlungsleitenden Präferenzen (Metapräferenzen) beziehen sich auf die jeweils zugrunde gelegte Interaktionsstruktur in konstituierenden Präferenzen (Basispräferenzen). Eine naheliegende Rationalitätsbedingung für die Relation zwischen Basis- und Metapräferenzen ist die *Pareto-Inklusivität* der Metapräferenzen bezüglich der Basispräferenzen (*PMB*). Eine Person würde demnach einen Zustand x einem Zustand y in Metapräferenzen vorziehen, wenn alle an der Inter-

---

[364] Vgl. II §1 und V §11.

aktion beteiligten Spieler eine Basispräferenz dafür haben, dass x und nicht y realisiert wird.

Nun gibt es weit mehr als die oben diskutierten Metapräferenzen (I), (II), und (III). Wenn wir Symmetrie voraussetzen, gibt es 24 Kombinationen individueller Präferenzordnungen. Die folgende Tabelle enthält zunächst eine Aufstellung der 12 symmetrischen Metapräferenzstrukturen, die das PMB Kriterium erfüllen:

Nr.	Struktur der Metapräferenz	Interpretation	Gleichgewichtspunkte
1	1: <4,1>, <3,3>, <2,2>, <1,4> 2: <1,4>, <3,3>, <2,2>, <4,1>	Egoismus	<2,2>
2	1: <3,3>, <2,2>, <4,1>, <1,4> 2: <3,3>, <2,2>, <1,4>, <4,1>	Egalitaristische Gerechtigkeit	<3,3>, <2,2>
3	1: <3,3>, <2,2>, <1,4>, <4,1> 2: <3,3>, <2,2>, <4,1>, <1,4>	Altruistische Gerechtigkeit	<3,3>, <2,2>
4	1: <4,1>, <1,4>, <3,3>, <2,2> 2: <1,4>, <4,1>, <3,3>, <2,2>	Anti-Egalitarismus	<4,1>, <1,4>
5	1: <3,3>, <1,4>, <4,1>, <2,2> 2: <3,3>, <4,1>, <1,4>, <2,2>	Unbedingte Kooperation	<3,3>
6	1: <1,4>, <3,3>, <2,2>, <4,1> 2: <4,1>, <3,3>, <2,2>, <1,4>	Reiner Altruismus	<3,3>
7	1: <3,3>, <1,4>, <2,2>, <4,1> 2: <3,3>, <4,1>, <2,2>, <1,4>	Schwacher Altruismus	<3,3>
8	1: <3,3>, <4,1>, <2,2>, <1,4> 2: <3,3>, <1,4>, <2,2>, <4,1>	Vertrauen	<3,3>, <2,2>
9	1: <3,3>, <4,1>, <1,4>, <2,2> 2: <3,3>, <1,4>, <4,1>, <2,2>		<3,3>
10	1: <1,4>, <4,1>, <3,3>, <2,2> 2: <4,1>, <1,4>, <3,3>, <2,2>		<4,1>, <1,4>
11	1: <4,1>, <3,3>, <1,4>, <2,2> 2: <1,4>, <3,3>, <4,1>, <2,2>		<4,1>, <1,4>
12	1: <1,4>, <3,3>, <4,1>, <2,2> 2: <4,1>, <3,3>, <1,4>, <2,2>		<3,3>

In der ersten Struktur, die von purem Eigeninteresse gesteuert ist, ist kollektive Rationalität ausgeschlossen. Im zweiten Fall garantieren die Metapräferenzen zwar nicht kollektive Rationalität, da jeder Spieler sich unkooperativ verhält, wenn er vom Anderen unkooperatives Verhalten erwartet, ermöglichen aber kollektive Rationalität (<3,3>). Selbiges gilt für die Metapräferenzen der dritten Art (altruistische Gerechtigkeit). Anti-egalitäre Metapräferenzen (4) haben zwei Gleichgewichtspunkte: <1,4> und <4,1>. Bei unbedingter Kooperation (5) ist endlich kollektive Rationalität garantiert: die kollektiv rationale Entscheidung ist der einzige Gleichgewichtspunkt in dominanten Strategien, ebenso bei rein altruistischen Metapräferenzen (6). Aber auch schwacher Altruismus (7) konstituiert Metapräferenzen, die einen einzigen Gleichgewichtspunkt bei <3,3> haben und somit kollektive Rationalität garantieren. Bei den bereits oben diskutierten Vertrauenspräferenzen (8) ist wechselseitiges Vertrauen Bedingung kollektiver Rationalität. Die Metapräferenzstrukturen 9 bis 12 sind schwieriger zu interpretieren, bei denen wieder <3,3> ein Gleichgewichtspunkt dominanter Strategien ist. 10 und 11 führen (wie unter 4) zu den beiden Gleichgewichtspunkten <1,4> und <4,1>, wohingegen die letzte PMB-rationale Präferenzstruktur 12 erneut kollektive Rationalität sicherstellt.

Im Gegensatz zu den obigen PMB-rationalen Präferenzstrukturen ist ein Großteil der symmetrischen *PMB-irrationalen* Metapräferenzen nicht leicht interpretierbar. Wir führen diese daher unkommentiert in der nachfolgenden Tabelle auf.

Nr.	Struktur der Metapräferenz	Interpretation	Gleichgewichtspunkte
13	1: <1,4>, <2,2>, <3,3>, <4,1> 2: <4,1>, <2,2>, <3,3>, <1,4>	(Umkehrung von 1) Masochismus	<3,3>
14	1: <1,4>, <4,1>, <2,2>, <3,3> 2: <4,1>, <1,4>, <2,2>, <3,3>	(Umkehrung von 2)	<4,1>, <1,4>
15	1: <4,1>, <1,4>, <2,2>, <3,3> 2: <1,4>, <4,1>, <2,2>, <3,3>	(Umkehrung von 3)	<4,1>, <1,4>
16	1: <2,2>, <3,3>, <1,4>, <4,1> 2: <2,2>, <3,3>, <4,1>, <1,4>	(Umkehrung von 4)	<3,3>, <2,2>
17	1: <2,2>, <4,1>, <1,4>, <3,3> 2: <2,2>, <1,4>, <4,1>, <3,3>	(Umkehrung von 5)	<2,2>
18	1: <4,1>, <2,2>, <3,3>, <1,4> 2: <1,4>, <2,2>, <3,3>, <4,1>	(Umkehrung von 6) Sadismus	<2,2>
19	1: <4,1>, <2,2>, <1,4>, <3,3> 2: <1,4>, <2,2>, <4,1>, <3,3>	(Umkehrung von 7)	<2,2>
20	1: <1,4>, <2,2>, <4,1>, <3,3> 2: <4,1>, <2,2>, <1,4>, <3,3>	(Umkehrung von 8)	<4,1>, <1,4>
21	1: <2,2>, <1,4>, <4,2>, <3,3> 2: <2,2>, <4,1>, <1,4>, <3,3>	(Umkehrung von 9)	<2,2>
22	1: <2,2>, <3,3>, <4,1>, <1,4> 2: <2,2>, <3,3>, <1,4>, <4,1>	(Umkehrung von 10)	<3,3>, <2,2>
23	1: <2,2 >, <1,4>, <3,3>, <4,1> 2: <2,2>, <4,1>, <3,3>, <1,4>	(Umkehrung von 11)	<3,3>, <2,2>
24	1: <2,2>, <4,1>, <3,3>, <1,4> 2: <2,2 >, <1,4>, <3,3>, <4,1>	(Umkehrung von 12)	<2,2>

Zwei dieser Metapräferenzen erlauben jedoch eine Interpretation. Da ist zunächst eine ‚masochistische' Präferenzstruktur, die den Wunsch offenbart, sich selbst zu schaden. Überraschenderweise garantiert diese ein kollektiv rationales Ergebnis: 13 induziert ein Gleichgewicht in den dominanten kooperativen Strategien. Allerdings dürften Spieler mit masochistischen Präferenzen mit dem Ergebnis nicht zufrieden sein, denn <3,3> wird zum Gleichgewichtspunkt. Sie haben sich selbst dadurch genutzt, dass sie sich selbst schaden wollten. Sie spiegeln sozusagen die Tragik der Egoisten im Gefangenendilemma wider. Es zeigt sich somit, dass es unter den zwölf PBM-irrationalen Präferenzstrukturen nur *eine* gibt, die kollektive Rationalität garantiert. Dies fällt deshalb auf, weil PMB-irrationale Spieler <2,2> gegenüber dem pareto-optimalen <3,3> vorziehen.

Die zweite interpretierbare PMB-irrationale Metapräferenz kann als ‚sadistisch' aufgefasst werden, da die Auszahlungspaare so angeordnet sind, dass für den jeweils anderen Spieler eine geringere Auszahlung einer höheren vorgezogen wird (18). Sadismus ist so weit erfolgreich, wie es die Symmetrie der Situation zulässt: die nicht-kooperative Strategie wird zur dominanten Strategie.

Wenn wir davon ausgehen, dass die in den Tabellen aufgeführten Metapräferenzen handlungsleitend sind, dann zerfallen diese 24 unterschiedlichen Strukturen in vier Typen je nach Art ihrer Gleichgewichtspunkte, wobei die PMB-rationalen Strukturen kursiv dargestellt sind.

	Typ I	Typ II		Typ III		Typ IV
Gleichgewichtspunkte	<3,3>	<3,3>	<2,2>	<1,4>	<4,1>	<2,2>
Metapräferenzstrukturen	5	2		4		*1*
	6	3		10		*17*
	7	8		11		*18*
	9	16		14		*19*
	12	22		15		*21*
	13	23		20		*24*

Typ I garantiert kollektive Rationalität, da diese Strukturen einen einzigen Gleichgewichtspunkt bei beidseitiger Kooperation haben. Dies gilt sogar für die PMB-irrationale, ‚masochistische' Metapräferenz 13. Strukturen vom Typ II erlauben beides, sowohl kollektive Rationalität wie kollektive Irrationalität, abhängig davon, welche Erwartung die Spieler hinsichtlich der Strategiewahl des Interaktionspartners haben. Wenn beide Kooperation erwarten, kommt es zu einer kollektiv rationalen, im anderen Fall zu einer kollektiv irrationalen Entscheidung. Typ III ermöglicht bei Transparenz nur asymmetrische, allerdings (in den Basispräferenzen) pareto-optimale Entscheidungen. Immerhin eine PMB-rationale Präferenzstruktur führt mit Sicherheit zu einem kollektiv irrationalen

Resultat. Es handelt sich dabei um die Struktur von Metapräferenzen, die mit den Basispräferenzen übereinstimmt: 1 (Typ IV). Hier reproduziert sich die kollektive Irrationalität, die wir aus dem Gefangenendilemma kennen, auf der Ebene der Metapräferenzen.

Zusammenfassend zeigt dies eindeutig, dass die ursprünglich mit dem Konzept der Metapräferenzen verbundenen Erwartungen enttäuscht werden. Eine moralische Modifikation der Basispräferenzen stellt keineswegs kollektive Rationalität und Kooperation sicher: Durchaus respektable Metapräferenzen sind mit kollektiver Irrationalität vereinbar, während fragwürdige Strukturen wie 13 kollektive Rationalität und Kooperation sicherstellen.

Außerdem stellt sich das Problem kollektiver Rationalität nicht nur auf der Ebene der Basispräferenzen, sondern auch auf der der Metapräferenzen. Wie auch immer die Basispräferenzen zu interpretieren sind, der Umweg über die Bildung von Metapräferenzen kann nicht überzeugen. Das *Handlungsmotiv der Kooperation* scheint eine eigenständige Rolle zu spielen, die sich im Rahmen der konsequentialistischen Standardinterpretation der Entscheidungstheorie nicht angemessen rekonstruieren lässt,[365] sondern den Wechsel zum Paradigma struktureller Rationalität nahelegt.[366]

§ 3 Das Ultimatumspiel[367]

Die Struktur dieser Interaktion ist schnell erzählt: Die erste Person teilt ein Gut, sagen wir hundert Euro, beliebig auf sich selbst und eine weitere Person auf (einfachheitshalber in zehn Euro-Schritten, sie hat also genau elf Möglichkeiten: hundert zu null, neunzig zu zehn, achtzig zu zwanzig,...) und bietet diese Aufteilung dem zweiten Spieler an. Akzeptiert der zweite Spieler, bekommen beide den Anteil wie vom ersten Spieler vorgesehen, akzeptiert der zweite Spieler nicht, erhalten beide nichts. Wenn der erste Spieler hundert für sich und null für den zweiten Spieler vorsieht, wird dieser ablehnen und beide erhalten nichts. Wenn dagegen der erste Spieler neunzig für sich und zehn für den zweiten Spieler vorsieht, dann müsste der zweite Spieler, wenn die *rational choice*-Orthodoxie Recht hätte, rational diese Verteilung annehmen, da zehn Euro für ihn besser sind als

---

[365] Weitere Details dazu finden sich in *LkE*, Kap. 8 und 10.
[366] Vgl. II §5.
[367] Das Ultimatumspiel wurde zunächst in II §11 erwähnt und spielt in IV „Phänomenologie struktureller Rationalität", besonders in IV §9 eine wichtige Rolle.

null. Tatsächlich lehnen viele Menschen ein solches Angebot ab, da sie es als unfair empfinden.

Das Ultimatumspiel ist in unterschiedlichen Varianten mit unterschiedlichen Auszahlungsmöglichkeiten empirisch intensiv getestet worden und die Befunde sind – weitgehend kulturinvariant – eindeutig: Die meisten Menschen orientieren sich in ihren Entscheidungen nicht nur an ihrem Eigeninteresse (hier die Optimierung der monetären Auszahlung), sondern auch an Gerechtigkeit. Das, was für die *rational choice*-Orthodoxie als irrational gelten muss (die Ablehnung eines Angebots im Ultimatumspiel), kann im Rahmen unserer strukturellen Theorie der Rationalität durchaus rational sein. Strukturelle Rationalität zeichnet sich dadurch aus, dass die einzelne Person ihre Handlung so wählt, dass sie als Teil einer von dieser Person gewünschten Struktur (interpersonell oder auch intrapersonell) gelten kann. Dieses Handlungsmotiv bildet den paradigmatischen Kern der Theorie struktureller Rationalität: sich in bestimmten Interaktionssituationen so zu verhalten, dass das eigene Verhalten als Beitrag zu einer wünschenswerten gemeinsamen Praxis interpretiert werden kann.[368]

§ 4 Das Raucherbeispiel[369]

Wir nehmen an, der einsichtige Raucher denkt darüber nach, das Rauchen wegen der zu erwartenden positiven Effekte für seine Gesundheit aufzugeben. Die Rationalität der Entscheidung, mit dem Rauchen aufzuhören bzw. weiterzumachen, ist nun anhängig von der Frage, ob die Person es schaffen wird, tatsächlich langfristig mit dem Rauchen aufzuhören, oder ob ein Rückfall zu erwarten ist. Die folgende Grafik gibt die möglichen empirischen Zusammenhänge zwischen Rauchen und Gesundheit im Zeitverlauf wieder:

---

[368] Vgl. IV §8 u. §9.
[369] Die Entscheidungssituation eines Rauchers wurde in IV §2 zur Illustration der Phänomenologie struktureller Rationalität, speziell der Rolle von Selbstkontrolle angeführt, sie wird in diesem Appendix präzisiert.

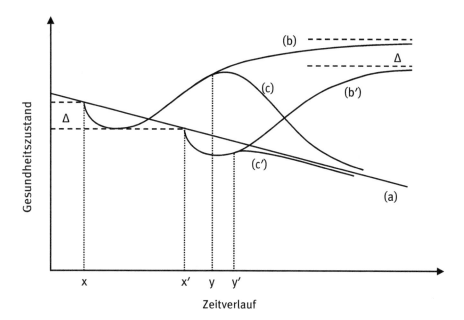

(a): Entwicklung des Gesundheitszustandes bei fortgesetztem Rauchen
x: Beginn der Rauchfreiheit, (b): Entwicklung des Gesundheitszustandes, wenn es dabei bleibt
x': Beginn Rauchfreiheit, (b'): Entwicklung des Gesundheitszustandes, wenn es dabei bleibt
y: Wiederaufnahme des Rauchens, (c): Entwicklung des Gesundheitszustandes, wenn es dabei bleibt
y': Wiederaufnahme des Rauchens, (c'): Entwicklung des Gesundheitszustandes, wenn es dabei bleibt

Die Linien (a), (b, b') und (c, c') beschreiben je den zu erwartenden Gesundheitszustand des einsichtigen Rauchers in Abhängigkeit von der Zeit, wenn zum Zeitpunkt x eine Entscheidung getroffen wird: Im Fall (a) entschließt sich der Raucher, dass er auf den Genuss des Rauchens in Zukunft nicht verzichten möchte, und raucht daher konsequent weiter. Sein Gesundheitszustand verschlechtert sich damit im Laufe der Zeit kontinuierlich. Im Fall (b) und (b') beschließt der Raucher hingegen, mit sofortiger Wirkung das Rauchen aufzugeben. Dies führt kurzzeitig zu einer Verschlechterung des Gesundheitszustandes. Entscheidend ist nun, ob der Raucher seinen Verzicht durchhält oder nicht. Wenn er es langfristig schafft, auf Zigaretten zu verzichten, so wird sich sein Zustand deutlich verbessern (wie in (b, b') dargestellt). Sollte der einsichtige Raucher jedoch zum Zeitpunkt y bzw. y' einen Rückfall haben und doch wieder mit dem Rauchen beginnen, so entwickelt sich sein Gesundheitszustand wie in c und c'.

Punktuell betrachtet, also beispielsweise Tag für Tag, führt die Entscheidung nicht zu rauchen zu einer Verschlechterung des Gesundheitszustandes, ist also irrational. Erst in struktureller, diachroner Betrachtung wird diese Entscheidung als Teil der strukturellen Entscheidung nicht mehr zu rauchen rational (wie in (a) und (a′) dargestellt). Wenn jedoch die Entscheidung nicht zu rauchen kurzfristig bleibt (sich punktuell nicht hinreichend oft ohne Unterbrechung wiederholt, vgl. (c′)), dann werden die punktuellen Entscheidungen nicht in eine strukturell rationale eingebettet, also irrational. Selbst bei einer längeren Unterbrechung wie in (c) egalisiert sich der positive Effekt auf den Gesundheitszustand langfristig, (c) nähert sich (a) asymptotisch (von oben) an.

Ob es sich tatsächlich so verhält oder nicht, ist hier nicht wesentlich. Jedenfalls ist dies eine plausible Möglichkeit und sie illustriert die Irrationalität punktueller Optimierung: In punktueller Betrachtung ist fortgesetztes Rauchen unter diesen Bedingungen rational, die Entscheidung mit dem Rauchen aufzuhören, wird erst bei struktureller Betrachtung rational. Die strukturell rationale Entscheidung des Rauchverzichts ist jedoch eine aus zahlreichen Einzelentscheidungen (das Rauchen nicht wieder aufzunehmen) zusammengesetzte. Die strukturell rationale Entscheidung realisiert sich nicht durch eine kausal wirksame Selbstbindung, sondern durch Selbstbeherrschung.

§ 5 Gleichheit und Nutzen[370]

Ernst Fehr und Klaus Schmidt schlagen vor, die empirisch feststellbare Präferenz für gleichmäßigere Verteilungen in Gestalt einer Modifikation der individuellen Nutzenfunktionen zu berücksichtigen, diese hätten dann folgende Form:

$$U_i(x) = x_i - \alpha_i \max\{x_j - x_i, 0\} - \beta_i \max\{x_i - x_j, 0\}, i \neq j^{371}$$

Interessanterweise gehen Ernst Fehr und Klaus Schmidt in ihrer Theorie davon aus, dass Personen eine gegen Ungleichverteilungen gerichtete Aversion sowohl haben, wenn sie selbst zu den Profiteuren dieser Ungleichheit gehören, als auch, wenn sie zu den Verlierern gehören. Allerdings wird angenommen, dass das ein-

---

[370] in IV § 8 „Fairness" (als einem Phänomen struktureller Rationalität) habe ich die verhaltensökonomische Analyse von Fairness-Präferenzen kritisiert – in diesem Appendix soll das präzisiert werden.
[371] E. Fehr & K. Schmidt: „A Theory of Fairness, Competition and Cooperation". In: *Advances in Behavioral Economics*. Hrsg. von Colin F Camerer, George Loewenstein & Matthew Rabin. Princeton: University Press 2011.

zelne Subjekt dann in höherem Maß unter Ungleichverteilungen leidet („*that in general, subjects suffer more from inequity that is to their material disadvantage, than from inequity that is to their material advantage*, S. 274). Daher werden unterschiedliche Gewichtungsfaktoren für diese beiden Fälle gewählt (α und β) und β hat einen kleineren Wert als α. Als Ungleichheitsmaß wird die Summe der beiden Faktoren definiert.

Die Nutzenfunktion wird identisch mit den monetären Auszahlungen angenommen, wenn keine Ungleichheitsaversion vorliegt, was die Annahme des fallenden Grenznutzens, wie er in der Ökonomie üblich ist und durch zahlreiche empirische Befunde bestätigt wird, unterschlägt. Die Aversion gegen Ungleichheit wird als eine egoistisch motivierte Leidvermeidung interpretiert, bzw. das normative Urteil, dass Ungleichbehandlung zu vermeiden sei, in eine Leidvermeidungsstrategie überführt. Im ersten Korrekturterm werden jeweils alle Unterschiede gezählt, die zwischen den monetären Auszahlungen einer anderen Person und dem Akteur bestehen, wobei nur die höheren Auszahlungen in ihrer Differenz zur Auszahlung an den Akteur gezählt werden, und im zweiten Term werden umgedreht nur die niedrigeren gezählt.

Eine Person, die in ihrer Praxis dazu beitragen möchte, Ungleichheiten generell zu minimieren, nicht nur Ungleichheiten gegenüber dem eigenen Einkommen, lässt sich in diesem Modell nicht abbilden. Gleiches gilt für einen nicht-linearen Egalitarismus, wonach Ungleichheiten nicht proportional zur arithmetischen Differenz zu gewichten sind, sondern zum Beispiel zum Quadrat dieser Differenz. Auch das Differenzprinzip von Rawls, das im Abschnitt über Fairness (IV §7) erwähnt wurde, lässt sich in diesem Modell nicht abbilden.

Die Tatsache, dass die Theorie von Fehr & Schmidt eine Vielfalt von empirischen Befunden zu systematisieren erlaubt, sollte uns nicht dazu verleiten, diese Theorie für empirisch bestätigt zu halten. Die Theorie führt zwei, erst noch zu bestimmende, Gewichtungsfaktoren α und β ein, die angesichts einer überschaubaren Präzision der empirischen verhaltensökonomischen Befunde eine Anpassung der Theorie an die Daten ermöglichen. Der empirische Gehalt beschränkt sich auf die These, dass Personen, die von Ungleichheit profitieren eine geringere Ungleichheitsaversion aufweisen, als solche, die durch Ungleichheit Nachteile in Kauf nehmen müssen. Die Überprüfung dieser These erfolgt durch einen Vergleich der Größen α und β: Nur wenn β in der Modellierung der empirischen Daten kleiner ist als α, trifft diese These zu. Wohlgemerkt: Meine Kritik richtet sich nicht gegen den Versuch einer mathematischen Systematisierung, sondern gegen eine normativ inadäquate und psychologisch naive Interpretation konkreter individueller Verhaltensmuster. Ich habe diese Theorie herausgegriffen, nicht weil sie besonders abwegig wäre, sondern weil sie die positive Eigenschaft der mathematischen Eleganz und Einfachheit mit der negativen Eigenschaft einer drastischen Fehlinterpretation menschlicher Handlungsmotive in einer durchaus charakteristischen Weise verbindet.

§ 6 Konsequentialismus[372]

Für konsequentialistische Theorien ist der moralische Wert einer Handlung allein durch den intrinsischen außermoralischen Wert ihrer Handlungsfolgen bestimmt. Für rein deontologische Theorien spielen die Handlungsfolgen für die moralische Bewertung einer Handlung keine Rolle. Häufig wird die Einteilung normativ-ethischer Theorien in deontologische und konsequentialistische so verstanden, dass nicht-teleologische Theorien deontologisch sind.

Konsequentialistische Theorien der Realität und Moralität haben zwei Bestandteile. Erstens eine Theorie des außermoralisch Wertvollen und zweitens eine Theorie der Maximierung des außermoralisch Wertvollen.

Zur eindeutigen Abgrenzung konsequentialistischer Theorien ist es sinnvoll, als Maximierungskriterium das entscheidungstheoretische Rationalitätsmodell zu wählen: Für konsequentialistische Theorien ist diejenige Handlung moralisch geboten, die den Erwartungswert der Funktion des außermoralischen Wertes ihrer Konsequenzen maximiert.

Wenn man die Entscheidungstheorie *konsequentialistisch* interpretiert, so gilt der Schluss:

(1) Entscheidungstheoretische Rekonstruierbarkeit ist eine notwendige Bedingung von Entscheidungsrationalität.

(2) Moralische Entscheidungen sind rationale Entscheidungen.

---

(3) Eine adäquate Theorie normativer Ethik ist konsequentialistisch.

Wenn die Argumente in Kapitel V richtig sind, so gilt non-(3). An (2), denke ich, sollte man festhalten. Die Entscheidungstheorie kann daher in ihrer konsequentialistischen Standardinterpretation nicht den Anspruch erheben, eine generelle Theorie rationalen Verhaltens zu sein. Das analytische Instrumentarium der

---

[372] Die hier entwickelte Theorie praktischer Vernunft versteht sich als Alternative zu konsequentialistischen Theorien der Rationalität und der Moralität, die ich in *KdK* kritisiert habe. In Kap. V „Moralität und Rationalität" befassen sich die ersten sieben Abschnitte mit unterschiedlichen normativen Aspekten der Konsequentialismus-Kritik. In diesem Appendix wird präzisiert, was in dieser Schrift unter „Konsequentialismus" verstanden wird.

Entscheidungs- und Spieltheorie bleibt jedoch ein wichtiges Hilfsmittel für die Klärung moralphilosophischer Fragestellungen.[373]

Diejenigen, die ihren konsequentialistischen Intuitionen folgen, wonach eine Handlung nur dann rational ist, wenn sie darauf gerichtet ist, ihre Konsequenzen zu optimieren, versuchen die daraus resultierenden Typen von Rationalitäts- und Ethik-Theorien dadurch gegen Kritik zu immunisieren, dass sie den Begriff der Handlungs-Konsequenz aufweichen. Während dieser Begriff durch konkrete Moraltheorien, etwa den hedonistischen Utilitarismus von Jeremy Bentham, klar bestimmt ist (die relevanten Konsequenzen einer Handlung beziehen sich auf das Wohlergehen menschlicher Individuen und das Kriterium für richtige moralische Handlungen ist die Maximierung der Summe des Wohlergehens), weichen spätere Utilitarismus-Varianten nicht nur von der hedonistischen Bestimmung des zu optimierenden Guten ab, etwa durch eine pluralistische Wert-Theorie, wie die von Georg Edward Moore,[374] sondern rekurrieren am Ende, vermeintlich neutral, lediglich auf gegebene subjektive Präferenzen, im Sinne von *revealed preference* im zeitgenössischen Präferenz-Utilitarismus. Wie wir in II § 1 gesehen haben, kann, ja sollte man das sogenannte Nutzentheorem kohärentistisch interpretieren, also als Überführung des qualitativen Begriffs der Präferenz über Handlungsoptionen in einen quantitativen Begriff einer reellwertigen Bewertungsfunktion über Handlungen. Damit allerdings werden *alle kohärenten Präferenzrelationen* durch eine ‚Nutzenfunktion' repräsentierbar, unabhängig davon, ob die Akteure ihr Handeln an der Optimierung der Handlungskonsequenzen ausrichten, oder nicht. Auch der kantianische Akteur, dies war unser Beispiel, gerät bei Befolgung des Kategorischen Imperatives nicht zwangsläufig in Konflikt mit den Postulaten des Nutzentheorems, obwohl es für die Kantianische Ethik wesentlich ist, dass der moralische Akteur aus Achtung vor dem Sittengesetz handelt und nicht aus dem Motiv heraus, die Konsequenzen seines Handelns zu optimieren.

Es ist eben nicht zutreffend, wie etwa John Broome meint,[375] dass die Kompatibilität mit den Postulaten des Nutzentheorems eine teleologische, bzw. konsequentialistische, Handlungsrationalität festlegt. Die Demarkationslinie zwischen konsequentialistischen und nicht-konsequentialistischen Theorien der Rationalität oder Moralität lässt sich aber nur ziehen, wenn der Konsequenzen-Begriff

---

373 Programmatisch: R. B. Braithwaite: *Theory of Games as a Tool for the Moral Philosopher.* Cambridge University Press 1954. Zu den formalen Aspekten des Verhältnisses von Entscheidungstheorie und Ethik vgl. *D&E.*
374 Vgl. Moore: *Principia Ethica.* [EA 1903].
375 Vgl. John Broome: *Weighting Goods: Equality, Uncertainty, and Time.* Oxford: Basil Blackwell Press 1991.

grenzscharf bleibt. Intuitiv lässt sich dies dadurch sichern, dass man einer konsequentialistischen Handlungstheorie in letzter Instanz die Optimierung von Zuständen der Welt zugrunde legt. Aus konsequentialistischer Sicht lassen sich diese propositionalen Einstellungen (subjektive Wahrscheinlichkeiten und subjektive Wünschbarkeiten) auf den Wunsch zurückführen, den *Zustand der Welt* möglichst optimal zu gestalten. Regel-Konformität ist daher für konsequentialistische Theorien nur insofern relevant, als sie sich auf den Zustand der Welt auswirkt. Der Zustand der Welt ist jeweils *punktuell* zu bestimmen, das heißt zu einem bestimmten Zeitpunkt ist die Welt in einem bestimmten Zustand. Der hedonistische Utilitarismus meint, das entscheidende Merkmal eines Weltzustandes sei das dort realisierte Aggregat von individuellem menschlichem Wohlbefinden (oder in universalistischen Varianten von Wohlergehen generell, einschließlich das der empfindungsfähigen Lebewesen, auch wenn es sich nicht um Menschen handelt). Wenn, wie bei Georg Edward Moore, Bildung oder Schönheit als Bewertungsmaße hinzutreten, dann gibt es zwar ein Abwägungsproblem zwischen diesen verschiedenen Beurteilungsaspekten, aber der *konsequentialistische* Charakter der Moraltheorie bleibt trennscharf, das heißt es geht um die Realisierung dieser Werte in dem jeweiligen Zustand der Welt.

Die Tatsache, dass wir in der Regel durch unser Handeln nicht einen spezifischen Weltzustand festlegen, sondern die Wahrscheinlichkeitsverteilung über Weltzustände kausal beeinflussen, lässt sich dadurch berücksichtigen, dass das Ziel des Handelns nicht die Optimierung des Weltzustandes ist, sondern die Maximierung des *Erwartungswertes der aggregierten Bewertungsfunktionen* über Weltzustände. Die Tatsache, dass eine Handlung eine bestimmte Regel, z. B. den Kategorischen Imperativ, befolgt hat, oder eben nicht, ist nur insofern relevant, als sie sich in dem realisierten aggregierten Wert des Weltzustandes niederschlägt. Die Regelbefolgung ist *intrinsisch* für konsequentialistische Theorien der Rationalität oder der Moral irrelevant. Auch die Vorgeschichte ist für die konsequentialistische Beurteilung irrelevant. Historische Theorien der Gerechtigkeit, wie etwa die von Robert Nozick,[376] lassen sich daher nicht als konsequentialistische Theorien präsentieren. Robert Nozick war sich darüber vollständig im Klaren.

Dass es zu dieser Problematik mehr zu sagen gäbe, liegt auf der Hand und wer sich dafür interessiert sei auf meine ausführlichere Auseinandersetzung mit konsequentialistischen Rationalitäts- und Ethik-Theorien verwiesen,[377] dieser Appendix sollte lediglich klarstellen, dass entgegen einer weitverbreiteten Auffassung, es durchaus möglich ist, präzise zu sagen, was eine konsequentialisti-

---

376 Vgl. Robert Nozick: *Anarchy, State, and Utopia.* New York: Basic Books 1974.
377 Vgl. *KdK.*

sche normative Handlungstheorie ausmacht und es auf dieser Grundlage daher auch möglich ist, diese zu kritisieren, wie wir es in V §§ 1–7 getan haben.

§ 7 Zirkuläre Präferenzenbestimmtheit[378]

Präferenzeninterdependenz liegt vor, wenn Personen ihre Präferenzen von den Präferenzen anderer Personen abhängig machen. Nehmen wir an, A und B seien befreundet und auf Reisen. Es stellt sich für sie eines Tages die Frage, gemeinsam das Nationalmuseum in Neapel zu besuchen (p_1), oder an einen Strand der nahegelegenen *costa amalfitana* zu gehen (p_2). Es ergeben sich für das Paar zwei kollektive Entscheidungsmöglichkeiten: $p_1 > p_2$ oder $p_2 > p_1$. Wir nehmen an, dass die Liaison so jung ist, dass wir die Alternativenmenge P nicht um p_3 (A an den Strand, B ins Museum) und p_4 (A ins Museum, B an den Strand) erweitern müssen. Ist die Liebe groß, kann Folgendes eintreten: A würde mit B lieber ins Museum gehen, wenn B lieber ins Museum will und umgekehrt: A würde lieber an den Strand gehen, wenn B lieber an den Strand will. Symmetrisches gilt für B. Eine solche Situation lässt sich formal folgendermaßen beschreiben:

(1) $p_1 >_2 p_2 \Rightarrow p_1 >_1 p_2$

(2) $p_2 >_2 p_1 \Rightarrow p_2 >_1 p_1$

(3) $p_1 >_1 p_2 \Rightarrow p_1 >_2 p_2$

(4) $p_2 >_1 p_1 \Rightarrow p_2 >_2 p_1$

In einem solchen Fall sprechen wir von zirkulär bestimmten Präferenzen. Verallgemeinert auf eine Gruppe von Personen K ist $\{R_i \mid i \in K_0\}$, $K_0 \subset K$, $k_0 = \#K_0$ eine Menge zirkulär bestimmter Präferenzrelationen genau dann, wenn:

---

[378] Die Problematik zirkulärer Präferenzenbestimmtheit kam in dieser Schrift unter dem Aspekt der Unparteilichkeit (V §2) in den Blick, sie stellt aber in meinen Augen alle Rationalitäts- und Moraltheorien infrage, die mit einem uniformen Präferenzbegriff operieren, wie er in der modernen ökonomischen Theorie, aber auch im Präferenz-Utilitarismus üblich ist. Die in der vorliegenden Schrift entwickelte Theorie praktischer Vernunft entledigt sich dieser Problematik dadurch, dass sie die Vielfalt praktischer Gründe anerkennt und sich so dem in der modernen Moraltheorie verbreiteten Reduktionismus entgegenstellt. Der Preis ist die Anerkennung genuiner moralischer Dilemmata (V §10) und der Rückzug auf formale Kriterien der Kohärenz handlungsleitender Präferenzen (II §1, sowie erster Appendix). Die Probematik der Präferenzen-Interdependenz wird eingehender behandelt in *D&E*, S. 281ff, dieser Appendix ist ein Auszug.

$\exists\, U_0 \subset U : \exists\, S \in \text{Bij.}(\{1, 2, ..., k_0\}, K_0)$:

$\exists\, T \in \text{Bij.}(\{1, 2, ..., k_0\}, U_0 \times U_0)$:

$[(\forall\, v \in \{1, 2, ..., k_0 -1\}: T(v) \in R_{S(v)} \Rightarrow T(v+1) \in R_{S(v+1)}] \wedge (T(k_0) \in R_{S(k_0)} \Rightarrow T(1) \in R_{S(1)})$

Am Ende des Urlaubs, wenn die Liebe schon merklich abgekühlt ist und sogar schon Zeiten gegenseitiger Aversion vorkommen, mag sich in Rom eine ähnliche Situation ergeben: Wieder geht es um die Frage, ob sie heute nach Ostia fahren (p_1) oder die Sixtinische Kapelle besuchen (p_2) sollten. Jetzt aber will A gerade dann nach Ostia, wenn es B bevorzugt, die Sixtinische Kapelle zu besuchen. Andererseits hat A ein besonderes Interesse an der Sixtinischen Kapelle gerade dann, wenn B nach Ostia möchte. Sind B's Präferenzen in symmetrischer Weise von A's Präferenzen abhängig, so ergibt sich folgende Präferenzeninterdependenz:

(5) $p_1 >_2 p_2 \Rightarrow p_2 >_1 p_1$

(6) $p_2 >_2 p_1 \Rightarrow p_1 >_1 p_2$

(7) $p_1 >_1 p_2 \Rightarrow p_2 >_2 p_1$

(8) $p_2 >_1 p_1 \Rightarrow p_1 >_2 p_2$

Je nachdem, zu welcher anfänglichen wechselseitigen Einschätzung der Präferenzen es kommt, bleibt es bei stabilen, aber entgegengesetzten Präferenzen.

Hat sich dagegen die Abhängigkeit der Präferenzen von B seit Urlaubsbeginn nicht geändert, gilt also (3), (4), (5) und (6), handelt es sich um eine logisch widersprüchliche Präferenzstruktur. In diesem Fall sprechen wir folglich von kontradiktorisch bestimmten Präferenzen.

$\{R_i \mid i \in K_0\}$ ist eine Menge kontradiktorisch bestimmter Präferenzrelationen genau dann, wenn:

$\exists\, U_0 \subset U : \exists\, S \in \text{Bij.}(\{1, 2, ..., k_0\}, K_0)$:

$\exists\, T \in \text{Bij.}(\{1, 2, ..., k_0\}, U_0 \times U_0)$:

$[(\forall\, v \in \{1, 2, ..., k_0 -1\}: T(v) \in R_{S(v)} \Rightarrow T(v+1) \in R_{S(v+1)}] \wedge (T(k_0) \in R_{S(k_0)} \Rightarrow \sim T(1) \in R_{S(1)})$

Präferenzeninterdependenz kann unterschiedliche Ursachen haben: Zuneigung, Abneigung, Verantwortungsgefühl, moralische Überzeugungen, etc. Unabhängig von den möglichen Ursachen und Gründen stellt sich die Frage, welche Konsequenzen wechselseitige Interdependenz hat. Eine Hypothese liegt nahe: Wenn die Personen ihre subjektiven Bewertungen der Zustände von den subjektiveren Bewertungen (dieser oder anderer Zustände) anderer Personen abhängig machen, gibt es jeweils einen Gleichgewichtspunkt, in dem diese wechselseitige Abhängigkeit nicht mehr zu einer Veränderung deren Bewertungen führt. Diese Hypothese ist jedoch falsch.[379]

Zustände $u \in U$ sind für uns mögliche Welten. Zwei mögliche Welten u, u' sind schon dann verschieden, wenn in u die Person A die eine, und in u′ eine andere Präferenz hat. U ist ein n-Tupel von Propositionen. Sei $u = <z, R_i>$, d. h. Merkmale von u sind in z zusammengefasst. Sei $u'= <z, R_i'>$, dann gilt $R_1 \neq R_2 \Rightarrow u \neq u'$.

Das obige Beispiel lässt sich damit in folgender Weise repräsentieren:

(1) $<<p_1, p_1 >_2 p_2 >, <p_2, p_1 >_2 p_1>> \in R_1$

(2) $<<p_2, p_2 >_1 p_1 >, <p_1, p_2 >_2 p_1>> \in R_1$

(3) $<<p_1, p_1 >_1 p_2 >, <p_2, p_1 >_1 p_1>> \in R_2$

(4) $<<p_2, p_2 >_2 p_1 >, <p_1, p_2 >_1 p_1>> \in R_2$

Hier ist von Präpositionen die Rede. Die tatsächliche Situation könnte jedoch mit dieser Redeweise nur sehr grob wiedergegeben werden, denn man kann davon ausgehen, dass nicht für beliebige $u_1 \in p_1, u_2 \in p_2$ gilt $u_1 >_2 u_2 \Rightarrow u_1 >_1 u_2$, ect.

Stellen wir uns daher vor, die Welt bestünde nur aus zwei möglichen Zuständen: ‚beide am Strand' und ‚beide im Museum'. Wenn die Bedingungen für eine kardinale Metrisierung der Präferenzrelationen erfüllt sind, können wir interpersonelle Präferenzeninterdependenz als Nutzeninterdependenz behandeln.

Allerdings beziehen sich die, den bedingten Präferenzrelationen entsprechenden bedingten Nutzenfunktionen nicht auf Elemente aus U. Es ist zweckmäßig, sich die Elemente der Menge der möglichen Welten U aufgespalten zu denken in einen Anteil, der die Nutzenwerte angibt, und in einen Anteil, der alle Informationen, bis auf die über Präferenzrelationen bzw. Nutzenwerte, enthält. Im Folgenden kennzeichnen die üblichen Zustandssymbole z_1, z_2 ausschließlich diesen zweiten Anteil. Z ist die Menge der Zustände in diesem Sinne. Z nennen wir auch die Menge der Anaxzustände (‚Zustände ohne Bewertungen'). Zustände im weiteren Sinne, also u. a. unter Einschluss subjektiver Bewertungen nennen wir weiterhin u. U ist die entsprechende Alternativenmenge. Die Zustandsmenge Z kann damit als eine Menge von geordneten Paaren aufgefasst werden, an deren erster Stelle das Symbol für den jeweiligen Zustand aus Z steht und an zweiter Stelle ein n-Tupel, n:= #K, von Nutzenwerten dieses Zustands.

---

[379] Vgl. hierzu den mathematischen Beweis in: J. Nida-Rümelin, T. Schmidt, & A. Munk: „Interpersonal Dependency of Preferences". In: *Theory and Decision* 41 (1996) 257–280.

$$U = \{<z_1, <v_1(z_1), v_2(z_1), ..., v_n(z_1)>>$$
$$<z_2, <v_1(z_2), v_2(z_2), ..., v_n(z_2)>>$$
$$...$$
$$<z_k, <v_1(z_k), v_2(z_k), ..., v_n(z_k)>>\}$$
$$Z = \{z_1, z_2, ..., z_k\}, \#Z = k$$

Zuvor war der Definitionsbereich der individuellen Bewertungsfunktionen u_i die Menge der möglichen Welten U. Dies kann auch so bleiben: Es gibt unbedingte subjektive Bewertungsfunktionen u_i über U und bedingte subjektive Bewertungsfunktionen v_i über Z.

Die Kardinalisierbarkeit der v_i setzt zwar entsprechende Präferenzen über Lotterien von Z voraus, aber da Lotterien von Z nicht selbst zu Z gehören sollen, kann Z finit bleiben.[380]

In unserer Zwei-Personen-Zwei-Zustände-Welt – die beiden Zustände sind jetzt Elemente von Z, nicht mehr von U – gibt es $2 \times 2^2 = 8$ mögliche Zustände von u in U.

$$U = \{<z_1, z_1 >_1 z_2, z_1 >_2 z_2>, <z_1, z_1 >_1 z_2, z_1 <_2 z_2>,$$
$$<z_1, z_1 <_1 z_2, z_1 >_2 z_2>, <z_1, z_1 <_1 z_2, z_1 <_2 z_2>,$$
$$<z_2, z_1 >_1 z_2, z_1 >_2 z_2>, <z_2, z_1 >_1 z_2, z_1 <_2 z_2>,$$
$$<z_2, z_1 <_1 z_2, z_1 >_2 z_2>, <z_2, z_1 <_1 z_2, z_1 <_2 z_2>\}$$
$$U_1 = \{<z_1, z_1 >_2 z_2>, <z_1, z_1 <_2 z_2>,$$
$$<z_2, z_1 >_2 z_2>, <z_2, z_1 <_2 z_2>\}$$
$$U_2 = \{<z_1, z_1 >_1 z_2>, <z_1, z_1 <_1 z_2>,$$
$$<z_2, z_1 >_1 z_2>, <z_2, z_1 <_1 z_2>\}$$

Die bedingten Präferenzrelationen v_i der Personen haben als Bezugsmenge die interpersonell gleiche Menge Z, ihre unbedingten Präferenzrelationen u_i jedoch gehen über eine Menge möglicher Welten U_i, die sich von U geringfügig unterscheiden: Die eigenen Präferenzen sind in $u \in U_i$ nicht enthalten.

Das bisher eingeführte entscheidungstheoretische Begriffssystem muss also vorläufig folgendermaßen erweitert werden:

---

380 Die kardinale Metrisierbarkeit setzt voraus, dass es neben v_i über Z auch eine subjektive Bewertungsfunktion u_i über die Lotterien von Z mit bestimmten Eigenschaften gibt, und dass der Zusammenhang von v_i und u_i durch die Bayes'sche Regel bestimmt ist.

(1) Die Menge von Anaxzuständen Z

(2) Jede Person$_i$ hat eine (bedingte) Bewertungsfunktion v_i mit dem Definitionsbereich Z. N^i sei die Menge der möglichen individuellen Bewertungsfunktionen v_i von Z in $\mathbb{R}$.

(3) Die nicht bedingte Bewertungsfunktion u_i hat als Definitionsbereich $U_i = Z \times N_i$, wobei $N_i = N^1 \times N^2 \times ... \times N^{i-1} \times {}^{i+1} \times ... \times N^{\#K}$

(4) $U = Z \times \prod_{i=1}^{\#K} N_i$

Es ist wichtig zu sehen, dass es bei wechselseitiger Interdependenz der Präferenzen nicht sinnvoll ist, sich auf die tatsächlichen Präferenzen zurückzuziehen. Denn diese sind abhängig von der interpersonellen Nutzenabschätzung, und damit hängen die ‚tatsächlichen' Präferenzen vom Stand der (iterierten) Informationen ab.[381]

Zur Konkretisierung genügt ein Beispiel. Wir wählen eine moderne Form des Utilitarismus, den ethischen Bayesianismus, wie er von Harsanyi[382] entwickelt wurde. Dieser ist im Gegensatz zu fast allen anderen Formen des Utilitarismus eine subjektivistische Theorie. Grundlage der Aggregation sind die tatsächlichen Präferenzen der Personen. Durch eine spezielle Methode impliziter Bewertungsvergleiche, die hier nicht weiter interessiert, werden die moralisch gebotenen Präferenzen ermittelt.

Für jedes Individuum ergibt sich aufgrund seiner Präferenzrelation R_i über Z, die Menge der Zustände, (und kohärenter Präferenzen über die Menge der Lotterien von Z) eine kardinale Nutzenfunktion v_i. Der ethische Bayesianismus legt die je individuell moralisch gebotenen Präferenzen aufgrund dieser subjektiven kardinalen Bewertungsfunktion (die hier interpersonell vollständig vergleichbar sind) durch folgende normative Interdependenzempfehlung (*) fest:

<z_1, z_2> $\in R_i \Leftrightarrow \sum_{k=1}^{\#K} v_k(z_1) > \sum_{k=1}^{\#K} v_k(z_2)$

---

[381] vgl. *D&E*, 94ff & 281–286.
[382] Vgl. J.C. Harsanyi: „Cardinal Welfare, Individualistic Ethics, and Interpersonal Comparison". In: *Journal of Political Economics*, 63 (1955), 309–321, abgedruckt in: ders.: *Essays on Ethics, Social Behavior, and Scientific Explanation*. Dordrecht: Reidel 1976. Stegmüller hat für diese Form des Utilitarismus die Bezeichnung „ethischer Bayesianismus" vorgeschlagen, vgl. W. Stegmüller: „On the Interrelations between Ethics and other Fields of Philosophy and Sciene". In: *Erkenntnis* 11 (1977), 55–80.

Je nach anfänglicher wechselseitiger Einschätzung der subjektiven Bewertung, ergeben sich damit in einer Gesellschaft von Utilitaristen ohne *akrasia*[383] entsprechende Präferenzen R_i, die zwar nicht objektiv, aber je nach subjektiver Einschätzung (*) erfüllen.

Die individuellen subjektiven Bewertungsfolgen, die sich bei dieser Art von Präferenzeninterdependenz ergeben, haben zwar einen interpersonell gleichen Grenzwert, aber dieser Grenzwert hängt ausschließlich von den anfänglichen Einschätzungen ab, was sie als moralisch gebotene Bewertung inadäquat macht.

Die je individuell moralisch gebotene Bewertungsfunktion ist bestimmt durch die Bewertungsfunktionen aller (einschließlich der eigenen). Insofern spielt die individuelle Bewertungsfunktion eine doppelte Rolle: einmal als Bestandteil der (subjektivistischen) außermoralischen empirischen Grundlage für die Bestimmung des moralisch Gebotenen, und zum Zweiten als Gegenstand moralischer Beurteilung.

Für einen hedonistischen Utilitaristen besteht die außermoralische Grundlage der moralischen Präferenzen in der – so könnte man es nennen – Luststruktur der Gesellschaft: Ist von jedem Zustand z und z' aus Z bekannt, welche Lustveränderung für jede einzelne Person der Übergang von z zu z' bedeuten würde, so kann bestimmt werden, welche Präferenzen die Personen über Z haben sollten.[384]

Die Relation *z bringt i mehr Lust als z'* können wir uns ebenfalls als kardinalisierbar zu vollständig vergleichbaren, normierten numerischen Bewertungsfunktionen w_i vorstellen, sodass sich die moralisch gebotenen Präferenzen in der für alle gleichen Bewertungsfunktion $m(z) = \frac{1}{\#K} \sum_{i=1}^{\#K} w_i(z)$ zusammenfassen lassen.

Ähnlich ließe sich die eudämonistische Form des Utilitarismus rekonstruieren. Etwas schwieriger wäre es vermutlich, die Mooresche Version eines ‚idealen' und pluralistischen Utilitarismus in diese Form zu bringen.[385] Aber eines ist den

---

383 *Akrasia* hier eher im Gegensatz zu *sophrosyne* als zu *enkrateia*. Ersteres liegt dann vor, wenn jemand davon überzeugt ist, für Handlung a sprächen bessere Gründe als für Handlung a', und sich dennoch – nicht aus Versehen oder mangelnder Information – wohlüberlegt und bewusst für a' entscheidet, vgl. siebtes Buch der *Nikomachischen Ethik* des Aristoteles.
384 Man könnte einwenden, utilitaristischen Theorien ginge es um Handlungen oder in der regel-utilitaristischen Version um Handlungsregeln, nicht um Zustandspräferenzen. Harsanyis Utilitarismus-Version sucht den Anschluss zur rationalen Entscheidungstheorie und weist daher der ethischen Theorie die Bestimmung der Bewertungsfunktion (ethische Nutzenfunktion) zu, während es dem Kriterium rationalen Verhaltens überlassen bleibt die moralisch gebotene Handlung via Erwartungswertmaximierung zu bestimmen.
385 Zur Theorie des idealen Utilitarismus vgl. Moore: *Principia Ethica*. [EA 1903]; bes. Kap.6.

nicht-subjektivistischen Versionen des Utilitarismus gemeinsam: Sie kennen eine klare Trennung der außermoralischen und der moralischen Beurteilung, die in den Modellen des *homo oeconomicus* wieder verloren geht.

Die Konsequenz ist, dass der ethische Bayesianismus für den Fall vollständiger Information aller und völligen Mangels an *akrasia*-Problemen, also für den Idealfall, keine Handlungsempfehlungen mehr gibt, oder anders ausgedrückt, keine ethischen Präferenzen bestimmen kann. Gerade dieser Idealfall aber müsste es erlauben, frei von allen ‚pragmatischen' Beschränkungen aufgrund mangelnden Wissens und Charakterschwäche den Gehalt einer normativen Theorie festzustellen. Die Präferenzeninterdependenz des ethischen Bayesianismus führt also in eine Aporie. Dieses Ergebnis lässt sich verallgemeinern: Auf normativen Urteilen gründende oder von ihnen beeinflusste Präferenzen können nicht Grundlage eines normativen Prinzips der Interessenaggregation sein, ohne in einen Bewertungszirkel zu münden.

Siglenverzeichnis: zitierte Publikationen des Verfassers

AngE	*Handbuch Angewandte Ethik: Die Bereichsethiken und ihre philosophische Begründung*. Stuttgart: Kröner ²2005
D&E	*Decision Theory and Ethics*. München: Utz 2005
D&W	*Demokratie und Wahrheit*. München: C. H. Beck 2006
EcR	*Economic Rationality and Practical Reason*. Dordrecht: Kluwer 1997
EE	*Ethische Essays*. Frankfurt am Main: Suhrkamp 2002
EpistR	„Reasons Against Naturalising Epistemic Reasons". In: *Causality, Meaningful Complexity and Embodied Cognition*. Hg. von A. Carsetti. New York: Springer International 2010
HandBook	„Structural Rationality". In *Handbook of Rationality*. Hg. von M. Knauff & W. Spohn, Cambridge/Mass: MIT Press, i. E.
HumB	*Philosophie einer humanen Bildung*. Hamburg: Körber 2013
HumR	*Humanistische Reflexionen*. Berlin: Suhrkamp 2016
KdK	*Kritik des Konsequentialismus*. München: Oldenburg 1993, ²1995
LkE	*Logik kollektiver Entscheidungen* (zusammen mit Lucian Kern). München: Oldenburg 1997
Metapref	„Practical Reason or Metapreferences. An Undogmatic Defense of Kantian Morality", in *Theory and Decision* (1991), S. 133–162
MReal	Dietmar von der Pfordten (Hg.): *Moralischer Realismus? Zur kohärentistischen und realistischen Metaethik Julian Nida-Rümelins*. Münster: Mentis 2015
OPT	*Die Optimierungsfalle. Philosophie einer humanen Ökonomie*. München: 2011, btb 2015
P&L	*Philosophie und Lebensform*. Berlin: Suhrkamp 2009
RatC	„Rational Choice – Extensions and Revisions", *Ratio 7* (1994) 122–144
REAL	*Unaufgeregter Realismus. Eine philosophische Streitschrift*. Paderborn: Mentis 2018
SR	*Strukturelle Rationalität. Ein philosophischer Essay über praktische Vernunft*. Stuttgart: Reclam 2001
StructR	*Structural Rationality and Other Essays on Practical Reason*. Berlin / New York: Springer International 2019
ÜmF	*Über menschliche Freiheit*. Stuttgart: Reclam 2005
VER	*Verantwortung*. Stuttgart: Reclam 2011
V&F	Dieter Sturma (Hrsg.): *Vernunft und Freiheit. Zur praktischen Philosophie von Julian Nida-Rümelin*. Berlin: De Gruyter 2012

Namens- und Sachregister

Achill 290, 321, 373, 379–380
Adams, Alexandra 354
adiaphora 379, 396
Agamemnon 290, 321
Agglomerationsprinzip 318, 324
AGM-Modell 31
akrasia 432
akrates 391
Alchourrón, Carlos 31
Althusser, Louis 129
Altruismus 86, 116–117, 119–121, 259
    reiner Altruismus 416
    schwacher Altruismus 416–417
Al-Ubaydli, Omar 115
Anderson, Elisabeth 300
Angemessenheit 193, 198, 243
Anonymität 239, 241–242, 286
Anschauungsformen von Raum und Zeit 34
Anscombe, Elisabeth 40, 87, 184, 371
Antigone 320
Anti-Theorie 250, 309
Aporie 319
Aposteriori 22, 70
Apriorismus 71, 216
Apriori, synthetisches 14, 34, 105
Arendt, Hannah 193
Ariely, Dan 231, 237, 255, 269
Aristoteles 1, 11, 20, 27, 75, 140, 166, 169, 193, 218, 230, 233, 273, 362, 369, 374, 432
Aristotelismus 86, 88, 169, 282, 323
Armbruster, Ludwig 270
Asendorpf, Jens 387
Asserate, Asfa-Wossen 239, 241
assurance game 119, 134, 140, 159
Atomismus 3, 94
außermoralisch Wertvolles 424
Austin, John Langshaw 49, 77, 371
    fallacy 49
    infelicity 49
Autonomie 358
    Autonomie der Person 49, 140
    Gradualismus der Autonomie 359
Autorschaft 394

Axiom 67, 81
Ayer, Alfred 15, 38

Bacon, Francis 27
Baier, Kurt 2
battle of the sexes 138, 158, 175
Baumann, Peter 358
Bayesianismus 72
    Bayesianische Entscheidungstheorie 171, 328
    ethischer Bayesianismus 285, 431
Beauchamp, Tom 50
Becker, Gary S. 113, 129
bedingte Wünsche und Präferenzen 62
Begründung 27, 42, 73–74, 81, 217, 310, 327, 341, 354, 366
    außer-sprachliche Begründung 219
    ethische Begründung 76
Begründungspraxis, lebensweltliche 309, 330, 343
behavioral economics siehe Verhaltensökonomie
belief-desire-Modell 170, 190, 224, 362
Bell, John Stewart 94, 403
Bentham, Jeremy 26, 75–76, 283, 291, 425
Bethwaite, Judy 258
Beurteilungspraxis, kohärente 308, 317, 328
Bewährungsinstanz 17, 72, 74, 216, 341, 345, 407
Beweis 352
Bienen-Sprache 270
Binmore, Ken 152
Biologismus 98
Blackburn, Simon 88
Black, Max 343
Bohm, David 94
Bovens, Luc 31, 399
Boyd, Richard 96, 98
Boyd, Robert 339
Brandom, Robert X, 2, 48, 278, 358
Broome, John 425
Bruning, Nicole 354
Buchanan, James 151–153, 248, 298

Buddha 374
Buddhismus 310–311
Butler, Joseph 86, 118, 259, 311

Capability Approach 169
Carsetti, Arturo 435
Chammah, Albert M. 115
Chancengleichheit 292
Childress, James 50
Chisholm, Roderick 402
Chrysipp 43
Church, Alonzo 96
comissiva 256, 316
common sense 90
conditio humana 273, 362
contractarianism siehe Kontraktismus
contractualism siehe Kontraktualismus

Dancy, Jonathan 223, 241, 250, 309, 376
Davidson, Donald 170, 190, 269, 275, 395, 398
Dawson, Geraldine 354
Deliberation 4, 23, 26, 80, 96, 187, 346, 350
   moralische Deliberation 55
   praktische Deliberation 26, 80, 234
Deliberationsprozess 42, 44, 344
Deontologie 214, 279
   deontologische Struktur moralischer Praxis 200
Descartes, René 26, 31, 81–82
   kartesisches Projekt 73
Dewey, John 15, 92, 350
Dezisionismus 399
Differenzprinzip 154, 266
dikaiosyne 233
Dilemmata, moralische 317
Diskriminierung 258, 260, 292, 330
Diskursethik 168, 213, 357
Disziplin, apriorische 14, 22
Domes, Gregor 354
Douglas, Mary 338
Dworkin, Ronald 16, 37, 259, 300

Egalitarismus 259, 266, 298, 423
   Anti-Egalitarismus 265, 416
   Egalitarismus der Rechte 300
   ethischer Egalitarismus 292
   Non-Egalitarismus 265–266
Egoismus 120, 416
   methodologischer Egoismus 110, 128, 135
Egoist 356
Ehrlichkeit 236
Eigeninteresse 59, 123, 277, 327, 356, 414, 416
Eigenverantwortlichkeit 288–289, 314
Einbettbarkeit, strukturelle 222, 305
Einstellung
   deskriptive Einstellung 57
   emotive Einstellung 372
   epistemische Einstellung 43
   normative Einstellung 57
   objektive Einstellung 355
   prohairetische Einstellung 4, 43, 57, 85
   propositionale Einstellung 31, 43, 57, 143, 322
Elster, Jon 201
Emotion 375
   pathologische Emotion 387
Empathie 355
Empirismus 341
   logischer Empirismus 15, 73, 294
energeia 193
entitlement-conception X, 278
entitlement theory 249
Entscheidung 187, 201, 225, 236, 344, 380, 397–398
   autarke Entscheidung 381
   existenzielle Entscheidung 182, 231, 322, 367
   große Entscheidung 323
   kleine Entscheidung 322
   nicht-existenzielle Entscheidung 231
Entscheidungstheorie 61, 171
Epikureismus 93–94, 396
epistemisch konstituiert 88, 215, 353, 366, 407
Erfahrung, lebensweltliche 31, 86, 106, 399
Erkenntnis
   Erkenntnis des Guten 53, 195
   ethische Erkenntnis 291
   kausale Theorie der Erkenntnis 29
Erkenntnistheorie, objektivistische 70
Ethifizierung der Spieltheorie 176

Ethik
    deontologische Ethik 75, 105, 214, 264, 280, 282
    empiristische Ethik 21, 342
    libertäre Ethik 233
Ethos epistemischer Rationalität 272–273
eudaimonia 233, 392
Eudämonismus 432
exhortationes 256
existenziell 318
Experimente, verhaltensökonomische 237
extensionsgleich 385

Fairness 247
Fallibilismus 18, 81
Fehr, Ernst 254, 257, 267, 422–423
Feinberg, Joel 184
Finnis, John 40
Foot, Philippa 108, 313
Formalismus 15
Form unseres Lebens 323
Forst, Rainer 390
Fragmentierung der Werte 268–269, 311, 317, 321
Frankfurt, Harry 191, 226–227, 317, 364
    Wanton 362
Frege, Gottlob 17, 23, 95, 378
Freiheit IX, 193, 377
    Freiheit der Urteilsbildung 351
    Freiheit des Individuums 9, 291
    Freiheit des Willens 227
    individuelle Freiheit 291
    menschliche Freiheit 32, 377–378, 383
    praktische Freiheit 388, 390
    Primat der Freiheit 295
    theoretische Freiheit 353, 359, 383–384, 388, 400
Freiheiten, individuelle 155, 292
Frisch, Max 389
Fundamentalismus 67, 90
fundamentum inconcussum 73, 90, 377

Gärdenfors, Peter 31
Gauthier, David 137, 152–153, 248
Gefangenendilemma 114, 413
Gemeinschaften, kulturelle 135, 178, 212, 316, 320

Gemeinwohl 165, 284, 296
Gerechtigkeit 149, 296
Gerechtigkeitssinn 37, 152, 154, 162, 164–165, 168, 259, 267, 297, 405
Gesamtwohlfahrt 265
Gesellschaft
    geschlossene Gesellschaft 272
    offene Gesellschaft 272
Gettier, Edmund 28, 394
Gewissen, schlechtes 210, 237
Gibbard, Alan 88
Gibbard-Satterthwaite-Theorem 176, 178
Gigerenzer, Gerd 112, 181, 256
Gleichbehandlung 248, 258, 267, 330
    Gleichbehandlungsprinzipien 315
Gleichgewichtspunkt 172–173
Gleichheit 255
Glückseligkeit 359
Gödel, Kurt 333, 349–350
Goodman, Nelson 32
Good Reasons Approach 2
Gradualismus 96, 222, 279
Grice, Paul 270–271
Gründe 3, 34, 41, 218–219, 335
    deskriptive Gründe 34
    emotive Gründe 3, 34, 271
    epistemische Gründe 272
    evaluative Gründe 34
    geteilte Gründe 21
    logischer Raum objektiv guter Gründe 24
    normative Gründe 34
    objektive Gründe 4
    pragmatisch gute Gründe 41
    praktische Gründe 3, 271, 354
    Status der Gründe 399
    subjektive Gründe 405
    theoretische Gründe 3, 271, 354
    Urheber der Gründe 351
Gründe-Holismus 5
Gurven, Michael 339
Güth, Werner 252–254

Habermas, Jürgen IX, 29, 32, 36–37, 135, 150, 168, 213, 267, 277, 313, 326
    Diskursprinzip 168
Hamann, Johann G. 250

Handlung 41, 184, 186
  kollektive Handlung 142
  pathologische Handlung 387
  punktuelle Handlung 194
  strukturelle Handlung 184, 189, 196
Handlungskausalität 190
Handlungskonsequenzen 128, 319
Handlungsmotivation 143, 158
Handlungstheorie, strukturelle 169
Hare, Richard Mervyn 26, 38, 88, 281, 343
Harman, Gilbert 38
Harsanyi, John C. 44, 100, 284–285, 329, 431, 432
Hart, H. L. A. 184
Hartmann, Stephan 31, 399
Hegel, Georg Wilhelm Friedrich 15, 150, 250
Heisenberg, Werner 3
Henrich, Joseph 132
Henrich, Natalie 132
Henz, Sonja 205
Heroismus, ethischer 197
Herpertz-Dahlmann, Beate 354
Herpertz, Sabine C. 354
Herz, Dietmar 357
Heteronomie 351, 379–380, 382
Hinduismus 311
Hintergrundwissen 31, 40, 353
Hirschman, Albert O. 58
Historisierung 20
Historismus 98
Hobbes, Thomas 25, 26, 56, 150–152, 157–162, 166–169, 179, 209–210
  fool 25, 158
  leges naturales 25, 179
  prospectus 209
  status civilis 161, 162
  status naturalis 25, 162
Hoerster, Norbert 152
Höflichkeit 239
Holismus 359
homo oeconomicus 133, 355
Howard, Nigel 413
Hsee, Christopher 237
Humanismus IX
  Anti-Humanismus 18
Humberstone, I. L. 371
Humeanismus 58, 327, 364, 391, 395

Hume, David 15, 38, 58, 62, 150, 170, 381, 394
Husserl, Edmund 15, 17, 95

Ich, noumenales 378
Ich-Stärke 316, 390
Idealismus 71
  Berkleyscher Idealismus 15, 17
ideal language philosophy 216
Idee gleicher Rechte 300
Idee, regulative 71
Identität, personale 325, 351
Ideologie, postmoderne 205
Immanentismus 1
Imperativ
  hypothetischer Imperativ 108
  pragmatischer Imperativ 105, 170, 392
Incentivierungen 259
Individualismus
  atomistischer Individualismus 114, 143, 173
  methodologischer Individualismus 111–112, 118
Individualität 286
Inkohärenz, diachrone 227
Institution des Versprechens 316, 337
Institutionismus 337
Instrumentalismus 114
Integrität 301
  moralische Integrität 316
  personale Integrität 235
Intention 179, 220, 270, 278
  begleitende Intention 185
  handlungsleitende Intention 205, 212
  motivierende Intention 185
  strukturelle Intention 191
  vorausgehende Intention 185, 202
Intentionalität 180, 182, 187
  geteilte Intentionalität 212
  kollektive Intentionalität 141
Interaktionspraxis 54, 401, 408
Interaktionssituation 127, 140, 172, 175–176
interpersonell 211, 362
Intuitionen, moralische 69
Invarianz-Bedingung 242, 300
Invarianzen 34, 40, 156
Invarianzprinzipien 315

Irrationalität
  kollektive Irrationalität 176
  strukturelle Irrationalität 389
Islam 247, 310–311

Jackson, Frank 331
James, William 92
Jeffrey, Richard 5, 100, 410
Jones, Garett 115
Jordan, James 403
Judentum 310–311

Kahneman, Daniel 112, 253, 255–256
kale psyche 195
Kantianischer Konstruktivismus (*Kantian Constructivism*) 16, 38, 88, 234, 357
Kantianismus 38, 50, 105, 282, 311, 376, 382, 392
  Neu-Kantianismus 15
Kant, Immanuel IX, 7, 108, 167, 170, 232–233, 235, 379, 381–382, 392, 413
  kantianischer Akteur 102, 140, 264, 412, 425
  Kantianischer Liberalismus 233
  Kategorischer Imperativ (Sittengesetz) 102, 170, 268, 279, 381, 392
Kaplan, Hillard 339
Kasuistik 310
Kategorien moralischer Beurteilung 314
Kausalitätsprinzip 378, 382, 388, 402
Klugheit 66, 79
Kognitivismus 32, 372
Kohärentismus 70, 75, 110, 222
  rational choice-Kohärentismus 104
Kohärenz
  diachrone Kohärenz 7
  interpersonelle Kohärenz 362
  intertemporale Kohärenz 362
  Kohärenz epistemischer Bewertungen 5
  Kohärenz prohairetischer Bewertungen 5
  praktische Kohärenz 58
  regulative Idee der Kohärenz 72
  Status der Kohärenz 70
Kohärenzbedingungen 9, 42, 100
Kohärenztheorie praktischer Rationalität 409–410, 412
Kohlberg, Lawrence 106

Kommodifizierung 268
Kommunikation 178, 270–271, 274, 277
Kommunitarismus 170, 247, 250, 312, 381
Konflikt
  existenzieller Konflikt 318, 321
  moralischer Konflikt 55, 223
Konformist 356
Konfuzius 374
Konrad, Kerstin 354
Konsens höherer Ordnung 364
Konsequentialismus 279, 424
Konstruktion 53, 353
kontextuell 353
Kontinuität 410
Kontraktismus 151–153, 155, 157, 162, 166, 168
Kontraktualismus 153, 155, 157, 166, 168, 213, 297–300
Kontrolle, intentionale 186–187
konvention 241
Konvention 239, 242, 270, 276
Konventionalismus 337, 341–342
Kooperation 6, 113, 124, 128, 132, 365
Kooperations-Dilemma 119–122, 126
Koordination
  interpersonelle Koordination 137, 173, 273
  intrapersonelle Koordination 365
Koordinationsspiel 174–175, 276
Korsgaard, Christine 16, 38, 52, 88
Konstitutionsbedingungen von *agency* 38
Krebs, Angelika 265, 300
Kripke, Saul 48, 275
Krise, moralische 81–82, 83
Kuhn, Thomas 19–20, 74, 350
Kultur, zivile und humane 314
Kumbier, Ekkehardt 354
Kyniker 373

language community 277
Larmore, Charles 399
Lebensform
  epistemisches System der geteilten Lebensform 36
  geteilte Lebensform 218, 247, 309
  individuelle Lebensform 6

Peripherie der Lebensform 35
Struktur der Lebensform 86, 274
Zentrum der Lebensform 35
Lebenssinn 234
Lebenswelt 41
    Einheit der Lebenswelt 56–57
    Realismus der Lebenswelt 35
Leibniz, Gottfried Wilhelm 26
Leidenschaften 58, 62, 360
Leitgeb, Hannes 31
Lewis, David 178, 276–278
liberales Paradoxon 76, 121, 293, 295
Liberalismus 290–293, 295
Libertarismus 232–233, 291, 296, 315
libertates 233, 257
Libet, Benjamin 202–207
Lingualismus 216, 269
linguistic turn 216
Locke, John 233, 267, 291–292
Logik 17, 20, 22–23, 101, 278, 349
    deontische Logik 72, 318, 323, 324
Logozentrismus-Kritik 32, 205
Luce, Robert Duncan 410
Luhmann, Niklas 98, 309, 338

MacIntyre, Alasdair 40, 83, 88, 320
Mackie, John 38–39, 53, 89, 402, 408
Makinson, David 31
Marchand, Nadège 258
Markt 153, 244, 262
Marshak, Jakob 100
Marxismus 15, 98, 129
Materialismus 388
Maudlin, Tim 3
Maximin-Kriterium 200
Mazar, Nina 237
McDowell, John X, 358
Mehrheitswahlregel 286
Menschenrechte 39, 291, 312
Metaphysik 376
    naturalistische Metaphysik 17, 97, 331, 334–335
Metapräferenzen 413
Metrisierungstheorem 294, 411
Mill, John Stuart 44, 291
Minimalismus, normativer 233
Modell, mathematisches 189, 256

Mohammed 374
Monismus, anomaler 170, 190, 395
Monotonie 264, 410
Moore, George Edward 90, 307, 425–426, 432
moral relativity 53
Moralskepsis 40
Morgenstern, Oskar 8, 72, 99, 103, 284, 294, 410
Moses 78, 374
Motivation 61, 104, 188, 240, 306
    intrinsische Motivation 306
    moralische Motivation 86
Mühlhölzer, Felix 352, 353
Müller, Olaf 73
Mystizismus 16
Mythos des ÈR 195

Nagel, Thomas 16, 197–198, 224, 331–332
Nash-Gleichgewichtspunkt 172
Naturalismus 17, 93, 332–334
    Non-Naturalismus 10
    physikalischer Naturalismus 89, 95
naturalistischer Fehlschluss (*naturalistic fallacy*) 17, 51, 54
naturgesetzliche Notwendigkeit 351
Neid 261, 265–266
    neidfrei 265–266
Neiman, Susan 290, 373
Netz, epistemisches 24
Neumann, John von 8, 72, 99, 103, 284, 294, 410
Neutralitäts-Postulat 135, 136
new contractarians 153, 248
Newton, Isaac 18, 306
Neyer, Franz 387
Nicht-Algorithmizität 331, 346
Nicht-Verrechenbarkeit 262–263
Nietzsche, Friedrich 29
Norm 276, 316, 320, 338
    deontologische Norm 262–263
    normative Kraft des Faktischen 276
Normativität 331–332, 340
    Quelle der Normativität 357
Nozick, Robert 121, 145, 248–249, 291, 300, 426
Nussbaum, Martha 88, 169, 273, 318, 358

Nutzen 422
   Nutzenbegriff 102, 294, 409
   Nutzenfunktion 5, 100
   Nutzeninterdependenz 429
   Nutzensumme 117, 122–123, 136, 283, 294, 301, 304, 368
   Nutzentheorem 8, 72, 100, 102–103

Oberflächen-Grammatik 335, 339
Objektivismus 1, 342
   ethischer Objektivismus 53
Objektivität 331, 341
Odysseus 201, 379–380
officia 233, 256
Ökonomismus 98
one-shot prisoners dilemma 211
ontological queerness 53
Ontologie 24, 89, 91, 93, 357, 370, 408
Opitz, Peter 357
Optimierung, punktuelle 8, 180, 183, 208, 244, 278
Optimierungskriterien 214, 269
Optimismus, epistemischer 30, 40, 199
ordinary language-Philosophie 15, 38, 216
Ordnungsrelation 409
Orientierungswissen 80, 330, 355
Ostrom, Elinor 115

Pareto-Effizienz 154, 293
Pareto-Ineffizienz 118, 144, 155, 266
Pareto-Inklusivität 145, 265, 295, 415
Pareto-Optimalität 111, 136, 155, 301, 413, 414
Partikularismus 223, 241–242, 250, 309, 376
Paternalismus 288
Peirce, Charles Sanders 92
Penrose, Roger 332
Perea, Andrés 399
Perfektionismus 66, 86
Personenstatus 227, 382
Person, moralische 234, 264, 283–284, 311, 404
Perspektive
   epistemische Perspektive 30, 32–33, 40, 72, 90–92
   ethnologische Perspektive 26

Pflicht
   Hilfspflichten 314–316
   kommunitäre Pflichten 315
   Pflichten gegen sich selbst 232
   Pflicht zur Tugendhaftigkeit 210
Phänomenologie
   Phänomenologie struktureller Praxis 222
Philosophie 14
   analytische Philosophie X, 15–17, 22, 69, 89, 170, 216, 269, 311, 334, 347, 358
   apriorische Philosophie 23
   experimentelle Philosophie 20
phronesis 362
Physik 189, 376, 402–404
   Newtonsche Physik 403
   Quantenphysik 402
Pitcher, George 184
Planbarkeit der Lebensgestaltung 230
Platon 20, 24, 26–28, 53, 107, 150, 195, 233, 296, 306, 358, 370, 374
   Schau des Guten 53
Platonismus 16, 25, 323
Pluralität 303
poiesis 193
Popper, Karl 23, 74, 333–334, 350, 378
Postmoderne 24, 33, 52, 71, 94, 98, 139, 269
Post-Strukturalismus 98, 269
Prädikatenlogik 96, 349
Präferenzenbestimmtheit, zirkuläre 427
Präferenzen-Erfüllung 248, 284
Präferenzeninterdependenz 427–429, 432, 433
Präferenzstrukturen 293, 416–418
pragma 180, 194
Pragmatismus 15, 92
Praktiken, soziale 338–339
Praxis
   deliberative Praxis 24, 32, 327, 402
   inferentielle Praxis 31, 92
   strukturelle Praxis 222
Primärverantwortung 185
principia 256
Prinzip, ethisches 53, 54, 252, 413
Prinzipismus 376

prisoners dilemma siehe
  Gefangenendilemma
prohairesis 169
Propositionen 23, 63, 71, 332, 377
Prozess, inferentieller 220
Psychologie 20, 23, 35, 95, 197, 211, 225, 304, 355
Psychologismus-Kritik 95
puritanisches Ethos 374
Putnam, Hilary 15, 29, 32, 338

Qualia 96, 97
Quietismus 308
Quine, Willard Van Orman 15, 22, 24, 406

Raiffa, Howard 410
Railton, Peter 97
Ramsey, Frank P. 8, 100
  Ramsey-Kohärenz 8
  Ramsey-Kompatibilität 409
Rapoport, Anatol 115–116, 127
rational choice 99
rational choice-Orthodoxie 118, 126–127, 133–134, 145, 157, 200, 208, 210–212, 419–420
Rationalismus 1, 11, 33, 81, 91, 150, 216, 220, 309, 311, 341–342
  ethischer Rationalismus 75, 301, 309, 335
Rationalität 279, 325
  bereichsspezifische Rationalität 6
  epistemische Rationalität 223
  instrumentelle Rationalität 104
  kollektive Rationalität 144, 149
  ökonomische Rationalität 6, 102, 111, 254
  optimierende Rationalität 164, 177, 180, 207, 278
  strukturelle Rationalität VIII, 99, 157
  substantielle Rationalität 9
Raucherbeispiel 420
Rawls, John 9, 16, 37, 39, 99, 121, 124, 135, 150, 154–156, 164–165, 167, 200, 213, 247–249, 259–260, 265–267, 287, 296–300, 358, 362, 370, 405–406, 413, 423
  overlapping consensus 39
  rational life plan 164, 362

separateness of persons 124, 164, 287, 289, 297
Überlegungs-Gleichgewicht 37, 156
Urzustand 163–165, 266
well considered moral judgements 16
Realismus
  Anti-Realismus 15, 32, 36, 40, 88
  ethischer Realismus 16, 87
  lebensweltlicher Realismus 35, 75
  moralischer Realismus 97–98, 346
  nicht-naturalistischer Realismus 3, 16
  normativer Realismus 3, 16
  robuster Realismus 35
  unaufgeregter Realismus 35
realistic turn 216
reasons account 2
Rechte, individuelle 290
Rechtspositivismus 40
Rechtsstaat 232, 241, 266, 364, 370
Rechtssystem 67, 252, 262, 300
Reduktion 69, 96, 153, 307, 320, 410
Reduktionismus 3, 87, 95, 252, 331, 367–368, 427
  radikaler Reduktionismus 362
Reflexivität 409
Regelbefolgung 25, 211, 426
Regelkonformität 48, 51, 87, 276–277, 337
Regeln 274
Relativität 262
  Relativität der Bewertungsmaßstäbe 268
Religion 76, 78, 104, 249, 282, 302, 310–311, 338, 374
Replikation 87, 142, 149, 177, 212
revealed preference 5, 46, 196, 225, 262–264, 268, 322, 411, 425
Risikoaversion 200
Ross, David 50, 280, 336
Roth, Alwin 254
Roth, Gerhard 203, 333
Rott, Hans 31
Rullière, Jean-Louis 258

Sachverhalt 72
  deskriptiver Sachverhalt 335, 346
  empirischer Sachverhalt 30, 90, 333
  intentionaler Sachverhalt 30

moralischer Sachverhalt 312
normativer Sachverhalt 4, 30, 90, 335
Sally, David 115
Sandel, Michael 268
Sanktionen 77, 209, 210
Sanktionsmacht 267
Sartre, Jean-Paul 194
Scanlon, Thomas VIII, 2, 34, 248, 335, 404–406
Scheler, Max 387
Schelling, Thomas C. 59
Schirrmacher, Frank 171
Schmidt, Klaus 257, 422, 423
Schuld 195, 197–198, 290, 318, 321, 383
Schuldfähigkeit 383, 385
Schweitzer, Maurice 237
Searle, John 51–52, 87, 371
Selbstbeschränkung 229
Selbstbestimmung, kollektive 300
Selbstbindung 59–60, 175–176, 201, 209
Selbstkontrolle 224
Selbstwiderspruch, performativer 277
Selbstwirksamkeit 378, 400
self-ownership 232–233
Selten, Reinhard 112, 256
Semantik, intentionalistische 270, 278
Sen, Amartya 76, 119, 121, 134–135, 155, 169, 293, 295, 322, 344, 358
Sennett, Richard 132
Sethi, Rajiv 339
Sidgwick, Henry 75, 282
Silk, Joan B. 339
Simon, Herbert A. 181
Singer, Peter 26, 284
Singer, Wolf 19, 203
Sinn 23, 26, 86, 105, 140, 195–196, 301, 307, 339
Skepsis
  globale Skepsis 17, 18, 33, 81, 90–92, 274
  lokale Skepsis 55, 81
  pyrrhonnische Skepsis 17
Skeptizismus zweiter Ordnung 38
Slote, Michael 374
Slovic, Paul 112
Smart, J. J. C. 26
Smith, Michael 371

Smith, Vernon 258
Smullyan, Raymond 349
social dilemma 114–115
Sokrates 28, 306
Sokratik 373
Solidarität 266, 268, 289, 296
Solipsismus 173
Somanathan, E. 339
Sozialdarwinismus 18, 98
Sozialethik, protestantische 311
Sozialität 340
Spaemann, Robert 200, 263, 313
Spiel-Metapher 57
Spieltheorie 26, 112, 114, 171–174, 176, 329, 425
Spinoza, Baruch de 26
splendid isolation 15, 21
Spohn, Wolfgang 31, 127, 402, 410
Sprachspiel 48, 54, 309, 338
Sprach- und Interaktionspraxis 53–55
Standpunkt, externer normativer 341
Stegmüller, Wolfgang 19, 275, 349, 431
Stellungnahme 46, 65, 219, 304, 400–402
  emotive Stellungnahme 378
  empirische Stellungnahme 327
  epistemische Stellungnahme 326–328
  evaluative Stellungnahme 109, 110
  moralische Stellungnahme 167, 372
  normative Stellungnahme 43, 89, 109, 214, 219, 225, 234, 289, 314–315, 326–328, 338, 341, 346, 363, 369, 372, 406–407
  prohairetische Stellungnahme 43, 326–327
  vernünftige Stellungnahme 90
  wertende Stellungnahme 44, 105, 288, 289, 302, 311, 367, 373, 393, 396, 406
Stetigkeitsaxiom 264
Stoa 11, 43, 310, 358, 373, 379–380, 388–390, 393, 395–396, 398
Stoiker 233, 360, 362, 373, 379, 393, 395
Stoizismus 358, 373, 396
Strafgesetzbuch 383
Strauss, Leo 358
Strawson, Peter 355, 366, 401

Struktur
    diachrone Struktur 207
    interpersonelle Struktur 211
Strukturalismus 98
struktur-blind 160
strukturell rationaler Weiser 182–183, 193, 195, 361–362
Stufenfunktion 264
Subjektivismus 38, 39, 88, 97, 372, 392
Sugden, Robert 213
Suizid 233, 235–236
supervenieren 17, 368
synkatathesis 373, 389, 397
System 34, 66, 68, 70, 71, 73
    epistemisches System 32, 35, 36, 42–43, 73, 75, 91, 354, 366, 406–407
    inferenzielles System 350
Systemtheorie 18, 98, 338
Szientismus 15, 35

ta eph hemin 396
Tatsache 4, 33, 34, 214, 353, 366, 387, 390
    empirische Tatsache 215, 335
    inferentielle Tatsache 87
    institutionelle Tatsache 87, 336
    logische Tatsache 349
    mathematische Tatsache 87
    mentale Tatsache 87
    moralische Tatsache 88–89, 215
    natürliche Tatsache 335–336, 348
    normative Tatsache 4, 39, 88, 96, 215, 335–336
    physikalische Tatsache 242
    physische Tatsache 87
    soziale Tatsache 87, 336, 338
Taylor, Charles 52, 250
Teilnehmerperspektive 338
Theorie 40
    apriorische Theorie der Vernunft 22
    deontologische Theorie 136, 279–280, 424
    egalitaristische Theorie 249
    ethische Theorie 40, 55, 69, 84, 86, 289, 302, 324
    moral sense-Theorie 311
    ökonomische Theorie 3, 26, 72, 83, 102–103, 110, 112–114, 118, 129, 169–170, 179, 223, 230, 253, 258, 262, 264, 294, 355, 411
    phänomenologische Theorie 222
    starke Theorie des Guten 165, 267
Thomson, Judith 38
Token 202
    Handlungstoken 47, 202
Tomasello, Michael 132, 270
Tompkinson, Paul 258
Toulmin, Stephen 2, 336, 369
Tradition, philosophische 341
Tragödie 199, 289, 310, 320
Transitivität 269, 409
Transzendenz 26, 309, 366
Trapp, Rainer 249
Tugendethik 88, 169, 311, 369–370, 374
Tugendhat, Ernst 26, 77, 83–84, 166, 213
Turing-Maschine 96, 349–351
Tversky, Amos 112, 252, 255
Type 202

Überzeugung
    deskriptive Überzeugung 49, 83, 358
    empirische Überzeugung 389
    normative Überzeugung 49, 83, 358, 365
    pathologische Überzeugung 387
Ultimatumspiel 252–254, 419
Ultra posse nemo obligatur 318, 324
unbewegter Beweger 402
Ungleichheit 257, 259–260, 265, 267, 299, 422–423
Ungleichheitsaversion 257–258, 423
Ungleichverteilung 260, 266, 293, 298–300, 422, 423
Universal-Determinismus 18
Unparteilichkeit 282
Urteilsbildung
    praktische Urteilsbildung 311
    Systematisierung der Urteilsbildung 310
Urteilskraft 273, 282–383, 390, 395
    praktische Urteilskraft 273
    theoretische Urteilskraft 273
Utilitarismus 76, 248, 287, 291, 294–295, 301, 431–432
    Akt-Utilitarismus 117

hedonistischer Utilitarismus 283,
  425–426, 432
Präferenz-Utilitarismus 56, 284, 286,
  425
Utopismus 18, 246

Varian, Hal R. 213
Verantwortlichkeit 65, 186, 241, 290,
  378–379, 383, 385–387
  objektive Verantwortlichkeit 386
  subjektive Verantwortlichkeit 386–387
Verantwortung IX, 384
Verantwortungsbegriff 185, 233, 290, 386,
  390–391
Verantwortungszuschreibung, moralische
  197
Verfahren, algorithmisches 347–349
Verhaltensökonomie 6, 111–112, 132–133,
  224, 236, 250, 252, 254–259, 261
Verhaltenssteuerung 178, 180, 183, 209,
  361
Verlässlichkeit 55, 79, 81
Verlaufsgesetze 189, 403
Vernunft IX, 22, 36
  Einheit der Vernunft 5
Vernunftfähigkeit 1, 24, 72, 325
Vernunftwesen 4, 167, 233, 268, 292, 359,
  378–379
Verständigung 269
Verständigungspraxis 90, 215, 277–278
  lebensweltliche Verständigungspraxis 49
Verständlichkeit 355, 399
Verstehen 338, 340
Verteilung 111, 118, 121, 145, 155, 257–258,
  265–266
Vertragstheorie 157
Vertrauen 25, 178–179, 199, 277, 414, 417
Vertrauenskultur 161–162
Voegelin, Eric 357–358
Vogt, Katja 11
Volitionen 226–227
Vollständigkeit 409
Vollständigkeitsaxiom 262

Wahrhaftigkeit 60, 178–179, 277
Wahrheit 27
Wahrheitsanspruch 390

empirischer Wahrheitsanspruch 36
normativer Wahrheitsanspruch 36
Wahrheitsbegriff 30
  epistemischer Wahrheitsbegriff 30
Wahrheitsdefinition 29–30, 71
Wahrnehmung 220
Wahrscheinlichkeit 61, 63, 200, 264
  subjektive Wahrscheinlichkeit 5, 101,
    111, 171, 174, 182, 194, 196, 199, 239,
    245, 265, 328, 398, 399, 426
Wahrscheinlichkeitsfunktion 5, 101, 196,
  199, 322
Wahrscheinlichkeitstheorie,
  subjektivistische 72
Wahrscheinlichkeitsverteilung 62, 410–413,
  426
Wallace, Jay 366
Walzer, Michael 247, 250
Weber, Max 104, 338
Weel, Jaap 115
Weisser, Gerhard 112
Welten 5, 63, 64, 385, 411, 429–430
Weltzustände 63, 64, 174, 280, 281, 322,
  411–413, 426
Wertfunktion über Zustände der Welt 319
Wertungswiderspruch 309
White, Morton 406
Wiener Kreis 15
Willensschwäche 88, 192, 370
Willensstärke 191, 211, 226–227
Williams, Arlington 258
Williams, Bernard 38, 46, 88, 197, 217, 250,
  282, 301, 376
Willkürfreiheit 195, 378–381
  individuelle Willkürfreiheit 214
  kollektive Willkürfreiheit 214
Winch, Peter 400
Wissen 27–30
  propositionales Wissen 220
Wittgenstein, Ludwig 3, 15, 20, 24, 47–48,
  57, 90, 215, 218, 220, 245, 275, 306,
  309, 313, 328, 352, 357
Wunsch
  Wunsch erster Ordnung 65, 365
  Wunsch zweiter Ordnung 65, 363–365
Wünschbarkeit 10, 63, 156
  subjektive Wünschbarkeit 171, 413, 426

Wünschbarkeitsfunktion 5, 412

Zenon von Kition 388, 393, 396
Zufall 196
Zufriedenheit 231
Zusammenhang, struktureller 64, 182, 191, 402

Zustand
    epistemischer Zustand 4, 174, 186, 191, 194, 328, 334, 350–351, 353, 384, 386
    Zustand der Welt 281–282, 319, 426
Zwangsordnung 167, 267
Zweifel
    globaler Zweifel 81
    lokaler Zweifel 80